应用型本科院校通用教材

市场营销学

主编　张延斌

副主编　石胜民　石亚娟　田永杰　赵国甫

南开大学出版社

天　津

图书在版编目(CIP)数据

市场营销学 / 张延斌主编. —天津: 南开大学出版社, 2016.5
应用型本科院校通用教材
ISBN 978-7-310-04773-4

Ⅰ. ①市… Ⅱ. ①张… Ⅲ. ①市场营销学—高等学校—教材 Ⅳ. ①F713.50

中国版本图书馆 CIP 数据核字(2015)第 059214 号

南开大学出版社出版发行
出版人:孙克强
地址:天津市南开区卫津路 94 号 邮政编码:300071
营销部电话:(022)23508339 23500755
营销部传真:(022)23508542 邮购部电话:(022)23502200

*

天津午阳印刷有限公司印刷
全国各地新华书店经销

*

2016 年 5 月第 1 版 2016 年 5 月第 1 次印刷
230×170 毫米 16 开本 34.25 印张 2 插页 593 千字
定价:64.00 元

如遇图书印装质量问题,请与本社营销部联系调换,电话:(022)23507125

前 言

市场营销学是一门建立在经济科学、行为科学和现代管理理论基础之上的应用科学。在社会主义市场经济条件下，市场营销理论、方法和技巧，不仅广泛应用于企业和各种非营利组织，而且逐渐应用于微观、中观和宏观三个层次，涉及社会经济生活的各个方面。1999 年教育部高教司首次将市场营销学列为高等学校工商管理类专业的核心课程，适时反映了竞争性市场体制及买方市场形成后，国内外市场竞争剧烈，加强营销管理工作的需要。

本书对市场营销的基本理论做了系统的阐述，具体介绍了市场营销学的基本知识，市场营销学的演进，营销环境分析，消费者行为分析，营销战略计划制定，STP，市场营销策略（4PS）、营销组织和控制等。《市场营销学》的最大特点不仅体现在其清晰的脉络上，即市场营销学战略的概念及其演进→营销环境分析→消费市场和组织市场分析→营销战略计划制定→市场细分、选择与定位（STP）→市场营销策略（4PS）→营销组织和控制，更重要的是，《市场营销学》通过大量资料收集与整理而形成的大小案例始终贯穿于内容的主线，使全书通俗易懂，且颇具启发性。

本书共计十五章，按市场营销活动过程组织内容，实现了教材结构与市场营销管理活动过程的一致，从而为读者提供了一个清晰的市场营销管理活动的全貌。内容涵盖了市场营销学基本概念、理论、营销战略、内外部营销环境分析、营销竞争战略、消费者市场、组织市场、市场细分、市场选择、市场定位、4PS、品牌管理、营销组织、营销控制等内容。为了帮助读者更好地学习市场营销学课程，本书不仅架构了市场营销学完整的理论框架，还特别强调了案例方面的安排，在教学内容中间穿插与知识相关的小型案例以帮助读者加深对内容的理解，同时安排相关知识链接以扩充学生的知识面。在各章内容安排上，包括学习目标、引导案例、主要教学内容、本章小结、能力培养和案例应用等六个部分。本书理论联系实际，体系结构严谨，通俗易懂，实用性强，为每一个案例安排了一定的引导性分析题。

本书的编写是郑州大学西亚斯国际学院多位老师集体努力的结果，他们为本书能够顺利出版付出了很多宝贵的时间和精力。本书主要由郑州大学西亚斯国际学院商学院老师编写完成，本书的编写的具体分工是：第一、二、三章，由石胜民老师编写；第四、八、九章，由张延斌老师编写；第五、六、七章，由赵国甫老师编写；第十、十一、十二章，由石亚娟老师编写；第十三、十四、十五章，由田永杰老师编写，最后由张延斌老师完成全书的最终统筹定稿。

本书编写工作借鉴了国内营销学大量研究成果，限于篇幅未能一一说明，在此，谨向市场营销学界师友及作者致谢。

由于编者水平所限，本书可能有不足与不当之处，敬请广大读者批评指正。

张延斌

2014 年 10 月 27 日于郑州

目 录

第一章　市场营销导论

学习目标：

- 理解市场营销的内涵和对象；
- 理解需求的内涵、类型和需求管理；
- 理解市场的内涵、运作机制及主要的顾客市场；
- 理解市场营销中的核心概念及它们之间的内在联系；
- 理解并掌握市场营销学的学习策略和方法。

实战中的市场营销

处处营销的 2014 年巴西世界杯

自 20 世纪 90 年代开始，足球已经成为世界第一大运动，国际足联（FIFA）运作下的足球世界杯在今天看来已经成为最具吸引力和号召力的足球赛事。球员将能进入国籍所属国国家足球队 23 人大名单，进入世界杯决赛圈并力争大力神杯视为至高梦想；国家不惜重金改善国内的市政、环境和体育设施以争取所在洲足联和国际足联对其举办世界杯的支持；商界巨擘一掷千金努力成为国际足联、举办国足联的各种赞助商。

足球世界杯不仅仅是体育比赛，它是国际足联主导下的不同国家之间、国家足球队之间、企业之间展示实力和美丽的营销舞台；在这个舞台上，国际足联也在向世界展示着自己的实力和足球的魅力。

“无利不起早”，世界杯舞台上的每一个参与者除了荣誉，收获的还有巨大的经济回报。以 2014 年巴西世界杯为例，尽管巴西政府为本届世界杯准备了 117 亿美元的预算，这一数字对于一个拥有高达 37%贫困人口比例的国家而言无疑是巨大的，但是世界杯给这个国家的旅游业带来了超过 130 亿美元的收入，同时世界杯还给巴西带来 17.5 万个就业岗位。参加世界杯赛的球员、所属俱乐部、国家队乃至所属国家的足协都会获得不菲的奖励。国际足联在其官方网站公布了 2014 年巴西世界杯的奖金方案，总奖金额高达 5.76 亿美元，比上届世界杯高出 37%。巴西世界杯的冠军球队奖金总额则达到 3500 万美元，亚军也将获得 2500 万美元，季军收入 2200 万美元，第四名则将得到 2000 万美元。此外，进入八强的球队将获得 1400 万美元，进入 16 强球队收入为 900 万美元，小组赛即被淘汰的 16 支球队也将分别得到 800 万美元。值得注意的是，虽然前三名球队奖金有所提高，但第四名、16 强球队和小组赛被淘汰球队的奖金持平，而进入八强的队伍奖金甚至略有下降。除了奖金之外，32 支球队还将各自获得 150 万美元的准备金用于日常支出，还有 1 亿美元则将用于俱乐部的保护方案。

对于赞助商而言更是回报颇丰。以首次在南非赞助世界杯并再次赞助世界杯的中国光伏企业英利（YINGLI）为例，2009 年其销量是 525 兆瓦，2010 年赞助世界杯后销量升至 1060 兆瓦，股价上涨 3.8 美元，市值一个月之内增加 56 亿美元，在 2011 年销售量达到 1640 兆瓦，涨了 50%。2012 年宣布赞助下一届世界杯，当年完成销量 2300 兆瓦，2013 年又完成 3200 兆瓦。在 2002 年韩日世界杯上，韩国现代汽车斥资 15 亿欧元成为官方 8 年顶级赞助商，同年现代汽车在美国的销量增长高达 40%，品牌认知度从 32%一举跃升至 67%。

国际足联（FIFA）无疑是世界杯秀场的最大赢家。在国际足联主席布拉特的领导下和各洲足协以及各国足协的参与下，足球世界杯已经成为世界上最具影响力和最具吸引力的国际赛事，创造了难以估计的经济和社会价值。与此同时，国际足联作为经营实体，每次都从世界杯中获得巨大的经济收益，并形成了良性循环。英国一家体育营销研究机构日前发布一项最新数据称，国际足联将从 2014 年巴西世界杯获得收益 43 亿美元。而此前两届世界杯国际足联的收入分别为 20 亿美元和 36.7 亿美元。在国际足联的收益账本中，60%—70%是媒体版权分销，即转播收益；广告和赞助收入则达到了 20%—30%；剩下的 10%则是从球迷手里赚得，其中包括门票和官方纪念品的销售。单是 2014 年巴西世界杯的转播费用就已经让国际足联有逾 25 亿美元入账，其中来自欧洲电视网的就达到了 17 亿美元。门票方面，卖出了 300 万张，总价值达到了 3 亿美元。就门票平均价格而言，本届世界杯比 2010 年南非世界杯门票价格高出 10%，而南非世界杯门票总收入为 2.72 亿美元。

在纪念品的收入方面，则和门票收入大体相当，约 2.3 亿美元。本届世界杯吸引了阿迪达斯、阿联酋航空、索尼、现代、可口可乐、Visa、麦当劳、百威啤酒等诸多国际大牌成为赞助商，国际足联从这些公司收到的赞助费超过 13 亿美元。

国际足联将广告赞助分为了三个等级，最高等级是国际足联合作伙伴，可口可乐和阿迪达斯就属于此类；第二等级就是世界杯赞助商，如中国企业英利；第三等级为国家支持者。只有赞助金额超过 1.7 亿美元的才会出现在场边的广告牌上，看来为了让世界杯上出现汉字，英利可是没少花钱。

（资料来源：综合新浪财经、搜狐财经等网站资料）

评述

上面的世界杯故事中，没有提到任何市场营销的专业术语，但是案例中充斥着市场营销的诸多环节。如果上面足球世界杯的故事让你内心澎湃，那么你对市场营销的世界充满着珍贵的好奇，无论你是否意识到了这一点。这是你学好这门课程的基础。

当然，用世界杯的简短故事远远不能向你呈现市场营销的完整世界，但是一定可以通过世界杯故事的提示想到现实生活中的诸多商业活动和市场营销活动。比如，你会在超市见到各种各样的贴着商标和有着精美包装的商品，你也可以在百货商场看到多种多样的促销打折活动，你也会被苹果公司（Apple）每一款产品吸引甚至为之疯狂。你或许也会好奇于可口可乐与百事可乐之间无休止的广告战，麦当劳与肯德基在中国市场推出越来越多的中国传统美食。你或许也可以感觉到三星（SAMSUNG）在手机市场中独占鳌头而诺基亚却辉煌不再。你或许注意到了越来越多的人甚至包括你越来越多地通过互联网购买自己心仪的商品，而传统的实体商铺越来越成为人们的试用试穿或者领取商品的地方。你也许会为宝洁（P&G）公司的多个品牌的洗发露、沐浴露、婴儿尿布、化妆品以及女士用品占满各大超市的货架而惊奇，为中国新生代智能手机生产商小米公司通过模仿苹果公司的战略取得成功而惊叹不已。

没错，上述你可能看到的现象都属于市场营销的范畴。因为你现在还没有掌握市场营销的系统知识，对这些现象你可能还是一知半解。没关系，保持好奇心和兴趣，这本书将陆续地解开你的困惑，并且让你了解有关市场营销的更多知识和故事。作为本书的第一章，它将向你介绍市场营销学的基础概念以及学习这门课程的方法，这将有助于你今后的学习。

第一节　什么是市场营销

仅仅从以上个别的实例上理解和认识市场营销是远远不够的，当你观察了足够多的商业活动的时候，从理论上进行抽象有助于你对更多营销活动的理解。对市场营销的理解我们可以从以下几个方面入手：第一，从定义的角度，即获得对市场营销最浓缩的理解；第二，从营销对象的角度，即理解什么可以作为营销活动行为的作用对象，或者说营销什么；第三，从营销主体的角度，即理解谁来执行营销活动或行为，在这一点上本章的阐述可能会远远超乎你的感性认知；第四，从市场营销活动是如何运转的角度。

一、市场营销的定义

不同的学者和机构给市场营销（marketing）下了不同的定义。

有的定义非常宏观和抽象。比如认为"所谓市场营销就是识别和满足人类和社会的需要"；这个定义明确提出了市场营销的目的和结果。国际足联通过成功运作巴西世界杯，满足了人们观赏精湛足球技艺、见证足球激情和人类拼搏精神的需要；允许知名企业赞助世界杯，满足了这些企业推广自身和提高业绩的需要；举办国巴西展示本国足球实力和提升国际影响力的需要也通过世界杯得到了满足。但是这个定义对营销的过程提及甚少。从这个定义中我们看不到通过什么来满足这些需要，也不知道满足谁的需要，毕竟人类和社会是一个非常抽象的概念；但是"通过什么满足"以及"满足谁"恰恰是市场营销的核心问题。

美国市场营销协会（AMA）认为"市场营销是有组织的活动，包括创造、传播和交付顾客价值和管理客户关系的一系列过程，从而使利益相关者和企业从中受益"。这个定义强调了市场营销活动是一个过程，并且给出了有关市场营销的更多信息。市场营销活动的目的是让顾客或客户获得价值，即某种满足需要的有用性；但达到这一目的的前提是，必须知道顾客需要什么样的价值，进一步讲，谁是你的顾客，这部分过程便是前面定义中的"识别过程"。即使"识别"成功，也并不意味着最终的成功，因为你还要有能力开发出顾客价值的载体，并且保证顾客愿意选择你的而非别的价值提供者所给出的价值。进一步讲，企业要想持续发展，它还要具备保持和更新自身识别、提供和传播顾客价值的能力，以使让顾客总能相信和选择自己，即与顾客或客户保持紧密的关系。现代—起亚汽车集团、阿迪达斯、阿联酋航空、可口可乐、索尼以及维萨（VISA）这些行业领军企业每个都是富可敌国，它们有能力赞助任何体育赛事，在赞助对象上也有很大的选择空间；就足球赛事而言，欧洲五大联赛以及欧洲杯也是不错的选择，何况还有诸如网球、篮球、田径、高尔夫等一些也有相当影响力的高水平赛事。国际足联的压力便是如何让这些行业中的顶级企业出数亿美元赞助世界杯。企业要的是赞助后企业品牌价值和业绩的快速提升，其中观众的数量至关重要，因此国际足联就要确保世界杯的赛事足够精彩以便能够吸引更多观众。精彩的赛事要求参加比赛的足球队技战术水平一流，这通过不断的赛制改革与调整得以实现；精彩赛事要求公平又具观赏性，这通过国际足联在反兴奋剂、杜绝不公平裁判、打击踢假球方面做出更多努力；而现代转播技术和节目制作技术的使用及管理则保证了观众可以看到比赛的关键细节和精彩镜头。这些工作共同保证了足球比赛能够吸引越来越多的观众，有了观众，赞助商才愿意赞助世界杯。

美国市场营销协会给出的市场营销的这个定义仍然有很强的抽象性，这一抽象性集中在“顾客价值”上。作为消费者或客户，他们从卖方那里得到的是具体的产品或者服务，付出的通常是货币，而所谓的“顾客价值”是内含于所购买和出售的产品和服务上。从某种意义上讲，即使企业在识别顾客价值以及确定顾客价值载体的时候做了充分的市场调查，顾客价值是否存在以及大小还取决于顾客的体验和主观判断。

第三种市场营销的定义则将抽象的顾客价值具体化，认为“所谓市场营销，就是个人和集体通过创造、提供、出售、同别人自由交换产品或服务的方式获得自己所需产品或服务的社会过程”。国际足联提供给球迷的精彩赛事，获得的是观众用来购买门票的货币；提供给赞助商的是展示赞助商品牌、产品及形象的场地、时间以及世界杯元素在企业营销中的使用权，获得的是数以亿美元计的赞助费；提供给全球各地电视台及其他媒体的是向这些媒体受众播放赛事实况或其他信息的权利，获得的是巨额的转播费用。这些交换中，双方获得的东西是实实在在的。要注意的是，这个交换过程必须是完全自由的，双方可以自由决定买或者不买，卖或者不卖；并且交换双方都要确保自己给予的正是对方想要的，否则自由的交换难以实现。

斯蒂芬·罗宾斯在其畅销教科书《管理学》（第 11 版）中将管理定义为通过计划、组织、领导和控制四项职能的实施，有效率、有效果地达成组织目标的过程。同样企业的营销活动也是实现组织目标的过程。国际足联在 2014 年巴西世界杯的目标包括更高的赞助与转播费用，更多的人喜爱足球并愿意购买世界杯门票看比赛，向全世界贡献更加精彩的比赛等等。这一目标的实现并不简单，中间有很多事情需要处理和协调，平衡各方利益，充满着决策与选择。因此，作为一个管理过程，市场营销也是科学与艺术的结合过程。因此，营销需要科学有效的管理才能实现所确定的目标。营销管理（marketing management）是选择目标市场，并通过创造、交付和传播优质的顾客价值来获得顾客、挽留顾客和提升顾客的科学与艺术。

没有深入接触市场营销的学生和从事营销实践者有时候会将市场营销简单理解为“推销产品的艺术”，但事实上推销并不是市场营销中最重要的部分。让持有这一观念的人立刻深刻理解这一点需要做很多解释工作，并且解释工作会涉及很多概念。简便起见，我们引用著名的管理理论家彼得·德鲁克对推销与市场营销的经典评论。后续的学习会引导读者深刻理解二者的区别与联系。

“可以这样说，推销往往是有需要的。然而，市场营销的目的是使推销成为多余。市场营销的目的就在于深刻地认识和了解顾客，从而使产品和服务完全适合特定顾客的需要，从而实现产品的自我销售。因此，理想的市场营销应该可以自动生成想要购买特定产品的顾客，而剩下的工作就是如何使顾客可以购买到这些产品和服务。”

二、市场营销的对象

显然，世界杯等体育赛事不是营销的唯一对象，前文提及的超市中的产品、可口可乐公司以及它们所推出的饮料、麦当劳和肯德基以及它们提供的中式和西式快餐、三星公司的电子产品等都是市场营销活动的对象。但是，市场营销的对象还远不止此。一般而言，营销者主要经营以下十大类产品：有形产品、服务、事件、体验、人物、场所、产权、组织、信息和想法。

（一）有形产品

在第三产业不发达的国家和地区，有形产品是主要的营销对象。就中国而言，每年为全球生产大量的食品、玩具、打火机等低端产品，但是随着中国企业创新能力和技术水平的提升，地铁系统、高铁系统和通信设备在出口中的比重也逐步增加。巴西世界杯期间出售的印有世界杯元素的儿童玩具、球迷用的喇叭乃至球衣都是有形产品，并且大部分由中国企业制造。

（二）服务

服务是一方向另一方提供的、基本上是无形的任何活动或作业，结果不会导致任何所有权的发生；服务可能与某种有形产品联系在一起，也可能毫无关联。人在成长和发展中会接受各种各样的服务。我们接受学校提供的教育、医院提供的诊断与治疗、通信企业提供的固定和移动通话、互联网企业提供的网页内容浏览、超市和百货商场提供给购买其他企业生产的各种产品的机会、美容和理发店提供的美容和理发服务等都是服务。发达国家，服务业对经济发展的贡献要大于发展中国家和不发达国家。以美国为例，其经济总服务占 70%，产品占 30%。

（三）事件

如果一件事情想吸引更多人的眼球，那么这个事件也需要营销。世界三大男高音的音乐会、法国网球公开赛、奥林匹克运动会以及足球世界杯等我们熟悉的体育赛事，世界博览会、法国巴黎国际航空航天展，以及某个企业的开业等事件都可以并且需要营销。

（四）体验

我们付出一定的货币便可以得到某种体验，而提供这种体验的企业也需要进行营销。迪士尼乐园是全球最知名的游乐园，在它的示范效应下中国这个大市场也开始拥有了本土的游乐园。华侨城集团（OTC Group）是中国一家以旅游和房地产为核心业务的企业集团，这家企业的成功之处就是旅游和房地产完美结合。它在中国南方特区深圳成功经营了锦绣中华、中国民俗文化村、世界之窗、欢乐谷四大主题公园；同在一个城市的华强集团在国内也经营着数十家方特梦幻王国、方特水上乐园和方特欢乐世界。人们在这些地方可以体验到在一般生活环境中无法获取的体验，惊险刺激、神奇梦幻、清凉欢快，总有一款适合你。

（五）人物

“包装”是对具有某种天赋和能力的人进行营销的形象比喻。这些重量级人物想让更多的人知道，并希望得到人们和社会的认可；如果他们足够优秀，专业的公司和个人会让这些人名声大噪。在人物营销方面，美国仍然是领导者，很多具有天赋异能的人物在美国成为世界级的明星；李小龙是一个经典案例，他从中国香港前往美国好莱坞发展，逐步成为世界级的功夫明星。中国香港和台湾、日本东京、韩国首尔以及印度孟买是亚洲早期的艺术时尚中心，中国北京也在逐步发展成新的明星聚集区，并且吸引了大批的香港和台湾的优秀艺人。营销将在这些城市和个人的发展中发挥越来越重要的作用。

（六）场所

提到电影人们会很自然想到好莱坞、戛纳、威尼斯，电影是这些地方的名片；提到赌博人们会想到拉斯维加斯，因为这座城市被称为赌城。城市可以成为营销的对象，更大的地区乃至国家都可以成为营销的对象。美国夏威夷、马尔代夫、韩国济州岛极力向世界推荐它们的迷人沙滩和蔚蓝大海，法国和意大利向全世界推荐它们的奢侈品；中国也在做类似的事情，中国政府计划将最南端的省份海南打造成国际旅游岛，而中国的西藏向全世界推荐它所拥有的洁净、原始和神秘。要想让世人知晓，这些地区需要营销。当然，需要营销的场所并不总是像城市和国家那么大，小的如一个城市内的经济开发区或者一栋办公大楼同样需要营销。

（七）产权

产权是一种无形的权利，包括不动产（如房地产）和金融资产（如股票或债券）。营销可以让产权买卖双方更容易达成交易。通过广告，更多的人知道某个开发商所出售住宅的户型、位置、周围配置乃至价格，有需要或喜欢这些住宅的人可以缩短信息收集的过程。在资本市场通过公开发行股票筹集资金的公司要想更多的人购买并持有该公司的股票，公司就必须有良好的公司形象、具有管理和决策能力的团队以及良好的财务业绩，上市公司在这三个方面努力也是一种营销。

（八）组织

组织是人类社会的普遍现象，它是具有共同目标的人在特定权力结构下结成的群体。组织总是积极致力于在目标顾客心中建立起强势的、宜人的、独特的品牌形象。组织通过自己的使命、价值观以及更广泛的组织文化获得认可。世界知名的医药和日用品公司强生（Johnson & Johnson）自称“因爱而生”并持续致力于公益事业的投入，树立了良好的品牌形象；中国电子消费品厂商小米公司（MI）秉承“为发烧者而生”，推出的一系列的高性价比产品得到了目标市场顾客的青睐。消费者在购买这些产品和服务时首先考虑的并不是产品或服务本身而是提供这些产品和服务的公司。因此宝洁（P&G）、苹果公司（Apple）、微软（Microsoft）、大众（Das Auto）、哈佛商学院（HSB）、阿里巴巴（Alibaba）、百度（Baidu）等公司以其强大号召力为旗下产品或服务的发展奠定了良好的基础。

（九）信息

信息是对有形或无形事物的描述，是个人生活与发展、组织生存与发展的基础；人和组织对新的需求在质量和数量上都将有快速的提高；因此，在今天及未来，信息的生产、包装和分销是一个越发重要的行业。图书、学校教育、传统的电视媒体以及互联网等多种信息媒介构成了现代发达的信息体系，个人或组织可以付费或免费获得自己想要的信息。美国的邓白氏、盖洛普、AC. 尼尔森、麦肯锡咨询集团等是世界知名的商业信息和基于这些信息的咨询服务供应商；它们通过出售信息和自己的知识让管理者更了解自己的公司以及公司所处的环境。

（十）想法

想法是行动的基础，也是任何产品或服务产生的前提。好的创意带来优秀的产品或服务。苹果公司创始人及苹果公司最优秀的CEO史蒂夫·乔布斯（Steve Jobs）是一个充满创意的人，在他的带领下苹果公司一次次推出惊世骇俗的产品。创意不单单是一种想法，它还是一种行业。对于服装、动漫、建筑、汽车、电影等行业，想法和创意的重要性甚至要高于想法和创意的实现过程，尽管后者也很重要；因此便有了专门以创意为销售对象的组织和个人，而这些组织和个人形成了一个行业。

小案例1

迪士尼：不仅有米老鼠和唐老鸭

全球闻名遐迩的迪士尼，全称为The Walt Disney Company，取名自其创始人华特·迪士尼，是总部设在美国伯班克的大型跨国公司，主要业务包括娱乐节目制作、主题公园、玩具、图书、电子游戏和传媒网络。皮克斯动画工作室(PIXAR Animation Studio)、惊奇漫画公司(Marvel Entertainment Inc)、试金石电影公司（Touchstone Pictures)、米拉麦克斯（Miramax）电影公司、博伟影视公司(Buena Vista Home Entertainment)、好莱坞电影公司(Hollywood Pictures)、ESPN体育、美国广播公司（ABC）都是其旗下的公司（品牌)。

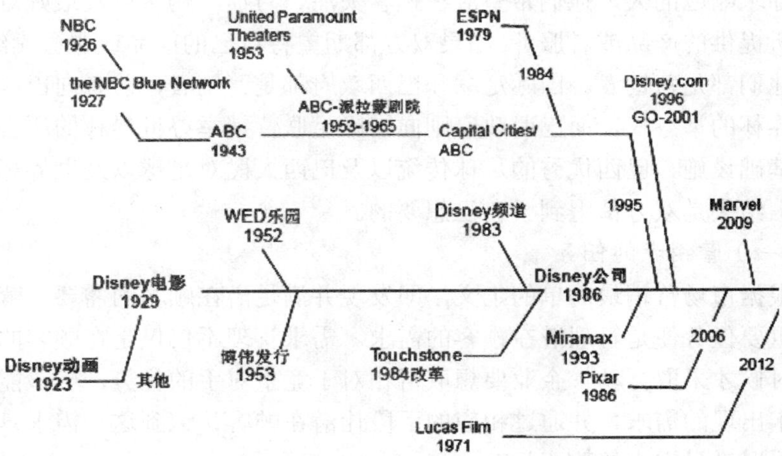

图1-1　迪士尼的业务发展

迪士尼公司还通过特许经营与品牌授权扩大影响和收入。早期迪士尼的特许经营是从米老鼠形象的授权开始，即允许众多厂商生产带有米老鼠形象的商品来扩大迪士尼的知名度。从某种意义上说，早期的特许经营只是一种品牌授权的行为。随着市场需求、科技发展及竞争的需要，迪士尼的特许权也在逐步扩大，动画人物形象、零售商店，继而发展为提供给受许人使用全部知识产权的总和，包括企业文化、品牌、专利、商号、产品、服务、专有技术、加盟店运作管理体系等。现如今，迪士尼公司的特许经营业务收入每年高达10亿美元，在全球发展了超过4000个拥有迪士尼特许经营权的商家。20世纪80年代初，迪士尼计划在东京建设迪士尼乐园，与日本的合作再次成为迪士尼品牌特许方式的一种创新，只提供品牌而不进行资金投入，最后迪士尼收取特许费，于是分文未付的迪士尼公司每年从东京迪士尼营业额中获得一大笔特许经营费。迪士尼处在这样一个巨型特许体系金字塔顶端的盟主位置，不断扩大特许经营的内涵并获得更大的回报。在20世纪30年代，沃尔特·迪士尼为了宣传米奇的形象，授权生产商生产印有迪士尼动画形象的产品。

（资料来源：根据互联网资料整理）

三、营销者

营销者（marketer）是营销行为的执行者，是那些从潜在顾客（prospect）那里寻求响应的人，他们希望潜在顾客关注、习惯、购买以及最好重复购买他们所提供的产品或者服务。如果双方都期望将自己的产品或服务卖给对方，那么他们都是营销者。国际足联和巴西政府都是营销者，前者向巴西政府营销世界杯的举办权，而巴西政府则向国际足联营销举办世界杯的所必须的良好的基础设施、巴西优秀的足球传统以及巴西人民对足球以及世界杯的高涨热情；结果是双方都得到了自己想要的。

（一）营销者的任务

根据市场营销最简单的定义，即发现并满足潜在顾客的需要，营销者的一项重要任务便是管理潜在顾客的需求。需求管理不仅仅是在顾客的需求明了的时候才采取行动，企业要想取得相对于竞争对手的优势，应该能够预测到尚未出现的需求，并通过相应的手段让潜在顾客认识到这一需求，在此基础上采取满足需求的购买行动。

因此，营销者应该具备识别不同类型需求的能力，并清楚如何采取行动来应对这些需求。营销者首先要识别出现某种需求的原因，然后制定出促使该种需求朝着自己所期望的需求类型转化的行动方案。

（二）需求类型

负需求（negative demand）是指消费者对某个产品感到厌恶，甚至花钱去回避它的需求状况。当人们认识到汉堡、炸薯条、炸鸡块、碳酸饮料等快餐食品会导致肥胖以及由于肥胖引起的其他病症，越来越多的人不再或者尽可能少地购买这类食品，他们转向了更健康但可能更贵的食品。同样，去商场或超市购物的人越来越多地自备购物袋或购买能够重复使用的购物袋，而减少或避免在超市使用一次性购物袋。对于负需求，营销者的任务是实施“改变营销”，比如在中国的麦当劳和肯德基进行了本土化的调整，更健康的中式餐点出现在了菜单上。

无需求（nonexistent demand）是消费者对某个产品不了解或不感兴趣的需求状态。在发展中国家，许多人对牙齿保养的重要性认识不足，不会像发达国家的人们那样在牙齿护理上花费时间和金钱，除非牙疼到影响了他们的生活。无需求状况下，营销者应该通过广告、会议、体验和教育等多种手段让消费者知道某项产品或服务以及它给消费者带来的积极利益。

潜在需求（latent demand）是指消费者可能对某个产品产生了强烈的需求而现有的产品又不能满足其需求。对电动汽车的需求已经很明显，因为电的价格要低于汽油或者柴油，但是目前少数的电动汽车高昂的价格、充电的不便利以及汽车的续航能力等多方面的现状限制了人们购买电动汽车。随着上述条件的具备和完善，电动汽车将成为未来汽车消费的主要趋势。对于潜在需求，营销者通过产品和服务改进，提高产品和服务的性价比。

下降需求（declining demand）是指消费者逐渐减少或停止购买某种产品的需求状态。第三代移动通信技术的普及和第四代移动通信技术的逐步发展使得智能手机的市场越来越大，而对非智能手机的需求在快速下降，并最终导致非智能手机市场的消失。对于下降的需求，营销者要加大技术、产品或服务创新，满足市场需求。

不规则需求（irregular demand）是指消费者的购买可能每个季节、每个月、每周乃至每个小时都在发生变化的需求状态。酒店行业对旅游行业的景气度有较高的弹性。在旅游旺季或有大型活动期间，酒店的入住率非常高，即使提高价格仍然会有人入住；相反，在旅游淡季，酒店通常会通过折扣或其他优惠措施吸引客人入住。因此，对于不规则需求，营销者要灵活调整营销措施。

充分需求（full demand）是指消费者恰如其分地在市场上购买自己所需数量的商品的需求状态。在这种状态下，如果商家再继续向特定市场提供相同的产品或服务便会出现供大于求，企业要么进行价格竞争，要么进行产品或服务创新，或者开拓新的市场。以智能手机为例，在收入相对较高的城市市场可供购买的手机的数量足够大，甚至出现了供过于求，如果大家愿意，每个人都可以购买到手机；如果不同企业提供的智能手机在功能、品牌、服务等方面没有差异，商家要增加自己的市场份额，唯一的途径就是降价。充分需求在现实中很难出现，是理论上的一种状态。因为在竞争状态下，商家都想得到更多的顾客、市场份额及利润，他们会想尽办法开发新的产品或新的市场。

过度需求（overfull demand）是指消费者想要购买的数量超过了市场供应数量的需求状态。一般而言，这是企业所期望的状态，但是如果顾客为获得某种商品或服务需要付出过多的时间等待，会导致顾客满意度的下降。面对这种情况，企业可以扩大生产或者提升价格；但也有的企业故意制造这种状态并将之作为营销手段，即所谓的饥饿营销，其目的是保持商品或服务的受欢迎程度。实施饥饿营销是一种危险的营销措施，如果企业仅仅将之作为营销手段而商品自身并不具有差异性，一旦消费者认识到企业的目的，企业和它所提供的产品或服务便面临信任危机。中国手机企业小米公司在互联网上成功运用饥饿营销，小米手机的优势是高水平的性价比。

不健康需求（unwholesome demand）是指产品可能吸引消费者，但却会对社会产生不良后果。网络游戏是一个巨大的产业，也是一个受到争议的产业。台式电脑和手机、平板电脑等移动终端的普及使得游戏流行起来，游戏生产商获得了丰厚的利润。然而网络游戏带来的刺激和虚幻会对人的思维方式甚至是生活带来负面影响；当沉迷网络游戏的人回归现实生活中的时候会产生各种不适应，也会产生心理的扭曲，甚至导致极端行为，这给他们个人的健康、生活以及他们的家庭带来伤害。这种困境涉及企业家和企业社会责任的问题，因为法律很难解决这一问题。阿里巴巴集团业务涉及电子商务、网络金融、门户网站，甚至投资足球俱乐部，但是按照其主要创始人和领导者马云的理念，阿里巴巴绝不涉足网络游戏业务。

四、市场与市场营销系统

在关于市场营销定义的讨论中，我们知道了市场营销是一个市场营销者与顾客就营销对象实现交换的社会过程。定义是对这一过程高度的概括，尽管市场营销者、营销对象以及顾客这三个要素不可缺少，但是这仅仅是简单的营销系统，更大的市场营销系统涉及更多的要素。

（一）传统市场概念

传统的市场概念是指卖方和买方聚集在一起进行交换的实地场所；很显然，经济行为和市场营销行为的研究主要不是在这样的场所进行，理论通常会将具体的对象进行抽象。经济学家将市场定义为“对某一特定产品或一类产品进行交易的买方与卖方的集合”。房地产市场是指出售房屋的企业和有能力与意愿购买房屋的个人或组织的集合，旅游市场是提供旅游相关产品或服务的企业与旅客的集合。

（二）现代交换经济中的市场流程结构

对市场的理解不能仅仅局限于企业和消费者的集合，政府、中间商及资源提供者是更大市场流程中不可或缺的要素。我们以巴西世界杯场馆建设为例，向大家展示现代交换经济中的市场流程结构。建造比赛场馆需要建筑工人、工程技术人员、建筑设计与工程管理人员，需要钢材、水泥及吊装设备，需要资金、工程监理及质量检测，等等。这些产品或服务有的来自制造企业，还有的来自服务行业的企业，有的则来自政府；企业需要向政府交税，而政府则向企业提供授权、担保等服务，其中的一些服务是强制性的。服务行业的企业需要向制造行业的企业采购设备，而制造行业的企业需要服务行业提供的专业化服务，这些企业都需要从劳动力市场雇佣需要的人才。物资和服务采购有时候并不是物资和服务的生产者直接出售给产品和服务的使用者，中间可能经过代理或中介组织，比如钢材是从批发商而非制造商获得。但是观看球赛的观众并不直接向这些企业甚至政府支付资金，尽管他们仅仅向球赛门票的销售者支付现金，显然球赛门票的销售者不是精彩比赛的组织方，他们也不应用先进防伪技术和印刷技术制作球赛门票。

尽管我们不会，但是如果我们愿意，我们可以将巴西世界杯场馆建设阐述得更复杂。在已有的阐述中我们可以看到五个基本市场及流程，即政府市场、制造商市场、资源市场、消费者是市场以及中间商市场。制造商到资源市场上（包括原材料市场、劳动力市场和金融市场等）购买各种资源，然后把它们加工成各种产品和服务，再把它们卖给中间商，中间商则把它们卖给消费者。消费者通过出售自己的劳动力，得到货币收入，并以此来购买自己需要的产品或服务。政府从制造商和中间商那里购买所需的产品或服务，同时也向这些市场征税，并为这些市场提供各种公共服务。每个国家的经济乃至全球经济都是由各种市场组成的复杂体系，而其中的这些市场则通过交换过程链接在一起（如图 1-2）。

（三）简单的营销系统

营销者经常利用市场（market）来指代各种各样的顾客。一般而言，营销者往往把卖方的集合看作行业，而把买方看作市场。作为顾客或客户的买方拥有不同的价值诉求，如健康；需要不同的产品或服务来获取某种价值，比如购买健身中心的指导服务；具有不同的人口统计特征，比如青年市场；居于不同的地方，比如中国；做出不同的行为，比如捐赠、应聘工作、参加选举。我们用健康市场、健身市场、青年市场、中国市场、捐赠市场、劳动力市场等等来描述具有某种特征的顾客群体，我们称之为市场细分，同一行业的不同企业会做出不同的目标市场选择。我们将在后面的学习中了解市场细分、目标市场等概念。

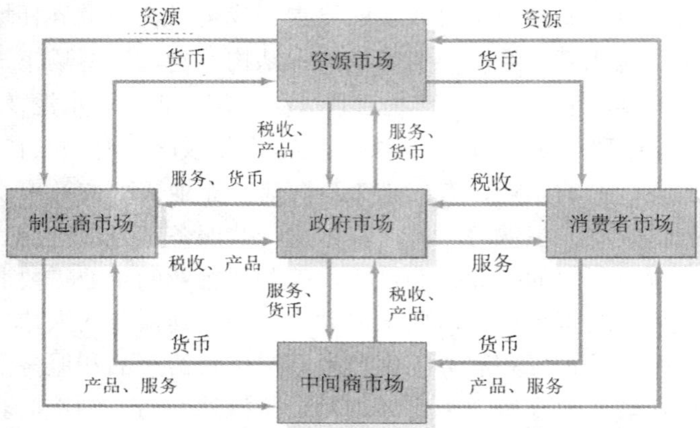

图 1-2　现代交换经济中的市场流程结构

简单的营销系统（如图 1-3）更能直接反映买卖双方的互动过程，也能更清楚解释市场和行业的概念。卖方和买方通过四个流程彼此连接在一起。卖方把产品、服务和传播（如广告）传递给市场；反过来获得货币和信息（消费者的态度和销售数据）。这个过程中，行业和市场是系统的两端，产品或服务、信息和货币是另外三个要素。

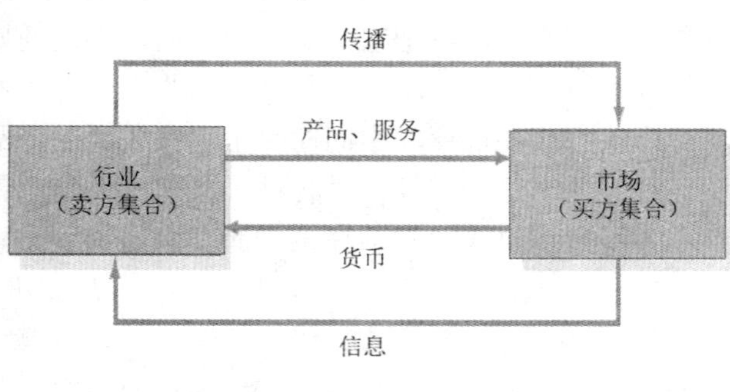

图 1-3　简单的营销系统

（四）主要顾客市场及全球市场

主要的顾客市场包括消费者市场、组织市场、全球市场和非盈利市场。

卖方向消费者市场提供的主要是诸如果汁、化妆品、运动鞋或航空旅游等大众商品或服务。组织购买者购买产品或服务的目的不是直接消费，而是为了生产产品或服务然后销售并获得利润。面对这两种市场，企业的举措有很大差异。对消费者市场，企业往往需要花费很多的时间建立优势品牌形象，产品质量、包装、服务以及持续的传播至关重要。组织市场的购买者通常是受过良好的训练、拥有所采购产品或服务的灵通信息的专业购买者，而且这些购买者对给出竞争力的报价也很内行。因此，在组织市场上，卖方必须尽可能地展示出自己是如何帮助组织购买者获得更多收入或减少成本的。与面向消费者市场相比，两者都可能使用广告，但是销售队伍、价格和企业在可靠性和质量方面的声誉可能发挥着更大的作用。

全球市场是经济全球化的产物，是指交易空间扩展至一个国家之外的区域。相较于在国内市场进行营销，在全球市场上开展市场营销活动面临更复杂的环境。营销者将面临应该进入哪个国家或地区的市场、如何进入该市场、如何使产品或服务适应该国或地区市场、如何在不同国家进行产品或服务的定价、如何使自己的营销传播适应不同国家的具体情况等决策。这类决策的做出往往需要充分考虑购买者、谈判者以及财产拥有者与处置者的不同要求，而且也要兼顾不同国家的文化、语言、法律和政治体系以及汇率的变动。与此相关的概念、理论以及实践会在《国际市场营销》课程中得到详细阐述，这里仅仅做简单提及。

非盈利组织和政府市场的购买者购买商品或服务的目的不是获取利润。学校、医院、红十字协会以及政府等组织的运转也需要从制造商或服务供应商或者中介组织那里购买商品或服务，但是这些组织的收入来源通常是公共财政或社会捐赠，他们的支出会受到广泛的社会监督，不能有丝毫的浪费，因此价格与产品或服务的质量同等重要。因此企业与这类购买者进行交易时需要对价格保持特别的谨慎态度。这对企业来说是一个挑战，用较低的价格争取非营利组织和政府市场的订单时，企业必须在质量规格与利润之间进行权衡。

（五）市场地点、市场空间和大市场概念

在互联网经济和电子商务迅猛发展的今天，市场的空间已远远超过传统的以“地点”来界定的市场。市场地点是有形的，比如我们去一家商店；而空间则是数字式的，比如我们浏览网上商店。

尽管我们根据顾客的价值诉求、所购买的产品或服务、人口统计特征、区域等来对市场进行细分，但这种具体分类的方式往往导致狭隘地看待行业，而忽略行业之间的关系。来自美国西北大学的学者穆罕·梭尼提出了大市场的概念，它是用来描述在消费者看来密切相关但又隶属于不同行业的一系列互补产品或服务。例如，汽车大市场就包括汽车制造商、汽车零部件生产商、旧车和新车的中间商、汽车财务公司、保险公司、机械与零部件经销商、汽车修理服务店、汽车杂志、汽车分类广告以及汽车网站等。大市场的概念让我们从更广视角理解消费者在购买某件产品或服务时如何穿梭于行业丛林。如果要买一辆汽车，你可以在中国国内最大的汽车网汽车之家去搜索你喜欢的车的报价及性能指标，然后到一家 4S 店去看车外观内饰以及驾乘的舒适感，如果你按揭支付，4S 店的销售人员会帮你联系银行办理按揭业务。在日后的汽车使用过程中，4S 店可以为你提供各种服务，当然你也可以选择可以修理各种品牌汽车的修理店。不知不觉中你已经穿梭了三个行业。

第二节　市场营销中的核心概念

通过前面的学习，我们知道了市场营销是企业为满足顾客需要并使企业获得利润、利益相关者也从中受益而进行的创造、传播、交付顾客价值，管理顾客关系的一系列过程和活动，我们也知道了市场营销活动对象、市场营销主体及其任务、开展市场营销活动的复杂流程和简单系统，了解市场营销活动的市场类型、空间及大市场概念。

但是要完整理解作为企业核心职能的市场营销，仅仅了解上述方面还远远不够。我们还必须找到如下问题的答案：什么是需要，什么是企业应该满足的需要，需要、欲望和需求的区别是什么？某个企业应该满足哪些人的需要，如何更好地满足这些人的需要？企业通过什么满足人的需要，并使顾客忠诚于某家企业？什么是顾客价值，顾客的忠诚是如何产生的？优质商品和服务是如何到达顾客手中并取得顾客的认可，需要哪些环节的保障？什么是竞争，企业如何识别竞争对手？企业是在怎样的环境中开展市场营销活动，这些环境又是如何影响企业的市场营销活动的……这些问题是企业开展市场营销活动的核心问题，营销者对这些问题的无知将导致市场营销活动的失败。

接下来我们将结合实例向你解释一些回答上述问题的核心概念，它们也是这门课程核心概念的一部分。

一、需要、欲望和需求

（一）需要

需要（needs）是人类生存发展的要求。按照马斯洛对人类需求的分类，需要分为五类，即生理需要、安全需要、归属需要、被尊重的需要以及自我实现的需要。企业围绕人类的需要忙碌。生理需要是人类存在的前提，包括对空气、食物、衣服、水、睡眠等方面的需要；安全需要是人类持续存在的条件，包括对人身安全、财产安全、健康保障、工作环境保障等方面的需要；归属于情感需要包括对爱情、亲情、友谊等方面的需要；被尊重的需要包括对自我尊重、信心、成就、尊重他人及被他人尊重等方面的需要；自我成就需要包括对道德情操、创造力、自觉性、问题解决能力、公正度、接受现实等方面的需要。

上述需要在性质和满足途径方面存在很大差异。有的企业可以直接提供产品或服务得以满足，比如对食物、水、住房、健康、财产安全等方面的需要。有些需要的满足是一个间接和循序渐进的过程，比如对被尊重、自信心、问题解决能力等方面的需求；生产服装的企业向正在求职中的毕业生提供职业装，但这不是毕业生产生自信的充分条件，他或许还需要接受心理辅导、求职技巧培训等方面的服务才能产生自信。有的需要不通过购买就可以得到满足，比如空气、友谊、信心、睡眠等，企业很难从满足这些需要的过程中获取利润（但是如果空气遭到污染、个体出现自卑心理或遭受睡眠障碍，情况就不一样了）。有的需要必须通过购买才能获得，比如住房、食物、衣服等。

因此，企业并不是为满足所有的需要而开展营销活动的。企业营销活动需要满足三个条件：（1）需要没有得到满足或没有很好地得到满足；（2）企业能提供某种产品或服务来满足需要；（3）人们需要并且愿意支付货币来满足需要。

（二）欲望

顾客欲望（want）是企业开展营销活动的前提。当存在某种具体的商品或服务满足需要的时候，需要就转变成欲望了。外出旅游时，一些人花钱从超市里购买瓶装水，其前提是他们“想”买；如果他们不想买超市里面的瓶装水，他们还可以从家里带水。可见，激起顾客的购买欲望是营销者的重要任务，但有时候顾客欲望的产生不以营销行为为前提，比如去医院看病。欲望的产生是一个复杂的过程，受到个体的价值观、所处社会环境等因素的影响。

需要是欲望的前提，我们在激发人类欲望的时候不能忽略他们的需要。企业不可能创造需要，也不可能持续地让顾客购买他们压根儿不需要的东西。

（三）需求

需求（demand）是有支付能力购买具体的商品或服务来满足的欲望。可见，欲望不是企业利润的充分条件，顾客还必须能够支付得起产品或服务的价格。许多人都需要一辆法拉利跑车，但是能买得起法拉利跑车的人毕竟占少数；因此，营销者不但要知道有多少人需要某种商品或服务，更重要的是要测算出来有多少人实际上能够买得起该产品或服务。

（四）顾客需要的识别

要了解顾客的需要和欲望并不总是十分简单的事情。有些顾客并不知道自己真正需要什么，或者说他们根本无法描述自己的需要。一个人想买一部手机，但他可能并不清楚自己买这部手机的真正目的；他可能仅仅需要用手机与他人保持及时而必要的联系，也可能为了用手机浏览互联网。很多人将手机或者其他商品买到手后发现它们根本不能满足自己最初设定的需要。很多人购买电脑帮助自己获取更多知识，但是在信息爆炸的今天，用电脑获取知识在质量和效率方面并不比去书店挑一本书来得高；他需要的是获取知识的有效途径而非一台电脑。

营销者必须深入研究才能识别出需要。我们可以从以下五种需要模型中加以分析：

- 明确表述的需要：顾客想要一部不是很贵的手机。
- 真正的需要：顾客需要的手机性能稳定，事故率低，而不仅仅是购买的价格很低。
- 未明确表达的需要：一旦出现问题，会有很好的维修服务。
- 令人愉悦的需要：在购买手机时会赠送漂亮的手机壳。
- 秘密的需要：当朋友看到自己购买的手机时赞赏购买决策的明智。

营销者只对消费者明确表述的需要做出反应，可能会误导消费者，因为消费者可能缺乏欲购买商品或服务的有关知识；比如有的消费者秉承“便宜没好货”的理念，而原本他可以用更少的钱买到能满足他需要的商品或服务。因此，营销者有时候要超越顾客的思考。苹果公司在进行产品设计的时候并不过分依赖通过市场调研获取的顾客信息，而是通过优秀的技术整合能力生产出超越顾客想要的产品，并引领消费时尚。但这并不是说营销者可以无视顾客需要，而是更加谨慎看待顾客需要。更进一步，优秀的企业会帮助顾客学习，使他们认识到自己真正需要什么。

二、目标市场、市场定位和市场细分

企业的资源和能力有限，因此不可能满足所有顾客的所有需要；另一方面，不同顾客及其需求也有很大差异，他们也不会选择同样的产品或服务。因此，营销者的第一项工作便是确定满足哪些人的哪些需要，需要对市场进行细分。市场细分是通过分析顾客的人口统计信息、心理特征信息和行为差异信息，识别出具有不同产品或服务需求的不同顾客群体。以服装市场为例，按顾客年龄可分为童装市场、青年服装市场和中老年人服装市场，按性别可分为男装市场和女装市场，按服装用途可分为职业装和休闲装，等等。

在进行市场细分之后，营销者还要分析判断哪个细分市场存在巨大的市场机会，即选择自己的目标市场。然后，企业需要对自己所选择的每个细分市场开发特定的产品或服务，最重要的是让目标市场认可该产品或服务为其带来的核心利益。比如，日产汽车（Nissan）旗下高端汽车品牌英菲尼迪（Infiniti）以独特前卫的设计、出色的操控表现和顶级的客户服务著称；这些特色牢牢吸引了一大批顾客并且将自己区别于其他高端汽车。与英菲尼迪不同，沃尔沃公司（Volvo）的目标市场是那些把安全作为重要购买因素的顾客，该公司将自己的汽车定位为顾客所购买的最安全的汽车。日产公司和沃尔沃公司都做出了正确的定位，市场定位（positioning）就是确定自己所提供的产品或服务所包含的对于目标市场顾客的核心价值。

三、市场供应物和品牌

顾客需要的满足的过程本质上是从企业获得某种或一组利益的过程，这样的利益是企业提出企业的价值主张。价值主张是无形的，但它最终可以通过实际的市场供应物（supplies）来具体体现；市场供应物可以是有形产品、服务、信息、体验以及它们的某种组合。医疗服务背后的价值主张是健康，旅游服务背后的价值主张是扩展见识或身心放松，汽车背后的价值主张是出行方便、身份地位等等。

很多企业提供的产品在生产技术与流程、质量与功能、复杂程度等方面没有什么差异，即使有顾客也可能没有时间、精力和能力去辨别；在人们生活节奏加快、技术日新月异的今天，这种情况将越来越普遍。这时候消费者需要，企业也有必要去创造一种更高效和更有效的购买决策方式。依据品牌做出购买决策便是越来越多的顾客购买时的决策模式，也是企业成功经营的标志。品牌是具有明确提供来源的供应物的一种标志。一提到麦当劳这类品牌，在人们头脑中往往会联想到汉堡、干净、便利、礼貌服务和金色的拱门构成的品牌形象。实际上，所有企业都在努力建立一种非常宜人的、独特的品牌形象。后面的学习中我们将接触更多的有关品牌营销的知识。

小案例 2

宝洁的洗发水

洗发水都能干什么？全球最大的日用品公司宝洁在研究消费者的基础上推出了不同定位的洗发水。让我们通过宝洁官方网站对各洗发水品牌的介绍来领略宝洁在顾客需求发掘和产品定位方面的实力，这些品牌几乎每一个都是行业的佼佼者。

飘柔：飘柔不仅为消费者带来了美丽的秀发和美好的生活，更以其推崇的自信优雅的生活态度成为消费者心目中厚爱有加的品牌。飘柔愿意帮助每一位中国女性变得更美丽、更自我、内外兼修、从容优雅，拥有更美丽的生活、更美丽的明天。每一面都美！

潘婷：作为宝洁公司旗下的秀发护理专家，潘婷品牌在全球一贯致力于健康头发的护理，相信美丽源自健康，提供各种秀发问题的解决方案。

海飞丝：作为国际的去屑美发护理专家，宝洁公司的海飞丝品牌于 1963 年带来了全球第一支含有活性去屑成分，可有效去除头屑的洗发露。自此，有效去除头屑成为海飞丝品牌深受全球消费者喜爱的最出色的功效。

伊卡璐：从创建之初至今，伊卡璐丝焕专业美发一直站在专业美发行业创新的最前沿。现在随着伊卡璐丝焕专业美发进军亚洲，伊卡璐丝焕将一如继往地发展其不同凡响的文化传统，致力于设计和开发先进、优质的染发及洗护产品，帮助消费者拥有炫亮、美丽、充满活力的秀发。

沙宣：沙宣一直与时尚品牌紧密合作，打造时尚经典发型，并且提供洗、护及造型的全线优质产品，帮助消费者打造紧跟时尚的个性自我。沙宣品牌将一如既往地致力于产品创新，提供更多优质的美发产品和先锋时尚潮流，希望可以帮助每一个追求时尚的你打造完美形象。

威娜：威娜始终致力于将最尖端的美发科技和产品带给广大消费者，不断革新的美发科技，将全球最尖端的技术与风尚带到大家的面前。2012 年，威娜专业美发赋予 SP（System Professional 专业系统）最先进、最顶级的专业护理品牌全新定位，使其成为宝洁旗下最高端的独立美发品牌。全新视角进一步诠释了 SP 是威娜对头发的热爱的终极完美主义者。

资料来源：宝洁（中国）官方网站。

四、价值和满意

价值主张是企业提出的一组利益，企业认为这些价值能够吸引目标市场的顾客。而顾客是在不同的市场供应物之间做出选择，选择的基础是哪一种可以给他们带来更大的价值。显然，如果企业的价值主张和顾客所感知到的价值之间有很大的偏差，企业的努力将失去意义。价值是顾客所感知到的有形利益、无形利益与成本的综合反映，往往可以看作质量、服务和价格的某种组合，因此又称为顾客价值的三角形。一般而言，价值感知会随着质量和服务的提高而提升，随着价格的提升而下降。因此，企业之间的竞争也可以理解为价值竞争。

理解了顾客价值的内涵，我们就能更深刻理解市场营销是识别、创造、传播、交付和监督顾客价值的过程。当企业的价值主张与顾客需要相契合，并且顾客感知价值高于竞争对手时，企业便成功了，顾客也获得满意感。满意反映的是顾客对产品的实际表现与自己的期望所进行的比较。如果产品的实际表现低于期望，顾客就是不满意的。如果相等顾客就是满意的。如果超出期望，顾客就会非常高兴。显然，只有顾客高兴了，才愿意掏出钞票购买产品或服务。

五、营销渠道

产品被生产出来或者提供某种服务的条件已经具备，企业还要让顾客知道并能够购买到产品或服务。营销渠道（marketing channel）是促使产品或服务顺利地被使用或消费的一整套相互依存的组织。为了接触目标市场，营销者可以利用三种营销渠道及其组合。

传播渠道是信息在营销者和顾客之间流动的通道。具体的分销渠道包括报纸、杂志、广播、电视、海报、互联网这样的间接（第三方）渠道，也包括面对面交流、电话、电子邮件、博客、公司网站等比较直接的渠道。

分销渠道是向购买者和使用者展现、销售或交付有形产品或服务的通道。分销渠道可以是直接的，也可以是间接的。直接渠道是指通过包括网络、邮件、移动电话或者电话等手段进行直销；美国的日用品公司安利（Amway）和雅芳（Avon）是全球最知名和最优秀的直销公司，复杂的有形产品（如医疗器械）和服务（如管理咨询公司的服务）也通过直接渠道进行销售。间接渠道是指通过分销商、批发商、零售商和代理间接进行销售。许多产品或服务都是经过间接渠道到达顾客手中的，比如，我们在超市购买的食品、服装等。

服务渠道是促进交易的机构或个体，包括仓库、运输公司、银行和保险公司等。

六、供应链

供应链是一条相对较长的渠道链，包括从原料和零部件的供应到把产品交付给顾客的整个过程。汽车的供应链可能开始于一家炼钢企业，后者根据汽车生产商的要求生产某种类型的钢材；其他企业向汽车生产商供应诸如轮胎、车窗玻璃、汽车音响、汽车空调乃至发动机等部件和设备。汽车被生产出来以后并不直接卖给消费者，而是通过代理商渠道向消费者出售。相对于大型工业品，日用品或食品的供应链可能会更长；我们在超市购买的粮食可能要经过化肥供应商、农民、原粮收购企业（刚收割的粮食，如稻谷）、粮食加工企业、成粮（可直接食用的粮食，如大米）分销商、成粮批发商以及成粮零售商才能到达最终消费者手中。一些企业将供应链作为自己的竞争武器。中国最大的粮食加工企业中粮集团（COFCO），其业务涵盖种植养殖、农产品收储物流、农产品加工、饲料加工、屠宰及肉类加工、品牌食品、产品包装、电子商务以及酒店等等。如果你登录这家公司的网站，你会更完整看到和更深刻理解他们所倡导的“全产业链”概念、“从田间到餐桌”的食品供应链和多元化的业务体系。

七、竞争

竞争是市场经济的本质属性；取得相对于竞争对手的优势，争取更多潜在顾客的信任和青睐是市场营销的根本目的。竞争包括所有的现实竞争对手、潜在竞争对手和购买者可能考虑的替代产品。我们以中国国家电视台中央电视台（CCTV）为例，尽管它现在仍然是中国最具影响力的电视台，它所提供节目的质量和收视率也比较高，但是它已经开始面临较之以前恶劣得多的竞争环境。它现有竞争者是各地方电视台，这些电视台的某些类型的节目尤其是娱乐节目大受欢迎，这给中央台以及其他地方电视台带来了很大的压力；这种压力也让中央台和地方台在节目风格、制作与播放体制、节目营销以及内部管理方面做出了前所未有的改变。除了现有竞争者，随着中国文化市场的进一步开放和广播新闻出版政策改革，港澳台和海外的电视台有可能进入中国大众市场。中央电视台还有电视台以外的竞争对手，比如电影院、视频网站、图书馆、广播电台、音乐网站、报纸等，这些都是大众娱乐和获取信息的渠道，有些时候这些渠道所提供的娱乐体验和信息质量要比电视台更新更吸引大众。

八、市场营销环境

市场营销是一个社会过程，也就是说交换的实现过程不是企业单方面的异想天开，企业的市场营销活动的成功取决于对影响市场营销效果的因素的回应效率和质量。我们将所有影响企业市场营销行为并受企业市场影响行为影响的因素称作市场营销环境。市场营销环境对企业的营销战略及实施有重要的影响，因此后面我们会有若干章节进行详尽讨论，这里仅做简单介绍。

市场营销环境可分为任务环境和宏观环境，也有的学者将两者分别称为微观环境和宏观环境；两者的区别在于影响企业营销行为的途径，前者对企业营销行为产生直接影响，后者的影响则是间接的。

任务环境是指从事产品或服务的生产、分销和促销的组织或个体，具体包括生产企业、供应商、分销商和目标顾客，供应链上的组织或个体都属于这类环境要素。中国的双汇公司是全球最大猪肉加工企业，尽管该公司在努力打造全产业链以保障产品质量和公司利润，但是它的经营效果仍然受到诸多因素影响；比如其目标顾客的人口规模、肉类消费量和价格承受能力，各级中间商的销售能力和资金状况，竞争对手（如金锣、雨润等公司）的营销战略和相关活动，为双汇提供市场或管理咨询的公司，诸如此类。

宏观环境隐含着各种变化或趋势，这些趋势暗含着某种需要，对企业可能是机会，也可能是威胁。比如一家 7-11 超市，在它所在的区域或城市也有多家超市或其他类型的购物场所，也有一定数量的供应商。规模更大商品更齐全的超市或者其他购物场所可能会影响到这家 7-11 超市的经营，但是 7-11 超市可以通过选址、产品结构、服务策略等方面的设计来避开其他购物场所的威胁；供应商可能会停止对 7-11 的供货，但是很快就会有其他的供应商替代终止合作关系的供应商；因此，这些威胁都是短期的，企业通过努力可以减少甚至消除这些威胁，而无需做方向性的战略调整。但是如果将来绝大多数人喜欢去一站式购物中心或大卖场购物，这一趋势对 7-11 这样的小型社区连锁超市便是一种灾难。宏观环境中威胁和机会的影响是深远的，需要提供相同、相近及相关产品或服务的整个行业乃至产业做出改变，行业或产业中的企业要进行战略性调整。迫使企业做出战略性调整的因素包括人口环境、经济环境、自然环境、技术环境、政治环境以及社会文化环境。比如，刚才提到的假设，未来绝大多数人喜欢去一站式购物中心或大卖场购物，这是人们生活方式的改变，属于大的趋势。

类似的，社会文化环境还包括老龄化、环境友好型和更健康的生活方式、风俗习惯、亚文化等，技术环境包括新能源技术的出现、互联网和移动通信技术的革新等，经济环境包括居民收入和支出的总量和结构、汇率与利率、国际贸易发展等，政治法律环境包括国家各层面的法律法规、政治环境的稳定性和非政府组织利益等，自然环境包括环境污染、全球变暖、环保主义等，人口环境包括人口在总量、年龄、性别、受教育程度等方面的变化。这些环境因素的变化中蕴含着机会和威胁，不但影响某个企业，也会影响到某个行业乃至产业。一些企业的兴衰足够解释企业对宏观环境的反应速度到底有多重要，它们是谷歌（Google）、微软（Microsoft）、脸谱（Facebook）、苹果（Apple）、百度（Baidu）、阿里巴巴（Alibaba）、腾讯（Tencent），还有一些失败者，如诺基亚（Nokia）、摩托罗拉（Motorola）等。

这八组概念可以帮助我们很好地理解市场营销的本质、过程、环境及其复杂性。每一组概念都是市场营销学研究的一个领域，想要更深层次理解这些领域，你的阅读和学习范围要远远超过这本书和这门课程。

第三节　市场营销学

一、什么是市场营销学

人类的活动产生经验，经验的积累和消化形成认识，认识通过思考、归纳、理解、抽象而上升为知识，知识经过运用并得到验证后进一步发展到科学层面上形成知识体系，处于不断发展和演进的知识体系根据某些共性特征进行划分而形成学科；市场营销学作为相对独立的知识体系，其产生过程也是如此。市场营销学是研究营销活动及其规律的科学，是有关创造、传播和交付顾客价值和管理顾客关系的知识体系。但大家注意，这里所说的市场营销学并不是指我们正在学习的这门课程，对个体和组织的营销活动进行研究需要多个学科领域知识的支持。学术分工和跨学科研究是现代科学发展的特征之一。

二、市场营销学学习什么

在前面，我们了解市场营销的内涵和一些重要而相关的概念，但这远不是市场营销作为一门科学的全貌。我们没有讨论市场营销实践的起点，也没有谈及市场营销学理论的起端；我们没有深入讨论市场营销管理的过程，也没有介绍市场营销理论和实践的最新发展；这些内容与市场营销的内涵和相关概念一样，也是市场营销学的重要内容。如果从市场营销学的学科基础角度看，我们学习的东西则更多；现代市场营销学是建立在经济学、管理学、心理学、统计学、社会学等知识体系之上的。但是考虑到学习者的角色、学习目的、学习精力与能力，我们没有必要、事实上也不可能学习市场营销的所有知识。

凡事因人因事而异。如果我们可以简单地将人分为知识的创造者和使用者（事实上这样的区分很难），创造市场营销知识的大学教授及其他以此领域学术研究为职业的人员与运用市场营销知识制定和执行企业营销战略的企业营销者，在市场营销学的学习目的、内容及方法方面是有很大的区别的；后者无需深入了解市场营销的开端与历史，他们更关注如何获取、消化并运用市场营销知识。

从市场营销理论的初学者到谙熟者，从市场营销实践新手到实战专家，是市场营销者成长与发展的两个轮子。在校的学生要基本完成第一个方面，即从市场营销理论的初学者变成谙熟者；同时也不能完全忽略营销实践，学生也要了解和理解现实世界企业市场营销行为，能用自己所掌握的营销学的概念、理论与方法观察、解释营销现象，解决初级的企业营销问题。无论你是立志成为营销学界的学术大牛还是新世纪的商界精英，这种学习策略对在校大学生都是适用的。

三、市场营销学的学习方法

方法是实现目标的手段，不考虑学习目标而谈学习方法是没有意义的。认真学习市场营销知识的人可能立志成为此领域的学术大牛，也可能想成为实战精英；当然，他们也可能从事与市场营销毫无关系的职业。但是无论怎样，将学习方法与学习目标结合起来非常必要。

（一）同时获取知识与能力

知识是人类在实践中认识客观世界（包括人类自身）的成果，是对某个主题确信的认识，并且这些认识拥有潜在的能力，为特定目的而使用。从认知心理学的角度，知识分为描述性知识和程序性知识；描述性知识是描述客观事物的特点及关系的知识，它回答的问题通常是“是什么”、“为什么”以及“怎么样”等，我们所学的概念和定理均属于这类知识；程序性知识是一套关于办事的操作步骤的知识，它回答的是“做什么”以及“如何做”的问题，我们在管理学（如果你学过）中学到的决策的程序、战略制定过程等均属这类知识。在市场营销的学习中我们也会遇到这两种知识。

能力是完成一项目标或者任务所体现出来的素质，是人们顺利完成某种活动所必备的个性心理特征。人在认识世界的基础上改造世界，并在改造世界的过程中认识世界，但最终的目的还是改造世界。因此，市场营销学的学习也要知识与能力并重。

首先，要对市场营销学的基本概念、理论和方法做到准确理解。理解不是死记硬背，而是要真正领会其内涵，避免答非所问；然后在理解单个概念、理论和方法的基础上建立概念和理论体系，知道概念之间的区别与联系。在第三章我们将学到企业战略和营销战略有关的很多概念，比如公司层战略、业务层战略、职能层战略、SWOT 分析、波士顿（BCG）矩阵、波特“五力”模型等。我们要知道每一个概念的内涵，即是什么；我们也要知道在战略制定中如何使用这些概念，要知道每个工具使用时所采用的评价指标。

其次，能够运用所掌握的概念与理论体系做事情，避免只会纸上谈兵。仍以第三章的内容为例，我们学习了战略的内涵和内容，战略分析的内容和工具，就应该能够为现实中的企业做出战略分析，对公司的现有战略的科学性进行评价。分析和评价的依据是信息，因此我们要能够根据第一阶段学习到的指标收集和分析信息 （后续章节中你将学习到营销调研的内容），得出分析和评价的结论。当然，如果你能够建立或参与到一个团队中，与他人一起制定一个完整可行的商业计划，就说明你的学习成效大大超出了你身边的人；尽管你跟有多年实战经验的企业营销人员还有相当的差距。

再次，无论是知识的学习和能力的施展，都需要其他技能的支持，尽管这些技能与本门课程没有直接的关系。这些技能包括学习能力、与他人合作的能力、沟通能力、数据分析能力、写作能力等。只有通过沟通和表达，让其他人理解你的思路和成果，学习才算完整。例如，你的团队通过缜密思考和认真调研制定了一份商业计划书，并且你对之信心十足，但是你们还要经受投资人或营销实战经验丰富的人士考验，只有你对他们提出的所有问题做出让他们满意的答复，你们的商业计划书才算合格。

最后，要知道知识本身不是答案，它们是帮助你寻求现实问题答案的工具；现有的知识也不可能回答所有的问题，尤其是将来的问题；你要能够在现有知识的基础上，充分利用自己的经验和知觉做出特定条件下的分析、判断与决策。

（二）将多种学习渠道有效结合

1. 提高课堂学习效果

工商管理教育的课堂教学受到的最大批评是理论与实际的脱节，以至于连很多学生对课堂教学的意义持高度怀疑的态度。或许课堂教学确实存在问题，教学内容、方法等方面需要诸多改进；但是对课堂教学、课堂教学与其他学习渠道的关系的错误认识，学习方法与学习策略的不当等因素导致学习效果不理想也被错误地归咎于课堂教学，则是一种错误的思维。这种错误的思维不单单伤害到了课堂教学的效果，自然也不利于学生。

很难给课堂教学确定一个准确而统一的任务。课堂更像一个舞台，在这个舞台上，教师和学生扮演不同角色并合作完成一段剧情。教师可以向学生系统传播某一领域的专业知识，也可以在学生面前高谈阔论，向学生展示他对现实世界的深刻认识，也可以启发和引导学生学习已知和探索未知；学生可以聆听老师对概念和理论的详尽讲解，也可以与同学或老师展开激烈争辩以展示个人才华。如果老师或学生认真做到了上述几点，课堂教学便不辱使命。但是，如果教师和学生没有在课下进行充分准备和交流，课堂教学很难取得令人满意的效果。因此，课堂教学中，教师和学生都要明确自己的目标，相互配合；学生勤学好问是老师提升教学质量和教学创新的动力。

2. 自学是关键

在大学，课堂不是学生所获知识的唯一来源，甚至不是主要来源，它仅仅是学习的启动按钮。就商科教育而言，课堂教学有的以理论讲授为主，有的以案例讨论为主；无论是哪一种，老师都不是学习的主角。课堂上教师对内容的讲解只能是提纲契领，对学生普遍觉得难以理解的概念、理论和现象进行解释，在学生理解能力范围内的内容则一笔带过或交由学生自学。因此学生要充分利用互联网、图书馆，通过与同学和老师讨论增进对所学知识的理解；及时总结自己不甚理解的知识点和现象，再进一步与老师或其他人进行讨论。尤其要强调的一点是，学生应该充分利用互联网上的学习资源；在如何通过互联网进行学习方面，老师有更多的经验和体会。

3. 关注行业和企业

用专业的眼光观察和思考企业营销行为及其营商环境是提升和检验专业学习效果的有效途径。首先，通过互联网或其他途径获取某个企业的营销行为、宏观和微观环境的有关资讯，运用所学的知识体系分析其中的意义，通过这种方式你会领会到市场营销学的价值。比如，苹果公司（Apple）的产品风靡全球，公司市场份额迅速跃至全球第一，原因是什么？你可以从我们后面将要学到的顾客价值选择、顾客价值传播或者顾客价值交付的角度来分析其制胜之道；你也可以从苹果公司对市场的洞察力、整体战略、业务体系、价值链等其他角度进行分析。类似的，你也可以用相反的思维来思考诺基亚（Nokia）和摩托罗拉（Motorola）为什么辉煌不再。然后，你可以将你的思考结果形成正式报告或文章与他人交流，当越来越多的人认可你的分析和判断，你就具备了为企业提供诊断和咨询服务的能力，也自然拥有了在企业营销部门有所担当的潜力。

4. 跨学科涉猎知识

市场营销学知识体系建立在经济学、社会学、心理学、管理学、统计学等多个学科之上，对市场营销学的深刻理解离不开跨学科的学习；当然，这并不是说让自己在每个领域都是顶尖专家，我们强调的是，用更广阔的视角观察企业营销才可以看到市场营销的全貌。

水无常形，学无定法；每个人都应该找到适合自己的学习方法，上面的内容也仅仅是本书作者的对教学和学习做的部分思考。

本章小结

1. 市场营销的定义

从需要的角度看，市场营销就是识别和满足人类和社会的需要；从顾客价值角度看，市场营销是有组织的活动，包括创造、传播和交付顾客价值和管理客户关系的一系列过程，从而使利益相关者和企业从中受益；从交换的角度看，市场营销是个人和集体通过创造、提供、出售、同别人自由交换产品或服务的方式获得自己所需产品或服务的社会过程。营销管理是选择目标市场，并通过创造、交付和传播优质的顾客价值来获得顾客、挽留顾客和提升顾客的科学与艺术。

一般而言，营销者主要经营以下十大类产品：有形产品、服务、事件、体验、人物、场所、产权、组织、信息和想法等；在法律允许的范围内，基本上可以交易的东西都可以成为营销的对象。

营销者（marketer）是营销行为的执行者，是那些从潜在顾客（prospect）那里寻求响应的人，他们希望潜在顾客关注、习惯、购买以及最好重复购买他们所提供的产品或者服务。营销者的一项重要任务便是管理潜在顾客的需求，能够应对不同的需求类型；包括负需求、无需求、潜在需求、下降需求、不规则需求、充分需求、过度需求、不健康需求。

经济学家将市场定义为“对某一特定产品或一类产品进行交易的买方与

卖方的集合”。对市场的理解不能仅仅局限于企业和消费者的集合，政府、中间商及资源提供者是更大市场流程中不可或缺的要素。简单的营销系统能直接反映买卖双方的互动过程，也能更清楚解释市场和行业的概念。市场来指代各种各样的顾客。一般而言，营销者往往把卖方的集合看作行业，而把买方看作市场。主要的顾客市场包括消费者市场、组织市场、全球市场和非盈利市场。全球市场是经济全球化的产物，是指交易空间扩展至一个国家之外的区域；在全球市场上开展市场营销活动面临更复杂的环境。营销者将面临应该进入哪个国家或地区的市场、如何进入该市场、如何使产品或服务适应该国或地区市场、如何在不同国家进行产品或服务的定价、如何使自己的营销传播适应不同国家的具体情况等决策。非盈利组织和政府市场的购买者购买商品或服务的目的不是获取利润；用较低的价格争取非营利组织和政府市场的订单时，企业必须在质量规格与利润之间进行权衡。在互联网经济和电子商务迅猛发展的今天，市场的空间已远远超过传统的以“地点”来界定的市场。大市场的概念，它是用来描述在消费者看来密切相关但又隶属于不同行业的一系列互补产品或服务。

2. 市场营销的核心概念

需要是人类生存发展的要求，人类有不同的需要，企业通过不同的产品或服务来满足人类的不同需要。企业营销活动需要满足三个条件：（1）需要没有得到满足或没有很好地得到满足；（2）企业能提供某种产品或服务来满足需要；（3）人们需要并且愿意支付货币来满足需要。当存在某种具体的商品或服务满足需要的时候，需要就转变成欲望了，顾客欲望是企业开展营销活动的前提。需求是有支付能力购买具体的商品或服务来满足的欲望。营销者必须深入研究才能识别出需要。我们可以从以下五种需要模型中加以分析，即明确表述的需要、真正的需要、未明确表达的需要、令人愉悦的需要和秘密的需要。目标市场、市场定位和市场细分是战略营销的三个步骤。市场细分是通过分析顾客的人口统计信息、心理特征信息和行为差异信息，识别出具有不同产品或服务需求的不同顾客群体，是目标市场选择的基础；目标市场是企业计划满足的市场；市场定位是确定自己所提供的产品或服务所包含的对于目标市场顾客的核心价值。顾客需要的满足的过程本质上是从企业获得某种或一组利益的过程，这样的利益是企业提出企业的价值主张。价值主张是无形的，但它最终可以通过实际的市场供应物来具体体现。品牌是具有明确提供来源的供应物的一种标志，依据品牌做出购买决策便是越来越多的顾客购买时的决策模式，也是企业成功经营的标志。

价值主张是企业提出的一组利益，企业认为这些价值能够吸引目标市场的顾客。当企业的价值主张与顾客需要相契合，并且顾客感知价值高于竞争对手，企业便成功了，顾客也获得满意。满意反映的是顾客对产品的实际表现与自己的期望所进行的比较。企业通过营销渠道、传播渠道和分销渠道向市场传递产品或服务信息，让顾客能够获得产品或服务。供应链是一条相对较长的渠道链，包括从原料和零部件的供应到把产品交付给顾客的整个过程。竞争包括所有的现实竞争对手、潜在竞争对手和购买者可能考虑的替代产品；今天的企业面临着越发激烈的竞争。

市场营销环境可分为任务环境和宏观环境，也有的学者将两者分别称为微观环境和宏观环境；两者的区别在于影响企业营销行为的途径，前者对企业营销行为产生直接影响，后者的影响则是间接的。

3. 市场营销学及其学习策略

市场营销学是研究营销活动及其规律的科学，是有关创造、传播和交付顾客价值和管理顾客关系的知识体系。从市场营销理论的初学者到谙熟者，从市场营销实践新手到实战专家，是市场营销者成长与发展的两个轮子。在校的学生要基本完成第一个方面，即从市场营销理论的初学者变成谙熟者；同时也不能完全忽略营销实践，学生也要了解和理解现实世界企业市场营销行为，能用自己所掌握的营销学的概念、理论与方法观察、解释营销现象，解决初级的企业营销问题。

市场营销的学习要同时获取知识与能力。首先，要对市场营销学的基本概念、理论和方法做到准确理解。其次，要能够运用所掌握的概念与理论体系做事情，避免只会纸上谈兵。再次，要综合体高自己的能力，包括学习能力、与他人合作的能力、沟通能力、数据分析能力、写作能力等是理论学习和通过实践学习的基础性能力。最后，学习者要知道知识本身不是答案，它们是帮助你寻求现实问题答案的工具，学习者要能够在现有知识的基础上，充分利用自己的经验和知觉做出特定条件下的分析、判断与决策。

学习者要将多种学习渠道有效结合，首先要提高课堂学习效果，其次要知道自学是关键，再次要关注行业和企业，最后要跨学科涉猎知识。

能力培养指导

通过本章的学习，学生应该能做到：

● 能用所学的营销的内涵、核心概念及理论来解释一些商业行为。对于市场营销初学者而言，利用基本的概念观察商业世界是开启学习之路的有效方法。因此，学生要将基本的概念理解透彻。然后，通过互联网或其他途径搜集有关企业商业活动的信息，尝试用所学知识和理论进行解释。

案例应用 1

"第三空间"星巴克

星巴克（Starbucks）咖啡公司成立于1971年，是世界领先的特种咖啡的零售商、烘焙者和星巴克品牌拥有者。旗下零售产品包括30多款全球顶级的咖啡豆、手工制作的浓缩咖啡和多款咖啡冷热饮料、新鲜美味的各式糕点食品以及丰富多样的咖啡机、咖啡杯等商品。长期以来，公司一直致力于向顾客提供最优质的咖啡和服务，营造独特的"星巴克体验"，让全球各地的星巴克店成为人们除了工作场所和生活居所之外温馨舒适的"第三生活空间"。与此同时，公司不断地通过各种体现企业社会责任的活动回馈社会，改善环境，回报合作伙伴和咖啡产区农民。鉴于星巴克独特的企业文化和理念，公司连续多年被美国《财富》杂志评为"最受尊敬的企业"。

星巴克看好中国市场的巨大潜力，立志于在中国长期发展。2005年9月，公司出资4000万元人民币设立"星巴克中国教育项目"，专门用于改善中国教育状况，特别是帮助中西部贫困地区的教师和学生。其中首笔捐赠已与中国宋庆龄基金会合作开展"西部园丁培训计划"。2005年底，星巴克在上海成立中华区总部，主要负责星巴克大中华区战略发展、市场开拓和营运等事务。

星巴克咖啡在美国和加拿大的学生和城市白领中非常流行。除咖啡之外，星巴克也提供诸如茶（不管热的还是冰的）、馅饼、蛋糕等。有些星巴克店甚至位于超级市场、书店这样的本地商店里（星巴克公司并没有经营这些超级市场或者书店）。到2006年2月为止，星巴克在全球范围内已经有超过9000家连锁店，分布在北美洲、拉丁美洲、欧洲、中东和环太平洋地区。

在风格上，星巴克的过人之处在于既创造了统一的外观，同时又加入变化，利用风格体现美感，创造了视觉冲击。

在环境设计上，星巴克以咖啡制作的四大阶段衍生出以绿色系为主的"栽种"；以深红和暗褐系为主的"烘焙"；以蓝色为水、褐色为咖啡的"滤泡"；以浅黄、白和绿色系诠释咖啡的"香气"。四种店面设计风格，依照店面的位置，再结合天然的环保材质，灯饰和饰品速配成因地制宜的门店，创造新鲜感。

感官识别方面，嗅觉、视觉、听觉、触觉和味觉共同塑造了星巴克咖啡馆浪漫的情调。重烘焙极品咖啡豆是星巴克味道的来源，加上“四禁”政策（禁烟、禁止员工用香水、禁用化学香精的调味咖啡豆、禁售其他食品和羹汤）力保店内充满咖啡自然醇正的浓香。这种带有意式浓缩咖啡馆的气氛和饮品被舒尔茨引进美国后，做了本土化的调整，轻松的爵士乐取代了严肃的歌剧和古典乐（如今也选播一些古典歌剧）。

在包装方面，星巴克的美学不仅是借鉴，还融合了自己的风格。不同的标记在基本统一的风格下又显示出其多样性和变化性。美人鱼商标的创造者根据各咖啡产地的珍禽异兽、文化特性和各种咖啡独有的情境，设计出十几种精美贴纸。彰显各产地咖啡豆的独特性，让消费者看到包装就联想到各种咖啡的脸谱。

（资料来源：百度百科星巴克词条）

【讨论题】

1．星巴克营销了什么？

2．结合星巴克的定位思路，为你熟悉的餐饮机构进行定位分析或再定位。

案例应用 2

传统零售业变局

传统零售行业正走到一个历史的十字路口。

无论传统百货公司、大型连锁超市，还是连锁电器行，近两年都出现了不同程度的业绩下滑。许多零售巨头包括沃尔玛、家乐福等，不得不通过关闭门店来减少亏损。相关统计数字显示，2012 年中国许多大型零售企业利润增速已骤降至 10% 以下，与 2011 年相比缩减了一半。与此同时，互联网零售业异军突起，且增长速度惊人。截至 2012 年 12 月底，中国网络零售市场交易规模达 13205 亿元，同比增长 64.7%。

长期研究零售行业的上海从容投资管理有限公司合伙人、投资总监陈宸认为，传统零售业增速下滑的根本原因，在于自身进入行业发展的成熟期，告别了利润高速增长的阶段。尽管行业总量仍在增长，但增速下滑已是不可逆转的趋势。换言之，传统零售业正处于微利时代。而 B2C 电子商务的快速崛起，给传统零售业带来巨大的外部冲击，加重了零售业的危机。

目前，传统零售业在国内主要有两种经营业态：一种是传统百货公司，如王府井百货、太平洋百货、东方商厦等。此类百货企业一般拥有商场的业权，经销采用“工商联营”的方式，即品牌商租用百货商场的场地作为专柜，并派送商品和营业员，销售货款则由百货商场先行代为收取，再从经销差价中抽取20%—30%的提成后，返还给品牌商。因此品牌商销量越大，百货公司的提成越高。另一种是连锁经营商店，包括沃尔玛、家乐福等大型连锁超市，也包括苏宁、国美等电器行。连锁经营企业需要租赁较大面积的场地作为门店，然后引入品牌商的货品，除了赚取货品经销差价的利润外，许多连锁商店还会向供应商收取“通道费”（包括陈列费、条码费、节庆费等）。

可见，决定传统零售行业利润的因素，主要为经销差价和收取品牌商的租金或通道费，其成本主要来自店铺租金和人力、管理等。

目前连锁卖场、超市、便利店等零售企业中，租金成本一般占30%—50%。中国零售业连锁与超市的大发展期约在2002—2004年，按商业地产的租期一般为5—10年计，2011年前后全国商场超市陆续迎来租赁到期高峰，部分1万平方米左右的商场，年租金涨到1000万元以上。数据显示，2012年中国商超行业平均租金所占总经营成本的比例，已经高达57%，人力成本也平均上涨15%，大卖场的综合利润下跌到5%—8%。

而利润收益方面，B2C电商网站的快速发展，更是对零售业的致命打击。首先，电商的出现，分流了消费者。麦肯锡的研究报告指出，2012年中国网络销售，已占社会消费品零售总额近6%。其次，电商作为价格高度敏感的零售业态，迫使商品零售价格透明度越来越高，令传统零售商的经销差价收入越来越低。“实体店有区位性，一定地域范围内的消费者，对其有很高的忠诚度；而电商则不同，从一个电商网站切换到另一个成本极低，很容易进行比价，消除了实体店价格的不透明性。因为除了价格，电商没有其他因素可以影响消费行为。”

【讨论题】

1. 运用营销学的核心概念解释传统零售业为何陷入困境。

2. 从顾客价值、顾客满意和顾客忠诚的角度思考传统零售企业如何保持顾客忠诚度，阐述你的应对策略并解释其可行性。

第二章　市场营销思想的演变

学习目标：

- 理解市场营销理念演变中四种营销理念的内涵和他们之间的关系；
- 理解全方位营销的内涵以及全方位营销的四个主题；
- 理解营销 4P 组合的内涵以及新 4P 的内涵；
- 理解顾客价值、顾客满意和顾客忠诚的内涵及三者之间的关系；
- 理解顾客关系管理的内涵并掌握其策略；
- 理解数据库营销的内涵和实施过程；
- 理解营销技术和环境的最新变化和由此带来的对企业能力的挑战。

实践中的营销思想

海尔：全面创新与全面营销良性互动

海尔集团创立于 1984 年，从开始单一生产冰箱起步，拓展到家电、通讯、IT 数码产品、家居、物流、金融、房地产、生物制药等多个领域，成为全球领先的美好生活解决方案提供商。2013 年，海尔全球营业额 1803 亿元，利润总额 108 亿元，继续保持利润增长 2 倍于收入增长。据消费市场权威调查机构欧睿国际（Euromonitor）的数据，2013 年海尔品牌全球零售量份额为 9.7%，连续五年蝉联全球白色家电第一品牌。

海尔致力于成为全球消费者喜爱的本土品牌，多年来一直践行本土化研发、制造和营销的海外市场战略并取得了很好的成绩。目前，海尔在全球有 24 个工业园，5 大研发中心、66 个贸易公司，全球用户遍布 100 多个国家和地区。

创新是海尔的企业文化基因。海尔的创新力体现在管理模式和解决方案的破坏性创新。海尔研发制造平台以破坏性创新推进智慧化家电，致力于成为全球家电的引领者。通过在全球的五大研发中心作为资源接口，与全球一流供应商、研究机构、著名大学建立战略合作，形成了由上百万名科学家和工程师组成的创新生态圈。截至2013年底，海尔累计申请专利15737项，获得授权专利10167项。海尔商业平台以交互平台和配送平台推进平台型的商业生态网，通过打造营销网、虚网、物流网和服务网四网融合的竞争力，正在为用户提供“24小时按约送达、送装一体”的最佳体验。

海尔通过人单合一双赢模式创新使组织充满激情与创造力，让员工在为用户创造价值的同时实现自身的价值。其组织架构从“正三角”颠覆为“倒三角”，并进一步扁平为以自主经营体为基本创新单元的动态网状组织，组织中的每个节点接受用户驱动而非领导驱动，通过开放地连接外部资源来满足用户需求。在这一模式的指导下，海尔集团战略推进的主题颠覆为“企业平台化、员工创客化、用户个性化”：企业平台化对应企业的互联网思维，即企业无边界；员工创客化对应员工的价值体现，员工成为自主创业创新的创新者；用户个性化对应着企业的互联网宗旨，即创造用户全流程最佳体验。人单合一双赢模式因破解了互联网时代的管理难题而吸引了世界著名商学院、管理专家争相跟踪研究，并将海尔人单合一双赢模式收入案例库进行教学研究。

互联网时代的到来颠覆了传统经济的发展模式，为企业带来新的挑战和机遇。海尔将坚持网络化的发展战略，开拓创新，通过建立人单合一双赢的自主经营体模式，对内，打造节点闭环的动态网状组织；对外，构筑开放的平台，成为全球白电行业领先者和规则制定者，全流程用户体验驱动的虚实网络融合领先者，创造互联网时代的世界级品牌。

（资料来源：综合互联网有关资料）

评述：

从案例中我们可以看到，海尔围绕顾客需要推进创新进程，让顾客及其他组织参与创新，实现顾客价值最大化和顾客满意；这无疑是一种现代而高明的营销手段。然而，这种营销理念不是伴随着人类商业活动的产生而产生的，而是学者和企业不断反思营商环境和自身营销行为的结果；海尔的做法也必将被其他企业学习模仿，海尔要实现持续的竞争优势，它必须在探索更先进营销理念和手段的道路上不断努力。这种推陈出新的过程便是营销思想的演变过程。

对人类营销理念的回顾不仅仅出于学术和知识方面兴趣；更关键的是，通过对人类营销思想演变的研究可以看到他们在探索实现交易有效途径过程中所经历的挫折和反思；通过考察营销理念的优胜劣汰的故事，从中领悟营销制胜之道，让企业走得更远。相信市场营销学的初学者也能从人类营销理念的演变中受益匪浅。

第一节 从生产观念到营销观念

从以企业为中心到以顾客为中心是市场营销思想演变的基本脉络，在这个脉络中先后出现了四种营销观念。

一、生产观念

生产观念（production concept）是商业领域最古老的观念之一。生产观念认为，消费者喜欢那些随处能买到的、价格低廉的产品。生产导向型的管理层总是致力于提高生产率，实现低成本和大宗分销。这种导向在以中国为代表的发展中国家具有一定的可行性。在中国，最大的个人计算机制造商联想公司（Lenovo）和家用电器巨头海尔公司（Haier），都利用国内庞大而廉价的劳动力资源在市场上占据了垄断地位。此外，当企业想要扩大市场份额时，也可以采用这种观念。

二、产品观念

产品观念（product concept）认为，消费者喜欢那些具有最高质量、性能水平或富有创新特色的产品。在奉行这种理念的企业里，管理人员总是生产优质的产品，并不断地加以完善。但是，管理人员有时会迷恋上自己的产品，因而有可能陷入“更好的捕鼠器”这类陷阱中，幻想着只要生产好的扑鼠器，人们就会踩破自家商店的门槛。实际上对于一种新产品或改进的产品而言，如果没有制定出合适的价格并采取合理的分销、广告和销售措施，是未必能够成功的。

三、推销观念

推销观念（selling concept）认为，如果任其发展，消费者和企业并不会足量购买所需的产品。因此，对企业而言，必须主动推销并积极促销。在那些非渴求产品，如在保险或者目的产品销售中，往往极大限度运用推销观念，而不是为了满足消费者需要而进行营销。然而建立在强化推销基础之上的市场营销却蕴含着极大的风险。这种观念假设“被诱惑的消费者会喜欢所购买的产品，如果不喜欢他们也不会退货，他们也不会进行负面的口碑传播，更不会向消费者组织抱怨，而且他们还会再次购买。”

小案例 1

苹果的失败

《福布斯》杂志撰文称，作为一家知名 IT 公司，苹果如今已走过三十多年的发展历程。同许多公司一样，苹果在创新过程中也走过许多弯路，以下便是苹果十大创新败笔。

1. Lisa 电脑

全球首款将图形用户界面（GUI）和鼠标结合起来的个人电脑。然而，在 Lisa 电脑于 1983 年面市时，苹果没有充分考虑到消费者对电脑消费的承受能力，当时售价为令人难以置信的 1 万美元。高昂的售价令不少用户退避三舍，导致其销量不佳。1989 年，苹果将数千台没有售出的 Lisa 电脑扔进了犹他州的垃圾堆。

2. Macintosh-Portable

苹果电脑于 1989 年推出售价 6500 美元，重 15.5 磅（约合 7 公斤）的“便携式”电脑 Macintosh-Portable，但市场反应极差。在对 Macintosh-Portable 的设计重新思考后，苹果在 1991 年推出 PowerBook。

3. Taligent 操作系统

Taligent 是一套操作系统，名称由“Talent”（天才）和“智力”（Intelligence）组合而成。按照苹果的构想，这将是性能卓越、面向未来的新一代 PC 操作平台，并于 20 世纪 80 年代末开始实施这一计划，但 Taligent 的结局却是无疾而终，在 1995 年悄悄消失。

4. Newton 掌上电脑

从今天的视角看来，Newton 好像既是一款超前设备，又是价格高昂、体积硕大的 PDA。但在 1993 年的时候，Newton 与上述两个方面都不搭边：消费者根本不清楚怎样使用。Newton 售价在 700 至 1200 美元之间，机长 8 英寸，宽 4.5 英寸，刚刚有巴掌大小。然而，由于屏幕分辨率不佳，字迹辨认能力极差，一度成为人们的讽刺对象，最终消失在人们的视野之外。

5. Quicktake 数码相机

苹果 1994 年推出 QuickTake，是世界上第一台数码相机。同 Newton 一样，苹果可能出于自身利益，对 QuickTake 做了大胆创新，但这些创新并不成功。QuickTake 售价 750 美元，记忆存储容量只有 1MB，只能存储 8 张 0.3 兆像素的相片，没有 LCD 屏幕和变焦功能。另外值得一提的是，QuickTake

拍摄的照片只能下载至Mac机上，苹果的用意不言自明。

6. Macintosh TV

苹果高层的想法似乎足够简单：开发一种可将显示器当作电视使用的电脑，将至少一件电子用具从起居室清除出去。Macintosh TV就像是拥有电视调谐器的苹果LC520PC，用户可以在电视和电脑之间切换，也就是说可以将其作为电视和电脑使用。但Macintosh TV的处理速度比相同配置的PC慢得多，而售价超过2000美元，比一般的电视又贵，市场定位一时难以解决。在Macintosh TV停产之前，其出货量不到1万台。

7. Pippin游戏机

Pippin游戏机是苹果同玩家制造商Bandai公司合作的一个项目，是其追随索尼进军游戏机市场的一次尝试。Pippin游戏机1995年率先在日本推出，是世界上将游戏机同互联网连接结合起来的首次尝试，原本打算用于替换同过时游戏机差不多陈旧的PC。但是，由于其配备的调制解调器的速度只有每秒14.4KB，难以处理实时的网络游戏——即便是一句聊天信息的发送和接收，竟然也需要约10分钟才能完成。Pippin游戏机售价599美元，而任天堂的N64只有199美元，如此一来，苹果的这款产品就更难以在游戏机市场立足。

8. Rokr手机

苹果的拥趸不厌其烦地强调，摩托罗拉Rokr并非苹果在iPod方面的第一次尝试。但苹果确实让Rokr搭载了公司iTunes播放软件，并在2005年9月联手摩托罗拉推销这款产品。Rokr存储量有限，只能装载100首的歌曲，最终结果令人失望，尽管它确实预示着引爆市场的iPhone手机即将问世。

9. Power Mac G4 Cube

在苹果2000年刚刚推出Power Mac G4 Cube时，其8英寸的创新外观和独特的光盘驱动一度使业内人士认为PC设计可能从此会被重新定义。美国媒体也是纷纷高唱赞歌。但是，由于G4Cube的200美元售价高于具有类似配置的苹果G4PC，消费者并不买它的账。在推出G4Cube一年后，苹果悄悄发表了一份声明，称公司将暂停销售G4Cube。

10. Apple TV

苹果推出的一款用以连接电视机和网络视频的机顶盒；但是，苹果仅成功说服好莱坞六大电影制片商的两家与其签约，提供通过这一设备网上观看的电影。在亮相六个月后，Apple TV仅仅售出25万台左右。

（资料来源：http://www.cnbeta.com/articles/68556.htm）

四、营销观念

营销观念（marketing concept）强调“以顾客为中心”，“先感知再反应”。这种理念下，企业的工作不再是为自己的产品找到合适的顾客，而是为顾客设计合适的产品。例如，戴尔计算机公司不是为目标顾客设计出完美的产品，而是为目标顾客提供一个平台，使顾客可以根据自己的需要来配置并订购个性化的计算机产品。

营销观念认为，实现组织目标的关键是在面向目标市场创造、交付和传播顾客价值的过程中比竞争对手更有效。正如哈佛大学的西奥多·莱维特所说：推销观念关注卖方的需要，而营销观念注重买方的需要。推销观念以卖方的需要为出发点，考虑的是如何把产品变成现金；而营销观念考虑的则是如何通过产品以及创造、交付产品和消费最终产品的所有环节来满足顾客需要。

小案例 2

宝洁的独门武器：通过市场研究了解顾客需要

1. 美国宝洁的市场研究

美国宝洁在消费者市场研究方面始终处于领先地位，目前大量的被广为应用的市场调研技术都是宝洁开创的。美国宝洁公司调查研究有两个目标：一是已拥有这个产品，调查消费者还有什么要求；二是完全没有这种产品，这就需要了解消费者的需求，开发新产品。

市场调研技术。早在 1924 年，宝洁就在美国成立了消费者研究机构，成为在美国工业界率先运用科学分析方法了解消费者需求的公司之一。起初，宝洁雇用了“现场调查员”，逐门逐户进行采访，征询家庭主妇对产品性能的喜好和建议。到 20 世纪 70 年代，宝洁公司成为最早用免费电话与用户沟通的公司。此外，宝洁公司还建立了用户满意程度监测系统，了解各个国家的消费者对公司产品的反应。

目前，美国宝洁公司每年要通过各种市场调研工具和技术与全球多达 700 万消费者进行交流。通过入户访问、观察、举办消费者座谈会（focus group）、问卷调查、访问商店、跟踪调查系统、消费者信件以及接听消费者电话等措施，宝洁建立起庞大的数据库，及时捕捉消费者的意见，把用户意见及时反馈给产品开发部，以求产品的改进。

2. 中国宝洁的市场研究

中国宝洁公司建立了一支专业调查队伍，他们的足迹遍及全国城乡。调查人员深入普通百姓家庭，与消费者同吃、同住，观察他们的生活习惯，看他们如何洗衣服、如何刷牙、如何洗头、如何给孩子换尿布。十多年来，他们用这种办法，与数十万计的消费者进行了接触。他们的调研方式还包括定量样本研究、定性效果分析、举办消费者座谈会、入户访问、商店调查等。得到调查数据后进行分析，然后才决定是否开发。

中国宝洁的市场理念是"尽早发现一个发展趋势，然后领导这种发展趋势"。当宝洁通过市场研究发现一种趋势，通常要花两到三年的时间来测试产品及其市场拓展策略，然后才会大规模推出。宝洁会测试、测试、再测试，不放过任何细节，竞争者能提前几年或几个月看到宝洁在逼进，但是一旦宝洁进来了，就是竞争者该让开的时候了。

（资料来源：http://blog.sina.com.cn/s/blog_4d8d8b010102e3kd.html）

五、对四种观念的对比

研究发现执行营销观念的企业通常取得更好的业绩。这或许会让你觉得前三种营销观念是完全错误的，事实上这三种营销即使在今天也有它们的合理之处，只是不能只关注生产、产品或者推销；另一方面，营销观念的贯彻执行离不开生产、产品以及销售的支持。前面我们提到过顾客价值是质量、服务和价格的组合；生产观念强调价格和产品或服务的可得性，产品观念强调产品的质量和性能，推销观念强调对需求的挖掘，无论哪一方面对顾客价值来说都至关重要，尤其是在竞争日益激烈的今天。

营销观念比前三种优越之处在于，思考的出发点从企业转向消费者和市场，并将企业和市场更紧密地联系在了一起。

第二节 全方位营销观念

营销观念是市场营销思想的重要跨越，但是要在21世纪成为领先企业，仅仅做到符合营销观念的要求是远远不够的。营销的趋势和力量正在促使一些领先企业接纳一套新的理念和实践方式。当今最好的营销者已经意识到必须超越传统的营销观念，而采用一种更富有整体性、关联性的方法来展开自己的营销活动。

全方位营销（holistic marketing）观念是以开发、设计和实施营销计划、过程及活动为基础的，但同时也深刻认识到上述营销计划、营销过程和营销活动的广度和彼此之间的相互依赖性。全方位营销认为，在营销实践中每个细节都是特别重要的，广泛的、整合的视角不可或缺。

全方位营销试图认识和协调市场营销活动的范围和复杂度。该理论包括关系营销、内部营销、整合营销和绩效营销四个主题。

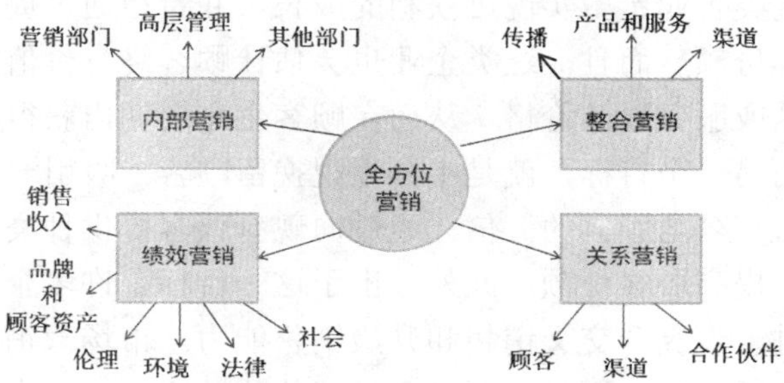

图 2–1　全方位营销

一、关系营销

市场营销的主要目标越来越集中于开发与相关组织和个体之间密切的、持久的关系上。这里所说的组织和个体是指那些直接或间接对组织的营销活动能否获得成功产生影响的组织或个体。关系营销（relationship marketing）就是要与关键的利益相关者建立彼此满意的长期关系，以赢得和维持业务。

关系营销中，主要包括四个关键的利益相关者，分别是顾客、员工、营销合作伙伴（渠道、供应商、分销商、经销商和代理商）和财务团体（股东、投资者和分析者）。营销者应该充分尊重利益相关者的需要，是各个利益相关者可以各取所需，并制定出可以平衡关键利益相关者利益的政策和战略。为了与这些利益相关者形成密切的关系，有必要了解他们的能力、资源、需要、目标和欲望。

关系营销的最终结果是建立起独特的公司资产——营销网络（marketing network）。一般来说，营销网络包括企业以及为其提供支持的利益相关者——顾客、雇员、供应商、分销商、经销商、代理商、大学研究人员等。企业已经根据利益相关者建立起互惠的商业关系。在营销网络中，其运行规则非常简单，即与关键利益相关者建立起高效的关系网络，利润就会随之而来。遵循这一原则，更多的企业可望拥有品牌资产，而不是有形资产。同时，越来越多的企业开始把一些业务外包给那些可以更高效、更廉价地从事外包业务的企业，而自己则仅仅从事核心业务。

目前越来越多的企业向不同的顾客提供不同的产品、服务或信息。这主要是通过对每个顾客过去的交易数据、人口统计数据、消费心理信息以及对媒体和分销商活动的偏好进行分析来实现的。通过关注盈利性最高的顾客、产品和渠道，这类企业希望实现可获利的成长，并希望通过提升顾客忠诚来实现较高的顾客份额。而且，这类企业也会估计顾客终身价值的大小，并设计出合适的产品或服务以及价格，从而在顾客生命周期内获得相应的利润。

关系营销的另一个目标，就是十分重视挽留顾客。吸引一位新顾客的成本，可能是挽留一名老顾客的五倍。通过向现有顾客提供种类繁多的产品，企业可以进一步提高顾客份额。此外，出于这一目标，许多企业还对员工进行培训，以便进一步提升交叉销售和升级销售能力。市场营销不仅需要技巧性地进行顾客关系管理，而且需要学会进行伙伴关系管理。实际上，许多企业都在强化与关键供应商和分销商的关系，在向最终顾客交付价值的过程中并不是简单地把这些中间商看作自己的顾客，而是把他们看作自己的合作伙伴，使其中每一个参与者都从中受益。

二、整合营销

整合营销的任务就是设计营销活动和全面的营销计划，以便为消费者创造、传播和交付价值，就像整体总是大于部分之和。整合营销一般包括两大主题，分别是：（1）许多不同的营销活动都能传播和交付价值；（2）在有效协调的情况下，实现各项营销活动的综合效果最大化。也就是说，营销者在设计和执行任何一项营销活动时都必须全盘考虑。当医院从通用电气公司（GE）医疗系统部购买核磁共振成像设备的时候，医院期望购买后有良好的安装、维护和培训服务。

必须对公司的所有的传播活动进行整合。应用整合营销传播战略，就意味着所选择的各种传播方式都需要相互强化、相互补充。营销者可以有选择地使用电视、广播、印刷广告、公共关系和事件营销、公共关系和网络传播等方式，但是每一种方式都是既可以发挥自己的优势又可以对其他传播方式的效果产生提升作用。而且，对于每一种传播方式而言，还必须在每个顾客接触点上都传递一致的信息。

同时，企业还必须制定整合渠道策略。具体而言，就是评估每一个渠道选择对产品销售和品牌资产的直接影响，并评估这一渠道选择通过与其他渠道的交互作用会产生什么样的间接影响。而且，营销者还必须对较多的渠道选择（可能导致渠道成员之间的冲突或缺乏支持）和偏少的渠道选择（可能导致忽视市场机会）进行权衡。

此外，网络营销活动对塑造品牌和产品与服务的销售过程也开始发挥越来越重要的作用。

三、内部营销

在全方位营销中包含的内部营销（internal marketing）是指雇用、培养、激励那些想要为顾客提供良好服务而且有能力这样做的员工。一般而言，内部营销可以确保组织中的所有成员都坚持适当的营销准则，尤其是高层管理人员。聪明的营销者已经清楚认识到，内部营销同样重要，有时甚至比外部营销更重要。在企业员工没有准备好提供优质服务之前向顾客做出承诺，是毫无意义的。

营销不再是一个部门的责任，而是全公司范围内达成共识——共同推动企业的愿景、使命和战略规划。只有所有部门共同努力来实现顾客目标的时候，才能取得成功。研发部门设计合适的产品、财务部门分配适当的资金，采购部门购买合适的材料，制造部门在正确的时间生产出合适的产品，会计部门用正确的方法核算利润。不过，只有当管理层清楚地传达公司的营销理念和导向以及服务顾客的哲学的时候，这种跨部门的和谐才能真正实现。

内部营销需要高层管理人员的垂直协调和领导，而且也离不开与其他部门的横向协调。因此，企业中的每个人都要理解、认识并支持营销活动。

四、绩效营销

绩效营销（performance marketing）要求了解市场营销活动和方案为企业和社会带来的财务回报和非财务回报。高层管理人员不仅要重视销售收入，还应该关注营销记分卡，了解市场占有率、顾客满意度、产品质量和其他绩效指标的具体水平。他们同时也会从更广泛的角度考虑市场营销活动和方案对法律、道德、社会和环境等的影响。

（一）财务责任

营销者不应该仅仅立足于品牌建立和顾客基础的增长来评价其投资回报水平，也应该从财务和利润的角度来评价其回报水平。所以，他们正采用广泛的财务指标来评测营销努力所创造的直接和间接价值。同时，他们意识到企业的市场价值主要源自无形资产，特别是品牌、顾客群、员工、与分销商和供应商的关系以及智力资本等。营销指标体系可以帮助企业通过一系列不同的指标来测量和比较营销绩效。然后，通过营销研究和统计分析来测量不同营销互动的财务绩效（效率和效果）。最后，通过相应的流程和制度，企业可以确保最大限度地从上述指标体系的分析过程中获取价值。

（二）社会责任营销

市场营销的影响不仅仅涉及顾客和企业，也会涉及社会。营销者必须从广义角度认识和理解自己在道德、环境、法律和社会环境下的角色。

因此，组织的任务是确定目标市场的需要、愿望和兴趣，并要比竞争对手更有效、更高质量地满足目标市场，但同时保持或提高消费者和社会的长期福利。

案例链接

海尔的全面营销：人单合一

海尔是所有利益相关方的海尔，主要包括员工、用户、股东。网络化时代，海尔和分供方、合作方共同组成网络化的组织，形成一个个利益共同体，共赢共享共创价值。只有所有利益相关方持续共赢，海尔才有可能实现永续经营。为实现这一目标，海尔不断进行商业模式创新，逐渐形成和完善具有海尔特色的人单合一双赢模式，“人”即具有两创精神的员工；“单”即用户价值。每个员工都在不同的自主经营体中为用户创造价值，从而实现自身价值，企业价值和股东价值自然得到体现。

每个员工通过加入自主经营体与用户建立契约，从被管理到自主管理，从被经营到自主经营，实现“自主、自治、自推动”，这是对人性的充分释放。

人单合一双赢模式为员工提供机会公平、结果公平的机制平台，为每个员工发挥两创精神提供资源和机制的保障，使每个员工都能以自组织的形式主动创新，以变制变，变中求胜。

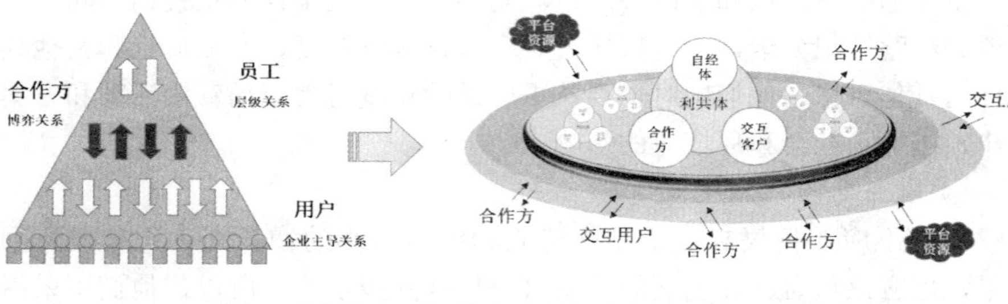

图 2–2 基于“人单合一”模式，海尔从传统组织向创新组织转变

“人单合一”中，“人”即员工，“单”不是狭义的订单，而是用户需求。“人单合一”即让员工与用户融为一体。而“双赢”则体现为员工在为用户创造价值的过程中实现自身价值。

人单合一双赢模式适应了互联网时代的要求，它与传统管理模式最本质的区别是：传统管理模式是以企业为中心制定的，人单合一双赢模式是以用户为中心制定的。互联网时代，信息不对称的主动权转移到用户手中，用户可以决定企业的生存。人单合一双赢模式就是让员工成为自主创新的主体，由此形成了企业与员工之间关系的一个新格局。即由原来员工听企业的，现在变成员工听用户的、企业听员工的为用户创新的方案。

人单合一双赢的本质是：我的用户我创造，我的增值我分享。也就是说，员工有权根据市场的变化自主决策，员工有权根据为用户创造的价值自己决定收入。

传统组织是一个正三角的组织，最下面是员工，上面是领导。上级对下级下达命令，下级服从上级。海尔在推进人单合一双赢模式过程中，把组织扁平化了，变成动态的网状组织。

海尔正在探索平台型组织生态圈。平台型组织体现为资源的按单聚散。按单聚散以后，员工分为在册员工和在线员工。过去员工听上级领导的指令，是接受指令者，现在变成资源接口人。以海尔的家电研发为例，原来的研发者现在是接口人，接外部的资源，海尔现有研发接口人 1150 多名，接进全球 5 万多研发资源。也就是说，有很多人不是公司的在册员工，而是在线可以整合的员工资源，接口人将来的发展方向是创建小微公司，可以独立创业。

（资料来源：海尔公司网站）

第三节　从 4P 到新 4P

麦卡锡（McCarthy）把不同的营销活动概括成四大类营销组合工具，这就是著名的营销 4P：产品（product）、价格（price）、地点（place）和促销（promotion）；每类营销组合所涉及的变量如图 2-3：

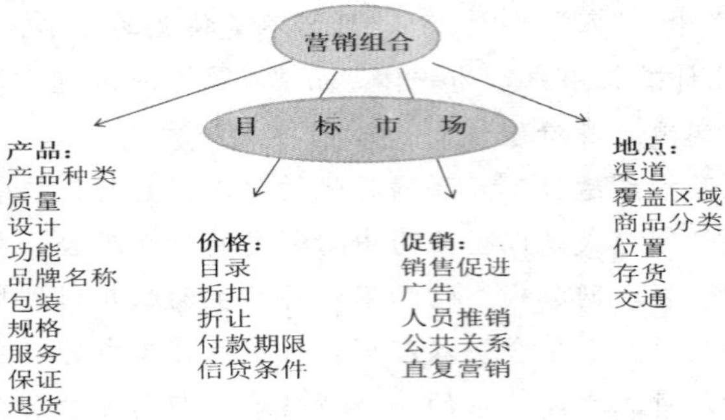

图 2-3 营销组合

然而，考虑到营销的广度、复杂性和丰富性，如全方位营销所描述的，上述 4P 无法准确地反映全部营销活动。如果对其进行更新以反映全方位营销理念，还需要包括以下一组反映了现代营销现实并且具有代表性的营销概念：人员（people）、流程（process）、项目（program）和绩效（performance）。

现代营销管理中，人员指的就是内部营销；也就是说，员工对营销的成功至关重要。如果组织中的员工不够优秀，那么很难设想营销可以获得持续成功。换言之，组织员工的素质直接影响营销的成功。同时，它也意味着必须把消费者视作活生生的个体，并从广义角度理解其生活，而不仅仅关注消费者购买和消费了什么样的产品或服务。

流程是营销管理中所涉及的所有创造力、规则和结构。营销者必须避免临时性的规划和策略，并确保用最先进营销思想和观念能够在自己的营销决策和营销实践中发挥相应的作用。只有那些建立了一套正确的流程用以指导营销活动或者项目的企业，才有可能建立起长期的互惠关系。此外，这里所说的流程还包括与企业生产创造性的思想和突破性的产品、服务和营销活动有关的一套流程。

项目反映了企业内部与消费者直接相关的所有活动。其中，包括传统的 4P，也包括与陈旧的营销观点不相匹配的其他营销活动。无论某项营销活动是在线上发起还是在线下发生的，也不论该营销活动是传统的还是非传统的，企业都应该对其进行整合，使所有的营销活动能够作为一个有机整体（使得整体大于各项之和），并确保其有助于实现企业的多重目标。

在全方位营销中，我们将绩效定义为一系列可以从财务角度和非财务角度进行测量的结果指标（如利润、品牌资产或顾客资产）。而且所测量的已超过企业自身（如社会责任、法律、道德和相关社区等）。

最后，新 4P 实际上适用于企业内部的所有方面，只有从这些方面考虑问题，管理人员才可能同企业的其他要素紧密地匹配起来。

第四节　从顾客满意到顾客忠诚

营销导向的基石就是拥有牢固的客户关系。营销者必须通过告知顾客、关注顾客甚至激励顾客的互动来与顾客保持联系。以顾客为中心的企业并非只是制造产品，更需要构建顾客关系；企业不仅应在生产管理方面驾轻就熟，而且在营销方面应该应付自如。

只有认真管理顾客的才是成功的营销者。

一、创造顾客价值、顾客满意和顾客忠诚

建立忠诚顾客群是一个企业的核心任务。正如营销专家唐·佩伯斯和玛莎·罗杰斯所说：公司创造的唯一价值来自现有顾客和未来顾客。公司正是通过获得顾客、维系顾客、培育顾客而获得成功。顾客是企业兴建厂房、招募员工、安排会议、铺设光缆、参与商业活动的唯一原因。没有顾客，也就没有公司。

（一）顾客价值导向的组织架构

相信顾客是唯一“利润中心”的经理们以传统组织结构图来思考顾客所处的位置，即金字塔的顶端是总裁，管理人员在中间，一线人员和顾客在底层，这种架构已经过时了。

营销成功的公司将传统的组织架构颠倒过来，顶层是顾客；从重要性看，接下来是那些面对顾客、顾客服务和使顾客满意的一线人员；再下来是中层管理者，他们的工作是支持一线员工，使他们能更好地为顾客服务；最底层才是高层管理者，他们的任务是聘用和支持优秀的中层管理者。在这个倒三角结构的两侧是顾客，这表明每一层的管理者都必须亲自了解、满足和服务于顾客的需求（如图 2-4）。一些公司建立了将顾客置于顶端的模型，将顾客拥护作为战略和竞争优势。随着数字技术的发展，如互联网，信息日益灵通的顾客期望公司能做得更多，不仅仅是与顾客联系、让顾客满意，甚至不仅仅是让顾客感到欣喜。他们期望公司能够倾听他们并给予回应。

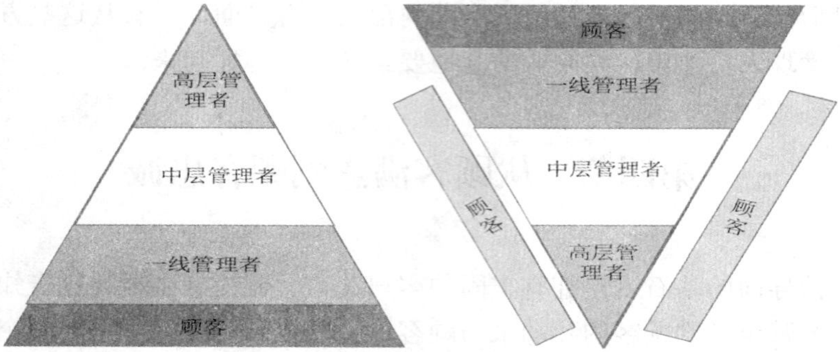

图 2-4　传统组织结构与现代顾客导向的公司组织结构

（二）顾客感知价值

与以往相比，现在的顾客受过更多的教育，有机会接触更多的信息，而且，他们还有很多办法能验证公司的宣传并找到最好的选择。

顾客最后是如何做出选择的呢？顾客是在搜索成本、有限的知识、流动性和收入的约束下，追求价值最大化。顾客判断哪种产品或服务能够传递最大的感知价值（出于任何原因）并采取行动（如图 2-5），顾客根据性价比进行选择。

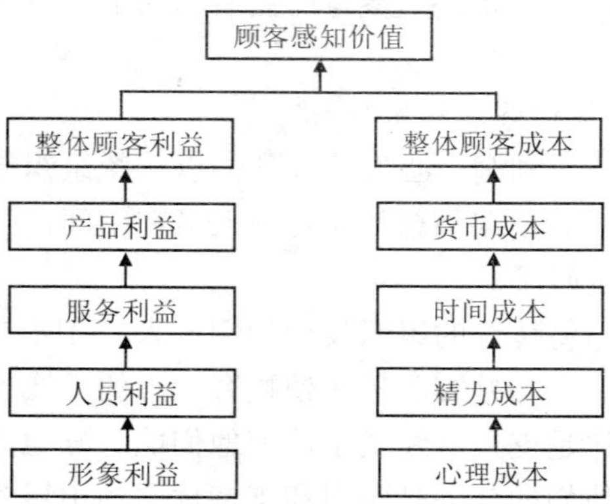

图 2-5　顾客感知价值

1. 顾客感知价值

顾客感知价值（customer perceived value，CPV）是指潜在顾客对一个产品或服务以及其他选择方案能提供的利益和所有相关成本的评价之间的差异。整体顾客利益（total customer value）是顾客从某一特定产品或服务中，由于产品、服务、人员、形象等原因，在经济上、心理上和功能上所期望得到的一组利益的感知货币价值。整体顾客成本（total customer cost）是顾客在评估、获得、使用和处理该产品或服务时发生的一组认知成本，包括货币成本、时间成本、精力成本和心理成本。

因此顾客价值是基于顾客对从不同备选方案上获得的整体利益与所支付的整体成本之间的差异。顾客得到利益，也要有所付出。营销者能够通过提高产品或服务的经济性、功能性和情感性利益，或（和）减少一种或多种成本组合来提高顾客获得产品或服务的价值。

经理们经常使用顾客价值分析法（customer value analysis）将公司和其他竞争者进行对比，揭示公司所具有的优势和劣势。分析步骤如下：

（1）确认顾客价值的主要属性和利益。询问顾客当他们选择产品时看中的产品属性、提供的利益和绩效水平。属性和利益的定义应该更广泛，以包含顾客决策的所有内容。

（2）用定量的方法评估不同属性和利益的重要性。请顾客对不同的属性和利益按重要性打分。如果打分差别很大，营销者应该将这些属性和利益进行分类。

（3）以各个属性的重要性为基础，对公司和竞争对手在不同顾客价值上的绩效进行评估。请顾客描述公司和竞争对手在每个属性或利益上的绩效。

（4）考察一个具体的细分市场中的顾客如何基于单个属性或利益评价公司相对于主要竞争对手的绩效。如果公司的产品在所有重要属性和利益方面都超过竞争对手，公司就可以制定较高的价格（由此获得高利润），或者是与竞争对手制定相同的价格，获得更多的市场份额。

（5）定期评估顾客价值。当经济、技术和产品功能发生变化时，公司应该定期分析顾客价值和竞争对手的情况。

顾客感知价值分析是一个有用的分析框架，可应用于许多情况并提供更广阔的视野。其含义如下：第一，销售人员必须评估自己和竞争对手提供的整体顾客利益和整体顾客成本，以了解购买者心中对产品的评估。第二，不具有顾客感知价值的优势的人员有两个选择：提高顾客整体利益或降低顾客整体成本。前者要求强化扩充所提供的产品、服务和形象的经济利益、功能利益和心理利益。后者则要求通过降低产品价格、简化订购和送货程序或者提供担保减少顾客风险等手段来减少购买者的成本。

2. 顾客终身价值最大化

并不是每位顾客都能为企业带来利润，20/80 法则认为 20%的最有价值顾客创造了企业 80%的利润。盈利顾客（profitable customer）是指能在一段时间内不断产生收入流的个人、家庭或公司，其带来的收入流超过企业在可接受的范围内用于吸引顾客、同该顾客进行交易所产生的成本。这里强调的是终身收入和成本而非在某一笔交易所产生的利润。

会计工具作业成本法（active—based costing，ABC）是进行顾客盈利能力分析（customer profitability analysis，CPA）一种常用方法。作业成本法努力识别与服务每位顾客相关的实际成本——产品或服务基于他们所消耗的资源的成本；这里的成本是指所有用来服务公司顾客的公司资源的使用。

顾客终身价值（customer lifetime value）是某个顾客终身购买产品的预期总利润的净现值。其计算方法是将公司预期收入减去吸引、销售和服务顾客的预期成本，再用相应的折现率（其大小取决于资金成本和对风险的态度）进行换算。通俗地讲就是顾客在未来创造的利润转化为今天的货币价值，今天的货币价值绝对值通常会高于现值，因为里面包含利率和风险，就如同未来某一数量的货币在今天购买的东西要会减少。

产品 Products	顾客 Customers	C_1	C_2	C_3	
	P_1	+	+	+	高盈利产品
	P_2	+			盈利产品
	P_3		−	−	亏损产品
	P_4	+		−	无利润产品
		高盈利顾客	无利润顾客	亏损顾客	

图 2-6 顾客—产品盈利分析

（三）总体顾客满意

一般来说，满意（satisfaction）是指一个人通过将产品绩效的感知与他的期望值进行比较后获得的愉悦或失望的感觉。如果产品绩效低于期望，顾客就不满意。如果产品绩效相匹配，顾客就满意。如果产品绩效高于期望，顾客就会获得高满意度或愉悦。顾客对产品绩效的评价取决于很多因素，特别是顾客与该品牌的忠诚关系的类型。顾客通常对那些已经具有好感的产品形成积极的感知。一个高度满意的顾客通常会有较长期的忠诚行为，在公司推出新产品或对产品进行升级后购买更多的产品，为这家公司及其产品传递良好的口碑，忽略竞争品牌和竞争品牌的广告，对价格不敏感，会关注公司的产品或服务，并经常向公司提供与产品或服务相关的创意和想法。并且，因为交易已经成惯例，与培育新顾客相比，公司为这些顾客服务的成本更低。

尽管以顾客为中心的企业力求创造高水平的满意度，但顾客满意并不是企业的最终目标。如果公司通过降低价格或增加服务来提高顾客满意度，则可能使利润下降。公司可以采用提高顾客满意度以外的其他行动来提升企业利润（如，改善其制造流程或增加研发投入等）。公司还有其他利益相关者，包括员工、经销商、供应商和股东。公司如果在提高顾客满意度上投入较多，可能会挤占原来用于提高其他"伙伴"满意度的资金。最后，公司还必须在一定资源限度内（如在保证其他利益相关者能接受的满意水平上），尽力创造更高的顾客满意度。

购买者的期望是如何形成的呢？期望来自顾客过去的购买经验、朋友和伙伴的意见、营销者和竞争者的信息及承诺。如果营销者将期望定得太高，顾客很可能会失望；如果公司将期望定得太低，就无法吸引足够的购买者（尽管某些购买者会购买）。今天，某些成功的公司的做法是提高顾客期望，然后提供可以符合这个期望的产品来满足顾客。

优秀的公司会定期测量顾客满意度，同时公司还会检测顾客的流失率，并且联系那些停止购买该公司产品或转向其他供应商的顾客，了解流失的原因。需要强调的是，与满意的测量相比，确定顾客对好的表现的定义更加重要，因为不用的顾客对好的定义有很大差异。

产品和质量对顾客价值和顾客满意都有重要的意义。

（四）交付高水平的顾客价值

消费者对于具体的品牌、商店和公司有不同的忠诚度。奥利弗（Oliver）将忠诚（loyalty）定义为：尽管顾客会受到外在的情境的影响，且其他企业的营销努力有可能导致转换行为的发生，但该顾客仍对其所偏好的产品或服务给予高度承诺，保证会在未来再次购买和光顾。

价值主张（value proposition）包括公司承诺提供的全部利益，它比产品的核心定位还要重要。它是一项陈述，将顾客从公司在市场中所提供的产品或服务中所获得的利益，以及顾客与供应商的互动过程中所有体验都陈述出来。品牌就是需要对顾客所期望的整体利益所给予的承诺。能否保证承诺取决于公司管理价值交付体系的能力。价值交付体系（value deliver system）包括顾客在获得或使用产品或服务过程中的全部体验。良好的价值交付体系的核心是一套有助于交付与众不同顾客价值的核心商业过程。

二、培育顾客关系

现在，公司利用关于顾客的信息来试试精准营销以建立强大的长期顾客关系。信息可以很容易实现差异化、定制化、个性化，并以惊人的速度通过互联网传播。顾客可以通过互联网分享不同产品或服务的体验。顾客授权已经成为许多公司的生存方式，这些公司不得不为适应顾客关系当中权利的改变做出调整。

（一）客户关系管理

客户关系管理（customer relationship management）是一个以最大化顾客忠诚为目的的管理个体顾客的详细信息和所有顾客的“接触点”的过程。顾客的接触点是指顾客会接触到品牌和产品的任何时刻——从实际的接触体验、个体或大众传播，到不经意的观察。客户关系管理是公司能够通过有效的个人客户信息，提供优质的实时顾客服务。基于对每个有价值顾客的了解，可将产品、服务、程序、消息和媒体进行定制化。公司主要的利润来源是以顾客为基础的总价值，所以客户关系管理非常重要。

1. 个性化营销

互联网的广泛应用使得营销者逐步放弃20世纪50—70年代所广泛使用的建立品牌力量的大众营销手段，而追求新的营销方法。个性化营销确保品牌和营销尽可能多地与顾客产生关联，这是因为没有任何两个顾客是完全一样的。

高度重视客户关系的公司会将顾客变成客户。顾客与客户的区别是：直觉是顾客可以没有名字，而客户则必须有自己的名字。顾客是公司提供服务的一部分群体，或是某个较大细分市场中的一部分，而客户则是在个别基础上提供服务的对象。顾客可由公司任何一名员工来提供服务，客户则由公司某位特定的专业人员来提供服务。

为了适应顾客不断增长的个性化需求，营销者已经接受了诸如许可营销和一对一营销这样的概念。许可营销是只有在顾客允许之后才能进行营销活动，前提是营销者再也不能通过大众媒体进行“干扰式”营销，这种方式下，营销者通过尊重顾客的意愿和顾客建立紧密关系，只有在顾客表达了愿意涉入某品牌的情况下才能向其传递信息。许可营销的作用在于它是“可预期的、个性化的和有用的”。许可营销假定顾客知道他们需要什么，而在许多情况下顾客的偏好是未定义的、模糊的和矛盾的。参与式营销可能比许可式营销更适合，因为营销人员和顾客需要一起努力来找到企业如何能以更好的方式满足顾客。

2. 一对一营销

一对一营销是营销学家唐·佩伯斯和玛莎·罗杰斯结合客户关系管理提出的一个营销框架，该框架分为四个步骤：

- 确定你的潜在顾客和当前顾客。从所有渠道和顾客接触点收集各种信息，建立、维持开发一个丰富的顾客数据信息库。
- 根据顾客需要和顾客对公司的价值将顾客进行划分。将更多精力均衡地花费在最有价值的顾客群上。
- 加强与个别顾客互动，了解他们的个体需要，建立更加紧密的关系。通过个性化的方式与顾客沟通以提供定制化的产品或服务。
- 为每一个顾客定制产品、服务和信息。通过公司联系中心和网站来推动公司与顾客交流。

但是一对一营销并不适合所有的公司。信息收集、硬件设施和软件设施上的花销可能会超支。只有公司通常需要收集大量顾客信息、运营大量能够交叉销售的产品或经营定期替换或更新的产品时，以及销售高价值的产品时，一对一营销才能真正地发挥作用。

3. 顾客授权

顾客授权是指企业营销的主动权越来越多地从企业转向消费者，即从传统的“自上而下”（企业是主导者）的方法转向“自下而上”（顾客主导）的更贴近民众的方法开展营销。

4. 顾客评价和推荐

对顾客选择影响最大的还是“亲朋推荐”，但是一个显得日益重要的决定因素是“顾客推荐”。由于对某些公司和广告缺乏信任，在线顾客凭分和评论在网络零售商中起到重要作用。互联网和新媒体对市场营销的影响越来越大。

（二）吸引和维系顾客

通过渠道以及广告、折扣等推广活动企业可以寻找并获得新顾客，但是仅仅吸引新顾客远远不够，公司必须留住顾客并增加他们的购买行为。如果企业不能留住老顾客，他们将像我们从小听到的猴子掰玉米的故事，结果可想而知。降低顾客流失率将大大提高公司的利润，这是我们强调顾客忠诚的真正意义所在。企业通过延长顾客关系的寿命、交叉销售以及集中精力服务高价值顾客等方式来增加价值。

通过与顾客互动、开发忠诚项目和建立结构性联系是提高消费者忠诚和维系率的三个重要工具。所谓与顾客互动就是倾听顾客心声，成为顾客的拥护者，尽可能与顾客站在同一战线上，理解顾客的想法，以赢得顾客信任。忠诚项目的方式有很多，比如奖励、建立俱乐部等。建立结构性联系是指公司向顾客提供某种特定的设备或计算机链接，以帮助客户管理他们的订单、账单、存货等；这些服务通常是向顾客免费提供，并且会对长期顾客提供更多利益，因此顾客不会轻易转换品牌。

三、顾客数据库和数据库营销

顾客数据库（customer database）是将现有的、可获得的与可接触的单个顾客或潜在顾客的众多信息，有组织地收集汇总成一个系统，以实现一些营销目的，如进行潜在顾客开发、确定潜在顾客资格、执行产品或服务的销售、维系顾客关系等。数据库营销（database marketing）在互联网背景下显得格外重要，数据库营销是建立、维系与使用顾客数据库与其他数据库（产品、供应商、零售商数据库等）的过程，以达到联系、处理与建立顾客关系的目的。但是，建立顾客数据库需要巨大的资金和人员投入，加上对顾客行为的复杂性以及顾客品牌忠诚度在逐步降低等趋势，实施数据库营销也可能会让企业面临巨大的压力和风险。

小案例 3

万达广场运用大数据建设智慧广场

无测量，无管理。大数据时代，商业管理变革的方向将从“经验值”转变为“数据化”。一方面是全数据，在购物中心的运营过程中打破通过抽样来对未来的经营趋势进行分析的传统模式，而要考虑消费者整体和消费过程中所有数据，来分析运营趋势；第二是要在所有的趋势中找到相关联因素，通过相关性来把握未来的趋势。

万达广场利用大数据进行趋势研究，帮助购物中心提升资产价值，减少错配。万达通过线上线下做了七方面的数据收集。

1. 对租赁的全过程进行数据化管理

商户从进场开始到退场，整个过程中所有团队的变化、进出货的变化，还有其各个时间段、各个季节的销售情况，对租赁的全过程进行数据化管理。

2. 对所有品牌建档管理

将品牌精确分类，根据顾客年龄层、消费额及客流曲线进行品牌定位，为未来大数据的分析提供依据和分类，将购物中心布局调整至最合理状态。

3. 对城市的所有信息进行统计

城市的信息统计不能再来源于以往的实调抽样，而是要尽可能拿到比如说政府真正的统计数据、区域内的人口、区域内的 GDP 等数据以及相关政策在这个区域内的动向。

4. POS 交易记录

所有在万达广场经营的商户，都安装 POS 机，几乎所有商户在分时段、不同位置、不同业态的销售数据，最终可以合并到大数据的数据库里来进行处理。

5. 客流监控采集

从三个层段分析顾客，建立广场策略。第一层段是统计进出广场客流量。第二个层段是分区域、分业态进行客流数据统计，万达做了人脸识别摄像头的统计，识别率非常高。第三个层段是在每一家经营的店铺做客流数据的统计。这样三个层段的数据和销售数据一起可以给大家提供很多经营方面的参考。

6. 顾客 WiFi 跟踪

在整个广场搭建大 WiFi 和大会员的体系，通过 WiFi 体系可以捕捉在广场里面所有的智能手机用户，他的行迹路线、他所关注的商品和他的消费习惯，然后通过所有的会员体系就可以掌握所有会员的各类信息和其特有的相关产品喜好。

7. 建立大会员体系

综合所有有效的数据合并到大数据的数据库里进行处理，这是万达建立大数据管理的基础，也是万达全数据模式的基础。

万达通过大数据模式分析 85 座已开业的万达广场的经营情况，概括出不同区域市场、业态的最新变化。

1. 服装零售

万达体系内经营的 497 个服装品牌，涵盖 15 个品类，店铺有 3005 个，总的经营面积是 82 万平方米，建立在这样一个数据的基础上分析结论如下：快时尚、淑女和户外休闲将成为未来一段时间增长的主力军；量贩休闲少女装和设计师品牌由于进入的门槛较低，出现了比较明显的下滑，但不代表这个业态是不可以选择的，当然在这个业态里的具体品牌要做慎重选择。

2. 生活精品

生活精品共 468 个品牌，分为 14 个品类，店铺涵盖了 1794 个，总的经营面积 26 万平方米。分析结果如下：绝对坪效依然比较突出，但是个别品类已经开始出现了负增长。在对各个区域的数据分析之后，发现生活化的东西越来越符合消费者的消费趋势和消费习惯；个人护理、创意礼品和时尚表开始出现了坪效和销售额的双增长；前几年进入购物中心的数码店和眼镜店反而出现了这两个方面的负增长。

3. 餐饮

共 1034 个品牌，涵盖 65 个品类或者是菜系，共有 2459 个店铺，总共的经营面积 92 万平方米。数据平台上餐饮体现的结果是整体坪效较好，有个别品牌会有极端的数据。针对增长突出的店铺按区域进行了分析，结果是西餐、茶餐、日式料理出现了正增长，这体现了现代消费者的消费趋势；而前几年在全国都非常火爆的韩式料理和越南菜出现了双向负增长。休闲餐饮日渐受到消费者青睐，具有鲜明民族特色的菜系生命周期偏短。

4. 体验业态

共 239 个品牌，涵盖 20 个品类，经营面积为 110 万平米（包含院线、KTV、电玩）。数据分析的结果并不像前三类那样有很明显的趋势，结论如下：儿童相关业态均有比较好的表现，坪效和销售额两个方面都有比较好的增长，特别是儿童培训、儿童摄影、教育、游乐等门店，我们认为小手拉大手的经济依然有非常大的空间，也应该是购物中心下一步经营的趋势。

基于万达广场整体数据的分析，从餐饮、精品和服装这三大类分析可以看出，现在消费者的消费习惯或者是消费趋势正逐渐向生活化、时尚化和健康方向发展，体验业态的表现反映了家庭化、娱乐化等趋势。

（资料来源：http://news.winshang.com/news-249162.html）

第五节　新的营销现实

当今的市场已经不再是昔日的市场。改变的不仅仅是社会，还有企业。忽略这些变化，企业可能会遭受巨大挫折或错失发展良机。这些变化也蕴含着巨大的机会，尽管与挑战相伴，但是优秀的企业总是能够逐步完善自己的能力来把握这些机会。

一、近几年的社会变革

在一系列重要社会因素的共同作用下，市场已经发生了翻天覆地的变化，它们不仅仅塑造了新的行为，而且提供了不少新的机会和挑战。

（一）网络信息技术

数字革命创造了崭新的信息时代。在信息时代，营销的主要特征包括精确的生产水平、更有针对性的和更适当的价格。这与工业时代的大规模生产和大众消费，仓库里堆满了货物，广告到处可见，折扣名目繁多的情况截然不同。

（二）全球化

交通、运输和通信技术的飞速发展，是企业在其他国家经销自己的产品变得更容易，也使得消费者在其他国家采购所需的产品和服务更加便利。例如，由于越来越多的人到国外工作或旅游，国际旅游业实现了快速增长。

（三）激烈的竞争

对于品牌制造商而言，它们正面临国内外的激烈竞争，这导致其促销成本不断增加，而边际利润不断下降。同时，它们也日益受到强势零售商的挤压——这些零售商，比如沃尔玛，控制着有限的货架空间，并推出与制造商品牌相竞争的商店自有品牌。也有不少优势品牌开始实施品牌延伸策略，将品牌运用到更广泛的相关产品类别上，结果造就了具有很好声誉和知名度的巨无霸品牌。

（四）产业交融

随着越来越多的企业发现新的机会往往孕育在两个或更多产业交融之中，产业间的界限也变得越来越模糊。如，计算机产业和电子消费品产业融合的趋势，而向数字技术的转变也推动了上述交融趋势。

（五）零售转型

零售商店也面临更加激烈的竞争，其竞争对手包括目录经销商，直邮公司，直接面向消费者做广告的报纸、杂志和电视，以及家庭购物电视和基于互联网的电子商务。结果是，一些富有创新精神的零售商开始在商店里增设咖啡、演讲、展示、表演等娱乐要素，开始强调体验营销，而不是单纯增加产品的花色品种。

（六）脱媒

通过改变传统的分销渠道中货物的流动，越来越多的企业不再通过中介来完成交易，这使得其他的制造商和零售商感到震惊，业务受到严重打击。作为回应，传统的公司则增加了中介业务，构建起实体零售商店并增加了在线产品服务。由于这些企业有更多的资源和强有力的品牌，所以其中有些企业甚至比仅仅靠网络的企业更有竞争力。

（七）消费者购买力

从某种程度上说，由于借助互联网实现了所谓的“脱媒”，消费者的购买力也大大增加了。无论是在家还是在办公室，抑或通过移动电话，现在的消费者可以便利地比较各种产品的价格和功能，并且随时可以从网上在全世界范围内订购自己喜爱的商品，从而不再局限于有限的产品供应，并进一步打破了地域方面的限制，最终节省了大量开支。即使是对于组织购买者而言，他们也可以通过逆向拍卖——通过多个卖家相互竞争出价的方式——获得生意。同时他们可以方便地加入其他购买者中，然后通过团购来增大自己的议价实力，并享受更多数量折扣。

（八）消费者信息

在当今世界里，消费者可以便利地收集到有关自己喜爱的任何商品的信息，而且就信息的深度和广度（信息的范围、数量和深入性）而言，都是以前无法想象的。与此同时，个人之间联系和拥护自己所生成的内容也伴随着社交媒体的发展而得到了飞速发展，消费者可以方便地从脸谱（Facebook）等社交媒体获得自己想要的信息。

（九）消费者参与

消费者也在通过更多的途径对产品生产和营销产生越来越大的影响。认识到这一点后，越来越多的企业邀请消费者参与到产品的设计与营销中，以便建立他们与企业（产品）之间的联系，并进一步强化他们这种密切联系的感知和相应的主人翁意识（如觉得产品是他们自己参与设计和营销的）。消费者往往把自己所喜欢的公司看作工作坊，他们可以便利地从这个工作坊中获得自己想要的产品。

（十）消费者抵制

目前，不少消费者觉得现实世界中的产品往往不存在什么差异，因而在寻求价值的过程中表现出更弱的忠诚度，并倾向于追求更低的价格和更高的质量，而且对自己不太喜欢的影响方式表现得难以容忍。

二、企业的新能力

社会因素使营销者面临更复杂的营销挑战，但这些因素同时也给企业创造出一系列的新能力，以应对这些挑战并做出有效反应。

（一）利用互联网

营销者可以把互联网作为扩大其势力范围的信息渠道和销售渠道。互联网的发展扩大了营销者地理势力范围，他们可以在世界范围内向顾客传达相关的信息并推广产品或服务；通过建立一个或更多的网络，企业也可以列出自己的产品、服务、历史、经营哲学、招聘信息以及其他顾客可能感兴趣的信息。

（二）广泛收集信息

营销者可以收集到有关市场、消费者、潜在顾客和竞争者的更全面、更丰富的信息。他们可以利用互联网来进行有效的市场调研，如组织焦点小组座谈、发放问卷和利用其他不同的方法来收集一手数据等。他们也可以收集和整理与个人顾客的采购、偏好、人口统计特征和盈利性等相关的信息。

（三）利用社交媒体

营销者可以通过社交媒体发布和推广品牌信息。营销者可以通过博客和其他形式的网络张贴形式来发布和更新信息，支持在线社区的活动，并在互联网上建立自己的网站。

（四）支持消费者间的外部沟通

营销者可以为消费者之间的外部沟通提供便利并促进这种沟通的速度。营销者可以通过创建品牌支持者和用户社区，将线上和线下的消费者群体联系在一起，并从中获利。

（五）为客户建立支持平台

随着面向特定兴趣顾客的专业杂志、电视频道和互联网新闻组等新媒体的快速发展，企业面向各个子目标顾客开展营销活动和进行双向沟通的努力也变得越来越容易了。把供应者和分销商连接起来的外部网使得企业可以更有效地发送并接收信息、下订单和支付款项。同时，企业也可以同每个顾客单独进行秘密互动，从而实现信息服务和关系管理的个性化。

（六）开展移动营销

营销者也可以通过移动营销来接触消费者。通过全球定位系统（GPS）技术，营销者可以精确地识别出消费者的具体位置，并利用顾客在逛商场的时候及时向他们发送当天有效的优惠券信息——针对顾客列出自己想要拥有的产品清单所发布的一种友情提示。对于顾客而言，这种基于地理位置而向顾客发送的广告往往很有吸引力，因为在比较接近购买点的地方收到这种广告的时候，往往可以有效激发其购买欲望。同时企业也可以利用移动终端APP或移动终端来进行营销，让消费者在自己的手机或者平板电脑上接受广告。

（七）向消费者提供定制服务

越来越多的企业制造并向消费者销售体现个性化差异的定制产品。由于制造工厂在顾客定制化技术、计算机技术和数据库软件等方面的飞速发展和进步，顾客现在可以在合理的价格水平上购买到上面有自己名字的产品。

（八）支持企业内部沟通

企业可以在互联网基础上建设自己的企业内部网，从而为员工之间的内部交流提供便利，并提高内部沟通的效率。通过构建基于互联网的内部网，员工之间借以相互交流，把有关信息上传到公司的主机上或者从公司主机上下载所需要的信息。

（九）通过互联网降低成本提高效率

通过运用互联网，用户也可以有效地比较卖方的价格，购买通过网络竞拍的原材料，或者在网络上张贴自己的采购条款等，从而实现采购成本的大幅度下降。同时，企业也可以通过不断改进自己的物流和运营水平来节约大量的成本，并提高物流和运营的准确性和服务质量。

本章小结

1. 市场营销理念演变的四个阶段

从以企业为中心到以顾客为中心是市场营销思想演变的基本脉络，在这个脉络中先后出现了四种营销观念，即生产观念、产品观念、推销观念和营销观念。生产观念认为，消费者喜欢那些随处能买到的、价格低廉的产品。产品观念认为，消费者喜欢那些具有最高质量、性能水平或富有创新特色的产品。推销观念认为，如果任其发展，消费者和企业并不会足量购买所需的产品。营销观念强调“以顾客为中心”，“先感知再反应”；这种理念下，企业的工作不再是为自己的产品找到合适的顾客，而是为顾客设计合适的产品。营销观念比前三种优越之处在于，思考的出发点从企业转向消费者和市场，并将企业和市场更紧密联系在了一起。

2. 全方位营销

要在 21 世纪成为领先企业，仅仅做到符合营销观念的要求是远远不够的。全方位营销观念是以开发、设计和实施营销计划、过程及活动为基础的，但同时也深刻认识到上述营销计划、营销过程和营销活动的广度和彼此之间的相互依赖性。全方位营销试图认识和协调市场营销活动的范围和复杂度。该理论包括关系营销、内部营销、整合营销和绩效营销四个主题。关系营销就是要与关键的利益相关者建立彼此满意的长期关系，以赢得和维持业务。整合营销的任务就是设计营销活动和全面的营销计划，以便为消费者创造、传播和交付价值。内部营销是指雇用、培养、激励那些想要为顾客提供良好服务而且有能力这样做的员工。绩效营销要求了解市场营销活动和方案为企业和社会带来的财务回报和非财务回报。

3. 从 4P 到新 4P

麦卡锡公司把不同的营销活动概括成四大类营销组合工具，这就是著名的营销 4P：产品、价格、地点和促销；即每类营销组合所涉及的变量。如果对其进行更新以反映全方位营销理念，还需要包括以下一组反映了现代营销现实并且具有代表性的营销概念：人员、流程、项目和绩效。

4. 从顾客满意到顾客忠诚

营销导向的基石就是拥有牢固的客户关系。营销者必须通过告知顾客、关注顾客甚至激励顾客的互动来与顾客保持联系。顾客价值导向的企业组织结构有别于传统营销理念的企业组织结构，营销成功的公司将传统的组织架构颠倒过来，顶层是顾客。顾客感知价值是指潜在顾客对一个产品或服务以及其他选择方案能提供的利益和所有相关成本的评价之间的差异，它是顾客满意的基础。满意是指一个人通过将产品绩效的感知与他的期望值进行比较后获得的愉悦或失望的感觉。经理们经常使用顾客价值分析法将公司和其他竞争者进行对比，揭示公司所具有的优势和劣势。20/80 法则认为 20%的最有价值顾客创造了企业 80%的利润，营销者应该将大部分精力放在盈利顾客身上，提高和保持他们的满意度和忠诚度，并动态地对顾客的价值进行评估。顾客忠诚是指，尽管顾客会受到外在的情境的影响，且其他企业的营销努力有可能导致转换行为的发生，但该顾客仍对其所偏好的产品或服务给予高度承诺，保证会在未来再次购买和光顾。营销管理者应该重视顾客关系管理，注重顾客终身价值。营销者可以利用数据库和数据库营销来挖掘顾客需求，开展个性化营销，以提高营销活动的效果。

5. 新的营销现实

当今的市场已经不再是昔日的市场。改变的不仅仅是社会，还有企业。忽略这些变化，企业可能会遭受巨大挫折或错失发展良机。这些变化也蕴含着巨大的机会，尽管与挑战相伴，但是优秀的企业总是能够逐步完善自己的能力来把握这些机会。新的营销现实包括网络信息技术、全球化、激烈的竞争、产业交融、零售转型、脱媒、消费者购买力提高、消费者信息获取更加容易、消费者参与成为重要趋势、消费者抵制日益强烈等。企业应该提高的能力包括利用互联网、广泛收集信息、利用社交媒体、支持消费者间的外部沟通、为客户建立支持平台、开展移动营销、向消费者提供定制服务、支持企业内部沟通、通过互联网降低成本提高效率。

能力培养指导

通过本章的学习，学生应该能做到：

● 识别出企业的营销活动是贯彻哪种营销理念。

● 运用现代营销理念观察、识别、评价和诊断企业的营销行为，并能以文字或口头的形式报告企业营销成功与否及其原因。

● 对营销理论和实践发展保持持续关注，能够对某一企业或行业的营销进行跟踪研究，培养出专业兴趣、意识和能力。

要达到上述能力和素质要求，学生需要深刻领会本章以及本课程后面的概念和理论。除此之外，学生还应通过互联网、出版物或者访谈了解现实企业的营销活动；将企业行为与所学概念和理论进行对比，逐步领悟其中的道理。通过反复的联系，专业兴趣、意识和能力就会慢慢形成。

仅仅会思考还不行，还要学会表达；无论是书面还是口头，学生都要有结构化的表达能力。如果这方面的知识和能力尚欠缺，可以参考一些演讲、写作、访谈、人际沟通等方面的书籍，或向这个领域的老师或专家请教。

案例应用 1

惊世之作不倚重市场调查

苹果公司无疑是当今时代最伟大的公司之一。近几年，其推出的每一款产品都能掀起全球范围的抢购狂潮。很多人都认为苹果一定对顾客需要了如指掌，但是实际上并非如此。下面是现任 CEO 蒂姆·库克与一位中国财经记者的对话，内容涵盖苹果如何应对竞争对手三星、苹果不做市场调查和对中国市场的理解。

记者：三星在地域和文化上都更接近中国消费者，对此苹果怎么应对？

库克：我认为，世界各地的人们，无论其文化背景如何，都深爱最好的产品。我相信他们都喜爱将他们的生活变得更加轻松、更加美好的苹果产品。这是我们的目标所在。我对苹果在中国的发展感觉非常好。

记者：苹果为何不做市场调查呢？

库克：当你依靠市场调查来设计产品时，出来的产品往往是渐进式的，典型的做法也许就是对已有产品做一些小的改进而已。

事实上，iPhone（苹果手机）、iPod（苹果便携式音乐和游戏播放器）、iPad（苹果平板电脑）无一出自市场调查。甚至直到今天，我也不认为 MacBook Pro（苹果笔记本电脑）出自市场调查。所以，我们不会倚重市场调查来研发产品。

我们会在了解顾客对我们产品的满意度、零售店的购物体验是否满意时参考市场调查。我们诚邀消费者提供反馈。但从产品研发的角度来讲，我们并不相信这一过程会产生惊世之作。因此，在这方面我们并不倚重市场调查。

我们评判产品的方式是，一开始不会考虑成本和价格。我们考虑的是做出一件杰出的产品，一件我们自己都想拥有的产品。这是我们的目标。所以，我们在有了一个伟大的创想、能够向人们提供他们自己都不知道自己想要的产品时，才会生产这个产品。我认为苹果在这方面做得非常好，我们会继续这么做。

记者：有无为中国市场设计产品的想法？

库克：我们设计的产品，如果你看一下我们近几个月发布的最新产品，包括 iPad Mini（小型苹果平板电脑），iPhone 5（第 5 代苹果手机），iPod Touch（苹果音乐和游戏播放器）和 iPod Nano（苹果音乐播放器），当然还包括 Mac 系列，比如 iMac（苹果台式电脑）和 MacBook Pro，我认为对中国顾客都是极其出色的产品。它们没有一个会让你看了之后说不适合中国。我认为它们完全适合中国。我坚信，无论有何文化背景、来自何方，人们都希望拥有最好的产品。这正是我们为之不懈努力的。

中国对我们是非常重要的市场，因此我肯定不会排除这种可能性。我乐意有一天看到新品首先在中国上市。希望我们能够做到这一点。这是我的渴望。我不会透露我们讨论的细节。但很明确，我希望如此。

记者：下一步苹果打算改变我们什么？

库克：可以确定的是，苹果不缺创造力。人们一直在创想更多无双产品。我们的产品线极为强大。我们为创造伟大的产品而生。这一点将不会改变。这是我们的创业之基、立身之本。我想你们会很满意将要见到的东西。

（资料来源：http://www.iceo.com.cn/shangye/36/2013/0117/262858.shtml）

【讨论题】

1. 苹果公司奉行的是什么样的营销理念？
2. 苹果公司不做市场调查的做法与现代营销理念矛盾吗？为什么？

案例应用 2

在线教育面临的问题及需要拓展的空间

师生互动、教学氛围问题：许多传统教育从业者觉得纯粹基于互联网技术的教育在学生和讲师互动方面、在整体教学氛围方面依然无法抗衡实际面对面授课的优势。笔者相信未来的在线教育并非不可能解决。

学生自律问题：在线教育一直存在对学生成绩进行有效评估的问题，也一直面临学生无法真正完成在线课程的问题，虽然这些问题更大程度上是学生自律的问题，但正如Code Academy 的徽章系统、Coursera 实际颁发学习证书或授予学分、国内的互动测评通过学习记录评估信息，通过短信推送给家长一样，笔者认为产品可以通过功能上的设置来激励用户学习。

在线教育学习一定要专注学生，而不是专注老师：对于学生来说，其购买的在线教育学习服务，不仅仅局限于老师的讲授，还应该包括讲授前的预热、回顾；讲授结束后的练习、测试、学习评估等等。以万朋学堂的互动测评为例，在上课前，可以使用互动测评的课前预习功能，针对课程重难点的展现梳理，让学生提前掌握重难点；在上课后，还可以使用它的课后练习、强化训练、重点题型等学习课件，最终对学生学习情况进行智能测评，评估学生学习成绩波动情况、知识点掌握情况、具体学习能力成长情况等方式。而这些恰恰能发挥互联网时间灵活性和互动方便的特点。

在线教育现阶段一直处于摸索阶段，需一直秉着教学质量和效率提升为核心目标，建立起自身足够强大的护城河。《乔布斯传》中提到乔布斯对教育领域的看好，用他的话说“对教育变革的时代，已经来临。”但笔者认为如今真的是在线教育的春天，但也只是早春三月刚刚发芽的时候，还很脆弱。

（资料来源：http://edu.ifeng.com/abroad/detail_2013_06/09/26290389_0.shtml）

【讨论题】

1. 通过互联网或其他途径搜集在线教育的发展情况，并写一份研究报告。

2. 从顾客价值的创造和交付及价值链的角度，选择一家现实中的在线教育机构，为之制定一份业务发展战略。

第三章　营销战略与计划

学习目标：

- 理解顾客价值的创造和交付的过程；
- 理解价值链的内涵及其所包含的活动，并能够依据价值链分析企业优劣势；
- 理解核心竞争力的内涵、特点及来源；
- 掌握并理解公司各层次战略内涵、内容、作用及各层战略之间的关系；
- 掌握公司（部门）层战略和战略业务单元战略的制定过程，并能够制定或者诊断某公司的公司（部门）层战略和战略业务单元战略；
- 理解组织文化和创新的内涵及其在营销管理中的作用；
- 掌握营销计划书的结构、内容并能够撰写营销计划书。

实践中的营销战略

“小米”不小

至 2013 年 7 月，雷军创立和领导的小米公司是只有 3 年零 3 个月的公司，在 2013 年上半年累计售出 703 万台手机，实现营业收入达 132.7 亿元人民币，全年销售额有望超过 250 亿元。连小米公司的员工甚至都觉得这个数字“有些不真实”，因为“太牛了”。

小米联合创始人黎万强将 2013 年上半年较 2012 年同期销售翻番的原因总结为两条：一是产品策略成功，在 1500 元和 2000 元两个关键价格档位上都安排了性价比有优势的产品；二是作为互联网企业，可以快速、灵活地调整产品。互联网资深观察人士认为，小米业绩翻番可以看出小米品牌影响力由一线城市向二三线及以下城市的渗透，同时也可以看到小米供应链资源整合能力以及仓储物流等各个环节的能力在不断攀升。

然而创始人雷军已经为自己的公司制定了更远的目标。“我想请所有同事忘掉业绩，业绩不是最重要的，只有做出让用户尖叫的产品才可带来长远价值。”雷军告诉自己的员工，并重申小米的“两个目标、三个坚持”。

“小米最在乎的是两个目标，第一就是我们能不能做出让用户尖叫的产品、让用户排队的产品；第二就是用户用过之后，愿不愿意推荐给朋友，愿不愿意再购买。如果小米坚持这两条的话，那些数字都不重要了。”小米 2013 年比 2012 年员工人数翻番，新员工非常多，雷军特意在员工大会上再次强调小米的基本准则。“小米还有‘三个坚持’不能变：第一是坚持认认真真做产品，真材实料不偷懒。第二个坚持就是不管公司有多大，都要坚持与消费者做朋友。第三是坚持创业心态。”雷军还坦言，随着公司规模的扩张，他最担心大公司心态，“很容易官僚，很容易大家把架子端起来，跟用户距离远了。只有真的理解我们还是一家创业公司，只有深层次理解我们今天的危机感，我们才能一往无前。”

以手机起家的小米，收入结构开始调整，向一个更加地道的互联网公司演进。

当记者问到利润的时候，黎万强用小米的生意模式来回答：“小米追求的不是利润，小米是互联网的经营模式，一定是微利的，规模大的，并且是可持续的。”除了手机，小米配件也开始发力。小米盒子、蓝牙音箱之后，近日又推出其自有品牌小米活塞耳机。另据记者了解，小米还有多款硬件产品在研发当中，下半年也会有所发布。“从长远看，小米赚钱不靠手机，而是靠增值业务。”黎万强所指的增值业务有两方面，一是配套的硬件，二是软件及云端的内容、服务。

2012 年小米全年收入 126 亿元，其中有 6 亿元来自于配件产品，软件、服务的收入还没有起来，所以增值业务占到总收入的 5%左右。黎万强预计，2013 年配件销售至少会达到 10 亿元，软件、服务的收入也开始显现。“依目前的增长看，软件单月很快就会达到 2000 万元的收入。”这样算下来，增值业务 2013 年会占小米总收入的 6%左右。

销售数字在变，收入结构在变，小米的品牌调性也随之而变。黎万强解释道，以前小米提倡的“发烧级产品”是产品的定义，是小米做产品的理念和哲学，无论做哪个价格档次的产品都要用发烧的精神去做。而现在提的消费电子则是小米的品牌定义，小米要开始进入更大规模的市场，与更多的用户接触。“一句话，就是用发烧友的精神做大众的产品。”

终端智能化

现在的小米品牌统领多种智能设备，产品覆盖智能电视、平板、电视盒子等，这些设备都基于同一智能平台，而智能设备将会为小米带来更大的想象空间。小米的员工也开始慢慢理解，自己所在的公司不仅是一家做手机的企业，小米正在向着一种智能互联的生活方式迈进。做手机是为了做更大的生态圈，手机可以成为一切入口的控制器。

评述

小米公司是在一系列的营销战略和计划指导下发展的。公司开始以“发烧友”为目标客户群，通过向其提供高配置、中等价格的手机满足这一顾客群体对智能手机的操控体验；小米没有通过传统的渠道去销售手机而是通过互联网和电子商务的方式进行销售，并且实行在线预约竞争购买的方式，让目标顾客对产品有更高的期待。在手机业务上取得成功后，小米逐渐扩大自己的产品和服务，下一个战略便是将自己变成像苹果那样的公司，让自己成为互联智能生活方式的创造者，并以此获利。

优秀的公司会制定明确的战略，也非常清楚自己向哪些潜在顾客提供什么样的顾客价值，以及如何比竞争对手更有效率地完成这一任务，并保持获得和保持顾客忠诚。本章的内容将向你介绍企业是如何选择、创造和交付卓越顾客价值，如何在竞争中立于不败之地，实现企业持续增长与发展的。

第一节　营销战略与顾客价值

如果你阅读或学习过管理学，你肯定知道战略管理的内涵极其重要。简言之，战略是实现目标的长远计划；因为环境的复杂性和竞争的存在，企业必须制定并有效执行战略才能实现所设定的目标。从营销的角度讲，企业目标的实现是顾客价值创造和交付的过程。可见，企业要制定科学的营销战略以确保顺利地为目标顾客创造和交付适合的价值组合。我们把这样的营销过程称之为战略营销。

这一节里，我们首先从整体上考察一下顾客价值创造和交付的过程。然后学习两个对顾客价值创造和交付有重要意义的概念，即价值链和核心竞争力，这两个概念如此重要以至于几乎在所有的管理学和战略管理课程中都会一再被强调。最后我们讨论一下，战略营销的构成。

一、顾客价值的创造和交付过程

在今天，顾客可以选择来自不同的企业的产品或服务，并且不同的顾客也有不同的需要。企业间的竞争和市场的分化是现代市场营销环境的基本特征。细分市场是相对于大众市场而言的，后者假设顾客有类似的需要；每个细分市场有不同的需要、偏好感知和购买标准。以汽车市场为例，有的消费者将汽车视作代步工具，经济实惠是他们的最基本的要求；有些人将汽车作为身份的象征，因此他们更喜欢装饰豪华、外观气派的汽车；还有一些人对汽车的安全性能和驾乘体验有着特殊的要求。在这种情况下，企业必须面向清晰的目标市场设计并提供相应的产品或服务。例如，当日本丰田汽车公司和韩国现代汽车公司在20世纪80年代和60年代在美国市场推出外观美观、价格低廉、油耗又小的汽车时，立刻受到长期忍受着美国汽车外形丑陋、油耗又大的煎熬的本地顾客的大受欢迎。而德国大众公司的汽车以安全和稳定的性能受到全球市场的欢迎。因此，在正式生产、销售产品或提供服务之前，企业必须搞清楚向谁提供什么样的价值组合，相对传统的生产观念、产品观念以及推销观念，这是一个全新的业务流程，我们称之为价值选择，它将市场营销置于企业整个计划之首。现代、日本丰田和大众公司的汽车之所以能够受到市场的肯定，是因为这些公司相对于其竞争对手更了解顾客的真正需求，并且用有效的手段来满足这些需求。

价值选择仅仅是顾客价值创造和交付过程的第一步。在这一步骤中，营销者必须对市场进行细分，选择适当的目标市场，开发市场供应物的价值定位（注意！这里开发的不是供应物）。价值选择的过程是战略营销的核心部分。顾客价值创造和交付的第二步是提供价值，即营销者提供特定产品的特性、价格和分销，这时候市场供应物已经出现。第三个阶段是通过营销者传播价值。在这一阶段，通过组织销售人员、促销、广告和其他传播工具来宣告产品的诞生、投放并进行产品促销；因为产品或服务不被消费者知晓、认可、喜欢，就无法被购买，价值交付就最终难以实现，企业也无法盈利。

这三个阶段缺一不可。我们把第一个阶段称作战略营销，把后两个阶段称为战术营销（策略性营销），如图3-1所示：

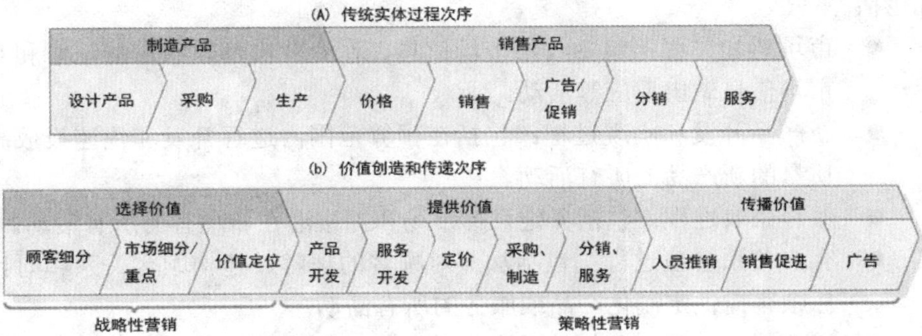

图 3–1　传统营销管理与基于顾客价值的营销管理

二、价值链

顾客价值的提供与交付是一个系统工程。哈佛大学教授迈克尔·波特提出的价值链（value chain），作为可供企业使用的一种战略工具，有助于管理人员识别能够创造顾客价值的各种途径。根据这个模型，每个企业都包括彼此协同的设计、生产、营销、交付和支持其产品的一系列活动。

价值链包含九种相互关联的战略活动：五项基础活动和四项辅助活动。它们都在特定的业务中创造着价值，并产生相应的成本。基础活动包括企业购进原材料（内部物流）、进行加工并生产出最终产品（生产运营）、将其运出企业（外部物流）、上市销售（营销与销售）和提供售后服务（服务）这一系列依次进行的互动。辅助活动包括采购、技术开发、人力资源管理和企业基础设施建设，企业成立专门的部门分别从事这些辅助活动。企业的基础设施包括企业的一般管理、计划、财务、会计、法律和政府事务等的成本。

企业的任务就是检查每一项价值创造活动的成本及运营情况，并寻求改进措施。管理人员应该对竞争对手的成本和经营状况做出估计，并以此为标杆来衡量企业经营业绩的好坏和成本高低。同时，他们还应该领先一步，研究世界级企业的“最佳实践”。在实践中，可以通过咨询顾客、供应商、分销商、金融分析师、商业协会和报刊来识别到底哪些企业是最好的企业。而且，即使对于最好的企业而言，也可以通过与其他行业的企业比较来进行标杆管理，从而提升自己的绩效水平。

企业的成功不仅取决于各个部门各自工作的质量，更加取决于企业能否协调好各个部门的工作，以便更高效地完成核心业务流程。这些核心业务流程包括：

- 市场感知过程：包括收集市场信息、在企业内部发布市场信息和对市场信息做出反应等活动。
- 新产品开发和实现过程：包括在预算范围内进行开发和快速投放高质量的新产品的所有活动。
- 顾客获取过程：包括界定目标市场和探察潜在新顾客的所有活动。
- 客户关系管理过程：包括加深对顾客的理解、建构顾客关系和向目标顾客提供定制化产品或服务的所有活动。
- 订单履行过程：包括接受和批准订单并按时装船装货取得货款的所有活动。

一些实力雄厚的企业正在进行工作流程的改造，创建跨职能的团队，并让这种团队负责每个流程。在美国施乐公司（Xerox），顾客运营团队把销售、运输、安装、服务和账单处理等活动联系起来，确保各项活动之间紧密结合、相互配合。在实践中成功的企业往往是利用跨职能团队对核心业务流程进行卓越管理的企业。

为了获得成功，企业还需要超越自身的运营管理环节，深入分析供应商、分销商和最终顾客的价值链，以寻求更大的竞争优势。实际上，现有许多企业都跟特定的供应商及分销商建立起合作伙伴关系，以创造优异的价值交付网络（value delivery network），或者称之为供应链（supply chain）。

小案例 1

京东的价值链整合

“京东模式”突出表现在刘强东关于在线零售业产品流管理的系统性建设思考及京东对自有物流体系建设的长期投入。京东的战略是围绕利基市场（目标市场）而不断优化产业价值链要素，这种系统管理能力最终成为值得信赖和能够创造新价值的供应链管理服务商。

特别是自 2009 年以来，京东表现出越来越明确的价值链整合意图，将其主要的战略部署集中在：从 3C 产品为主到全品类计划，从全部自营到开放第三方平台，实现“一站式购物”，大大降低用户购物选择成本；在江苏宿迁建立总面积达 6000 多平方米的全国呼叫中心，执行统一标准的客户体系；完善自有物流和配送体系，目前已覆盖 1300 个行政区县，推出“限时达”、“极速达”、“夜间配”等配送服务，不断提升用户购物体验；通过提高供应链管理效率获取更大毛利空间，从而提升消费者购买价值等方面。京东将累积的资源禀赋优势转化为差异化竞争手段，最终成为值得信赖和能够创造新价值的供应链管理服务商。

以往，外界总是将线下零售与线上电商看作是敌对矛盾体。实际上，价值链的定位和价值角色中，电商企业不应是挤压和索取，而是对整个零售产业链的重塑和价值最大化。产业价值链整合模式即是建立在供应链管理的创新和优化上。比如京东规模化后，累积了采购、物流、仓储、配送等供应链管理经验，在与供应商一体化采购和库存管理、补货节奏、总仓和分拣点位置的选择、配送路径优化等方面，使供应链运转效率大幅提升，也树立起了竞争对手难以追赶的门槛。

（资料来源：中国经营报，2014 年 1 月 27 日，第 2046 期）

三、核心竞争力

一个企业如果能在价值链的每一个环节上都能做好，这个企业一定是个优秀的企业，但是实际上一个企业的资源和能力有限，不可能将每件事情都做得最好。相反，只要能够提高质量、降低成本，许多企业都倾向于在非核心资源方面实施资源的外取或将非核心业务实施外包。

但是，企业不可能将价值链的所有环节都外包，企业必须掌握和培育企业开展经营活动所需的核心资源和能力。我们将这类资源和能力称作核心竞争力。核心竞争力（core competency）应该具备三个典型特征：（1）它是竞争优势的源泉，并能够对顾客感知利益做出重大贡献；（2）在市场上具有广泛的应用性；（3）竞争者很难模仿。

核心竞争力是企业竞争优势的来源。从理论上讲，企业可以在价值链的任何一个环节上建立相对于竞争对手的优势，但是每个环节被模仿和超越的难度有很大差异，因此并不是每个环节都适合作为核心竞争力的立足点。沃顿商学院教授乔治·戴伊认为市场驱动型的组织往往在以下三种独特能力方面有卓越表现，即市场感知能力、顾客联系能力和渠道连接能力。戴伊认为，许多机会和威胁往往都是从业务边缘中的微弱市场信号开始的。为此，他还专门为形成外围视野和建构机敏型组织的战略及其实用工具设计了系统的流程。京东价值链整合能力便是它的核心竞争力。

核心竞争力不能单独产生竞争优势，竞争优势最终来源于企业能否在以下工作中取得卓越的绩效：核心竞争力和独特能力与紧密交织在一起的活动系统匹配起来，这种匹配程度将直接决定企业竞争优势的强弱。

为了实现核心竞争力的最大化，企业往往必须在组织重组和协调方面有卓越的表现。为此，成功的企业往往遵循以下三个步骤：（1）重新界定业务概念或“大智慧”；（2）重新划定企业的业务范围；（3）重新定位企业的品牌个性。

四、通过战略计划实现价值创造

顾客价值创造和交付过程，即价值选择、价值提供和价值传播，是对企业营销活动的高度概括，它包括了企业价值链的所有活动。这个过程包括战略设计和战略实施，其中战略设计又可以分为两个部分，即战略营销计划和战术营销计划。战略营销计划（strategic marketing plan）是在分析当前最佳市场机会的基础上，确定目标市场并提出价值主张，即价值选择；战术营销计划（tactical marketing plan）则描绘了特定时期的营销战术，包括产品属性、促销、销售规范、定价、渠道和服务等。

通过这个过程我们能清楚地看到某一项业务开展的来龙去脉。但是现实中的企业通常拥有多个业务，企业内部同时进行着多个顾客价值创造和交付过程；因此，我们需要用更广阔的视野和系统的观点来看待企业价值创造和交付过程。企业不能孤立地看待企业内部的各个业务，相反应该努力让它们并行不悖又能共同实现更大的顾客价值和企业目标。开篇案例中，小米公司业务从单一的手机到平板电脑、智能电视和其他的移动终端，从单一的价值系统到多个价值系统并存。

对于大型企业或多业务企业而言，一般包括四个组织层次：公司层、部门层、业务层和产品层。公司总部负责设计公司的战略计划，以指导这个公司的运作，总部确定给每个业务部门提供多少资源以及开发和放弃哪些业务等。然后，每个部门也都必须制定相应的部门计划，以便把公司所给予的资金分配给下属的各个业务单位。各业务单位也必须制定自己的战略计划，以便确保该业务单位在将来有利可图。最后，在每个业务单位的各个产品层次上（产品线和品牌），也要制定相应的营销计划，以在特定的产品市场上实现预定的目标。小型规模的企业通常没有如此复杂的业务和组织结构，因为它们的业务一般比较单一，或者多个业务之间高度相关。

企业营销计划制定、实施、控制过程是企业管理的全部，如图 3-2 所示。

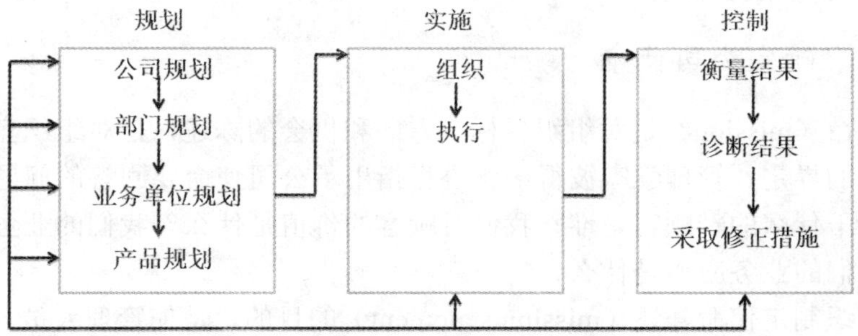

图 3-2 战略计划、实施和控制过程

第二节 公司和部门战略计划的制定

规模较大的公司通常有庞大的业务体系和复杂的组织结构，组织结构保障各业务以及业务之间的协调，公司总部通过复杂的控股关系对各业务部门和业务单位通过不同方式进行领导。例如，中国企业联想控股（legend holdings）业务横跨 IT、房地产、消费与现代服务、化工新材料、现代农业、资产管理和孵化器投资等领域，控股和参股多家公司。

规模较大公司的总部（headquarter）对所辖公司进行管控，但是不同公司的总部对不同的下属业务单位的管理方式也存在很大差异。有些公司会赋予下属业务单位很大的自主权，由它们自己决定自己销售额和战略，而其他一些公司则为其业务单位制定明确的目标，但允许它们制定实现这些目标的战略。此外，也有些公司为每个业务单位制定目标，并参与制定具体的业务单位战略。关于大公司对下属业务单位管控的知识通常在战略管理课程中进行深入讨论，不是营销学的研究重点。

尽管总部对业务单位的管理方式有很大差异，但是所有公司的总部都要从事以下四项计划活动，我们把这些计划称作公司或部门战略，这一层次的战略通常只关注发展方向，而不关注竞争。这四项计划活动是：

- 确定公司使命。
- 建立战略业务单位。
- 给每个业务单位配置资源。

● 评估成长机会。

一、确定公司使命

使命（mission）是对组织目标、方向和机会的陈述，是对组织竞争领域和边界的界定。管理学家彼得·德鲁克指出了公司使命要回答的问题：我们企业是干什么的？顾客是谁？我们对顾客的价值是什么？我们的业务将是什么？我们的业务应该是什么？

组织制定使命陈述（mission statement）的目的，是使管理人员、员工和顾客可以共享公司的使命；有效清楚的使命陈述往往可以使员工对组织目标、方向和机会达成共识，并提供有效指导。

好的使命陈述往往具有以下五个显著特点：

● 它集中在有限的目标上。

● 使命陈述应该强调公司的主要政策和价值观，这有助于对员工的自主范围进行限制，从而使员工的努力与组织的目标相一致。

● 使命陈述明确公司想要参与竞争的主要领域和范围。

● 使命陈述立足于长期视角。

● 使命陈述应该简单、易记并意味深长。

尽管组织的使命立足长远，但是组织使命也要根据市场环境的变动而改变，以利用新的市场机会或对新的市场条件（包括威胁）做出反应。组织使命可能来自企业创立者的愿景，并与愿景一起构成企业宏观的规划。但是随着环境的变化，组织的愿景和使命可能都需要改变。

案例链接 1

华为公司

1. 使命与愿景

华为是全球领先的信息与通信解决方案供应商。公司围绕客户的需求持续创新，与合作伙伴开放合作，在电信网络、企业网络、消费者和云计算等领域构筑了端到端的解决方案优势。公司致力于为电信运营商、企业和消费者等提供有竞争力的 ICT 解决方案和服务，持续提升客户体验，为客户创造最大价值。目前，华为的产品和解决方案已经应用于 170 多个国家和地区，服务全球 1/3 的人口。

公司以丰富人们的沟通和生活为愿景，运用信息与通信领域专业经验，消除数字鸿沟，让人人享有宽带。为应对全球气候变化挑战，华为通过领先的绿色解决方案，帮助客户及其他行业降低能源消耗和二氧化碳排放，创造最佳的社会、经济和环境效益。

2. 核心价值观

为客户服务是华为存在的唯一理由，客户需求是华为发展的原动力。我们坚持以客户为中心，快速响应客户需求，持续为客户创造长期价值进而成就客户。为客户提供有效服务，是我们工作的方向和价值评价的标尺，成就客户就是成就我们自己。

（资料来源：华为公司网站）

二、建立战略业务单位

每个公司都要确定自己的业务领域，即自己是做什么的，该做什么。

传统的观念是依据产品来界定所从事的业务，比如从事“汽车业”或“服装业”等。如果回顾顾客价值创造和交付的知识，你应该发现这种观念在今天不值得提倡。现代营销理念主张先确定你打算给顾客什么样的价值，然后再确定怎样的产品和价格。要知道，产品是短暂的，基本需要和顾客群体则是永恒的。基于顾客（市场）来界定业务，往往可以帮助企业找到潜在的增长机会。

大型公司往往同时经营一系列不同的业务，而且每项业务都有独特的战略。我们将这些具有独特战略的业务称为战略业务单位（strategic business unit，SBU），它具有三个特征：

- 它是一项独立的业务或相关业务的集合体，而且在计划工作时能够与该公司经营的其他业务分离开来而单独编制计划。
- 它有自己的竞争对手。
- 它有专门的经理人员负责战略计划、利润业绩，而且该经理人员可以控制对利润产生影响的大部分因素。
- 确定公司的战略业务单位的目的就是制定独立的战略，并配置适当的资源。

图 3-3 中清晰展示了华为的业务体系。华为的业务很多，但是内部具有高度的相关性。公司有三大业务群（或者业务部门，business group），每个业务群下面又按照不同的标准划分为若干次级业务群，每个次级业务群下面又划分为三级业务群。战略业务单位可以在次级业务群层面建立，如个人消费业务者业务群下面按产品组建战略业务单位，也可在三级业务群层面建立，如有必要也可以在三级业务群下面建立；例如企业业务群下面的次级业务群

中的行业解决方案下面的各行业客户群，因为每个行业中企业的规模、企业性质、需求及采购规模等有很大差异，可以进一步细分。

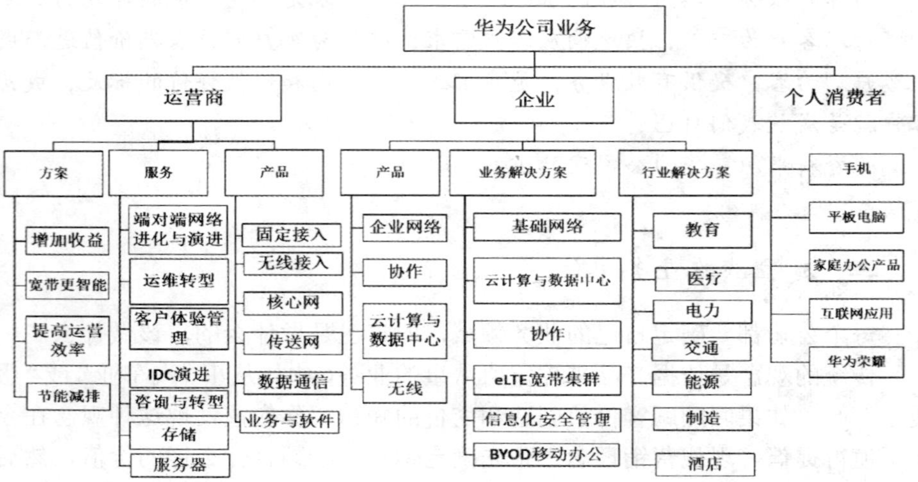

图 3–3 华为公司业务体系

三、评估业务单元并分配资源

一旦界定了战略业务单位，公司就应该决定如何分配公司的资源。公司依据业务单元对公司的贡献和未来增长前景进行资源分配。20 世纪 70 年代，企业纷纷引进了业务组合计划模型来分析投资决策。最著名的两个分别是波士顿咨询集团（BCG）提出的相对市场份额/市场增长率矩阵（图 3-4-a）和通用电气公司与麦肯锡公司共同提出的竞争优势/行业吸引力矩阵（图 3-4-b）。这些矩阵将公司享有业务进行分类，不同的业务实施不同的战略，根据战略不同进行资源分配。

根据有关业务或产品的产业市场增长率和客户相对市场份额标准，波士顿矩阵把客户全部的经营业务定位在四个区域中，分别为：

第一区域高增长——强竞争地位的“明星”业务。这类业务处于迅速增长的市场，具有很大的市场份额。在客户的全部业务当中，“明星”业务的增长和获利有着极好的长期机会，但它们是客户资源的主要消费者，需要大量的投资。为了保护和扩展“明星”业务在增长的市场上占主导地位，客户应在短期内优先供给他们所需的资源，支持它们继续发展。

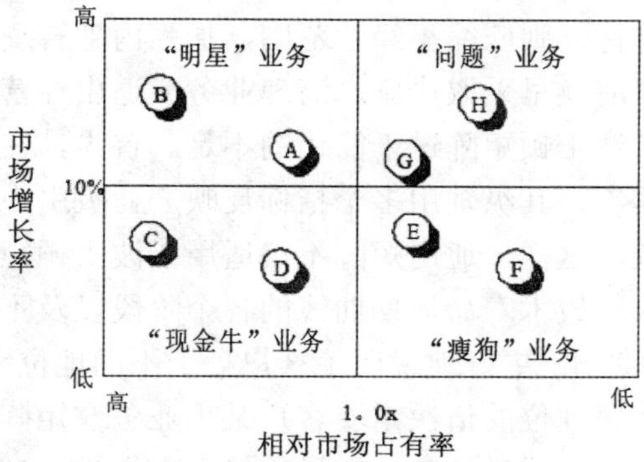

图 3-4-a　波士顿矩阵

市场吸引力 \ 竞争地位	强	中	弱
高	成长—渗透	发展性投资	选择性投资或剥离
中	选择性收获或投资	细分市场或选择性投资	有控制的退出或剥离
低	收获现金	有控制的收获	快速退出或作为攻击性业务

图 3-4-b　波士顿矩阵

第二区域高增长——低竞争地位的"问题"业务。这类业务通常处于最差的现金流量状态。一方面，所在产业的市场增长率高，客户需要大量的投资支持其生产经营活动；另一方面，其相对份额地位低，能够生成的资金很小。因此，客户对于"问题"业务的进一步投资需要进行分析，判断使其转移到"明星"业务所需要的投资量，分析其未来盈利，研究是否值得投资等问题。

第三区域低增长——强竞争地位的"现金牛"业务。这类业务处于成熟的低速增长的市场中，市场地位有利，盈利率高，本身不需要投资，反而能为客户提供大量资金，用以支持其他业务的发展。

第四区域低增长——弱竞争地位的"瘦狗"业务。这类业务处于饱和的市场当中，竞争激烈，可获利润很低，不能成为客户资金的来源。如果这类经营业务还能自我维持，则应缩小经营范围，加强内部管理。如果这类业务已经彻底失败，客户应及早采取措施，清理业务或退出经营。

通用矩阵改进了波士顿矩阵过于简化的不足。首先，在两个坐标轴上都增加了中间等级；其次，其纵轴用多个指标反映产业吸引力，横轴用多个指标反映客户竞争地位。这样，通用矩阵不仅适用于波士顿矩阵所能使用的范围，而且对不同需求、技术寿命周期曲线的各个阶段以及不同的竞争环境均可使用。九个区域的划分，更好地说明了客户处于不同地位经营业务的状态。

市场吸引力和竞争地位的值决定着客户某项业务在矩阵上的位置。影响市场吸引力的因素，有产业增长率、市场价格、市场规模、获利能力、市场结构、竞争结构、技术及社会政治因素等。评价产业吸引力的大致步骤是，首先根据每个因素的相对重要程度，定出各自的权数；然后根据产业状况定出产业吸引力因素的级数；最后用权数乘以级数，得出每个因素的加权数，并将各个因素的加权数汇总，即为整个产业吸引力的加权值。影响经营业务竞争地位的因素，有相对市场份额、市场增长率、买方增长率、产品差别化、生产技术、生产能力、管理水平等。评估客户经营业务竞争地位的原理，与评估产业吸引力原理是相同的。在对两大指标及其子指标进行评价后我们便可以对各业务进行战略决策，处于左上方三个方格的业务最适于采取增长与发展战略，客户应优先分配资源；处于右下方三个方格的业务，一般就采取停止、转移、撤退战略；处于对角线三个方格的业务，应采取维持或有选择发展的战略，保护原有的发展规模，同时调整其发展方向。

但是这类业务组合计划模型过于简单和主观。BCG 矩阵中的市场份额的评估非常复杂，对未来增长率的判断含有营销者的主观判断；另外，用以评价业务组合计划模型指标的数据主要依赖当前数据，忽略了未来环境的变化。因此这类模型逐渐失去了诱惑力。

现在，有些公司开始利用股东价值分析工具进行内部投资决策，即判断公司拥有或放弃某个业务单位，对公司的市场价值的影响如何，是增加公司的价值还是减少公司的价值。一般而言，这类价值计算与分析工具主要是根据全球扩张、重新定位或战略性业务外包中的潜在成长机会来评价各项业务的潜力。经济增加值（EVA）分析是常用的一种工具。

从最基本的意义上讲，经济增加值是公司业绩度量指标，对于 EVA 的研究新观念认为，只有收回资金成本之后的 EVA（经济增加值）才是真正的利润。以 EVA 为尺度衡量客户经营效果，可以建立起一套全新的客户治理结构和经营者激励机制。

四、评估增长机会并选择增长方式

利用业务组合计划模型我们对公司现有业务可以有一个粗略的战略决策，主要是资源的分配；对公司没有贡献或（和）没有增长潜力的业务，公司对之采取停止或减少投资，甚至剥离或出售；这样可以释放更多资源，并应用到其他业务中去，同时也可以降低成本。

对于具有很大增长潜力的业务公司要选择增长的策略。实现业务增长可以采取三种方式：第一，在公司现有业务领域寻求未来的发展机会，称作密集型增长方式；第二，建立或收购与目前业务相关的业务，称作一体化增长方式；第三，增加与公司目前业务无关的、富有吸引力的业务，称作多样化增长方式。

（一）密集型增长方式

采取这种增长方式，管理人员首要的行动方案就是剖析和改进现有业务的各种机会。在此过程中，一种识别新的密集型成长机会的有用工具是产品/市场扩展方格（product-market expansion grid）。它从企业现有和未来的产品和市场出发，考虑企业的战略成长机会。有四种密集型增长方式可选择：第一，在现有市场上，使得现有产品能够得到更多的市场份额，即市场渗透战略；第二，为现有的产品开发新的市场，即市场开发战略；第三，在现有的市场上开发新的产品，即产品开发战略；第四，为新的市场开发新的产品，即多样化战略。

如果基于密集型增长方式，企业仍然无法实现增长目标，管理者则需要考虑一体化增长方式了。

（二）一体化增长方式

一体化增长方式也分为三种策略，即后向一体化、前向一体化和水平一体化。后向一体化是指将供应商的部分或全部业务纳入公司现有业务体系，前向一体化是指将分销商、代理商等中间商的部分或全部业务纳入公司现有业务体系；水平一体化是指与竞争对手进行联盟或者收购竞争对手。

源于一体化战略的增长方式有可能仍然无法达到公司的预期目标，这时公司要考虑多样化增长方式。

（三）多样化增长方式

在当前业务范围之外出现了商机时，就可以采用多样化成长战略。其中，商机是指该行业具有很大的吸引力，而且本公司也具备获得成功所需要的一组业务优势。公司可以根据实际情况采用不同的多样化增长方式：第一，同心多样化战略，即开发与现有产品线的技术或营销活动存在协同关系的新产品，即使这种新产品可能吸引不同的客户群；第二，采用水平一体化战略去开发新颖消费者的新产品，即使新产品和现有产品不存在关联；第三，跨行业多样化战略，即开发某种与现有技术、现有产品或现有市场毫无关联的新业务。

案例链接 2

阿里巴巴的收购

如果你将以 2007 年开始的迈克尔·贝执导的电影《变形金刚》中擎天柱率领汽车人正义之师战胜同类恶敌的过程同马云领导的阿里巴巴集团从一开始的电商交易平台（B2B）发展成为涵盖 B2B、B2C、O2O、团购、国际贸易、门户网站、网络支付、网络金融、物流、云服务、社交媒体等多领域的全球第一电商帝国进行对比，你会发现他们的惊人相似之处：首先，擎天柱和马云都是伟大的领导者，具有远大目光；第二，擎天柱的汽车人部队和马云的阿里巴巴都有强大的吸纳和联合能力，但不是简单相加。阿里巴巴通过收购、参股等方式逐步构成了他的商业生态链条，高效地实现了增长。

2005 年 8 月，阿里巴巴全资收购雅虎中国。阿里巴巴收购雅虎中国全部资产，同时得到雅虎 10 亿美元投资，打造中国最大的互联网搜索平台。马云表示："收购中国雅虎，真正的原因是因为阿里巴巴看到，今后的电子商务绝对离不开搜索引擎，希望和雅虎的合作能给电子商务注入新的概念和活力。我们将创造真正在全世界都是很伟大的公司。"

2006 年 10 月，阿里巴巴收购口碑网（后来纳入淘宝网）。阿里巴巴集团投资部前副总裁田健表示，口碑网的发展思路契合了阿里巴巴集团以电子商务为重心，以搜索和社区化为工具的整体方向。他称，对口碑网的战略投资，不仅为口碑网的进一步发展提供强劲的动力和强大保障。而且将很好地串联和补充阿里巴巴集团旗下的电子商务与搜索业务，并最终成为广大网民网上工作、消费和生活中不可或缺的一个组成部分。

2009 年 9 月，阿里巴巴以 4.5 亿人民币收购中国万网（后来与阿里云公司合并，更名为阿里云公司）。中国万网在互联网基础服务行业中的领先地位非常明显，作为小企业电子商务的入口，其在域名服务、主机服务、企业邮箱、网站建设等服务，在"产业布局、客户基础、技术地位"等多方面都具有领先优势。市场分析认为，中国万网将成为阿里巴巴在中小企业电子商务产业链上的重要布局和有力延伸。投资中国万网，符合阿里巴巴关于解决中小企业IT化，从而解决中小企业生存难、发展难、融资难的问题的总体战略布局。

2010年1月，阿里巴巴战略投资上海宝尊公司。成立于2007年初的上海宝尊公司目前在淘宝网上为多家品牌运营旗舰店，并为这些品牌企业提供营销服务、IT服务、客户服务和物流仓储服务等整体电子商务服务。阿里巴巴集团战略投资部负责人张蔚表示："电子商务服务商领域市场潜力巨大，阿里巴巴集团将持续投资该领域，进一步完善淘宝网对消费者和品牌企业的服务能力。"

2010年6月，阿里巴巴收购美国电子商务SaaS（软件及服务）提供商Vendio Services（简称"Vendio"）。阿里巴巴网络有限公司前执行董事、CEO卫哲曾表示："通过收购Vendio，阿里巴巴将为'全球速卖通'市场直接吸引到美国本土超过8万的优质买家和潜在采购客户群，进而为国内小企业带来数十亿美元的采购商机，属于'全球化逆向收购买家'模式。"不仅如此，"全球速卖通"与Vendio平台实现对接后，阿里巴巴也可借助该平台为海内外用户提供一站式电子商务解决方案。

2011年7月，阿里巴巴领投美团网B轮融资5000万美元。阿里资本负责人张蔚认为："团购为中小型的本地生活服务商家提供了新的营销渠道，帮助他们了解消费者的反馈并改进产品和服务。同时，团购为消费者提供了以优惠价格获得的生活服务体验。阿里巴巴希望用资金支持有良好品牌、有执行力和创业激情的团购公司，为消费者和本地中小商家提供更好的服务。"

2012年11月，阿里巴巴旗下的阿里资本投资社交应用陌陌。投资理由：当时陌陌2.0版添加了基于位置的群组社交功能。CEO唐岩给陌陌的定位也越来越明确：一个基于LBS（location based service）的社交应用。这与阿里的战略不谋而合。

2012年11月，阿里巴巴联合花旗银行投资生活信息服务平台丁丁网。阿里资本董事总经理张鸿平介绍说，"投资丁丁网主要是看好其O2O业务的发展前景，丁丁优惠是本地生活领域通往O2O电子商务平台的最佳渠道之一，也会同阿里巴巴多个业务部门产生协同作用。

2013年4月，阿里收购虾米网，合推新产品；淘宝用户登录购物时，可直接点开嵌入的虾米网音乐服务。淘宝已经不单单只是一个购物类的网站，更是一个多媒体的生活化平台，向更多领域拓展，提升用户的购物体验，满足用户的多样化、个性化需求。

（资料来源：《创业邦》杂志，作者：李璐）

五、组织和组织文化

从长期看，所有的技术、资源和能力都可以通过学习、模仿和购买来获取，技术和能力都会变成落后的。组织需要一种持续性的力量推动自身在技术和能力方面不断进步，让组织各部门以及每一个组织成员的行为形成合力，让组织内部更加有机和协调，这便是组织文化。组织文化是组织及其成员共同分享的价值观和信念，是共享的经验、故事、信仰和标准，是一个组织的基本特征，是组织的个性。组织文化是一种最难模仿，也是最难构建的核心竞争力。

组织文化可能来自多个方面，包括组织创建者和高层管理者的价值观和愿望、组织的历史和传统、消费者的期望以及竞争需要。以顾客为中心和以竞争为导向的企业文化对企业的各个方面都会产生深远的影响。组织文化的形成是一个长期的过程，一旦形成就具有了相对的稳定性，如同血液渗透到组织的每个角落。并不是任何性质的文化对组织都起到积极的作用，有的组织文化会阻碍组织创造更好的顾客价值；因此组织文化应根据内外部环境的变动而进行变革。文化变革是组织变革中最难的部分，但是一旦取得成功，影响将是深远的。组织的每个层次都担负企业文化建设和变革的责任，但高层领导者通常是组织文化建设和变革的发动者和推动者，对组织文化高度重视的企业通常成立专门的部门来负责文化的规划和发展。因此组织文化也是公司和部门战略的重要组成部分。

获取组织文化及其建设更多的知识，可以参阅管理学、组织行为学、组织文化等课程或教材。

六、营销创新

顾客的需要时刻在发生改变，竞争者的能力也在不断提升，显然企业不能墨守陈规、固步自封；创新是企业必须具备的一种能力。从营销的角度，企业创新可以在价值选择、价值提供和价值交付的任何阶段，组织的任何层面，价值链的任何环节。小米公司正是凭借自己在营销和商业模式上的创新，使得公司在短时间内成为国产手机市场占有率领先的公司，销售额也以惊人的速度增长。

第三节　业务单位战略计划

公司和部门战略确定公司的使命、愿景、业务范围、增长模式、核心价值观（组织文化），但是并没有涉及到与竞争对手的竞争。企业要在激烈的竞争中生存与发展下去，就要比竞争对手更有效率地向顾客提供性价比更高的价值组合，让顾客产生更高的满意度。

战略业务单位是实现企业使命和企业增长的途径，因此，战略业务单位战略的成败对企业发展生死攸关；业务失败了，企业也没有存在的基础了。为战略业务单元制定战略有严格的逻辑可遵循。如图 3-5 所示：

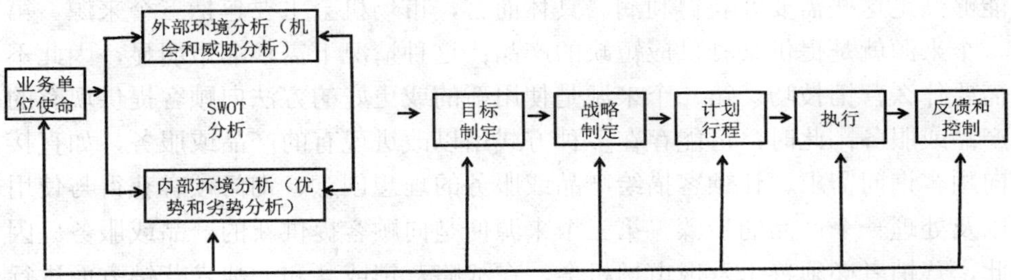

图 3–5　业务单位的战略计划过程

一、确定业务单元使命

战略业务单元也应有自己的使命，战略业务单元的使命是实现公司使命的途径，所以受公司使命的指导。相对于公司使命，战略业务单位的使命更加具体；但在内容上有很多共同支出，比如客户、产品、核心竞争力（技术）、市场和竞争边界等。

二、SWOT 分析

商场如战场，竞争就如同一场战争，知己知彼方能百战不殆。SWOT 分析是一个非常有用的战略分析工具，通过分析使企业对自己所处的环境和自身有清醒的认识，这样企业才能很好地确定能做什么、应该做什么以及如何更好地做。SWOT 分析包括两个大方面的内容，每个大方面又可以分别分为两个方面；外部环境分析确定战略业务单元所面临的机会（opportunity）和威胁（threat），内部环境分析确定企业的优势（strength）和劣势（weakness）。

SWOT 分析为公司评估其战略地位提供了一个简单而有效的工具。当高级经理人对业务进行根本性的重新评估时，SWOT 分析尤其有用，因为它提供了一个自由思维的环境，而且不受财务驱动型的预算规划体制的影响。当公司各层级使用 SWOT 分析法时，它也能够测试组织内感知的共识，而且进行 SWOT 分析的要求相对较简单。

（一）外部环境（机会和威胁）分析

任何业务单位应该监测那些对其盈利能力产生重要影响的关键宏观因素和关键微观因素；因此任何战略业务单位都要建立起营销情报系统，以便研究这些因素的重要发展趋势以及潜在的机会和威胁。营销机会（marketing opportunity）是指购买者存在需求和兴趣的领域，而且公司具有较高的概率能够满足这些需要并获得利润。具体而言，市场机会主要包括三个来源。第一个来源就是提供某种供应短缺的产品；这种情况下需求非常明显，因此不需要什么营销技巧。第二个来源是使用新的或更好的方法向顾客提供现有的产品或服务；此时，可能存在多种方式用以改进现有的产品或服务，如直接向顾客询问需求、让顾客描绘产品或服务的理想创意、询问顾客获得与使用以及处理一个产品的步骤。第三个来源便是向顾客提供新的产品或服务。因此，营销者必须善于发现市场机会，在战略营销或（和）战术营销方面进行创新。在众多的市场机会中，企业应该把握哪些机会呢？营销者可以使用市场机会分析法（market opportunity analysis）以判断各种机会的吸引力和成功概率。具体而言，可以询问以下问题：

- 是否可以有说服力地向锁定的目标市场清晰地传递有关“利益”的信息？
- 是否能够通过积极有效的媒体和交易渠道接触目标市场？
- 公司是否拥有或使用了交付顾客利益所必须的关键能力或资源？
- 公司是否比现有的和潜在的竞争者更好地交付顾客所期望的利益？
- 投资回报率能否达到或者超过本公司一开始所设定的期望水平？

环境威胁是指不利的发展趋势所形成的挑战，在缺乏预防性营销活动的情况下，这种不利趋势很可能会侵蚀公司的销售和利润。营销者可以通过威胁的严重程度和发生的概率两个指标对环境威胁进行评估，并按照轻重缓急加以处置应对。针对对企业有严重影响并且发生的可能性很大的威胁，企业应该制定应变计划，对严重程度较低或发生概率较小的威胁，企业无需应对，但是要保持关注；企业可以忽略那些既不严重发生的可能性又小的威胁。企业应该通过营销信息系统监控企业外部环境中的机会和威胁。

表 3–1 SWOT 分析的部分要素

潜在的优势	潜在的劣势
核心技术	缺乏战略方向
充足的资金	过时的厂房
良好的顾客认知	弱的信息技术系统
高市场份额	弱的控制系统
高生产率	缺少资金
高产品 / 服务质量	缺乏管理技能
低生产成本	内部权力斗争
优良的研发机构	弱的营销技能
高创新纪录	缺乏原料供应
良好的高级管理层	差的分销渠道
专有的技术	高成本结构
好的分销渠道	低产品质量
政治保护	缺少创新纪录
良好的战略	其他
其他	
潜在机会	**潜在威胁**
进入新的市场	新的低成本竞争者
相关活动的多元化经营	技术上的替代率
纵向一体化（前向或后向）	增长缓慢
高增长预期	新出台的管制条例
出口市场	外汇汇率
竞争者力量弱	顾客 / 供应商的议价能力
政府合同	不利的人口变动
取消管制	经济衰退的打击
其他	顾客需求变化
	其他

（二）内部环境（优势和劣势）分析

外部环境分析的目的是做到“知彼”，内部环境分析则是为了做到“知己”。所谓发现有吸引力的机会是一回事儿，能够把握并充分利用机会则是另外一回事儿；业务单元应该对其优势和劣势进行分析。对企业优势和劣势的分析，既可以从资源的角度入手也可以从能力的角度入手，既可以从过程的角度入手也可以从绩效（结果）的角度入手，既可以从现状角度入手也可以从未来趋势入手。我们前面所提及的业务组合分析模型、价值链、组织文化、组织营销战略等都可以作为内部环境分析的工具（如表 3-1）。对优势和劣势的评估通常可以从水平和重要性两个角度进行。

（三）SWOT 分析结果的应用

SWOT 分析的核心是将内部因素与外部因素进行综合考虑，帮助战略业务单位确定自己的营销战略，即 SO、ST、WO、WT 等战略匹配，分别是发挥优势利用外部机会、利用优势规避外部威胁、利用外部机会弥补内部弱点和减少劣势，回避外部威胁。如图 3-6：

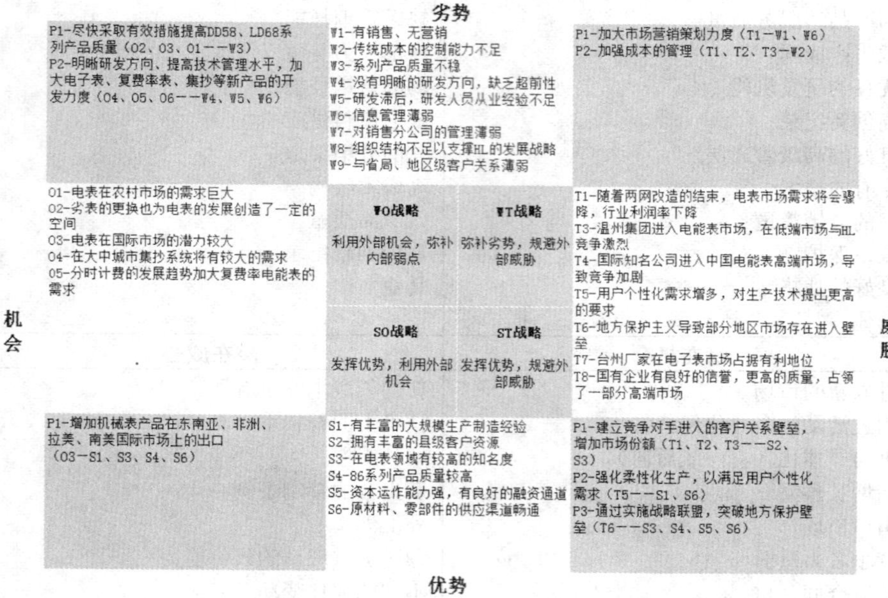

图 3-6 某公司基于 SWOT 分析的战略决策

企业不需要改进所有的劣势，因为时间和成本不允许；也不是要充分利用所有的优势，因为优点过多就等于没有优点。与此相关，营销者面临一个选择：公司应该只局限于利用已有优势的机会，还应去获取和发展某些优势，以便找到更好的机会。这一问题反映的是战略管理的两种理念，即以资源为基础的战略和以环境为基础的战略；企业可以根据实际情况灵活和综合地使用这两种理念。

三、目标制定

SWOT 分析给出了战略业务单元的基本营销策略，但是并没有包括销售额、利润、市场份额、风险的分散、创新和荣誉等诸如此类这样的目标；因此，企业必须完成这项工作。

大多数企业的目标并不是单一的，而是一种组合，可以是销售额、利润、市场份额、风险的分散、创新和荣誉中的几个。

目标管理是企业管理的有效工具，为了使目标管理得以顺利进行，业务单位的各种目标必须满足四个条件：

- 目标必须按照轻重缓急有层次地加以安排。
- 只要可能，目标都应该加以量化。
- 目标应该是能够实现的。
- 各项目标应该协调一致。

四、战略制定

目标指明了企业想要向何处发展。战略业务单元的目标一旦确定，下一步就要制定战略来实现目标；战略包括营销战略以及相应的技术战略、原材料供应战略等。

（一）波特的通用战略

迈克尔·波特把通用战略归纳为三种类型：总成本领先战略、差异化战略和集中化战略。这三种战略为公司进行战略性思考奠定了基础。

1. 总成本领先战略

总成本领先战略是指企业通过扩大生产和经营规模，从而实现规模经济和范围经济，提高经营效益，加强管理，进而降低总成本，在市场谋求竞争优势的战略。实施成本领先战略的企业可以获得以下好处：

- 采取成本领先战略的企业可以获得高于产业平均利润水平的利润。采取该战略的企业因为成本较低，在以同等价格出售产品时，可以获得较高的利润率；
- 可以使企业拥有较大的降价空间，因而能够提升企业抵抗价格战攻击的能力；
- 采取该战略的企业可以以较低的价格销售产品，从而扩大市场份额，进而享受规模效益所带来的好处；
- 赋予企业使用价格战武器的权力。不可否认，价格战是市场竞争中非常有效的进攻手段，通过价格战可以阻止潜在进入者的进入，或者将竞争者赶出市场。

但是实施成本领先战略也存在以下风险：

- 如果竞争者采取同样的战略，会抵消企业降低成本所带来的竞争优势；
- 采取该战略会诱发企业发动价格战的冲动，最终导致整个行业无利可图；
- 当竞争者采取差异化战略和集中化战略时，会抵消企业通过成本领先战略所建立起来的竞争优势；
- 成功实施该战略会导致企业将注意力集中于对市场份额的争夺，而忽视了对于长期战略的思考。

因此并不是在任何情况下企业都可以实施成本领先战略，在以下情况下更适合实施成本领先战略：

- 市场需求具有价格弹性，价格优势能够带来市场规模方面的优势；
- 行业内企业生产的产品差异性不大，因而价格成为决定企业市场地位的重要因素；
- 实现产品差异化的途径很少，给其他企业采用差异化战略造成了困难；
- 大多数客户以相同的方式使用产品；
- 消费者面临较低的转换成本，因而能够很方便地选择价格低廉的产品。

2. 差异化战略

产异化战略是指企业集中力量在大多数目标顾客特别重视的顾客利益方面实现卓越的绩效水平；与总成本领先战略的服务对象是行业中的一般顾客不同，差异化战略的服务对象则是那些购买与一般商品有所区别的独特产品或服务的顾客。因此，企业可以使自己的产品区别于其他产品，也可以实施服务差异化。产品差异化（product differentiation）主要包括：工作质量差异化、产品特色差异化、产品设计方面的差异化。服务差异化（service differentiation）是指企业向顾客提供别具一格的良好服务。服务差异化主要表现在订货方便、交货、安装、客户培训、客户咨询、维修和多种服务上。

实施差异化战略可以使企业获益良多。通过提供具有相对于竞争对手更独特价值的产品或服务可以提升顾客忠诚度，降低顾客对价格的敏感度。如苹果手机（iPhone）尽管价格很高但仍然有超量规模的忠实顾客。显然这有利于与现有竞争者竞争，帮助企业可以获得更高的利润和市场份额。产品或服务的差异化以及由此带来的顾客忠诚和高利润率，可以进一步帮助企业构建起较高的市场壁垒，让市场潜在的新进入者难以进入该行业，即使进入要么需要高额的投入，要么难以获得丰厚的利润。如两家最具创新能力并实施差异化战略的手机生产商苹果（Apple）和三星（Samsung）获得了手机行业97.8%的利润（2013 年第 1 季度数据，2012 年全年的数据为 99%）。实施差异化战略还可以帮助产品抵挡住替代品的进攻。

当然，实施差异化战略也让企业面临一定的风险。首先，企业努力创造出来的差异化在顾客那里可能并不认为值那么多钱；成本领先战略的竞争对手稍微在产品或服务上进行创新可能就会让企业努力变得毫无意义。其次，喜新厌旧是顾客的心理，因此企业为了实现差异化，可能需要持续不断地进行投入，这对企业来说又意味着成本的增加和财务压力。第三，用过一种差异化产品后，顾客就会将其性能与成本低廉的其他产品做比较，有时候顾客的贪欲一点都不比企业弱。第四，差异化战略的最大的风险是被成功模仿。

与总体成本领先战略类似，差异化战略的实施也需要一些条件：

- 存在特定的未被满足的细分市场，并且该细分市场的顾客愿意为差异化的商品或服务支付更多的成本。
- 企业有独特的创新能力。创新可以是在管理、产品、技术、流程、生产等方面。
- 企业有持续性的学习能力，组织具有很高的知识管理水平，属于学习型的组织。
- 企业具有很强的营销能力，让顾客认识到公司产品或服务的差异性所在。

3. 集中化战略

集中化战略是指企业将其力量集中在为几个细分市场服务上，而不是追求全部市场。在这种战略的指导下，企业从了解这些细分市场的需求入手，在选中的细分市场上，运用成本领先、产品差别或二者兼有的战略。实施集中化战略可以提高企业资源的利用效率，与此同时，企业又不断地寻找可为其服务的其他补缺市场。

集中化战略也有其实施的条件和范围：

- 企业能够以更高的效率、更好的效果为某一细分市场的顾客提供产品或服务，即企业的专业性。
- 市场上存在不同的客户群，不同的客户群之间存在不同的需求或以不同的方式来使用产品。
- 在企业所选择的目标市场上，不存在采取相同战略的企业。
- 企业的资源不允许其追求更广泛的市场。

- 行业中各细分市场在规模、成长率和获利能力等方面存在很大的差异，导致某些细分市场比其他市场更有吸引力。

当然，集中化战略的实施也包含很多风险：

- 竞争者可能找到更有效的方式，在服务于狭窄的目标市场方面超过实施集中化战略的企业；
- 顾客的偏好发生变化，从企业的特定产品转移到一般产品，从而使企业的差异化战略失败；
- 采取集中化战略的企业所生产的产品的特色与个性，不足以抵消低价格对消费者的吸引力。

总成本领先战略、差异化战略和集中化战略是迈克尔·波特提出的三种最基本通用战略；三种战略并不是完全相互对立的，相反可以组合运用。比如，有的企业可以生产质优价廉的产品，实施成本领先和差异化战略相结合的战略；除此之外还有集中化与差异化相结合的战略，低成本与集中化战略相结合的战略。但是，实施综合性战略对公司的能力会提出更高的要求；并且，如果两种战略结合不成功，可能会沦落成没有战略的尴尬境地。另外，公司的战略选择还会受到产业生命周期、产业成熟度、行业性质等因素的影响。

案例链接 3

三星的战略蜕变：从劣质的模仿者到世界级的创新者

1993 年 3 月，李健熙（三星创始人李秉哲三子）在洛杉矶亲自造访一家明显是在贩卖粗糙电子产品的折扣零售商时发现，三星的产品被摆在零售店的后排货架上，积满灰尘，就连店员也不屑一顾。他这才恍然大悟，原来美国人把三星这家韩国公司的电子产品视为廉价、像玩具一般的仿冒品，最适合被当作是特价品来陈列。

那次造访后不久，李健熙发出了一份宣言给三星的高层主管。他直言，“公司的管理阶层及制度依旧保持着牺牲质量、追求数量的概念”，“除了老婆和家庭不要改变之外，其他一切都必须革新”。

李健熙的终极目标是“简单和大胆”：为掌握未来，三星必须快速跃升，以跻身世界一流品牌之林；而三星所提供的各式各样数字产品，不但要能满足人们的需求，还要能够捕捉住他们的想象力。

1993 年，李健熙派了他的设计顾问福田（Tamio Fukuda），评估三星设计的状态如何。福田的结论是：三星缺乏一个象征三星出品的“设计特色”；其产品开发流程是粗糙的，其高级经理人漠视设计的价值。换句话说，三星跟当时大多数企业没两样。显然，李健熙预见了三星能够将设计当作一项竞争武器，并且藉此将三星从一个落后、低劣的模仿者，转变成为世界级的创新者。为力求突破，该公司花了好几年，才建立起一个可长久延续的设计文化——既能兼顾创新和国际化，同时又能反映出韩国的古老文化。

很快，三星已然摆脱了质量粗糙、不登大雅之堂的过去。根据顾问公司Inter-brand在2004年的估算，三星已成为全球过去5年来，成长最快速的品牌：在CDMA（分码多任务存取）移动电话上，三星跃居为全球领导者；在移动电话的整体销量上，三星则是与摩托罗拉（Motorola）激烈竞逐，仅次于诺基亚（Nokia）的第二顺位；在彩色电视、闪存及液晶显示器的全球市场上，三星也是居于龙头地位。

1999年到2004年，三星从美国工业设计学会（Industrial Design Society of America；简称IDSA）所赢得的奖项数超过了世界上任何一家公司。身兼IDSA执行副总裁和设计公司"回声视觉"（Echo Visualization）负责人的米歇尔·贝瑞曼（Michelle Berryman）指出，"三星的设计能力，已使得该公司成为世界上最受敬重的设计公司之一。"她说，三星平面电视的雅致，让人们愿意支付高价购买，就像iPod一样。

今天，尽管三星的战略和创新能力受到诸多诟病，其业绩也受到国内手机厂商的影响，但是它仍然是全球最具有创新能力的公司之一。

（资料来源：http://www.managertoday.com.tw/?p=590）

（二）战略群与战略联盟

即使是实施差异化战略的公司也要面临激烈的竞争，但是你死我活不再是企业生存的全部逻辑（但可能是一种结果）；企业之间有竞争也有合作。

战略群（strategic group），是指那些针对相同目标市场并实施相同战略的企业所构成的企业群。战略群中，能够制定并有效执行清晰的战略的公司往往取得最多的利润。战略群是竞争者分析的重要工具。

战略联盟是指在资源或能力上存在互补的企业之间进行的合作；合作可以发生在顾客价值选择、提供和传播过程中的步骤上，也可以发生在价值链的任何环节。战略联盟无论对于中小企业在国内谋求生存与发展，还是对于大型公司在全球范围把握机会，都具有重要意义。

许多战略联盟都是采用营销联盟形式，具体可以概括为以下四种类型：

- 产品与服务联盟。这种联盟是指一家公司许可另外一家公司生产自己的产品，或者两家公司共同推出各自生产的互补产品或新产品。

- 促销联盟。促销联盟是指一家公司同意为另一家公司的产品或服务进行促销。
- 物流联盟。物流联盟是指一家公司为另一家公司的产品或服务提供物流服务。
- 价格合作。价格合作是指一家或几家公司加入特定的价格合作中。

一般而言，管理良好的联盟往往可以使联盟以较低的成本获得更高的收益。同时，为了使联盟可以保持生机，许多公司都开始进行组织结构的调整，以对联盟战略提供组织支持。而且，许多企业也都纷纷把建立和管理合作伙伴关系的能力看作核心技能的重要组成部分，并把这方面的管理称作合作伙伴关系管理（partner relationship management，PRM）。

案例链接 4

东风汽车集团与雪铁龙集团国际战略联盟

2014 年 3 月 26 日在巴黎签订《关于增资入股的总协议》后，3 月 28 日东风汽车集团股份有限公司（以下简称东风集团）与标致雪铁龙集团（以下简称 PSA）在北京签订《全球战略联盟合作协议》，双方将深化在工业和商业领域的全球合作。

根据《关于增资入股的总协议》，东风将通过定向增发和配股认购，向 PSA 注资 8 亿欧元，持股 14%，与法国政府和标致家族并列成为 PSA 的第一大股东。

根据《全球战略联盟合作协议》，双方将在国际业务、商品和技术协同、采购及供应链体系协同等多方面深化合作。在国际业务上，双方将共同设立一家出口公司，负责神龙汽车公司和 PSA 的产品在亚太地区的销售和服务，并考虑将出口公司业务拓展到亚太地区以外的市场，以及寻求与东风品牌出口业务的协同效应，协同开展亚太和其他新兴市场的开拓，促进网络的共用、协同与开发；共同开展针对新兴市场的整车平台、模块、车型及乘用车零部件的开发；利用各自在所在区域、国家已建立或将建立的生产能力、商业网络的优势帮助另一方开拓其品牌的业务发展。

在商品和技术协同上，双方将整合 PSA 现有的亚太技术中心，设立新研发中心，在中国建立从产品前期研究、造型到工业化等全价值链的研发能力、强化与 PSA 研发中心和东风集团研发中心的协同，共享资源，提高研发效率，降低研发成本；扩大在神龙汽车公司的合作范围，推动神龙汽车公司的标致品牌、雪铁龙品牌以及东风品牌汽车到 2020 年全年总销量实现 150 万台，而且三个品牌中的每个品牌至少每年开发并投放一款新车型；在新能源核心领域，在全球范围内加强合作，包括新能源汽车技术研发、新能源车型开发；通过实现产品平台、动力总成及零部件等的协同，提升PSA、东风集团的平台规模效应，提升产品竞争力。

在采购及供应商体系协同上，双方计划在产品开发阶段共同策划、建立健全供应商体系以及相应的运行机制以促进降低成本，并进一步讨论协调全球供应商关系，建立可协同的供应链体系和机制。同时，双方同意，PSA在全球范围的产品中推广应用东风集团和神龙汽车公司的降低产品成本的成果，以进一步降低PSA的采购成本并提高其产品的竞争力。

为落实、协调并推进全球战略联盟合作的具体运行，双方将共同成立一个全球战略联盟合作委员会，并在2014年年底前确定双方于国际业务合作、产品和技术协同、采购及供应商体系协同相关的目标及具体实施计划。

通过上述合作，有助于东风提升产品技术水平、加快国际化发展步伐，也有助于提升PSA的竞争力、加速全球化战略。

（资料来源：http://auto.ifeng.com/xinwen/20140328/1011207.shtml）

（三）产品计划

一个战略业务单位中通常包含不止一个产品、品牌或项目，因此产品或项目经理需要为每种产品、产品线、品牌、渠道或客户群体编制营销计划。对于每个产品层次（产品线、品牌）而言，都必须制定明确的营销计划，以实现既定的目标。各产品或项目之间在制定计划时，管理者要考虑资源共享，达到协同作战的效果。产品计划是战术营销阶段。

五、计划形成及其实施

按照我们的思路，战略业务单元的战略已制定完毕，接下来便是制定具体的工作计划来贯彻执行所确定的战略，进而实现战略业务单元的目标和使命。

战略实施是将目标分解为具体的任务，将任务落实到相关的职能部门，各部门制定相应的工作计划并付诸实施。前面提到的价值链清晰展示了完成实施战略要完成的活动。

除了制定实施战略的计划，营销者还要估算营销计划的成本。这项工作包括两个部分，一个是计算各项活动所需要投入的人力和财力，还要预测每项互动所能带来的回报和潜在的风险。

在制定各项计划的时候，管理者要有效实施利益相关者管理，而不能仅仅考虑企业自身的利益，也不能仅仅考虑顾客的利益。管理者应该明确利益相关者是谁以及对公司有怎样的影响，并对之进行轻重缓急的排序并有策略地做出反应。

关于战略实施，全球知名管理咨询公司麦肯锡公司（Mckinsey & Company）有自己的观点。麦肯锡认为战略（strategy）仅仅是企业获得成功的七个要素之一（7S），还有六个因素，即结构（structure）、制度（system）、风格（style）、技能（skill）、人员（staff）以及共同的价值观（shared value）；其中，战略、结构和制度是硬因素，其余四个因素为软因素。

软因素“风格”是指该企业的员工有共同的行为和思想方式；“技能”是指员工具有实施战略所必需的各项技能；“人员”是指该公司雇用有才干的员工，对其进行培训并给他们安排合适的工作，以充分发挥他们的潜能；“共同价值观”是指员工拥有共同的价值观念作为指导。当一家公司同时拥有这四个软因素时，他就会在战略实施方面获得更大的成功。

六、战略反馈与控制

市场环境的变化往往快于公司 7S 架构的变化，因此公司与环境的战略适应性不可避免受到侵蚀；因此，公司必须在这种战略有效性逐渐丧失的时候进行必要的调整，以保持高效。与环境脱节会给公司带来灾难性的后果，正如管理学大师彼得·德鲁克所说，“做正确的事（效果）比正确地做事（效率）更为重要”。当然，优秀的公司往往在效率和效果上都有良好的表现。

对于组织而言，特别是对于大型组织而言，可能会存在一种惰性。因此，组织变革对于组织而言是充满风险而又不得不做的事情；而且，组织不能只在风险来临以后才进行变革，而是在此之前主动学习和改变。

七、制定营销计划书

营销计划书是概括了营销者对市场理解的书面文件，它明确地阐明公司实现其营销目标的具体方案。营销计划包括对营销方案的战术指导，也包括在计划期内的财务分配方案。营销计划还是创业者筹措资金的工具。营销计划使战略计划对企业其他部门的计划制定有决定性的影响，当然也需要其他部门计划的支持。

不同规模的企业营销计划书，其结构存在差异，长度也不同，一般在（5—50 页之间）。小企业的营销计划书通常短而精，大型公司往往要求高度结构化的营销计划文档。为了更有效地对实施过程提供指导，营销计划书的每一个部分都应该描述得非常详细。

通常，营销计划书包括以下几部分：

- 执行概要和目录。这是营销计划书的开头，通常包括以下内容：（1）高层管理者的主要目标介绍和管理建议；（2）目录，这是营销计划书其他内容的概览，包括有关建议和支持依据等。
- 情景分析。本部分给出有关销售、成本、市场、竞争和各种宏观环境的背景资料。市场有多大、增长有多快、存在哪些相关趋势、面向市场提供什么产品与服务以及公司将面临的问题是什么等问题，在这部分都要做出回答。这些问题的答案是 SWOT 分析的信息基础。在这个阶段，企业是否有一个高效的营销调研系统将具有决定性的意义。
- 营销战略。这部分工作主要是由产品经理来完成，由他们制定使命、营销与财务目标以及产品要满足哪些目标群体的哪些需求。然后，产品经理还要确定产品的竞争定位，以便在经营计划中明确地确定计划的目标。营销战略的制定离不开其他部门的支持。
- 财务预测。主要包括销售预测、费用预测和盈亏平衡分析。在收入方面，财务预测需要预测每个月、每种产品的销售量。在费用方面，财务预测需要顾及营销费用水平，进行适当的分解。盈亏平衡分析应该指出每月平均销售量为多少才能抵消相应的固定成本和平均每个单位的变动成本。除了利润和成本的预测，风险预测也非常重要。
- 实施控制。这是营销计划的最后一部分，概述了监督控制和实施计划的调整。通常，需要按月或季度来制定相应的目标和预算，然后管理人员就可以评价每一阶段的结果并采取必须的矫正行动。同时，公司也有必要制定一系列内部指标和外部指标，以便对进展情况进行评价并给出可能的改进措施。

本章小结

1. 营销战略与顾客价值

本质上，营销管理过程是企业战略营销计划和战术营销计划的制定和实施过程。战略营销主要是顾客价值选择的过程，战术营销主要是顾客价值创造和交付的过程。顾客价值的创造和交付分为价值选择、价值提供和价值传播三个部分。顾客价值选择是营销者对市场进行细分，选择适当的目标市场，开发市场供应物的价值定位；顾客价值提供是营销者提供特定产品的特性、价格和分销；价值传播是营销者通过组织销售人员、促销、广告和其他传播工具来宣告产品的诞生、投放并进行产品促销。

价值链包含企业进行顾客价值创造和交付的所有活动；包含九种相互关联的战略活动，五项基础活动和四项辅助活动。基础活动包括企业购进原材料（内部物流）、进行加工并生产出最终产品（生产运营）、将其运出企业（外部物流）、上市销售（营销与销售）和提供售后服务（服务）这一系列依次进行的互动。辅助活动包括采购、技术开发、人力资源管理和企业基础设施建设。企业的成功不仅取决于各个部门完成其本职工作的质量，更加取决于企业能否协调好各个部门的工作，以便更高效地完成核心业务流程。

核心竞争力（core competency）是企业开展经营活动所需的核心资源和能力，具备三个典型特征：（1）它是竞争优势的源泉，并能够对顾客感知利益做出重大贡献；（2）在市场上具有广泛的应用性；（3）竞争者很难模仿。

对于大型企业或多业务企业而言，一般包括四个组织层次：公司层、部门层、业务层和产品层；公司需要在每个层次上制定战略或计划。公司总部负责设计公司的战略计划，以指导这个公司的运作，总部确定给每个业务部门提供多少资源以及开发和放弃哪些业务等。然后，每个部门也都必须制定相应的部门计划，以便把公司所给予的资金分配给下属的各个业务单位。各业务单位也必须制定自己的战略计划，以便确保该业务单位在将来有利可图。最后，在每个业务单位的各个产品层次上（产品线和品牌），也要制定相应的营销计划，已在特定的产品市场上实现预定的目标。

2. 公司和部门战略计划的制定

总部对业务单位的管理方式有很大差异，但是所有公司的总部都要从事以下四项计划活动，即确定公司使命、建立战略业务单位、给每个业务单位配置资源、评估成长机会。使命（mission）是对组织目标、方向和机会的陈述，是对组织竞争领域和边界的界定。大型公司往往同时经营一系列不同的战略业务单位，而且每项业务都有独特的战略。业务组合计划模型是评估业务单位和为之分配资源的工具，常见的有市场份额/市场增长率矩阵和竞争优势/行业吸引力矩阵。价值分析弥补了业务组合计划模型的缺陷。公司实现业务增长可以采取三种方式：第一，在公司现有业务领域寻求未来的发展机会，称作密集型增长方式；第二，建立或收购与目前业务相关的业务，称作一体化增长方式；第三，增加与公司目前业务无关的、富有吸引力的业务，称作多样化增长方式。企业文化和营销创新是企业市场营销取得成功的重要条件。

3. 业务单位战略计划

战略业务单位是实现企业使命和企业增长的途径，战略业务单位战略的成败对企业发展生死攸关。为战略业务单元制定战略有严格的逻辑可遵循。第一，在公司使命指导下制定业务单位的使命，第二，进行企业内外环境分析，即 SWOT 分析；外部环境分析确定战略业务单元所面临的机会（opportunity）和威胁（threat），内部环境分析确定企业的优势（strength）和劣势（weakness）。SWOT 分析的核心是将内部因素与外部因素进行综合考虑，帮助战略业务单位确定自己的营销战略，即 SO、ST、WO、WT 等战略匹配。第三，制定业务单位的目标，包括经济指标和非经济性指标。第四，确定实现目标的竞争战略；企业可以选择总成本领先战略、差异化战略和集中化战略，或者将三种战略结合起来使用。战略联盟是在竞争环境中通过合作实现共赢的有效途径。产品计划是企业战术营销的重要组成部分，关乎顾客价值的实现。制定详细的营销计划书可以使企业营销活动有章可循，也是创业者争取自己的重要营销手段。

能力培养指导

通过本章的学习，学生应该能单独或合作完成以下工作：

- 从顾客价值创造和交付的角度分析企业的成败。
- 依据价值链分析企业优劣势。

完成这两项工作，学生需要深刻领会顾客价值的内涵以及顾客价值创造和交付的过程。但仅仅从理论上理解是不够的，应该通过互联网、出版物或者访谈了解现实中企业经营情况。因此，学生应该充分利用课下、周末或假期的时间去了解和调查企业，与老师沟通，与同学交流，来验证和提升分析能力。

- 为中小企业制定公司层战略和业务战略。
- 撰写营销计划书或创业计划书。

在学生能够完成前两项工作的基础上，学生应该将前两项工作中获取的调查和分析能力用在这两项工作中。但是团队意识和合作能力在这两项工作中更加重要，因为一个人很难完成这两项工作，个体之间的交流会更多。写作与表达能力这两项工作非常重要；学生可以参阅一些优秀的营销计划书或创业计划书，或者多跟老师沟通学习，逐步提高自己的专业分析和写作能力。

案例应用 1

再度进军白酒业 娃哈哈苦寻“最后一块拼图”

宗庆后以一期投资 150 亿元入驻仁怀市白酒工业园区的新闻再次震惊业内。

娃哈哈在 2012 年未能完成宗庆后 700 亿元营收的目标，反而同比负增长了 6.23%。而宗庆后的目标，是在 2015 年前将娃哈哈业绩做到 1000 亿元。要实现这一目标，多元化是唯一出路。继进军零售业之后，白酒业或将成为宗庆后千亿企业愿景中的另一块重要拼图。

但娃哈哈进军白酒行业同样存在很多不确定因素。白酒业正经历低迷期，但相关酒企的估值却居高不下。娃哈哈考察的酱香型白酒，又与其现有的渠道不够匹配。此外，缺乏职业经理人文化的娃哈哈，在进入白酒行业后，人才瓶颈又将会是制约其做强的一个关键因素。

“第一感觉就是不靠谱。”原娃哈哈策划总监，后来又在白酒行业摸爬滚打多年的肖竹青，对这一则新闻的惊讶度，丝毫不低于任何业内人士。在此之前，娃哈哈已曾两度试水白酒业，先是 2002 年首次试水白酒业务，后又于 2004 年与金六福有过一段渠道联姻。可惜这两次尝试均以失败告终。

一边是感觉不靠谱，但另一边却是言之凿凿。据贵州省人民政府网站信息显示，2013 年 7 月 6 日，娃哈哈集团董事长宗庆后曾到贵州仁怀市就投资建设环境进行考察，并先后前往仁怀市南部新城开发建设现场、坛厂配套产业园区及茅台酒厂制酒车间、包装车间、国酒文化城等地进行实地考察。当时，宗庆后曾明确表示，娃哈哈集团看好仁怀发展前景。

熟悉娃哈哈的博盖咨询董事总经理高剑锋表示，娃哈哈公布 2013 年销售额预计达到 700 亿元，其目标是在未来三至五年达到千亿元，但饮料行业经过多年发展，集中度已非常高，排名前五的企业已经占据了 60%的市场份额，任何一家企业想再获得高速的发展已不易。所以，欲完成三年千亿元的目标，娃哈哈多元化是唯一出路。

熟悉宗庆后的人士表示，宗在多年经营饮料产品的过程中，一方面对各大卖场高额入场费一事深恶痛绝，另一方面又很羡慕该业态的高利润。进军商业地产或零售业，一直是宗的一个心结。因此，如果说娃哈哈要走多元化道路，零售或商业地产一定是宗庆后最为寄托厚望的。

但娃哈哈在 2012 年进军零售业以来，走得并不顺利。其去年年末在杭州开张的欧洲精品商场项目，被曝生意冷清，整个商业团队面临重大人事调整。更有人将此事与宗庆后被袭击一事联想在一起，引起过相应的猜测。

高剑锋表示，娃哈哈有充沛的现金流，有较高品牌度，有极为强势的饮料渠道团队，启动多元化战略有着很好的先天优势。但娃哈哈的症结在于，其至今未形成聘用职业经理人的文化，精力充沛的宗庆后还是习惯于事事亲力亲为。新品牌的建设工作往往靠运营饮料的团队来做，风险也随之加大。

（资料来源：http://news.cb.com.cn/html/company_11_14833_1.html）

【讨论题】

1. 你如何看待娃哈哈进入白酒行业？为什么？

2. 娃哈哈如何实现三年突破 1000 亿的目标？阐述你的方案及其可行性。

案例应用 2

4G 来了！！

自从 2013 年 12 月 4 日发放 TD-LTE 牌照至今，4G 已经走过了半年多的时间。作为半年多来 4G 市场唯一的推动者中国移动，5 月新增 4G 用户达到 331.1 万，2014 年以来累计达到 810.9 万户。

第四代移动电话行动通信标准，指的是第四代移动通信技术，外语缩写：4G。4G 技术支持 100Mbps~150Mbps的下行网络带宽，也就是 4G 意味着用户可以体验到最大 12.5MB/s~18.75MB/s 的下行速度。这是当前国内主流中国移动3G（TD-SCDMA）2.8Mbps 的 35 倍，中国联通3G（WCDMA）7.2Mbps 的 14 倍。

支持 4G 技术的移动设备可以提供高性能的汇流媒体内容，并通过ID应用程序成为个人身份鉴定设备。它也可以接受高分辨率的电影和电视节目，从而成为合并广播和通信的新基础设施中的一个纽带。此外，4G 的无线即时连接等某些服务费用会比 3G 便宜。4G 有望集成不同模式的无线通信——从无线局域网和蓝牙等室内网络、蜂窝信号、广播电视到卫星通信，移动用户可以自由地从一个标准漫游到另一个标准。

如果说 3G 能为人们提供一个高速传输的无线通信环境的话，那么 4G 通信会是一种超高速无线网络，一种不需要电缆的信息超级高速公路，这种新网络可使电话用户以无线及三维空间虚拟实境连线。与传统的通信技术相比，4G 通信技术最明显的优势在于通话质量及数据通信速度。然而，在通话品质方面，移动电话消费者还是能接受的。随着技术的发展与应用，现有移动电话网中手机的通话质量还在进一步提高。

数据通信速度的高速化的确是一个很大优点，它的最大数据传输速率达到 100Mb/s，简直是不可思议的事情。另外由于技术的先进性确保了成本投资的大大减少，未来的4G通信费用也要比2009年通信费用低。

4G 在中国还是个新事物，但韩国三大运营商在 2012 年就已全部进入 LTE 时代，现在韩国已经开始布局5G网络。从 2011 年 7 月起，韩国的电信运营商就正式开始部署全国范围的 LTE 4G 网络，同年 9 月就有 4G 手机可供消费者使用。如今韩国的 LTE 普及率已经达到了 51%，位列全球第一，相比之下，美国市场的 LTE 普及率只有 23%。

韩国未来创造科学部2013年12月17日表示，为了确保5G市场的主导权，目前正在制定“5G移动通信促进战”，争取在2020年获得全球移动通信设备市场 20%份额，国际标准专利竞争力位居全球第一。在 2015 年前实现 pre-5G的技术展示，在2018年进行试验测试，到2020年在全球最先实现5G商用服务。5G通信下手机的无线下载速度最快可达每秒3.6Gbps，较LTE的75Mbps快数十倍。理论上，使用5G网络下载一部高清电影文件最多仅需1秒时间。

中国国家工信部副部长刘利华2014年6月11日在上海举行的世界移动论坛上表示，工信部将加强开展5G研究支持，推动宽带移动通信技术演进。分析人士认为，后续有望出台相关支持政策，对相关概念股构成利好。

（资料来源：百度百科，http://www.ifanr.com/389791）

【讨论题】

1. 阅读案例并搜集更多有关4G及5G通信技术的信息，阐述（讨论）4G通信技术乃至未来5G通信技术的发展对人们生活带来哪些影响？会激发哪些新的需求？

2. 选择某个行业，阐述4G及5G通信技术的发展对该行业中企业（包括营销管理在内）的管理带来哪些影响？企业应如何应对？

第四章　市场营销环境

学习目标：

- 了解市场营销环境的涵义和特点；
- 掌握市场营销宏观环境和微观环境的主要构成要素；
- 能够熟练应用环境威胁与市场机会的基本分析方法，并采取相应的对策。

实践中的市场营销

家乐福败走中国香港

继 1997 年底八佰伴及 1998 年中大丸百货公司在中国香港相继结业后，2000 年 9 月 18 日，世界第二大超市集团“家乐福”位于香港杏花村、荃湾、屯门及元朗的 4 所大型超市全部停业，撤离香港。法资家乐福集团，在全球共有 5200 多间分店，遍布 26 个国家及地区，全球的年销售额达 3600 亿元人民币，盈利达 63 亿元，员工逾 24 万人。家乐福在我国的台湾、深圳、北京、上海的大型连锁超市，生意均蒸蒸日上，为何独独兵败香港？家乐福声明其结业原因，是由于香港市场竞争激烈，又难以在香港觅得适合地方开拓大型超级市场，短期内难以在市场争取到足够占有率。

家乐福倒闭的责任可从两个方面来分析：

一、从它自身来看：第一，家乐福的“一站式购物”（让顾客一次购足所需物品）不适合香港地窄人稠的购物环境。家乐福的购物理念建基于地方宽敞，与香港寸土寸金的社会环境背道而驰，显然资源运用不当。这一点反映出家乐福在适应香港社会环境方面的不足和欠缺。第二，家乐福在香港没有物业，而本身需要数万至 10 万英尺的面积经营，背负庞大租金的包袱，同时受租约限制，做成声势时租约已满，竞争对手也想得到它的铺位，会以更高租金夺取；家乐福原先的优势是货品包罗万象，但对手迅速模仿，这项优势也逐渐失去。除了已开的 4 间分店外，家乐福还在将军澳新都城和马鞍山新港城中心租用了逾30万平方英尺楼面，却一直未能开业。这也给它带来沉重的经济负担。第三，家乐福在台湾有20家分店，能够形成配送规模，但在香港只有4家分店，直接导致配送的成本相对高昂。在进军香港期间，还与供货商发生了一些争执，几乎诉诸法律。

二、从外部来看：第一是在1996年它进军香港的时候，正好遇上香港历史上租金最贵时期，经营成本高昂，这对于以低价取胜的家乐福来说，是个沉重的压力。并且在这期间又不幸遭遇亚洲金融风暴爆发，香港经济也大受打击，家乐福受那几年通缩影响，一直无盈利。第二是由于香港本地超市集团百佳、惠康、华润、苹果速销等掀起的减价战，给家乐福的经营以重创。作为国际知名的超市集团，家乐福没有主动参加这场长达两年的减价大战，但几家本地超市集团的竞相削价，终于使家乐福难以承受，在进军香港的中途失败。

评述

香港超级市场，原是英资财团与华资财团两强对峙的局面，家乐福挟新的经营方式闯入，鼎足而三，竞争逐渐激烈。家乐福的经营理念很快为这两大本地财团各自所属的连锁超市——百佳及惠康所采用，这两家纷纷在大型私人屋苑和商场开设超级市场，将传统街市和超级市场的概念融为一体，招徕市民光顾，甚得顾客欢迎。据了解，家乐福进军香港4年来市场占有率仍不足一成，过去3年多一直在亏蚀中支撑。家乐福这条“过江龙”是输给百佳和惠康这两条“地头蛇”的，因为后两者在香港总共占有逾八成超市市场份额。4年来，凡有家乐福的地方，邻近必有一家华资或英资的大超级市场，本地超市集团以割喉式手法，超低价抢客，极力扩大市场占有率，家乐福在无利可图的情况下，必然走上结业之路。

据全球著名的企业管理顾问公司麦肯锡的研究报告，中国加入WTO后，最大的冲击发生在商业领域。在我国，连锁零售商业企业起步晚，与国际水平相比仍然有很大差距。实力雄厚的外资商业企业如沃尔玛、家乐福、麦德龙、万客隆、SOGO等相继进入中国并且取得了很大的发展，它们带来的经营理念、竞争方式给国内企业以极大的震撼，但这并不足以预言国内商业企业的前景一定是黯淡的，关键还在于我们自己怎么做。家乐福败走香港说明了“巨无霸”也不是不可战胜的，唯有切实地了解市场、适应市场才能做好市场。

（资料来源：国内外市场营销案例集. 曹刚等. 武汉大学出版社，2003年）

第一节　市场营销环境的含义与特点

一、市场营销环境的含义

环境一般是指事物周围的情况和条件，即泛指影响某一事物生存与发展的力量总和。那么，什么是市场营销环境呢？按照美国著名市场学家菲利普·科特勒的解释是：影响企业的市场和营销活动的不可控制的参与者和影响力。具体地说就是："影响企业的市场营销管理能力，使其能否卓有成效地发展和维持与其目标顾客交易及关系的外在参与者和影响力。"概括地说，市场营销环境指关系企业生存和发展、影响并制约企业营销战略制定和实施的一切因素和力量的总和。简而言之，市场营销环境是指与企业市场营销有关的，影响产品的供给与需求的一系列内部和外部因素。这些因素的交叉运动不断产生出市场机会和环境威胁。见图 4-1。

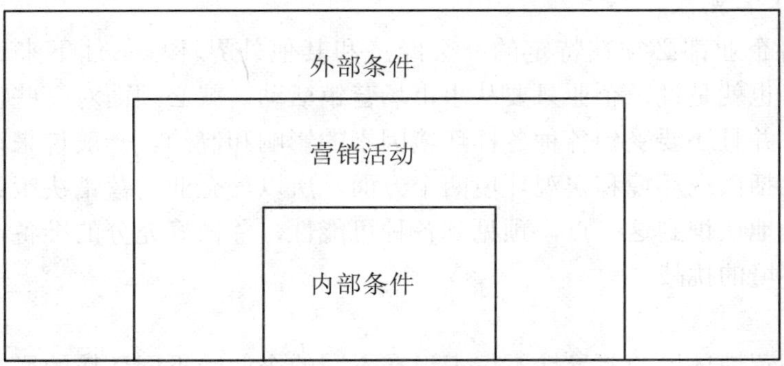

图 4–1　企业营销环境

企业市场营销环境的内容非常广泛，从不同的角度可以划分为多种类型：（1）根据营销环境对企业营销活动发生影响的方式和程度，可以将市场营销环境分为两大类，即宏观营销环境和微观营销环境。宏观营销环境也称为间接营销环境，主要由人口环境、经济环境、政治和法律环境、自然环境、科学技术环境、社会文化环境等方面的基本因素构成，对企业的营销活动构成间接影响；微观营销环境也称为直接营销环境，主要由供应商、企业、营销中介、顾客、公众、竞争者等组成，对企业的经营活动构成直接的影响。

（2）根据企业对营销环境控制的难易程度，可以将市场营销环境分为可控制环境和不可控制环境。可控制环境是指对企业的营销活动乃至整个企业的应变能力、竞争能力发生影响的、企业可以控制的各种内部环境因素，如市场营销目标、营销计划、目标市场的选择等；不可控制环境是指对企业营销活动发生影响的企业难以控制和改变的各种外部环境因素，如顾客、竞争对手、政治、技术及媒体等等。（3）根据影响环境的性质，可以将市场营销环境分为自然环境和文化环境。自然环境包括气候、生态系统的变化等，它的发展变化也会给企业造成一些环境威胁和市场机会；文化环境包括社会价值观念、科学和技术、政治和法律力量、经济力量等，企业高层管理者进行营销决策时必须研究这些文化因素，因为文化会通过影响人的欲望与行为，从而对企业的营销活动产生影响。

二、市场营销环境的特点

市场营销环境是一个多因素、多层次而且不断变化的综合体，是企业营销活动的基础和条件。其特点主要表现在以下五个方面：

（一）客观性

任何企业都必须在特定的社会经济和其他外界环境条件下来谋求生存和发展。也就是说，企业只要从事市场营销活动，就必须面对一些特定的环境条件，并且还要受到各种各样环境因素的影响和制约。一般说来，这些环境条件包括微观环境和宏观环境两个方面。所以，企业的营销决策者必须全面、准确地认识到这一点，预见到各种可能性，并做好充分的准备，随时应对各种环境的挑战。

（二）差异性

市场营销环境的差异性不仅表现在不同的企业受不同环境的影响，而且即使是同一种环境因素的变化对不同企业的影响也不尽相同。例如，不同国家或地区之间，在民族、人口、经济、社会文化、政治、法律、自然地理等方面存在着广泛的差异性。这些差异性势必对企业的市场营销活动产生不同的影响。可见，由于外界环境因素存在差异性，因而要求企业必须采取相应不同的营销对策。

（三）相关性

市场营销环境作为一个完整的系统，其各个影响因素之间发生相互作用是不可避免的，其中存在相互制约和相互依存的关系。主要原因是由于某种社会经济现象的出现，往往不是由某一单一因素所致，而是受到一系列相关因素综合影响的结果。例如，消费者对某种商品的需求量，不仅受商品本身价格的影响，而且还受到相关商品（互补品和替代品）的价格、消费者的收入水平、消费偏好以及心理预期的影响，甚至还受到国家宏观经济政策的调控。因此，企业有必要充分关注各种因素之间的相互作用。

（四）动态多变性

市场营销环境是由多方面的因素构成的，每一个因素都会随着社会经济条件的发展而发生变化。可见，市场营销环境是一个动态的概念，它总是处在一个动态变化的过程之中。就中国当今的市场营销环境而言，企业所处的环境已经有了很大的改善。例如国家产业政策，过去重点放在重工业上，现在已明显向农业、轻工业倾斜，这种产业结构的变化势必对企业的营销活动产生一定的影响。再如我国消费者的消费倾向已从追求物质的数量化为主流正在向追求物质的质量及个性化转变，也就是说，消费者的消费心理正趋于理性。这无疑对企业的营销行为产生直接的影响。当然，市场营销环境的变化是有快慢大小之分的。其中，科技、经济等因素的变化相对快而大。例如技术革新和发明创造不是均匀的连续的过程，而是有高潮和低潮，并进而导致经济的上升和下降，从而形成不同的经济周期。因而对企业营销活动的影响相对短且波动大；而人口、社会文化、自然因素等相对变化较慢较小，对企业营销活动的影响相对长而稳定。因此，企业的营销活动必须适应环境的变化，不断地调整和修正自己的营销策略，否则，将会丧失市场机会。

（五）不可控性

市场营销环境的动态多变性决定了其不可控性的特点。既然影响市场营销环境的因素是多方面的，是复杂的，那么就自然表现出企业对其的某种不可控性。例如一个国家的政治法律制度、民族结构以及一些社会文化习俗等，企业是不可能随意改变的。而且，这种不可控性对不同企业表现不一，有的因素对某些企业来说是可控的，而对另一些企业则可能是不可控的；有些因素在今天是可控的，而到了明天则可能变为不可控因素。另外，各个环境因素之间也经常存在着矛盾关系。例如消费者对家用电器、汽车的青睐就可能在某种程度上与当前客观存在的能源供应的紧张状态产生矛盾，那么这种情况就促使企业不得不做进一步的权衡，在利用这些稀缺资源的同时去开发更加节能的新产品。

市场营销环境的特征决定了它对企业的生存与发展、营销活动及决策过程产生着有利的或不利的影响，产生着不同的制约作用和效果。一方面，它为企业提供了市场营销机会；另一方面，市场营销环境也会给企业造成某种威胁。

小链接 1

美国有两名推销员到南太平洋某岛国去推销企业生产的鞋子，他们到达后却发现这里的居民没有穿鞋的习惯。于是，一名推销员给公司拍了一份电报，称岛上居民不穿鞋子，这里没有市场，随之打道回府。而另一位推销员则给公司的电报称，这里的居民不穿鞋子，但市场潜力很大，只是需要开发。他让公司运了一批鞋来免费赠给当地的居民，并告诉他们穿鞋的好处。逐步地，人们发现穿鞋确实既实用又舒适而且美观，渐渐地，穿鞋的人越来越多。这样，该推销员通过自己的努力，打破了当地居民的传统习俗，改变了企业的营销环境，获得了成功。

三、市场营销环境的构成要素

参照美国著名市场学家菲利普·科特勒的观点，市场营销环境主要包括两方面的构成要素。

一是微观环境要素，即指与企业紧密相联，直接影响其营销能力的各种参与者，这些参与者包括企业的供应商、营销中介、市场、竞争者以及社会公众和影响营销管理决策的企业内部各个部门。

二是宏观环境要素，即影响企业微观环境的巨大社会力量，包括人口环境、经济环境、自然环境、科学技术环境、政治和法律环境、社会文化环境等多方面的因素 （见图 4-2 所示）。

微观环境直接影响和制约企业的市场营销活动，而宏观环境主要以微观营销环境为媒介间接影响和制约企业的市场营销活动。前者可称为直接营销环境，后者可称为间接营销环境。两者之间并非并列关系，而是主从关系，即微观环境受制于宏观环境。总之，企业市场营销环境的内容既广泛又复杂。不同的因素对营销活动各个方面的影响和制约也不尽相同，同样的环境因素对不同的企业所产生的影响和形成的制约也会大小不一。

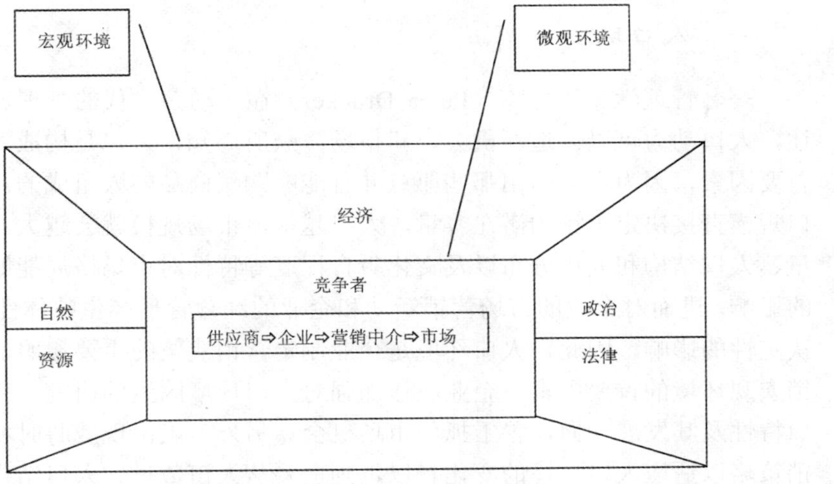

图 4-2 市场营销环境的构成要素

第二节 市场营销宏观环境

市场营销的宏观环境可能给企业带来市场机会或环境威胁，是企业必须监测和适应的“不可控制的力量”。一般来说，影响市场营销的宏观环境主要包括人口环境、经济环境、自然环境、科学技术环境、政治和法律环境、社会文化环境等。如图 4-3 所示。

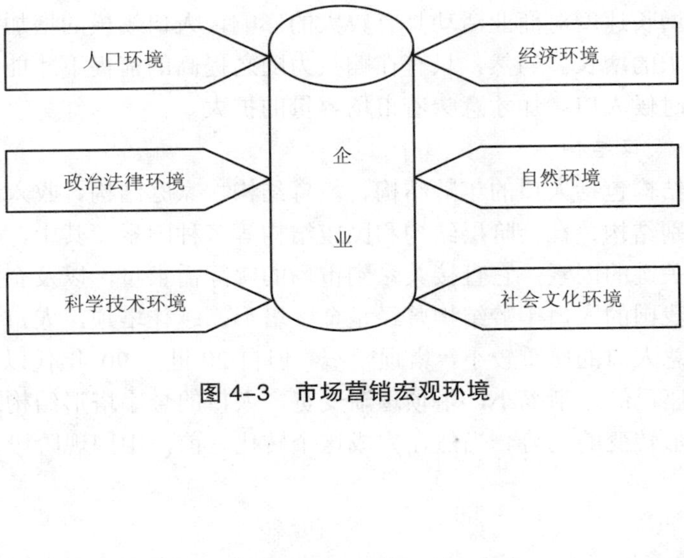

图 4-3 市场营销宏观环境

一、人口环境

著名管理学家德鲁克（Peter Drucker）在《动荡时代的管理》一书中阐述，人口动力可以创造新机会、新市场。众所周知，人口是构成一个市场的首要因素，因为市场是由那些愿意并且能够购买商品的人组成的。可见，人口规模直接决定市场的潜在容量，人口越多，市场规模就会越大。而人口数量、人口结构和人口分布以及文化教育程度等特性对市场格局能够产生深刻的影响，进而对企业的市场营销活动和企业的经营管理产生整体性、长期性、决定性的影响。因此，人口环境是企业制定营销决策的重要参照，是市场营销宏观环境的首要因素。企业应该加强对人口环境因素的研究，密切注视人口特性及其发展动向，善于抓住市场机会。另外，当出现威胁时相应调整营销策略以适应人口环境的变化。以下则主要从人口数量、人口结构和人口地理分布等三个方面对人口环境加以分析。

（一）人口数量

在消费者收入水平相当的前提下，人口数量的多少直接决定了市场的发展空间，人口数量与市场规模成正比。从全球的视角看，世界人口依然呈现出爆炸性的增长趋势。2006 年北京时间 2 月 26 日上午 8 时 16 分（美国东部时间 25 日晚 7 时 16 分），全球人口总数已经突破了 65 亿。这一里程碑式的数字是由美国人口普查局国际项目中心推算出来的，该中心还预计，到 2012 年北京时间 10 月 19 日凌晨 4 时 36 分，全球人口总数将增至 70 亿，2050 年将达到 92 亿。目前世界上人口最多的 5 个国家依次为：中国（13 亿）、印度（11 亿）、美国（2.97 亿）、印尼（2.23 亿）和巴西（1.81 亿）。毫无疑问，世界人口的增长速度对商业活动具有较大的影响，人口规模的增加势必导致人类消费需求的增长。当然，只有在购买力随之提高的前提下才能够产生有效需求，这时候人口增加才意味着市场容量的扩大。

（二）人口结构

人口结构包括人口的年龄结构、教育结构、家庭结构、收入结构、职业结构、性别结构、社会阶层结构和民族结构等多种因素。其中，人口的年龄结构是最关键的因素，它直接关系到市场的实际需求量，以及企业的目标市场选择。我国的人口年龄结构曾经是金字塔形，越往塔顶，人口年龄越大，老年人占总人口的比重较小，塔顶较窄。但自 20 世纪 90 年代以来，人口金字塔的底座已经逐渐缩小，塔顶逐渐变宽，人口的金字塔形结构逐渐形成向倒金字塔形转变的趋势。当然在完成这个转化之前，中国现阶段人口结构更接近于橄榄形，即劳动年龄人口比重较大。就目前而言，人口年龄结构的变化表现出如下特征：第一，接受基础教育年龄人口比重将会缩小；第二，劳动年龄人口比重不断增大；第三，人口老龄化进程迅速，老年人口比重不断上升。

中国 1999 年进入了老龄社会，目前我国老年人口达到 1.44 亿人，是世界上老年人口最多的国家，占全球老年人口总量的五分之一。截至 2005 年末，中国总人口为 130756 万人，比上年末增加 768 万人。按照我国目前人口增长速度推算，2035 年全国人口将实现零增长，人口数量将达到 15 亿。2010 年我国迎来老年人口的大爆发，老年人口年增长数量达到 800 万人以上。到 21 世纪中期，我国将形成一个 4 亿人以上的老年人群，老年人口比例从目前的约 10%上升至 20%。21 世纪下半叶，中国也还是仅次于印度的第二老年人口大国。

在一个市场上，不同年龄段的消费者对商品的需求自然存在差异性。市场营销人员应首先明确年龄段中最可能成为目标市场的具体群体。例如：既具有较强购买欲望同时又具有相应购买能力的学生；单身贵族；双职工暂无子女的家庭；双职工有子女的家庭；低收入者；富有的老年人等等。这些群体均具有对某些固定类型产品或服务相似的消费偏好，这就使得企业便于进一步改进自己的产品或服务。

消费者受教育程度的不同，对市场需求同样会产生较大的影响。例如，受教育程度低的群体的消费行为一般趋于感性，广告应突出企业的形象而不是产品本身；而对于受教育程度高的人口，接触到的广告媒体则更多是一些专业报纸、期刊或互联网。

家庭是社会的细胞，也是构成市场的最基本的消费单位之一。从生存性消费品、享受性消费品到发展性消费品，绝大多数商品都是以家庭为单位购买和消费的。

目前，中国家庭中三口之家大幅度增加，家庭规模趋于小型化，这对经营日常家庭消费品的企业提供了新的市场机会。非家庭住户也在迅速增加，企业应注意和考虑这些住户的特殊需要和购买习惯。这种非家庭住户主要有三种：一是，单身成年人住户。包括未婚、分居、丧偶、离异等。这种住户需要较小的公寓房间、较小的食品包装和较便宜的家具、日用品、陈设品等。二是，两人同居者住户。这种住户是暂时同居，需要较便宜的租赁家具和陈设品。三是，集体住户。即若干大学生、职员等住在一起共同生活。

另外，我国是一个多民族的国家，企业要调查研究这种人口动向，因为不同民族的消费者有不同的风俗、生活习惯和需要。

（三）人口地理分布

人口分布即人口的地理分布，世界各国的人口密度悬殊很大，即使在一个国家内，人口分布也不均匀。首先，从人口的城乡分布看，中国的城乡人口比例也在悄然变化。在 1980 年时，中国城乡人口比例是 19:81，到 1990 年时为 26:74，到 2000 年时为 36:64。从总体上看，中国城镇特别是大中城市人口密度大、消费需求水平高；农村人口密度小、消费需求水平低。但随着社会经济与文化的发展，尤其是加强社会主义新农村建设的不断深入，城乡差距将日趋缩小。农村市场蕴涵着巨大的市场发展潜力，许多在城市已饱和的商品，在乡村尚属空白，企业开拓农村市场将大有可为。

另外，从人口区域分布看，中国东部沿海地区经济发达，人口密度大，消费水平高；中西部地区经济相对落后，人口密度小，消费水平低。随着我国西部大开发战略的实施，必然推动西部地区的社会经济发展，刺激西部市场需求大幅度的提高，从而能够大大拓展企业的发展空间。

可以预见，随着中国区域经济的不断发展，户籍制度与人事制度不断创新，城乡之间、地区之间人口在数量和质量上都呈现出强势流动态势，这必将引发更多的市场需求与市场机会。

小案例 1

伴随着经济的快速增长，中国的城镇化呈现空前猛烈的发展态势，城镇化率从 1978 年的 18%上升到 2006 年的 43.9%，城镇人口从不到 2 亿人上升到 5.77 亿人。据预测，随着经济的持续增长，未来 20 年中国城镇化水平将进一步提升，速度会稳定在年均增长 0.8 到 1 个百分点，城镇化水平 2010 年达到 47%，2020 年将达到 56%，2025 年左右步入低速、稳定的发展时期。城镇化的过程实际上就是市场需求不断拓宽和加深的过程。

二、经济环境

经济环境是指企业市场营销活动所面临的社会经济条件及其运行状况和发展趋势，其中最主要的指标是社会购买力。而购买力直接或间接受消费者收入水平、消费者支出方式、价格水平、储蓄、信贷等经济因素的影响。可见，市场营销管理人员应特别关注消费者收入与消费模式变化的主要变化趋势。

（一）消费者收入水平

社会购买力来自消费者的收入水平，所以消费者收入是影响社会购买力、市场规模以及消费支出多少和支出模式的重要因素。消费者收入在一定时间内并非全部用于购买商品，用于购买商品的只是收入的一部分，即消费倾向。因此，要将消费者收入区分为可支配收入和可随意支配收入。可支配收入是指扣除消费者个人交纳的各种税款和交给政府的非商业性支出后可用于个人消费和储蓄的收入，它是影响购买力和消费者支出的决定性因素。可随意支配收入是指可支配收入减去维持基本生活消费所必需的支出，如减去必要的食物、房租、水电费等必需费用和固定费用后所剩下的收入。可随意支配收入是影响消费者需求变化的最活跃的因素，也是消费者市场重点研究的收入。

另外，还要区分货币收入和实际收入，因为实际收入会影响实际购买力。假设消费者的货币收入不变，物价下跌，消费者的实际收入便增加；相反，物价上涨，消费者的实际收入便减少。即使消费者的货币收入随着物价上涨而增长，但是，如果通货膨胀率超过了货币收入增长率，消费者的实际收入也会减少。

（二）消费者支出结构

消费者支出主要是指消费结构，即消费者在各种支出中的比例关系。随着居民收入水平的变化，消费支出结构也会发生相应的变化，从而使一个国家或地区的消费结构也发生变化。德国统计学家恩格尔在 1857 年研究劳工家庭支出构成比例时，发现了家庭收入变化与各方面支出变化之间的规律性，这种规律通常用恩格尔系数来表示，即

恩格尔系数 = 食物支出金额 / 家庭消费支出总金额

恩格尔系数是衡量一个国家、地区、城市、家庭生活水平高低的重要指标。恩格尔系数表明：第一，随着家庭收入的增加，用于购买食物的支出占家庭收入的比重会下降；第二，随着家庭收入的增加，用于住宅建筑和家务经营的支出占家庭收入的比重大体不变（燃料、照明、冷藏等支出占家庭收入的比重会下降）；第三，随着家庭收入的增加，用于其他方面的支出（如服装、交通、娱乐、卫生保健、教育）和储蓄占家庭收入的比重会上升。按联合国划分富裕程度的标准，“恩格尔系数”在 60%以上的国家为饥寒；在 50%—60%之间的为温饱；40%—50%之间的为小康；40%以下的为富裕。据统计，改革开放以来，我国城市居民的恩格尔系数逐渐下降，1978 年为 57.5%、1996 年为 50%、2001 年为 37.9%；我国农村居民的恩格尔系数 1998 年为 55%。2013 年，我国城镇居民的“恩格尔系数”为 35%，农村居民恩格尔系数为 37.7%。

（三）消费者的储蓄与信贷水平

居民的收入一般用于现实消费、储蓄和投资等方面。所以，社会购买力、消费者支出不仅受到消费者收入的影响，而且还受到消费者储蓄和信贷情况的影响。

居民个人收入不可能全部用于消费，总有一部分会以各种形式储蓄起来，这是一种潜在的社会购买力。个人储蓄的形式包括银行存款、国债、股票、证券投资基金和不动产等，这些均可随时变现，从而转化为现实的社会购买力。由于储蓄倾向的增加，社会购买力和消费支出则随之减少；反之，如果储蓄倾向减少，购买力和消费支出便随之增加。

随着消费观念的变化，“量入为出”的“入”不仅指过去的收入，还包括现在的和将来的收入，所谓“今天花明天的钱”。即消费信贷，就是指先消费后还款，消费者利用信用先取得商品使用权，然后按期归还贷款，是一种预支将来收入的购买力。消费信贷主要有三种形式：

1. 短期赊销

消费者在购买商品时，有一定的赊销期限，无需立即付清货款，如果顾客在期限内付清货款，不付利息；如果超过期限，则计利息。

2. 分期付款

消费者购买大额商品时，例如个人住房消费信贷和汽车消费信贷等，可先支付一部分货款，其余货款按计划逐年或逐月付利息分期偿还。

3. 信用卡信贷

信用卡有两大类：一类是由大百货公司、超级市场发给顾客的，顾客可凭卡在公司所属商店赊账购买商品；另一类是由银行等金融机构发行的信用卡，顾客可凭卡到与发卡银行签定合同的任何商店、饭店、医院、航空公司等企业去购买商品，由发卡银行先垫付，然后再向持卡人收回。发卡银行一般只向这些企业、单位收取一定的佣金。发行信用卡的银行一般是在一定时期和客户结账一次，过期付款或透支现金都要收取利息。当前由于POS机的分布较少以及佣金比重等方面的原因，虽然持卡率上升很快，但刷卡消费的比重则增长迟缓。

小案例 2

山寨机是特殊产业政策的副产品

2007 年以来，“山寨机”在中国手机市场星火燎原，不仅让一些传统国产品牌陷入亏损泥潭，就连诺基亚和三星等国际品牌也受到山寨机凌厉攻势的威胁。2008 年 6 月，央视《焦点访谈》曝光了深圳山寨机庞大的灰色产业链，随即而来的政府管制不但没有像预期的那样阻碍山寨现象，反而是越来越多的媒体和消费者对山寨机产生了浓厚的兴趣。

山寨现象的本质是民营资本的商业投机，山寨文化的本质是草根文化，这决定了山寨机只能游离于主流社会之外，不能融入到手机产业正常的生态系统中来。然而，“破坏式的创新”搭建了民营资本玩弄主流产业的舞台，赋予了山寨机叫板品牌厂商的实力，也为山寨文化注入了挑战主流商业文化的勇气。

业内专家普遍认为山寨机异军突起的诀窍有三，一是机海战术，二是低价，三是市场反应速度快，这三点都与山寨机特有的运营手段息息相关，因而不可能是对手机行业本质的诠释。依托于深圳在手机行业的产业集群效应，山寨机集成速度惊人，在价格上也占有优势；另外，由于山寨机不送检，因而可以大批量推出新产品，在产品推出的数量和速度上都远远超过了正规手机品牌。由此可见，山寨机的成功很大程度上是民营资本在特定的行业政策管制下的投机成功，而不是源于山寨机对手机行业本质的理解和把握，但即使这样，山寨机现象仍然是手机行业值得研究的经典案例。

与山寨机相比，正规品牌手机在价格、成本和速度上输在了起跑线上。牌照制度曾经是保护手机产业玩家利益的防火墙，然而当具有投机特性的民营资本冲破了牌照制度的藩篱，使原先的既得利益分配体系遭到摧残和颠覆，传统国产品牌接连倒下。

政府的管制政策正在努力适应市场发展的需要，从牌照制度到审核制度再到取消实施了9年的牌照制度，以及最近在深圳设立摩尔实验室，政府一直在传递一个积极的信号，中国手机产业正在朝着一个更加开放的产业环境迈进。山寨机的市场运作手法虽然与手机行业的“本质”格格不入，但由于利润和政府管制政策调整的节奏限制，这一特定时期特殊产业政策的副产品还将继续存在。

（资料来源：胡洋、高妍. 手机：洗尽浮华，“便利”为本. 销售与市场（营销版），2008（11））

三、政治法律环境

在任何社会制度下，企业的市场营销决策都要受到政治和法律环境的影响。政治和法律环境主要是指由政府、社会团体、司法机构等形成的对企业营销活动产生影响的各种因素。

（一）政府的宏观经济政策

政府的宏观经济政策对企业的市场营销活动能够产生深刻的影响。主要包括人口政策、产业政策、能源政策和财政金融货币政策及其调整变化对企业营销活动的影响。这些政策，不仅规定了国民经济的发展方向和速度，也直接关系到社会购买力的提高和市场消费需求的增长，甚至会使消费需求结构也发生变化。例如，国家扶持或限制的行业方向，对企业目标市场的选择与市场营销战略的选择都会产生重大的影响。

（二）与企业市场营销有关的经济法律、法规

国家颁布的法律、法规是政府管理经济和维持公平交易秩序的重要方法之一，它对规范和制约企业营销行为具有权威性、强制性，企业必须依据法律、法规进行营销活动，同时凭借法律、法规维护自身的权益。近几年来，为了健全法制，加强法制，适应经济体制改革和对外开放的需要，我国陆续制定和颁布了一些经济法律和法规，例如《中华人民共和国产品质量法》、《中华人民共和国食品卫生法》、《中华人民共和国商标法》、《中华人民共和国广告法》、《中华人民共和国反不正当竞争法》、《中华人民共和国广告法》、《中华人民共和国消费者权益保护法》、《中华人民共和国专利法》等。

（三）群众利益团体的发展

由某些利益而组成的社会团体，通过其行动纲领和活动影响政府立法、政策、社会舆论导向以及公众的消费理念，从而进一步影响企业的营销行为，这些组织包括消费者协会、社区组织、环境保护组织以及相关学术团体。这些群众团体通过影响政府，给企业施加压力，使消费者利益和社会利益等得到保护。例如，我国消费者协会于 1985 年 1 月在北京成立。此后，相继成立的中国消费者协会地方协会认真受理广大消费者的投诉，积极开展对商品和服务质量、价格的监督检查，并采取多种形式指导消费，千方百计地保护消费者利益，受到广大消费者的好评。2006 年中国消费者协会确定的年主题为"消费与环境"，即营造安全放心的消费环境，保护消费者的安全权利；倡导健康、文明的消费方式，节约资源；人与自然和谐相处，保护环境。主要是根据构建社会主义和谐社会及"资源节约型"、"环境友好型"社会的精神，并根据当前消费领域消费维权工作的实际提出来的。随着我国国民生产总值人均达到 1000 美元至 3000 美元之间，经济社会发展和消费生活中也凸显了许多矛盾和问题：食品、药品等消费安全问题突出，生产和消费浪费资源，生态环境破坏和污染问题严重，浪费消费、不合理的过度消费现象随时可见等。开展"消费与环境"主题年活动，对于改善消费环境，保护消费者的合

法权益，维护市场经济秩序；对于引导消费者合理消费、可持续消费，促进社会主义和谐社会和“资源节约型”、“环境友好型”社会建设，推动我国经济社会全面发展，具有十分重要的意义和作用。总之，我国的消费者运动正发挥着日益重要的作用，企业制定市场营销战略时必须认真考虑这种动向。

小案例 3

政府强制实施的种种限制常常将那些跃跃欲试的公司拒之门外。

锐步公司（Reebok）在印度开办鞋业生产基地时，就采取了一种极富创意的办法，以克服法律障碍。为保护当地鞋业，印度政府甚至禁止进口任何成双的鞋子样本。于是，有些生产商就采取曲线方式，绕过法律限制，比如，从孟买进口一只鞋子，再从马德里进口另一只鞋子。而锐步公司决定运用合法渠道发展自己，因此不断与印度政府官员会谈磋商，力争让对方确信国外产品的进入会提升本土产业实力，最终使政府特许进口锐步公司 10000 双鞋子。

四、自然环境

自 20 世纪 90 年代以来，企业和社会公众面临的主要问题之一是日益恶化的自然环境。自然环境的发展变化对企业的发展同样至关重要。所以，企业的决策者必须加强对自然环境的发展动向的研究。一般来说，企业在市场营销研究中涉及的自然环境，主要是指企业本身的资源环境。

（一）某些自然资源短缺或即将短缺

地球上的资源包括：无限资源，如空气和水等，从总体上讲是取之不尽、用之不竭的，但污染问题严重，亟待解决；可再生有限资源，如森林、粮食等，我国由于城市和建设事业发展快，耕地迅速减少；不可再生资源，如石油、煤和金属等矿物，由于这类资源供不应求或在一段时期内供不应求，必须寻找替代品。在这种情况下，就需要研究与开发新的资源和原料，这就给某些企业带来了新的市场机会。目前，总体上这些资源不同程度上都出现了危机。

（二）环境污染日益严重

在许多国家，随着工业化和城市化的发展，环境污染程度日益增加。这种动向对那些造成污染的行业和企业就是一种环境威胁，它们在社会舆论的压力和政府的干预下，不得不采取措施控制污染；另一方面，这种动向给控制污染、研究和开发不致污染环境的行业和企业带来了新的市场机会。

（三）政府对自然资源管理的干预日益加强

随着经济发展和科学进步，许多国家的政府对自然资源管理加强了干预。但是，政府为了社会利益和长远利益而对自然资源加强干预，往往与企业的经营战略和经济效益相矛盾。例如，企业必须购置昂贵的控制污染设备，这样就可能影响企业的经济效益。另外，政府也可对企业开征环境税。因此，国家必须统筹兼顾地解决这种矛盾，力争做到既能减少环境污染，又能保证企业发展，提高经营效益，以达到经济可持续发展的目的。

小案例 4

麦当劳的绿色营销

麦当劳通过使用可回收利用材料制成的包装物，使其产生的污染物每年减少 60%。所有麦当劳快餐店中使用的餐巾及杯子、盘子的衬垫均是纸制品，甚至包括其总部使用的所有文具也是纸制品。

据报道，通过与制造商合作研究，使其饮料管减少塑料用量，减轻了其重量的 20%，仅此一项，麦当劳便少制造几百万磅的塑料废弃物。

目前，除了在其产品上运用绿色营销外，它还开始利用可回收利用材料改造和新建它的餐厅，并敦促它的供应商们使用可回收利用的成品及材料。

成功地运用绿色营销，使麦当劳公司的关心人类共同环境的形象不仅得到了消费者认同，也使其获得了额外的销售量。

（资料来源：史君英. 集团经济研究，2007（12）上，有删改）

五、科学技术环境

科学技术是第一生产力，是对人类生活最有影响力的因素。科学技术创造了许多奇迹，如青霉素、心脏手术、整容等；技术还造出了诸如汽车、电子计算机等东西。目前，科学技术的发展趋势呈现出以下特点：

（一）新技术是一种“创造性的毁灭力量”

每一种新技术都会给某些企业造成新的市场机会，因而会产生新的行业，同时，还会给某些行业的企业造成环境威胁，使这些旧行业受到冲击甚至被淘汰。例如，EVD（全称是高密度数字激光视盘系统）的出现，无疑将会夺走 VCD、DVD 的市场，给 VCD、DVD 的制造商以“毁灭性的打击”。

（二）产品生命周期缩短

科技的迅猛发展促进了企业在技术、产品、市场、管理等方面的全面创新，极大地缩短了产品市场生命周期，加剧了企业间争夺顾客的竞争，并使以价格为主的竞争逐渐让位于以技术、质量、服务为一体的新的竞争形式。

（三）消费模式的变革

科学技术革命影响零售商业结构和消费者购物习惯，传统的商业流通形式及物流管理受到极大的挑战，仓储超市、连锁店、电话购物、电视购物、电子商务等新型商业业态迅速扩张，从而使企业营销战略及营销组合策略进入一个全面创新的时期。

（四）交易成本下降

科学技术革命有利于企业改善经营管理，电话、传真、电脑在管理中的普遍运用不仅加快了企业信息的收集、处理、传递和反馈，而且大大降低了交易费用和管理成本，提高了管理质量和效率。

（五）知识经济条件下的机会与挑战并存

知识经济是建立在知识和信息的生产、分配和使用之上的经济。在人类社会步入知识经济时代后，以数字化、网络化为特征的现代信息技术革命、市场经济体制、现代企业制度及风险投资机制的有机结合，为新知识的研究、发明、创新、应用提供了重要条件，而新知识爆炸性的增长又推动了社会经济爆炸性的扩张，这将给企业营销活动创造出前所未有的发展契机。

小案例 5

埃克森公司是世界最著名、最老牌的石油公司，距今已有 100 多年的历史。它不仅是一支影响世界石油及其产品发展的重要力量，而且对世界发达国家的工业构成了重要影响。而公司的快速发展得益于每年大规模基础和应用技术开发研究费的投入。埃克森极其重视研究开发，认为公司的未来和竞争力很大程度上取决于本身的技术实力。埃克森在世界各地设有多家重要的研究中心，并在各分公司设有小型研究所。这些研究中心和研究所的主要任务，是研究与炼油有关的技术。除研究本地区的技术问题外，还按照总部的相互配合管理体制，共同研究公司的技术和开发项目。公司领导的高度重视，大规模的研究开发费用的投入，使得公司每年都有大量的研究成果出现。这些科研成果使公司的成本降低，雇员减少，利润迅速增长，从而在石油开采和制造领域处于领先地位。

六、社会文化环境

社会文化环境是影响企业营销诸多变量中最复杂、最深刻、最重要的变量。社会文化是某一特定人类社会在其长期发展历史过程中形成的，它主要由特定的价值观念、行为方式、伦理道德规范、审美观念、宗教信仰及风俗习惯等内容构成，它影响和制约着人们的消费观念、消费需求及其特点、购买行为和生活方式，对企业市场营销活动将产生直接影响。

（一）国际市场营销决策必须了解和考虑各国的文化差异

不同国家的人们对事物有着各自不同的态度或思考方式、有各自的风俗习惯，企业的决策者在进行国际市场营销决策、和外商进行商务谈判时必须注意各国的文化差异。例如，美国人较直率、开朗，商谈时喜欢开门见山，明确答复。一般只简短寒暄几句，便会进入正题，坦诚地探讨业务问题。不像日本人那样喜欢长时间闲聊。

（二）市场营销决策还要着重调查研究亚文化群的动向

社会文化一般由某一社会全体成员所共有的核心文化和某一社会不同群体特有的亚文化组成。即使在核心文化相同的社会，由于在民族、宗教信仰、地理区域、年龄、性别、职业、收入水平、社会阶层、受教育程度等方面存在差异，不同群体会形成亚文化，即价值观念、生活态度、审美观念、购买方式及消费习惯具有各自鲜明的特征。企业的营销对策选择，必须适合目标市场、社会文化的需要。

小案例 6

雷人“牛奋”的热销节庙会

2009 年是牛年，与牛沾边的牛靠枕、牛玩偶等物品春节期间在全国各大市场卖的十分火爆。在牛年的春节各地庙会期间，寓意“奋斗”的“牛粪”造型充气玩具被画上笑脸，格外畅销。网友“随风”在网上发帖，称 2009 年春节期间，一种谐音“牛奋”充气玩具在各地庙会上亮相，这些“牛奋”充气玩具大小不一，呈粪便造型，颜色为橘黄色，统统被画上了可爱的笑脸。网友“随风”称，这些玩具售价十几元到二十多元不等，价格虽然并不便宜，但因富有创意，大受年轻人欢迎。据了解，“牛奋”是取牛年要奋斗之意。“好搞笑哦！”在北京工作的重庆人袁先生称，初六上午他去逛庙会时发现还有人将“牛奋”顶在头上，在人群中显得十分醒目。除此之外，各地庙会上还有被画上笑脸的“牛粪”造型的毛绒玩具在热卖。

（资料来源：景丹. 重庆商报，2009-02-02）

小案例 7

香港迪士尼的中国味

香港迪士尼乐园，是继日本东京和法国巴黎之后的第三个非美国本土的迪士尼乐园，也是美国迪士尼公司“胃口”最大的一次，目标游客群体辐射至中国大陆和东南亚地区。飘洋过海而来的迪士尼，深谙“入乡随俗”的道理，欲进攻中国市场，必先融入中国文化，因此，香港迪士尼无论从景观设计、营销理念、消费习惯等方面，都融入了浓浓的中国味儿。比如，在开园仪式上，传统的舞狮表演体现中国风味；为了贴近内地的消费水平，香港迪士尼将票价定为全球最低；为迎合中国游客的饮食习惯，还专门提供中式菜的“广场餐厅”，供应各式点心及中式菜佳肴，等等。同时，迪士尼公司通过对中国市场的调查发现，中国内地游客有两大明显嗜好：购物和拍照。而购买珠宝则是内地消费者来港消费的重点，因此，香港迪士尼乐园宣布，将引进香港最著名的珠宝首饰品牌——周生生，在园内营运商店。迪士尼还根据中国人在游览景点喜欢留影的特点，设立了迪士尼在全球第一个专供拍照的特定景点——一些名为“梦想花园”的中式小亭子，由真人扮演的米老鼠、唐老鸭、维尼小熊等卡通明星，憨态可掬地等候在那里与游客合影。这项具有中国特色的策略受到游客的称赞。但是，香港迪士尼在游客人流安排方面，还是忽略了最重要的内地因素（内地有三个黄金周：春节、五一、十一），从而发生了 2006 年 2 月 1 日、2 日因为“全场爆满”而出现的“闭门谢客”事件。

第三节　市场营销微观环境

微观环境是指与企业营销活动直接相关的各种环境因素的总和。市场营销活动以企业为主体，为实现自己的市场营销目标而与其供应商、营销中介、市场、竞争者和各种社会公众发生密切的关系，并针对这些相关主体制定出自己相应的计划，以实现企业市场营销目标。如图 4-4 所示。

一、企业本身（Company）

企业内部是由多个部门组成的，如最高领导者、财务、采购、会计、市场营销等部门。企业内部各个部门、各个管理层次之间的分工是否科学，协作是否和谐，目标能否一致，配合能否默契等，都影响到企业的营销管理决策和营销方案的实施。

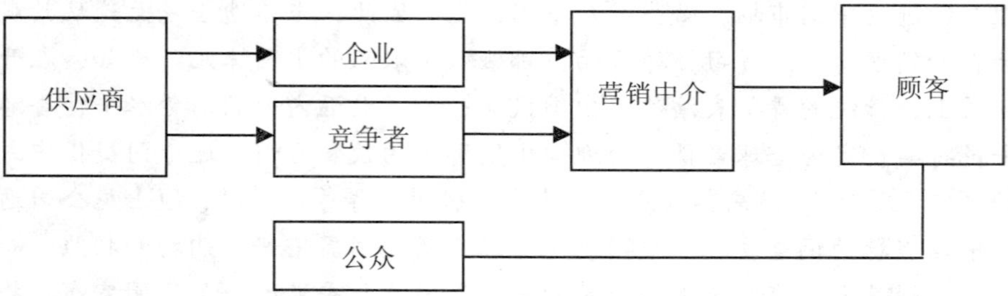

图 4-4 市场营销微观环境

在企业内部各部门之间的关系中，高层管理者是企业的最高领导核心，负责企业的任务、目标、战略和政策的制定。营销管理者只有在高层管理者规定的范围内做出各项决策，并得到上层的批准后才能实施。同时，必须考虑其他部门的意见，处理好同其他部门的关系，才能保证营销计划的圆满实施。如图 4-5。

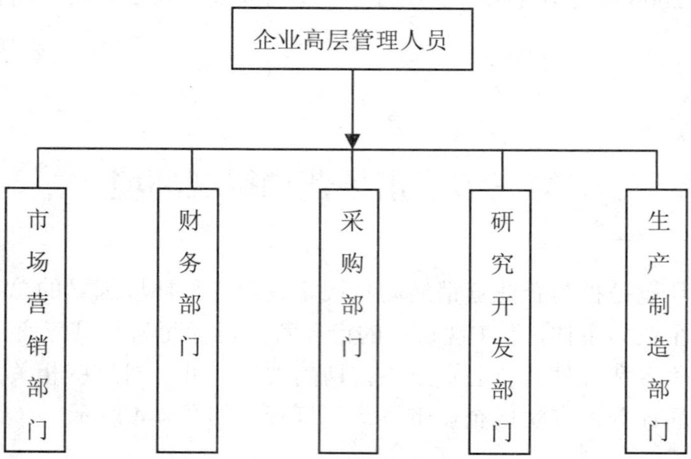

图 4-5 市场导向的企业组织结构

图 4-5 中所示的组织结构表明市场营销部门与财务、采购、研发、生产制造等部门具有平等的地位。由于企业内各部门的经营目标、职能侧重点各不相同，营销部门与其他部门之间往往会在经营意愿上有所冲突。例如，营销部门为避免因缺货或交货不及时而影响到企业在中间商、顾客心目中的信誉与形象，往往要求较高的库存水平，同时财务、生产部门却往往会因库存成本等问题要求较低的库存水平；又如，营销部门往往是先花钱再赚钱（如进行新产品促销时要先花掉一大笔广告费用），这就很可能会与财务部门在所

需资金的具体数目上发生分歧。解决上述冲突的办法是营销部门与其他部门一起达成折衷的协议。达成合理的协议的前提便是要保证营销部门与其他部门在组织地位上是平等的。

二、供应商（Suppliers）

供应商，指向企业及其竞争对手提供生产经营所需的各种资源的企业和个人，包括提供原材料、零部件、机器设备、动力、劳务、资金等等。供应商对企业营销的影响是很大的，所提供资源的价格、数量、质量、时间等，直接影响着企业产品的价格、销量、利润。供应短缺或其他事故，均会影响企业按期完成交货任务。这从短期来看，损失销售额；从长期来看，则损害企业在顾客中的形象。因此，营销企业在与供应商必须建立良好的合作关系，为提高市场营销水平共同努力。

小案例 8

企业，尤其是零售企业，要想有效实现对顾客需求的满足，自然离不开供应商的协调配合。马狮集团作为英国最大的零售集团、关系营销的先驱，尽管非常清楚“顾客到底需要什么”，但他们也明白，如果供应商不能生产出所需的质优价廉的产品，便无法满足顾客需要。因此，马狮集团以本身的利益、供应商利益及消费者利益为出发点，与供应商建立起长期紧密合作的关系，马狮集团把它视为“同谋共事”的伙伴关系。比如，马狮集团为了提供“顾客真正需要”的货品而给供应商制订了严格详细的制造和采购标准，为了有效实现这些标准，马狮集团也尽可能地为供应商提供帮助。如果马狮集团从某个供应商处采购的货品比批发商处更便宜，其节约的资金部分，将转让给供应商，作为改善产品品质的投入。这样一来，在产品价格不变的情况下，使得零售商提高产品标准的要求与供应商提高产品品质取得了一致，最终形成顾客获得“物超所值”的产品，增加了顾客满意度和企业产品对顾客的吸引力。同时，产品品质提高增加了销售，马狮集团与其供应商共同获益，又进一步密切了合作关系。从马狮与其供应商的合作时间上便可知这是一种何等重要和稳定的关系。与马狮最早建立合作关系的供应商时间超过 100 年，供应马狮货品超过 50 年的供应商也有 60 家以上，超过 30 年的则不少于 100 家。

三、营销中介（Marketing Intermediaries）

所谓营销中介是指协助企业促销、销售和分配产品给最终购买者的企业总称。包括：中间商（代理商和经销商）、物流企业（第三方物流公司）、营销服务机构（市场调研公司、营销咨询公司、广告公司、会计事务所、审计事务所等）、金融机构（银行、信托公司、保险公司、证券公司等）。营销中介是一个完整的市场营销活动不可缺少的中间环节，大多数企业的营销活动，都需要有它们的协助才能使产品顺利地送到最终购买者手中，因为经过分工可以最大限度地降低交易成本。

小案例 9

耐克：中间商品牌的胜利

耐克作为一个全球品牌已享有很高的知名度，年销售额近 95 亿美元。然而，很多人却并不知道它并不拥有自己的生产基地。不设厂，一年可以达到如此之巨的销售额，这似乎难以置信，但耐克做到了。很多人还没有注意到耐克是一个中间商品牌，这也是它的核心成功之道。在产品生命周期越来越短的背景下，传统的必须拥有生产基地的做法，其市场的风险很大。耐克以一种新的竞争方式向世人展示了中间商品牌的核心竞争力。

耐克正式命名是在 1978 年，到 1999 年全球销售额已达 95 亿美元，跨入《财富》500 强行列，超过了原来同行业的领袖品牌阿迪达斯、锐步，并被誉为近 20 年来世界成功的消费品公司。

耐克营销的创新之处在于，它采用中间商品牌路线，为了显示自己市场方面的核心优势，它没有去建立自己的生产基地，并不自己生产耐克鞋，而是在全世界寻找最好条件的生产商为耐克生产。并且。它与生产商的签约期限不长，这有利于耐克掌握主动权。选择生产商的标准是：成本低，交货及时，品质有保证。这样，耐克规避了制造业公司的风险，专心于产品的研究与开发，大大缩短了产品的生命周期，快速推出新款式。

耐克的另一营销创新在于其传播。它采用青少年崇拜的偶像如迈克·乔丹等进行传播，还利用电子游戏设计耐克的专用游戏。每当新款式推出之后，它还请乐队来进行演奏，传播一种变革思想和品质。耐克的传播策略使其品牌知名度迅速提升，建立其高度认同的品牌资产价值。耐克的成功之处在于，它集中于做自己最擅长的事，把不擅长的事交给别人去做。这已经成为一种新的竞争战略，但主要为这些创新型的公司所最擅长，这就为老式的洛克菲勒式的创业者提出了挑战。

（资料来源：彭程等. 耐克：中间商品牌的胜利. 中国经济出版社，2003 年. 有删改）

四、顾客（Customers）

对企业来说，最重要的微观营销环境要素是市场，这里所指的市场实际上就是企业的顾客。顾客是企业服务的对象，市场经济条件下企业必须深入研究市场需求。市场营销学根据购买者及其购买目的进行市场划分，一般可以分为：

（一）消费者市场

消费者市场是指为满足生活消费需要而购买货物和劳务的一切个人和家庭。消费者市场是一切市场的基础，是最终市场。因此，一切企业，无论是生产企业，还是商业、服务企业，也无论其是否直接为消费者服务，都必须研究消费者市场及其购买者，必须深入研究消费者市场需求的特点和消费者行为模式，以消费者的需要为依据来制定营销方案，满足消费者需求，方能在竞争中取胜。

（二）组织市场

组织市场是各种组织机构形成的对企业产品和服务的市场需求总和。一般，组织市场包括：

第一，生产者市场，即为了生产、获得利润而购买的生产企业所构成的市场。

第二，中间商市场，即为了转卖、获得利润而购买的批发商和零售商所构成的市场。

第三，政府采购市场，即为了履行职责、满足社会公共需要而购买的政府机构所构成的市场。

当然，每种顾客市场的特点各不相同，具体的市场需求规模、市场占有率、发展速度也有所不同。因此，企业针对不同顾客的营销策略要有其差异性。

小案例 10

孕妇鞋：使鞋业经济风生水起

从市场上看来，很多孕妇买不到合适的鞋。孕妇的双脚处于一个比较复杂的状况，有着许多生理性的变化。一天当中的脚部围度变化（肿胀）量在10~25mm之间，远远超过人类双脚的可忍受范围，这导致很多孕妇只能买比自己脚型大一号的鞋子。

目前鞋企对孕妇鞋仍开发不力。要想从根本上解决孕妇买鞋难的问题，应该打破常规，掌握孕妇在不同孕期阶段的需求，设计出适合于生产孕妇鞋的专用鞋楦。鞋企在设计孕妇专用鞋的时候要注意以下几个问题。

第一，鞋子穿脱方便。孕妇在妊娠期间，弯腰很不方便。在设计时可以把一般的鞋带、拉链换成尼龙毡扣或者松紧带。

第二，鞋子的舒适性。孕妇喜欢圆头且肥度较宽、鞋面材质柔软，有较好的透气性、吸湿性的鞋子。

第三，由于生理上的原因，孕妇心理会产生一些莫名其妙的压抑感，在选择颜色时要体现轻松愉快的风格。

另外，鞋企在设计孕妇鞋时，还要考虑到足弓的需要。因为脚的柔韧度主要靠足弓来完成。足弓除了可以吸收人行走时的震荡，还可以保持身体平衡。因此，高跟鞋和完全平底的鞋都不适合孕妇，而高度2厘米左右，有弹性、用柔软材料做成的宽松的帮面，后跟比较宽大结实的鞋才是孕妇的最佳选择。

（资料来源：中国皮具网，2009-07-15. 有删改）

五、竞争者（Competitors）

企业要想在市场竞争中获得成功，就必须能够比其竞争对手更好地发现消费者的需求并满足需求。一个企业选择和确定目标市场之后，它同时就会处于某种竞争环境之中。从消费需求的角度划分，企业的竞争者包括：

第一，愿望竞争者（Generic competition），是指消费者要求满足的各种目前愿望的提供者。

第二，平行竞争者（Industry competition），又称属类竞争者，是指提供能够满足同一种需求的不同产品的竞争者。

第三，产品形式竞争者（Form competition），是指生产同种产品，但规格、型号、款式不同的竞争者。

第四，品牌竞争者（Brand competition），即能满足购买者某种愿望的同种产品的各种品牌。

其中，后两种竞争者都是同行业的竞争者。在同行业竞争中，卖方密度、产品差异、进入难度的变化是三个特别需要重视的方面。卖方密度是指同一行业或同一类商品经营中卖主的数目。这个数目的多少，在市场需求量相对稳定时，直接影响到企业市场份额的大小和竞争激烈的程度。产品差异是指同一行业中不同企业生产同类产品的差异程度。利用差异化有助于企业依据为顾客创造附加价值来提高产品的价格和竞争力。进入难度是指某个新企业在试图加入某行业时所遇到的困难程度。

小案例 11

法拉利是菲亚特旗下的世界最著名的赛车和运动跑车的生产厂家，保时捷是德国著名的汽车公司，以生产高级跑车而著名于世界车坛。自保时捷、法拉利进入中国以来，这两个跑车领域的至尊便开始了在中国市场上互相角逐的历程。在2005年以前，保时捷和法拉利在中国都是低调行事，没什么大动作，也很少搞宣传。但到了2005年，保时捷一改以往的低调，先后高调参加了上海车展和深圳车展，取得了轰动效果，而后又不断加大各种车型宣传短片的宣传力度，使品牌价值更深入人心。2005年6月，保时捷2006全球路演中国站在上海国际赛车场举行，效果和影响力非常显著。保时捷还在上海、北京、珠海开办了运动驾驶学校，意在让更多的人体验驾车的乐趣和学习驾车技巧。法拉利一向低调行事，一直以来只向特定人群宣扬他的文化和品牌价值，几乎不做广告和宣传片，根本不把保时捷这个竞争者放在眼里。但是看到对手在中国的成功，法拉利也决定采取行动，于2005年启动官方推广行动。针对两个月前保时捷的推广路演，2005年7月举行了大规模的正式官方试车活动，不仅邀请媒体试驾报道，而且邀请潜在客户试驾。极具挑战和冒险精神的“法拉利红色万里行”于8月29日在上海出发，将意大利的“红色激情”传播至中国的四面八方。从此双方拉开了在中国市场上面对面竞争的序幕。在产品层面上，保时捷稳住低端，向高端渗透，开发多种车型和多个系列，在经典的理念基础上赋予时尚和现代感，力求满足顾客的多元化需求；法拉利则稳住高端，向低端进攻，一方面不断开发新款车，以满足高端顾客的需求，另一方面着力研发一款相对低端的车型（是针对保时捷911而设计的），开发低端客户。在销售渠道上，保时捷为了提升销量，加大了网点布局的力度。预计到2007年末经销商达到22家至25家。法拉利也加快步伐，在国内的10个主要城市共建立12个经销和服务网点。

六、社会公众（Publics）

社会公众是指对企业实现其市场营销目标构成实际或潜在影响的任何团体，包括：

第一，金融公众，即影响企业取得资金能力的任何集团，如银行、投资公司等。

第二，媒体公众，即报纸、杂志、无线电广播、电视、网络等具有广泛影响的大众媒体。

第三，政府公众，即负责管理企业业务经营活动的有关政府机构。

第四，群众团体，在西方常被称为“压力集团”（presure group），指为维持某些部分的社会成员利益而组织起来的会对立法、政策和社会舆论产生重大影响的各种社会团体。例如消费者协会、环境保护组织等。

第五，地方公众，即企业附近的居民群众、地方官员等。

第六，一般公众，一个企业需要了解一般公众对它的产品和活动的态度，企业的“公众形象”，即在一般公众心目中的形象，对企业的经营和发展是很重要的。

所有以上这些公众，都与企业的营销活动有直接或间接的关系。现代企业是一个开放的系统，它在经营活动中必然与各方面发生联系，必须处理好与各方面公众的关系。为此，企业需设立“公共关系”部门，专门负责处理与公众的关系。

小案例 12

2002 年，农夫山泉推出“一瓶水、一分钱”活动，名为“农夫山泉阳光工程”，即每售出一瓶农夫山泉饮用天然水，农夫山泉股份有限公司就捐出一分钱，计划捐助价值 500 万元左右的体育器材给贫困地区的中小学校。农夫山泉“阳光工程”活动宣传覆盖全国，累计有 85 个电视频道播出各种报道达 449 次，103 家报纸刊登各种文章 165 篇次，累计收视/阅读人数达 7.88 亿人次。自 4 月份农夫山泉“阳光工程”揭幕以来，已经有 15 个省份的 240 多所体育器材严重缺乏的学校得到了“阳光工程”的捐助。据统计，“阳光工程”累计捐赠的体育器材价值达 5019028 元，超出了原先的预计。

第四节　市场营销环境分析与对策

市场营销环境是企业经营活动的基础性条件，它对企业的生存和发展有着相当重要的影响。现代营销学认为，企业经营成败的关键，在于企业能否适应动态变化着的市场营销环境。由于社会经济总体水平的不断发展，当代企业外部环境的变化速度，远远超过企业内部各因素变化的速度。因此，企业的生存和发展，愈来愈取决于其适应外界环境变化的能力。既然“适者生存”是自然界演化的普遍法则，企业的市场营销活动也不例外。

市场营销环境主要通过对企业构成威胁或提供机会来影响市场营销活动。所谓的环境威胁是指营销环境中出现的对企业营销活动不利的因素，对企业的发展形成挑战，对企业当前的市场地位构成威胁。而所谓的市场机会是指营销环境中出现的对企业市场营销活动富有吸引力的领域，而在这些领域，企业则拥有绝对或比较竞争优势。企业的营销决策者一般可采用“威胁分析矩阵图”和“机会分析矩阵图”来分析当前的市场营销环境并采取相应的营销对策。

一、市场机会分析与对策

机会分析主要考虑其潜在的吸引力（赢利性）和成功的可能性（企业优势）的大小。其分析矩阵如图 4-6 所示：

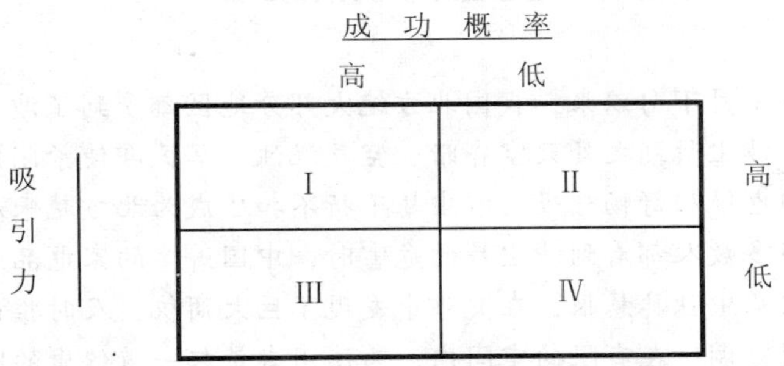

图 4–6　机会分析矩阵图

在图 4-6 中，横轴表示成功概率的高低，纵轴表示吸引力的高低。可见，在四个区域中，Ⅰ区域成功的概率和吸引力均比较大，所以企业最佳的机会出现在第Ⅰ种情况下；第Ⅳ种情况机会最小，第Ⅱ、第Ⅲ种情况介于二者之间，企业应具体分析。

一般来说，企业面对市场机会主要采取三种对策。如图 4-7。

（一）及时利用

及时利用是指当市场机会出现时，企业马上通过自身可控因素的调整，为目标市场提供产品或服务，以充分利用市场机会，求得更大的发展。

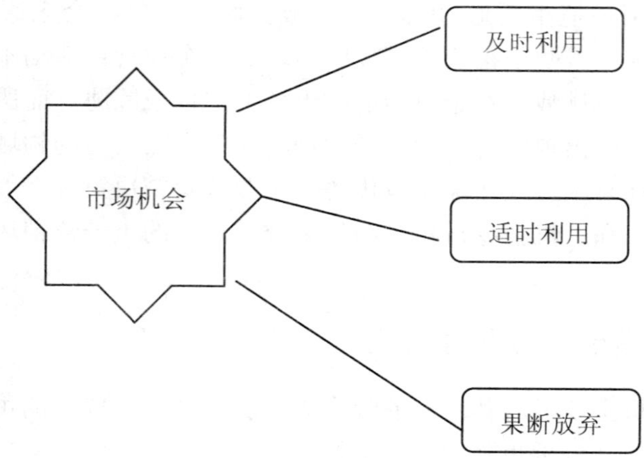

图 4–7　企业面对市场机会的对策

小案例 13

自 2002 年 3 月下旬以来，我国北方绝大部分地区都受到了沙尘暴或沙尘天气的影响，沙尘所到之处天空昏暗、空气混浊，居民即使紧闭门户，在粉尘飞扬的室内也很难舒畅呼吸。沙尘暴不折不扣已成为北方越来越频繁的“城市灾难”。当多数人都看到沙尘暴的危害时，中国著名的家电品牌海尔集团却在此次沙尘暴中独具慧眼，在灾难中发现了巨大商机，及时推出“防沙尘暴Ⅰ代”商用空调，在有限的空间内，为使用者筑起一道健康的防护墙。据悉，在海尔“防沙尘暴Ⅰ代”商用空调推向市场的两周内，仅在北京、西安、银川、太原、天津、济南等十几个城市就卖出去了 3700 多套，部分城市甚至出现了产品供不应求的局面。仅凭“防沙尘暴Ⅰ代”商用空调，海尔商用空调在 2002 年 3 月的销量便达到了七年同期的 147.8%。

（二）适时利用

适时利用是指当市场机会比较稳定，在短时间内不会发生变化，而企业暂时不具备利用的条件时，企业应积极准备，创造条件，待时机成熟后，再利用这一市场机会。

（三）果断放弃

果断放弃是指虽然市场机会十分具有吸引力，但企业不管怎样努力也无法取得理想的效果，反而如果利用不当，会给企业带来更大的损失，此时企业就应该主动放弃。

二、市场威胁分析及对策

对环境威胁的分析，可以分为两个方面：一方面分析此威胁的严重性，即对企业营销活动的影响程度；另一方面分析此威胁出现的可能性，即其出现的概率。其分析矩阵如图 4-8 所示：

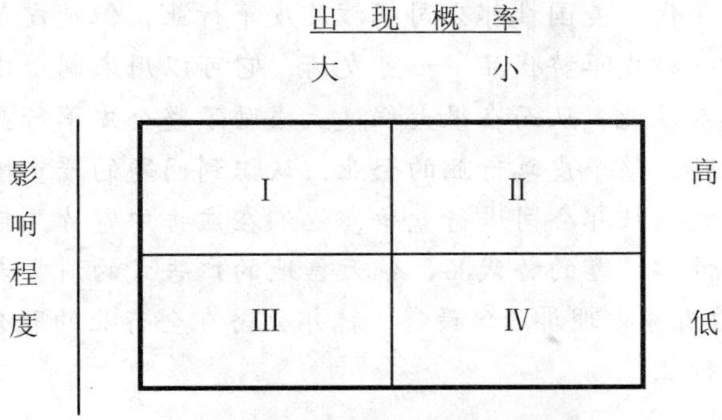

图 4–8　威胁分析矩阵图

在图 4-8 中，横轴表示威胁的可能性，一般用概率表示。纵轴表示影响程度的高低。可见在该图的四个区域中，Ⅰ区域威胁出现的概率和影响程度都比较高，所以企业要特别重视第Ⅰ种情况；Ⅳ区域威胁出现的概率和影响程度都比较小，所以第Ⅳ种情况则可以不考虑；Ⅱ区域威胁出现的概率小而影响程度却比较大，Ⅲ区域威胁出现的概率大而影响程度却比较小，所以应该密切监控第Ⅱ、第Ⅲ种情况。

一般来说，企业对环境威胁可选用三种对策。如图 4-9。

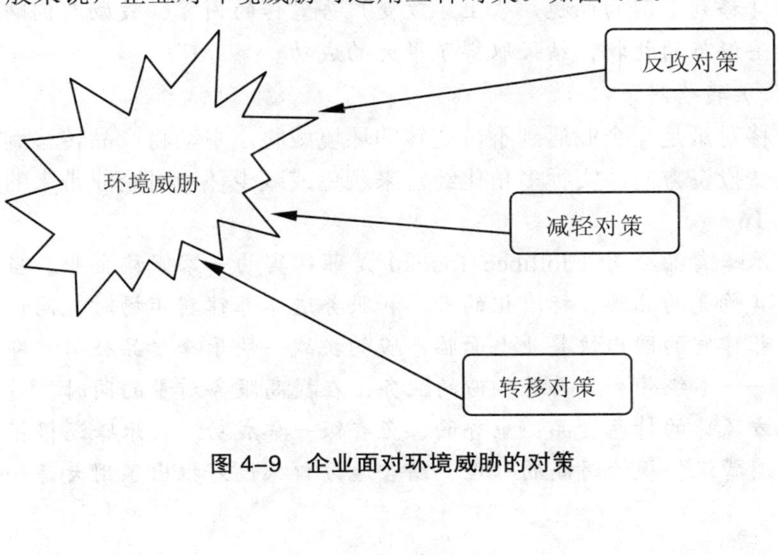

图 4–9　企业面对环境威胁的对策

（一）反攻对策

反攻对策是指企业试图通过自己的努力限制或扭转环境中不利因素的发展。如通过各种方式促使政府通过某种法令或达成某种协议，或制定某项政策来改变环境的威胁。

小案例 14

20 世纪 70 年代，美国杜邦公司想涉足皮革行业，但是皮革很贵，于是杜邦公司发明了一种皮革替代品——可发姆，它可以用来制造皮鞋，不仅其品质优良而且成本很低，从而在很大程度上威胁了整个皮革行业的生存与发展。面对这种威胁，整个皮革行业的企业，认识到问题的严重性，于是联合起来，用广告形式与杜邦公司进行竞争，他们在广告中宣称“可发姆”是一种透气性和舒适性都很差的替代品，铺天盖地的广告式的消费者心目中有了“可发姆”皮鞋的消费心理屏障。最终，杜邦公司在全行业的联合反攻下，不得不退出了皮革行业。

（二）减轻对策

减轻对策是指企业根据环境变化的要求，改变营销策略，以减轻环境威胁的程度。

小案例 15

20 世纪 70 年代末，美国的列斯维特劳斯公司花费了 1200 万美元—1400 万美元，想通过 1980 年在莫斯科举行的夏季奥运会把该公司的服装推广为“美国的国服”，并做了大量的广告。后来因前苏联出兵阿富汗美国拒绝参加该届奥运会，对公司造成了很大的威胁。该公司立即改变其营销策略，把营销费用转移到全国的电视广告上，改变广告宣传的内容，鼓励人们购买其服装作为圣诞节的礼物，结果取得了很大的成功。

（三）转移对策

转移对策是指企业遇到不可逆转的环境威胁，主动将产品转移到其他市场或改变投资方向，实行多角化经营来避免或减少环境对企业带来的威胁。

小案例 16

快乐峰食品公司（Jollibee foods）是菲律宾的一家家族企业。当麦当劳公司以其响亮的品牌、标准化的产品和服务进军菲律宾市场时，同许多国家一样，菲律宾的国内快餐业也面临严峻的挑战。快乐峰食品公司立即采取转移对策——不经营和麦当劳相似的业务，在提高服务质量的同时，着手开发具有地方风味的特色食品：鱼香面、鱼香饭一举成功。快乐峰还根据菲律宾青年把消费汉堡视为时尚的心理，结合地方口味偏好推出了用大蒜和酱油烹调出来的鱼味汉堡，很快占领菲律宾国内汉堡市场的75%和快餐业56%的份额。

三、市场机会与威胁的综合分析

在营销的过程中，当某一环境发生变化，往往既是威胁，又是机会。这需要将两者结合起来进行分析，得出机会与威胁的综合分析矩阵，如图4-10所示。

机会水平 \ 威胁水平	高	低
高	风险业务	理想业务
低	困境业务	成熟业务

图4-10　机会与威胁的综合分析

根据机会与威胁的综合分析可以归纳出四种不同类型的业务：

（一）对理想业务，即高机会和低威胁的业务，应看到机会难得，甚至转瞬即逝，必须抓住机遇，迅速行动；否则，丧失战机，将后悔无及。

（二）对冒险业务，即高机会和高威胁的业务，面对高利润与高风险，既不宜盲目冒进，也不应迟疑不决，坐失良机，应全面分析自身的优势与劣势，扬长避短，创造条件，争取突破性的发展。

（三）对成熟业务，即低机会和低威胁的业务，机会与威胁处于较低水平，可作为企业的常规业务，用以维持企业的正常运转，并为开展理想业务和冒险业务准备必要的条件。

（四）对困难业务，即低机会和高威胁的业务，要么是努力改变环境，走出困境或减轻威胁，要么是立即转移，摆脱无法扭转的困境。

本章小结

1. 市场营销环境是指关系企业生存和发展、影响并制约企业营销战略的制定和实施的一切因素和力量的总和，它包括微观环境要素和宏观环境要素。市场营销环境一般具有客观性、差异性、相关性、动态多变性和不可控性等特点。

2. 市场宏观环境要素，主要包括人口环境、经济环境、自然环境、科学技术环境、政治和法律环境、社会文化环境等多方面的因素，是“不可控制的力量”。

3. 市场微观环境要素，主要包括企业的供应商、营销中介、市场、竞争者以及社会公众等因素。

4. 市场营销环境主要通过对企业构成威胁或提供机会来影响市场营销活动。企业的营销决策者一般可采用“威胁分析矩阵图”和“机会分析矩阵图”来分析当前的市场营销环境并采取相应的营销对策。面对环境威胁企业一般采取：反抗策略、减轻策略、转移策略；面对市场机会，企业一般采取：发展策略、利用策略、维持策略。另外，还可以运用机会与威胁综合分析法。

能力培养指导

● 实训项目：结合实际，请对目前我国小排量汽车的市场营销环境进行分析

1. 实训内容：

分析目前我国小排量汽车市场营销的法律环境与经济环境。

2. 实训目的：

通过实训帮助学生达到初步掌握市场营销环境分析的基本程序和技能要求以及培养学生从营销环境的角度分析营销问题的能力。

3. 实训形式与组织：

将班级同学划分为若干项目小组，小组规模一般是 7—10 人，组团时应考虑小组成员在知识、性格、技能方面的互补性。选举小组长以协调小组的各项工作。

4. 实训要求：

可利用网络等资源收集信息资料，充分了解当前节能环保型小排量汽车的有关法规，经销商的举措，居民的收入水平等因素。另外，明确小组成绩将作为每位小组成员的实训成绩。任课教师将及时检查学生参与讨论的进度和实际分析情况，提出必要的指导和建议，并组织同学进行沟通交流，还可针对共性问题在课堂上给予适当讲解。

5. 时间安排：

课外收集资料，课堂讨论 2 学时，小组最终形成书面实训报告。

案例应用 1

可口可乐、麦当劳的“恐龙处境”

关于恐龙灭绝的原因，有一种说法是它们不能适应生存环境的巨大变化。而现在，碳酸饮料业、快餐业在全球也面临着生存环境的巨大变化——即便是其中的百年老店也不曾经历的深刻变化——人们生活方式的根本性转变，他们能顺利走过这场变革吗？

现在人群中的肥胖比例越来越高。很自然地，人们将此归咎于快餐和碳酸类饮料。北京的一位33岁的白领人士王毅说：“以前我们聚会的时候总喜欢喝可乐，但现在不一样了，越来越多的人选择喝鲜橙多。点可乐喝只是一种习惯性的反应，但可乐现在真的不太受欢迎了。”王毅一直是可乐类饮料的忠实拥护者，但现在他也动摇了。

2003年1月27日，英国一个独立食品健康机构发表的调查报告指出，薯条、汉堡包、炸鸡、比萨饼等西式快餐食品含有的糖分和盐分都超过了儿童应摄入量，不利于儿童健康成长。另据美国疾病预防中心的数据显示：61%的美国成年人体重超标，6岁—19岁的青少年中有15%的人过胖。人们认为快餐业对美国人的肥胖问题“贡献不菲”，有人指责那些快餐巨头们是通过使消费者发胖而自己不断发展壮大。

这让可口可乐、百事可乐、肯德基、麦当劳的日子很不好过。这些老牌美企在过去被公认为高速成长的跨国公司的典范，但在2002年第四季度，麦当劳公司出现了有史以来的首次季度亏损，该公司关闭了175家快餐店，并大举削减成本。可口可乐公司也是连续三年业绩下滑。

当然，不会有公司承认人们的肥胖与自己的产品有关。但不容怀疑的是，他们已经开始悄悄行动了。

2003年2月18日，可口可乐在中国更换标识，这是继今年初在美国率先发起的包括更换商标在内的又一轮全球市场计划中的一环。可口可乐（中国）饮料有限公司总裁包逸秋表示：“我们改变的不仅是标志，也是我们与消费者的一种新的沟通方式。”

一幅漫画说：碳酸饮料、快餐杀死的美国人是香烟的3倍。在这样的情况下，可口可乐如何与消费者进行沟通？改变配方对可口可乐公司来说心有余悸。1985年4月，可口可乐公司改变了其长达99年之久的传统配方，并以新可乐取而代之。但此举在美国招致了上下反对，可口可乐公司也被迫改回老配方。

另外，可口可乐公司也不认为自己的产品会导致肥胖。可口可乐（中国）

公司的王雷说，可口可乐是健康饮品，除健怡可乐外，可乐类产品中都含有糖分，但含糖量与果汁类饮品差不多，完全符合人体的健康需求，这符合任何一个健康组织的标准。面对消费者的误解，可口可乐公司今年在品牌宣传上除了沿用一贯的青春、活力外，还特别要向消费者传达正确的讯息：碳酸饮料是健康的，成分符合人体正常的需求量。可口可乐公司还特别考虑到，这种信息的传达一定要借助第三方研究机构以显示其强烈的公正性。另外，在产品方面要更加吸引消费者，这主要体现在包装和促销方面。

面对消费者的“可乐类饮品中加咖啡因是为了让消费者上瘾，这对健康不利”的质询，王雷引用了美国食品及药物管理局（FDA）的证明：“并未发现任何证据显示饮用含咖啡因的碳酸饮料会危害健康。”

但面对人们消费观念的转变，可口可乐不可能置之不理。王雷说，“公司要成为全系列饮料公司，以满足不同消费者对不同饮料口味的需求。”可口可乐逐渐加大了对非碳酸类饮料的投入，在全球范围内向瓶装水、果汁和其他饮料领域积极扩张，眼下非碳酸饮料已占到该公司销售额的13%。在去年第三季度，碳酸软饮料销量上升了 2%，而非碳酸饮料的销量上升了 27%。并且自 2002 年始，可口可乐公司不断增加运动饮料的市场营销预算。但问题是，在饮料领域，碳酸饮料仍是百事可乐和可口可乐两大巨头的主要利润来源，利润率远高于非碳酸饮料的利润率。甚至有分析师认为，可口可乐最近收购的一些产品如廉价的饮用水品牌的利润率接近于零。

对此，公司首席财务官法亚尔称，“当你在每个主要细分市场引入大量新品牌时，你不会期待在第一天就从软饮料市场获得丰腴的利润率。”但他又说，“公司的目标是取得和碳酸饮料产品相同的利润率。”

与老对手相比，百事公司则面临更严峻的挑战，因为除碳酸饮料外，休闲食品也是其主要利润来源。所以，建立在糖和脂肪上的百事帝国在消费者的压力之下正在大规模地重新定位，希望能使食品更健康。

今年百事公司推出了更有营养的传统品牌食品，它们不含有让人长胖、增加胆固醇的脂肪酸。这并不复杂，只要用玉米油制作小吃就行了。新的小吃将很快出现在全美国。由于形势紧迫，百事公司甚至没有测试市场。

另外，百事也在加大对碳酸饮料的投入。日前，佳得乐说姚明已经代替美国篮球界的传奇人物迈克尔·乔丹成为其新的代言人。佳得乐是世界第一大运动饮料品牌，属百事旗下，在美国的运动饮料市场占有率达到 83%，但自 1995 年进入中国开始，一直偏安于华南和华东一角，北京市场则不见芳踪。此次佳得乐启用姚明可以证明对非碳酸饮料的重视。“这当然是基于佳得乐在美国和中国的营销战略考虑，姚明现在已经成为美国文化的一部分，牢牢地抓住了球迷的心”，市场人士表示。

但毫无疑问，百事仍将继续生产高盐、高脂肪、高糖食品。百事可乐CEO雷因蒙德说：“人们说的是一套，做的是另一套。如果你只是根据他们说出来的需求生产，你就会破产，因为那并不是他们真正做的。”

零点调查公司的袁岳也表现了同样的观点。他说：“人们固然对于健康重视，但是人们在认识和表现健康的方式上，却未必听命于专业健康专家的意见。中国白领普遍的亚健康是专业健康专家们发出的警讯所在，但是对于白领来说，那是成功的重要伴侣。作为一个群体，他们不会接受专家的意见，改而减少工作时间、吃正餐、喝凉茶、放慢走路的节奏等等，相反他们实际上对于一切配合与保证他们生活节奏的产品和品牌更有兴趣。在一个感性生活的时代，他们自然地接受配合他们生活方式的产品，他们较少沉重透彻地去思考专业意义上的健康价值。至少在近期的中国，这种观念依然会是主流。”

许多专家也承认，如果改变公司的标志性产品会影响消费者的口味，公司会因此失去一大批忠实的消费者，这是极大的冒险。但他们也同时认为，当消费者的观念发生变化的时候，如果产品不随之变化，通常又会失去许多潜在消费者和不忠实消费者，对饮料和快餐公司来说，这样的消费者多生活在增长潜力巨大的亚太市场。

在健康趋势逐渐升温但人们又不愿意放弃含糖和脂肪食品的情况下，公司该如何取得平衡呢？麦当劳在做这样的努力。

从2002年9月3日开始，麦当劳炸薯条时用了一种新的食用油，其中含有的逆态脂肪酸含量比过去降低了50%，有害脂肪酸成分降低了16%。这将使小包麦当劳薯条中所含的脂肪酸从3.4克减少到1.8克，同时饱和脂肪含量也将下降17%。

但新的食用油可能会影响到它早已饮誉全球的炸薯条的口味，因为其他一些快餐店也曾做过这种尝试，但都失败而归。不过，麦当劳则称目前为止他们已经做了一系列试验，97%的顾客尝不出低脂肪薯条和原先有何区别。麦当劳的首席营养师称该公司将不会透露炼制这种新食用油的方法。不过，这样的改变还没有在中国市场发生，在这个高速增长的市场，青少年是快餐的主要利润来源，而他们对脂肪的敏感度还不够高。

袁岳说，“当前中国消费者对于健康的重视程度有了很大的提高，但是在青少年群体中，以健康为核心的价值可能有更大的成长空间。对于新锐消费群体而言，健康是一个有价值的概念，但只是一个基本价值，如同公寓之地基，但是那不是真正的卖好之点。快餐业就不是保健业，它的生命根基原不在此，虽然保健界对它屡有指责，正如环保界对于宝洁的责难一样，但是这不会改变它们的基本路向，虽然它们可能也需要对于自己营销的策略方式做出某些技术性调整。”

结语

其实，对这些有着百年历史的老牌美企来说，无论是变与不变都是一种选择，都存在风险。不过，他们都不同程度地选择了改变。尽管进行这样包括品牌重塑的巨大工程的转换非常不容易，但在他们看来，“这是未来成功的所在”。

（资料来源：吴晓燕．可口可乐、麦当劳的“恐龙处境”．中国经营报，2003.3.3）

【讨论题】

1. 本案例中，影响“可口可乐、麦当劳”生存与发展的外部因素有哪些？企业是如何应对的？

2. 对“可口可乐”而言，针对竞争对手的经营策略，其有哪些应对措施？

3. 如果你是“可口可乐”总裁，针对企业的内外部环境因素的变化，将会有哪些更好的营销策略？

案例应用 2

火烧“温州鞋”

2004 年 9 月 17 日，“欧洲鞋都”——西班牙东部小城埃尔切的中国鞋城，约 400 名不明身份的西班牙人聚集街头，烧毁了一辆载有温州鞋集装箱的卡车和一个温州鞋商的仓库，造成约 800 万元人民币的经济损失。这是西班牙有史以来第一起严重侵犯华商权益的暴力事件。

仅仅六天后的 9 月 23 日，当地又爆发了一次针对中国商人的示威游行，示威者扬言以后将每周举行一次抗议示威，以抵抗中国商人的廉价产品给西班牙本地商人带来的不公平竞争。连续发生的上述事件让在当地经营的温州鞋商感觉到不可思议，也引起了国际多方人士的关注。

事实上，有资料显示，从 2001 年开始，温州鞋海外遭抵制事件年年都有发生，且有上升趋势：

2001 年 8 月至 2002 年 1 月，俄罗斯曾发生过一次查扣事件，温州鞋卷入其中。那次查扣货物历时最长，整个浙商损失大约 3 亿元人民币，个别企业损失达千万元以上。

2003 年冬，20 多家温州鞋企的鞋类产品在意大利罗马被焚烧，具体损失不详。2004 年 1 月 8 日，尼日利亚政府发布“禁止进口商品名单”，温州鞋名列其中。2004 年 2 月 12 日，俄罗斯内务部出动大量警力查抄莫斯科“艾米拉”大市场华商货物，包括温州鞋商在内的中国商人此次损失约 3000 万美元……

相关数据和背景资料显示，温州外销鞋产量早在 2001 年就猛增了 40%，接近总产量的 30%，仅从温州海关出关的皮鞋就价值 4.6 亿美元。温州排名前 10 位的鞋厂里好几家以生产外销鞋为主，如“东艺”、“泰马”等，包括“泰马”在内的几家温州鞋厂也和沃尔玛签订了生产协议，为这个全球零售业霸主大量生产供超市出售的廉价皮鞋。

我国是世界上最大的鞋类生产和出口国，目前有各类制鞋企业两万多家，出口企业超过 5000 家，2003 年全国制鞋总产量近 70 亿双，占世界总产量的 53%，鞋类出口占世界出口总量的 60%以上，并处于主导地位，在资源、劳动力、价格等方面有比较大的优势，“中国鞋”出口的主要市场是美国和欧盟，其中美国市场占出口的 50%以上。

从产品层次看，目前我国鞋业出口绝大部分仍是中低档品种，价格较低，一般在 10 美元～30 美元之间，很多甚至低于 10 美元。今年 9 月发生在西班牙的“焚鞋”事件中被烧掉的鞋平均单价只有 5 欧元。出口鞋中高档及自有品牌所占比例很小，且出口产品多以贴牌生产（OEM）方式进行。例如，我国生产的鞋类产品大都在美国的低档鞋店销售，虽然在美国的中、高档鞋店中也可觅到“中国鞋”的影子，但价位明显低于意大利、西班牙、巴西等国的产品，而且所有中国制造的皮鞋都没有自己的品牌，均使用国外商标和品牌。一些同档次鞋价格在国外市场都要低于原产国产品，有些甚至低于越南、泰国等国的出口产品。从出口企业看，民营企业占绝大部分；从出口地域看，主要分布在浙江温州、福建晋江、泉州以及广东、山东、四川等地区，并已建立起多个鞋业制造基地；从出口规模看，目前出口金额在 10 万美元以下的企业超过 2200 家，占出口企业总数的近一半。

在传统东方文化“财不外露”思想的影响下，华商在国外一般本着“多一事不如少一事”的态度，只管埋头赚钱而极少“参政”。这种低调的姿态刚开始还是可行的，但随着当地华商数量越来越多、生意越做越大，必然会引起一系列的问题。“海外华商必须学会组织起来，用团体力量去影响当地的政治生态，如有意识地去游说当地政府，从而确保自身权益得到有效保护。”商务部研究员梅新育进一步指出，“如果海外华商能从这次事件中有所警醒，不再是一盘散沙，坏事也许可以由此变成好事。”事实上，为了使温州鞋更好地参与国际竞争，温州鞋革协会早在2003年就开始筹办“鞋类出口委员会”，筹备组由东艺、泰马、吉尔达等外销鞋大户组成。去年3月，鞋类出口筹备委员会在柏林进行了第一次大动作，“组织13家企业联手在柏林开了一个新市场，统一了价格、装修和竞争策略，这样我们就以集体的形式参与竞争，会更强一些。”温州鞋革协会秘书长朱峰表示，以后肯定要推广这一模式，“西班牙事件加速了我们的筹备进程。”

“西班牙事件中，我们更需要思考的是品牌。我们还没有世界知名品牌，这是中国鞋在国际竞争中的最大困难。”康奈常务副总经理周津森接受记者采访时说。温州轻工业进出口公司外贸员陈伟似乎比任何人都清楚中国鞋在国际市场的品牌困境。“欧洲著名的连锁超市BATA，有很多来自世界各地的鞋，但我从来没有发现过有超过100欧元的中国鞋。中国鞋在世界上根本没有品牌，只能以低档鞋参与竞争。西班牙烧鞋正是低端竞争的结果。”

目前我国鞋业生产能力过剩，出口企业数量过多，相当一部分制鞋企业，特别是一些规模不大的企业普遍存在着短视行为。一方面，企业不注重科研、开发、设计，多以来样加工或以相互模仿、抄袭为主，很少投入必要的资金研究、开发产品，很少投入时间和精力去搞系列的市场调查、分析等。这种状况导致企业在国际市场上信息不灵通、产品设计式样滞后、花色品种单一、舒适性差等问题，致使出口档次无法提高，价格卖不上去，总在中低档市场徘徊。而中低档市场也已面临越南等新兴鞋类生产国的竞争，鞋类出口已经受到严重威胁。对此，一些出口企业不练内功，反而采取降价手段应对。一些新的出口企业为挤入国际市场，多以低价策略为先导，另外，“外商招标”压价成风也使得鞋价无法提高。在广交会上，中国企业自相残杀、恶性竞争，而外商从中渔利的现象并不少见。另一方面，由于企业规模小，不注重产品的开发和质量，最终使中国鞋在国际市场上长期摆脱不了低价路线。如今中国的迅速崛起正给世界利益格局、市场格局和资源格局带来深刻的变化，在这一形势下，也许这个问题更具价值、更值得探讨和反思。因为在很长一段时间里，“我们左右不了国际环境，能够改变的只有自己。”

从2005年1月1日起，欧盟将取消从中国进口部分鞋类产品的配额，这意味着温州鞋将在欧洲获得更为广阔的市场空间。究竟是进还是退，是摆在每一个温州鞋商面前的生死抉择。

（资料来源：朱则金. 温州商报，2007-08-08. 有删改）

【讨论题】

1．从本案例中你认识到对环境的分析在中国企业国际化营销中作用如何?

2．你如何理解“我们左右不了国际环境，能够改变的只有自己”？

3．在反全球化现象存在的今天，对于我国鞋类等劳动密集型产品在海外市场的发展，你有何建议来克服“劳动力优势”可能带来的问题?

第五章　消费者市场与购买行为分析

学习目标：

- 理解消费者市场与消费者购买决策过程；
- 掌握消费者购买行为影响因素。

实践中的消费者购买行为分析

沃尔玛会员制受挫中国

沃尔玛山姆会员店是沃尔玛的一种业态，是以其创始人山姆·沃尔顿的名字命名的，只向会员提供服务的会员制仓储式购物商店。在美国每三个家庭中就有一个是沃尔玛山姆会员店的会员，而在中国，沃尔玛会员制却遭遇水土不服。1996 年 8 月，沃尔玛在中国的第一家山姆会员商店在深圳登陆。几年来，沃尔玛曾在北京、福州、昆明、长春等地开设五家山姆会员店，但效果欠佳。沃尔玛山姆会员店的失利一定意义上意味着生长于西方社会的会员制在中国的失败。造成这种现象的一个重要原因就是沃尔玛不了解中国特殊的消费方式和消费习惯，会员制并不符合中国消费者的购物习惯。据全球领先的市场研究公司 AC. 尼尔森调查数据显示，中国消费者具有购物频率高、花费较低、喜欢选择不同购物渠道的习惯。并且，中国消费者对价格的敏感程度是最高的，只要价格便宜，他们可以对时间、车费等机会成本、潜在成本都置之不理，因为他们对价格的偏好及灵敏度远远大于其他。

评述

沃尔玛山姆会员店为什么在中国行不通，根本原因在于沃尔玛不了解中国特殊的消费方式和消费习惯，会员制并不符合中国消费者的购物习惯。因此研究消费者购买行为至关重要。

（资料来源：中国营销评论网，沃尔玛会员制受挫中国.2005 年 11 月 24 日，http://www.marketingcn.org）

思考：

1. 结合该引例，思考一下中国消费者的购买行为有哪些特点？

2. 针对中国消费者的行为特点，沃尔玛应该如何进行调整？

第一节　消费者市场与消费者购买决策过程

一、消费者市场

消费者市场又被称为消费品市场，由那些为满足自身及家庭成员生活消费需要而购买产品和劳务的人们组成，是整个市场体系的基础，是起决定作用的市场。一般来说，消费者市场购买的商品品种类型、规格十分广泛，我们可以从以下三个方面对消费品加以分类。

第一，按照消费者需要层次可将消费品分为生存性消费品、发展性消费品、享受性消费品。

第二，按消费品的购买特点可将消费品分为便利品、选购品和特殊品。

第三，按商品的耐用程度和使用频率可将消费品分为耐用品与非耐用品。

二、消费者市场购买行为特点

消费者市场是现代市场营销理论研究的主要对象。成功的市场营销者是那些能够有效地销售对消费者有价值的产品，并运用富有吸引力和说服力的方法将产品有效地呈现给消费者的企业和个人。一般来说，消费者市场购买行为具有以下特点：

（一）购买的复杂性

消费品市场的购买人多面广，频率高而数量少。因此绝大部分商品都是通过中间商销售产品，以方便消费者购买。

（二）消费者的差异性

由于受到消费者个人文化修养、欣赏习惯、收入水平等方面的影响，对产品的花色品种、价格等会产生多种多样的要求。而且随着生产力的发展和消费水平的提高，消费者的需求在总量、结构和层次上也在不断的变化。

（三）消费行为的可诱导性

消费者的购买行为有一定的随意性，受外界影响大，常常感性消费。因此企业可以通过一定的营销手段不仅能够影响消费者的欲望，指出什么样的产品可以满足他们的需要，而且可以诱导其产生新的需要。

（四）非专家理智型购买

消费品市场的购买者大多缺乏相应的商品知识和市场知识，他们对产品的选择受广告、宣传的影响较大。生产和经营部门应注意做好商品的宣传活动，一方面当好消费者的参谋，另一方面也能有效地引导消费者的购买行为。

（五）消费者市场购买流动性大

随着城乡交往、地区间往来的日益频繁，旅游事业的发展，国际交往的增多，人口的流动性越来越大，购买力的流动性也随之加强，因此，企业要密切注视市场动态，提供适销对路的产品，同时要注意增设购物网点和在交通枢纽地区创设规模较大的购物中心，以适应流动购买力的需求。

三、消费者购买决策过程

分析了影响消费者购买行为的因素和特点以后，我们研究消费者购买决策过程，包括参与购买的角色、购买行为类型和购买决策过程。

（一）参与购买的角色

在某一项购买活动中，可能并非是一人的决策，也许有众多人参与其中，因而我们可以区分出对购买决策有影响的五类角色：

第一，发起者，即首先推出购买或有意想购买某一产品或服务的人。

第二，影响者，即指其观点或建议对决策具有一定影响的人。

第三，决策者，即对购买决策的某个方面（包括是否买、买什么、如何买、何处买）做出完全或部分最后决定的人。

第四，购买者，即最终实际实施购买行为的人。

第五，使用者，即实际消费和使用产品或服务的人。

公司要确认这些角色，因为他们对产品的设计、广告词的确定及促销的分配均具有一定的影响。

（二）购买行为的类型

消费者购买决策随着购买行为类型的不同而变化。较为复杂和花钱多的决策往往凝结着购买者的反复权衡和众多人的参与决策。西方学者根据购买者在购买过程中参与者的介入程度和品牌间的差异程度，将消费者的购买行为分为四种类型。见表 5-1。

表 5–1 消费者购买行为类型

介入程度 品牌差异	高度介入	低度介入
品牌差异大	复杂型购买行为	多变型购买行为
品牌差异小	和谐型购买行为	习惯性购买行为

1. 复杂型购买行为

品牌差异大，消费者介入程度高的购买行为。当消费者初次选购价格昂贵、购买次数较少的、冒风险的和高度自我表现的商品时，则属于高度介入购买。由于对这些产品的性能缺乏了解，为慎重起见，他们往往需要广泛地收集有关信息，并经过认真地学习，产生对这一产品的信念，形成对品牌的态度，并慎重地做出购买决策。

对这种类型的购买行为，企业应设法帮助消费者了解与该产品有关的知识，并让他们知道和确信本产品在比较重要的性能方面的特征及优势，使他们树立对本产品的信任感。这期间，企业要特别注意针对购买决定者做介绍本产品特性的多种形式的广告。

2. 和谐型购买行为

品牌差异小，消费者介入程度高的购买行为。消费者购买一些品牌差异不大，但价格高的商品时，虽然他们对购买行为持谨慎的态度，但他们的注意力更多地是集中在品牌价格是否优惠、购买时间、地点是否便利，而不是花很多精力去收集不同品牌间的信息并进行比较，而且从产生购买动机到决定购买之间的时间较短。因而这种购买行为容易产生购后的不协调感：即消费者购买某一产品后，或因产品自身的某些方面不称心，或得到了其他产品更好的信息，从而产生不该购买这一产品的后悔心理或心理不平衡。为了改变这样的心理，追求心理的平衡，消费者广泛地收集各种对已购产品的有利信息，以证明自己购买决定的正确性。为此，企业应通过调整价格和售货网点的选择，并向消费者提供有利的信息，帮助消费者消除不平衡心理，坚定其对所购产品的信心。

3. 多变型购买行为

又叫做寻求多样化购买行为。品牌差异大，消费者介入程度低的购买行为。如果消费者购买的商品品牌间差异大，但价格低，可供选择的品牌很多时，他们并不花太多的时间选择品牌，专注于某一产品，而是经常变换品种。

比如购买饼干，他们上次买的是巧克力夹心，而这次想购买奶油夹心。这种品种的更换并非是对上次购买饼干的不满意，而是想换换口味。

面对这种广泛选择的购买行为，当企业处于市场优势地位时，应注意以充足的货源占据货架的有利位置，并通过提醒性的广告促成消费者建立习惯性购买行为；而当企业处于非市场优势地位时，则应以降低产品价格、免费试用、介绍新产品的独特优势等方式，鼓励消费者进行多种品种的选择和新产品的试用。

4. 习惯性的购买行为

品牌差异小，消费者介入程度低的购买行为。消费者有时购买某一商品，并不是因为特别偏爱某一品牌，而是出于习惯。比如醋，这是一种价格低廉、品牌间差异不大的商品，消费者购买它时，大多不会关心品牌，而是靠多次购买和多次使用而形成的习惯去选定某一品牌。

针对这种购买行为，企业要特别注意给消费者留下深刻印象，企业的广告要强调本产品的主要特点，要以鲜明的视觉标志、巧妙的形象构思赢得消费者对本企业产品的青睐。为此，企业的广告要加强重复性、反复性，以加深消费者对产品的熟悉程度。

（三）消费者购买决策过程

消费者购买决策往往是通过一个购买过程来实现的，这个购买过程是消费者在购买动机的支配下，进行实际购买的行为过程，典型的购买决策一般包括以下五个阶段，这五阶段环环相扣，循序渐进。研究消费者决策过程，目的在于使营销者针对购买行为的不同阶段采取相应的促销措施。见图 5-1。

图 5-1　消费者购买决策的步骤

1. 认知需要

需要引发动机是消费者购买决策过程的起点。消费者需要可以由内部刺激和外部刺激引起，或两者相互作用的结果。当一个人饥渴时就促使这个人寻找可以吃喝的东西，而饮食店里色香宜人的鲜美食品、饮料也会刺激人饥饿与渴饮感。

2. 搜索信息

当消费者有了购买动机之后，就会考虑“买什么样的商品”（选择商标）“到哪里买”（商店）等问题。如果引起的需要很强烈，满足需要的物质容易得到，消费者便会希望马上获得满足。但是多数情况下被引起的需要不必马上满足时，就需要使人产生注意力，促使其积极寻找或接受资料，以便进行决定。

信息资料的来源主要有四个方面：

（1）个人来源。主要从家庭成员、亲朋好友、邻居、同事等个人交往中获得的信息。

（2）市场来源。主要包括商业广告、售货员的介绍、产品说明书、商品展览等各种企业营销提供的信息。这是消费者获得信息的主要来源。

（3）社会公共来源。消费者从社会上公共信息渠道获得，如报刊杂志、广播、电视、网络等大众传播媒体传播的信息资料。

（4）经验来源。指消费者在以往生活中的所见、所闻以及实际感受，这是消费者获取信息的基本来源。凭着经验消费者就可能做出购买决策。通过收集信息消费者弄清了不同品牌产品的主要特征。

3. 评价选择

评价选择是指消费者将获取的信息进行分析整理和比较的过程。评估的内容主要包括三方面：

（1）产品属性。即产品能够满足消费者需要的特性。除基本用途外还包括营销者对产品的诉求点是否与消费者的利益点相一致。

（2）价格。不同的消费者因性别、年龄、收入、学识经历不同对同种商品价格的反应不一样。

（3）效用函数。即商品对需求满足程度的函数。任何商品在不同时间和不同场合，其效用不一样。这一阶段是消费者购买的前奏，对实施购买起决定作用，而且不同的消费者评价商品的标准和方法有很大差异，营销者应尽可能为消费者提供条件，帮助消费者了解商品属性，做出购买决定。

4. 决定购买

通过评估选择，消费者已形成对某商品的偏好决定购买。从购买决策到购买，除消费者自身因素外，还会受两类因素影响：第一是他人的态度。第二是意外的情况，即未预期到的因素，如收入、产品涨价或者有其他更需要购买的东西等，这一切都将会使消费者改变或放弃原有的购买意图。一般来说，在一项购买活动中，并非是一人的决策，也许有众多人参与，例如购买电脑，也许是孩子提出购买电脑，朋友那里了解了电脑的性能，丈夫选择电脑的品牌，妻子可能对电脑的外形有明确的要求，也许是丈夫去购买的，而孩子使用更频繁一些。如果丈夫决定电脑的品牌，企业所做的广告要针对丈夫，同时设计一些取悦妻子的款式。

5. 购后评价

消费者买到商品后，便会投入使用，在使用过程中，对商品的质量、性能、效用等必然会产生一定的感受，做出满意、不满意、一般的评价，这对营销者来说是一个重要的信息反馈，消费者对所购商品满意，可能再度购买，而且向他人做义务宣传，也就是说消费者的满意是最好的广告。反之消费者会竭力劝阻他人购买。营销人员必须重视研究消费者购买感受的反馈信息，帮助企业发现营销缺陷，改善工作。

小案例 1

中国“E”世代的消费行为

e 世代是指成长于网络电子媒体时代的消费者，是受数字媒体环境影响的全新的一代，是以对网络电子媒体运用的熟练程度为标准划分的，他们的最大的特征是面对电子媒体的从容和轻松的状态。

e 世代的生活、学习、工作是在网络的影响下进行的，因此他们的性格、文化和消费行为都会表现出和其他的世代不同的特质。在性格方面，他们会表现出更强的好奇心、很强烈的自我个性张扬；而在文化特质上，他们偏好创新、交互式、充满探究精神的文化，他们追求体验消费，喜欢刺激、惊险的感觉；消费特征上表现出自主选择权、喜欢购买为自己量身订做的商品，追求与人不同的独立个性，并且消费多样化，品牌忠诚度下降，选购商品注重效用，追求功能而非形式。

正由于他们具有和别的世代消费者不一样的消费行为，更应当引起营销人员的关注。

（资料来源：卢泰宏等. 消费者行为学——中国消费者透视. 北京：高等教育出版社，第一版，2005）

思考：

作为新时代消费主导力量的 e 世代消费者，如何才能更好地发现和满足他们的潜在需求？

第二节　消费者购买行为影响因素

消费者市场的购买行为，即消费主体通过支出（包括货币或信用）而获得所需商品或劳务时的选择过程，这个过程的形成与发展一般要受到诸多因素的影响，其中主要因素有：文化因素、社会因素、个人因素和心理因素。

一、文化因素

（一）文化

影响消费者购买行为的文化因素是指所形成的共同的价值观、信仰、道德、风俗习惯，而不同的价值观、道德观、信仰和风俗习惯是影响人们消费行为的深层原因。作为人类在社会发展过程中所创造的物质财富和精神产品的文化，不仅反映了人类智慧发展的历程，是人类文明的标志，而且直接影响着人们的欲望和行为。显而易见，文化因素对消费者的行为具有最广泛和最深远的影响。文化是人类欲望和行为的最基本的决定因素。成长在一定文化环境中的儿童通过其家庭和其他主要社会机构学习和获得一系列的价值、知觉、偏好和行为的整体概念。

文化首先是一个综合的概念，它几乎包括了影响个体行为与思想过程的所有因素。文化虽然不具有生理性的驱动力，但它却影响着这些驱动力能否实现和实现方式。其次，它是通过后天学得的，并不包括人的本能反应。作为一种观念，文化“看不见，摸不着”，而人们却能感受到它的存在。如在中国见面时习以为常的“吃了吗”的礼貌性招呼，在美国往往会被认为是侵犯了个人的隐私。然而，文化的有形性又体现在不同的建筑艺术风格、衣着、甚至饮食等人们生活的方方面面。除非是存在其性质的改变，否则，人们通常都会作为既定事实而接受它。

文化对于个人行为的规范源于文化的价值观性质。文化价值观，通常是指为社会大多数人员所普遍接受的信念。遵守这种文化价值观往往会被认为是理所当然而不一定会被赞许或奖赏，但是，违背这种价值观将会遭到社会其他人员的惩罚，违反的程度不同，所遭到的惩罚也会各种各样。文化价值观会导致一定的社会规范以及不遵循这些规范时的惩罚，而这些规范和惩罚最终影响人们的消费行为模式。

有学者指出生命的延续、人际关系、社会地位和（群体）同化是四个最大的影响中国消费者行为的文化价值观。从文化的深层面来看，对中国消费者影响最大的文化价值观包括：

（1）以“根”为本的文化——重家、族、国；

（2）中庸文化——阴阳平衡的行为导向；

（3）关系文化——礼尚往来；

（4）和文化——和谐、和气、人和；

（5）面子与从众——有脸有面，群体舆论；

（6）地位与礼——儒家思想。

其中突出强调的是参照群体影响因素。例如家住在广州的李先生夫妇的购房行为来源于他们的文化背景：从众的购房心理、家文化的归属感、孩子未来教育发展的需要等。

但文化并不是静态的，而是在不断缓慢变化并且逐渐走向融合的。从事消费者行为探究的营销人员必须不断地了解文化发展的趋势和新文化的出现（比如说后面出现的“粉饰男性市场”的案例）。特别是在目前全球化的进程中，跨文化营销的地位显得更加重要，不仅体现在不同的文化价值观上，也同样反映在不同文化下的非语言沟通的差异。人们在对时间、礼仪、事物、契约、空间、象征、友谊等方面上都会有不同的理解差异，需要营销人员的关注，避免出现误解造成的损失。

（二）亚文化

每一种文化都包含着更小的“亚文化”，亚文化是主文化的一部分，其成员具有共同的独特的行为模式。由于亚文化是生活在主文化之下的，所以其行为、信念无不打上主文化的烙印。个体在多大程度上拥有某一亚文化的独特行为，取决于他认同该亚文化的程度。

亚文化是包括不同的国籍、宗教、种族、地区等方面的文化。亚文化是一项重要的细分市场的指标。营销人员往往要针对这些亚文化的细分市场制定专门的营销方案和广告策划。在我国，主要有以下三种亚文化群：

（1）民族亚文化。我国有56个民族，每个民族都有各自不同的语言、爱好和风俗习惯，反映在他们的服饰、饮食、居住、婚嫁、节日等物质和文化生活方面。独特的民族文化也影响着他们的消费和购买行为。比如说，回族的餐饮菜谱上绝不能出现猪肉，在回民的日常饮食消费中是不会出现购买猪肉或者猪肉制品的行为。

（2）宗教亚文化。我国公民享有宗教信仰自由的权利，客观上目前在国内分布着信奉佛教、道教、伊斯兰教、天主教等宗教团体。这些宗教的文化偏好和禁忌，会影响到不同宗教人们的购买和消费行为。

（3）地理区域亚文化。我国国土幅员辽阔，南北之间、城乡之间、内地与沿海地区等不同地区，存在着地理环境、风俗习惯、经济发展水平等因素的差异，人们因此也具有不同的生活方式、饮食习惯和爱好，这也会影响他们的购买与消费行为。

但是，除了以上的三点，由于全球化的进程，社会发展的不断趋同，更值得营销人员关注的是以年龄为基础的亚文化。以年龄为基础的群体是指经历过同样的社会、政治、历史和经济环境的一个群体，由于同样的历史经历产生了相似的观念和行为，构成了一个亚文化。

二、社会因素

消费者的购买行为同样也受到一系列社会因素的影响，如相关群体、家庭、社会角色与地位。

（一）相关群体

1. 相关群体含义

相关群体是指影响消费者行为的个人或组织。群体成员在接触和互动过程中，通过心理和行为的相互影响与学习，会产生一些共同的信念、态度和规范，它们对消费者的行为将产生潜移默化的影响。研究相关群体影响至关重要。

2. 相关群体的形式

第一，主要团体，包括家庭成员、亲朋好友和同窗同事。主要团体对消费者的购买行为产生直接和主要的影响。

第二，次要团体，即消费者所参加的工会、职业协会等社会团体和业余组织。这些团体对消费者购买行为产生间接的影响。

第三，期望群体。消费者虽不属于这一群体，但这一群体成员的态度、行为对消费者有着很大影响。例如影星、歌星、球星。

3. 相关群体对消费者购买行为的影响

第一，相关群体向消费者展示新的行为和生活方式，影响着消费者的生活方式，进而影响其购买行为。

第二，相关群体还影响个人的态度和自我概念，因为人们通常有迎合或模仿群体的愿望。最终引起消费者的购买欲望，从而促成其购买行为。

第三，相关群体还产生某种趋于一致的压力，从而影响消费者对产品品牌及商标的选择。

因此，企业在市场营销中，应充分利用社会群体的影响，尤其是相关群体的意见领导者的影响，要注意研究意见领导者的特性，提供其爱好的商品，并针对他们做广告，以发挥其“导向”和“引导”作用。

（二）家庭

家庭是在社会上最重要的消费者购买组织，是社会基本的消费单位，家庭成员对消费者的购买行为起着直接和潜意识的影响。对消费者购买行为的影响，在不同类型的家庭中其影响是有区别的。有人把家庭分为四种类型，即丈夫支配型、妻子支配型、共同支配型、各自做主型。另外，在不同商品的购买中，家庭成员的影响也有区别。市场营销人员应仔细研究夫妻及子女在各种商品和服务采购中所起的不同作用和相互之间的影响。在美国，夫妻在购买行为和购买决策作用方面随产品类别不同而不同。典型的家庭购买类型如下：丈夫支配型，如人身保险、汽车、电视机；妻子支配型，如洗衣机、地毯、家具、厨房用品；共同支配型，如度假、住宅、户外娱乐。

（三）社会阶层

社会阶层是指由于收入水平、教育程度等方面的差异，在社会生活中会形成兴趣爱好、生活需求、价值取向相似或相近的群体或集团，他们在一定的社会经济结构中处于相同的经济地位。社会阶层是在一个社会中具有相对的同质性和持久性的群体，它们是按等级排列的，每一阶层成员具有类似的价值观、兴趣爱好和行为方式。不同社会阶层的人，在购买行为和购买种类上则具有明显的差异性。

（四）角色和地位

一个人在其一生中会参加许多群体，如家庭、俱乐部和组织等。每个人在群体中的位置可用角色和地位来确定。而角色是周围人对一个人的要求，是指一个人在各种不同场合中应起的作用。每个角色都伴随着一种地位。这一地位反映了社会对他的总体评价。人们在社会中所扮演的角色都将在某种程度上影响其购买行为。市场营销人员应该注意与产品和品牌具有潜在联系的地位标志的变化。

三、个人因素

影响消费者购买行为的个人因素包括：消费者年龄及家庭生命周期的阶段、职业、经济状况、生活方式、个性和自我形象。

（一）消费者年龄及家庭生命周期的阶段

不同年龄的消费者的欲望、兴趣和爱好不同，他们购买或消费商品的种类和方式也有区别。例如儿童是糖果和玩具的主要消费者，青少年是文体用品的主要消费群，成年人是家用电器的购买者，而老年人是保健品的主要消费者。不同年龄的消费者消费方式也不同，年轻人重品牌，跟时尚，常冲动消费；而老年人讲实用性，常根据经验消费。

家庭生命周期是指消费者从年轻时独立生活到老年直至死亡的家庭生

活全过程。购买行为受到家庭生命周期不同阶段的影响。见表 5-2。

表 5-2　家庭生命周期的阶段

家庭生命周期的阶段	典型需要以及相应的产品
单身阶段	社交需要，娱乐需要，新消费观念的带头人
新婚阶段	住房需要，各种家具、电器等耐用品消费
满巢 1 期	家庭用品购买的高峰期，购买较多的儿童用品
满巢 2 期	注重档次较高的商品及子女的教育投资，文化娱乐消费增加
满巢 3 期	更新耐用消费品，注重储蓄，购买冷静、理智
空巢阶段	健康需要，娱乐及服务性消费支出增加
孤独阶段	情感，健康需要，安全保障

（二）职业

一个人的职业可以影响到其消费模式。例如，蓝领工人的食物支出占收入的比重较大，而公司经理、医生、律师等专业人员则将收入的较大部分用于在外用餐、购置衣服和消费各种服务。在大多数国家，医生、企业家、银行家和科学家是倍受尊重的职业，近年来随着信息产业的迅猛发展，与信息技术相关的职业如电脑工程师、电脑程序员、后勤管理经理等职业日益受到社会青睐。

（三）经济状况

经济状况的好坏直接决定着消费者的购买能力，从而决定他们购买哪些商品以及购买的数量。消费者一般在可支配收入的范围内考虑以合理的方式安排支出，以便更有效地满足自己的需要。收入低的顾客往往比收入高的顾客更关心价格的高低。企业应密切关注居民的个人收入、储蓄率的变化，合理制定价格策略。

（四）生活方式

生活方式是根据人们自己的价值观念等安排生活的模式，并通过其活动、兴趣和意见表现出来。生活方式勾勒了一个人在社会上的行为及相互影响的全部，比一个人的阶层或性格更能说明问题，营销者需深入了解产品与各种生活方式消费者群体的关系，从而加强产品对消费者生活方式的影响。

（五）个性和自我形象

个性是个体在多种情境下表现出来的具有一致性的反应倾向，它对于消费者是否更容易受他人的影响，是否更倾向于采用创新性产品，是否对某些类型的信息更具有感受性等均有一定的预示作用。自我概念也称自我形象，是指每个人对自己的认识，其中有时是指一个人希望把自己塑造成什么形象，有时则是指在社会交往中，别人怎样看待自己。由于每个人总是希望表现自我形象，并把购买行为作为表现自我形象的重要方式，因此，一般说来，消费者总是购买那些与自己形象相称的商品。企业营销应使产品形象与目标消费者的自我形象达到一致，从而促使他们购买。

四、心理因素

研究表明一个人的购买选择，一般受到以下主要心理因素的影响，即动机、感觉和知觉、学习、态度。

（一）动机

动机这一概念是由伍德沃斯（R.Wood-worth）于 1918 年率先引入心理学的。他把动机视为决定行为的内在动力。一般认为，动机是“引起个体活动，维持已引起的活动，并促使活动朝向某一目标进行的内在作用”。人们从事任何活动都由一定动机所引起。引起动机有内外两类条件，内在条件是需要，外在条件是诱因。需要经唤醒会产生驱动力，驱动有机体去追求需要的满足。由此可见，需要可以直接引起动机，导致人朝特定目标行动。消费动机是一种升华到足够强度来驱动人们采取购买行动的需要。动机在本质上是一种需要，它能够及时引导人们去探求满足需要的目标。一旦需要被满足，原有的动机消失，会产生新的动机。当前最流行的动机理论有以下三种：

1. 弗洛伊德的动机理论。弗洛伊德假定：形成人们行为的心理因素大多是无意识的；并且一个人不可能完全清楚他自己的动机。由此可见，市场营销人员不仅要注意发现消费者表明的需要，还必须注意探寻消费者尚未表明的潜在需要。例如，一个购车者表明了的需要是我想购买一辆不贵的汽车。其真正的需要可能是汽车是运营成本低，而不是首次购买的价格。未表明的需要可能是顾客期望从销售商那里得到优质的售后服务。令人愉悦的需要是顾客在购买汽车时，意外地得到了交通地图册。

2. 马斯洛的需要层次理论。按照美国学者马斯洛（A. H. Maslow）的解释，人类的需要按由低级到高级的顺序可分为五个层次：第一，基本的生理需要，即维持个体生存和人类繁衍而产生的需要，如对食物、氧气、水、睡眠等的需要，这是最底层的需要；第二，安全需要，即在生理及心理方面免受伤害，获得保护、照顾和安全感的需要，如要求人身的健康，安全、有序的环境，稳定的职业和有保障的生活等；第三，社会的需要，即希望给予或接受他人的友谊、关怀和爱护，得到某些群体的承认、接纳和重视。如乐于结识朋友，交流感情，表达和接受爱情，融入某些社会团体并参加他们的活动等；第四，尊重感的需要，即需要有自尊心以及受到别人的尊重；第五，自我实现的需要，即出于对人生的看法，需要实现自己的理想，希望充分发挥自己的潜能。

3. 赫茨伯格的动机理论。美国心理学家弗雷德里克·赫茨伯格（Frederick Herzberg）于1959年提出了动机双因素理论。该动机理论区别了两种不同因素，即不满意因素和满意因素。具体有两层含义：第一，销售商应该尽最大努力防止购买者的各种不满意因素。如，不符合要求的使用手册，欠佳的产品维修服务政策。这些因素会导致消费者不购买产品。第二，生产厂商要仔细识别消费者购买的主要满意因素或激励因素，并且向市场提供这些因素。这些因素将直接促使消费者购买和形成品牌差异。

（二）感觉和知觉

消费者有了购买动机后，就要采取行动，至于采取什么行动则受到认识过程的影响。消费者的认识过程由感性认识和理性认识两个阶段组成，感觉和知觉属于感性认识，感觉是指人们通过感官对外界刺激形成的反应，知觉则是人脑对直接作用于感觉器官的客观事物的整体反应。

（三）学习

人类的有些行为是与生俱来的，但大多数行为是从后天经验中得来的，这种通过实践，由于经验而引起的行为变化的过程就是学习。人们要行动就得学习，人类的行动大多来源于学习。学习的过程是驱使力、刺激物、提示物、反应、强化诸因素相互影响和相互作用的过程，是通过形成经验引起个人行为改变的过程。学习理论的启示是市场营销人员可以利用以下手段来建立对本企业产品的需求，把产品与强烈的驱动力联系起来，采用刺激性诱因，以及提供正强化。

（四）态度

所谓态度，是指人们对事物的看法，它体现着一个人对某一事物的喜好与厌恶的倾向。一般来说消费者的态度形成主要有三方面的依据：一是消费者本身对某商品或劳务的感觉；二是相关群体的影响；三是自己的经验或学习的知识。消费者态度的形成是一个逐步的过程，而一旦形成，就会呈现为稳定一致的模式影响人们的消费行为，要改变消费者的态度就需要企业在营销策略方面做重大的调整。当然，市场营销人员最好使其产品与消费者的既有态度相一致。

小案例 2

Y 女士的购房——寻找心灵的家园

近年来，广东省提出教育强省的发展目标，广州市政府在风景秀丽的白云山脚下为高校教师建起“微利”居住小区。

Y 女士是一位“人到中年”的大学教师，正在攻读博士学位。丈夫是一位医生，还有一个上小学的儿子。由于收入有限，加上其他一些客观原因，Y 女士的条件符合购买“微利房”的要求。她的运气很好，挑选的单元无论是楼层还是面积都几乎是最好的。这样一套 110 平方米的毛坯房大概需要 20 多万元，加上 10 多万元的装修费，Y 女士认为通过按揭方式购买这套住房困难不大。

2001 年 1 月的一天，天刚下过雨，Y 女士与丈夫一起去看选定的那套房子。并计划如何装修。在返家途中，看到路边有一个规模不大但格调雅致的小区。毫无疑问，从外观上看就知道这个小区的房价不菲。雨后的小区，蓝色的楼顶和郁郁葱葱的树木花草交相辉映，湿润的空气，清爽宜人。Y 女士提议进去看一看，她对丈夫说：“买不起，看一下也好。”

刚走进小区不到 100 米，就有红色地砖砌成的小路向小区深处延伸。楼层最高五层，外墙呈现淡淡的粉红色，一楼的每个单元都有一个小花园，白色的围栏显得特别精致可爱。小区中间一个 500 多平方米的游泳池更增添了许多生机。

Y 女士动情地对丈夫说：“这就是我梦中的家园。”此后，Y 女士说服丈夫。坚决果断地在这个符合她“心灵家园”标准的小区里购买了一套 65 万多元的住房。当然，她放弃了享受 20 多万元“微利房”的优惠政策，当 Y 女士向远在家乡的父亲说明此事时，年近七旬的父亲说了一句话：“你们疯了吗？”

像 Y 女士这样希望购买梦中理想家园女性来说，梦想似乎总是很遥远。很多时候，不少的女性购房者总是感觉到那种让自己一见倾心的房子实在是太少了点。但是，当向这些女性询问梦中家园的标准是什么呢？给出答案却很难。

丘吉尔说：“人造住宅，住宅创造人生。”住宅不再是一栋生硬的钢筋和混凝土的结合物，它反映着人们的精神追求。

（资料来源：杨晓燕. 女性消费者自我概念对营销策略的影响. 中国广告，2004 年第 1 期）

本章小结

1. 消费者市场是个人或家庭为了生活消费而购买产品和服务的市场，具有与组织市场显著不同的特点。消费者市场购买行为具有购买的复杂性、消费者的差异性、消费行为的可诱导性、非专家理智型购买、消费者市场购买流动性大的特点。消费者购买决策的一般过程可分为认知需要、搜索信息、评价选择、决定购买和购后评价等五个阶段。营销人员的任务是了解消费者在购买决策过程中不同阶段的行为特征，制定有效的营销策略，促进消费者购买并提高购后满意度。

2. 消费者购买行为受到文化因素、社会因素、个人因素和心理因素的影响。文化因素是指价值观、信仰、道德、风俗习惯等；社会因素是指相关群体、家庭、社会角色与地位；个人因素是指消费者年龄及家庭生命周期的阶段、职业、经济状况、生活方式、个性和自我形象；心理因素是指动机、感觉和知觉、学习、态度。

能力培养指导

- 掌握影响消费者行为的文化因素、社会因素、个人因素与心理因素有哪些。
- 掌握在消费者购买决策过程的信息收集阶段，企业的营销任务是什么。
- 掌握知觉有哪些性质，并利用这些性质提高市场营销效益。
- 掌握动机产生的条件，并利用马斯洛需要层次论指导营销决策。
- 学会识别不同的相关群体。
- 了解产品需要程度与消费可见程度怎样影响相关群体。

能够运用所学知识说明复杂的购买行为、减少失调感的购买行为、多样性购买行为和习惯性购买行为的产生条件以及相应的营销策略。

案例应用 1

选购 A 品牌非 B 品牌的真实原因

信任！对品牌的信任是消费者选购一个品牌的原因！

信任度的比较！是消费者选择一个品牌而不选择另一个品牌的原因！

当一个行业处于发展的初期，新产品寥寥无几，消费者只有两到三个品牌可以选择，那么他们的选择标准就是知名度。我们常说一个品牌的传播推广需要经历知名度、认知度、美誉度、忠诚度等各个阶段，也就是说行业刚起步、品牌刚发展的时候，需要先打知名度？结果是对的，逻辑是错的！因为在行业初期，许多企业不打广告或量很小，消费者没有机会接触到许多产品的差异化、独特定位、情感特征、品牌内涵。我们说过，消费者选购的原则是信任度的比较，这个阶段，信任度不基于产品特点、情感诉求，而是基于知名度——谁打过广告，我听说过谁，那我自然就会买谁的产品（同一个价格区间）。

当一个行业进入成长期，参与竞争的品牌数量越来越多。此时消费者接触到该品类的品牌、广告信息越来越多，他们的选择标准也不再仅仅限制于知名度，因为至少有若干个品牌都是耳熟能详的。对于品牌而言，要在众多的竞争中脱颖而出，也必须要强化自身的特色，或者说是独特的销售主张，以区隔于其他竞品，让消费者能最快地认识自己、接受自己。那么此时信任度的比较，是基于消费者对产品认知的比较，一个产品对自己描述的越是清楚、产品越具备独特性，或者人群的针对性越强，那么对消费者而言，就越值得信任。

当一个行业进入成熟期，市场经过充分的细分，不同的需要、不同的人群，该满足的需求也都被满足了。此时的品牌营销就越发困难，企业不得不寻找各种方式去赢得消费者的好感，更准确或更归根结底地说是信任感。这个时候高明的操盘手通常不再纠结于功能层面的比较，因为消费者太过于精明，他们深知产品基本都是同质化，于是，“情感”在这个阶段就表现出了强大的沟通力和感染力。这个时候信任度的比较，是哪个品牌更“懂我”。每一类人群或者每一类产品的目标群体，都能找到一条有特征的情感线，包括他们的情感特征、情感恐惧点、情感渴望点。哪个品牌能够准确地抓住消费者的情感线，自然就拉近了彼此之间心灵的距离，而基于心灵的信任，自然也就是最牢不可破的信任。

消费者的购买决策十分复杂，他们会考虑到价格、产品品质、体验的好赖、渠道的便利性、有没有特价、广告打得好不好、企业是不是有实力等等。消费者的购买决策却又十分简单，不管在任何的市场环境下，他们只需要做个简单的对比，哪个品牌让我感觉到更可以信任，我就购买哪个。事实上，消费者在本质上是无法评判品牌的价值高低的，他们能做到的只有比较。在比较中，消费者才能评判出哪个更值！

所以，信任度的打造是品牌营销工作的核心，而取得竞争胜利的关键，则是永远比对手领先那么一步，让自己成为“更值得信任”的那个。比如在行业初期，比竞争对手多做一点知名度的宣传；在成长期，则应当赶在竞品之前，充分放大产品特性；当行业进入成熟期，则应当快对手一步，把注意力放在消费者的情感需求上。

可见，品牌营销也并不需要领先时代、领先竞争对手太久、太多！领先市场1年，可以逐鹿中原；领先市场3年，可以独步天下；领先市场10年，可能就成为先驱！在营销实践中要懂得做到“适度领先”，针对特定的市场环境，建立起相对于竞争对手的信任度优势，若即若离、拿捏得度。

（资料来源：中国营销传播网，选购A品牌非B品牌的真实原因. http://www.emkt.com.cn/article/613/61342.html）

【讨论题】

1. 为什么对某品牌的信任能够成为消费者选购该品牌的理由？这种信任能否与情感因素相提并论？

2. 从消费者角度看，品牌的信任度是否属于品牌差异的重要因素？从商家角度看，品牌的信任度是否属于品牌差异的重要因素？如果不是，商家应该从哪些方面努力才能使自己的品牌与其他品牌具有明显的差异化？

3. 结合该案例，分析产品生命周期不同阶段中，信任度的特点分别是什么？

案例应用2

家用净水器和空气净化器营销探索

最初接触家用净水器产品是在2005年，是深圳一家名叫“泉来”的公司邀请我去他们公司洽谈营销合作，去了才知道该公司已经在跟深圳某策划公司合作了，只是合作不愉快想再找一家。当时只是简单与该公司的老板在咖啡馆里吃饭的时候闲聊了一下，我也不可能提供更好的营销思路，所以后来也没有达成合作。

而接触空气净化器似乎要比净水器更早一些，那是我受美的集团的委托，为他们一款微波空气净化器产品做全程推广，后来我们为美的微波炉事业部提供了初步的策划思路，虽然方案获得了美的管理层的认可，但不知道为什么，美的后来取消了这个产品的项目，产品最后也没有推出，我们的项目也中断了。

2010年的时候又应湖南远大空调的邀请，参观了远大楼和他们的空气净化器产品，这个时候我才知道，远大竟然也在生产空气净化器。

时隔近十年之后的今天，我又受到了在净水器行业有较高知名度的深圳某品牌的邀请，才了解了这个行业的发展是如此的缓慢，据说这个品牌在国内还算是比较早的，比泉来还要早寻找过策划公司的合作，但我不解的是，这个做了近十年的品牌，竟然销售额还不到一个亿！这不由得不令我感觉失望！

一个行业的诞生，先进入的企业本该有绝对的优势，可以自己独立的产品概念来涵盖整个行业的品类称谓，从而达到占据行业制高点，继而成为行业真正的领袖。

而净水器这个行业，几乎连基本的营销都没有做好！大家只要看看这个行业的品牌名称就知道这个行业的营销是多么的肤浅，“泉来”、“净来”、“泉佳宝”、“沁园”、“水立方”、“水王星”等，几乎都差不多！

和家用净水器一样，空气净化器产品在零售终端的陈列也成问题，我特意观察了几个家电大卖场，发现空气净化器产品就那么两三个产品，远看就像空调扇，而净水器的摆放有的更是在日用品位置上，这样的现状与冰箱彩电等家用电器的大气派大场面陈列简直相反。

利用品牌名称的行业关联性的暗示来达到传播效果是市场营销中最最老土的办法，因为在我看来，你的品牌叫什么不重要，ABCD张三李四都可以，但你的产品属性名称却不可以也跟行业一样叫法，因为那样你就又与行业竞品发生类同了。譬如，“泉来”的净水器与“净来”的净水器有啥独特的差异点呢？这个差异点是不是消费者最最在意的呢？如果没有，那么你的品牌名称即便叫“西门子”也没有用。

其次，这类产品不是你每天不断在各种媒体发布广告就能产生实质性的销售的，家用净水器和空气净化器是属于理性消费产品，理性消费产品的特性是攻心，所以不适合采用传统的正面广告策略，即便你投1亿元砸央视广告，也未必能炸开市场。

沈坤格言：在行业品牌没有被顾客产生特别迷恋之前，品牌名称可有可无，但产品类别属性名称和区隔概念名称却是重中之重！

那么，为什么我要把净水器和空气净化器放在一个文章里谈呢？因为这两个产品有一个共性，就是与人的身体健康密切相关，我们都知道，人类的生命依赖就是两个，一个是水，一个是空气，如果缺少了任何一个，人类就没有存活的可能了。

产品特性分析：空气净化器和家用净水器都属于为提高人类生活质量而催生的“锦上添花”产品，锦上添花型产品的特点是：并非刚性需求，也就是可有可无，而消费的特征更是理性，这就给了这两个行业的产品一个非常致命的打击，也就是说，企业如果无法将“非刚性需求”和“理性购买”这两大障碍进行化解破局，那么，这类产品永远都不会畅销。

家用净水器和空气净化器从本质来说与保健品属于同一个大健康概念中。企业总以为，与人切身利益相关的产品应该有需求，可为什么这么好的东西就没有人买呢？如果你知道人类健康的悖论，你就不会发这样的牢骚了。

健康对人类非常重要，几乎每一个人都知道，喝水、呼吸空气更是让我们感受到对生命的重要性。据科学资料分析，人类的各种病症的源头，90%以上是源自我们的空气和水，在流通的空气中，放置一个咬过的水果，几个小时后，这个水果就有可能变质，一两天以后就会腐败溃烂。但如果是在真空包装中，它就不会出现病变。这是因为空气中就存在各种各样对人体有害的微生物。

我在湖南远大空调公司时听到董事局主席张越说，触动他生产空气净化器的念头是因为他父亲的病，他在医院里仔细询问了主治医生，查明了病菌的由来。

“不干净的空气就更容易致人生病”，这是张越的原话

尽管我们意识到了健康对我们的重要性，但一个悖论出现了，其实我们最容易忽略的竟然也是个人的健康。都说抽烟喝酒对身体百害而无一利，但我们依然义无反顾地继续中，十头牛也拉不回我们；酒业中的保健酒远比白酒要有利于人的身体健康，但人们就是不爱喝，因此保健酒盘子的忽略不计与白酒几千亿的盘子简直不可同日而语。

了解了行业产品的共性和人类对健康的问题的悖论，我们就明白了，家用净水器和空气净化器确实对人体有益，但我们还是不为所动，所以，凡是一切诉诸“健康”概念的家用净水器和空气净化器产品，都不会卖得好，因为，大家统统掉进了这个悖论的陷进里了。

（资料来源：中国营销传播网，2014 年 4 月 19 日，家用净水器和空气净化器营销探索，沈坤. http://www.emkt.com.cn/article/611/61150-2.html）

【讨论题】

1. 家用净水器与空气净化器产品市场发展缓慢的因素有哪些？

2. 结合本章所学知识，影响消费者购买家用净水器与空气净化器产品的因素有哪些？

第六章 组织市场和购买行为分析

学习目标：

- 理解组织市场概念和特点；
- 理解组织市场的购买行为；
- 理解中间商市场的购买行为；
- 了解政府市场和非盈利组织市场的购买行为。

实践中的组织市场购买行为分析

李宾的销售经历

李宾从电力大学毕业后进入一家发电设备公司担任销售工作，他工作非常努力，不辞劳苦地四处奔波，但是收效并不理想。你能从他的推销过程中找出原因吗？

1. 李宾得悉某发电厂需要仪表，就找到该厂采购部经理和相关人员详细介绍产品，经常请他们共同进餐和娱乐，双方关系相当融洽，采购部经理和相关人员也答应购买，却总是一拖再拖，不见付诸行动。李宾很灰心，却不知原因何在。

2. 李宾去一家小型发电厂推销一种受到较多用户欢迎的优质仪表，可是说破了嘴皮对方依然不为所动。

3. 某发电厂同时购买了李宾公司的仪表和另一品牌的仪表，技术人员、采购人员和使用人员在使用两年以后对两种品牌进行绩效评价，列举事实说明李宾公司的仪表耐用性不如那个竞争性品牌。李宾听后认为事实如此，无话可说，听凭该发电厂终止了同本公司的购销关系而转向竞争者。

原因分析：

1. 许多产业用品的购买决策者是工厂的总工程师、工程师等技术人员，采购部门的职责只是根据技术人员的购买决策购买产品，他们只是购买者而非决策者。

2. 该厂资金有限，经营目标是总成本降低，只购买低价实用的仪表。李宾推销的优质仪表价格偏高，因为没有事先了解该厂的经营目标而碰了壁。

3. 推销人员必须关注产品使用者和购买者在绩效评价中是否使用了同一标准。李宾公司的仪表功能多，结构复杂，易于损坏。而竞争对手的产品功能少，结构简单，不易损坏。该发电厂在绩效评价中未注意到这个差别，得出的结论有片面性。李宾未注意到该发电厂在绩效评价中使用了不同标准，是本公司产品蒙受“委屈”，并丧失了销售机会。

评述

如何做好组织市场的销售工作，关键是要了解组织市场的购买诉求，了解自己产品与竞争者产品的不同之处，优势与劣势，做到知己知彼。

第一节 组织市场的概念和特点

一、组织市场

大部分企业并不能把产品直接卖给消费者，而是先卖给组织购买者，然后由它们提供给消费者市场。组织市场泛指一个组织向其他组织推销商品或服务的任何市场。这里采用广义的观点：组织市场包括除组织同最终消费者进行交易的市场之外的所有市场。

二、组织市场的类型

组织市场包括四种类型，即生产者市场、中间商市场、非营利组织市场和政府市场。

（一）生产者市场

生产者市场又称为产业市场、工业品市场或生产资料市场，是指工业企业为了获取利润进行再生产而购买产品的市场。生产者市场是一个庞大的市场，其购买者分布在各个行业中，包括农业、林业、渔业、牧业、采矿业、制造业、建筑业、运输业、通信业、银行业、保险业以及其他一些行业。生产者市场的交易内容主要为生产资料和各项生产要素（资金、劳动力、技术、信息、房地产等），它们构成生产者市场的两个细分市场。

（二）中间商市场

中间商市场又称转卖者市场，它是由以营利为目的、购进商品后再转卖或出租给别人的所有组织和个人所组成的市场。中间商不提供产品形式效用，只提供产品的时间、地点和占有方面的效用。中间商经营的产品种类繁多。事实上，除了少数几类产品如重型或复杂的机械、定制的产品以及直接邮购或上门推销的产品由制造商直接卖给最终顾客外，绝大多数的产品都是通过销售中间商才被卖到最终购买者的手中。供应商应把中间商看作是其顾客的采购代理商，而不是代表供方的销售代理商。中间商有两种基本类型：批发商和零售商。在地理分布上，中间商市场与生产者市场相比较为分散，但与消费者市场相比较为集中。

（三）非营利组织市场

非营利组织，英文为 Nonprofit Organization，英文缩写为 NPO（也称为非营利部门），它是指所有不以营利为目的而从事社会公益事业的机构、组织和团体，它们可以是现有的政府事业单位和教育机构、注册的民办科技机构等。非营利组织是组织市场内相当重要而不可忽视的一部分。世界任何一个国家的非营利组织都发挥着十分重要的作用。它们不仅构成一个重要的产业，而且还是活跃于现代生活的一支经济力量，是各国国民经济中一个重要组成部分。世界各国的非营利组织不仅成为最大的“雇主”，也是一个最大的买主，构成了一个潜力巨大的市场，对促进竞争、活跃市场、吸纳就业、扩大内需、稳定市场、促进经济增长以及倡导文明、推动人类社会的进步发挥着至关重要的作用。著名管理学权威彼得·德鲁克曾精辟地指出：非营利组织不仅在功能上代替政府解决了许多社会问题，同时，因为非营利组织的效能是政府的两倍，也削减了政府的赤字。

（四）政府市场

政府市场是指为了执行政府职能而购买或租用产品的各级政府和下属各部门组成的采购市场。各国政府通过税收、财政预算掌握了相当部分的国民收入，形成了潜力极大的政府采购市场，成为非营利组织市场的主要组成部分。政府购买的基础是获取那些能实现公众目标所必需的产品和服务。政府采购的商品和服务的范围是惊人的，包括轰炸机、黑板、家具、卫生设施、灭火机、机动设备及燃料等等，用于国防、公共福利、医疗保健、基础设施建设和自然资源开发，以及公共服务、住房和城市改造。政府采购的目的不是为了营利，而是为了执行政府职能，向社会提供公共产品，维护国家安全和社会公众利益。例如政府参与市场调节，稳定物价和市场；政府的扶贫以及在国际上的人道主义援助等。由于开支决策受到审查，政府组织要做大量的文书工作。在采购获得批准之前必须填制和签发精心制作的表格。供应商常常会抱怨纷繁的文字工作、各种规章制度、主管人员的频繁更替。

三、组织市场的特点

与消费者市场相比，组织市场具有一些鲜明的特征。

（一）组织市场的市场结构

组织市场具有购买者少、购买规模大的特点。在消费者市场上，购买者是消费者个人或家庭，购买者必然为数众多，购买规模很小。而在组织市场上，情形正好相反，比如，鞋厂的数量要比使用鞋子的消费者数量少，发电设备生产者的顾客是各地有限的发电厂，面向采煤设备生产者的顾客是少数大型煤矿，某轮胎厂的命运可能仅仅取决于能否得到某家汽车厂的订单。尽管组织市场的客户数量少，但客户的购买量很大。1993 年格罗斯（Gross）等人估计组织市场大约是消费者市场的四倍。组织市场购买量大，主要表现在：组织市场在总交易量、每笔交易的当事人数、客户经营活动的规模和多样性、生产阶段的数量和持续的时间等方面。组织市场的购买还按照一定的周期重复购买。例如旅馆对香皂的需求量，远比一般家庭的香皂需求量大得多。有时一位买主就能买下一个企业较长时期内的全部产量，有时一张订单的金额就能达到数千万元甚至数亿元。

组织市场的地理分布相对集中。例如很多国家在石油、橡胶、钢铁、农业等行业显示出相当强的地理区域集中性。在我国，大多数组织购买者集中在北京、天津、上海、武汉、广州、成都、深圳等国内工业较为集中的城市。美国前十大城市也是组织购买者比较集中的地区：纽约、芝加哥、华盛顿—巴尔的摩、洛杉矶、费城、波士顿、底特律、达拉斯、圣沃斯和休斯敦。这种地理分布上的集中有助于购买者辨认、比较和顺利开展其购买活动。对供应商来说，可以吸引更多的客户。例如义乌小商品批发市场，临洮康家崖马铃薯批发市场都体现了这些特征。

因此，市场的大容量、客户数量少、购买规模大以及购买者在地理区域上相对集中就构成了组织市场的市场结构特征。

（二）组织市场的需求特征

1. 组织市场的派生需求

没有消费者市场的相应需求，就没有组织市场的需求。组织市场的需求还随着消费者市场相应需求的变化而变化。组织市场的派生需求往往是多层次的，形成环环相扣的链条。消费者市场的相应需求是这一链条的起点，是组织市场需求的动力和源泉。例如，消费者市场对汽车的需求带来汽车制造商对轮胎、汽车制造设备等的需求，而这些需求又引发对橡胶业、钢铁业等相关行业产品的需求。

2. 需求缺乏弹性

相对于消费市场，生产者市场产品价格的上升或下降，对产品需求不太会有影响。组织市场的需求具有派生性。它对原料的需求主要来自于顾客对产品的需求。如果顾客的需求没增加，即使原料价格下跌，组织市场的需求也不会出现。此外，组织市场本身的需求还受限于有效产能与仓库固定容量，因此原料价格下降还要看产能的消化能力与仓储的容量状况，所以需求弹性较低。另外，如果原材料或零部件占最终产品的比例很小，则其价格升降对成本的影响也很有限，也不会影响到产品的需求。例如，在酒类需求总量不变的情况下，粮食价格下降，酒厂未必就会大量购买，除非粮食是酒成本中的主要部分且酒厂有大量的存放场所。粮食价格上涨，酒厂未必会减少购买，除非酒厂找到了其他代用品或发现了节约原料的方法。

3. 组织市场的需求波动大

组织市场对工业性产品的需求，特别是新工厂对原材料和设备的需求，通常比消费产品的需求还不稳定。消费者需求只要有一点增加或减少，就会引起生产产品的工厂和设备需求很大的变动，经济学上将这种现象称为乘数效应，又称加速原理。例如，当消费者的需求增加时，零售商为了满足消费者的需求增加，就会增加其对产品的需求，从而批发商或经销商也增加对产品的需求，最后制造商也会受到影响而增加产品的需求。因此，消费者需求增加，可能会引发相当大幅度的组织需求增加；反之，消费者需求减少，也很可能会引发较大幅度的组织需求减少，所以组织购买者的需求波动要比消费者的需求波动大。

（三）组织市场购买者的成分特性

组织市场上的购买者成分复杂，并多为受过专门训练的采购人员。经过专业训练的采购人员，具有丰富的产品和购买知识。他们不仅要对购买的产品在性能、规格以及技术细节上的要求较为熟悉，而且还要灵活运用谈判技巧。在涉及较为复杂的购买决策时，会涉及更多的人甚至公司高管或政府高官。可见，为了应对具有专门知识、经过专业训练的采购人员，供应商应十分重视推销人员的挑选和培训，使之具有良好的专业知识和销售知识，具有较强的人际交往能力。技术性较强的产品，其推销人员更应具有完备的技术知识。

（四）组织市场购买者的决策类型和过程

组织市场购买者的决策，通常比消费者的决策更为复杂，涉及更大数额款项、更为复杂的技术和经济问题，因此往往需要花费更多的时间反复论证。组织购买者的决策行为比消费者更为规范，对大额购买通常要求详细的产品规格、文字购买清单、对供应商的调查和真实的审批程序。

（五）组织市场买卖双方的关系

在组织市场上，买卖双方往往倾向于建立长期客户关系，保持密切往来。在购买决策的各个阶段，从帮助客户确定需求，寻找能满足这些需求的产品和劳务，直至售后服务，卖方始终参与并同客户密切合作，甚至还要经常按客户要求的品种、规格定期提供产品和劳务。从长期看，组织市场上的营销者要通过为客户提供可靠的服务及预测他们眼前和未来需要与客户建立持久的关系，从而保持自身的销售额。另外，买卖双方的关系有时体现在互惠购买，即买卖双方经常互换角色，互为买方和卖方。例如，造纸公司从化学公司大量购买造纸用的化学物品，化学公司也从造纸公司那里大量购买办公和绘图用的纸张。当然，互惠购买优势还可表现为三角形或多角形。假设有A、B、C三家公司，C是A的顾客，A是B的潜在顾客，B是C的潜在顾客，A就可能提出这种互惠条件：B买C的产品，A就买B的产品。

此外，组织市场往往通过租赁方式取得所需产品。许多企业无力购买或需要融资购买所需的昂贵产品，如机器设备、车辆等。采用租赁的方式可以节约成本。

小案例1

中国水泥组织市场的分类与特征

水泥的主要消费者，不是个体的消费者，而是许许多多的各种形式的社会组织。正是这些组织，通过购买水泥产品作为原材料进行进一步的加工，生产出客户所需要的高楼大厦、桥梁、水电站大坝等等。

水泥产品的组织市场可以泛指工商企业为了从事自身的生产或销售活动，以及政府部门和非营利组织，为了履行职责的需要而购买水泥产品和服务所构成的消费市场。组织市场又被称之为法人市场，包括生产者市场、中间商市场、非营利组织市场和政府市场。

水泥产品的生产者市场，主要以建筑业地产开发商、水电投资商、公路投资商为主体。他们购买水泥产品的目的，是把水泥作为建筑原材料，通过投入生产劳动和服务而升值，从中获得利润。

水泥产品的中间商市场，也称为转售者市场。他们购买水泥产品的目的，是通过转售给其他组织市场的购买者,或零售给大众消费者而获得销售利润。

水泥产品的非营利组织市场，在中国被称为“机关团体、事业单位”，他们购买水泥产品是不以营利为目的，不从事营利性活动，而是为了完成某项计划而履行自己职责的行为。

水泥产品的政府市场，是指政府采购，即各级政府和下属各部门为了履行自己的职能购买水泥产品，而形成的政府市场。

在四大组织市场中，随着市场经济的发展，政府职能的转变，政府市场和非营利组织市场对水泥的消费量将会越来越少，生产者市场的比重呈上升趋势，中间商市场的比重相对平衡发展一些。

水泥产品组织市场，与其他产品的组织市场一样，有自己独特的市场特征。研究和分析水泥产品组织市场的购买行为，主要有六大市场特征。

1. 购买数量大

水泥产品组织市场的购买者，订单数量大，少则几十吨、几百吨或数千吨，多则几万吨、数十万吨。有些特大型项目的水泥需求量，需要多家大型水泥企业的联合供应才能保证施工的需要；尤其是水泥项目特别突出，如三峡电站、二滩电站、西气东送等特大型项目的水泥需求量，就是非常巨大的。

2. 供需双方关系紧密

水泥产品虽然产品品质同质化趋向十分明显，但是从技术使用的角度来看，产品的使用者存在较大的对水泥使用习惯的依赖惯性，因此只要不是特别突出的原因，技术人员更乐意使用老客户的水泥产品。从另外一个角度看，供需双方的具体执行人，更乐意从经验和情感两个方面来加强业务合作，而忽视其他的不利于合作的因素的存在。

3. 需求弹性小

水泥产品的需求弹性小，是由于水泥产品的不可替代性，使得组织机构的水泥使用量是由建筑项目的大小而决定的。也就是说，市场上对水泥产品的需求，不会因价格上升或下降而产生需求量的较大变化，尤其是在具体项目和短期内特别无弹性。

4. 需求波动大

水泥产品的需求，是随组织市场的项目进展的变化而变化的。在局部市场中，水泥产品的需求波动大到可以用天壤之别来形容。这是由于特殊的建设项目决定了这一市场的波动过程。例如，在二滩电站兴建前，这里没有组织市场，二滩电站建设过程中，水泥需求量大，而现在这里的水泥需求又低到极点。另一方面，需求的波动性还受到国家政策调控的巨大影响。

5. 直接采购

随着市场经济的发展，水泥产品组织市场的决策者为了降低成本，放弃过去利用中间环节的一贯做法，实行直接采购。现在，有的组织市场的决策者引入招投标方式，目的是希望在直接采购中进一步降低成本。

6. 影响购买的人员多

影响水泥购买的因素，除了决策者、采购人员、技术人员等人外，还要受到建筑行业法律法规的影响。在房地产商、建筑公司或大宗的政府市场和非营利组织市场的采购中，设有专门的采购组织即采购中心，由技术专家和高级管理人员共同做出其购买决策，有的特殊人员也直接或间接地参与，从而客观上成为“水泥材料采购者”。

（资料来源：市场营销策划与实务案例分析四。http://jpkc.rzpt.cn/jpkc_xj/scyx/sxjx/szal/4.htm）

第二节　组织市场的购买行为

一、生产者购买决策的参与者

企业除专职的采购人员之外还有一些其他人员也参与购买过程。根据成员对购买过程执行职能的不同，可分为以下五种角色：

（一）使用者

他们是指公司中具体使用欲购某种产业用品的人员，如实验室的实验员是各种仪器的使用者，钢铁厂炼钢设备的使用者是炼钢工人。使用者往往是购买产业用品的最初提出者，他们在计划购买产品的品种、规格、品牌中起着重要作用。

（二）影响者

他们是指企业内部和外部直接或间接影响购买决策人员。他们参加拟订采购计划，协助明确采购商品的规格、型号、品牌等。企业的技术员、工程师常常是采购任务的主要影响人。

（三）决策者

他们是指企业里有权决定购买产品或服务的人。在经常性的采购中，采购者往往就是决策者，在复杂的采购中，特别是在新采购中，采购单位的高级负责人往往亲自决定取舍。

（四）采购者

他们是指被赋予权力按照采购方案选择供应商与商谈采购条款的人员。采购者可能帮助确定采购商品的规格，但他们的主要任务是选定供应商，并在采购权限内具体进行交易条款的磋商。在复杂的采购中，采购单位的高级人员往往亲自参加磋商交易。

（五）信息控制者

他们是指采购单位有权阻止推销员或信息员与采购部门成员接触的人。如企业的技术人员、秘书，甚至电话接线员可以拒绝或终止有关供应信息。

二、生产者市场购买行为的主要类型

生产者市场购买行为的主要类型按照购买决策的难易程度，可分为三种：新购、修正重购和直接重购。

（一）新购

新购是指购买者第一次购买某种产品或服务。这是组织市场购买中最复杂、成本风险也相对较大的一种类型。当企业受到内外方面的刺激，例如新的产品线的扩充会导致企业对新的原材料、新部件的需求；或为了满足客户的新需求而添置新的设备等，企业需要采购以往从未使用过的产品和服务时，借助于经验通常很难达到满意的效果。于是企业需要在采购之前收集大量的信息以做出购买决策。

奥萨恩（Ozanne）和丘吉尔（Churchill）把新购过程分为认识、兴趣、评估、使用和采用阶段。在每一阶段中信息传递工具所起的作用不尽相同。在认识阶段，大众媒体对于组织购买决策的作用最为突出；在兴趣阶段，销售人员的经验和技巧起到主要影响作用；在评估阶段，技术信息源最为重要；在试用阶段，产品本身的质量和性能是关键因素，营销人员的努力也起作用。营销人员应根据新购过程中的不同阶段采取不同的策略。新购是所有企业的机会。企业应派出强有力的营销人员，积极向购买者提供优质产品、优质服务和商品信息，争取对方的订货。

（二）修正重购

修正重购是指购买者对产品的规格、交易条件、价格或其他条款等要素进行修正的购买行为。造成修正重购的可能原因有：计划外的发展问题（如质量、供应状况、存款）或者环境的变化（如经济法律、最终用户、技术变革）；客户需求的变化（如数量、服务水平、交付期限）或供应商供应的变化（如价格、产品开发）；供应商或客户对购买的定期复查。

当决策者认为通过对可供选择的产品和供应商的再评估能够获得最大利益的时候，比如质量改进或成本降低，采购者倾向采取修正重购。在这种情况下，虽然生产者具备一定的经验和具体详细的采购标准，但由于和原有供应商的不愉快关系，以及是否转到新供应商和在寻求新供应商的过程中存在的不确定性，信息收集工作仍然很重要。面对这种购买类型，原供应商要清醒地认识到自己所面临的威胁，积极改进产品规格，提高服务质量，全力以赴维护现有的客户，而对于其他竞争者则是获取新订单的好机会。

（三）直接重购

当供应商能够及时准确地完成送货服务、保证产品质量以及提供合理而有竞争力的价格时，购买者往往进行直接重购。直接重购是建立在购买者和供应商之间良好的关系基础上的。

直接重购是指企业的采购部门按照过去的订货目录、购买方式和条件，继续向原来的供应商购买产品的购买方式。它是一种最简单、也是最普遍的购买类型。直接重购有一定的例行程序，在授权上较彻底。例如公司文具的采购往往有一固定的供应商，而这种文具的采购可能在第一次采购时会做一个较复杂的评估，主要比较各个替代的供应商与供应条件，接着做决定，然后授权公司的采购中心进行直接重购。直接重购的整个购买程序有一定的表单和步骤，因此是相当例行性的工作。对于这种购买行为，原有的供应者不必重复推销，而应努力使产品的质量和服务保持一定的水平，减少购买者时间，争取稳定的关系。对于未被列入名单的供应商来说，获得销售机会的可能性极小，但还是可以通过自己的营销活动，促使购买者转移或部分转移购买。

小案例 2

苹果公司弃用英特尔芯片组

2008 年 10 月，苹果公司新一代的 MacBook 系列笔记本未采用英特尔（Intel）公司的迅驰平台方案，而是搭载了英伟达（NVIDIA）公司最新推出的 MCP79 系列芯片组，这一举动强烈地吸引了世人的眼球。

独立独行的苹果公司于 2006 年向主流妥协，放弃了自 20 世纪 90 年代开始同 IBM 和摩托罗拉共同开发的高性能微处理器，转而采用英特尔公司的微处理器和芯片组并与英特尔建立联盟，这一举措给苹果公司和英特尔公司都带来了相当的成功。时间仅仅过了两年，苹果公司为何又突然变脸了呢？

需要指出苹果公司新一代的 MacBook 笔记本弃用英特尔的芯片组而并未弃用英特尔的处理器。英特尔处理器的设计与制造始终拥有绝对的优势，其芯片组则显得不够火候，虽然凭借平台化优势占据显示芯片的半壁江山，但集成显卡性能比竞争对手英伟达和冶天（ATI）逊色不少。

苹果公司当时的首席执行官史蒂夫·乔布斯一直倡导处理器（CPU）和图形处理器（GPU）的平行处理体系，该体系必须有强大的显示核心支撑。英伟达图形处理器强大的 3D 加速能力和许多独门绝技使得笔记本的整体性能比以往提升了近 5 倍，完全符合拥有特殊功能的新款 MacBook 对芯片的要求，而英特尔的同类产品始终无法达到这一水平，使得苹果公司失去了耐心。此外，英特尔的集成显卡和处理器芯片组功率消耗过大，英伟达 MCP79 芯片组性能强劲但功耗较低，成为苹果公司的最佳选择。苹果公司也认为，旗下产品若能远离英特尔芯片组，增加英伟达等可选择的供应商，摆脱技术受制于人的局面，会在竞争中占据有利地位。

但是苹果公司依然感受到英特尔公司的强大压力，如果英特尔公司不对英伟达公司进行 Nehalem 处理器（英特尔的下一代处理器）芯片组的开发授权，苹果公司就会处于十分尴尬的局面，必须重新开发具有自主知识产权的芯片组。

考虑上述因素及近期英特尔公司新处理器供应不足导致苹果公司新品发布延后等不愉快的经历，不能排除苹果公司未来彻底更换处理器供应商的可能。

思考题

苹果公司在弃用英特尔芯片组，新购英伟达芯片组的决策中考虑了哪些因素？

三、影响生产者购买决策的因素

在正常情况下，影响生产者购买决策的主要因素有环境因素、组织因素、人际因素、个人因素。

（一）环境因素

环境因素是影响生产者购买的一切外部因素，主要包括经济状况、社会文化、法律政治、自然环境、技术环境等因素。这些因素影响着生产者市场的整体发展和其购买行为。环境波动时可能给生产者带来意想不到的影响。通常生产者无法改变外部环境，生产者总是寻找适应环境的渠道和方法，或者利用环境资源发展自身，或者将环境对自身的不利影响降低到最小程度。总之，生产者需要保持对环境充分的估计和对形势的灵活把握，密切关注当前各环境状况以及预期的状况，同时监视技术发展和革新、政治法律的调整以及产业和渠道环境等因素，并做出准确及时的应对。

环境的变化影响到生产者购买决策的各个方面。经济发展的不景气，使得消费者需求不足，对产品和服务的需求相应下降，生产者可能由此减少投资，降低购买规模，调整原有计划和库存量；为适应文化、风俗习惯的差异性，生产者会针对不同的文化环境调整其购买行为和决策，特别是在国际营销环境中；政府对某行业的扩张性政策会使相应行业的生产者加大对行业需求技术的购买，从而可能导致采购经理在决策过程中的地位下降而技术人员的作用的提升。

环境因素影响广泛。它们决定了市场方向，也决定了各企业的购买计划和购买决策。环境因素的重要性已被人们所认识。生产者应该注重对各方面环境的分析，抓住机遇，寻求自身的经济增长点。

（二）组织因素

组织因素是指组织内部的各种因素，包括组织的目标、政策、业务程序、组织结构和制度等。这些因素将从组织内部的利益、经营与发展战略等方面影响组织机构购买的决策和行为。

不同类别或同一类别的生产者，他们的组织目标可能有所不同。有的追求较高的市场份额，有的追求当期利润最大化。组织目标的确定会影响到购买人员的购买行为。比如，对于追求成本领先为目标的企业，会对符合本企业要求的尽可能低价的产品感兴趣；而对于追求市场领先为目标的企业，会对技术先进、优质高效的产品感兴趣。生产企业组织规模的大小也影响购买决策过程。规模大的组织通常比较复杂，可能拥有管理、财务等各方面的专家，倾向于集体协商决策，而一些小的组织则可能由个人承担组织购买任务；企业内部成员的构成影响企业文化，比如一个软件公司的员工可能大部分是由受过高等教育的技术人才组成，这种成员结构会影响企业文化，进而对购买人员的购买行为产生影响。

此外，生产企业内部采购部门地位的演变和企业的采购方式，影响着其购买决策。过去，采购部门在企业中的地位相对较低，但激烈的竞争使得许多公司提升了其采购部门地位，人员素质要求相对较高。采购部门成为更富有挑战的、以寻求最佳供应商为任务的机构。以往企业的各事业部进行分散采购来完成各自的采购任务。但企业为了控制存货和降低采购成本、强化企业采购力量，企业决定采用集中采购。集中采购使得企业的购买更专业化、规模化和规范化。企业的业务程序和制度等也可能都对企业的购买决策行为形成某种程度的限制或推动作用。作为供应商必须了解和研究购买者内部的组织因素，尤其是关注某些组织因素的变动，有针对性地做好营销工作，争取更多的市场份额。

（三）人际因素

人际因素表现为组织内部的人事关系。以采购中心为例，生产资料购买的决定，是由公司各个部门和各个不同层次的人员组成的“采购中心”做出的。“采购中心”的成员由质量管理者、采购申请者、财务主管者、工程技术人员等组成。这些成员的地位不同、权力有异，说服力有区别，他们之间的关系也有所不同，而且对生产资料的采购决定所起的作用也不同，因而在购买决定上呈现较纷繁复杂的人际关系。生产资料营销人员必须了解用户购买决策的主要人员、他们的决策方式和评价标准、决策中心成员间相互影响的程度等，以便采取有效的营销措施，获得用户的关注。

（四）个人因素

个人因素包括各个参与决策者的年龄、受教育程度、个性和购买风格等。生产者的购买行为都是在有组织的相互影响的基础上产生的个人行为，由个人确定问题、做出决策和采取行动。虽然产业市场的购买行为是理性活动，但参加采购决策的仍然是一个个具体的人，而每个人在做出决定和采取行动时，都不可避免地受其年龄、收入、所受教育、职位和个人特性以及对风险态度的影响。例如在各成员重点关注的因素方面，生产人员（使用者）往往主要考虑交货时间和可靠性能；工程技术人员主要考虑有关产品质量的各因素；购买人员往往强调可靠性和价格等。这些因素必然对生产者购买行为产生作用。

市场营销人员应该了解采购中心各个成员的性格特点、偏好等个人情况，以便采取“因人而异”的营销措施。图 6-1 是对影响生产者购买行为的主要因素的总结。

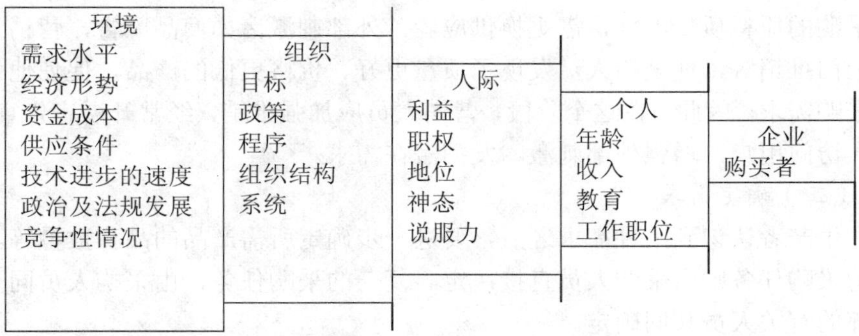

图 6–1　影响生产者购买行为的主要因素

四、生产者购买决策过程

与消费资料的购买者一样，生产资料的购买者也有决策过程，供货企业的最高管理层和市场营销人员还要了解其顾客购买过程的各个阶段的情况，并采取适当措施，以适应顾客在各个阶段的需要，才能使之成为现实的卖主。生产者购买过程的阶段多少，取决于其购买情况的复杂程度。直接重购通常只需经过绩效评价阶段，修正重购可能要经过提出需要、确定总需要、确定产品规格等阶段，而新购则要经过完整的八个阶段。如表 6-1 所示。

表 6–1　不同类型生产者购买行为所经历的购买阶段

购买类型 / 购买阶段	新购	修正重购	直接重购
提出需求	是	可能	否
确定需求	是	可能	否
说明需求	是	是	是
寻求供应商	是	可能	否
征求建议	是	可能	否
选择供应商	是	可能	否
正式订购	是	可能	否
购后评价	是	是	是

（一）提出需求

提出需求是生产者购买决策过程的起点。需求的提出，既可以是内部的刺激，也可以是外部的刺激引起。内部的刺激，如企业决定生产新产品，需要新的设备和原材料；因存货水平开始下降，需要购进生产资料；因发现过去采购的原料质量不好，需更换供应者。外部刺激诸如商品广告，营销人员的上门推销等，使采购人员发现了质量更好、价格更低的产品，促使他们提出采购需求。因此，在这个阶段，营销人员应加强推销，经常开展广告宣传，派人访问用户，增强外部刺激，发掘潜在需求。

（二）确定需求

生产者认识到某种需求之后，要进一步确定所需产品的品种数量等。简单的采购任务则由采购人员直接决定。复杂的采购任务，由采购人员同企业内部的有关人员共同确定。

（三）说明需求

确认需要之后，就要对所需产品的规格型号等技术指标做详细的说明，这要由专业人员运用价值分析法进行，即将产品及其配件的功能与各自的成本或费用相对比，得出它们的经济效益，确保产品的必要性。营销人员也要运用价值分析技术，向顾客说明其产品的良好功能。

（四）寻求供应商

采购人员通过各种途径搜集有关供应商的信息，排除那些生产能力不足，供货信誉差的企业，而对那些认为合格的供应商则要通过电话、计算机查询或登门拜访的方式，进一步了解他们的产品及供货行为，最后确定良好信誉和合乎自身要求的供应商作为备选对象。供应商应努力推出强有力的广告和促销计划，以提高公司的知名度。

（五）征求建议

对已物色的多个候选供应商，购买者应请他们提交供应建议书，尤其是对价值高、价格贵的产品，还要求他们写出详细的说明，对经过筛选后留下的供应商，要他们提出正式的说明。因此，供应商的营销人员应根据市场情况，写出实事求是而又能别出心裁、具有能打动人心的产品说明，力求全面而形象地表达所推销产品的优点和特性，力争在众多的竞争者中获得成交。

（六）选择供应商

在收到多个供应商的有关资料后，采购者将根据资料选择比较满意的供应商。在选择供应商时，不仅考虑其技术能力，还要考虑其能否及时供货，能否提供必要的服务。其遴选的主要条件是：交货快慢；产品质量；产品价格；企业信誉；产品品种；技术能力和生产设备；服务质量；付款结算方式；财务状况；地理位置等。根据上述条件遴选出数个供应商，企业在最后确定供应商之前，有时还要和供应商面谈，争取更优惠的条件。不少企业最后确定的供应商，不限于一个，其目的在于：一方面有多个供应商，以免受制于人；另一方面则可以促使供应者之间展开竞争，促使他们改进服务质量。当然，企业在确定的几个供应商中，一般一个为主，其他几个为辅。比如购买者最后确定了三个供应商，便向为主的供应商购买所需产品总量的60%，向为辅的两个供应商分别购买所需产品总量的30%和10%。

（七）正式订购

这是购买决策过程中的实际购买阶段，一般是生产企业将订货单给选定的供应商，在订单上列举技术说明、需要数量、期望交货时间以及退货条款和保证条款等。目前，许多企业普遍采用"一揽子合同"，即生产企业与供应商建立长期供货关系。供应商通过一定方式的承诺，可根据生产企业的需要随时按照原定交货条件供货，这样他的产品有了固定的销路，减轻了竞争的压力。而生产企业则减少了多次购买签约的成本，也减轻了库存的压力，加速了资本周转。

（八）购后评价

产品购进后，采购者还会及时向使用者了解其对产品的评价，考查各个供应商的履约情况，并根据了解和考查的结果，决定今后是否继续采购某供应商的产品。考查有两个方面的内容：一方面对购买的工业品的质量要验证，看是否符合明细表和设计图纸的要求；另一方面对所付出的购买金额和差旅费等进行分析，是突破还是节余，查明原因，以利继续购买或改换供应单位。为此，供应商在产品销售出去以后，要加强追踪调查和售后服务，以赢得采购者的信任，保持长久的供求关系。同时，对本次购买活动进行总结。

小案例 3

同仁堂的采购法

北京同仁堂是中药行业著名的老字号，创建于清康熙八年（1669 年）。在 300 多年的历史长河中，历代同仁堂人恪守"炮制虽繁必不敢省人工，品味虽贵必不敢减物力"的传统古训，树立"修合无人见，存心有天知"的自律意识，确保了同仁堂金字招牌的长盛不衰。自雍正元年（1721 年）同仁堂正式供奉清皇宫御药房用药，历经八代皇帝，长达 188 年，这就造就了同仁堂人在制药过程中兢兢小心，精益求精的严细精神。其产品以"配方独特，选料上乘，工艺精湛，疗效显著"而享誉海内外。在 300 多年的发展过程中，同仁堂积累了许多经商的经验，下面介绍同仁堂采购药材的方法。

河北省安国县的庙会，是全国有名的药材集散市场。每年冬、春两季，各地药农、药商云集于此。北京同仁堂的药材采购员在采购中使用了一连串的技巧，并善于积极反馈信息，所购的药材比别的药店便宜许多。他们一到安国县，并不急于透露自己需要采购什么，而是先注意收集有关信息。他们往往开始只是多少购进一点比较短缺的药材，以“套出”一些“信息”。例如，本来需要购进10000斤黄连，他们往往只买进100斤上等货，而且故意付高价。“价高招商客”，外地的药商药农闻讯，便纷纷将黄连运到安国县。这时同仁堂的采购员却不再问津黄连，而是大量买进市场上其他滞销的且又必须购买的药材。等其他生意做得差不多时，再突然返回来采购黄连。此时，他们已得到信息反馈：黄连由于大量涌进市场，形成滞销之势。各地来的药商，为了避免徒劳往返，多耗运输费用，或者怕卖不出去而亏本，都愿意低价出售。经过这一涨一落，同仁堂就大量收购市场上各种滞销的药材。药商们吃了亏，影响到第二年药农的积极性，自然就会减少产量。同仁堂的采购员又能够预测到第二年的情况。这样一来，这些减产的药材第二年又会因大幅度减产而价格暴涨，而这时同仁堂的库存早已备足。

第三节　中间商市场购买行为

中间商市场的购买行为与生产者市场的购买行为有相似的地方，也有一定的区别。相似的方面主要有：中间商采购组织也有多人参与决策；其购买过程与生产者市场的购买过程基本相同；环境、组织等因素同样影响其购买行为。二者的区别体现在中间商市场的购买行为在采购业务类型、采购决策及其参与者等方面。

一、中间商市场的购买决策内容

中间商采购商品的目的是为了将所购商品转卖给它的顾客，为此，中间商必须按照自己顾客的要求来制定采购计划。在购买活动中，中间商要做的决策是：经营范围及花色品种、卖主选择、交易价格与条件。其中，商品搭配是最主要的决策，它决定中间商的市场地位。批发商和零售商可从下面四种品种组合策略中做出选择：

（1）独家搭配。即只经销一家制造商的产品品种，以求得较好的供货条件。一般只是规模较小的少数企业采用这类策略。

（2）深度搭配。即经销一个产品族，产品来自许多制造商，这给顾客在购买某种商品时提供较大选择余地，从而增强对顾客的吸引力。这种策略在目前较具竞争力。

（3）广泛搭配。即经营范围广泛，但商品品种尚未超出行业界限。这种策略使中间商具有一定的经营范围，也使顾客方便购得相关商品。

（4）混合搭配。即经销众多的彼此不相关的产品品种系列。例如，一家照相机商店可能只经销柯达相机（独家型品种组合）；或经销许多品牌的相机（深度型品种组合）；或经销照相机、盒式录音机、收音机和立体声设备（广泛型品种组合）；或者再加上电炉和冰箱（混合型品种组合）。这种策略能减少中间商因外界环境变化所带来的经营风险，但要求企业有雄厚的经营实力。

二、中间商市场的购买类型

在采购业务中，中间商要根据不同的购买类型，做相应的决策。中间商市场的购买类型有三种：

（1）新产品采购。中间商根据某种新产品销路的好坏决定是否进货以及如何进货。

（2）最佳供应商选择。若中间商需要经营的产品已经确定，有可能经常要进行最佳供应商的重新选择。导致中间商做出此类购买决策的原因有：一是由于各种局限，中间商不能经营目前所有供应商的产品，只能从中选择一部分供应商的产品以供经营。二是中间商打算提供自有品牌商品，选择为自己制造品牌产品的最佳生产企业。比如，英国的马狮百货公司从严格选择的供应商那里购进商品，然后打上马狮的品牌印记，以“马狮”的品牌形象销售商品。

（3）寻求较好的供应条件。对于这类决策，中间商并不想更换供货商，只是试图从原有供应商那里获得更为有利条件的购买类型。当同类产品的供应商增多或其他供应商提出了更有吸引力的价格和供货条件，中间商希望原有供货商改善供货条件，比如，更为合适的信贷条件、更为优惠的价格折扣等。

三、中间商市场的购买决策的参与者

中间商市场购买决策参与者的多少取决于中间商的经营规模和采购项目的规模与重要程度。对小批发商和零售组织而言，采购往往由一个或几个兼做其他工作的雇员担任，或者由业主亲自从事商品选择和采购业务。但对于较大规模的中间商，通常有一个像生产商那样的采购中心。采购工作由专职的采购部门执行。事实上，不同类型的中间商有不同的购买决策及决策参与者。以连锁超市为例，中间商市场参与购买决策的人员或机构主要有下述三种：

（一）专职采购员

专职采购员（或称商店经理）负责决定商品搭配，接待推出新品牌的企业的推销人员，并有权决定是否接受新品牌产品。多数公司的做法是，授权专职采购员对那些明显不能接受或明显可以接受的项目做出决定，而一些重要项目则需要提交采购委员会审议，并由采购委员会做出决定。在国内连锁店和独立的超级市场上，仓库里有 2/3 的新商品是商品经理决策订购的，只有 1/3 不是经理决策的。

（二）采购委员会

采购委员会通常由公司总部的各部门经理和商品经理组成，主要负责审查商品经理提出的新产品采购建议，做出是否购买的决策。

（三）分店经理

分店经理是连锁超市下属各分店的负责人，通常负责分店一级的采购决策。美国连锁超级市场各个分店的货源有 2/3 是由分店经理自行决定采购的。

四、影响购买决策的主要因素和购买决策过程

（一）影响购买决策的主要因素

中间商市场同生产者市场一样，其购买行为同样受环境因素、组织因素、人际因素和个体因素的影响。卖方必须对这些影响因素给予足够的重视，并且推出那些帮助中间商赚钱或降低成本的战略。此外，中间商市场的购买行为还受到购买者的购买风格的影响。美国学者狄克森把购买者个人的购买风格分为七类：

（1）忠诚型购买者。这类购买者忠于同一供应商，不轻易更换供货来源。

（2）机会型购买者。这类购买者通常与几个符合其长期发展的供应商保持合作关系，并随时选择对自己最有利的供应商，而不会固定于其中任何一个。

（3）最佳交易型购买者。这类购买者选择某一时点上可获得的最佳交易。

（4）创造型购买者。这类购买者会就他们所需的产品、价格和服务方面向卖方提出条件。

（5）广告型购买者。这类购买者在每一笔交易中都要求供应商补贴广告费。

（6）斤斤计较型购买者。这类购买者总想通过谈判取得供方在价格上的

特别让步。他们只接受最大价格折让的卖方，这种价格折让是他们感到别的卖方不大可能提供的。

（7）挑剔型购买者。这类购买者选择的货源都是最物美价廉、最适销的商品。

（二）购买决策过程

对于新品种购买来说，中间商的购买过程与生产商的购买过程基本相同，需要经过八个阶段。对于选择最佳供应商和寻求最佳购买条件的购买决策可能跳过某些阶段。随着科技的发展，中间商的采购技能不断增强。如中间商大量应用电子通讯技术和设备处理采购业务。采购者通过电脑系统向供货商发出要货通知，供货商根据要货通知随时供货。这样中间商不用自己建立仓库即可及时得到供货，加速资金周转，降低经营费用。

小案例 4

沃尔玛公司的绿色供应链

全球最大的零售商沃尔玛公司于 2008 年 10 月 22 日在北京举办“沃尔玛公司全球可持续发展高峰会议”，沃尔玛公司主要供应商、中国政府官员、非政府组织负责人等出席了此次会议。会上，沃尔玛公司提出要建立一个更加环保更具社会责任感的全球绿色供应链，要求供应商从采购原材料到产品销售全过程都体现绿色环保和可持续发展。沃尔玛公司的绿色供应链率先在中国推行，采取一系列有效措施加强供应商环保和社会责任的执行。与各地自然资源保护委员会一道帮助部分供应商改善生产，制定节能减排方案；与中国商务部合作推广定点农场，促进绿色农业产品的发展；与供应商签订的合同中增加了环保条款，成为新的选择标准，达不到要求则终止合作关系。对于积极致力于环境保护的供应商，沃尔玛公司将提供更多的合作机会与其共同成长。

在 2009 年全球的供应商社会责任评审中，沃尔玛公司从两万多家供应商中评选出六家顶级供应商，其中海尔空调是唯一一家入选的中国供应商。海尔空调入选并非偶然，它一直致力于打造绿色供应，为客户提供绿色节能解决方案，在产品研发、生产、销售、服务以及员工待遇、环境等方面都体现出绿色环保和社会责任。沃尔玛公司对海尔空调公司的环保努力和社会责任感给予高度肯定，2010 年对海尔产品采购量同比将增加 40%以上。

（资料来源：[1] 王先知，李天辰.沃尔玛携手供应商打造绿色供应商[J].WTO 经济导刊，2009（8）. [2] 吴文治.沃尔玛与供应商签约增环保条款[N]. 北京商报，2008-01-29. [3] 沃尔玛评选年度全球首选供应商 海尔空调中国唯一入选.海尔官方网站，2009-11-10.http://www.haier.cn/news/media_news.shtml.）

第四节 政府市场和非营利组织市场购买行为

政府市场和非营利组织市场为许多企业提供了大量的营销机会。有些企业只是偶尔向政府和非营利组织出售产品和服务，而另一些企业主要依靠政府和非营利组织生存，所以，企业有必要了解和研究政府市场和非营利组织市场的特点，了解影响政府和非营利组织采购决策的主要因素，以及其采购决策过程等。

一、政府市场的购买行为

（一）政府采购的特点

与一般工商企业的采购不同，政府采购有其自身的特点，主要表现为以下几个方面：

1. 政府采购一般是按照年度预算进行的，年度预算具有法律效力，不会轻易变动，也就是说，政府在一个财政年度内的采购规模基本上是固定不变的，这是政府市场相对稳定的一个重要原因。政府的有关部门对于有意进入政府采购市场的供应商要求提供规定的资料，用以说明其能够提供的产品类别、规格、企业的实力、资信等情况。只有经审定被列入政府采购准供应商名单中的企业，才有可能参加有关政府采购的竞标活动。

2. 政府采购往往通过竞争性的招标采购、有限竞争性采购和竞争性谈判等方式来选择合适的供应商。对于很多产品，政府有关部门会制定出详细的标准和细则，包括技术规范、运送货物的时间要求、包装要求、保证书要求及其他采购要求。

3. 已经被列入政府采购准供应商名单的企业必须能够提供完全符合这些标准和细则的产品和服务才有资格进入竞标阶段。在竞标阶段，价格基本上是唯一的竞争因素，政府一般会选择竞标价最低的企业作为供应商，除非竞标价次低的企业能拿出有力的证据来说明竞标价最低的企业所提供的产品和服务不符合要求。

4. 进入政府市场困难大，但回报丰厚。政府市场中非军需品的需求稳定，信誉好，同时还可提高供应商声誉及社会地位。这也是政府市场的吸引力所在。

5. 政府采购出于保护本国产业的目的，更倾向于采购本国供应商而非外国供应商的产品。中国的《政府采购法》被列入《第九届全国人大常委会立法规划》的第一类立法项目。《政府采购法》起草工作总体安排是：1999 年，在搜集资料、调查研究的基础上起草出政府采购法草案的基本框架和基本草案大纲；2000 年，提出草案初稿并广泛征求意见；2001 年修改完善草案；2002 年 6 月 29 日全国人大常委会审议通过了《中华人民共和国政府采购法》，并于 2003 年 1 月 1 日起正式实施。目前，在中国有些省市已经开始了有关政府采购的尝试。政府采购制度自身的特点，使其在中国一经实行，就显示出极大的优越性。由于它的公平、公正、公开性，被人们称为“阳光工程”和“阳光下的交易”，规范政府采购的法律和法规被称为“阳光法案”。

（二）政府采购过程的参与者

各国的政府部门都设有采购组织来完成政府购买行为。一般来说，政府市场购买过程的参与者有两种类型：行政部门的购买组织和军事部门的购买组织。

1. 行政部门的购买组织。他们的采购经费主要由财政部门拨款，分级政府机构的采购办公室负责经办采购事务。

2. 军事部门的购买组织。军事部门采购的军需品包括军事装备（武器）和一般军需品（生活消费品）。各国军队都有国防部和国防后勤部（局）。国防部主要采购军事装备，国防后勤部（局）主要采购一般军需品。在我国，总装备部负责军事装备的采购与分配，解放军总后勤部负责采购和分配一般军需品。各大军区、各兵种也设立后勤部门负责自己所需军需品的采购。

小案例 5

珠海市政府的打印耗材采购

2008 年 9 月，珠海市打印耗材产业集群被列为广东省第三批产业集群升级示范区。然而，此时的珠海打印耗材产业正面临“寒冬”，不仅受到全球性金融危机的持续影响，更受到全球知名品牌打印机厂商的打压。许多知名品牌打印机厂商规定“本品牌只能使用本公司制造的专用耗材”，“使用非原装耗材导致的机器故障不在保修范围之内”，使得以生产通用耗材为主的珠海打印耗材产业陷入“通用耗材不通用”的困境。

珠海市采购中心决定打破这种局面，扶持珠海打印耗材产业“过冬”。首先，将“耗材”与打印机、复印机等项目剥离，作为单列包组列入招标范围，这意味着采购单位对耗材的选择有了更大的自由度，不再是“用什么品牌的机器就用什么品牌的耗材”。其次，要求所有具备打印功能的办公设备生产厂商申报对耗材的兼容性。厂商可以申报“本品牌只能使用本公司制造的专用耗材”，也可以申报“本品牌除本公司生产的专用耗材之外，也可以支持符合打印耗材行业通行标准的通用类耗材”。若申报前者，则可能失去政府采购的机会；若申报后者，对于使用非原装耗材导致的机器故障不得有保修歧视。

珠海市政府采购中心负责人表示，珠海通用耗材与专用耗材的打印质量相近，而价格仅为专用耗材的1/2~1/3，可以极大地降低办公成本。珠海市政府采购中心的做法使得通用耗材取得了与专用耗材“同场竞争”的资格，价格与售后服务方面的优势得以发挥。

（资料来源：[1] 赵聪. 珠海打破“通用耗材不通用”困局——政府采购首次组织两种耗材同场竞争，中标品牌中通用耗材占三分之二[N]. 珠海特区报，2009-01-03. [2] 郭秀玉，杨康. 打破“通用耗材不通用”困局——市政府采购中心三大措施帮扶企业开拓市场[N]. 珠海特区报，2008-12-10.）

小案例 6

上海浦东新区学校电脑集中招标采购

一、项目背景

本项目为学校电脑采购项目，于2001年8月23日下达采购中心，被列入政府采购范围。这次联合集中采购计算机为3120台，涉及120所学校，分布在浦东新区的各个地方，计算机的配置要求高，尤其是120台教师用机的配置要求为当前最先进配置，且具有极高性能价格比的高档机，学生用机的数量也具有前所未有的规模。

二、招标准备

由于本次采购计算机数量多，所以在确定招标方式上，既考虑120所学校需要计算机的时间上的急迫性，又考虑到采购程序的严密性以及招标的最大范围的公开性，最终把招标方式确定为公开招标。8月24日以公开招标的方式在浦东新区政府采购网站发布招标公告，8月25日在解放日报上发布招标公告。

招标文件编制的具体做法是将计算机分为A、B、C三个包，A包为2000台学生机，B包为1000台学生机，C包为120台教师机，这样分主要考虑到两个因素，其一是要求制造供应商供货时间短，3000台计算机可能的话由两家供应商提供，缩短制造周期，其二是教师机要求配置高，性能稳定可靠，兼顾到中高档国内外品牌的投标、中标机会。

2001 年 8 月 27 日开始出售标书，共有 15 家公司购买了招标文件。

三、招标过程

2001 年 9 月 6 日在浦东新区政府采购中心开标，特别邀请浦东新区公证处的两位公证员开标公证，邀请浦东新区政府采购监督小组的两位监督员作为监标人，浦东新区有线电视中心等新闻媒体进行了采访，评标专家由上海市政府采购中心提供，在评标当天通知新区采购中心，保证了评标专家的保密性和公正性。9 月 7 日评标，邀请上海市资深专家四位和一位使用单位人员组成评标小组，评标小组决定 3000 台学生电脑项目授予 L 公司，120 台教师电脑项目授予 T 公司。

四、合同履行情况

2001 年 9 月 10 日与 L 公司签订合同，L 公司授权，具体工作由 B 公司实施。

2001 年 9 月 14 日与 T 公司签订合同，T 公司授权，具体工作由 Q 公司实施，随后采购中心与使用单位、中标单位、被授权单位召开了协调会议，达成“工作安排备忘录”。

2001 年 9 月 17 日至 21 日，B 公司进行用户情况调查，他们组织人员对 120 所学校逐一进行实地调查：邀请学校老师参加培训，调查学校计算机机房情况、电源情况等。

教师用机中标的机器虽然不多，仅仅 120 台，但这 120 台电脑必须送到遍布浦东新区各个角落的 120 个小学，搬运到指定楼层的电脑教室，并安装调试。合同签订后，即开始按单生产（生产周期在 10 天左右）。由于 10 月 1 号到 7 号放国庆长假，浦东很多路段封路，为了按时履约，要求 T 公司按紧急情况处理。在这批电脑到达上海的第二天开始，Q 公司每天用 5 辆车，每车随行 3 人，以不同路线送到每个学校，3 天内把 120 台电脑送到位。有时找一所学校要走一个多小时。在电脑全部送到位后，Q 公司派出 6 名工程师，用 5 天时间，到每一个学校进行安装调试，为学校安装必备软件，并请校方亲临验收与盖章确认。校方验收的满意率达到 100%，其中非常满意的用户达到 80%。在开机的过程中，Q 公司为每一个学校留下了名片，记录下了学校总务老师和电脑老师的联系电话，以便今后的服务和联系。

由于本次招标提供的教师机的配置很高，部分学校在使用中遇到了不少问题，Q 公司都一一上门解决，个别学校在教师机内安装了视频卡，引起资源冲突，Q 公司也上门帮助解决问题。从严格意义上来说，这些都不是机器本身的问题，并不在他们服务范围内，但为了新区的教学活动正常开展，为了创出公司的信誉，Q公司把这一切“分外事”都当自身的工作给予解决，得到了很多学校的好评。

2001年9月18日至25日，B公司组织老师培训，组织安排120所小学的计算机老师进行电脑（学生机）的培训（电脑基本知识、使用及维护），共有86所学校参加。在学校具备安装条件的情况下，截至10月13日总共完成98所学校的安装调试，因部分学校的客观因素，其余的22所学校无法及时完成验收。

为保证该项目的顺利实施，做了大量的工作（事前准备、调查，事中协调、联系用户等）。全心全意地为使用单位服务，最大范围内满足学校提出的要求。但由于部分学校的客观原因，也导致部分工作的重复，浪费人力、物力及时间，增加了成本。

五、结果评价

定标与签订合同之后，采购中心的工作并未完成，监督履约和项目的验收及付款等是政府采购工作的重要环节。项目的执行责任人必须保持与供应商、买方、出资方的经常联系，了解履约中出现的问题，及时进行协调，这方面的工作今后有待加强。

本次招标项目节约资金364.8万元，节约率达21.9%。效果比较明显。使用单位在提供教师机配置时，强调了计算机的主板要求，供应商在供货时间有限的情况下，针对用户提出的配置进行性能匹配测试，结果是主板、硬盘不匹配，最后经技监部门确认，使用了同档次的供应商成熟的机型。因此，使用单位要考虑计算机配置的合理性，避免浪费时间和资源。对于公开招标的项目，其中要做到公正、公平的一个重要环节是评标小组的组成，使用单位往往作为评标小组的组成人员之一，在评标时，专家评委有时首先倾听他们的意见，使用单位有可能提出一些片面的带有某些导向性的意见，如何避免类似的问题发生有待思考。

为了确保大批量计算机的供货质量，采购中心在签订供货合同的时候，特意增加了一条，就是在计算机送到学校后，抽查一定数量机器到技监部门做性能和防辐射检测，合格后使用。这样供应商在制造计算机时，势必加强对产品质量的控制，使用户对政府采购放心满意。

二、非营利组织市场的购买行为

（一）非营利组织市场的类型

非营利组织市场的分类，按照不同的划分标准，有不同的市场类型。这里主要介绍按照不同职能和不同经费来源划分的非营利组织市场类型。

按照不同职能，非营利组织可以分为三类：

1. 履行国家职能的非营利组织。指服务于国家和社会以实现社会整体利益为目标的有关组织。主要有各级政府及下属部门、消防队、监狱等。

2. 促进群众交流的非营利组织。指一些群众性组织，主要是为了加强群体之间的思想和感情的交流，宣传某些知识和观念，或是为了维护群体利益，如宗教组织、各种协会等。

3. 提供社会服务的非营利组织。指为某些公众的特定需要提供特殊服务的非营利组织。如医院、学校、红十字会、慈善机构和福利机构等。

按照经费来源，非营利组织主要有三种类型：

1. 自给自足型。这些非营利组织在经费上完全是自负盈亏。比如，大多数医院，必须为所提供的服务设置一个合适的收费标准，以便得到适当的收益来补偿全部开支，维持正常的运营。

2. 部分收费型。这些非营利组织能得到政府财政拨款和有关方面的捐款。由此，所提供的服务或产品收费标准可以低于其平均成本。如我国高等教育所收取的学费仅占培养学生平均成本的很小部分。随着经济的发展，学费会逐步提高，但仍将低于其运行成本。

3. 无偿提供型。这些非营利组织完全依靠政府的财政拨款或捐助支持运行，无偿提供服务。最典型的是消防、天气预报、地震报警等。

（二）非营利组织市场的购买特点

1. 限定总额

非营利组织设立的目的不是为了创造利润，其正常运转的活动经费主要来自于政府拨款或者社会捐助，因此经费的预算与支出都会受到严格的控制。因此，非营利组织的采购必须量入而出，不能随意突破。

2. 保证质量和价格低廉

由于受到经费预算的限制，大多数非营利组织在采购时往往更倾向于选择报价更低的供应商，但同时为了维持组织运行和履行组织职能的需要，又对产品或者服务的质量有很高的要求。

3. 受到控制

为了使有限的资金发挥更大的作用，非营利组织的采购人员受到较多的制约，只能按照规定的条件购买，缺乏自主性。

4. 团体采购将成为非营利组织市场采购的一个重要的发展趋势

所谓团体采购，就是指几家甚至几十家机构组成一个联合采购单位或委托专门的采购组织进行采购。通过团体采购，可以获得低价、质优的各类产品和服务的供给。同时，团体采购还具有削减各成员的管理费用、采购规范化及更富有竞争力等优点。面对团体采购，营销人员必须充分意识到团体采购的专业性、规范性、规模大的特点，提供富有竞争力的产品及富有效率的营销策略才可能在众多的供应商中脱颖而出。

至于非营利组织市场购买类型、购买方式、影响其购买的因素与政府市场相似，不再叙述。

本章小结

1. 市场是企业经营的起点和归宿，根据购买者在市场上购买商品的特点和购买目的的不同可将市场划分为消费者市场和组织市场。消费者市场是指满足生活需要而购买产品和服务的一切个人和家庭。消费者市场的特点有：人数众多、交易频繁但交易量小、其消费行为具有诱导性、流动性和全球性。消费者购买行为受其不同的文化、社会、个人和心理因素组合的影响。消费者购买行为包括复杂购买行为、多样化购买行为、减少不协调感的购买行为、习惯性的购买行为四种购买类型。典型的消费者购买决策过程包括确定需要、收集信息、选择评价、购买决定、购后评价五个阶段。

2. 组织市场泛指一个组织向其他组织推销商品或服务的任何市场。这类市场包括四种类型，即生产者市场、中间商市场、非营利组织市场和政府市场。组织市场特点是市场容量大、客户数量少、购买规模大，购买者在地理区域上相对集中；组织市场需求是派生需求、需求缺乏弹性，而且需求波动大；组织市场上的购买者成分复杂，并多为受过专门训练的采购人员。组织市场购买者的决策，通常比消费者的决策更为复杂；在组织市场上，买卖双方往往倾向于建立长期客户关系，保持密切往来。此外，组织市场往往通过租赁方式取得所需产品。影响组织市场购买行为的因素通常有环境因素、组织因素、个人因素、人际因素。其购买决策过程要经过八个阶段：提出需求、确认需求、说明需求、寻求供应商、征求建议、选择供应商、正式定购和购后评价。

能力培养指导

- 掌握组织市场有哪些特点。
- 知道组织用户的购买类型有哪几种。
- 掌握组织用户的购买决策过程。
- 掌握影响组织用户购买行为的因素，并运用这些因素开展有效的营销活动。
- 掌握影响政府购买行为的主要因素。

案例应用 1

百安居公司的采购管理

百安居公司 1969 年诞生于英国南安普敦市，主营装饰建材。经过 40 多年的发展，百安居公司在英国本土拥有 300 多家连锁店，是英国家喻户晓的装饰建材第一品牌；至今已在全球 10 多个国家及地区拥有 700 多家仓储式装饰建材连锁超市，销售额位列欧洲第一。1999 年，百安居公司在上海开设了第一家连锁店，正式进入中国大陆市场。随后在各大城市普遍开花，截至 2008 年 10 月，百安居公司在中国 26 个城市拥有 60 多家商店、1 万多名员工。10 多年来，百安居公司凭借其先进的管理模式、一流的产品品质、周到的全程服务及有竞争力的商品价格赢得了广大中国消费者的认可，稳居中国家居建材连锁经营行业销售额第一，成为中国建材连锁超市第一品牌。

百安居公司取得如此显赫成绩，原因是多方面的，其中一个重要原因是建立了顺畅高效的采购管理体系。

1. 建立完善的采购供应网络

百安居公司能以较低的市场价格吸引消费者，源于层次分明的采购体系。百安居公司的采购网络分为三个层次：一是全球采购网络，分布在全球 14 个国家和地区；二是全国采购网络，主要集中在各大中心城市，如华南的广州、华东的上海、华北的北京等，其全国采购中心设在上海；三是地方采购网络，在连锁超市所在城市寻找地方性的品牌供应商，当地供应商发展壮大后即融入全国采购网络，进而纳入全球采购网络。有关专家研究后发现，这种三层次的采购网络融合了沃尔玛的低价采购与麦当劳多区域规模收益优势。百安居公司针对中国传统建材市场分散，采购力量薄弱的特点，借鉴了沃尔玛“本地化采购”模式，有效地控制了经营成本；百安居公司经营的许多商品附加值低，仅仅依靠低价采购很难大幅度降低成本，就借鉴了麦当劳规模经营降低成本的经验，在中国人口稠密的大中城市广泛布点，宣传“一站购齐”的装潢理念，通过扩大经营规模降低成本。

2. 建立强大的采购队伍

与采购网络系统相适应，百安居公司建立了一支实力雄厚的采购队伍，分布于各个区域。各个基层采购团队是百安居公司采购网络的神经末梢，发现并推荐优秀的供应商，纳入全国乃至全球的采购网络。随着百安居的快速发展，基层采购网络覆盖的广度与深度快速增加，整体采购成本快速下降。

3. 与供应商建立合作伙伴关系

百安居致力于与供应商建立互惠互利的合作伙伴关系，引入先进的零售业管理信息系统，顺畅管理订货、送货、验货、补货、计算和付款业务。供应商可以通过该系统查询自己商品销售和库存情况，系统也会在库存低于百安居公司设定的警戒线水平时自动提示供应商补货。零售业管理信息系统的建立极大地方便了供需双方，提高了交易效率，百安居的供应链管理成本和库存水平分别降低到了10%和15%，供应商按时交货率提高了15%。百安居公司经常分析交易流程中影响供需双方绩效的关键数据，制定方案帮助效率低下和供货不及时的供应商提高其服务水平并跟踪其改善服务状况。

为了稳定供应商队伍，加深双方合作，百安居公司不断地选择优质供应商纳入其亚洲、欧洲、美洲和全球采购体系，极大地提高了供应商的忠诚度。

百安居公司对供应商提供质量管理、法律知识、供应链管理、社会责任等方面的培训指导，编制了《供应商手册》、《社会责任手册》等培训资料。百安居公司不定期召开研讨会，让供需双方以及同类产品供应商之间互相交流。对供应商的培训和管理，不但可以确保百安居公司产品质量，还能够帮助供应商快速成长，实现百安居公司和供应商的双赢。

4. 严格筛选供应商

供应商进入百安居的采购网络体系须经严格的审核。一是厂家实例考核。百安居公司认为实力强大的建材经销商必须配以实力强大的供应商，通常不会选择小型企业作为自己的供应商。二是厂家生产条件审核。百安居公司的采购人员和质量检测人员亲自走访工厂，了解工厂的生产条件，检验工厂的报表和相关指标。三是产品质量考核。供应商的产品质量必须得到权威质量检测机构的监测报告，证明其质量优异。四是收货抽检。收货时须通过百安居公司的质量检验人员的抽检。五是销售过程抽检。百安居公司委托第三方权威检验机构在产品销售过程中随时抽检。

供应商经过严格考核进入采购网络体系后，百安居公司还会运用多种指标不断地对供应商进行绩效考核，一旦发现未达标准且难以改进就毫不留情地淘汰。

5. 订单整合

百安居公司每天都会收到来自各门店的大量订单，若不整合而直接下达给各供应商，就会浪费供应商大量的人力、物力，增加供应商订单处理成本和零散送货的运输成本。为此，百安居公司规定各门店订单统一上交各区域物流中心，中心整合后下达给各供应商。既方便了供应商处理订单，也降低了产品采购成本。

（资料来源：[1] 肖迪，郝云宏，曲亮.解密百安居的双引擎供应链[J]. 企业管理，2008（10）. [2] 百安居公司简介.百安居公司官方网站：http://www.bnq.com.cn，2010-05-01. [3] 百安居成功之道.深圳物流网：http://wuliu.sz.bendibao.com，2009-10-19）

【讨论题】

1. 百安居公司购买决策过程的影响因素有哪些？

2. 百安居公司怎样与供应商建立良好的伙伴关系？

3. 百安居公司的采购管理对于产品供应商有何启示？

案例应用 2

伊莱克斯冰箱广告为何不动人

进入 2000 年，冰箱市场的格局发生了巨大的变化。除了一批老牌冰箱称霸国内市场或固有一方外，一批新的面孔也如雨后春笋般涌现出来。

“巨头”型家电企业伊莱克斯就颇引人注目。因为在戛纳国际广告节上，中国三进三没，广告人无不痛定思痛，而伊莱克斯吸尘器广告却在97戛纳成为获奖作品，又被称为是夸张的典范之作，其同一夸张手法的冰箱广告在中央电视台黄金时段每晚播放两次（第一次在焦点访谈之后，第二次在黄金剧场之后），可谓声势浩大。

伊莱克斯冰箱的电视广告表现手法和其获奖的吸尘器广告风格相同，都采取了情节型夸张手法。从全球电视广告的发展趋势看，情节型电视广告已经形成潮流。在最具权威的国际戛纳广告节上，1996、1997 连续两年获奖的影视广告作品，几乎全是情节型广告。所谓情节型电视广告，是指艺术作品以情节的表现形式来塑造广告形象。其主要艺术表现手法有：悬念、夸张、幽默、比喻、荒诞、象征。伊莱克斯吸尘器广告是：吸尘器的开关刚一打开、楼下的先生竟然隔着楼层被吸到了屋顶。虽然夸张的有些过分，但就是这种夸张，使受众明白无误地记住了产品的优点——吸力极大，也吸引住了戛纳评委们的视线。

后来伊莱克斯进入中国时，特别诉诸静音的特点。其广告内容为：阴暗的房间里，一台破旧的黄绿色冰箱发出急促的噪音，冰箱被震得左右摇晃，鱼缸被震得水花四溅，冰箱上站立的一只白色鹦鹉被吓飞，狗被吓得吼叫，摇篮里的婴儿吓哭了，西门子和伊莱克斯都是欧洲品牌，相比之下，西门子更了解中国百姓，在中央电视台黄金时段向中国百姓诉求“持久锁住营养”，并配有赏心悦目的一颗红苹果。在冰箱里如何把营养锁到最佳温度，就广告心理因素中引人注意的12个方面来看，“与人们身体健康有关”是最能吸引人注意的，这和中国人的欲望也正相吻合。“中国本土化”是伊莱克斯的一大难题。中国百姓并不是由“崇洋”转向今天的“排外”，他们早已放眼世界，在琳琅满目的各类商品中，选自己所爱，不管它来自何地。对瞬间即逝的广告，他们更有自己的鉴赏力。大宝男女共用的护肤品，广告有些“费解”，但消费者喜欢；宝洁来自美国，它的一系列产品在中国市场比本国的同类产品更受欢迎，原因是宝洁公司了解中国百姓，它把所有市场调查的业务一直委托给中国公司，对中国市场进行调查，哪一个国家能比中国更了解中国百姓呢？

（资料来源：张桂增. 伊莱克斯冰箱广告为何不动人[J]. 销售与市场，2000（5）.）

【讨论题】

1. 从本章的内容出发，伊莱克斯对消费者购买决策中的哪个阶段、哪个要素理解有误，导致传递了不恰当的信息？

2. 根据案例中中国消费者对冰箱的评价标准，哪些品牌的诉求点具有针对性？

3. 本案例对跨文化营销有什么启示？

第七章　市场调查与预测

学习目标：

- 掌握市场营销信息系统的组成和内容；
- 理解市场营销调研过程；
- 掌握市场营销预测方法。

实践中的市场调查与预测

卡西欧的市场调查策略

闻名世界的日本卡西欧公司，自公司成立起便一直以新、优取胜，其新、优主要得力于市场调查。卡西欧公司的市场调查主要是销售调查卡，其卡只有明信片一般大小，但考虑周密，设计细致，调查栏目中各类内容应有尽有。第一栏是对购买者的调查，其中包括性别、年龄、职业，分类十分细致。第二栏是对使用者的调查，使用者是购买者本人、家庭成员、还是其他人。每一类人员中又分年龄、性别。第三栏是购买方法的调查，是个人购买、团体购买，还是赠送。第四栏是调查如何知道该产品的，是看见商店橱窗布置、报刊杂志广告、电视台广告，还是朋友告知、看见他人使用等。第五栏是调查为什么选中了该产品，所拟答案有：操作方面、音色优美、功能齐全、价格便宜、商店的介绍、朋友的推荐、孩子的要求等。第六栏是调查使用后的感受，是非常满意、一般满意、普通，还是不满。另外几栏还分别对机器的性能、购买者所拥有的乐器、学习乐器的方法和时间、所喜爱的音乐、希望有哪些功能等方面做了详尽的调查。如此，为企业提高产品质量、改进经营方式、开拓新的市场提供了可靠依据。

评述

知名的企业不仅是产品营销高手，也是市场调查能手。正是通过它们对市场入木三分的解剖，才使自己成功地驾驭市场。企业在从事市场营销活动过程中，必须要搞清楚市场活动的历史和现状，把握市场变化发展的规律，对市场未来发展变化的趋势要进行分析和判断，做出比较准确的推测，这就需要企业进行市场研究。通过市场研究，可以发现市场营销活动中存在的问题，并收集大量的信息资料，为解决营销中遇到的问题及方案的论证、分析、评价和选择提供科学的依据，有助于提高市场营销效果。很显然，市场研究包括市场调查和市场预测两个部分。

第一节 市场营销信息系统

一、信息及其特征

（一）信息的概念

在市场经济条件下，企业的市场营销必须以市场需求为导向。而真正意义上的市场，对每个营销企业都提供相同机会。有些企业能取得成功，有些企业却遭受失败——“成王败寇”的分野，绝不在于是那只“看不见的手”有什么偏爱，而是在于是否能够抓住每次机会。因此，企业及其营销人员必须是耳聪目明，最重要的诀窍：第一是信息，第二是信息，第三还是信息。

信息是信号、数据、资料、情报、消息、新闻、知识等内容的总称。而市场信息（是经济信息的一种），是在一定时间内，由市场各组成要素发出的被人们理解和认识并经过加工整理的从事市场活动所需的信息、消息、情报、数字和资料。一般来说，企业通过占有大量有效的市场信息来把握市场需求。及时、准确的市场信息能够反映市场的供求状况及其发展趋势，可以使企业更好地把握消费者的消费心理与行为，了解本行业竞争对手的状况以及消费环境等方面的相关信息。

（二）信息的特征

1. 时效性

任何信息所表明的都是一定时间内所发生的事情。企业的市场环境瞬息万变，有效的市场信息必须是及时、准确的。企业只有在某一时间内获得了所需要的信息，这一信息才有价值，信息一旦过时，不但没有任何价值，甚至会起反作用。所以，信息的利用必须注意时间效应。以超前意识开发运用各种信息资源，努力提高信息工作的时效性，及时获得、处理、分析、储存、传输、使用信息。

2. 传递性

信息在时间上的传递就是信息的存储，在空间上的传递性就是扩散。信息就是通过传递达到扩大利用和受益范围。大量内容涉及到食品、药品、服装、家电、汽车、住房等方面的信息，通过报纸、广播、电视、网络等，随时随地传播着。

市场信息传递性的特点，要求企业必须广开信息来源的渠道，建立市场营销信息系统，借助科学的手段收集和处理市场信息，提高营销决策的科学性。

3. 共享性

企业通过连续地、大量地、多方面地收集、加工有关信息，分析他们之间的内在联系，这些有用的信息被称为信息资源。它可以无限制地复制，同时被多个使用者共同利用，且互不影响。

4. 无限性

信息是无限的，是取之不尽，用之不竭的。从信息可以产生新的信息，可以形成无穷无尽的衍生信息。今天网络上的信息爆炸，就是信息衍生的结果。当然，信息的取得是受主客观条件限制的，只有具有价值的信息才可以满足企业的特定需要。但这首先需要对信息进行收集、筛选、整理、分析，提高信息的可用性。

5. 可储存性

信息需要物质承担者，信息要依附于其载体而存在，即信息是可以储存的。我们可以通过文字性、音像性、编码性的载体把信息存储起来以备随时加以利用。

二、市场营销信息系统的涵义

市场营销信息系统（marketing information system，MIS）的涵义是：由人、设备和程序组成，它为营销决策者收集、挑选、分析、评估和分配所需要的、适时的和准确的信息。营销信息系统的任务是评估经理人员的信息需求并适时提供所需信息作为决策的依据。市场营销信息系统由四部分构成：内部报告系统、营销情报系统、营销调研系统和营销分析系统，见图 7-1 所示。

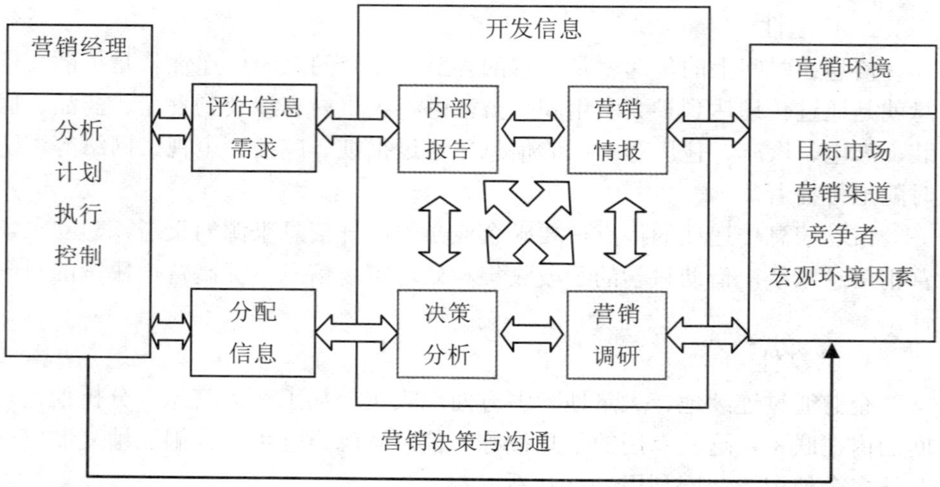

图 7–1 市场营销信息系统的构成

三、市场营销信息系统的内容

（一）内部报告系统

内部报告系统提供企业内部信息，以内部会计系统为主，同时辅之以销售报告系统，集中反映订货、销售、存货、现金流量、应收及应付账款等数据资料，内部报告系统的核心是“订单——发货——账单循环”。

其中内部会计系统的主要任务是向营销人员提供有关销售、成本、存货、现金流程、应付账款、应收账款等各种与企业经营相关的信息。通过分析这些信息，营销人员可及时发现问题和机会。这一系统的建立可借助计算机等现代技术工具，以达到内部信息传递的及时性、有效性。例如，零售商业企业中目前普遍采用的管理信息系统（management information system，简称MIS）、电子收款机（electronic cash register，简称ECR）与销售点管理系统（point of sales，简称POS），都对内部会计系统起了很好的支持作用。它们运用在信息采集上，具有实时性、及时性、准确性；在经营管理上，有关项目、数据可随时掌握，分析具有科学性，提高了经营管理效率。

（二）营销情报系统

内部报告系统主要用于向管理人员提供内部运营“结果资料”，而市场营销情报系统则用于提供外部环境的“变化资料”，帮助解释前者并指明未来的新机会及问题。

营销情报系统指市场营销管理人员用以了解有关外部环境发展趋势的信息的各种来源与程序。该系统的任务是为管理人员提供有关营销环境发展变化的数据。其系统的定义是：使企业主管用以获得日常的有关营销环境状况的信息的来源和程序。这一系统要发挥作用，需要主管人员有意识地建立信息来源渠道和明确收集信息的要求。信息来源可多样化：销售人员、中间商、外界情报系统、企业的信息部门等。对销售人员和经销商应规定情报搜集的具体要求。

（三）营销调研系统

市场营销调研指系统地设计、搜集、分析和报告与特定营销环境有关的资料和研究结果。

该系统的任务是搜集、分析、提出评价某个特定问题的结果，供管理人员决策时参考。营销人员除了了解内部和外部的有关信息外，还需要经常对特定问题和机会进行深入的研究，如对消费者的偏好、市场的潜力、广告的效果等进行研究。这就需要借助营销调研部门为他们提供原始的数据及对其的分析与研究的结果，供决策时参考。这一系统一般由企业的营销研究部门和外部营销调研公司提供的服务构成。

（四）营销分析系统

营销分析系统指企业以一些分析市场营销数据和问题的先进技术所组成。它包括统计程序和模型，借助这些程序和模型，可以从信息中找到更精确的调研结果。一般来说，营销分析系统由资料库、统计库和模型库三部分组成：

第一，资料库。有组织地搜集企业内部和外部资料；

第二，统计库。指一组随时可用于汇总分析的特定资料统计程序；

第三，模型库。模型库是由高级营销管理人员运用科学方法，针对特定营销决策问题建立的，包括描述性模型和决策模型的一组数学模型。

通过以上市场营销信息系统的四个子系统所研究的内容及这些子系统之间的关系的分析，可以看出企业的市场营销信息系统具有以下重要职能：

第一，集中——搜寻与汇集各种市场信息资料；

第二，处理——对所汇集的资料进行整理、分类、编辑与总结；

第三，分析——进行各种指标的计算、比较、综合；

第四，储存与检索——编制资料索引并加以储存，以便需要时查找；

第五，评价——鉴定输入的各种信息的准确性；

第六，传递——将各种经过处理的信息迅速准确地传递给有关人员，以便及时调整企业的经营决策。

第二节 市场营销调研

现代市场营销观念强调以市场需求为导向，要求市场营销者重视顾客的需求。要做到这一点，市场营销者必须通过市场营销调研，了解市场需求及竞争者的最新动态，广泛搜集市场营销信息，准确掌握有关顾客需求的真实信息，从而保障营销决策的正确性。市场营销调研是认识市场、获得市场信息的最基本的方法，是企业做出科学的经营决策的基础，是发现经营和管理中存在问题的重要手段。同时市场营销调研也是市场预测的基础。

一、营销调研的涵义

国际商会、欧洲民意和市场营销调查学会在《市场营销和社会调查业务国际准则》中表述为："市场营销调研（marketing research）指个人和组织对有关其经济、社会、政治和日常活动范围内的行动、需要、态度、意见、动机等情况的系统搜集、客观记录、分类、分析和提出数据资料的活动。"我国大多数学者则从营销职能角度理解其概念。市场营销调研是指营销组织运用科学的方法和技术，通过各种途径和手段，有目的、有计划、系统地、客观地辨别、搜集、记录、整理、分析和传递有关市场营销活动的各方面的信息，为企业营销管理者制定有效的市场营销决策提供重要依据的活动。与狭义的市场调查不同，它是对市场营销活动全过程的分析和研究。市场营销调研的主要作用是通过信息，把营销者和消费者、顾客及公众联系起来，这些信息用来辨别和界定营销机会和问题，产生、改善和估价市场营销方案，监控市场营销行为，改进对市场营销过程的认识，帮助企业营销管理者制定有效的市场营销决策信息。

理解市场营销调研的涵义时应注意以下几个方面：

第一，市场营销调研是一种营销管理的工具和手段，其目的是提高市场运行和管理的效果，应对市场活动全过程或单一市场项目的所有问题。

第二，市场营销调研具有协助解决问题的功能，要提供营销部门有关市场活动中丰富而又精确的信息和建议，使营销决策建立在对客观资料分析的基础之上。

第三，市场营销调研的进行必须符合科学的原则，力求保持客观的态度，采用的方式、方法合乎科学要求。

二、市场营销调研的作用

市场营销调研既是企业所有经营活动的起点，又贯穿于整个营销过程的始终，一方面，市场营销调研是了解市场的重要手段，通过调研，企业可以了解有关市场需求的因素，包括人口数量、购买力水平、消费结构、消费热点及消费流行趋势，还可以了解产品的供求情况和竞争者的信息，为企业的营销决策提供参考。另一方面，市场营销调研是企业制定营销策略的重要依据。通过市场营销调研，使企业搜集到比较完整和准确的市场信息，并对这些信息进行科学的分类、分析和研究，制定出科学的营销策略，从而减少失误，降低风险。

一般来说，企业通过市场营销调研，有利于制定科学的营销规划；有利于优化营销组合；有利于开拓新的市场。其重要作用在于以下几方面：

第一，营销调研有助于企业的生存和发展。一个企业是否能生存和发展，主要看其输出能否满足市场需求，而了解消费者需求的最有效的方法就是营销调研，它能获取市场信息，掌握市场动态，从而于错综复杂的市场现象中探求到企业生存和发展的立足点。

第二，营销调研是企业进行市场预测和制定营销战略的基础。激烈的市场竞争迫使企业必须时刻监控变化万千的市场动态因素，并对未来市场状况做出准确判断。企业只有根据营销调研所提供的信息资料，才能对市场变化趋势做出科学的预测，进而正确无误地制定营销战略规划。

第三，市场营销调研是企业正确制定市场营销策略的保证。企业制定营销策略的主要目的在于扩大市场，获取最大的经济效益。那么，选择哪个目标市场，什么时间、如何进入市场，怎样占领和巩固市场，用什么产品，以什么价格，通过什么渠道，采用什么促销手段等都是企业必须考虑的问题。企业只有通过市场调研和分析，了解和掌握企业的内部条件和外部环境等动态的影响因素，才能制定切实可行的市场营销策略。

第四，市场营销调研是企业提高整体经营管理水平的推进器。企业经营管理水平的高低，直接影响其决策、生产、销售和服务各方面的状况和水平，最终影响企业的经济效益。通过市场营销调研，有利于及时发现自身的管理不足，了解同行业经营管理的情况，学习和借鉴先进的方法和经验，不断改进和完善管理工作，从而提高整体经营管理效能。

三、营销调研的内容

市场营销调研的内容是十分广泛的，但归纳一下，主要是以下五个方面：

（一）消费者需求

顾客的需求应该是企业一切活动的中心和出发点，因而调查消费者或用户的需求，就成了市场调查的重点内容。这一方面主要包括：服务对象的人口总数或用户规模、人口结构或用户类型、购买力水平及购买规律、消费结构及变化趋势、购买动机及购买行为、购买习惯及潜在需求，对产品的改进意见及服务要求等。

（二）调查生产者供应方面的情况

这方面的调查应侧重于与本行业有关的社会商品资源及其构成情况，有关企业的生产规模和技术进步情况，产品的质量、数量、品种、规格的发展情况，原料、材料、零备件的供应变化趋势等情况，并且从中推测出对市场需求和企业经营的影响。

（三）调查销售渠道的情况

主要是调查了解商品销售渠道的过去与现状、包括商品的价值运动和实体运动流经的各个环节，以及推销机构和人员的基本情况、销售渠道的利用情况、促销手段的运用及其存在的问题等。

（四）调查新产品发展趋势情况

这主要是为企业开发新产品和开拓新市场搜集有关情报。其内容包括社会上的新技术、新工艺、新材料的发展情况，新产品与新包装的发展动态或上市情况，某些产品所处的市场生命周期阶段情况，消费者对本企业新老产品的评价以及对其改进的意见等。

（五）调查市场竞争的有关情况

这方面主要是为了使企业在市场竞争中处于有利的地位而搜集的有关的情报，主要包括的内容有：同行业或相近行业的各企业的经济实力、技术和管理方面的进步情况；竞争性产品销售和市场占有情况、竞争者的主要竞争策略；竞争性产品的品质、性能、用途、包装、价格、交货期限以及其他附加利益等，还可以与先进入市场的企业的一些经济技术指标、人员培训法、重要人才进出情况、新产品的开发计划等情报，加以对比、借鉴或参考。

四、营销调研的程序

市场营销调研是一项十分复杂的工作，要顺利地完成调研任务，必须有计划、有组织、有步骤地进行。但是，市场营销调研并没有一个固定的程序可循。一般而言，根据调研活动中各项工作的自然顺序和逻辑关系，市场营销调研可分为以下三个阶段：如图 7-2 所示。

图 7–2　营销调研的程序

（一）调研准备阶段

这个阶段主要是解决调研目的、范围和调研力量的组织等问题，并制定出切实可行的调研计划。其具体工作步骤是：

第一，确定调研目标，拟定调研项目。

第二，确定收集资料的范围和方式。

第三，设计调研表和抽样方式。

第四，制定调研计划。

（二）调研实施阶段

这个阶段是整个市场调研过程中最关键的阶段，对调研工作能否满足准确、及时、完整及节约等基本要求有直接的影响。

一般来说，这个阶段可以分为两个步骤：

第一，对调研人员进行培训，让调研人员理解调研计划，掌握调研技术及同调研目标有关的经济知识。

第二，实地调研。即调研人员按计划规定的时间、地点及方法具体地搜集有关资料，不仅要收集第二手资料，而且要搜集第一手资料（原始资料）。实地调研的质量取决于调研人员的素质、责任心和组织管理的科学性。

（三）调研总结阶段

这个阶段的工作可以分为以下几个步骤：

第一，资料的整理与分析。即对所搜集的资料进行“去粗取精、去伪存真、由此及彼、由表及里”的处理。

第二，撰写调研报告。市场调研报告一般由引言、正文、结论及附件四个部分组成。其基本内容包括开展调研的目的、被调研单位的基本情况、所调研问题的事实材料、调研分析过程的说明及调研的结论和建议等。

第三，追踪与反馈。提出了调研的结论和建议，不能认为调研过程就此完结，而应继续了解其结论是否被重视和采纳、采纳的程度和采纳后的实际效果以及调研结论与市场发展是否一致等，以便积累经验，不断改进和提高调研工作的质量。

五、营销调研的类型

根据研究的问题、目的、性质和形式的不同，市场营销调研一般分为如下四种类型：

（一）探索性调研

探索性调研用于探询企业所要研究的问题的一般性质。研究者在研究之初对所欲研究的问题或范围还不很清楚，不能确定到底要研究些什么问题。这时就需要应用探索性研究去发现问题、形成假设。探索性调研是为了使问题更明确而进行的小规模调查活动。这种调研特别有助于把一个大而模糊的问题表达为小而准确的小问题，并识别出需要进一步调研的信息。比如，某公司的市场份额去年下降了，公司无法一一查知原因，就可用探索性调研来发掘问题：是经济衰退的影响?是广告支出的减少？是销售代理效率低?还是消费者的习惯改变了？等等。总之，探索性调研具有灵活性的特点，适合于调研那些我们知之甚少的问题。

（二）描述性调研

描述性调研是通过详细的调查和分析，对市场营销活动的某个方面进行客观的描述。大多数的市场营销调研都属于描述性调研。描述性调研是寻求对“谁”、“什么事情”、“什么时候”、“什么地点”这样一些问题的回答。它可以描述不同消费者群体在需要、态度、行为等方面的差异。描述的结果，尽管不能对“为什么”给出回答，但也可用作解决营销问题所需的全部信息。比如，某商店了解到该店 67%的顾客主要是年龄在 18～44 岁之间的妇女，并经常带着家人、朋友一起来购物。这种描述性调研提供了重要的决策信息，使商店重视直接向妇女开展促销活动。再比如，市场潜力和市场占有率，产品的消费群结构，竞争企业的状况的描述。在描述性调研中，可以发现其中的关联因素，但是，此时我们并不能说明两个变量哪个是因、哪个是果。与探索性调研相比，描述性调研的目的更加明确，研究的问题更加具体。

（三）因果关系调研

因果关系调研的目的是找出关联现象或变量之间的因果关系。这种调研是调查一个因素的改变是否引起另一个因素改变的研究活动，目的是识别变量之间的因果关系，如预期价格、包装及广告费用等对销售额有何影响。这项工作要求调研人员对所研究的课题有相当的知识，能够判断一种情况出现了，另一种情况会接着发生，并能说明其原因所在。描述性调研可以说明某些现象或变量之间相互关联，但要说明某个变量是否引起或决定着其他变量的变化，就用到因果关系调研。

（四）预测性调研

市场营销所面临的最大的问题就是市场需求的预测问题，这是企业制定市场营销方案和市场营销决策的基础和前提。预测性调研就是企业为了推断和测量市场的未来变化而进行的研究，它对企业的生存与发展具有重要的意义。

六、营销调研的方法

（一）观察法

它是指调查人员以直接观察具体事物作为搜集资料的一种手段。一般来说，由调查人员在现场凭借自己的眼睛或摄像或录音器材对调查对象进行实地观察，并记录正在发生的市场行为或状况，以获取各种原始资料。其优点是结果真实可靠，使用仪器观察具有一定的客观性。调查者与被调查者不发生直接接触，而是由调查者从侧面直接或间接地把被调查者的活动按实际情况记录下来，避免被调查者的各种顾虑，使取得的资料更加贴近实际。在实际市场调研中，观察法常常应用于消费者购买行为的调查，以及对商品的花色、品种、规格、质量、技术服务等方面的调查。缺点则是只能观察到表面活动，不易把握内在因素。

（二）询问法

它可以用个别面谈或小组讨论等方法，也可以用电话询问、邮寄调查表或混合调查法进行。这是市场调查中最常用的一种方法，常见的具体形式有：

1. 面谈法

面谈法即调查人员面对面地向被调查者询问有关问题，并当场记录所提供的资料。其优点是方法灵活，面谈是双向互动的，可以相互启发，并做深入询问。缺点是费用高、花费时间长。

2. 邮寄调查法

将设计好的表格寄给被调查者，要求其填好表格后寄回。优点是被调查者分散，答案不会受调查人的影响。缺点是回收率低。

3. 电话调查法

电话调查法即调查人员通过电话向被调查者询问。优点是省时、成本低；缺点是不易取得被调查者的合作。

4. 网上调查法

网上调查法是通过互联网搜集资料的一种调查方法，即调查人员运用网络，先把设计好的表格制作成电子调查问卷传到互联网上，让浏览到该网页的被调查者填写，并确认提交。它是随着网络发展而兴起的一种最新的调查方法，是一场新的革命。其优点是费用低、快捷高效，即时可以看到调查结果；缺点是被调查者的身份一般是虚拟的，调查缺乏一定的针对性。

（三）实验法

实验法是从影响调查对象的若干因素中，选出一个或几个因素作为实验因素，在其余诸因素均不发生变化的条件下，了解实验因素变化对调查对象的影响。即在控制某些因素的前提下，通过小规模实验来观察企业的营销活动的效果。实验法多用在新产品的导入期，调查价格、广告等营销措施的市场效应。该方法的优点是科学性强，缺点是实验成本高、实验时间长。

七、营销调研中的问卷设计

调查问卷是市场营销调研的重要工具之一。在大多数市场调查中，研究者都要依据研究的目的设计某种形式的问卷。

（一）问卷设计应具备的三个条件

第一，能达到市场调查目的。即将调查目的，以询问方式具体化、重点化地列举在问卷上。

第二，促使被访问者愿意合作，提供正确情报，协助达成调查目的。

第三，正确表达访问者与被访问者的相互关系。

（二）问卷内容应包括四个部分

问卷内容在结构上按照顺序应包括以下四个部分：

首先是开场白：在问候后，表达主持调查机构及访查员的身份，说明调查目的及为什么访问受访者，并提示回答方法，确定受访者是否了解，必要时重复说明，并交代访问结果将如何处理。如果当时不方便进行访问，预约适当的访问时间。

其次是示范答复例子：由访问员示范一个与访问主题无涉的中性例子，将极有助于双方之沟通。

再次是访问主题（见访问内容）。

最后是受访者个人资料。通常有电话号码、年龄、性别、教育程度，依调查目的而定。

（三）问卷设计应有以下几个步骤

1. 确定需要的信息

在问卷设计之初，研究者首先要考虑的就是要达到研究目的、检验研究假设所需要的信息，从而在问卷中提出一些必要的问题以获取这些信息。

2. 确定问题的内容

确定了需要的信息之后，就要确定在问卷中要提出哪些问题或包含哪些调查项目。另外，因问卷调查方式之不同，问卷内容的繁复及问卷设计方式也有所不同。应根据问卷调查方式做适当的问卷内容安排。在保证能够获取所需信息的前提下，要尽量减少问题的数量，降低回答问题的难度。在决定问题内容时，一般应注意以下问题：

（1）问题必须切题，所问问题都是有针对性的，最好不要有与调查目的无关问题在内。

（2）一个问题中不要包含两个以上问题，以免在未来统计分析时造成困难。例如问："××洗衣粉是否清洁又不伤衣服?"可能会得到不同答案。应该问："你现在使用的××洗衣粉比其他洗衣粉好处是什么?"或问："你使用××洗衣粉的动机是什么?"

（3）要提出被访者所知道的问题。

（4）使被访者乐于回答。

3. 确定问题的类型

问题的类型一般分为以下三类：

（1）开放式问题。开放式问题是一种应答者可以自由使用自己的语言来回答和解释有关想法的问题类型，也就是说，调查人员没有对应答者的选择进行任何限制。对于开放式的问题，为了获得更详细的材料或使讨论继续下去，开放式的问题要求调查员对应答者不断地追问和激励。开放式的问题可以使应答者给出他们对问题的一般性反应，同时能为调查研究人员提供大量的、丰富的信息，而且在分析数据的过程中，开放式的问题可以成为解释封闭式问题的工具。

当然开放式的问题也存在缺点：首先是在编码方面费时费力；其次是尽管在培训中强调对开放式的问题要逐字记录，但是调查员还是可能会出现误差；最后是开放式的问题回答可能向性格外向，善于表达的应答者一方倾斜。除在第一次询问或试探性调查外，尽量少用。如："喜欢什么品牌的洗发水?"

（2）封闭式问题。封闭式的问题是一种需要应答者从一系列的应答项中做出选择的问题，封闭式的问题避免了开放式问题的缺点：可以减少调查员的误差；提供更为实际的应答；而且编码和录入的过程大大简化了。封闭式问题的主要形式包括：

= 1 * GB3 ①二项选择题。封闭式问题最简单的形式就是二项选择题。这种问题把问题简化成是与否两种答案，由应答者回答。应答者回答简单，资料和结果也便于整理。但有时可能不能完全表达出应答者的意见。例如：

请问："你会不会开车?"

□会　　□不会

如遇有两者都有之时，应分两个问题问。如：

问："你现在使用电胡刀吗?"

□用　　□不用

问：你现在使用安全刀片吗?"

□用　　□不用

= 2 * GB3 ②多项选择题。对于每一问题列举几个备选答案，让应答者在限定答案中勾选答案。如：

问："你使用过哪种洗发水?"

□飘柔　　□舒蕾　　□夏士莲　　□海飞丝

这种问题同样应答者回答简单，资料和结果也便于整理。需要注意的问题是选择题要包含所有可能的答案，又要避免过多和重复。

（3）顺位题型。顺位题型从形式上应该也是归属于多项选择题型中，但是因为该题型要求被访者对选项进行排序，或者顺位，所以这里单独作为一个题型说明。譬如下面的例子。

问："你选购手机时，认为哪一种条件最重要?请按重要顺序 1、2、3、4 之顺序注明下列答案前的"□"内。

□款式　　□品牌　　□价格　　□附加功能

4. 确定问题的用语

问题的词句或字眼对应答者的影响很大，有些表面上看差异不大的问题，由于字眼不同应答者就会做出不同的反应，因此问题的字眼或词句必须斟酌使用。在答卷调查中，避免引起不正确的回答，对调查结果产生影响。一般注意以下几个方面：

（1）询问的着眼点要明确、明朗。例如："你现在使用什么洗发精?"

（2）主观问句胜于客观问句。例如："××汽车会不会比××汽车好?"采用主观问句或客观问句还要看所调查的事项。

（3）用平易语句，让被询问人易于回答。例如："贵公司对新进推销人员有无给予职前训练?”

（4）避免有诱导性作用的问题，使答案和事实产生误差。例如不该问：“府上使用空调吗?”应该问：“府上用的是××牌空调?”

（5）避免过于涉及个人隐私。例如不应问：“你今年几岁?”、“你结婚了吗?”而不妨以“你是哪一年出生的?”“你先生现在哪儿?”来代替。

5. 确定问题的顺序

问题的顺序会对应答者产生影响，因此，在问卷设计时问题的顺序也必须加以考虑。原则上开始的问题应该容易回答并具有趣味性，以提高应答者的兴趣。涉及应答者个人的资料则应最后提出。

（1）第一个问题必须有趣且容易答复。

（2）重要的问题放在重要地方。

（3）容易的问题在前面，慢慢引入比较难答的问题。

（4）问题要一气呵成，且应注意问题前后连贯性，不要让应答人情感或思绪中断。

（5）私人问题和易引起对方困扰的问题，应最后提出。

（6）避免被访者太劳累。

6. 问卷的试答

一般在实地市场调查之前，设计好的问卷应该选择小样本进行预试，进行小规模试验检查，其目的是发现问卷的缺点，改善提高问卷的质量。这种事前测验的样本一般为20个，若是遇到回应熟练者，更可以要求提供有关建议。以便了解：

问卷格式是否适合，并做必要之改进。

调查员调查方式是否正确，并做必要改进。

求证抽样设计是否适当，加以改良。

调查人员编组是否合理，做必要的人员调整。

调查成本之搜集，以为成本控制参考。

对未来资料整理统计的有效性，要预先做测验。

（四）问卷设计应注意的问题

1. 问卷开头招呼语措辞要亲切、真诚、实在。开始的几个问题设置，必须慎重，要容易回答，不要使对方碍于启口。通常在调查开始的阶段，也就是问卷的最开头几题。如果所调查的是同一类产品的整个市场情况，以及被调查的品牌在整个市场中的地位，为了避免影响受访者的反应，或者蒙蔽受访者的真正看法，歪曲了他的内在反应，故在开始询问时，一般尽量不给受访者知道所要调查的主要品牌是什么，以及委托调查公司的名称。

2. 一个问题只能有一个问题点。一个问题如有若干问题点，不仅会使受访者难以做答，其结果的统计会很不方便的。

3. 问卷的排列，要顾及由浅而深，一开始就询问难以作答的问题，易导致受访者的抗拒。

4. 考虑问题的关联性。同性质的问题集中在一起，才不致使受访者思考混乱。

5. 避免语意不清，模棱两可，以免使受访者左右为难。

6. 所列的限制条件要清楚，使作答时有正确的方向。

7. 措辞简单明了、客气、温和，所有问题的措辞要尽量客观。

8. 注意措辞的强度，如“必要的东西”和“必备品”因为措辞强度不同，事实上很可能影响受访者回答。

9. 不可询问难以回忆的事项，避免为难受访者，问卷中不得有蓄意考倒受访者的问题设置。

10. 类似下列这样的问题，不要放在问卷之首。

（1）关于被访者的个人资料——教育程度、经济状况、耐久消费品拥有情形等均须放在最后询问。

（2）类似测验智力问题——使对方感到困难，有产生敌意之嫌。

（3）有关受访对象的生活态度问题——受访对象通常在回答这类问题时持谨慎态度。

（4）令人漠不关心的问题。

八、营销调研报告的结构

营销调研报告的结构一般包括：标题封面、摘要、目录、主体部分、结论和建议、附录六部分。

（一）标题封面

写明调研题目，以及委托单位名称、承办部门（人）和日期。

（二）摘要

以简明扼要的语言陈述研究结果及有关建议，以便企业的决策者或主管迅速了解调研的成果，以及应该采取的措施。因此，摘要是报告中最重要的部分。

（三）目录

应该列出报告的所有主要部分和细节部分，并且表明页码，以便于使用者尽快查看所需内容。

（四）主体部分

将研究结果做有组织有条理的整理和陈述。尽可能简洁直观，可以图文并茂地说明问题，便于分析使用。

（五）结论和建议

研究者的作用不仅在于向使用者提供调查事实，而且应该在事实的基础上加以分析，得出结论并提出对策建议，以供参考。

（六）附录

附录是调研报告的结尾部分，它起到以数据、图表、图形来表述调研报告的作用，包括相关的数据图表和问卷实地调查概况等。

第三节　市场预测

一、市场预测的涵义

市场预测是在市场调查的基础上，运用科学的方法对市场需求和企业需求以及影响市场需求变化的诸因素进行分析研究，对未来的发展趋势做出判断和推测，为企业制定正确的市场营销决策提供依据。

二、市场预测的内容

市场预测的内容按照预测的层次可以分成以下三个方面：

（一）环境预测

环境预测也称为宏观预测或经济预测，它是通过对各种环境因素，如国家财政开支、进出口贸易、通货膨胀、失业状况、企业投资及消费者支出等因素的分析，对国民总产值和有关的总量指标的预测。环境预测是市场潜量与企业潜量预测、市场预测和企业预测的基础。

（二）市场潜量与企业潜量预测

市场潜量预测和企业潜量预测是市场需求预测的重要内容。市场潜量是从行业的角度考虑某一产品的市场需求的极限值，企业潜量则是从企业角度考虑某一产品在市场上所占的最大的市场份额。市场潜量和企业潜量的预测是企业制定营销决策的前提，也是进行市场预测和企业销售预测的基础。

(三)市场预测与企业预测

市场预测是在一定营销环境下和一定营销力量下，某产品的市场需求水平的估计，企业预测是在一定的环境下和一定的营销方案下，企业预期的销售水平。企业预测不是企业制定营销决策的基础或前提，相反它是受企业营销方案影响的一个函数。

三、市场预测的步骤

市场预测要遵循一定的程序和步骤，一般而言它有以下几个步骤：

(一)确定预测目标

市场预测首先要确定预测目标，明确目标之后，才能根据预测的目标去选择预测的方法、决定收集资料的范围与内容，做到有的放矢。

(二)选择预测方法

预测的方法很多，各种方法都有其优点和缺点，有各自的适用场合，因此必须在预测开始根据预测的目标和目的，根据企业的人力、财力以及企业可以获得的资料，确定预测的方法。

(三)搜集市场资料

按照预测方法的不同确定要搜集的资料，这是市场预测的一个重要的阶段。

(四)进行预测

此阶段就是按照选定的预测方法，利用已经获得的资料进行预测，计算预测结果。

(五)预测结果评价

预测结果得到以后，还要通过对预测数字与实际数字的差距分析比较以及对预测模型进行理论分析，对预测结果的准确和可靠程度给出评价。

(六)预测结果报告

预测结果的报告从结果的表述形式上看，可以分成点值预测和区间预测。点值预测的结果形式上就是一个数值，例如某行业市场潜量预计达到 5 个亿，就属于点值预测。区间预测不是给出预测对象的一个具体的数值，而是给出预测值的一个可能的区间范围和预测结果的可靠程度。例如，95%的置信度下，某企业产品销售额的预测值在 5500 万元至 6500 万元之间。

四、市场预测的方法

企业从事销售预测，一般要经过三个阶段，即环境预测、行业预测和企业销售预测。环境预测就是分析通货膨胀、失业、利率、消费者支出和储蓄、企业投资、政府开支、净出口以及其他一些重要因素，最终做出对国民生产总值的预测。以环境预测为基础，结合其他环境特征进行行业销售预测。最后，根据对企业未来市场占有率的估计，预测企业销售额。

（一）定性预测

1. 购买者意向调查法

潜在购买者是市场需求的重要组成部分，预测就是预估在给定条件下潜在购买者的可能行为，即要调查购买者。这种调查的结果是比较准确可靠的，因为只有购买者自己才知道将来会购买什么和购买多少。

在满足下面三个条件的情况下，购买者意向调查法比较有效：

（1）购买者的购买意向是明确清晰的；

（2）这种意向会转化为顾客购买行动；

（3）购买者愿意把其意向告诉调查者。

对于耐用消费品（使用寿命在 1 年以上），如汽车、房屋、家具、家用电器等的购买者调查一般要定期进行抽样调查。另外，还要调查消费者目前和未来个人财力情况以及他对未来经济发展的看法。对于产业用品，企业可以自行从事顾客购买意向调查。通过统计抽样选取一定数量的潜在购买者，访问这些购买者的有关部门负责人。通过访问获得的资料以及其他补充资料，企业便可以对其产品的市场需求做出估计。

尽管这样费时费钱，但企业可从中间获得某些好处。首先，通过访问，企业分析人员可以了解到在没有公开发布资料的情况下考虑各种问题的新途径。其次，可以树立或巩固企业关心购买者需要的形象。最后，在进行总市场需求的预测过程中，也可以同时获得各行业、各地区的市场需求估计值。如日本三菱电机公司第五任总经理进藤贞和，20 世纪 70 年代为扭转家电的困难局面，亲自调查了全国 3000 多个销售点。店主们对产品提出了许多意见，有的店主向他抱怨，有的对产品的缺点抓住不放。进藤贞和再三道歉，并表示要加以改进。由于获得了确切的信息，企业及时改进了生产，使得三菱电机公司的销售额翻了 10 倍。如今三菱电机已经主宰了日本整个家电市场，因此，进藤贞和被誉为“三菱霸主”。

用购买者意向调查法预测产业用品的未来需要，其准确性比预测消费品的未来需要要高。因为消费者的购买动机或计划常因某些因素（如竞争者的市场营销活动等）的变化而变化，如果完全根据消费动机做预测，准确性往往不是很高。一般说来，用这种方法预测，非耐用消费品需要的可靠性较低，预测耐用消费品需要的可靠性稍高，预测产业用品需要的可靠性则更高。

2. 销售人员综合意见法

在不能直接与顾客见面时，企业可以通过听取销售人员的意见估计市场需求。销售人员综合意见法的主要优点是：

（1）销售人员经常接近购买者，对购买者意向有较全面深刻的了解，比其他人有更充分的知识和更敏锐的洞察力，尤其是对受技术发展变化影响较大的产品；

（2）由于销售人员参与企业预测，因而他们对上级下达的销售配额有较大的信心完成；

（3）通过这种方法，也可以获得按产品、区域、顾客或销售人员划分的各种销售预测。

一般情况下，销售人员所做的需求预测必须经过进一步修正才能利用，这是因为：

（1）销售人员的判断总会有某些偏差，受其最近销售成败的影响，他们的判断可能会过于乐观或过于悲观，即常常走极端；

（2）销售人员可能对经济发展形势或企业的市场营销总体规划不了解；

（3）为使其下一年度的销售大大超过配额指标，以获得升迁或奖励的机会，销售人员可能会故意压低其预测数字；

（4）销售人员也可能对这种预测没有足够的知识、能力或兴趣。

尽管有这些不足之处，但是这种方法仍为人们所利用。因为各销售人员的过高或过低的预测可能会相互抵消，这样使预测总值仍比较理想。有时，有些销售人员预测的偏差可以预先识别并及时得到修正。

3. 专家意见法

最早由美国的兰德公司提出，已被广泛运用在军事、经济和商业领域。企业也可以利用诸如经销商、分销商、供应商及其他一些专家的意见进行预测。由于这种方法是以专家为索取信息的对象，用这种方法进行预测的准确性，主要取决于专家的专业知识和与此相关的科学知识基础，以及专家对市场变化情况的洞悉程度，因此依靠的专家必须具备较高的水平。

利用专家意见有多种方式。如组织一个专家小组进行某项预测，这些专家提出各自的估计，然后交换意见，最后经过综合，提出小组的预测。这种方式的缺点是，小组成员容易屈从于某个权威或者大多数人的意见（即使这些意见并不正确），不愿提出不同的看法；或者虽然认识到自己的意见错了，但碍于情面不愿意当众承认。

现在应用较普遍的方法是专家意见法。其基本过程是：先由各个专家针对所预测事物的未来发展趋势独立提出自己的估计和假设，经企业分析人员（调查主持者）审查、修改，提出意见，再发回到各位专家手中，这时专家们根据综合的预测结果，参考他人意见修改自己的预测，即开始下一轮估计。如此往复，直到各专家对未来的预测基本一致为止。

专家意见法的主要优点是：

第一，预测过程迅速，成本较低；

第二，在预测过程中，各种不同的观点都可以表达并加以调和；

第三，如果缺乏基本的数据，可以运用这种方法加以弥补。

专家意见法的主要缺点是：

第一，专家意见未必能反映客观现实；

第二，责任较为分散，估计值的权数相同；

第三，一般仅适用于总额的预测，而用于区域、顾客群、产品大类等的预测时，可靠性较差。

美国洛克希德飞机制造公司在做销售预测时，把专家意见法略作改动。一组洛克希德公司的经理人员扮作该公司的主要顾客，十分认真、冷静地评价公司的销售条件（包括产品、价格、售后服务等）以及竞争者的条件。接着每人模拟顾客做出购买什么和向哪里购买的决策。把各“顾客”向本公司购买的数量加起来，并与其他独立的统计预测协调，即得到公司的销售预测值。

4. 市场试验法

企业收集到的各种意见的价值，不管是购买者、销售人员的意见，还是专家的意见，都取决于获得各种意见的成本、意见可得性和可靠性。如果购买者对其购买并没有认真细致的计划，或其意向变化不定，或专家的意见也并不十分可靠，在这些情况下，就需要利用市场试验这种预测方法。特别是在预测一种新产品的销售情况和现有产品在新的地区或通过新的分销渠道的销售情况时，利用这种方法效果最好。

（二）定量预测

1. 时间序列分析法

很多企业以过去的资料为基础，利用统计分析和数学分析预测未来需求。这种方法的根据是：第一，过去的统计数据之间存在着一定的关系，而且这种关系利用统计方法可以揭示出来；第二，过去的销售状况对未来的销售趋势有决定性影响，销售额只是时间的函数。因此，企业可以利用这种方法预测未来的销售趋势。

时间序列分析法的主要特点是，以时间推移研究和预测市场需求趋势，不受其他外界因素的影响。不过，在遇到外界发生较大变化，如国家政策发生变化时，根据过去已发生的数据进行预测往往会有比较大的偏差。

产品销售的时间序列，可以分成四个组成部分：

（1）趋势。它是人口、资本积累、技术发展等方面共同作用的结果。利用过去有关的销售资料描绘出销售曲线就可以看出某种趋势。

（2）周期。企业销售额往往呈现出某种波状运动的特征，因为企业销售一般都受到宏观经济活动的影响，而宏观经济活动总呈现出某种周期性波动的特点。周期因素在中期预测中尤其重要。

（3）季节。指一年内销售量变动的形式。季节一词在这里可以指任何按小时、月份或季度周期发生的销售量变动形式。这个组成部分一般同气候条件、假日、贸易习惯等有关。季节形式为预测短期销售提供了基础。

（4）不确定事件。包括自然灾害、战争恐慌、一时的社会流行时尚和其他一些干扰因素。这些因素属不正常因素，一般无法预测。应当从过去的数据中剔除这些因素的影响，考察较为正常的销售活动。

时间序列分析就是把过去的销售序列 Y 分解成为趋势（T）、周期（C）、季节（S）和不确定因素（E）等组成部分，通过对未来这几个因素的综合考虑，进行销售预测。

2. 直线趋势法

直线趋势法是运用最小平方法进行预测，用直线斜率来表示增长趋势的一种外推预测方法。其预测模型为：

$Y=a+bX$

式中：a 是直线在 y 轴上的截距；

b 是直线斜率，代表年平均增长率；

Y 是销售预测的趋势值；

X 表示时间。

根据最小平方法原理，先计算 $Y=a+bX$ 的总和，即

$\Sigma Y=na+b\Sigma X$

式中：n 表示年份数。

然后计算 ΣXY 的总和，即

$\Sigma XY=a\Sigma X+b\Sigma X^2$

上述二式的共同因子是 ΣX。为简化计算，可将 ΣX 取 0，其方法是：若

n 为奇数，则取 X 的间隔为 1，将 X=0 置于资料期的中央一期；若 n 为偶数，则取 X 的间隔为 2，将 X=-1 与 X=1 置于资料中央上下两期。

当 $\Sigma X=0$ 时，上述二式分别变为

$\Sigma Y = na$

$\Sigma XY = b\Sigma X^2$

由此可计算出 a，b 值为

$a=\sum Y/n$

$b=\sum XY/\sum X^2$

所以

$Y=\sum Y/n+(\sum XY/\sum X2)X$

[**例**] 假设某企业 2001－2005 年的销售额分别为 450 万元、470 万元、500 万元、440 万元、600 万元，现需运用直线趋势法预测 2006 年的销售额。由于 n＝5 为奇数，且 X 的间隔为 1，故可将 X＝0 置于资料期的中央一期（即 2003 年），X 值依次为-2，-1，0，1，2，XY 依次为-900，-470，0，440，1200，X2 依次为 4，1，0，1，4，所以

$\Sigma Y=2460$

$\Sigma XY=270$

$\Sigma X2=10$

将有关数据代入计算公式，则得：

$Y=2460/5+(270/10)X=492+27X$

由于需预测 2006 年的销售额，所以 X=3，代入上式，得

$Y=492+27\times 3=573$（万元）

即 2006 年的销售额将为 573 万元。

3. 统计需求分析法

时间序列分析法把过去和未来的销售都看作是时间的函数，即仅随时间的推移而变化，不受其他任何现实因素的影响。然而，任何产品的销售都要受到很多现实因素的影响。统计需求分析就是运用一整套统计学方法发现影响企业销售的最重要的因素以及这些因素影响的相对大小。企业经常分析的因素，主要有价格、收入、人口和促销等。

统计需求分析将销售量 Q 视为一系列独立需求变量 X1，X2，…，Xn 的函数，即

$Q=f(X1, X2, \cdots, Xn)$

但是，这些变量同销售量之间的关系一般不能用严格的数学公式表示出

来，而只能用统计分析来揭示和说明，即这些变量同销售量之间的关系是统计相关。多元回归技术就是这样一种数理统计方法。它运用数理统计工具在寻找最佳预测因素和方程的过程中，可以找到多个方程，这些方程均能在统计学意义上符合已知数据。

在运用统计需求分析法时，应充分注意影响其有效性的问题：

（1）观察值过少；

（2）各变量之间高度相关；

（3）变量与销售量之间的因果关系不清；

（4）未考虑到新变量的出现。

需要说明的是，需求预测是一项十分复杂的工作。实际上只有特殊情况下的少数几种产品的预测较为简单，如未来需求趋势相当稳定，或没有竞争者存在（如公用事业），或竞争条件比较稳定（如纯粹垄断的产品生产）等。在大多数情况下，企业经营的市场环境是在不断变化的。由于这种变化，总市场需求和企业需求都是变化的、不稳定的。需求越不稳定，就越需要精确的预测。这时准确地预测市场需求和企业需求就成为企业成功的关键，因为任何错误的预测都可能导致诸如库存积压或存货不足，从而使销售额下降以至中断等不良后果。

在预测需求的过程中，所涉及到的许多技术问题需要由专业技术人员解决，但是市场营销经理应熟悉主要的预测方法以及每种方法的主要长处和不足。

本章小结

1. 市场营销信息系统是由人、设备和程序组成的，为营销决策者搜集、挑选、分析、评估和分配所需要的、适时的和准确的信息。市场营销信息系统主要由四部分构成，即内部报告系统、营销情报系统、营销调研系统和营销分析系统。

2. 市场营销调研是指运用科学的方法系统地、客观地辨别、搜集、分析和传递有关市场营销活动的各方面的信息，为企业营销管理者制定有效的市场营销决策提供重要的依据。市场营销调研分为三个阶段：准备阶段、实施阶段、总结阶段。四种类型为：探索性调研、描述性调研、因果关系调研、预测性调研。市场营销调研方法则包括：观察法、询问法（面谈法、邮寄调查法、电话调查法、网上调查法）以及实验法。

调查问卷设计包括六个步骤，一是确定需要的信息；二是确定问题的内容；三是确定问题的类型；四是确定问题的用语；五是确定问题的顺序；六是进行问卷的试答。而营销调研报告的结构一般包括：标题封面、摘要、目录、主体部分、结论和建议、附录六部分。

3. 市场预测则是在市场调查的基础上，运用科学的方法对市场需求和企业需求以及影响市场需求变化的诸因素进行分析研究，对未来的发展趋势做出判断和推测，为企业制定正确的市场营销决策提供依据。主要包括三个方面：环境预测、市场潜量与企业潜量预测、市场预测与企业预测。

市场预测的步骤为：确定预测目标、选择预测方法、收集市场资料、进行预测、预测结果评价、预测结果报告；市场预测的方法主要有：购买者意向调查法、销售人员综合意见法、专家意见法、市场试验法、时间序列分析法、直线趋势法、统计需求分析法等。

能力培养指导

实训项目：模拟市场营销调查，设计市场调查问卷

1. 实训目的

通过实训帮助学生达到初步掌握市场调查问卷设计基本方法的目的。

2. 实训内容

某冰箱制造企业想要了解以下市场信息，请你为该企业设计一张调查问卷。

（1）冰箱的目标顾客在哪里；

（2）消费者在购买冰箱时的关注因素；

（3）市场潜量；

（4）如何分销最有效；

（5）接受促销信息的途径；

（6）客户可接受的价格；

（7）竞争对手及潜在竞争者的情况。

3. 实训形式与安排

首先将班级同学划分为若干项目小组，小组规模一般是 5～7 人，并选举小组长以协调小组的各项工作。由于市场营销调查问卷设计的很多环节均需要小组共同完成，因而中途无特殊原因不允许组员变动。小组成绩将作为每位组员的作业成绩。

4. 实训要求

设计调查问卷时，要充分考虑到操作的可行性和便利性，不要调查被调

查者不太了解的事物。可选择以学校周围社区内的居民等为调查对象。

5. 时间安排

利用学校图书馆或网络资源，安排在课外时间，时间控制在2周左右，各组全部设计完毕。

案例应用 1

铱星公司破产的原因和启示

2000年3月17日，在美国纳斯达克股市上市的高科技企业铱星公司宣布破产，引起媒体和企业界的广泛关注。1991年，美国摩托罗拉公司决定建立由66颗低轨道卫星组成的移动通讯网络，旨在突破基于地面的移动通讯的局限，通过太空向任何地区、任何人提供语言、数据、传真及寻呼信息服务。1998年5月，随着最后一颗卫星发射成功，筹备了7年的铱星系统完成组网工作，并于同年11月正式投入商业运营。1999年5月，铱星公司宣布1999年第一季度的营业收入为145万美元，亏损5.05亿美元。同年5月14日，铱星公司宣布，难以按期偿还月底到期的8亿美元债务，公司聘请唐纳森—勒夫金—詹雷特证券公司帮助重新安排债务。1999年8月，铱星公司由于无法按期偿还巨额债务，向特拉华州联邦破产法院申请破产保护，进行改组。虽经多方努力，铱星公司还是走上破产之路。2000年3月17日，美国纽约地方法院法官阿瑟·冈萨雷斯批准了铱星公司提出的终止向顾客提供通讯服务，并摧毁在轨运营卫星的请求。这意味着，铱星公司的破产保护期改组计划失败，正式进入破产程序。

什么原因使铱星公司在短短的一年半时间内破产？从目前的情况来看，主要有如下几个方面的原因：

1. 技术先进，但不成熟

铱星系统使用的是20世纪90年代初期发展起来的新技术，为此铱星公司获得了1998年度《大众科学》杂志年度100项最佳科技成果奖中的电子技术奖，这是一项在全美科技产业中具有较大影响的奖项。但该系统在技术上存在着一些问题，如铱星电话只能在空旷的地方使用、在室内和车内不能通话；通话的可靠性和清晰性较差；铱星系统在欧洲、亚洲和非洲的许多国家无法使用；铱星手机重达1磅，比现在普通手机要重得多等。而20世纪70年代末发展起来的移动电话技术，在短短的20多年时间里，先后经历了模拟信号、GSM/CDMA 等阶段，网络覆盖面积和通话质量达到了很高水平，手机已做到个性化，为众多消费者所接受，构成了对铱星电话的极大威胁。

2. 高成本导致高价格，竞争力不强

铱星系统最初计划发射 77 颗卫星，后调整为 66 颗。由 66 颗低轨卫星构成的卫星电话系统耗资 50 多亿美元,除摩托罗拉公司等公司的投资和发行股票筹集的资金外，铱星公司共借贷 30 亿美元，每月的财务费用达 4000 万美元。高经营成本使铱星公司在正式营业之初，将铱星手机售价定为 4000 美元，通话费用 7 美元/分钟。在市场反应冷淡的情况下，铱星公司被迫做出价格调整，调整后的手机价格为 3000 美元，通话费为 1.89 美元/分钟。但同移动电话相比，仍显较高。铱星公司在开业近 10 个月时，铱星手机的用户还不到 2 万名，远少于 65 万名用户的盈亏平衡点，其中还有一部分手机是公司赠送出去的。

3. 市场营销失败

从营销的角度看，铱星公司存在着诸多问题。首先，铱星手机在核心利益上没有较好地满足顾客期望,顾客用远高于移动电话的价格购买铱星手机，目的是能在移动电话网无法工作的地方保持及时联系，但铱星手机存在的技术问题使顾客的这一核心利益得不到保证。其次，笨拙的铱星手机没能向顾客提供附加利益，即没有满足个性化需要。第三，铱星公司的服务和营销能力不足。到铱星公司破产时，铱星系统只能同时为 2.5 万名用户服务；公司的营销力量比较薄弱，如铱星公司原计划在中国发展 10 万名用户，却只有一家代理商。第四，公司在消费者中的知名度不高。铱星公司在向客户推广其手机和通讯服务方面，力度有限，导致潜在用户对铱星系统认识不够。最后，开业不久就陷入债务危机，极大地损害了公司的形象，致使一些潜在用户推迟或取消了购买。

无线通讯市场淘汰了先进的卫星电话，然而较早发展的、技术上相对落后的移动电话却欣欣向荣，市场不断扩大。这与我们所熟知的市场淘汰落后技术的常识相悖，市场错了吗？没有，市场竞争是在公正、公平和公开的基础上进行的，尽管结果有些无情。消费者错了吗？没有，消费者是在自由、自主的情形下做出选择的，尽管不符合先进淘汰落后的常理。这一事实，充分说明技术上的先进不一定能保证商业上的成功。

（资料来源：马永生，周晖著.《铱星公司破产的原因和启示》.）百度文库

【讨论题】

从铱星公司的陨落来分析高新技术产品市场调查的重要性。

案例应用 2

2010 年情人节巧克力销售的突破

巧克力的销售，在每年的西方情人节都是最火爆的时候，而 2010 年 2 月 14 日，因为西方情人节和中国春节恰好是同一天，对于巧克力来说，却是个困惑。有相关机构对如何过 2010 年春节做了一次调查，其调查收集的数据结果分析为：

2 月 14 日，是陪家人过春节还是陪情人或恋人过情人节的人数总体不分上下，虽然过春节的人多 8 票，但是却暗示了两种文化的碰撞。

对于希望与恋人共度情人节，又不能在 2 月 14 日那天相聚，有 68%的人选择在春节前过。

87.3%的人选择了在 2 月 1 日~12 日这段时间里过情人节。

85.4%的人选择了在 2 月 14 日前后收到情人节礼物，其中 72.3%的人选择在 2 月 4 日~9 日收到礼物。

68.3%的人选择在情人节前把礼物送给对方。

参与调查的人以 24 岁以下居多，比例为 57.9%。

参与调查的人收入水平在 6000 元以下，占 84.5%，其中 3000 元以下的比例为 63.6%。

情人节礼物以巧克力为主，占 40.1%。

（资料来源：戴高诺. 巧克力的突破[EB/OL].成功营销网，http://www.tem.com.cn/marketing/tactics/20100128/12646406635081.shtml. 2010-01-28）

【讨论题】

1. 根据本章所学内容，如何设计调研方案来预测 2010 年 2 月 14 日的巧克力需求？选用什么样的营销调研方法？案例中出现的调查结果是否和你预测的相一致？

2. 从案例中调查结果来看，对于巧克力生产企业来说，各有怎样的销售困惑或机遇？你将采用怎样的营销战略与战术来应对可能出现的销售困境？

第八章　市场细分与目标市场

学习目标：

- 通过本章学习，了解市场细分、目标市场、市场定位的内容，掌握市场细分的概念和方法。
- 能应用市场细分原理、目标市场选择策略及市场定位方法，分析企业目标市场营销中存在的各种问题。
- 理解目标市场选择策略，掌握市场细分原理和市场定位方法。

实践中的市场细分

海尔的市场营销战略

海尔的前身是一家生产普通家电产品，濒临倒闭的集体小厂。1985 年，成立海尔股份有限公司，引进德国先进技术和设备，生产电冰箱产品。经过多年的艰苦奋斗，现已发展成以家电为主导产业，涉及房地产开发、商贸金融等多领域的集团公司。1985—1999 年，海尔的年平均增长速度达到 81.6%。1999 年海尔实现国内外营业额 268 亿元，其中工业销售收入 215 亿元，出口创汇 1.38 亿美元。1999 年 12 月 7 日，英国《金融时报》公布全世界最受尊重的企业排名，海尔成为中国唯一入选企业。

一、向多元化家电产品扩张

海尔集团认为名牌永远是动态的，要保持名牌永久的生命力，就要不断地开发新产品，不断创新。一个品种就是一个市场，忘掉海尔一个品种就会丧失一片市场，一片消费群体。于是海尔集团利用海尔品牌效应，先后开发了与冰箱相关系数高、技术市场相关性大的其他“海尔”家电产品，如空调器、洗衣机、热水器等家电产品，同时还向黑色家电领域进军，生产数字化彩色电视机。利用消费者对品牌的信任，使产品迅速进入市场。到 1999 年，海尔拥有 13 大门类 6000 余种规格的名牌产品群。

二、细分市场，差异性营销策略

海尔集团根据市场细分原则，在选定产品市场的范围内，确定顾客的需求，有针对性地研制开发了多品种、多规格的家电产品，以满足不同层次消费者的需求。如，海尔洗衣机是我国洗衣机行业跨度最大、规格最全、品种最多的产品。根据消费者的有效需求，海尔集团开发了“小小王子”伴侣全冷冻小冰箱，解决了消费者的实际需求，产品一上市便脱销。宽电压冰箱新品种的问世，打开了广阔的农村市场，在西北市场上被富裕起来的农民抢购一空。

三、采用迎头市场定位策略

海尔集团市场竞争的原则是不首先在量上争第一，而是在质上争第一，依靠高科技推出新产品。它所涉足的除冰箱外的其他产品均起步较晚，这些产品的市场竞争激烈。但海尔集团经过认真的市场调查，清醒地估计自己的实力后，认为可以进入这些产品市场中参与竞争。它采用了迎头市场定位的策略，1992 年推出空调器产品，1995 年推出洗衣机产品，由于技术领先，质量可靠，深受消费者的欢迎。这两种产品的市场占有率一直排在前几名。

四、不同的市场营销组合策略

为了能在市场竞争中取得优势的地位，海尔集团根据产品的特点和消费者的需求，因地制宜地采取相应的营销组合策略，提高了产品的知名度和市场占有率。在洗衣机市场上，海尔集团根据我国不同地区的环境特点，采用不同的产品策略。如，针对我国江南地区“梅雨”天气较多，洗衣不容易干的情况，海尔集团及时开发了集洗涤、脱水、烘干于一体的海尔“玛格丽特”三合一全自动洗衣机，以其独特的烘干功能，迎合了饱受“梅雨”之苦的消费者。此产品在我国上海、宁波、成都等市场引起轰动。针对我国北方的水质较硬的情况，海尔集团开发了专利产品“爆炸”洗净的气泡式洗衣机，即利用气泡爆炸破碎软化作用，提高洗净度 20%以上，受到消费者的欢迎。

五、拓展销售渠道

海尔集团实施三个 1/3 的经营战略（即最终实现国内生产国内销售占 1/3，国内生产海外销售占 1/3，海外建厂生产海外销售占 1/3），没有销售渠道的保证是不行的。为此，海尔集团不断开辟产品的销售渠道。1997 年，海尔集团在国内已拥有 8000 余个营销点，覆盖了所有一、二、三级市场。在国外 120 个国家和地区注册了自己的商标，在 40 多个国家和地区有专营商。目前海尔在海外已经拥有营销网点 3.6 万个，售后网点 1900 个。

评述

海尔能够取得成功，可以从如下的几个方面进行分析：

1. 确立了正确的市场导向观念。海尔主动了解市场需求，根据消费者或用户的实际需要组织生产和销售。海尔集团以市场为导向，不是盲目地扩大生产规模，而是根据市场需求信息，按照不同层次和地域的消费者的需求和意愿，研制出适合消费者需要的产品，比竞争对手更有效地组织生产和销售。他们不断开拓国内、国外两个市场，经过艰苦努力，最终赢得了消费者的信赖，在市场上占据领先地位。

2. 海尔选择了由经营品牌而扩张产业的发展道路。海尔赋予其品牌以个性特质，被消费者认同为可靠的、有效率的、勤奋的和具备领袖能力的知名品牌。这种品牌与顾客之间的紧密联系，为海尔的品牌延伸奠定了基础。它从生产第一代电冰箱“琴岛—利波海尔”开始，相继开发生产了上百个系列、近千种规格的“海尔”牌电冰箱、洗衣机、空调器、电冰柜、电脑程控式微波炉、微电脑电磁炉等高科技、高附加值系列产品。海尔的品牌价值，1994年首评时为 42.6 亿元，1999 年达 265 亿元，是中国企业中品牌价值增长速度最快的品牌。海尔的品牌优势拉动了它在海内外市场的拓展，成为强有力的竞争优势。海尔把自身做成中国家电第一品牌之后，运用企业文化和品牌等无形资产，实施了多次跨省、跨行业的企业兼并，获得了巨大成功。

3. 海尔注重科技创新和质量取胜。海尔集团把科技创新与市场开发紧密地联系在一起，形成了一个有机的整体，利用高科技来开辟市场，引导市场消费。海尔是靠质量取胜起家的，它曾用了七年的时间，专心致志地做好了一个冰箱产品。使它在 1988 年摘取了中国冰箱行业历史上第一枚质量金牌。走出一条科技创新、质量取胜的发展之路。

第一节　市场细分

一、市场细分的概念

（一）市场细分的概念

市场细分理论是由美国著名市场学家温德尔·斯密（Wendell R．Smith）在 20 世纪 50 年代中期提出来的。所谓市场细分，是指根据整体市场上顾客需求的差异性，以影响顾客需求和欲望的某些因素为依据，将一个整体市场划分为两个或两个以上的顾客群体，每一个需求特点相类似的顾客群就构成一个细分市场或子市场。在各个不同的细分市场上，顾客的需求有较明显的差异，而在同一细分市场上需求基本相似。

市场细分不是通过产品分类来细分市场，如汽车市场、服装市场、粮食市场等，它是按照顾客需求爱好的差别，求大同存小异来划分市场。市场细分是识别具有不同需求和欲望的购买者或用户群并加以分类的活动过程，其目的是使企业选择和确定目标市场，实施有效的市场营销组合，从而以最少、最省的营销费用取得最佳的经营。市场细分理论的提出被视为是营销学的第二次革命，是继以消费者为中心的观念提出后对营销理论的又一次质的发展，它的出现使营销学理论更趋于完整和成熟。

市场细分不是从产品出发，而是从区别消费者的不同需求出发。它是以消费者的需求差异为出发点，根据消费者购买行为的差异性，把消费者总体市场划分为许多类似性购买群体的细分市场。

市场细分的实质是细分消费者的需求。企业进行市场细分，就是要发现不同消费者需求的差异性，然后把需求基本相同的消费者归为一类，这样就可以把某种产品的整体市场划分为若干个细分市场。

第一，市场细分不是对产品分类，而是对同种产品需求各异的消费者进行分类。消费者的需求、欲望、购买行为及购买习惯的差异性，是市场细分的重要依据。

第二，市场细分是一种存大异、求小同的市场分类方法。消费者由于所处的社会、经济、自然条件等因素的不同，以及消费者的性别、年龄、文化、职业、爱好、经济条件、价值观念的不同，他们的需求、欲望、购买行为具有明显的差异。但对某种特定的产品而言，各种不同的消费者组成了对其某个特性具有偏好的群体。假如向顾客询问所关注的某一种产品属性（例如，服装的式样和质地），就会出现三种不同的偏好模式，即同质型偏好、分散型偏好和组群型偏好（见图 8-1）。

第三，市场细分是一个聚集的过程，而不是分解的过程。市场细分是在存大异求小同的基础上，把对某种产品的特点最易做出反应的消费者，据多种变量连续进行集合，直到形成企业的某一细分市场。

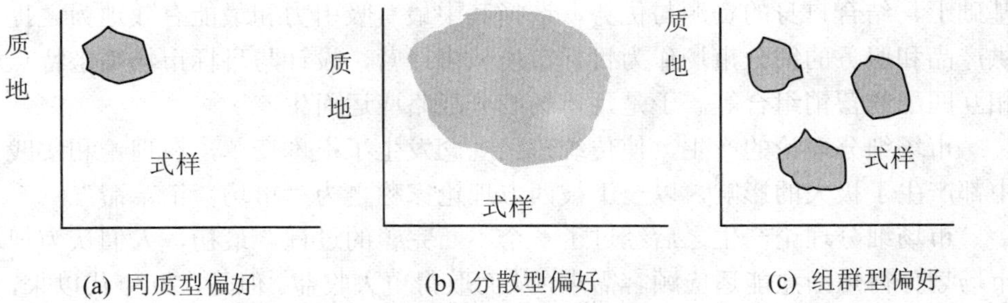

图 8–1　不同的偏好模式

（二）市场细分战略在实践中的发展

从总体上看，有什么样的市场条件，就会产生什么样的营销战略思想。市场细分战略作为现代市场营销理论的产物，其产生与发展经历了以下几个主要阶段。

1. 大量营销阶段（mass marketing）。早在 19 世纪末 20 世纪初，西方经济发展的重心是速度和规模，企业市场营销的基本方式是大量营销，即大批量生产品种规格单一的产品和通过大众化的渠道推销。由于大量营销方式降低了成本和价格，在当时的市场环境下，获得了较丰厚的利润。不难看出，在大量营销的环境下，企业没有必要、也不可能重视市场需求的研究，市场细分战略不可能产生。

2. 产品差异化营销阶段（product different marketing）。在 20 世纪 30 年代，发生了震撼世界的资本主义经济危机，西方企业面临的产品严重过剩。市场迫使企业转变经营观念，企业营销方式经历了从大量营销向差异化营销的转变。产品差异化营销较大量营销是一种进步。但是，由于该策略的前提是以企业现有的能够提供的设计、技术为基础进行的生产，结果是使企业向市场推出了具有不同质量、外观和品种规格等与竞争者不同的产品或产品线。由于其产品差异化缺乏市场基础，因此不能大幅度提高产品的适销率。由此可见，在产品差异化营销阶段，企业仍没有重视市场需求的研究，市场细分战略仍无产生的基础和条件。

3. 目标营销阶段（target marketing）。20 世纪 50 年代以后，在科学技术革命的推动下，生产力水平大幅度提高，产品日新月异，生产与消费的矛盾日益尖锐，以产品差异化为中心的推销体制远远不能解决西方企业所面临的市场问题。于是，市场迫使企业再次转变经营观念和经营方式。由产品差异化营销转向以市场需求为导向的目标营销，即企业在研究市场和细分市场的基础上，结合自身的资源与优势，选择其中最有吸引力和最能有效地为之提供产品和服务的细分市场作为目标市场从事经营，设计与目标市场需求特点相互匹配的营销组合等。于是，市场细分战略应运而生。

市场细分理论的产生，使传统营销观念发生了根本变革，在理论和实践中都产生了极大的影响，以至于被西方理论家称之为“市场营销革命”。

市场细分理论产生之后经过了一个不断完善的过程。最初，人们认为把市场划分得愈细愈能适应顾客需求，从而取得更大收益。但是，70 年代以来，由于能源危机和整个资本主义市场不景气，营销管理者深感过度的细分市场必然导致企业总经营成本上升，因而导致总收益下降。因此，西方企业界又出现了一种“市场同合化”的理论。这一理论不是对市场细分化理论的简单否定，而是从成本和收益的比较出发，主张适度细分，是对过度细分的反思和矫正。而这一理论在 20 世纪 90 年代全球营销环境下，又有了新的内涵，适应了全球化营销趋势的发展。

总之，这些变化都反映了市场细分理论的演变，是该理论趋于成熟完善的表现。

二、市场细分的作用

市场细分被西方企业誉为具有创造性的新概念，它给企业营销带来以下意义。

（一）细分市场是企业发掘市场机会的起点

在发达的商品经济“买方市场”条件下，企业营销决策的起点在于发现具有吸引力的市场环境机会，这种环境机会能否发展成市场机会，取决于两点：其一，这种环境机会是否与企业战略目标一致；其二，利用这种环境机会能否比竞争者具有优势，并获得显著收益。显然，这些必须以市场细分为起点。通过细分市场，企业可以发现哪些市场需求已得到满足，哪些只满足了一部分，哪些仍是潜在需求。相应地可以发现哪些产品竞争激烈，哪些产品较少竞争，哪些产品亟待开发。

发展最优的市场机会，对于中小企业至关重要。因为中小企业资源能力有限，技术水平相对较低，因此在市场上与实力雄厚的大企业相比，缺乏竞争力。通过市场细分，中小企业就可以根据自身的经营优势，选择一些大企业不愿顾及、相对市场需求量小一些的细分市场，集中力量满足某一特定市场的需求，即可在整体竞争激烈的市场条件下，在某一局部市场取得较好的经济效益，在竞争中求得生存和发展。

（二）细分市场有助于掌握目标市场的特点

不进行市场细分，企业选择目标市场必定是盲目的，不认真地鉴别各个细分市场的需求特点，就不能进行有针对性的市场营销。80 年代中期中国粮油公司出口日本市场冻鸡的销售起伏，是一个很有说服力的启示。

（三）细分市场是企业制定市场营销组合策略的前提条件

市场营销组合是企业综合考虑产品、价格、促销形式和销售渠道等各种因素而制定的市场营销方案。上述几个因素各自又存在不同的层次，各个因素之间又有多种组合形式。但就每一个企业特定的市场而言，却只有一种最佳的组合形式，而这种最佳组合只能是进行市场细分的结果。

三、市场细分的依据和方法

（一）市场细分的依据

1. 消费者市场细分依据

如前所述，一种产品的整体市场之所以可以细分，是由于消费者或用户的需求存在差异性。引起消费者需求差异的变量很多，实际中，企业一般是组合运用有关变量来细分市场，而不是单一采用某一变量。概括起来，细分消费者市场的变量主要有四类，即地理变量、人口变量、心理变量、行为变量。以这些变量为依据来细分市场就产生出地理细分、人口细分、心理细分和行为细分四种市场细分的基本形式。

表 8-1　消费者市场细分标准

<table>
<tr><td rowspan="3">地理环境</td><td>世界区域</td><td>亚洲（日本、韩国、新加坡等）、欧洲、北美、南美、大洋洲、非洲等</td></tr>
<tr><td>国内区域</td><td>华东（上海、浙江、福建等）、华南、华北、华中、西北地区、西南地区等</td></tr>
<tr><td>城市大小</td><td>人口数：≤5000；5000—19999；20000—49999；……；3000000 以上</td></tr>
<tr><td rowspan="8">人口状况</td><td>收入</td><td>≤￥5000；￥5000—9999；￥10000—19999；……；￥100000 以上</td></tr>
<tr><td>性别</td><td>男；女</td></tr>
<tr><td>年龄</td><td>6 岁以下；6—11 岁；12—17 岁；18—24 岁；25—34 岁；35—49 岁；50—64 岁；65 岁以上</td></tr>
<tr><td>家庭人数</td><td>1，2，3，4，5，6 及 6 人以上</td></tr>
<tr><td>家庭生命周期</td><td>单身阶段、新婚阶段、满巢阶段Ⅰ、满巢阶段Ⅱ、满巢阶段Ⅲ、空巢阶段、鳏寡阶段</td></tr>
<tr><td>职业</td><td>专业技术人员；经理、高级管理人员和业主；出纳员，售货员；工匠；监工；操作员；农民；退休人员；学生；家庭主妇；失业</td></tr>
<tr><td>教育</td><td>小学或以下；初中；中专及高中；大专及大学；大学以上等</td></tr>
<tr><td>民族</td><td>汉族；壮族；维吾尔族；蒙古族；等等</td></tr>
</table>

续表

心理特征	社会阶层	下下层；下层；中下层；中层；中上层；上层；上上层
	生活方式	成功者；奋斗者；挣扎者
	个性	冲动型；交际型；独裁型；野心型
行为细分	利益寻求	质量；服务；经济；便利；速度
	购买时机	日常购买；特别购买；节日购买；规则购买；不规则购买等
	用户状况	非用户；前用户；潜在用户；首次使用者；经常使用者
	使用率	非使用用户；大量用户；中量用户；少量用户
	忠诚度	单一品牌忠诚者；几种品牌忠诚者；无品牌忠诚者
	产品态度	热心；肯定；无所谓；否定；敌视
	准备阶段	不知道；知道；掌握信息；感兴趣；渴望；准备购买

（1）按地理变量细分市场

按照消费者所处的地理位置、自然环境来细分市场，比如，根据国家、地区、城市规模、气候、人口密度、地形地貌等方面的差异将整体市场分为不同的小市场。地理变量之所以作为市场细分的依据，是因为处在不同地理环境下的消费者对于同一类产品往往有不同的需求与偏好，他们对企业采取的营销策略与措施会有不同的反应。比如，在我国南方沿海一些省份，某些海产品被视为上等佳肴，而内地的许多消费者则觉得味道平常。又如，由于居住环境的差异,城市居民与农村消费者在室内装饰用品的需求上大相径庭。

地理变量易于识别，是细分市场应该考虑的重要因素，但处于同一地理位置的消费者需求仍会有很大差异。比如，在我国的一些大城市，如北京、上海，流动人口逾百万，这些流动人口本身就构成一个很大的市场，很显然，这一市场有许多不同于常住人口市场的需求特点。所以，简单地以某一地理特征区分市场，不一定能真实地反映消费者的需求共性与差异，企业在选择目标市场时，还需结合其他细分变量予以综合考虑。

（2）按人口变量细分市场

按人口统计变量，如年龄、性别、家庭规模、家庭生命周期、收入、职业、教育程度、宗教、种族、国籍等为基础细分市场。消费者需求、偏好与人口统计变量有着很密切的关系，比如，只有收入水平很高的消费者才可能成为高档服装、名贵化妆品、高级珠宝等物品的经常买主。人口统计变量比较容易衡量，有关数据相对容易获取，由此构成了企业经常以此作为市场细分依据的重要原因。

小案例 1

美国著名约翰逊黑人化妆品制造公司的经理约翰逊是以经营冷门产品起家的。约翰逊童年时家境不好，十几岁便到一家公司当推销员，后来，他通过对市场的预测，决定独立门户，创办一家黑人化妆品公司。

这时，美国黑人化妆品市场几乎是一片空白，即使有一些产品，也都是白人黑人通用的，而且美国黑人中懂得化妆或是有能力使用化妆品的人也寥寥无几，人们认为这一行业市场太小，没有发展前途，都不愿将资金投入这一冷门行业。约翰逊通过调查研究和大量资料的分析之后，认为：美国黑人的民权运动必然会高涨，种族歧视将会有所消除和有所改善，因此，黑人的经济状况不久就会好转，他们的民族自觉意识也会逐渐抬头。凡是白人能够使用和享受的东西，黑人也一定不甘落后，再无过去那种自卑感，黑人化妆品市场的繁荣一定会来到。所以他认为，开发经营黑人专用的产品，将会有大的发展，前途是无量的。至于当时黑人对化妆不感兴趣，约翰逊认为，爱美是人的天性，黑人自然也不例外，只要能唤醒他们爱美的潜在意识，教会他们如何打扮自己，这一行业是有希望的。他还认为，做冷门生意，没有竞争对手，只要把全部精力用于开拓市场就行了，用不着担心别人来抢自己的生意。

约翰逊四处游说，东拼西借，又筹集到了 470 块钱，他花了 200 元买了一部旧的搅拌机，又将剩余的资金采购了生产原料，这样，约翰逊这家小小的公司便开张了。

经过短短几年时间的努力，约翰逊黑人化妆品公司得到很大的发展，不久，在约翰逊预料之中的黑人民权运动的高潮来到了，公司产品极为畅销，公司迅速扩大，成为美国最大的黑人化妆品公司。

① 性别。由于生理上的差别，男性与女性在产品需求与偏好上有很大不同，如在服饰、发型、生活必需品等方面均有差别。像美国的一些汽车制造商，过去一直是迎合男性要求设计汽车，现在，随着越来越多的女性参加工作和拥有自己的汽车，这些汽车制造商正研究市场机会，设计具有吸引女性消费者特点的汽车。

② 年龄。不同年龄的消费者有不同的需求特点，如青年人对服饰的需求，与老年人的需求差异较大。青年人需要鲜艳、时髦的服装，老年人需要端庄素雅的服饰。

③ 收入。高收入消费者与低收入消费者在产品选择、休闲时间的安排、

社会交际与交往等方面都会有所不同。比如，同是外出旅游，在交通工具以及食宿地点的选择上，高收入者与低收入者会有很大的不同。正因为收入是引起需求差别的一个直接而重要的因素，在诸如服装、化妆品、旅游服务等领域根据收入细分市场相当普遍。

④ 职业与教育。指按消费者职业的不同，所受教育的不同以及由此引起的需求差别细分市场。比如，农民购买自行车偏好载重自行车，而学生、教师则是喜欢轻型的、样式美观的自行车；又如，由于消费者所受教育水平的差异所引起的审美观具有很大的差异，诸如不同消费者对居室装修用品的品种、颜色等会有不同的偏好。

⑤ 家庭生命周期。一个家庭，按年龄、婚姻和子女状况，可划分为七个阶段。在不同阶段，家庭购买力、家庭人员对商品的兴趣与偏好会有较大差别。

单身阶段：年轻，单身，几乎没有经济负担，新消费观念的带头人，娱乐导向型购买。

新婚阶段：年轻夫妻，无子女，经济条件比较好。购买力强，对耐用品、大件商品的欲望、要求强烈。

满巢阶段：年轻夫妻，有 6 岁以下子女，家庭用品购买的高峰期。不满足现有的经济状况，注意储蓄，购买较多的儿童用品。

满巢阶段：年轻夫妻，有 6 岁以上未成年子女。经济状况较好。购买趋向理智型，受广告及其他市场营销刺激的影响相对减少。注重档次较高的商品及子女的教育投资。

满巢阶段：年长的夫妇与尚未独立的成年子女同住。经济状况仍然较好，妻子或子女皆有工作。注重储蓄，购买冷静、理智。

空巢阶段：年长夫妇，子女离家自立。前期收入较高，购买力达到高峰期，较多购买老年人用品，如医疗保健品。娱乐及服务性消费支出增加。后期退休收入减少。

孤独阶段：单身老人独居，收入锐减。特别注重情感、关注等需要及安全保障。

除了上述方面，经常用于市场细分的人口变数还有家庭规模、国籍、种族、宗教等。实际上，大多数公司通常是采用两个或两个以上人口统计变量来细分市场。

（3）按心理变量细分市场

根据购买者所处的社会阶层、生活方式、个性特点等心理因素细分市场就叫心理细分。

① 社会阶层。社会阶层是指在某一社会中具有相对同质性和持久性的群体。处于同一阶层的成员具有类似的价值观、兴趣爱好和行为方式，不同阶层的成员则在上述方面存在较大的差异。很显然，识别不同社会阶层的消费者具有的不同特点，对于很多产品的市场细分将提供重要的依据。

② 生活方式。通俗地讲，生活方式是指一个人怎样生活。人们追求的生活方式各不相同，如有的追求新潮时髦，有的追求恬静、简朴；有的追求刺激、冒险；有的追求稳定、安逸。西方的一些服装生产企业，为“简朴的妇女”、“时髦的妇女”和“有男子气的妇女”分别设计不同服装，烟草公司针对“挑战型吸烟者”、“随和型吸烟者”及“谨慎型吸烟者”推出不同品牌的香烟，均是依据生活方式来细分市场。

③ 个性。个性是指一个人比较稳定的心理倾向与心理特征，它会导致一个人对其所处环境做出相对一致和持续不断的反应。俗语说：“人心不同，各如其面”，每个人的个性都会有所不同。通常，个性会通过自信、自主、支配、顺从、保守、适应等性格特征表现出来。因此，个性可以按这些性格特征进行分类，从而为企业细分市场提供依据。在西方国家，对诸如化妆品、香烟、啤酒、保险之类的产品，有些企业以个性特征为基础进行市场细分并取得了成功。

（4）按行为变量细分市场

根据购买者对产品的了解程度、态度、使用情况及反应等将他们划分成不同的群体，叫行为细分。许多人认为，行为变数能更直接地反映消费者的需求差异，因而成为市场细分的最佳起点。按行为变量细分市场主要包括：

① 购买时机。根据消费者提出需要、购买和使用产品的不同时机，将他们划分成不同的群体。例如，城市公共汽车运输公司可根据上班高峰时期和非高峰时期乘客的需求特点划分不同的细分市场并制定不同的营销策略；生产果珍之类清凉解暑饮料的企业，可以根据消费者在一年四季对果珍饮料口味的不同，将果珍市场消费者划分为不同的子市场。

② 追求利益。消费者购买某种产品总是为了解决某类问题，满足某种需要。然而，产品提供的利益往往并不是单一的，而是多方面的。消费者对这些利益的追求时侧重，如购买手表有的追求经济实惠、价格低廉，有的追求耐用可靠和使用维修的方便，还有的则偏向于显示出社会地位，等等，不一而足。

③ 使用者状况。根据顾客是否使用和使用程度来细分市场。通常可分

为：经常购买者、首次购买者、潜在购买者、非购买者。大公司往往注重将潜在使用者变为实际使用者，较小的公司则注重于保持现有使用者，并设法吸引使用竞争产品的顾客转而使用本公司产品。

④ 使用数量。根据消费者使用某一产品的数量大小来细分市场。通常可分为大量使用者、中度使用者和轻度使用者。大量使用者人数可能并不很多，但他们的消费量在全部消费量中占很大的比重。美国一家公司发现，美国啤酒的80%是被50%的顾客消费掉的，另外一半的顾客的消耗量只占消耗总量的20%。因此，啤酒公司宁愿吸引重度饮用啤酒者，而放弃轻度饮用啤酒者，并把重度饮用啤酒者作为目标市场。公司还进一步了解到大量喝啤酒的人多是工人，年龄在25—50岁之间，喜欢观看体育节目，每天看电视的时间不少于3—5小时。很显然，根据这些信息，企业可以大大改进其在定价、广告传播等方面的策略。

⑤ 品牌忠诚程度。企业还可根据消费者对产品的忠诚程度来细分市场。有些消费者经常变换品牌，另外一些消费者则在较长时期内专注于某一或少数几个品牌。通过了解消费者品牌忠诚情况和品牌忠诚者与品牌转换者的各种行为与心理特征，不仅可为企业细分市场提供一个基础，同时也有助于企业了解为什么有些消费者忠诚于本企业产品，而另外一些消费者则忠诚于竞争企业的产品，从而为企业选择目标市场提供启示。

⑥ 购买的准备阶段。消费者对各种产品了解程度往往因人而异。有的消费者可能对某一产品确有需要，但并不知道该产品的存在；还有的消费者虽已知道产品的存在，但对产品的价值、稳定性等还存在疑虑；另外一些消费者则可能正在考虑购买。针对处于不同购买阶段的消费群体，企业进行市场细分并采用不同的营销策略。

⑦ 态度。企业还可根据市场上顾客对产品的热心程度来细分市场。不同消费者对同一产品的态度可能有很大差异，如有的持肯定态度，有的持否定态度，还有的则处于既不肯定也不否定的无所谓态度。针对持不同态度的消费群体进行市场细分并在广告、促销等方面应当有所不同。

小案例 2

在美国，有一家名叫西尔维亚·奇的小旅馆，共有 20 间客房，其布置和摆设都极为奇特。每个房间的设计都以世界一位著名作家为主题。旅客通过房间中的摆设联想到不同作家名作品的精辟句子和情节，从而引起一连串遐想。这家“小说旅馆”吸引了众多爱好读书的游客，生意十分兴隆。

小案例 3

宝洁公司设计了九种品牌的洗衣粉，汰渍（Tide）、奇尔（Cheer）、格尼（Gain）、达诗（Dash）、波德（Bold）、卓夫特（Dreft）、象牙雪（Iove Snow）、奥克多（Oxydol）和时代（Era）。宝洁的这些品牌在相同的超级市场上相互竞争。但是，为什么宝洁公司要在同一品种上推出好几个品牌，而不集中资源推出单一领先品牌呢？答案是不同的顾客希望从产品中获得不同的利益组合。对洗衣粉来说，有些人认为洗涤和漂洗能力最重要；有些人认为使织物柔软最重要；还有人希望洗衣粉具有气味芬芳、碱性温和的特征。宝洁公司至少发现了洗衣粉的九个细分市场。为了满足不同细分市场的特定需求，公司就设计了九种不同的品牌。这九种品牌分别针对如下九个细分市场：

汰渍。洗涤能力强，去污彻底。它能满足洗衣量大的工作要求，是一种用途齐全的家用洗衣粉。“汰渍一用，污垢一无”。

奇尔。具有杰出的洗涤能力和护色能力，能使家庭服装显得更干净、更明亮、更鲜艳。

奥克多。含有漂白剂。它可使白色衣服更洁白，花色衣服更鲜艳。所以“无需漂白剂，只需奥克多”。

格尼。最初是宝洁公司的加酶洗衣粉，后重新定位为干净、清新，“如同太阳一样让人振奋”的洗衣粉。

波德。其中加入了织物柔软剂，它能“清洁衣服，柔软织物，并能控制静电”。波德洗涤液还增加“织物柔软剂的新鲜香味”。

象牙雪。纯度达到 99.44%，这种肥皂碱性温和，适合洗涤婴儿尿布和衣服。

卓夫特。也用于洗涤婴儿尿布和衣服，它含有“天然清洁剂”硼石，“令人相信它的清洁能力”。

达诗。是宝洁公司的价值产品，能有效去除污垢，但价格相当低。

时代。是天生的去污剂，能清除难洗的污点，在整个洗涤过程中效果良好。

可见，洗衣粉可以从职能上和心理上加以区别，并赋予不同的品牌个性。通过多品牌策略，宝洁已占领了美国更多的洗涤剂市场，目前市场份额已达到 55%，这是单个品牌所无法达到的。

2. 生产者市场细分的依据

许多用来细分消费者市场的标准，同样可用于细分生产者市场。如根据地理、追求的利益和使用率等变量加以细分。不过，由于生产者与消费者在购买动机与行为上存在差别，所以，除了运用前述消费者市场细分标准外，还可用一些新的标准来细分生产者市场。

（1）用户规模

在生产者市场，有的用户购买量很大，而另外一些用户购买量很小。以钢材市场为例，像建筑公司、造船公司、汽车制造公司对钢材需求量很大，动辄数万吨的购买，而一些小的机械加工企业，一年的购买量也不过几吨或几十吨。企业应当根据用户规模大小来细分市场，并根据用户或客户的规模不同，企业的营销组合方案也应有所不同。比如，对于大客户，宜于直接联系，直接供应，在价格、信用等方面给予更多优惠；而对众多的小客户，则宜于使产品进入商业渠道，由批发商或零售商去组织供应。

（2）产品的最终用途

产品的最终用途不同也是生产者市场细分标准之一。生产者购买产品，一般都是供再加工之用，对所购产品通常都有特定的要求。比如，同是钢材用户，有的需要圆钢，有的需要带钢；有的需要普通钢材，有的需要硅钢、钨钢或其他特种钢。企业此时可根据用户要求，将要求大体相同的用户集合成群，并据此设计出不同的营销策略组合。

（3）生产者购买方式

根据生产者购买方式来细分市场。生产者购买的主要方式如前所述包括直接重购、修正重购及新任务购买。不同的购买方式的采购程度、决策过程等不相同，因而可将整体市场细分为不同的小市场群。

（二）市场细分的方法

产品在设计研发的时候就进行了市场的细分，但是这种细分往往相对是粗线条的，因此在具体实施销售的时候有必要进行更为明确的目标市场细分，根据产品推广的不同阶段，针对更加明确的目标客户，使用合适的营销策略和方式。企业寻找目标客户群最常用的工具是进行市场细分。企业可以按照不同的特征来进行市场的细分工作，比如追求相似利益的人群、具有相同爱好的人群、相同年龄层次的人群、相同收入水平的人群、相同职业特征的人群，等等。

1. 相似利益细分

这是指追求相似利益的人群，比如，有些人群喜欢追求便宜的产品，像低收入者和中年家庭妇女。在一些家庭里有的先生经常会抱怨太太买回一大堆没有用处的商品，而太太购买的原因主要是“便宜”。有些人群则喜欢购买高价格、高品质的产品，像高收入者和追求时髦的年轻人，他们喜欢个性化的产品和服务，价格敏感度较低。有些人群对货币的时间价值特别注重，在选择金融产品上喜欢高收益的投资种类，他们热衷于炒股票和期货。而有些人群则对投资风险十分敏感，秉持一种谨慎保守的理财观念，像中国的许多中老年人十分重视银行储蓄，还本付息的观念根深蒂固。

针对这些具有相似利益追求的人群，企业可以集中资源来研究和生产具有显著特征的产品，将产品的主要优势体现在某一方面。比如针对广大中低收入家庭的中年妇女，可以提供所谓价廉物美的日用产品，通过大量生产和大量销售来降低产品的单位成本和售价；针对偏爱个性化和高品位的高收入人群，企业可以研究和生产量身定做的高价格、高品质产品，并且进行生产数量的限制和附加服务的提升，比如有的成衣店打出了"全世界仅此一件"的招牌。

2. 人口统计细分

这是指按照不同的人口统计特征区分的人群。比如大的方面按性别特征可区分为男性人群市场和女性人群市场，按年龄可区分为婴幼儿、青少年和中老年人市场。当然，不同年龄段的人群根据其他特征还可以做进一步的细分，比如老年人可分为富裕的老年人、经济状况一般的老年人以及贫困的老年人。很多产品具有明显的人口统计特征。比如说剃须刀，主要针对的是成年男性人群；卫生巾主要针对的是介于青春期和绝经期之间的妇女；奶粉主要针对的是哺乳期的婴幼儿。比如服装市场就有明显的年龄特征，可以按年龄分组：16 周岁以下、16—24 周岁、25—44 周岁、45—59 岁、60 岁以上。不同年龄组的人们对于服装的尺寸、颜色、款式、质料、价格等都有不同的要求和偏好。

3. 职业特征细分

这是指具有相同职业特征的人群，最粗略的如蓝领和白领。传统的蓝领职员多从事制造业工作，因此其对产品的要求往往具有持久耐用的特点，而白领职员对于所使用产品的要求则往往具有表面体面的基本要求。

有一位十分成功的投资人发现在一些高档的办公区上班的人群的穿着，从以往西装革履或职业套装正在逐步变得休闲，于是他将一些投资在职业装的实业中的资金转投休闲服的企业，结果取得了很好的投资收益。

比如说图书市场具有较明显的职业特征。对于从事涉外工作的人们，外语工具书、各类商贸外语的专柜是他们喜欢的；对于大、中小学生而言，教科书、参考书、试题集等是他们会仔细选择的；对于从事电脑和网络工作的人们，计算机技术、编程教材、网页设计等是他们感兴趣的；对于家庭主妇们来说，烹调、育儿、时尚服饰、家庭装饰等书籍是她们愿意经常买来参考的。

4. 收入层次细分

这是指具有相近收入的人群。收入相近的人群一般意味着他们具有相近的支付能力，企业可以根据个人或家庭的年收入来细分客户群，比如年收入在 5 万元以下的家庭，其对生活消费品的价格比较敏感，年收入超过 10 万元的家庭可能会产生购买家用汽车的需求，年收入超过 30 万元的家庭需要的住宅是高档的商品房。

近几年在中国逐渐形成消费热点的家用汽车市场上，不同汽车生产厂商和不同品牌的汽车主要也是根据客户的收入层次来划分客户群。像吉利、夏利、羚羊、佳宝、哈飞等品牌的汽车，主要针对的是中低收入者，其定价一般在 10 万元以下；像赛欧、宝来、爱丽舍、POLO 等主要针对的是中等收入的城市人群，其定价一般在 10 万元至 20 万元之间；像别克、帕萨特、奥迪以及一些进口汽车，如本田、宝马、奔驰等针对的是高收入人群，定价一般在 30 万元左右或以上。当然，汽车厂商除了主要依据收入层次细分市场以外，还会根据消费者的偏好生产不同类型的汽车，比如向喜欢运动、冒险刺激的人群提供吉普越野车，为白领女性提供外型精巧美观、色彩鲜艳的小型轿车。

5. 地理区域细分

这是指在相同地区具有相同特征的人群。比如居住在中国海南岛的居民，应该是不会购买冷热空调的，因为海南岛四季气温高、单制冷的空调受到普遍欢迎。比如在中国的四川、湖南，当地的人们都喜欢吃辣椒。这些现象很能说明不同地区的人所形成的不同习惯对产品需求的差别。

小案例 4

20 世纪 90 年代中期，当时中国的经济发展较快，城乡之间的差距也较大。鸡肉是除了猪肉以外人们最常用的肉类食品，一般家庭在有客人来的时候总会煮一只鸡来款待客户，而且热情待客的中国人习惯于将他们认为好的食物请客人享用。有一个时期，如果你到农村去做客，主人会热情地请你吃鸡腿，而如果你到城市家庭去做客，主人会请你吃鸡爪。后来发现，原因在于当时城市人口的生活水平比农村人口提高得快，吃的东西油水太多，所以不喜欢吃鸡腿而喜欢吃鸡爪，而农村人口因为生活水平相对城市低，人们认为鸡腿是相对较好的食物。一些聪明的鸡肉供应商就把鸡腿主要供应到农村，把鸡爪主要供应给城市，农村人一般不吃的也不值钱的鸡爪在城市里也卖了个好价钱。

上面所说的是一些基本的或者说是常用的细分市场的方法。企业细分市场的标准还有很多，比如按使用程度来细分市场、按生活习惯来细分市场、按教育程度来细分市场等等，企业需要结合自身行业的特点和所提供产品的特性来决定使用哪一种细分市场方法，或者选用几种不同的细分标准组合来进行不同层次的市场细分工作。除进行市场的细分以找到目标客户群以外，企业还可以通过其他方法找到自己的客户。比如可以从同类产品的供应商那里争夺客户，可以通过代理商来找到客户，可以通过大量的市场推广活动来吸引客户。

（1）从同类产品供应商那里争夺客户。由于本企业提供的产品与竞争对手的产品相同或相近，因此其客户群也基本相同，企业可以向竞争对手的客户提供价格更便宜、手续更便捷、服务更优质的替代产品来争夺客户，但是这种方式往往使企业与竞争对手发生正面的冲突，容易受到竞争者的报复，严重的情况下会导致恶性的竞争。

（2）通过代理商找到客户。代理商经过若干年的经营形成了一个网络，也形成了基本的客户群，企业通过向代理商支付代理手续费的方式获取代理商的客户，成为自己产品的购买者、使用者和消费者，但是企业对代理商较难实行紧密的控制，在企业与代理商对利益的分配产生不一致的情况下，代理商可能会转向成为企业竞争对手的代理，此外如果企业的代理商联合起来向企业要求更高的代理费用，会对企业造成财务压力。

（3）通过大量的市场推广活动吸引客户。对于一些技术含量不高的日用品而言，由于其使用者数量众多而且同类产品供应商非常多，企业必须通过大量的市场推广活动，比如进行大量的媒体广告来吸引客户的注意，加强客户对于本企业产品的印象，提升客户购买本企业产品的意愿。

（三）市场细分需避免三大误区

1．市场细分不是越细越好

市场细分的前提是建立在差异化的基础上，企业只有做好市场细分，才能有效选择目标市场，从而为不同目标市场提供差异化、个性化的产品和服务。因此现在有一种观念，认为市场细分越细越好，市场细分越细表示对客户就越了解，就越能推进差异化营销，营销效率就越高。然而市场细分是有成本的，市场细分越细，必将增加相应的人员、机构为其进行服务，为诸多子市场开发量身定制的产品、服务和制定差异化营销策略。由于目标市场过细，市场规模较小，必然会增加市场细分成本，不利于提高规模效益。

2．市场细分不等于渠道全覆盖

要真正做到资源优化配置、营造竞争优势，需要企业进一步对不同客户群进行市场细分，需要立体式、多维度的市场细分，发现市场机会并寻找最有价值的客户。简单地以渠道全覆盖是不可取的，而且渠道全覆盖还会增加企业人力和营销成本。

3．不要为细分而细分

市场细分的目的就是发现市场机会，针对不同市场制定差异化的策略和开发差异化的产品。如果目标市场营销策略跟不上，不能有效执行，市场细分只能停留在市场细分阶段，不能为企业创造更高的客户价值。当前企业十分重视市场细分工作，但针对性营销策略或竞争性策略等市场细分策略相对滞后，企业缺乏高水平的营销策划人才，具有竞争性、创新性的目标市场策略并不多见，在很大程度上还是沿袭传统的做法，这是十分危险的，也有悖于市场细分的初衷。

第二节 目标市场

一、选择目标市场的原则

市场细分是确定目标市场的基础。在市场细分的基础上，企业无论采取什么策略，也无论选择几个细分市场，所确定、选择的目标市场必须具有最大潜力，能为自己带来最大利润。因此，在确定目标市场时，应该遵循以下三个原则：

1. 所确定的目标市场必须足够大，或正在扩大，以保证企业获得足够的经济效益。

2. 所选择的目标市场是竞争对手尚未满足的，因而有可能属于自己的市场。

3. 所确定的目标消费者最可能对本品牌提供的好处做出肯定反应。

如果所选择的目标市场很大，但该市场的消费者对你的品牌不感兴趣，仍然不能获得利润。

小案例 5

“雅玛哈”是日本一家有名的钢琴制造公司。经过多年艰苦的努力，该公司控制了整个世界钢琴市场40%的销售量。但与此同时，市场对钢琴的需求量却以每年10%的速度下降，钢琴行业面临危机。雅玛哈公司该拿什么样的策略来应对这个严峻的现实呢？是退出钢琴行业，还是从钢琴的质量与价格上与同行进一步展开竞争？还是另找良方？

公司经过冷静思考和深入调查后发现，从莫扎特开始到现在，钢琴的结构和功能几乎没有变化，学会弹钢琴太费时间，现代人的时间又太有限，以至学弹钢琴的人越来越少。世界上已有的近4000万架钢琴中，大部分被闲置在家庭或音乐厅，上面布满了灰尘。

雅玛哈的经理们终于认识到：此时再埋头竞争以进一步扩大钢琴市场占有率已意义不大，因为市场需求已趋饱和。生产质量再好，成本再低的钢琴也不一定能解决多大问题，因为市场需求急骤下降的原因不在于钢琴的质量和价格。那么，唯一的出路就是从根本上改变钢琴的功能。

于是，雅玛哈把数控技术和光学技术相结合，将原来的钢琴改造成为一种新型钢琴，这种新型钢琴既可作为普通钢琴供人们弹奏，同时又具有许多特殊的功能，它可以精确地区分和记录92种不同强度和速度击键方式，具有录放功能：可以把在其上演奏的乐曲准确地录制在计算机软盘的盘片上，录制的软盘又可使钢琴做无人自动弹奏，其效果和钢琴家的弹奏几乎一样。这样，人们可以把自己所喜爱的钢琴家请到家中，让他在钢琴上演奏乐曲，并把它录制下来供以后欣赏。当然也可以从专门商店购买钢琴录音盘片拿回家使用。由于把已有的老式钢琴改造成这种新型钢琴只需2500美元，不少顾客认为值得，乐于接受雅玛哈的这项服务，光这一项就使雅玛哈再次生机勃勃。

二、选择目标市场的策略

企业在选择目标市场时通常可采用的策略有如下三种：

（一）无差异性市场策略

采用此种策略时，企业对构成市场的各个部分一视同仁，只针对人们需求中的共同点，而不管差异点。它试图仅推出一种产品，以单一的营销策略来满足购买群体中绝大多数人的需求。如某汽车厂生产4吨载重汽车，以一种车型、一种颜色、一个价格行销全国，无论企业或机关、城市或农村，都无例外。在无差异性市场策略下，企业视市场为一个整体，认为所有消费者对这一产品都有共同的需要，因而希望凭借大众化的分销渠道、大量的广告媒体以及相同的主题，在大多数消费者心目中建立产品形象。例如，在相当长的时间内，啤酒企业仅生产一种口味、一样大小和同一形状瓶装的啤酒，供应所有的细分市场。

无差异性市场策略的立论基础是成本的经济性，认为营销就像制造业的大量生产与标准化一样，缩减产品线可降低生产成本，无差异市场策略能因广告类型和市场研究的简单化而节省费用。然而，无差异性市场营销完全忽略了市场需求的差异性，将顾客视为完全相同的群体，致使愈来愈多的人认为，这一策略不一定算得上最佳策略，因为一种产品长期被所有消费者接受，毕竟罕见。并且，采用这一策略的企业，一般都针对最大的细分市场发展单一的产品与营销计划，易引起在此领域内的竞争过度，而较小的细分市场又被忽视，致使企业丧失机会。剧烈的竞争将使最大细分市场的盈利率低于其他较小细分市场的盈利率。认识到这一点，将促使企业充分重视较小细分市场的潜力。

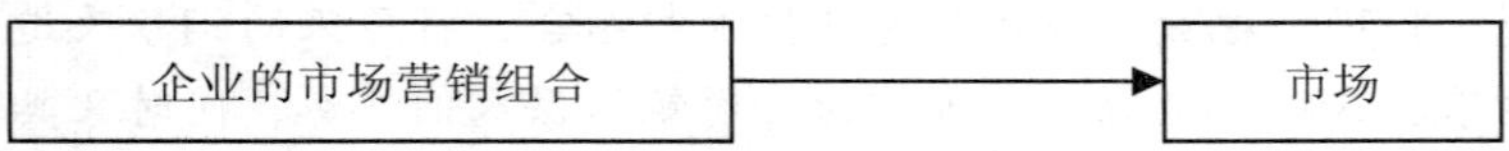

图 8-2　无差异性市场营销策略示意图

（二）差异性市场策略

采用此种策略时，企业承认不同细分市场的差异性，并针对各个细分市场的特点，分别设计不同的产品与市场营销计划，利用产品与市场营销的差别，占领每一个细分市场，从而获得大销量。由于差异性市场营销能分别满足各顾客群的需要，因而能提高顾客对产品的信赖程度和购买频率。

在差异性市场策略下，企业试图以多产品、多渠道和多种推广方式，去满足不同细分市场消费者的需求，力求增强企业在这些细分市场中的地位和顾客对该类产品的认同。近年来，由于大市场的竞争者增多，国外一些稍具规模的企业，都越来越多地实行差异性市场策略。例如，可口可乐公司现已采用各种大小不同的瓶装，加上罐装，推销网遍及世界各地。过去的美国雪佛莱汽车只是单一形式的低价品种，以一种规格型号卖给所有的顾客，现已有多种形式、多样车体及一系列新型品种，价格与特征也各有不同，以满足不同细分市场的需要。在工业品营销活动中，实行差异性市场策略的趋势正在发展，生产者接受不同买主不同规格的订货日益增多。

尽管差异性市场策略能更好地满足不同消费者群的需要，并给予次要的细分市场以足够的注意，因而能够增加企业总销售量。但是，企业资源将被分散用于各个细分市场，企业产品的变动成本、生产成本、管理费用、存货成本和营销费用，势必随之增加。

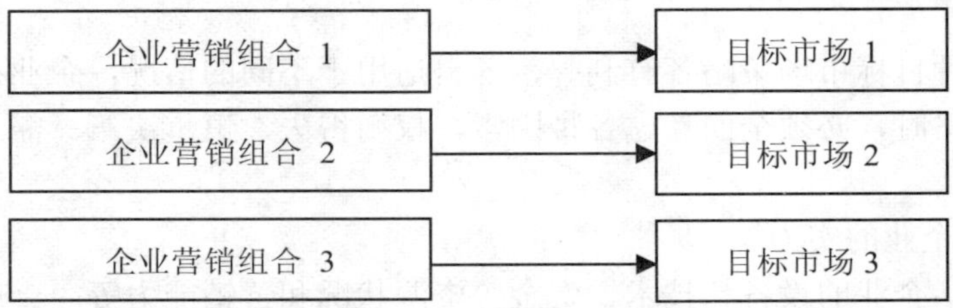

图 8-3　差异性市场营销策略示意图

（三）密集性市场策略

企业面对若干细分市场，无不希望尽量网罗市场的大部分及全部。但如果企业资源有限，过高的希望将成为不切实际的空想。明智的企业家宁可集中全力于争取一个或少数几个细分市场，而不再将有限的人力、财力、物力分散于所有的市场。在部分市场若能拥有较高的占有率，远胜于在所有市场都获得微不足道的份额。在一个或几个细分市场占据优势地位，不但可以节省市场营销费用，增加盈利，而且可以提高企业与产品的知名度，并可迅速扩大市场。

无差异性市场策略或差异性市场策略是以整个市场为目标。而密集性市场策略则是选择一个或少数子市场为目标，这使得企业可集中采用一种营销手段，服务于该市场。所以采用密集性市场策略对目标市场的需求容易做较深入的调查研究，获得较透彻的了解；加之可能提供较佳的服务，企业常可在目标市场获得较有利的地位和特殊的信誉；再加上生产及营销过程中作业专业化的结果，产品设计、工艺、包装、商标等都精益求精，营销效益大为提高。密集性市场策略也有较大的风险性，因为把企业的前途和命运全系于一个细分市场，若该特定的目标市场遭遇不景气时，则企业将受到大的影响，甚至大伤元气。即使在市场景气时，有时也会招来有力的竞争者进入同一目标市场而引起营销状况的较大变化，致使在总需求增长不变或不快的情况下，使原企业的盈利大幅度降低。因此，多数企业在采取密集性市场策略的同时，仍然愿意局部采用差异性市场策略，将目标分散于几个细分市场中，以便获得回旋的余地。

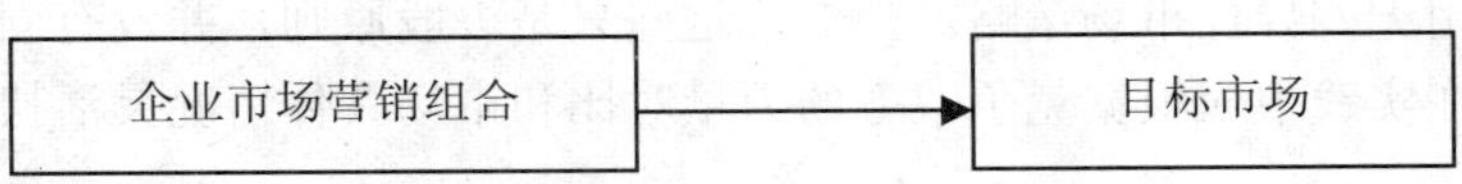

图 8-4　密集性市场营销策略示意图

三、影响目标市场选择的因素

三种目标市场策略各有利弊，各自适用于不同的情况，企业在选择目标市场策略时，必须全面考虑各种因素，权衡得失，慎重决策。需考虑的因素主要有：

1. 企业的实力

包括企业的设备、技术、资金等资源状况和营销能力等。一般地讲，大型的企业实力比较雄厚，资金多，原材料比较充足。那么，它就有条件采用无选择性市场策略和选择性市场策略。反过来，如果没有这个实力，就适合把力量集中起来专攻一个或两个市场面。一般地讲，我国的中小企业比较适用密集型市场策略。

2. 产品的自然属性

指产品在性能、特点等方面差异性的大小以及产品特性变化的快慢。比如汽油、钢铁、原粮，长期以来没有太大的变化，这类商品适宜采用无差异性营销策略。反过来说，特性变化快的商品，如服装、家具、家用电器等，适合采取差异性或密集性策略。

3. 市场差异性的大小

即市场是否"同质"。如果市场上所有顾客在同一时期偏好相同，对营销刺激的反应也相近，则可视为"同质市场"，宜实行无差异性营销策略；反之，如果市场需求的差异性较大，则为"异质市场"，宜采用差异性或密集性策略。

4. 产品所处的市场生命周期的阶段

新产品在试销期和成长期较适合于采用密集性市场策略或是无差异性市场策略，到了成熟期，一般适合采用差异性市场策略和密集性策略。

5. 竞争对手状况

一般来说，企业的目标营销策略应该与竞争对手有所区别，反其道而行之。假如竞争对手采用的是无差异性市场策略，以一种产品来供应所有的消费者，在这种情况下，要想打进市场，仍采用同一种策略就很难成功，应当采用差异性或密集性市场策略。当竞争对手已经采取了差异性营销策略，就不宜采用无差异性市场策略。当然，这些只是一般原则，并没有固定模式，营销者在实践中应根据竞争双方的力量对比和市场具体情况灵活抉择。

第三节　市场定位

目标市场确定后，企业为了能与竞争产品有所区别，开拓和抢占目标市场，取得产品在目标市场上的竞争地位和优势，更好地为目标市场服务，还要在目标市场上给本企业产品做出具体的市场定位决策。

一、市场定位的含义及方式

（一）市场定位的含义

所谓市场定位就是企业为了适应消费者心目中的某一特定地位而设计自己的产品和营销组合的行为。这里的“位”，不是地理位置，而是产品在消费者感觉中所处的地位，是一个抽象的心理位置的概念。市场定位是树立企业形象、品牌形象、产品形象的基础。

定位这个词是由艾尔·里斯和杰克·屈劳特于1972年提出来的，他们说：“定位并不是你对一件产品本身做什么，而是你在有可能成为你的顾客的人的心目中做些什么。也就是说，你得给你的产品在他们的心中定一个适当的位置。”不管企业是否意识到产品的定位问题，对于消费者来说，不同商标的产品在他们心目中会占据不同的位置，他们会在内心按自己认为重要的产品属性将市场上他们所知的产品进行排序。随着市场上商品越来越丰富，与竞争者雷同的产品，通常无法吸引消费者的注意。因此，企业应该根据竞争者现有产品的特色以及在市场上所处的地位，针对顾客对产品特征或属性的重视程度，强有力地塑造本企业产品与众不同的、形象鲜明的个性或特征，并把这种形象生动地传递给顾客。从这个意义上来说，目标市场定位是一种竞争性定位。

市场定位的实质就在于取得目标市场的竞争优势，确定产品在顾客心目中的适当位置并留下深刻的印象，以便吸引更多的顾客。因此，市场定位是市场营销战略体系中的重要组成部分，它对于树立企业及产品的鲜明特色，满足顾客的需求偏好，从而提高企业竞争实力具有重要的意义。

（二）市场定位的方式

市场定位作为一种竞争战略，显示了一种产品或一家企业同类似的产品或企业之间的竞争关系。定位方式不同，竞争态势也不同。下面分析三种主要定位方式。

1. 避强定位。这是一种避开强有力的竞争对手的市场定位。其优点是能够迅速在市场上站稳脚跟，并能在消费者或用户心目中迅速树立起一种形象。由于这种定位方式市场风险较小，成功率较高，常常为多数企业所采用。

2. 迎头定位。这是一种与市场上占据支配地位的、也即最强的竞争对手"对着干"的定位方式。显然迎头定位有时会是一种危险的战术，但不少企业认为这是一种更能激励自己奋发上进的可行的定位尝试，一旦成功就会取得巨大的市场优势。在国外，这类事例屡见不鲜。如可口可乐和百事可乐之间持续不断的争斗，"汉堡包王"与"麦当劳"的对着干等等。实行迎头定位，必须知己知彼，尤其应清醒估计自己的实力，不一定试图压垮对方，只要能够平分秋色就已是巨大的成功。

3. 重新定位。企业确定目标市场后，对产品进行市场定位，这是产品的第一次定位，也称初次定位。一般新产品投入市场均属初次定位。企业产品的市场定位，不是一成不变、一劳永逸的。重新定位是指企业为已在某市场销售的产品重新确定某种形象，以改变消费者原有的认识，争取有利的市场地位的活动。通常是指对销路少、市场反应差的产品进行二次定位。如某日化厂生产婴儿洗发剂，以强调该洗发剂不刺激眼睛来吸引有婴儿的家庭。但随着出生率的下降，销售量减少。为了增加销售，该企业将产品重新定位，强调使用该洗发剂能使头发松软有光泽，以吸引更多、更广泛的购买者。很明显，这种重新定位旨在摆脱困境，重新获得增长与活力。这种困境可能是企业决策失误引起的，也可能是对手有力反击或出现新的强有力竞争对手造成的。不过，也有的重新定位并非因为企业已经陷入困境，相反，却是因为产品意外地扩大了销售范围而引起的。例如，专为青年人设计的某种款式的服装在中老年消费者中流行开来，该服式就会因此而重新定位。重新定位对于企业适应市场环境、调整市场营销战略是必不可少的，可以视为企业的战略转移。重新定位可能导致产品的名称、价格、包装和品牌的更改，也可能导致产品用途和功能上的变动，企业必须考虑定位转移的成本和新定位的收益问题。

小案例 6

太太口服液的市场定位

作为国内保健品市场的后来者，深圳太太药业集团，近年来取得不俗的市场表现。成功的关键在于市场的选择和定位的准确。产品刚上市时，定位于治疗黄褐斑。所谓"三个女人一个斑"，产品是有一定市场潜力的。但是，相对于女性保健品市场的需要，这一定位显然过窄，不利于企业发展。20 世纪90年代中期，产品定位转变为“祛斑、养颜、活血、滋阴”。这一定位全面，但与众多的其他产品没有多大的区别，失去了产品的特色。向消费者传递产品信息过于混乱、肤浅。1996年以后，产品定位逐渐稳定为“令肌肤重现真正的天然美”。通过重点强调产品中含有 F、L、A，能够调解内分泌，来凸现产品特色。广告为“发自内在的魅力——挡也挡不住!”

二、市场定位的步骤

市场定位的关键是企业要设法在自己的产品上找出比竞争者更具有竞争优势的特性。竞争优势一般有两种基本类型：一是价格竞争优势，就是在同样的条件下比竞争者定出更低的价格。这就要求企业采取一切努力来降低单位成本。二是偏好竞争优势，即能提供确定的特色来满足顾客的特定偏好。这就要求企业采取一切努力在产品特色上下功夫。因此，企业市场定位的全过程可以通过以下三大步骤来完成：明确潜在的竞争优势、相对的竞争优势和显示独特的竞争优势。

(一) 明确潜在的竞争优势

这是市场定位的基础。通常企业的竞争优势表现在两方面：成本优势和产品差别化优势。成本优势使企业能够以比竞争者低廉的价格销售相同质量的产品，或以相同的价格水平销售更高质量水平的产品。产品差别化优势是指产品独具特色的功能和利益与顾客需求相适应的优势，即企业能向市场提供在质量、功能、品种、规格、外观等方面比竞争者更好的满足顾客需求的能力。为实现此目标，企业首先必须进行规范的市场研究，切实了解目标市场需求特点以及这些需求被满足的程度。一个企业能否比竞争者更深入、更全面地了解顾客，这是能否取得竞争优势、实现产品差别化的关键。另外，企业还要研究主要竞争者的优势和劣势，知己知彼，方能战而胜之。可以从以下三个方面评估竞争者：一是竞争者的业务经营情况，譬如，估测其近三年的销售额、利润率、市场份额、投资收益率等；二是评价竞争者的核心营销能力，主要包括产品质量和服务质量的水平等；三是评估竞争者的财务能力，包括获利能力、资金周转能力、偿还债务能力等。

(二) 相对的竞争优势

竞争优势是指企业能够胜过竞争对手的能力。这种能力既可以是现有的，也可以是潜在的。选择竞争优势实际上就是一个企业与竞争者各方面实力相比较的过程。比较的指标应是一个完整的体系，只有这样，才能准确地选择相对竞争优势。通常的方法是分析、比较企业与竞争者在经营管理、技术开发、采购、生产、市场营销、财务和产品等七个方面究竟哪些是强项，哪些是弱项。借此选出最适合本企业的优势项目，以初步确定企业在目标市场上所处的位置。

（三）独特的竞争优势

这一步骤的主要任务是企业要通过一系列的宣传促销活动，将其独特的竞争优势准确传播给潜在顾客，并在顾客心目中留下深刻印象。为此，企业首先应使目标顾客了解、知道、熟悉、认同、喜欢和偏爱本企业的市场定位，在顾客心目中建立与该定位相一致的形象。其次，企业通过各种努力强化目标顾客形象，保持目标顾客的了解，稳定目标顾客的态度和加深目标顾客的感情来巩固与市场相一致的形象。最后，企业应注意目标顾客对其市场定位理解出现的偏差或由于企业市场定位宣传上的失误而造成的目标顾客模糊、混乱和误会，及时纠正与市场定位不一致的形象。

三、市场定位的策略

实行市场定位应与产品差异化结合起来。正如上述，定位更多地表现在心理特征方面，它产生的结果是潜在的消费者或用户对一种产品的认识，对一种产品形成的观念和态度。产品差异化是在类似产品之间造成区别的一种战略。因而，产品差异化是实现市场定位目标的一种手段。没有产品差异化，在同一目标市场上就不会有竞争的产品，不会有替代的产品，不会有互为补充的产品。如此，也就没有了市场定位。

不论是产品的初次定位或重新定位，一般有以下三种产品市场定位策略可供选择：

（一）抢占或填补市场空位策略

这种策略是将企业产品定位在目标市场的空白处，可避开市场竞争，不与目标市场上的竞争者直接对抗。在目标市场的空隙或空白领域开拓新的市场，生产销售目标市场上尚没有的某种特色产品，以更好地发挥企业的竞争优势，获取较好的经济效益。

（二）与竞争者并存和对峙的市场定位策略

这种策略是将本企业的产品位置确定在目标市场上现有竞争者的产品旁，相互并存和对峙着。一些实力不太雄厚的中小企业大都采用此策略。采用这种策略的好处是：

1. 企业可仿制竞争者的产品，向市场销售自己品牌的产品；

2. 由于竞争者已开发这种产品，本企业可节省大量研究开发费用，降低成本；

3. 由于竞争者已为产品进行了推广宣传、市场开拓，本企业既可节省推广费用，又可减少不适销的风险。

企业决定采用对峙和并存的市场定位策略的前提是：首先，该市场还有很大的未被满足的需求，足以吸纳新进入的产品；其次是企业推出的产品要有自己的特色，能与竞争产品媲美，才能立足于该市场。

（三）取代竞争者的市场定位策略

这种策略就是将竞争者赶出原有位置，并取而代之。一些实力雄厚的大企业，为扩大自己的市场范围，通常会采取这种取而代之的策略。企业要实施这种定位策略，必须比竞争对手有明显的优势，提供比竞争者更加优越和有特色的产品，并做好大量的推广宣传工作，提高本企业产品的形象和知名度，冲淡顾客对竞争者产品的印象和好感。

本章小结

1. 介绍了市场细分的概念、作用、依据和方法；

2. 介绍了选择目标市场的原则、选择目标市场的策略和影响目标市场选择的因素；

3. 介绍了市场定位的含义、市场定位的方式及市场定位的步骤。

能力培养指导

1. 实训目的

设定自己是某产品的市场营销经理，针对你所经营的产品，分析研究“谁是你的客户”，找准你的目标市场，实施市场定位策略。

2. 实训组织

以实地调查为主，配合在图书馆、互联网查找资料相结合，取得相关资料，集体讨论、分析，最终以报告形式得出结果。

3. 实训要求

在市场调研与分析的基础上，确定并描绘你的客户。

（1）描述你的当前客户：年龄段、性别、收入、文化水平、职业、家庭大小、民族、社会阶层、生活方式。

（2）他们来自何处？本地、国内、国外、其他地方？

（3）他们买什么？产品、服务、附加利益？

（4）他们每隔多长时间购买一次？每天、每周、每月、随时、其他？

（5）他们买多少？按数量、按金额？

（6）他们怎样买？赊购、现金、签合同？

（7）他们怎样了解你的企业？网络、广告、报纸、广播、电视、口头、其他（要注明）？

（8）他们对你的公司、产品、服务怎么看？（客户的感受）

（9）他们想要你提供什么？（他们期待你能够或应该提供的好处是什么？）

（10）你的市场有多大？按地区、按人口、潜在客户？

（11）在各个市场上，你的市场份额是多少？

（12）你想让市场对你的公司产生怎样的感受？

4．实训考核

根据以上资料，确定这一产品的市场定位，并拟出市场定位建议书。教师给出评价并打分。

案例应用 1

欧莱雅集团进军中国市场

一、公司背景

法国欧莱雅集团为全球500强企业之一，由发明世界上第一种合成染发剂的法国化学家欧仁•舒莱尔创立于1907年。历经近一个世纪的努力，欧莱雅从一个小型家庭企业跃居为世界化妆品行业的领头羊。2003年初，欧莱雅荣登《财富》评选的2002年度全球最受赞赏公司排行榜第23名，在入选的法国公司中名列榜首。欧莱雅集团的事业遍及150多个国家和地区，在全球拥有283家分公司及100多个代理商，5万多名员工、42家工厂和500多个优质品牌，产品包括护肤防晒、护发染发、彩妆、香水、卫浴、药房专销化妆品和皮肤科疾病辅疗护肤品等。

1996年，欧莱雅正式进军中国市场；1997年2月，欧莱雅正式在上海设立中国总部。目前，欧莱雅集团在中国拥有约3000名员工，业务范围遍布北京、上海、广州、成都等400多个城市。

二、中国市场环境分析

（一）顾客与公众

2001年，中国化妆品市场销售总额为400亿元，2002年，销售增长速度为14%—15%，实际销售总额大约为450—460亿元。2003年，化妆品行业发展速度保持稳定增长，增幅不低于15%，销售总额达到500亿元。国内化妆品生产企业已达2500家，品种3万余种，市场总额居亚洲第二位，在全世界范围内而言已经成为一个美容大国。

因此，世界名牌化妆品一致看好中国大陆的消费潜力，几乎无一遗漏地抢滩大陆，进驻中国市场，并且受到中国广大消费者的青睐，在中国市场上大放异彩。

（二）竞争者

目前欧莱雅集团在中国的主要竞争对手是其他国际名牌化妆品，主要有雅芳（Avon）、雅诗兰黛（Este' e Lander）、倩碧（Clinique）、P&G公司的玉兰油（Oil & Ulan）、Cover girl 、SKII系列、露华侬（RevLon）、圣罗兰（YSL）、克里斯汀·迪奥（Christian Dior）、歌雯琪（Givenchy）、旁氏（Ponds）、凡士林（Vasekine）、克莱伦丝（Chrins）、妮维雅（Nivea）、威娜（Wella）、花牌（Fa）、资生堂（Shiaeibo）等。这些品牌在国内都具有极高的知名度、美誉度和超群的市场表现。除了世界品牌在国内的混战外，欧莱雅集团还面临着国内本土品牌的袭击和进攻。国内的大宝、小护士、羽西（合资）、上海家化依然占有不小的护肤市场份额。

所以，目前国内的化妆品市场可以说是处于战国时代，群雄逐鹿，市场竞争极端惨烈，不时有品牌从市场上消失或者被其他公司吞并。为此，各化妆品公司无不如履薄冰，不敢大意。

（三）企业内部

虽然欧莱雅于1996年才进入中国市场，但早在20世纪80年代起就在巴黎成立了中国业务部，专门从事对中国市场的研究。90年代欧莱雅在其香港的分公司里设立了中国业务部，准备开拓中国大陆市场，并在广州、北京、上海等地都设立了欧莱雅形象专柜，测试中国消费群体对欧莱雅产品的市场反响。为进入中国市场，欧莱雅其实花费了将近20年的时间做准备！

（四）营销中介

欧莱雅采取以目标客户来选择销售渠道的策略，如：针对高端客户生产的兰蔻等产品，只有在高档的商店才可以买到；而走大众路线的美宝莲，则在普通商场及超市就可以买到。欧莱雅的理想还不止于此，他希望有一天，大家买美宝莲就像买可乐一样方便。因为欧莱雅给美宝莲的定位是“国际化的品牌，平民化的价格，要让中国的消费者买得起，且便于购买”。

和欧莱雅的销售策略一样，广告策略也是和品牌定位及目标客户相匹配的。美宝莲是一个大众化的品牌，所以要在覆盖面最广的电视媒体做广告，让更多的消费者知道。而薇姿和理肤泉因为是在药房销售，卡诗和欧莱雅专业美发在发廊销售，兰蔻等高端品牌只有在高档商店才有，网点并不像美宝莲那么多。宣传渠道一定要针对目标群体才有效。

三、市场细分策略

巴黎欧莱雅进入中国市场至今，以其与众不同的优雅品牌形象，加上全球顶尖演员、模特的热情演绎，向公众充分展示了“巴黎欧莱雅，你值得拥有”的理念。目前已在全国近百个大中城市的百货商店及超市设立了近 400 个形象专柜，并配有专业美容顾问为广大中国女性提供全面的护肤、彩妆、染发定型等相关服务，深受消费者青睐。回顾上述成功业绩，关键取决于欧莱雅公司独特的市场细分策略。

首先，公司从产品的使用对象进行市场细分，主要分成普通消费者用化妆品、专业使用的化妆品，其中，专业使用的化妆品主要是指美容院等专业经营场所所使用的产品。

其次，公司将化妆产品的品种进行细分，如彩妆、护肤、染发护发等，同时，对每一品种按照化妆部位、颜色等再进一步细分，如按照人体部位不同将彩妆分为口红、眼膏、睫毛膏等；再就口红而言，进一步按照颜色细分为粉红、大红、无色等。此外，还按照口红性质差异将其分为保湿型、明亮型、滋润型等。如此步步细分，光美宝莲口红就达到 150 多种，而且基本保持每 1—2 个月就向市场推出新的款式,从而将化妆品的品种细分几乎推向极限地步。

再次，按照中国地域广阔特征，鉴于南北、东西地区气候、习俗、文化等的不同，人们对化妆品的偏好具有明显的差异。如南方由于气温高，人们一般比较少做白日装或者喜欢使用清淡的装饰，因此较倾向于淡装；而北方由于气候干燥以及文化习俗的缘故，一般都比较喜欢浓装。同样，东西地区由于经济、观念、气候等的缘故，人们对化妆品也有不同的要求。所以欧莱雅集团敏锐地意识到了这一点，按照地区推出不同的主打产品。

最后，又采用了其他相关细分方法，如按照原材料的不同有专门的纯自然产品；按照年龄细分等。

总之，通过对中国化妆品市场的环境分析，欧莱雅公司采取多品牌战略对所有细分市场进行全面覆盖策略，按照欧莱雅中国总经理盖保罗所说的金字塔理论，欧莱雅在中国的品牌框架包括了高端、中端和低端三个部分。

塔尖部分为高端产品，约有 12 个品牌构成，如第一品牌的赫莲娜，无论从产品品质和价位都是这 12 个品牌中最高的,面对的消费群体的年龄也相应偏高，并具有很强的消费能力。第二品牌是兰蔻，它是全球最著名的高端化妆品牌之一，消费者年龄比赫莲娜年轻一些，也具有相当的消费能力。第三品牌是碧欧泉，它面对的是具有一定消费能力的年轻时尚消费者。欧莱雅公司希望将其塑造成大众消费者进入高端化妆品的敲门砖，价格也比赫莲娜和兰蔻低一些。它们主要在高档的百货商场销售，兰蔻在22个城市有45个专柜，目前在中国高端化妆品市场占有率第一，碧欧泉则是第四。而赫莲娜2000年10月才进入中国，目前在全国最高档百货商店中只有6个销售点，柜台是最少的。

塔中部分为中端产品，所包含品牌有两大块：一块是美发产品，有卡诗和欧莱雅专业美发，其中，卡诗在染发领域属于高档品牌，比欧莱雅专业美发高一些，它们销售渠道都是发廊及专业美发店。欧莱雅公司认为，除产品本身外，这种销售模式也使消费者有机会得到专业发型师的专业服务。还有一块是活性健康化妆品，有薇姿和理肤泉两个品牌，它们通过药房经销。欧莱雅率先把这种药房销售化妆品的理念引入了中国。

塔基部分是指大众类产品，中国市场不同于欧美及日本市场，就在于中国市场很大而且非常多元化，消费梯度很多，尤其是塔基部分上的比例大。在中国大众市场，欧莱雅公司目前共推行5个品牌，其中，巴黎欧莱雅是属于最高端的，它有护肤、彩妆、染发等产品，在全国500多个百货商场设有专柜，还在家乐福、沃尔玛等高档超市有售。欧莱雅的高档染发品已是目前中国高档染发品的第一品牌。第二品牌是羽西，羽西秉承"专为亚洲人的皮肤设计"的理念，是一个主流品牌，在全国240多个城市的800家百货商场有售。第三品牌是美宝莲——大众彩妆品牌，它在全球很多国家彩妆领域排名第一，在中国也毫不例外，目前已经进入了600个城市，有1.2万个柜台。第四品牌是卡尼尔，目前在中国主要是引进了染发产品，它相比欧莱雅更大众化一些，年轻时尚，在中国5000多个销售点有售。第五品牌是小护士，它面对的是追求自然美的年轻消费者，市场认知度90%以上，目前在全国有28万个销售点，网点遍布了国内二、三级县市。

由于欧莱雅公司对中国市场分析到位、定位明晰，因此，2003年时产品在中国市场的销售额达到15亿元人民币，比2002年增加69.3%，这是欧莱雅公司销售历史上增幅最高的，比1997年增长了824%。兰蔻在高档化妆品市场、薇姿在通过药房销售的活性化妆品市场、美宝莲在彩妆市场、欧莱雅染发在染发的高端市场已经占据了第一的位置。

【讨论题】

1. 欧莱雅公司对中国市场环境分析是否全面？你认为还需要关注哪些环境问题？

2. 欧莱雅公司采用怎样的市场细分策略？值得借鉴之处是什么？

案例应用 2

为凯迪拉克寻找路标

一、宏观环境分析

对于豪华汽车这种奢侈品来说，其市场份额的大小直接受美国宏观经济的影响。因此，制定下一步战略时需要大致预测出宏观经济在今后几年发展趋势，以做出相应的决策。

20 世纪 70 年代中期以后，西方各国经济开始面临严重衰退和通货膨胀，失业率逐年增高。1981 年里根政府上台后，采用以供给管理为代表的宏观经济政策，采取大幅度减税、增加政府开支等措施以刺激供给。以财政赤字的激增为代价，里根的政策取得了一定的成效：美国失业率从 1988 年的 7.1%降低到 1998 年的 5.4%，通胀率由 1988 年的 13.5%降低到 1998 年的 3.2%。国民平均收入也持续增长。从 1981 年的 8476 美元增加到 1988 年的 13123 美元。国民生产总值增长率一直保持在 4%以上。这使人们能够对未来的经济走向做出乐观的估计。

美国一半以上的石油依赖进口，石油价格上涨会对美国经济有不利影响。世界石油价格自 1980 年达到最高点 40 美元/桶后，在 80 年代逐渐下滑。但需要注意的是，石油是不可替代资源，从长远讲，其价格必然是上升趋势，为避免石油价格的冲击，研究节能型及替代石油能源的汽车应是在很长时间内都必须考虑的问题。综上所述，可以比较乐观地说，在 80 年代末宏观经济环境是有利于豪华汽车市场发展的。因此，凯边拉克车的市场份额将很大程度上取决于其采取的战略和竞争情况。

二、市场细分

1. 市场细分的依据

从案例材料可知，豪华汽车市场很明显分为功能型车与传统型车两类，但这只是从产品特点出发而作的区分，只能说明这种特性能较好满足现有目标市场的需求，而不是从顾客需求角度做的细分，因此是不能作为细分市场的依据。随着时间的推移，“传统”会发生变化，“功能”也不再是以前的功能，因此以产品特性作出的市场细分，会限制人的思路，导致对目标市场需求反应迟钝。这就需要从所满足的顾客群特点出发来看如何细分市场。

2. 性别的区分

由美国人口统计局资料可知，美国20世纪80年代男子的收入水平是女子的两倍以上；另外，80年代40%的妇女不出外工作。因此可以有把握地说，豪华汽车市场的用户群绝大部分为有较高收入的男性。

3. 年龄的区分

传统型和功能型车有很多区别，一般地说，功能型车强调速度快、操作灵活、机动性强等特点，符合比较有活力的中青年的需求。传统型车强调特别的舒适感，像"包在软绵绵的丝克绒中"，车行平稳如水，而且对驾驶员的技能要求最低。符合50岁以上中老年人的舒适、稳健、不费力的需求。从豪华车用户的人口统计也可看出，传统型车凯迪拉克和林肯的用户年龄中值分别为62岁和59岁，年龄都偏大。功能型车用户最高年龄中值为美洲虎为50岁；其他功能型车用户年龄中值分布在30多岁和40多岁之间。功能型车35岁以下使用者所占比例也很大，而凯迪拉克和林肯车 35 岁以下使用者仅占2.5%和4.1%。显然两者面对的用户年龄层是不同的，因此用年龄层作为市场细分依据进行市场细分，可以把豪华汽车市场划分为中青年和中老年两个细分市场。

作为一个辅助依据，我们从用户的受教育程度也可以近似看出他们年龄的差距，由于随着经济的发展，美国人在受大学教育比例是逐年增加的，美国人1959年25岁以上受大学教育的人只占8.1%，1998年这个数值已激增至20.3%，所以同样是有较高收入能买得起豪华车的用户，中年老用户中受过大学教育的比例显然没有较年轻用户受过大学教育的比例大。传统型车用户中，受大学教育的比例在40%以下，而功能型车用户受大学教育比例普遍高于60%，甚至最高达到78%，两者相差20%以上。可清楚地看出功能型车及传统型车用户年龄层的区别。

4. 年龄区段的确定

估算中青年用户市场年龄下限及上限。由于未查到美国人大学毕业平均年龄，姑且估算如下：美国人6岁上学，需16年的教育才能大学毕业。最开始时工资不高，需要有一定工作经验后才能获得较高收入。近似估算，在25岁以后才能获得有能力购买豪华车的收入（50000美元左右），因此年龄下限大致确定为25岁。凯迪拉克车的车主平均年龄58岁，而中青年用户最高年龄为50岁，两者取中。

由以上分析，可将美国豪华车市场划分为30岁—55岁之间的中青年男性顾客群和55岁以上的中老年男性顾客群两大细分市场。

三、各细分市场的情况简析

（一）中老年豪华车用户市场

1. 市场竞争局势

该市场原有凯迪拉克及林肯车两大厂商。1987年市场份额比中，凯迪拉克车占有绝对优势，是该市场的领导品牌。也就是说，凯迪拉克豪华车最大优势就在于中老年市场。

2. 用户特征

由案例的简要介绍可知，当前该类用户对豪华车的需求是较注重传统对舒适性有特殊要求，对安全性很重视等，另外，55岁以上的年龄段其平均收入是减少，但其豪华车的消费者应大都处于“空巢期”，其家庭负担最小，即老夫妻，有住宅，身边没有子女，户主仍在工作。其特征是对经济状况与银行储蓄感到满意，有很强的旅游、度假、奢侈品消费等需求。因此，虽然收入较低些，但也会有较强购买欲望和购买力。

3. 市场前景预测

判断未来的美国中老年消费者豪华车的需求，涉及到宏观环境，如通胀率、失业率、利率、消费者因素等等的评估。由以上的宏观环境分析可知，在未来几年的宏观经济环境是有利于豪华车市场发展的。在消费者方面，有重要影响的是人口因素。美国人的出生率逐年降低，正在迅速步入老龄化社会，人口的迅速老龄化无疑会使中老年豪华车的潜在用户数量不断增长。

美国人口方面还有一显著的因素即“婴儿潮”的影响。美国二战后在20世纪50—60年代间人口出生率有一个巨大的增长期，人口数量急剧增长，被称为“婴儿潮”。“婴儿潮”对美国的消费结构有很明显的影响，在“婴儿潮”进入青少年时期，音像产品的销量有爆炸性的增长——主要是摇滚乐和节奏强的音乐及披头士等这些针对青少年的音像制品。在这一代到了上大学的年龄时，美国各大学院不得不大量增加教学设施及教职员人数以满足他们的需求，而又在“婴儿潮”过去之后，又不得不面临学校的过度扩张和学龄人数急剧减少的窘迫景况。为了缓解这一压力，各大学纷纷增设新的课程以吸引那些成年人来学习。

在20世纪90年代后，“婴儿潮”出生的人口逐渐步入中老年。1990年到2000年，45—64岁的中老年人人口数量增长了21.7%，65岁以上老年人口数量增长也有11.9%，而同一时间段25—44岁中青年人口只增长了2.2%。这对凯迪拉克来说无疑意味着一个巨大的商机。因此可以预计，中老年豪华车市场前景很乐观。

（二）中青年豪华车市场

1. 市场中竞争局势

1987 年美国中青年男性用户豪华车市场份额被爱曲拉、梅赛德斯奔驰、宝马、奥迪、美洲虎所瓜分。其中爱曲拉销量最大，梅赛德斯奔驰其次，美洲虎销量最低。

2. 用户特征

由 1987 年美国人不同年龄段收入分析，25—34 岁左右的青年人收入最低，35—44 岁较高，45—50 岁最高。另外，25 岁—34 岁左右还要应付买房、上保险等大项开支，购买力最低、。大约 25—45 岁对年幼子女的抚养也是另一大项开支。45 岁以上孩子大些负担逐渐减轻，收入还处于最高阶段，购买力最强。另外，年轻人喜欢刺激，越年轻对车速要求越高。

3. 中青年豪华车市场的进一步细分

豪华车市场的消费者基本上可划分为青年、中年和中老年三大阵营，每个阵营的豪华车以价位和马力为重要区别。日本厂商主要吸引以前买了廉价进口车，现在想买档次高同时又价廉的进口车的青年消费者，而青年人特点是收入较低，但对车的速度及性能要求很高，并有很强的显示自己的成功与身份地位的欲望。因此车型以马力强劲、物美价廉取胜，如爱曲拉车是赛车性能引擎，日本厂商随后推出的凌志与无限马力更强，分别是 250 和 270，远高于普通豪华车马力，满足了青年人好动的欲望。车内各种设施齐全，档次很高，价位却在 2.5—3.5 万美元之间，只是同档次的奔驰或宝马的一半。满足了青年人急欲向世人显示自己的身份地位，但却由于收入不高，不想花太多钱的潜在心理。

占据 40—55 岁中年消费者市场的是美洲虎、梅赛德斯奔驰、宝马和奥迪，中年男子的特点是收入较高，而且年龄越大收入越高，同时年龄越大对车马力的要求越低。奥迪年龄中值最低，价位也低，其次是宝马，客户的收入也最高，其价位也高。豪华车马力在 170—208 之间（美洲虎马力不详，估计比奔驰低些，较接近中老年车马力），比面向青年的日本厂商的车马力小，却比面向中老年消费者的凯迪拉克车马力要强。

50 岁以上中老年消费者市场销售的是凯迪拉克和林肯。这些消费者的收入比中年消费者低，中老年人喜静不喜动，对车的马力要求最低。因此凯迪拉克和林肯车马力最低（140—155），价位也比针对中年消费者的豪华车的价位低。

中青年豪华车市场上厂商的广告宣传与中老年豪华车厂商不同，它们以汽车马力及速度作为重要卖点，辅以操作灵活与驾驶的舒适，使自己旗帜鲜明地与面向中老年用户的速度较慢的豪华车区别开来，以吸引中青年消费者注意力。与此同时，中青年豪华车市场上各厂商在自己的势力范围内根据用户需求建立了较高的技术与经验壁垒。如宝马 735i 是经过 7 年之久才研发出来的，凌志车的 250 马力 V—8 引擎“足以让奔驰、宝马和美洲虎的设计者努力工作十多年了”。由此可见，要进攻中青年豪华车市场要克服技术壁垒、经验壁垒、顾客忠诚度等等较高的障碍。

4. 市场前景预测

由人口因素可知，1990—2000 年 25—44 岁中青年人口只增长了 2.2%，意味着市场潜在客户数量增加幅度很低，而中青年豪华车市场上竞争厂商较多，在市场发展缓慢时，竞争会比较激烈。这主要影响日本厂商和宝马、奥迪系列。但注意到 45—64 岁年龄段人口数量增长了 21.7%，意味着在中青年豪华车市场中针对年龄较大用户（45—55）的市场份额会较好的增长，这对于美洲虎和梅赛德斯奔驰来说，意味着好消息。从长远看美国人口的急剧老龄化，会使中青年豪华车市场逐渐萎缩，众多中青年豪华车市场厂商应逐渐转移到中老年豪华车市场，去与凯迪拉克和林肯共同分享中老年豪华车市场日益增长的市场份额。

四、凯迪拉克近期战略评析

1. 形势。由以上材料可见，凯迪拉克近期的主要战略目标是吸引不属于传统凯迪拉克车顾客的年轻高收入消费者，但同时又要保持传统，不失去中老年顾客。在这一战略目标引导下，凯迪拉克采取了一系列行动，对产品的主要改装是缩小底盘和增加舒适度，在唯乐系列的图铃车中还增加了一些迎合青年的新设施（如雾灯、15 英寸铝合金车轮等）及提供更快的启动速度和更灵敏的转向功能，并推出了价格昂贵的新款豪华车——阿兰特，同时进行了大量广告宣传。但一系列行动却没有起到所期望的后果。例如，爱尔多拉多和塞维在 1986 年把底盘尺寸缩小了，结果当年仅这两种车销量总和就降低了 41928 辆，1988 年还是没有好转。西马龙车尺寸最小，代表凯迪拉克“运动精神”，但销量一直不高，不得不于 1998 年停产。从 1987 年豪华车人口学特征统计可看出，凯迪拉克车用户年龄中值 62 岁，爱尔多拉多、塞维、西马龙这些车型，虽然经过改装面向较年轻用户，但用户年龄中值依旧是 60 岁以上，35 岁以下比例很低。看来这些车型还是卖给了中老年用户群。只有阿兰特车用户年龄中值低些，然而这种车型销售很不成功，可见不受欢迎。将面向中青年用户的车卖给了中老年用户肯定无法使他们满意。顾客怨声载道，纷纷投诉，则是必然要发生的了。很明显，凯迪拉克没有完成它的既吸引中青年消费者又保住中老年消费者的既定战略目标，反而是既没有吸引到中青年用户又得罪了中老年用户。

2. 失利原因。在中青年用户豪华车市场的分析中，我们不难发现，中青年豪华车市场上每个厂商都有自己的势力范围，可以看出凯迪拉克车主要进攻的是40岁以上中年消费者市场这一块，在这一阵地上的主要是梅赛德斯奔驰、宝马和奥迪，凯迪拉克的进攻必然会促使他们极力守住自己的阵地，从1987年凯迪拉克车花费了巨额广告费，而宝马的广告费比凯迪拉克车还要高。中青年豪华车市场上原厂商的防卫行动必然会与原有顾客忠诚度一起大大抵消凯迪拉克的攻势。另外，更重要的是由凯迪拉克所做的技术改造可看出，凯迪拉克并没有对汽车马力，这一最重要产品性能做任何改动，依旧是155马力，这也使凯迪拉克无法以车速作广告诉求点来吸引中青年用户，于是“凯迪拉克精神”诉求点就是“行驶平稳、驾驶安全”及完善的售后服务等等。可以明显看出，其广告词很能吸引稳重的中老年客户的注意，但却没有针对中青年用户的特点进行宣传。再加上汽车的马力也属于中老年用户所接受的，那么该广告还是吸引中老年消费者也就不足为奇。而这种车不能满足中青年消费者好动的特点，自然不能引起他们的注意。综上所述，凯迪拉克车近期的战略行动失利的主要原因是市场定位不准，想把自己的产品做成能同时满足中青年和中老年消费者需求的产品，想“一枪打下一群鸟”，但却无视两者不可调和的地方，结果把自己的形象做成“四不象”，必然无法成功。与此相比较，本田的爱曲拉、丰田凌志等日本厂商进入市场时间不长，但由于产品市场定位准确，优势突出，对中青年豪华车市场的切入就很成功。

3. 凯迪拉克一直以高质量和创新著称，这说明凯迪拉克的技术力量是雄厚的，这使其有很强的应变能力，能比较容易地克服技术与经验壁垒。但是通过对现行战略的分析发现，其市场定位出现严重错误，错误出在领导层和市场调查及营销等部门。

五、今后战略目标的确定

（一）中老年豪华车市场战略目标

由以上分析可知，凯迪拉克车在中老年豪华车市场上占据绝对优势。虽然最近几年有些失利，但优势还是主要的。而且据分析，1990—2000年中老年豪华车市场上潜在顾客会有较大增长，前景很好。同时也应注意到，在20世纪80年代使用过日本厂商的豪华车的青年用户将于90年代以后步入中老年，而美国人口的老龄化、中青年豪华车市场竞争的激烈等因素必然会使这些厂商开发适合中老年消费者的豪华市场车，进攻中老年豪华车市场。那些中年和青年人时代使用过梅赛德斯奔驰等豪华车的顾客，在缅怀传统及顾客忠诚度等动机下，很容易继续购买梅赛德斯奔驰等厂商生产的面向中老年顾客的豪华车。未来的中老年豪华车市场会充斥各厂商，对于凯迪拉克来说，保持并加强自己在中老年豪华车市场的优势并不容易，前景不容乐观。

因此，必须从现在开始，把主要的力量集中于中老年豪华车市场，致力于不断满足中老年消费者变化的需求，加强顾客忠诚度，加深技术壁垒，在营销组合上不断摸索针对中老年顾客的最优组合，以巩固自己在中老年豪华车市场上的地位，为未来的战斗做准备。

（二）中青年豪华车市场战略目标

由凯迪拉克车战略评析可知，凯迪拉克车在中青年豪华车市场上失利的主要原因是市场定位不准，既想讨好中老年顾客，又想讨好中青年顾客。由于凯迪拉克是美国本土厂商，在美国有很好口碑和顾客群基础，另外其创新能力也很强，因此，如果凯迪拉克利用本土化的优势，通过对美国中青年顾客细致周密的市场调查，并以模仿和创新相合，克服梅赛德斯奔驰等豪华车的技术壁垒和经验壁垒，开发出适合中青年顾客的车型，辅以相应针对中青年顾客的营销组合进行推广，是能够在中青年顾客的广大市场上占有一席之地的。不过这需要在守住中老年豪华车市场阵地的情况下进行。最近由于战略的失利，导致中老年顾客满意度下降，为了挽回影响，今后一两年内建议以巩固中老年豪华车市场阵地为主。

总之，凯迪拉克车今后数年战略目标应是：以巩固并加强自己在中老年豪华车市场上的绝对优势地位为主，在有余力并有充分准备的情况，进攻中青年豪华车市场，作为中青年豪华车市场上的追随者，占有一席之地。

【讨论题】

1. 案例中进行市场细分采用了哪些方法？有何作用？
2. 案例中如何选择目标市场？
3. 案例中如何进行市场定位？

第九章　营销竞争战略

学习目标：

- 掌握竞争者分析方法及竞争者分类；
- 理解竞争战略的基本形式；
- 了解处于不同市场地位的企业所可能采取的竞争战略的相关知识。

实践中的营销竞争

“比萨饼屋”的失误

位于美国德克萨斯州达拉斯城的“比萨饼屋”公司，是美国比萨饼行业的“老大”，有着40年比萨饼生产历史，占有美国22%的比萨饼市场，拥有7132家连锁店，多年来保持高速发展，这在美国是个奇迹。可是自1993年以来，“比萨饼屋”却步步退却，市场份额正在逐步被“约翰爸爸”吞噬。“约翰爸爸”仅有14年比萨饼生产历史，已在美国比萨饼业排行老四，这个后起之秀正以迅雷不及掩耳之势，将其业务拓展到全国各地，1998年其连锁店已达到6000家，在很短的时间就夺得了五分之一的市场份额，对“比萨饼屋”构成了巨大的威胁，与“比萨饼屋”展开了激烈的直接对抗。导致“比萨饼屋”节节败退。

“比萨饼屋”最大的失误是其经营策略，其确信，“姜是老的辣”，陶醉于行业“老大”的地位。而当“约翰爸爸”推出“更好的调料，更好的比萨饼”的战略决策之后，“比萨饼屋”的决策者们几乎失去了理智，达到近似疯狂的地步。他们出巨资聘请所谓的“厨房科学家”、调料师和口味专家，在用料上不惜血本，将每年的1.5亿美元的广告费削减，一改过去多元发展的战略决策，开拓单一口味的比萨饼，声称“要让每一位美国人尝到无与伦比、鲜美异常的比萨饼”。他们甚至忘掉了什么时候为销售淡季，什么时候为销售旺季。结果，“比萨饼屋”失误的策略使“约翰爸爸”乘虚而入，越来越多的消费者把眼光投向了“约翰爸爸”多格局多品种的比萨产品。“约翰爸爸”大有取代“比萨饼屋”之势。

“约翰爸爸”不像“比萨饼屋”那样一味地追求口味，而是色香味形并举。“约翰爸爸”的经营策略其实早就成为人们传颂的佳话。因为在“约翰爸爸”的公司章程里意味深长地写着：“约翰爸爸”起源于1492年哥伦布寻找新大陆出航的地方，其下属所有雇员都是哥伦布航船上的船员，都必须穿“船员服”。在这里供职的所有雇员不会被看作战斗中的普通战士，而是被看作十字军东征的武士。任何人，只要进入约翰爸爸公司就只能进不能退。正如总裁契纳特所说：“再过五年，我们将成为世界一流品牌，再过十年我们将引导世界潮流。”在1993年前，“约翰爸爸”还是一家名不见经传的小公司，而到了1998年，其连锁店已达到6000家，公司股票在5年内从每股5美元上升为31美元。如今，契纳特本人的资产已达两亿美元，是美国少有的爆发户。

两家公司开始了白热化的战斗，它们就对方的口味、调料相互挖苦、诋毁，采取各种手段打击对方。“比萨饼屋”上书美国商业规范局全国广告纠纷调解事务部（简称NAD），控告“约翰爸爸”侵犯了其的商标权。经仔细研究，NAD认为“约翰爸爸”的经营行为没有构成侵权罪。1998年3月，“比萨饼屋”再次上告，声称“约翰爸爸”利用广告伤害“比萨饼屋”，NAD不得不再次进行调查。

1998年4月，“比萨饼屋”在“约翰爸爸”的主要市场所在地大打广告，用醒目的大标题写着：“误导、中伤、劣质，约翰爸爸的辣手！”“约翰爸爸”做出的反应却不是以牙还牙，而是将双方生产的产品配方全部公之与众，让消费者自己评判谁的产品好谁的产品劣。最后却印证了“约翰爸爸”的企业至理名言：“更好的配料，更好的比萨饼”。正如约翰爸爸副总裁西尔·索诺斯基所说：“比萨饼屋每打出一张牌，就等于把一根绞索套在自己脖子上，而给我们一次机会。”最后，NAD宣布，“约翰爸爸在1998年3月打的广告有损比萨饼屋的用材形象。”可是NAD却没有做出任何处罚决定。

为此，比萨饼屋1998年8月12日把约翰爸爸推上了被告席。比萨饼屋义愤填膺，直到德克萨斯州法院作出裁决，宣布美国的比萨饼食品业在进行一场粗鲁的市场竞争，双方相互诋毁中伤达到了不可容忍的地步。并指出，两家公司争论的焦点仍是广告言辞，误导了消费者。最后判定约翰爸爸赔偿比萨饼屋1200万美元的伤害费，在广告中禁止使用“更好”的言辞。

评述

“比萨饼屋”拥有如此众多的比萨饼销售网点，这在美国是个奇迹，并且能保持其高速发展这么多年，这是很不容易的。只是近来因市场竞争激烈，该公司无新品推出，守旧的策略已将其引入死胡同。其次，在其他公司奇招迭出，不断翻新花样之际，“比萨饼屋”却不思进取，坐享其成，更有甚者，居然偷工减料。消费者发现，“比萨饼屋”的比萨饼越做越大，而内含的大块肉却变成了越来越小的肉丁，口感也越来越差。长期以来，“比萨饼屋”对消费者的抱怨声似乎充耳不闻，而中途杀出的“约翰爸爸”却一下激怒了它。“比萨饼屋”失误的经营策略使“约翰爸爸”乘虚而入，“约翰爸爸”多品种的比萨产品吸引了消费者，顺理成章成为最受青睐的品牌。

“比萨饼屋”与“约翰爸爸”的战斗算是平息了下来。可是，却给消费者提出了另外的问题：真是赞歌般的广告会给公司带来如此大的效应吗？即使比萨饼屋获得了巨额赔款，它就能扭转其市场颓势吗？即使约翰爸爸不再使用“更好”的言辞，比萨饼屋就可夺回市场份额吗？

此时的比萨饼屋才真正意识到，决定胜负的仍然是市场。所以其最终决定认真坐下来，对双方的产品做一个仔细比较，让更多的消费者评判谁优谁劣。也许其会在广告中使用“纯天然”、“鲜面粉”、“意大利原汁原味”或“家乡味”等言辞，可是它更应该明白的是，市场份额的占有完全取决于用户而不是市场以外的法庭或媒体。

（资料来源：曹刚等. 国内外市场营销案例集. 武汉：武汉大学出版社，2003年）

第一节　竞争者分析

“知己知彼，百战不殆！”企业要制定出正确的市场竞争战略，就必须对竞争对手有深入的了解，这就涉及到竞争者分析的相关内容。

一、竞争者识别

（一）竞争者识别的有关范畴

1. 行业及行业结构

在市场营销中，我们把买方的集合称为市场（market），把卖方的集合称为行业（industry）。而在竞争者识别的有关范畴中，可以把生产一种或一类可以相互替代的产品的企业集群叫做行业。例如，生产和销售食品的企业群可以称为食品业，生产和销售通信产品的企业群构成了通信业。

按照传统产业经济学的观点：不同的行业，具有不同的竞争状况。行业竞争状况主要受以下因素的影响：竞争者的数量、产品的同质性或异质性、企业规模等。根据以上因素，可以将行业分为不同类型，行业结构类型主要有以下四种：

（1）完全竞争（pure competition）

完全竞争行业由许多生产同类产品的企业所构成，不同企业生产的产品不存在任何差别，在这样的行业中，没有任何支配力量存在。市场中的企业数目众多且规模小，每个销售者和购买者提供或需求的产品数量都很少，任何销售者和购买者都不能影响市场价格，市场价格完全是由供求关系决定的。行业不存在任何进入与退出障碍，新企业进入产业或原有企业退出产业有充分的自由，生产要素在产业间的转移没有任何阻力。生产者和消费者掌握市场的全部信息，既了解市场上每个生产者的产品、技术和成本，也了解消费者的偏好和支付能力，企业生产销售活动以及消费者的购买活动的信息完全对称。完全竞争行业是一种理想状态，在现实中并不存在。

（2）垄断竞争（monopolistic competition）

垄断竞争型的行业中存在数量众多的小企业，每个企业的产量在产业的总产量中只占一个较小的比例。不同企业生产的产品之间存在差别，但是相互之间的替代弹性较大。产业的进入障碍较低，新企业能够自由进入产业。当产业内的供给量超过需求量而导致企业收益下滑或亏损时，企业也可以退出产业。各个独立的企业之间存在着激烈的竞争，但是由于产品差别的存在，各个企业又可以凭借产品差别特点形成一定程度的垄断。

（3）寡头垄断（oligopoly）

在寡头垄断的行业内，少数几家大企业占有大部分市场。这种行业类型又可以分为两种：一是少数几家大企业占有大部分市场，同时行业内还有很多小企业占有小部分市场；二是少数几家大企业占有行业的全部市场。该类型行业内，企业所生产的产品部分有差别，存在产品差别的行业称为差别寡头垄断，不存在差别的行业称为纯粹寡头垄断。行业的进入障碍很高，新企业进入行业往往相当困难，大量投资、专利权垄断和行业内原有企业的协调行为等因素，形成了新企业进入行业的壁垒。

（4）完全垄断（pure monopoly）

在完全垄断的行业中，只有唯一的供给者。在完全垄断行业上可能会有多个生产企业，但是，只有一家企业向市场提供产品。因为没有相关替代品，唯一的供给者在制定价格时不必考虑其他的替代因素。

2. 行业集中度

行业集中度是指行业中企业的市场份额的分布情况。产业经济学中集中度指数（concentration index）代表行业集中的程度。例如，CI4 表示行业中最大四个企业的市场份额之和，可用来衡量行业集中度。设测定范围内全部企业的销售额为 X，其中 i 企业的销售额为 Xi，则 i 企业的集中率为 Xi/X。

（二）进入、退出障碍

阻止潜在进入者进入行业的因素构成了行业的进入障碍（entry barriers）。形成进入障碍的因素包括：对资本的要求、规模经济、专利、原料供应、分销渠道的控制、政府的政策等。例如，进入电信行业需要大量的固定资产投资，这就形成了进入壁垒；制药行业常常因为专利而形成进入障碍；石油行业、奶业主要是由原料供应来形成进入障碍；当企业进入其他国家开展生产经营活动的时候，就会遇到因竞争对手对分销渠道的控制而形成的进入障碍；政府政策也会形成进入障碍，我国政府对关系国计民生的重点企业和行业实施了政策性保护。阻止行业内现存企业退出该行业的因素构成了行业的退出障碍（exit barriers）。构成退出障碍的因素包括：对顾客、债权人和员工存在的法律和道义上的义务，高度纵向一体化（vertical integration），资产的高度专用性等。例如，我国的国有企业在退出市场时，常常因为破产可能造成的大量失业人口而受到地方政府的阻止；高度纵向一体化的企业一旦退出市场，会牵连其他企业，因而这样的企业也无法自由地退出市场；资产的高度专用性会带来巨大的沉没成本，这也会给企业退出市场带来困难。

（三）竞争战略和战略集团

竞争战略就是要制造差异，也就是说，要有意选择一套不同的经营活动以创造一种独特的价值组合。在一个行业内，所有企业可能采取同一种竞争战略，也可能分别采取不同的竞争战略，但更多的情况是部分企业采取相似或相同的战略。行业中采取相同或相似战略的企业群构成了战略集团（strategic group），极端的情况是一个行业内只存在一个战略集团，或者每一个企业都构成一个战略集团，而更多的情况是一个行业内存在几个战略集团。

二、竞争者的分类

识别竞争者，对企业来说非常重要。只有建立在对竞争者战略充分了解的基础之上的竞争战略，才能确保企业竞争优势地位的确立。根据不同分类方法，竞争者可以被分为不同类别：

(一)按不同层次对竞争者进行分类

根据市场上产品替代性程度的强弱，可以把竞争对手分为不同的层次：

1. 品牌竞争者

所谓品牌竞争者就是指同一行业内以相似的价格向相同的顾客群提供类似产品或服务的所有企业。品牌竞争者是企业在市场上所面临的最直接的竞争对手，它们之间的竞争最为激烈和残酷。

2. 行业竞争者

行业竞争者是指提供同一类或同一种产品的所有企业。在同一行业中，不同企业所提供产品的型号、档次、价格不同，它们不构成品牌竞争者，但它们之间也存在着竞争。这些企业之间的竞争就构成了行业竞争者之间的竞争。例如，富康、捷达、哈飞、奇瑞是低档车的品牌；丰田、本田、红旗是中档车的品牌；宝马、奔驰是高档车的品牌，同档次品牌之间构成了品牌竞争者，不同档次的品牌之间则构成了行业竞争者。

3. 需要竞争者

需要竞争者是指满足和实现消费者同一需要的企业。企业分析竞争对手的时候，不仅要关注品牌竞争者和行业竞争者，而且要关注需要竞争者，需要竞争者也会对企业的市场构成有效的威胁。例如，消费者有出行的需要，飞机、长途汽车、火车、私家车都可以满足这种需要，它们之间就构成了需要竞争。现代市场营销理念要求企业扩大市场定义的范围，把这些需要竞争者都纳入考虑范围。

4. 消费竞争者

消费竞争者是指生产不同产品，但目标顾客相同的企业。例如，消费者的积蓄可以用于购置房产、购买汽车、旅游消费，那么所有提供以上产品或服务的企业就构成了消费竞争者。

(二)根据竞争者在目标市场内的地位分类

在同一目标市场内，企业的实力、规模和市场份额不同，就形成了企业在目标市场内不同的竞争地位。根据企业在目标市场内的地位，可以把竞争者划分为：市场领导者（market leader）、市场挑战者（market challenger）、市场追随者（market follower）和市场补缺者（market nicher）。

1. 市场领导者

市场领导者就是占市场份额最大的企业。例如，可口可乐是可乐市场的领导者，宝洁是日用化工产品市场的领导者，格兰仕是微波炉市场的领导者。市场领导者在市场上拥有很大的影响力，其他企业要么向它发出挑战，要么采取跟随战略对市场领导者的战略进行模仿。

2. 市场挑战者

市场挑战者是指在目标市场上位居第二、第三或名次稍低的企业。例如，百事可乐是可乐市场的挑战者，高露洁是日用化工产品市场的挑战者，富士是胶卷市场上的挑战者。市场挑战者通常作为市场领导者的挑战者存在，它们总是试图寻找进攻机会，扩大市场份额。

3. 市场追随者

市场追随者是指在目标市场上位于第二、第三或稍后名次，在战略上追随市场领导者的企业。市场追随者不对市场领导者发起直接的进攻，而是密切关注市场领导者的战略选择，在产品开发、价格、分销和促销等方面与市场领导者保持一致。与此同时，市场追随者也具有自己的特色，从而保持自己的市场份额。

4. 市场补缺者

市场补缺者主要是指行业中实力相对弱小的中小企业。这些中小企业无力与大企业相抗衡，它们专注于大企业所忽视的市场空白地带，为目标市场提供专门的产品或服务，从而谋得自己的生存与发展。

（三）根据竞争者的反应模式进行分类

在市场竞争中，不同的企业面对竞争所做出的反应是不一样的。企业家有不同的经营理念和企业文化，因此它们面对价格战、广告战、品牌战等竞争行为的反应是大相径庭的。根据企业面对竞争的反应模式可以将竞争者划分为：从容型竞争者、选择型竞争者、凶狠型竞争者和随机型竞争者。

1. 从容型竞争者

从容型竞争者是指对市场上竞争者的进攻行为采取漠视态度的企业。这类企业认为消费者对本企业的品牌和产品的忠诚度高，因此，对竞争对手的攻击行为不采取行动或只采取有限行动。从容型竞争者往往是在竞争中具有竞争优势的企业，与无力对竞争做出反应的企业不同。

2. 选择型竞争者

选择型竞争者是指对竞争对手的竞争行为有选择地做出反应的企业。这样的企业根据自身的能力和竞争对手攻击行为对自身的危害程度，有选择地对竞争行为做出反应。

3. 凶狠型竞争者

凶狠型竞争者是指对市场上任何竞争行为都做出强烈反应的企业。这类企业实力强大，它要向对手传达的信息就是任何攻击行为都是徒劳无益的，最后的结果也只是两败俱伤。凶狠型竞争者一般在同行中占有很重要的位置，产品研发能力强，品牌知名度高，市场份额大，有能力对竞争对手的攻击行为做出强烈的反应。

4. 随机型竞争者

随机型竞争者是指对竞争行为的反应模式不确定的企业。这类企业对竞争对手的攻击行为采取行动与否缺乏固定的模式可以遵循，只是随机地对某些竞争行为做出反应。

（四）根据竞争者的特性进行分类

根据竞争者的特性，可以将竞争者分为强竞争者和弱竞争者、良性竞争者和恶性竞争者。

1. 强竞争者与弱竞争者

强竞争者是指那些经营能力、规模、研发能力、品牌号召力等各方面都很强的竞争者，企业在面对强竞争者时，要谨慎地采取攻击行为。弱竞争者是指规模、实力、品牌号召力都较弱的企业。企业的攻击性行为一般都首先选取弱竞争者为目标。

2. 良性竞争者与恶性竞争者

良性竞争者是指那些其竞争行为能够为企业带来战略上的好处并可以改善行业环境的竞争者。良性竞争者通过吸收需求的波动，提供互补产品，降低反垄断风险以及提供成本保护等，给企业带来战略上的好处。良性竞争者通过自身的市场营销活动，扩大产品的需求，并且通过营销费用的膨胀构筑了进入壁垒。在新产品开发时，良性竞争者还可能为企业承担开发新产品和开拓新市场的风险。恶性竞争者是指那些其竞争行为会对整个行业带来危害的竞争者。

三、竞争者战略与目标分析

（一）竞争者战略分析

1. 迈克尔·波特的五力模型

竞争者所采取的竞争战略取决于决定行业结构的五种基本的力量，这五种基本的力量即现有企业之间的竞争、潜在进入者的威胁、替代品的威胁、供方讨价还价能力和买方讨价还价的能。（见图 9-1）。

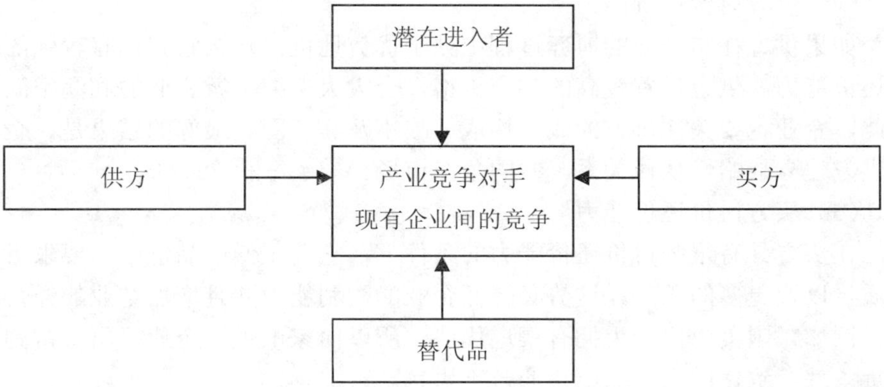

图 9-1　五力模型

（1）行业内现有企业之间的竞争

在现代市场经济条件下，大部分行业都存在竞争。有些行业还存在着激烈的竞争，例如我国的彩电行业，企业为了生存不得不一次次推出“价格战”的大旗。对于大多数企业来说，行业内现存的竞争者是企业所面对的最直接的对手，因此对这些竞争对手的战略进行分析就成为当务之急。

（2）潜在进入者的威胁

如果行业存在较高的利润率或者该行业拥有良好的发展前景，那么就会吸引有能力的企业进入该行业。当然，潜在进入者是否进入某个行业，还取决于该企业的预期和行业进入壁垒的高低。对于行业内现存的企业来说，潜在进入者就是潜在的竞争者，因此，针对竞争者的战略分析当然不能忽视对潜在进入者的分析。面对潜在进入者，行业内现有企业可以通过降低行业的利润率来打消潜在进入者的进入意图，例如，格兰仕在微波炉行业就采取了这种战略，它的规模每上一个台阶，就会大幅度降价，以此来阻碍潜在进入者的进入，当然，行业内现有企业也可以通过提高行业壁垒的方法来阻碍潜在进入者。

（3）替代品的威胁

替代品是指在功能上能部分或全部代替某一产品的产品。替代品与现有产品之间存在着较高正值的需求交叉弹性，因此，可以说生产替代品的行业与生产该产品的整个行业都是竞争者。企业在进行竞争者分析时不能忽视对生产替代品的企业和行业的分析。

（4）供方讨价还价能力

如果供方在与企业的博弈过程中处于优势地位，那么它就拥有较强的讨价还价能力。供方设置较高的供应价格，会大大压缩下游企业的利润空间。因此，企业也要关注供方的成本构成、战略及其意图。最好的结果是，企业与供方建立战略性伙伴关系，共同争夺市场。

（5）买方讨价还价能力

在买方具有很强讨价还价能力的条件下，它会压低产品价格、要求更高的质量以及更多的服务，这势必降低企业的盈利能力并且增加企业的经营风险。例如，国美电器因为拥有渠道优势，所以向家电生产企业提出了苛刻的进货条件，致使广大的家电企业苦不堪言。

要对竞争者展开有效的分析，必须把竞争者置于以上五种力量之中。

2. 竞争者战略分析方法

所谓竞争者战略分析就是要了解竞争者的营销战略以及营销战略的优势和劣势之所在。竞争者战略分析的方法非常简单，就是将企业自己的现有的（或计划中的）目标市场和营销组合的优势和弱势与竞争者会对此战略做出的反应相比较。

竞争者战略分析的第一步是找出潜在竞争者。这些竞争者包括了企业在经营过程中可能遇到的所有竞争者，主要有品牌竞争者、行业竞争者、需求竞争者、消费竞争者。只有将这些竞争者都纳入企业的视野，企业才能避免患上“营销近视症”（marketing myopia）。竞争者战略分析的第二步就是将分析的重点集中在竞争对手（competitive rivals），即那些最接近的竞争者企业。企业认识到哪些企业对自己危害最大之后，就可以通过各种渠道搜集这些企业的信息，为下一步对竞争者战略的分析进行资料的累积。竞争者战略分析的最后一步就是根据企业所获得信息对竞争者的营销战略展开分析，并通过与自身战略的对比来发现竞争对手营销战略的优势和劣势之所在。

3. 收集竞争者信息的渠道

（1）公共信息来源

尽管竞争者的很多商业信息不会被批露，但通过各类媒体还是可以获取很多关于竞争者经营状况的信息。

（2）其他竞争者信息来源

这些来源包括：贸易刊物、销售代表、中间商和其他行业专家以及顾客。

（3）因特网

因特网正在成为搜集信息最便利的工具。企业在其网站上向顾客发布的销售信息，就是企业搜集竞争者信息的很好来源。与此同时，有了计算机程序，就可以轻易地搜寻成千上万的网上出版物和数据库，以获取竞争者的任何信息。

（二）竞争者目标分析

竞争者的战略目标（competition objectives）主要有以下三种：

1. 生存

生存是企业最基本的目标。企业只有先生存下去，才能谋求进一步的发展。所以，企业战略目标的设定必须首先保证这一目标的实现。

2. 发展

生存下来的企业，必须谋求进一步的发展。只有持续的盈利、扩大经营规模、开发新产品、开拓新市场，企业才能够发展壮大。

3. 获利

企业和市场作为市场经济条件下配置资源最有效的两种方式，当然会强调投入产出比。这就要求企业不断提高经营效益，以获取利润。没有利润，企业就无法为进一步的发展壮大积累资金，不能够获利的企业没有存在的必要。

（三）竞争者的市场反应

在对市场竞争者的营销目标、营销假设、现行战略和营销能力分析基础上，可以进一步明确市场竞争者可能对营销活动中的种种问题做出什么样的反应。竞争者面对市场竞争，一般有以下两种市场反应行为：

1. 进攻性行为

企业应该对竞争者是否会采取进攻性行为做出评估。首先，企业应该将竞争者的营销目标与其在市场上的地位进行对比，以衡量竞争者对现在的市场形势的满意程度。如果竞争者的满意程度较低，则它可能采取进攻性行为。其次，企业还要分析竞争者的营销假设、营销能力，以及其对自身能力的看法。通过这样的分析，可以了解竞争者将会把哪些企业作为自己主要的对手，以及它对未来市场竞争形势的预期。最后，还要对竞争者的进攻性行为的成本与其可能的成果做出对比，以此来预测竞争者进攻行为的强烈程度。

2. 防御性行为

面对竞争者的进攻性行为，有些企业会针锋相对地采取攻击性行为，而另外一些企业则会采取防御性行为。对于防御者来说，当遇到的竞争性行为威胁到自身地位和营销目标的实现时，不管愿意与否，总会被迫实施报复反击行为，而且大多数企业都会有在既定目标等方面的“敏感点”，“敏感点”

一旦被触及，企业就会做出超常反应。因此对市场竞争者营销目标、营销假设、现行战略和营销能力方面的分析，能清楚了解到竞争对手会不会做出反应，其是否会由于某种因素的阻碍，无法反击或者反应迟缓。同时，能提醒竞争者避免触及对手“敏感点”，提高竞争的成功率。

小案例 1

联合利华为何落后于宝洁

英国联合利华是世界知名的洗发水生产厂商，20 世纪 80 年代进入中国市场，安营扎寨于上海。经过十多年的艰苦努力，联合利华与美国的宝洁公司同成为中国日用洗涤护理品市场的巨头，但相比之下，联合利华与宝洁的差距却是显而易见的。

北京一家大型连锁零售商店的负责人说：“宝洁是我们最大的供货商，联合利华的销售量仅及宝洁的 1/5。”根据北京一家权威调查机构公布的“1998 年全国主要城市消费品调查”：宝洁公司产品占据中国市场洗发护发用品的 50%。

由对外贸易经济合作部进行的 1997-1998 年度中国规模最大的 500 家外商投资企业排序结果中，宝洁名列第 10 位，将联合利华远远抛在后面。

1998 年，联合利华以“黑芝麻”等产品概念投入与宝洁的市场争夺战，但此时宝洁凭着海飞丝、飘柔、潘婷三个主要品牌年营业额高达 70 亿元，继续保持 50%以上的市场份额。

1999 年宝洁在中国的收入达到 10 亿美元，而联合利华的预期销售总额仅为 3 亿美元（尽管两家公司都没有公布利润数字，但联合利华的亏损却是不争的事实）。

两家都是世界知名的洗发水生产商，同是 20 世纪 80 年代后期进入中国市场，宝洁落户广州，联合利华扎寨上海。联合利华为何落后于宝洁?

当初联合利华来到中国时，曾花费巨资向著名咨询管理公司请教，设计在中国大陆的发展战略。得到如下建议：与当地已有一定市场份额的企业合作，然后用他们的销售渠道和销售人员去推广联合利华公司的产品。本着这一思路，联合利华公司先后吞并了大陆数家生产销售肥皂、洗衣粉、雪糕的厂家。在国内，联合利华建立了 12 家合资公司，各成体系，每家公司都拥有自己的生产线、分销系统及销售人员。一开始，就有人指出那种联合方式非常笨重，但联合利华公司的领导人顽固地确信，各行其道的子公司能够统一成整体，并且能赚大钱。事实残酷地击碎了梦想，后来的发展证明，不同部门之间常常想法各异，甚至彼此竞争。一家国外零售公司的财政主管解释说：

"在销售中，宝洁的各路队伍开出的是同一张发货单，彼此行动一致；联合利华开出的发货单各异，它的销售团队彼此竞争。"

中国市场既广阔又复杂，由于地域、文化、习俗的不同，需求也有所差别，因而要更好地满足市场需求，就必须研究开发不同种类的产品，但联合利华在这方面是逊色于宝洁的。下面是联合利华与宝洁公司产品的对照表：

产　品	联合利华	宝　洁
洗发护发用品	夏士莲、力士洗发水	飘柔、潘婷、海飞丝、沙宣洗发护发系列
清洁用品	力士香皂	舒肤佳香皂、玉兰油香皂、舒肤佳沐浴露、玉兰油沐浴乳
护肤用品、化妆品	旁氏润肤霜	玉兰油护肤系列、玉兰油活肤洁面乳
妇女保健用品		护舒宝卫生巾、丹碧丝卫生棉条
保健用品	中华牙膏	佳洁士牙膏、佳洁士牙刷
婴儿护理产品		帮宝适纸尿片
食品、饮料	和路雪冰淇淋	品客薯片
织物、家居护理产品	奥妙洗衣粉	碧浪、汰渍、熊猫、高富力洗衣粉

仅就洗发护发用品来说，宝洁公司的每一个品牌都满足了人们的不同需求。如海飞丝突出"头屑去无踪"，飘柔突出"飘逸柔顺"，潘婷突出"营养头发、更健康更亮泽"。这些有明确市场定位和独特市场形象的产品满足了不同需求的消费者，为宝洁公司吸引了大量顾客。相对而言，联合利华在这一点上做得就远远不够。

聘请著名电影女明星作为品牌代言人，是力士香皂的一个特点，在中国，这个策略可以一直追溯到20世纪三四十年代的上海，当时力士的品牌代言人是电影皇后——胡碟，那个时代亚洲最具亲和力的女明星。在中国播放的广告中，钟楚红、张曼玉、李若彤、袁咏仪等明星都曾担纲出演力士的广告。力士一贯采用的是顶级女明星，而且每年几乎都会有新的面孔。

力士美发类高级品牌经理陈立乙小姐认为："力士通过消费者熟悉的明星所展示的魅力来实现产品丰富的内容与价值。明星的魅力会直接对消费者有一定的影响，消费者将对品牌的内涵、特点有更深刻的理解与认识。"力士的广告策略是全球性的策略，国际巨星与力士的国际品牌形象相互辉映。然而对讲求实惠的中国人而言，宝洁公司的做法也许更有亲和力和感召力；在宝洁公司的广告宣传里，主角大多是青春靓丽的女生。在形象诉求上，宝洁给人们的印象是，它的消费者对象是广大的中产阶级乃至以千万计的学生阶层。

似乎为了印证这一点，宝洁在中国的教育战线上屡屡出招：1996—1998年，宝洁向希望工程累计捐款1200万元，在全国兴建了70所希望小学。1997年向春蕾计划捐款50万元，支持女童教育，帮助她们重返课堂；1998年4月，宝洁向清华大学捐款1070万元人民币，引进目前世界上最先进的实验仪器，帮助完善学校的教学实验设施；向教育部捐款700万元人民币，用于支持中小学生青春期健康教育；宝洁公司还向野生动物保护基金会捐款150万元人民币，以保护国宝大熊猫。

为追求市场份额，联合利华大把大把的钱都花在促销和降价上。联合利华曾给各冷饮销售商配置了冰柜，并天真地认为他们只会把它用于销售和路雪冰淇淋。零售商们最初的确用它来卖昂贵的和路雪冰淇淋，然而，过了一段时间，联合利华分发的冰柜里装满了其他便宜畅销的冷饮。

（资料来源：曹刚等. 国内外市场营销案例集. 武汉：武汉大学出版社，2003年）

第二节　竞争战略的一般形式

美国哈佛大学商学院的著名教授迈克尔·波特认为，有成本领先战略、差异化战略和集中化战略三种竞争战略可供企业选择。企业必须在这三种战略之中选择其一，并且只能选择一种战略。任何“骑墙”行为都会导致定位模糊，最终致使企业战略失败。

一、成本领先战略

成本领先战略是指企业通过扩大生产和经营规模，从而实现规模经济和范围经济，提高经营效益，加强管理，进而降低总成本，在市场谋求竞争优势的战略。成本领先战略作为可供企业选择的战略，有其自身的优势和局限性。

（一）成本领先战略的优势

1. 采取成本领先战略的企业可以获得高于产业平均利润水平的利润。采取该战略的企业因为成本较低，在以同等价格出售产品时，可以获得较高的利润率。

2. 可以使企业拥有较大的降价空间，因而能够提升企业抵抗价格战攻击的能力。

3. 采取该战略的企业可以以较低的价格销售产品，从而扩大市场份额，进而享受规模效益所带来的好处。

4. 赋予企业使用价格战武器的权力。不可否认，价格战是市场竞争中非常有效的进攻手段，通过价格战可以阻止潜在进入者的进入，或者将竞争者赶出市场。

（二）成本领先战略的风险

1. 如果竞争者采取同样的战略，会抵消企业降低成本所带来的竞争优势；

2. 采取该战略会诱发企业发动价格战的冲动，最终导致整个行业无利可图；

3. 当竞争者采取差异化战略和集中化战略时，会抵消企业通过成本领先战略所建立起来的竞争优势；

4. 成功实施该战略会导致企业将注意力集中于对市场份额的争夺，而忽视了对于长期战略的思考。

（三）成本领先战略的使用条件

1. 市场需求具有价格弹性，价格优势能够带来市场规模方面的优势；

2. 行业内企业生产的产品差异性不大，因而价格成为决定企业市场地位的重要因素；

3. 实现产品差异化的途径很少，给其他企业采用差异化战略造成了困难；

4. 大多数客户以相同的方式使用产品；

5. 消费者面临较低的转换成本，因而能够很方便地选择价格低廉的产品。

二、差异化战略

差异化战略是指将企业提供的产品或服务标奇立异，形成一些在全行业范围中具有独特性、差异化的东西。

（一）企业实现差异化的主要方法

1. 产品差异化

企业可以使自己的产品区别于其他产品。产品差异化（product differentiation）主要包括：工作质量差异化、产品特色差异化、产品设计方面的差异化。工作质量（performance quality）必须以顾客的需求为起点，以顾客的知觉为终点，如果顾客要求较高的可靠性、耐用性或者高性能，那么这些要素就构成了顾客眼中的质量。这也就是说，企业设计产品必须以顾客的需求为起点，在这一阶段，企业必须多听取顾客的意见。产品质量的优劣必须以顾客的评价为标准。产品特色（product features）是指产品基本功能之外的一些增补，它也是产品差异化的一个很重要的工具。产品设计（product design）是一个综合的因素。它决定了产品的特色、性能、稳定性、耐用性等。好的设计要求外表美观、操作简单、使用方便、经久耐用等。

2. 服务差异化

服务差异化（service differentiation）是指企业向顾客提供别具一格的良好服务。服务差异化主要表现在订货方便、交货、安装、客户培训、客户咨询、维修和多种服务上。订货方便（ordering ease）是指企业必须使顾客能够方便地向公司订货。例如，许多企业都设置了800免费电话以及网上订购服务。交货（delivery）是指企业必须保证货物准确及时地送达顾客，它包括：送货的及时性、准确性和文明送货。安装（installation）是为确保产品在预定地点正常使用而需要做的工作。客户培训（customer training）是指企业有义务向顾客提供必要的培训，以使其能够方便地使用购买的产品。客户咨询（customer consult）是指卖方无偿或有偿地向买方提供有关资料、信息系统或提出建议等服务。维修（maintenance）是指企业在产品出现故障的时候，能够向顾客提供必要的修理服务。多种服务（miscellaneous service）是企业可以为顾客提供的其他方面的服务。例如，企业可以向顾客提供一个比竞争者更好的产品担保和保修合同。

3. 人员差异化

人员差异化（personnel differentiation）是指企业比竞争者拥有更为优秀的员工而形成的差异化。只有满意的员工才能创造满意的顾客，一位受过良好训练的工作人员应具有下面六种特性：（1）称职。员工应具有圆满完成份内工作所需要的各种知识和技能。（2）诚实。健康是人的第一生命，诚信是人的第二生命，这是对员工的基本要求。（3）可靠。员工应该能够始终如一、准确无误地完成本职工作。（4）负责。员工应该及时对顾客的困难和要求做出反应。（5）沟通。员工应该具有良好的沟通能力，及时了解顾客的需要，并将企业的营销信息准确地传达给顾客。（6）谦恭。友好、能尊重人、并善于体谅别人。

4. 形象差异化

形象差异化（image differentiation）是指企业通过各种不同的途径创造性地树立企业独一无二的形象。例如，人们一看到“M”标志，就会想到麦当劳。

（二）企业差异化战略需要实现的目标

差异化有利于扩大企业品牌和产品的知名度，强化顾客的品牌忠诚度。企业如果要有效地实行差异化战略必须达到以下目标：

1. 品牌知名度的扩大有利于促使老顾客重复购买，并且可以促使潜在顾客使用本企业的产品；

2. 品牌知名度的提升有利于企业降低推广新产品的成本，或者减小新产品推广失败所带来的对品牌的损伤；

3. 差异化要能够促使顾客更加关注产品的个性和特色，而忽视价格的重要性；

4. 差异化要有利于提升企业形象；

5. 差异化战略要有利于企业强化创新，从而有利于培养和提升企业的核心能力。

三、集中化战略

集中化战略是指企业将其力量集中在为几个细分市场服务上，而不是追求全部市场。在这种战略的指导下，企业从了解这些细分市场的需要入手，在选中的细分市场上，运用成本领先、产品差别或两者兼有的战略。与此同时，企业又不断地寻找可为其服务的其他补缺市场。这一战略实施的前提条件为：企业能够以更高的效率、更好的效果为某一细分市场的顾客提供产品或服务。

（一）集中化战略的实施范围

当市场符合以下四个条件的时候，企业可以采用集中化战略：

1. 市场上存在不同的客户群，不同的客户群之间存在不同的需求或以不同的方式来使用产品。

2. 在企业所选择的目标市场上，不存在采取相同战略的企业；

3. 企业的资源不允许其追求更广泛的市场；

4. 行业中各细分市场在规模、成长率和获利能力等方面存在很大的差异，导致某些细分市场比其他市场更有吸引力。

（二）集中化战略的风险

集中化战略的实施也包含很多风险：

1. 竞争者可能找到更有效的方式，在服务于狭窄的目标市场方面超过实施集中化战略的企业；

2. 顾客的偏好发生变化，从企业的特定产品转移到一般产品，从而使企业的差异化战略失败；

3. 采取集中化战略的企业所生产的产品的特色与个性，不足以抵消低价格对消费者的吸引力。

小案例 2

可口可乐与百事可乐的争霸之战

被誉为“清凉饮料之王”的可口可乐，在全世界最为流行。每年销售量约 3 亿瓶，是当今世界上最大的饮料公司。然而，自百事可乐诞生后，可口可乐就无一宁日，半个多世纪以来，这两家公司一直进行着激烈的竞争。他们在开拓市场、寻求机遇、变不利因素成为有利因素，实施切实可行的营销战略等方面都取得了巨大成功，成为举世瞩目的市场营销竞争范例。

可口可乐的诞生完全是一种意外的机遇。1886 年，美国亚特兰大市的一位叫约翰·潘巴顿的药剂师，配置了一种用于强身壮体的饮料——法国古柯酒，放在自己经营的药房里出售。这是一种用微量的古柯与咖啡因、食油、香料等原料调和的浓糖浆，用水冲淡即可饮用。一天，有一位客人进店来要买“法国古柯酒”，店员到调剂室想把浓糖浆冲淡时，却一时找不到蒸馏水，于是，这位懒散的店员就拿了调剂台的一瓶苏打水来代用。

不久，客人又回来想要再买，并且说：“今天喝的法国古柯酒味道太棒了！”这就是最原始的可口可乐。约翰·潘巴顿利用这一偶然发现，经过检验，认定它是一种有益于人体健康的饮料。于是专门投资生产这种饮料，并且命名为（COCACOLA）（可口可乐）。由于该公司技术及配方保密，经营有方，产品迎合了广大消费者的口味，由此一直统治着世界许多国家的饮料市场。

百事可乐最早是以 Me too（我也是）的策略进入市场的：你是可乐，我也是可乐。COCACOLA 的命名是取可乐倒入杯里，“喀拉喀啦”的声音，PEPSLCOLA 的命名则是取打开盖可乐冒气“拍嘘一”的声音，两种可乐音同而首字不同。为了 COLA 一词，可口控告百事盗用其商品名称，两家为此纠缠多年，最后法院判决 COLA 为一般名称，而非专利名词。于是，百事可乐争得了与可口可乐共存市场的权利。百事可乐另一个成功策略是抓住了“新一代”。1960 年以前，百事可乐的广告重点是以社交场合饮用为主，到了 60 年代以后修正为针对年轻一代。1963 年，百事可乐做出了长期占领市场的战略决策，成功地掀起了一场称之为“百事新一代”的市场营销运动。他们将重点放在用户需求上，一方面努力改进自身产品在市场上的占有额，另一方面又特别注重改进这些产品在人们头脑中的占有额。公司认为，与其艰难地吸引可口可乐饮料的忠实用户，让他们变换口味改饮百事可乐，不如努力赢得尚未养成习惯而又有消费潜力的年轻一代。

1. 迫切需求的目标顾客

当时整个世界充满了十几岁左右的少年儿童，他们对于老品牌忠诚度较低，具有叛逆个性，不喜欢和大人做同样的事。就在这时，百事可乐来到他们身边，获得了他们的广泛青睐，市场份额持续增大。百事可乐公司的这种勇于开拓新目标市场的战略，就连其竞争对手们也不得不承认这是明智与果断之举。针对这一不利局势，可口可乐公司于 1985 年宣布改变沿用了 99 年之久的老配方。而采用研究成功的最新配方，并声称，要以新配方再创可口可乐公司在世界饮料行业的新纪录。但是，当新配方的可口可乐推出后，市场上却掀起了轩然大波，公司每天收到无数封抗议信件和多达 1500 次以上的抗议电话，抗议他们“背叛”了自己和忠实的顾客。这种情景当然乐坏了百事可乐公司的老板，他们认为这是“百事”的最大机遇。于是，花费巨资做广告，企图吸引可口可乐的老顾客。然而，可口可乐公司面对可能失去市场的危机，于 3 个月后的 1985 年 7 月 10 日决断宣布，恢复老配方的可口可乐生产，同时继续生产新可口可乐，双管齐下，一时间，新老可口可乐的销售都比上年同期上升 8%，可口可乐公司股票每股上涨 2.75 美元。而百事可乐公司的股票却下跌了 0.75 美元，可口可乐大难不死，转危为安。

2. 价格战

早在 20 世纪 30 年代，百事可乐便在世界上首次通过广播宣布：同样价格，双倍享受”，将百事饮料降价一半，使顾客用 5 美分就能买到 10 美分的饮料，从而拉开了美国软饮料工业中首次价格争夺战的序幕。在以后的几十年中，两家公司虽经过几次价格较量，但为了保持软饮料在各消费者心目中的地位，避免两败俱伤的局面，双方在价格上较量是相当谨慎的。

3. 国际市场争夺战

可口可乐公司十分注重占领多种有利的国际市场。一个世纪以来，该公司通过多种途径几乎占领了世界各国的大部分市场。可口可乐打入国际市场，通常运用“现地主义”策略，即通过批发方式由可口可乐提供给当地瓶装厂制造用的原液，美国总公司从各地瓶装厂建设到广告、巡回销售等，一切都提供必要的协作与援助。如日本的可口可乐公司，除最高管理层中几个美国人外，其余均为当地人。20 世纪 80 年代初，可口可乐公司又利用中国改革开放之际，通过合资、合作等途径与上海、广州等地有关饮料厂联合生产，从而使可口可乐渗透到了中国市场。百事可乐公司不甘落后。1977 年以后，百事可乐在畅销于美国市场的同时，也在努力寻找机会与可口可乐争夺国际市场。1978 年以前，可口可乐在印度市场上一直占优势，然而在 1978 年，可口可乐公司抗议印度政府的政策，突然撤出印度市场，给了百事可乐一个难得的机遇。百事可乐采取了四条有力措施，击败了可口可乐试图重新进入印度市场的计划，进而取代了可口可乐公司在印度的市场霸主地位。这四条措施是：（1）与印度一个集团组成合营企业，使其合营条件能够超越印度国内饮料公司的反对和跨国公司立法机关成员的反对,从而获得政府批准；（2）帮助印度出口农产品，并使其出口额大于进口软饮料浓缩液的成本；（3）保证不仅在主要城市销售，而且尽最大努力把可乐销往乡村地区；（4）把食品包装、加工和掺水等技术提供给印度。

4. 促销战

百事可乐——可口可乐的促销战尤为引人注目，百事可乐十分注重广告攻势。从 1961 年开始，广告强调“现在，百事可乐献给自认为年轻的朋友”，1964 年喊出“奋起吧！你是百事的一代”，使这一观念更明确风行，大大影响了年轻人的观念。1974 年得克萨斯州的“百事挑战”让对手非常恐慌，他们利用消费者对两种未标明品牌名称的可乐进行盲目测试，测试结果表明，偏爱百事可乐与可口可乐的受测者比例为 3:2。百事可乐利用测试过程中拍成广告影片大肆宣传这一结果。他们还不惜重金邀请当代知名摇滚歌星麦克·杰克逊，电影演员比利·克里斯特尔等出面大做电视广告，来吸引新一代人。到 1985 年，百事可乐的广告费就已达 4.6 万美元。可口可乐自然丝毫不逊色，凭着老字号招牌及雄厚的实力，在广告和公关等促销方面颇具特色。从广告上来看，可口可乐策划很周密，既有永恒的基本主题，“喝可口可乐吧！”，又有不同时期和地域中的变换主题。比如，有一次，广告主题是透过活泼动人的小调唱出：“常令你欢喜，令你最愉快。”宣传顾客喝了可口可乐会有愉快的感觉。后来，主题又换为“倍添情趣”。1979 年，可口可乐公司又通过广告代理商麦伊广告公司希望换一个新主题。经过反复推敲，与现有的可口可乐广告的共同成分是：可口可乐的饮用者都满面笑容。不必再对这项产品做进一步的夸张宣传，寻找怪异招数，新主题只需清楚说明有使人们的生活多增一些情趣就可以了，所以就提出“喝一口可口可乐，你就会展露笑容。”的广告主题。可口可乐，这种基本主题与变换主题相结合的适度广告宣传宗旨，取得很大成功。在公共关系方面，1980 年的莫斯科冬季奥运会上，百事可乐公司准备充分、行动敏捷、宣传得法，因而盈利超过“可口可乐”三分之一，由此名声大噪。可口可乐公司为报这一箭之仇，在洛杉矶奥运会上不惜重金，以 1300 万美元的巨款，买到了“奥运会专用饮料”权，成为赞助费最高的一家。20 世纪 30 年代开始的可乐大战，当然还会持续下去。引人注目的是，几十年来，“战争”双方都各有千秋，很难区分胜负，至少到 60 年代，可口可乐还明显占着优势，1960 年占有率比例为 2.5:1，但在以后的岁月中百事可乐却通过良好的策略，巧妙的市场营销方式，提出了更为有利的挑战，使两家的差距逐步缩小，到 1985 年“可口”与“百事”的市场份额比例拉近为 1.15:1。

（资料来源：2006 中国经典营销案例库）

第三节　不同竞争地位企业战略

一、市场领导者战略

市场领导者的主要目标在于保住市场上的优势地位，可供其采用的战略主要有以下三种：

（一）扩大整体市场规模

市场领导者在市场上处于主导地位，因此整体市场规模扩大的最大受益者就是市场领导者。扩大市场需求的途径是：为产品寻找新用户、新用途或促使现有用户增加使用量，消费得更多、更频繁。例如，柯达胶卷多年来一直致力于扩大胶卷的整体市场。

（二）扩大市场份额

市场领导者也可通过进一步扩大市场占有率来增加销售额。尤其在一些规模较大的市场上，每提高一个百分点的市场占有率就意味着销售收入成倍增长。而且，进一步研究表明，提高市场占有率与增加利润率有对应关系。但是，市场领导者在追求提高市场占有率之前必须认真筹划，以免发生成本过快上升，导致市场占有率虽上升利润却下降的问题。在现有市场上扩大市场份额，就意味着向其他企业发起进攻，虽然市场领导者是处于市场主导地位的企业，也须慎重行事。

在选择进攻对象时，市场领导者需要区分以下两类竞争者：

1. 被进攻企业实力的强弱。进攻实力弱小的企业风险较小，但相应的成果也较小；相对来说，进攻实力强大的企业风险较大，但企业可以借此巩固自己的领导者地位。

2. 进攻近者还是远者。所谓“近”、“远”，指与本企业经营范围、产品的相近程度。一般企业容易将经营范围与自己最为相似的竞争者作为进攻对象。这样做的风险是成功后可能反会引来更强有力的新公司介入，树起更危险的“敌人”。

（三）保持市场份额

市场领导者必须注意保护自己已有的市场阵地和占有率。否则，其扩大整体市场规模的努力将成“为他人做嫁衣裳”。保持市场份额的上策是以攻为守，不断创新，确保在新产品构思、顾客服务、效率和成本等方面始终处于行业领先地位。同时注意抓住对手的弱点，主动出击。

可供企业采用的防御战略有以下六种：

1. 阵地防御，即不断改进现有产品，强化品牌知名度，防止竞争对手的进攻；

2. 侧翼防御，即通过改善生产和经营中的薄弱环节来防止竞争对手对市场份额的侵占，或者发展与竞争对手相类似的业务来牵制竞争对手的进攻行为；

3. 先发制人，即在竞争对手发起市场攻击之前，向竞争对手发起进攻；

4. 反击式防御，关注竞争对手的进攻态势，在适当的时候通过强有力的反击阻断对手的进攻；

5. 运动防御，即通过拓展业务范围或实施多角化经营开拓新的业务范围，以此来扶持老业务的发展；

6. 收缩性防御，即主动放弃无利可图的业务，将力量集聚到主业上。

二、市场挑战者战略

挑战型的企业大多在市场上处于第二位、第三位，甚至更低名次。它们的共同之处是决心向主导企业或其他竞争者发动进攻，获取更大的市场份额。它们与市场追随者最大的区别在于后者选择维持现状，而非引起争端。挑战者的决策主要由两方面内容组成：一是确定进攻对象和目标；二是选择适当的进攻策略。

（一）确定进攻对象和进攻目标

市场挑战者发动进攻的总目标是扩大市场占有率并提高利润率，但又因进攻对象的不同而有所差异。

挑战者企业可选下述其他三类企业中的一类作为进攻对象，重要的是一定要有明确的目标。

1. 攻击市场领导者，这是比自身实力还要强大的对手，因此风险很大，当然成功的效果也很明显。进攻的策略主要有两种：一是开发出比市场领导者的产品品质、性能更优良的新产品、新服务；二是寻找市场领导者经营活动中的决策失误，然后充分利用这些时机扩大自己的市场份额。

2. 攻击与自己实力相当的竞争者。主要是那些经营不善或资源不足的企业，以争夺它们的顾客。

3. 攻击一些仅在有限细分市场上从事经营活动的中小企业，这可以通过企业兼并来实现。

（二）选择进攻的策略

菲利普·科特勒先生把进攻的策略归纳为以下五种：

1. 正面进攻。即集中攻击对手的强项而不是弱点，如在产品开发、定价、广告等方面较量。正面进攻的胜负取决于谁的力量更强。因此，若无在相应项目上优于（至少一倍的优势）对手的资源、能力，贸然采取此策略，就会造成企业在市场上的失败。

2. 侧翼进攻。多数企业实际上不可能一开始就正面强攻，而是采取侧翼进攻，即选择对手之弱点或“缺口”，以己之长，攻彼之短。如进攻偏僻地区市场或某个细分市场，有时这些地区市场几乎没有竞争者的推销力量，或这些细分市场并未被竞争者明确意识到，因此是最容易取得攻击胜利的薄弱之处。随着本企业在这些市场上销售的增长，竞争者的市场份额将逐渐被侵占。

3. 包围进攻。包围进攻的目标要比侧翼进攻大，即看准敌方一块阵地后，从前后左右几条战线上同时进攻，强迫其全面防守，却又顾此失彼。如产品包围战，就是针对竞争者的产品，推出质量、风格、特点各异的数十种同类产品，以此淹没对手的产品，最后夺取市场。

4. 迂回进攻。是一种间接进攻策略，即并不进攻竞争者现有的市场或地盘，相反，对这些产品和市场采取回避态度，绕过竞争者，或是开发新产品去满足未被任何竞争者满足的市场；或是开展多角化经营，进入与竞争者不相关的行业；或是寻找新的、未被竞争者列入经营区域的地区市场。这种迂回战术也能帮助企业逐渐增强自己的实力，一旦时机成熟，即可转入包围进攻或正面进攻。

5. 游击式进攻。游击战在军事上是以小胜大、以弱胜强的有效战略，在市场营销中也不例外。其典型做法是向竞争者的不同领域或不同部位发动小规模、时断时续的攻击，骚扰对手，使之不得安宁，疲于应对，最终逐渐被削弱和瓦解。如突然在某一地区加大促销强度，在某个特定时点降低商品售价，或对某位经销商的努力推销做出特殊许诺。游击战特别适合弱者向强者发动的进攻，以较小代价耗费对方资源。但若进攻者要“击败”对手，最终需有强大的进攻作后盾，因此，毋宁说游击策略是一场强大攻击前的准备。

以上五种策略，市场挑战者可选择其一来实施，也可以综合运用各种进攻策略。这取决于市场挑战者自身的资源约束和其所要达到的战略目标。

三、市场追随者战略

市场追随者战略的核心是寻找一条避免触动竞争者利益的发展道路。但追随并不等同于被动挨打，况且，追随者通常又是挑战者攻击的目标，因此，追随者要学会在不刺激强大竞争对手的同时保护好自己。可供市场追随者选取的战略主要有以下三种：

（一）追随

采取这种战略的市场追随者模仿市场领导者的产品、品牌甚至包装，只是稍做改变。例如，市场追随者可以采用与市场领导者相类似的品牌和包装，只是价格较为低廉。

（二）有距离的追随

有距离的追随是指市场追随者在产品、包装和价格方面与市场领导者接近，但有一定差异。

（三）有选择的追随

有选择的追随是指市场追随者根据自身条件，选择市场领导者战略、策略中适合自身条件的部分，作为自己制定战略、策略的依据。

四、市场补缺者战略

市场补缺者一般是指行业中相对较弱小的中小企业。这些企业在竞争中避免与实力强大的企业发生正面冲突，选择那些未被满足的细分市场，走差异化的道路，向细分市场提供专门的产品或服务，以谋求生存与发展。市场补缺者成功的关键因素是专业化，有专业化的技术、人才、产品或促销手段。

小案例 3

“雷达”与“飞亚达”的较量

当今世界上能生产永不磨损型系列表的厂家为数不多，而在中国销售的这类产品中，真正称得上货真价实的，只有“雷达”与“飞亚达”。一个是享誉多年的世界名牌，一个是刚出世不久的中国名牌，他们在中国乃至国际市场上展开了一场较量。

一、掉以轻心，雷达公司追悔莫及

从 1957 年就开始生产手表的瑞士雷达公司，确实是一家非同凡响的企业，1962 年其推出了世界上第一块永不磨损型手表。1979 年该公司以其远见卓识，首先在上海《文汇报》和上海电视台登出广告，成为中国钟表改革开放后的第一个外商广告。然而，雷达公司却犯了一个十分严重的错误，那就是它在看到中国市场的同时，却忽视了中国钟表工业的潜力。到 1984 年，雷达公司首创的永不磨损型拱形手表虽已在世界许多国家申请了专利，而在中国却采取了先行在市场销售的策略。根据我国的专利法规，这就等于无法再在中国取得专利权。

这一掉以轻心的举动导致的失误，终于被 1987 年底成立的深圳飞亚达计时总公司所察觉。该公司在对“雷达”拱形表外观做了局部改动后，1989 年推出自己研制生产的永不磨损型拱形手表，并且其外观设计申请了国家专利。而雷达公司对这一事件并未做出及时反应。直到 1990 年，标价 1998 元的“飞亚达”表与标价 14000 元的同类型“雷达”表，突然在我国许多大商店及钟表店的柜台上并排出现，并以明显的价格优势和可靠的质量保证，开始对“雷达”表构成威胁的时候，雷达公司才如梦初醒，但已是追悔莫及。1992 年上半年，雷达公司向中国专利局提出申请，要求取消“飞亚达”拱形表的外观设计专利，理由是在“飞亚达”申请专利之前，“雷达”表的同类设计已在国内外公开传播媒介上出现过。1992 年 7 月，国家专利局正式取消了“飞亚达”的专利，“雷达”表作为永不磨损拱形首创者的形象得到了承认，但是由于“雷达”表已经失去在中国申请专利的机会，得不到保护，所以，“飞亚达”虽然失去了专利，却可以生产和销售这种手表。两家打了个平手。

市场竞争是无情的。本来，雷达公司作为钟表市场的主导者必然会面临竞争者的挑战，因此，必须保持高度的警惕和采取适当的策略，否则很可能丧失主导地位。但是，雷达公司在走进中国市场时，却忽视了中国钟表市场的潜在竞争者，没有采取正确的营销策略。结果让“飞亚达”找出了空档，成为“雷达”表的市场挑战者。“飞亚达”的目标是明确的，就是要把矛头对准“雷达”，通过竞争，主宰中国的高档手表市场。看来，在竞争中，市场主导者须时时有危机感，切忌掉以轻心。

二、市场争雄，“雷达”表且守且攻

雷达表公司毕竟是一家实力雄厚的钟表公司和零售商，使该表在中国的零售额达到了 4000 万元左右。北京、上海、温州等地都是“雷达”表最大的中国市场。在北京，雷达”表已不多见，取而代之的是 6000—15000 元的中、高档手表。在温州，两、三千元的“雷达”表最大的海外市场在日本，而留学日本的上海人最多，受其影响，在上海戴“雷达”表已成为身份高贵的象征。据透露，“雷达”表每年用于中国的广告宣传及促销耗资达 50 万美元。充足的促销经费，加上具有多年的中国市场基础，“雷达”表仍可以纵横于中华大地。

“雷达”在面对“飞亚达”的进攻时，采取了阵地防御战术，在充分估计了市场形势的情况下，竭力守住北京、上海、温州的势力范围，并及时调整策略，向中、高档方面转化。在巩固阵地的同时，拿出大笔资金用于推销，并筹划新的促销攻势。也正应了军事上的一条原则：“进攻是最好的防御。”

三、天时地利，“飞亚达”四面出击

“飞亚达”犹如一匹骏马突然出现，纵横南北，攻城掠地，在短短几年里，夺得了全国千元以上手表的市场占有率的 70%，其成功的奥妙在于“飞亚达”占尽天时地利。在中国市场，令雷达表公司深为苦恼的是 180% 的进口关税。在瑞士，雷达表只是大众型中档手表，但在中国售价却非常之高，令大众难以接受，这就是生产同一类型手表的“飞亚达”表有机可乘。虽然“雷达”表是世界名牌，但同样的表型，难分优劣的质量，同样不破钢锉刀猛挫的表壳和表镜物质，“雷达”的价格竟高于“飞亚达”5 倍以上。这种巨大的价格反差使“飞亚达”表具备了竞争优势。在销售渠道上，“飞亚达”凭天时地利，采取了供销直接沟通的办法，在全国各大城市设有销售分部，触角直接伸进了各地每一个大商店和钟表店。这一做法，不仅大大减少了流通成本，而且信息反馈迅速。“雷达”表则需要由进出口公司进口到各地钟表公司，再由钟表公司批发到各地批发站或大商场，每一个中间环节都要获取利润，层层加码，摆在柜台上，价格已比进口时上升了许多。而且由于钟表公司钟表经营品种多样，以及对“雷达”表投入大量精力，信息反馈更是缓慢，在这方面，“飞亚达”无疑又占据了优势。

从品牌的知名度来说，“飞亚达”目前似乎逊于“雷达”。对此，“飞亚达”总经理认为这主要是“飞亚达”历史太短而宣传不够所致。“困难和解决困难的办法同时出现。”1992 年 7 月，“飞亚达”第四次参加了香港世界钟表博览会，大张旗鼓地宣传其志在成为世界名表，展台的规模和水准可以和任何世界名牌抗衡，连“雷达”香港地区经理史丹拿也不得不承认“飞亚达”确实精美绝伦。使“飞亚达”自豪的是，其不仅在国内市场上风起云涌，而且产品出口达 80%以上，更值得一提的是，该公司出口到瑞士的手表机芯心脏部件达 300 万只，也就是说，瑞士出口到其他国家的手表机芯中，有不少心脏部件就是“飞亚达”的杰作。目前，“飞亚达”已成为中国国家级礼品。“飞亚达”作为市场的挑战者，风险大，吸引力也很大。挑战者“飞亚达”了解主导者“雷达”的弱点，集中优势力量攻击对手的弱点，不仅提高了市场占有率，也提高了知名度和经济效益。“飞亚达”占据了天时地利，并把它转化为现实的市场优势，付出了许多努力。

四、鹿死谁手，真正的较量还刚刚开始

当时，中国市场上“雷达”与“飞亚达”的竞争正处于僵持状态，双方都在等待出手反击的时机。雷达公司把希望寄托在中国恢复关贸总协定上，企盼中国会大幅度降低关税。但有关专家认为，中国加入关贸总协定后，进口手表的关税也难以降至 100%以下。同时，由于“雷达”表在中国必然要经过许多中间环节才能进入零售领域，层层利润加码，使其高价格不可避免。与“雷达”表焦灼等待相比，“飞亚达”的机遇似乎来得更快一些。深圳市政府已经决定推出一批新的股票上市公司，“飞亚达”榜上有名。他们的目标就是成为中国近千家钟表企业中规模最大的公司。以此为契机，“飞亚达”公司制定了雄心勃勃的拓展计划：大规模引进日本等国家的先进生产线；兼并 5—10 家深圳和外地的钟表企业；开展国外的旅游业和房地产等综合经营业务；利用“飞亚达”已创出的知名度生产同一品牌的其他产品，拓展产品组合的宽度；在国外开设一两家表厂，直接进入国际市场；开展大规模的广告宣传攻势，力促“飞亚达”由国内名牌向世界名牌转变。可以肯定，“飞亚达”将与“雷达”等世界名表展开新的角逐。

无论是正面强攻，还是侧后袭击，总会遇到种种对抗、反击。如果攻、防双方势均力敌，相持不下，就会陷入僵持状态，彼此进行拉锯式的争斗。但均势是暂时的，谁先有所突破，谁就可能走向胜利。从这个意义上看，“拉锯”实际上是商战决胜的关键阶段，应当全力以赴。搏击之法，多种多样。但是，等待只会坐失良机。“飞亚达”能够做充分的反击准备，肯定会大有作为。

（资料来源：2006 中国经典营销案例库）

本章小结

1. 要使企业实现从优秀到卓越的跨越，就必须为企业制定一个正确的竞争战略。这个过程包括：对竞争者的分析、在三种可能的竞争战略中做出取舍及评估竞争对手的反应。对竞争对手的分析包括对竞争对手的战略和目标的分析。

2. 三种可能的竞争战略包括了成本领先战略、差异化战略和集中化战略。

3. 竞争对手的可能反应包括主动攻击和防御。总之，知己知彼，百战不殆，企业竞争战略的制定必须建立在对竞争者深入的分析基础之上。

能力培养指导

● 实训项目：制定个人职业规划方案

1. 实训目的

根据个人发展的实际要求，撰写书面的个人发展规划方案。

2. 实训组织

该实训项目应由专业课教师与所授课班级利用专业实践教学时间组织进行。

3. 实训要求

运用企业营销战略的基本理论，制定个人在今后 3—5 年的成长及发展规划。该规划方案包括以下内容：

（1）对自身优势和劣势进行认真的、深刻的分析；

（2）对本专业的市场前景、就业状况有明确的认识；

（3）提出切实可行的个人目标；

（4）就如何实现个人目标，明确具体写出自己的保证措施；

（5）该规划方案应与个人的成长及就业实际紧密结合。

4. 实训考核

根据学生的规划方案，教师给出评价并打分，纳入实训课考核。

案例应用 1

“中国人，奇强”

南风化工集团股份有限公司，是一个跨全国 8 省区，跨化工、轻工和药业 3 大行业的特大型企业集团。公司于 1996 年 4 月组建，1997 年发行股票，成为国有控股上市公司。现拥有 5 个分公司、16 个子公司，总资产达 32 亿元。集团公司以市场为导向，坚持制度、管理、技术创新，并在资本运营中扩大了规模，增强了实力，取得了显著的经济效益，年销售收入为 25 亿元，年实现利税 2.5 亿元，是国家重点扶持的 520 家企业之一。

1999 年，南风集团的洗涤剂、元明粉、硫酸饵三大系列产品销量分别达到了42万吨、135万吨、16万吨，分别占到全国市场的20%、70%、40%，均在全国同行业中名列第一。南风集团的奇强洗衣粉年产10多亿袋，自1997年以来，已经连续3年保持产销量第一，集团的销售收入、实现利税分别比上年增长30%、23%。身为集团总裁的王梦飞带领着公司的全体员工，将一个濒临破产的国有企业苦心经营成这样，深知这一切确实来得不易。

一、创业历程

南风集团的前身是有着50多年历史的老牌国有企业——山西运城盐化局。1992年，王梦飞在最初走上这个企业领导岗位时，无机化工产品包销制被取消，产品堆积如山，资金周转困难。王梦飞经过一番市场调查后，觉得企业要想快速发展就必须调整产品结构。于是他提出利用资源优势，开发高附加值的洗衣粉产品。随后，他们租赁了濒临破产的运城洗涤剂厂，推出奇强牌洗衣粉，开始进军洗衣粉市场。1995年，奇强牌洗衣粉的生产能力扩大到8万吨，但只占全国消费量的5%，而当时号称世界洗涤行业“4大军团”的美国宝洁、德国汉高、日本花王、英国联合利华，占据了中国洗涤市场的半壁江山；轻工部确定的47家洗涤定点生产厂，其前10名中有8家换上了合资企业的招牌，中国轻工总合合成洗涤剂协会负责人感叹：我们都快成合资协会了。论实力，运城盐化局根本不足以抗衡“4大军团”。

王梦飞开始酝酿组建自己的“联合舰队”。1995年，王梦飞用2100万元购并了辽宁本溪石化厂，盘活了价值1亿多元的资产，打开了东北市场。1996年运城盐化局吸收西北最大的洗涤剂厂——西安日化公司入股，联合发起设立了南风集团公司。这次跨省区的资本运作，共投入6000万元，却盘活了3个亿的存量资产，使南风的洗衣粉生产能力从8万吨猛增到20万吨。1997年，南风集团利用股票上市筹集亿元资金，先后收购了破产的安庆合洗厂，兼并了西安牙膏厂，控股了贵州合洗、四川彭山化工厂等。南风的洗涤剂生产能力达到40万吨。1998年南风集团又利用配股资金收购了江苏洪泽和四川同庆两个元明粉企业，连同彭山元明粉厂，实现了元明粉行业前五名中四家的联合。南风集团的元明粉生产能力达到了120万吨，市场占有率为60%，成为世界上最大的元明粉供应商和出口基地。几次成功的资本运作，使得南风用不到2亿元资金控制了10亿元的资产，一下成为拥有本部八个分公司、在八省区有九个子公司的大型企业集团。

二、占领农村市场

1993年，南风刚刚开始进军洗衣粉市场时，其生产能力才是2万吨，可是面对跨国公司的重压，就是这么一点产品也难以销售，南风的市场机会在哪里?王梦飞并没有因此而气馁，经过详细的市场调研后，他发现跨国公司所占的市场份额虽然很大，但是它们的目标市场主要在城市，而在农村市场上跨国公司并不占什么优势。因此，王梦飞决定将南风的市场定位在农村，避开与跨国公司的正面冲突。为了设计、制造出适合农民消费特点的产品，南风集团组织人马，深入千家万户开展市场调研。他们发现，农民洗衣不像城里人次数多，衣服多是重垢型的，加上大多数农民讲究实惠，希望每包洗衣粉量多些，价格低点，去污力强些。根据这些特点，南风集团组织科研人员很快开发出一系列去污力强、去汗渍力强、价格便宜的洗衣粉品种。由于产品的针对性强，一上市就受到了广大农民的欢迎。不少农民称南风集团的洗衣粉是“咱庄户人的专用粉”。产品的知名度打开了，南风人并没有因此而骄傲自满。他们深知要想真正地赢得农民的心，必须时时刻刻地为农民着想。

“把产品送到农民的家门。这不仅是销售的策略，更是服务的真情。”这话常挂在南风集团销售人员的嘴边。1993 年春复之交南风集团的前身运城盐化局启动了全新的促销机制——网络销售，送货上门。他们先是在山西、陕西、河南一些地方进行送货上门销售试点。刚开始，缺东少西的销售点靠“一辆自行车、一根麻绳、一挂鞭炮”就开业了，甚至不少销售员连自行车也没有，只能肩扛手提，乘坐公共汽车送货。货送去了，消费者不一定接受，销售人员便常常在村头巷尾的众目睽睽之下给大家作“路洗”推销演示。

经过几年发展，南风集团在华北、华东各地区都设立了办事处，建立了地县级销售科，下设经销部，共建销售点 300 多个，分销点 1000 多个，销售队伍达到 3000 多人，实现了镇镇有点，村村成网，庞大销售网覆盖了全国的乡镇和村庄市场。他们为各销售点配备各种送货车辆，做到巡回送货，使南风产品直接与消费者见面。南风人的努力没有白费，1999 年南风集团生产奇强牌洗衣粉 10 亿袋，其中有 8 亿袋销往了农村，8 亿农民人均 1 袋，奇强牌洗衣粉在农村的市场份额达 50%以上。

三、进军城市

在稳占农村 50%的市场份额后，南风集团有实力、有信心与跨国公司一争高下。从 1997 年开始，公司全面启动了进军省会城市和直辖市的市场战略。当南风集团要进军城市市场的消息传开后，竞争对手纷纷议论：“‘奇强的市场在农村，这种档次的品牌在城市里没有竞争力’，‘山西南风这样负担沉重、机制不活的国有企业对实力雄厚、市场经验丰富的老牌外企构不成威胁。’”故此，宝洁和联合利华等大公司根本没把南风当作城市市场的竞争对手。然而，南风集团却对此不以为然，其仍然按照自己的战略部署，一步一步地稳扎稳打。

通过详细的市场调研后，公司发现城里人生活节奏快，洗衣服时泡的时间短。而且城里人对衣着很讲究，洗衣喜欢增白、加香。针对这些特点，南风集团在1997年初联合清华大学建立了新产品研究开发中心，合作仅三个月，就开发出了国内领先的适用于城市消费的奇强牌速效、增白、加香洗衣粉。而当年“六一”前后在北京国际展览中心将举办洗涤用品展销洽谈会，南风集团决定趁此机会打入北京市场。

当南风市场部经理李红星带着新产品——奇强速效洗衣粉来到国际展览中心时，前期布展期已过，宝洁、联合利华等日化企业的气球广告早已飘在半空，并且几乎所有能做广告的地方都已经被占领了。怎么办?李红星虽然心急如焚，但他仍然保持看清醒的头脑，他深知5万元一个气球的广告对奇强来说太贵了，而且山西南风和奇强还都不为北京人所知，如果也放一只气球，根本就无法引起人们的注意，要打开南风和奇强的知名度必须出奇制胜。李红星想了许久仍然想不出什么好的方法，于是他来到展馆，希望在现场找点灵感。一到展馆，李红星就发现展馆门口的空地是个做广告的好地方，他马上找到展馆的广告负责人并与其商量在展馆门口做广告的事，展馆的广告负责人很快就答应了李红星的请求。由于1997年是牛年；因此李红星决定在展馆门口放几头牛，于是第二天，3只披着授带、憨态可掬的大牛就成了展会的迎宾使者。一进大门，“奇强洗衣粉1996年全国销量第一”、“荣获国货金奖”和“被评为城市消费最理想品牌”三条标语赫然入目。

初期的宣传取得了不错的效果，可是如何才能进一步扩大南风和奇强的知名度，又成了摆在李红星面前的一道难题。考虑到“六一”儿童节的因素，李红星决定实行买一袋洗衣粉送一个风车的促销活动。第二天，来参加展览的人惊奇地发现在奇强的3个展位上有着无数花花绿绿带着“奇强洗衣粉”品牌标记的小风车。买一袋洗衣粉送一个风车的方法很受欢迎，即使是不带小孩的人也想在儿童节给孩子带回一个意外的小礼物，而不少童心未泯的成年人也来凑热闹。一时间，展位前排起了长队。另一个同时出现的长队是在几天前还犹犹豫豫的经销商们，他们受到了眼前热闹场面的感染，争先恐后地前来洽谈，把奇强请进自己的超市。在这个展会上，奇强出尽了风头。1997年6月的北京变成了风车的天下，30万个奇强风车被北京的消费者拿在手中。那几天，无论在超市还是在公园，奇强的风车总是那么显眼。趁着这股热闹劲儿，奇强的广告攻势也达到了高潮。《精品购物指南》登了整版广告，整个版上只有一具望远镜，看到的是奇强洗衣粉。《北京晚报》连续几天都在登通栏广告，“独具慧眼的你，相信这次也不会例外”等。

也许是有趣的巧合，宝洁公司此时竟然将其麾下的熊猫洗衣粉（与奇强速效洗衣粉定位相当）提了一次价，无意间帮了奇强一个忙。投入 200 万元的风车行动在一个月内速战速决，战果是奇强速效洗衣粉顺利地摆上了北京所有大型超市的货架，月销售额从 2 月的 20 万元猛增到 6 月的 90 万元，年底达到了 200 万元/月，现在这个数字则稳定在 300 万元左右。奇强成功地进入了北京市场。

1999 年南风集团准备开拓上海市场。当时上海的著名品牌“白猫佳美洗衣粉”在上海影响最大，是上海市民喜爱的品牌。“从白猫嘴里夺食”并不是一件容易的事情。上海人不大喜欢用外来的牌子，某著名国际品牌曾在上海投了 500 多万元开拓市场，却碰了一鼻子灰；因为据说上海人在高档洗衣粉中，只认奥妙浓缩。面对这样一个市场，南风人没有退缩。通过调查他们发现，上海洗衣粉销售量最多的地方是超市，当时最畅销的洗衣粉品种是加酶加香增白洗衣粉。南风就用这个品种来进攻。他们抓住上海人务实的心理，在超市里搞起买一袋（400 克）赠 40 克的活动，而且每袋 2.5 元的价格比白猫佳美便宜 3 毛多钱，精明的上海人很快就算出了其中的实惠。价格战取得了初步的成功后，南风集团开始注重企业形象的宣传。上海的居民住得比较集中，小区的围墙也比较矮，南风集团就在小区入口处的墙上安放一个灯箱。在宣传奇强洗衣粉的同时做些如环保、防火防盗的公益广告，花不了多少钱，却受到了居民的欢迎。同时他们还同居委会合作，用奇强洗衣粉品牌出资赞助进行一些社区比赛活动。针对上海人的环保意识比较强的特点，南风搞了一个以奇强包装袋换奇强洗衣粉的环保活动。送回一个奇强洗衣粉包装袋可换取 20 克奇强洗衣粉。许多上海人听说这个消息后纷纷赶来换洗衣粉，起到了极好的宣传效果。奇强进攻上海市场花了 300 万元，战果是月销售额从 5 月的 40 万元上升到 9 月的近 200 万元，后来达到 280 万元。

四、结语

通过寻找进入市场的缝隙及切实有效的广告宣传，奇强洗衣粉成功地进入了我国最大的两个城市，为南风集团进军城市市场的战略计划打下了坚实的基础。然而企业在高兴之余，却不能有丝毫懈怠，因为奇强洗衣粉在城市市场的地位还不稳固，南风前一段时间的成功与美国宝洁、德国汉高、日本花王、英国联合利华这些大的跨国公司对南风集团不够重视有一定的关系。一旦这些公司把南风集团视为竞争对手后，南风的产品将面临残酷的市场竞争。如果不做好充分的准备，几年来的成功很可能会毁于一旦。

【讨论题】

1. 市场补缺者可以采用的战略有哪些?

2. 面对跨国巨头，南风采取了怎样的竞争战略?

3. 试分析，南风公司若想维持目前的市场份额，需要进一步采取哪些措施?

案例应用 2

鄂尔多斯如何应对价格大战

1998 年 6 月，在鄂尔多斯北京总部的办公楼内，主管公司经营的副总经理王海正静静地坐在那里，目光停留在手中的文件上。根据这份报告，1998 年上半年，公司的主营业务收入比上一年同期增长 19.19%，净利润却反而减少了 43.26%。作为公司经营的主管，他知道这是受了羊绒行业无序竞争影响的结果。20 世纪 90 年代以来，大量的羊绒加工企业产销量降低，产品积压；到 1997 年，国内市场的羊绒衫呈普遍打折降价趋势，在这样的情况下公司利润减少也就不足为怪了。但是，怎样才能在不景气的行业背景下阻止公司利润下滑呢?

一、“温暖全世界”的鄂尔多斯

羊绒素有“纤维钻石”、“软黄金”的美称，同时也是我国在国际市场上少数几个占绝对优势的资源之一，每年我国的羊绒产量占世界的 2/3。但几个世纪以来，由于没有自己的羊绒加工厂，中国的羊绒全部以原绒廉价出口，饱受了外国商贾掠夺之苦。

1969 年，为了改变这种局面，国家在羊绒的主产区兴建了鄂尔多斯羊绒衫厂，从而结束了中国只能出口原绒而不能出口无毛绒的历史。1979 年，又以补偿贸易方式成套引进了日本具有 20 世纪 80 年代世界先进水平的山羊绒加工技术设备，并于 1981 年投产，实现了山羊绒就地增值。

自建厂至今，鄂尔多斯始终保持着世界一流的技术装备，逐年进行大规模的技术改造，以保证技术的先进；为保证产品质量，公司还非常重视原料基地的建设，创造条件从羊绒质量上下功夫；同时公司还执行严格的质量控制体系，每件产品都按国际标准进行生产和检验，生产 15 年始终保持了 99.8% 的一等品率。公司还把质量管理延伸到市场经营当中， 1997 年各分公司全部成立了售后服务中心，加强售中、售后服务，让消费者买得放心、穿得放心，增大了市场影响力。

在 80 年代初建成投产后，由于当时羊绒价格昂贵，国人消费水平较低，羊绒制品暂时在国内没有市场，鄂尔多斯的羊绒制品以外销为主，90%的产品直接进入国际市场，占据了1／4的市场份额。到1996年，鄂尔多斯羊绒产品已打入世界38个国家和地区，累计向境外销售近1000万件羊绒衫。公司还在洛杉矶、香港、东京等城市设立分公司，开办专卖店，实现了国际市场直销。从80年代中期开始，公司把目光落在国内市场，并展开推销攻势。从1991年起，公司又率先在北京、大连、西安等8大城市设立销售专卖店，直销产品。到1997年底，与鄂尔多斯合作的商场达到1000家，其有统一CI标识的连锁店开到了200家，基本上辐射和覆盖了全国市场。据1995年的统计结果显示，鄂尔多斯在国内同行业中市场占有率全国第一，产销量全国第一。1996年，鄂尔多斯的市场占有率为 47%。

二、羊绒业的困境

我国历史上是羊绒尤其是原绒的输出国，在20世纪70年代末80年代初才形成了自己的羊绒制品企业。1979年鄂尔多斯建厂时，其生产能力为年产6万件，当时在全国只有北京的雪莲、上海的联毛、新疆的天山及内蒙的鄂尔多斯共十多家羊绒生产加工企业，品牌不足10个，总生产能力也不过几十万件，而且90%多的产品以出口为主，国内市场份额很小，在当时看来羊绒行业既特殊又微乎其微。

但是，近几年来纺织服装行业不景气，促使企业不断寻找新的市场拉动点。纯棉、化纤、真丝产品的销售趋势逐渐偏冷，而羊绒市场却在快速成长，并已从单纯出口创汇发展成国际、国内两个市场并举。于是更多的企业便把下一个目标盯在了高附加值、高利润的羊绒制品上，以寻求更快、更多的利益回报，特别是一些家庭作坊式的民营小企业更是如雨后春笋般地滋生了起来。短短几年间，羊绒衫品牌就已由最初的10个左右发展到2700多个，除雪莲、天山、鹿王、鄂尔多斯外，日神、维信、兔皇、天马等几千个原来名不见经传的品牌也都登堂入室，占据了商场的醒目位置。不仅产绒区的内蒙古及甘肃、宁夏、新疆把羊绒加工业作为发挥当地资源优势、振兴地方经济的重要项目上马，就连根本不产绒的浙江、上海、广东等省区，也利用自己的加工和销售优势，抢占羊绒制品市场；更有一些时装加工企业，也调整了产品定位，把羊绒制品作为其重点加工品种之一。

羊绒企业规模迅速扩大，随之而来的是对原材料需求的增加和羊绒制品产量的增加，在管理欠缺、市场无序的状态下，这种情况势必会造成羊绒的收购与羊绒制品销售中的恶性竞争。

世界的羊绒产量有限而企业对羊绒的需求无限，羊绒加工企业骤然增多、盲目扩大造成了羊绒原材料供应紧张的局面。我国是世界上最大的羊绒生产国，年产羊绒8000—10000吨，但国内羊绒加工能力是羊绒产量的2—3倍。在全国2400多家羊绒企业中，仅内蒙古59家重点羊绒加工企业就已形成年加工原绒1.2万吨的生产能力，超过了全国羊绒总产量，而内蒙古年产羊绒仅为3000—4000吨；1998年，浙江、上海一带又把棉纺挤占的资金投入了羊绒加工产业，形成了与内蒙古等羊绒加工企业的激烈竞争。

面对巨大的羊绒供需缺口，羊绒加工生产企业为了生存、为了生产，相互之间你拼我抢，掀起了一次次哄抢原料的羊绒大战。企业之间的无序竞争严重地扰乱了市场秩序，中国的羊绒市场几经起落：1988年供不应求、价格大涨，1993年、1998年生产过剩、价格大跌。在我国羊绒原料价格曾一度高达450元／公斤，而在呈现疲软态势的1998年，每吨羊绒的价格从1997年的200—230元／公斤，下跌至130元／公斤，仍然无人问津。羊绒市场的无序竞争造成了羊绒价格的涨涨跌跌，而在这涨跌的风浪中，大企业为获得原材料不得不高价收购，从别人手中以价格优势夺得所需羊绒，但其结果却是增加了企业的生产成本；而小企业势单力薄，它们既加剧了市场竞争，又加重了自己的负担，在与大企业的抗衡中，不具价格优势的小企业为了获取生存必需的原材料，不惜掺杂施假，使用多种手段，其结果是一些企业因缺少原料而被迫停产，市场上出现了大量劣质羊绒、假羊绒。有关专业人士指出，羊绒价格的无序波动导致山羊养殖业的波动，如果不能得到妥善的管理，就会成为制约中国羊绒发展的重大隐患。

而与此同时，国内羊绒加工企业的盲目发展、重复建设，又导致了国内羊绒制品市场相对过剩，产销量降低，产品积压，效益大幅度滑坡。据统计，羊绒生产厂家在短短的6年里由10多家发展到2400多家，生产能力也由100多万件上升到数千万件，产品供给大于市场需求五倍以上，个体羊绒加工企业产销率只有20%左右，绝大多数企业都有几万、几十万件的库存。企业为了资金周转必须尽快清理库存，哪怕利润再低，甚至低于成本也在所不惜。到1997年，降价风愈刮愈烈，国内市场的羊绒衫降价率平均在20%—30%左右，有的品牌甚至达到50%—60%。打折降价促销，使大部分企业元气大伤，再度陷入困境。如果按1997年中国总出口无羊绒2500吨、羊绒衫350万件计算，则因国内企业间降价竞争而给国家造成的损失就达1亿美元，数额之大令人痛心。

三、各抒己见

当天下午，王副总主持召开了公司部门经理级会议，以共同商讨公司在目前情况下的经营策略。有关羊绒行业困境的资料，和上午王副总手中的那份报告都作为会议资料分发给每一个与会人员。看完报告，会场上一片寂静，让人感到隐隐的沉重。扫视了一下会场，王副总说："摆在面前的问题大家都看到了，虽然我们大家经常在一起开会，但今天这次会的意义非比寻常，它关系到公司以后的发展走向、兴衰存亡，希望大家能够畅所欲言，出谋划策，共同找出一条道路来。"

会场上出现片刻停顿之后，市场部经理首先发了言。"我认为现在由于行业内生产厂家增多，我们的竞争也就比较激烈。那些小厂家为保生存，大打价格战，以很低甚至是低于成本的价格销售，市场上平均的降价率为20%—30%，个别品牌已达 50%—60%，这严重地影响了我们公司产品的销售。个别厂家的降价不足为怪，但目前这种行业性降价就形成了一种市场氛围，消费者误以为所有的羊绒衫都在降价。如果我们坚持原有的价格不打折、不降价，我们的市场占有率就势必会下降，利润当然也就会减少。所以，我建议公司制订一个合理的降价幅度，这样才能保注我们的市场份额，保证利润。"

市场部经理的发言引起了众人的议论，大家在思考着鄂尔多斯降价的可行性。"我谈点不同的看法"，公司企业发展与规划部（即企划部）经理说，"我认为在全行业普遍降价的形势下，我们公司的确面临着很大的降价压力。竞争是市场经济的基本属性，价格竞争是最基本的竞争形式，这很正确；但关键是只有正当的价格竞争才能促进社会的进步和企业的发展。而目前的这种恶性竞争，只能造成资源的浪费，几败俱伤。我想，我们公司作为行业的佼佼者，不应参与到这种竞相降价中来。相反的，我们应该采取行动，倡导羊绒行业实行行业自律，尽快结束这种不正当竞争的局面。目前其他企业的降价行为的确使我们公司的市场份额受到威胁，但我认为市场占有率并不等于利润率，有些厂商企图通过降价来扩大市场份额，这只能满足其市场份额扩大的心理；而从长期来看，任何企业都很难坚持低价抑或是低于成本价销售，结果会不战而败。现在市场环境已经发生了变化，只靠降价来提高市场占有率是有限的，这促使我们思考如何进行多种竞争策略的综合运用，如何根据不同的市场环境采取不同的经营策略，只有想到了并这样做到了，我们才能始终保持行业领先地位。"

面对不同的意见，王副总陷入了沉思：两位经理的分析各有道理，公司到底应该怎么做呢？

【讨论题】

1. 对于羊绒业目前的降价大战，你认为鄂尔多斯公司是否也应该降价？

2. 鄂尔多斯的策略重心是如何应对降价还是倡导行业自律？你认为“行业自律”是一种好的解决方式吗？

3. 如果鄂尔多斯公司不降价，它应该采取怎样的市场策略？

第十章　产品策略

学习目标：

- 掌握产品的整体概念。
- 掌握产品组合策略。
- 掌握产品生命周期的四个阶段，以及在各个阶段应采取的市场营销对策。
- 了解新产品开发策略。
- 了解产品的包装设计要求，以便选择有针对性的包装策略。

实践中的产品策略

有个性才有市场

上海华宝羊毛衫时装公司新近建成投产的时候，以“标新立异、避免雷同”为经营宗旨，在公司兴建之初，就设巨奖向广大消费者征集服装款式设计，并派出大批信息员深入到许多城市了解市场情况，防止自己的产品设计与人家的款式、选料、色彩重复，就连品牌也别具一格，起名为“阿拉”(上海话“阿拉”即“我”)。通过这样充满个性的追求，登台不久的“阿拉”牌羊毛衫便在市场上争得了一席之地。

瑞士有一制表商，摒弃传统采用的金属材料和塑料，首选石料作表壳，凭借石料不可能造出两个完全相同的表壳的特性,生产出花色各异的“石表”，以每只195美元试销，一举成为轰动西方市场的抢手货。

评述

从以上两个案例可以看到，消费者对于自己拥有的某些商品，都希望是“人无我有”，以充分展示出一个与众不同的自我。这就是消费者普遍追求新、异、奇、特商品的深层次的心理因素，也是一种消费共性。由此可以说，经营者赋予产品个性，就是在适应和满足消费共性的前提下，越是能使消费者展示出自我个性的产品，就越能赢得消费者。这两家企业的经营特点就是赋予产品个性，因此获得了成功。

在现代市场竞争中，制胜的因素日趋复杂，但依靠产品价格、质量和服务的威力已远远不够，而依靠产品引起消费群体强烈的心理共鸣，其作用却越来越大了。企业唯有使自己的产品在质优价廉服务好的同时，又像演员一样，具有不同的个性，不断以鲜明独特的形象投身市场舞台的演出，才能促进销售，牢牢掌握竞争制胜的主动权。

（资料来源：根据互联网资料整理）

第一节　产品

一、产品整体概念的内容

产品是企业市场营销组合中的一个重要组成因素，产品管理是直接影响和决定着市场营销因素的管理，对企业市场营销成败关系重大，在现代市场经济条件下，每一个企业都应该致力于产品质量的提高和组合结构的优化，以更好地满足市场需要，提高企业产品竞争力，取得更好的经济效益。

那么，什么是产品呢？人们对产品的理解从狭义的角度来讲，凡是生产出来的非自然物品就是产品。在商品经济条件下，产品就成了商品。从市场学角度来看，消费者购买一种商品时，不仅要求这种产品具有满足消费者某种需要的功能，而且还会对产品的样式、色泽和品牌以及修理服务等提出不同要求。所以从广义的角度讲产品是指人们通过购买而获得的能够满足某种需求和欲望的物品的总和，它既包括具有物质形态的产品实体，又包括无形的服务，这就是“产品的整体概念”。

小链接 1

服务不是产品缺陷的纠正措施

当海尔依靠服务赢得消费者尊重时，有专家质疑：海尔只有保持足够的产品缺陷率，才有机会向消费者提供足够的服务。

无疑，当多数中国企业把服务作为产品出现缺陷时的纠正措施时，是无法理解海尔的。

在中国，服务首先是对消费者的尊重。因为很多中国厂商习惯于在消费者购买前“把顾客当上帝”，而在购买后“把消费者当孙子”。所以，当海尔在消费者购买后仍然把消费者当上帝时，消费者感受到一份尊重。因此，海尔最推崇的服务不是产品出现问题时的纠偏，因为只要产品出现问题，服务再好，消费者也认为是理所当然的，不会心存感激。海尔做得最好的服务是产品没有缺陷时的“仪式化服务”，其实是对消费者作为上帝的一份尊重。

其次，服务最核心的要素是态度和速度。“修好了设备，挨了骂。”很多厂商的服务就是这样的结局。因为服务最重要的不是修好产品，而是化解消费者“心急如焚”时的怨气。所以，态度和速度比技术更重要。

最后，服务是新一轮销售的开始。纯粹的纠偏式服务的代价太昂贵，无力承受也无法持久。服务只有增加收入才有价值。因此，对服务人员的技术培训与推销培训同等重要。

（资料来源：金焕民，刘春雄.营销红皮书［M］.北京：企业管理出版社，2009）

一般地，产品的整体概念主要包括以下内容：

（一）核心产品

核心产品也称实质产品，指产品能够提供给购买者的基本效用或益处，是购买者所追求的中心内容。这是产品整体概念中最基本的层次，也是最基本的部分。消费者或用户购买某一产品，不单纯是为了取得一种有形的可以感触的物体，更重要的是取得某种实际利益，满足自己特定的需求和欲望。如买自行车是为了代步，买汉堡是为了充饥，买化妆品是希望美丽、体现气质、增加魅力等。因此，企业在开发产品、宣传产品时应明确地确定产品能提供的利益，产品才具有吸引力。

（二）形式产品

形式产品指核心产品借以实现的形式。由五个特征构成，即品质、式样、特征、商标及包装。即使是纯粹的服务，也具有相类似的形式上的特点。产品的基本效用必须通过特定形式才能实现，营销人员应努力寻求更加完善的外在形式以满足顾客需要。

（三）期望产品

期望产品指购买者在购买产品时期望得到的与产品密切相关的一整套属性和条件。比如，旅馆的客人期望得到清洁的床位、洗浴香波、浴巾、衣帽间的服务等。因为大多数旅馆都能满足旅客这些期望，所以旅客在选择档次大致相同的旅馆时，一般不是选择哪家旅馆能提供期望产品，而是根据哪家旅馆就近和方便而定。

（四）延伸产品

延伸产品，也称附加产品，指顾客购买形式产品和期望产品时附带获得的各种利益的总和。它包括：产品说明书、保证书、安装、维修、送货、技术培训等。国内外许多企业的成功，在一定程度上应归功于它们更好地认识到延伸产品在产品整体概念中所占的重要地位。许多情况表明，新的竞争并非凭借各公司在其工厂中所生产的产品，而是依靠附加在产品上的包装、服务、广告、顾客咨询、资金融通、运送、仓储及其他具有价值的形式。能够正确发展延伸产品的公司，必将在竞争中赢得主动。

（五）潜在产品

潜在产品是指现有产品包括所有附加产品在内的，可能发展成为未来最终产品的潜在状态的产品。潜在产品指出了现有产品可能的演变趋势和前景。如彩色电视机可能发展为网络终端机等。

产品整体概念的五个层次（如图 10-1）清晰地体现了以顾客为中心的现代营销观念。这一概念的内涵和外延都是以消费者需求为标准的，由消费者的需求来决定。可以说，产品整体概念是建立在“需求=产品”这样一个等式基础之上的。没有产品整体概念，就不可能真正贯彻现代营销观念。

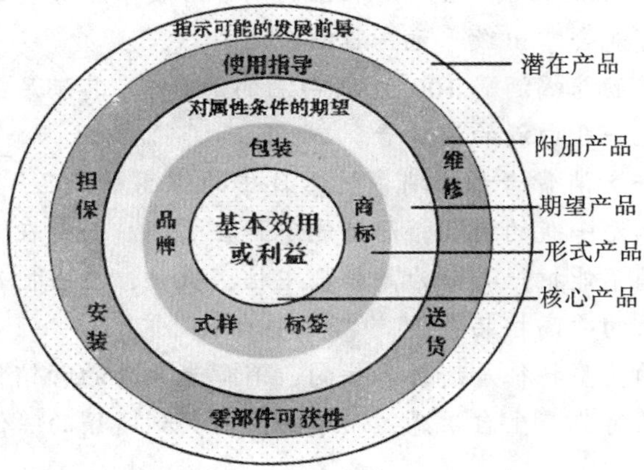

图 10-1　产品整体概念构成

二、产品整体概念的意义

这种对产品概念的描述，对企业的营销有重要的指导意义：

第一，它体现了以消费者需求为中心的营销观念，明确了产品是在市场上可能引起注意、购买、使用或消费的某种东西。同时，提供服务也是产品的一部分，而不能视为额外负担。

第二，建立完整的产品概念，可以提高企业的营销水平，使企业认识到消费者接受产品过程中的满意程度，既取决于四个层次中每一层的状况，也取决于产品整体组合效果。

第三，明确产品与企业营销策略之间的关系。产品整体概念的各个层次以及各层次中的组成要素对企业策略有不同程度的影响。企业在考虑整体效果的前提下，对不同层次、不同因素侧重程度的确定要与企业的营销策略相符合。

第四，指出了产品的特征，拓宽了发展新产品的领域。改变产品整体中的任何部分，都会在顾客心目中形成不同产品的印象。

小链接 2

产品档次

高档、中档、低档，这样的词汇充斥着营销界。不知有人想过没有，这样的词汇其实是违背最基本的营销原理的，是“反营销”的词汇。

当一名消费者在乡镇酒店要求服务员拿出最贵的白酒时，服务员可能拿出来的是100元/瓶的白酒。当一名北京的消费者要求服务员拿一瓶最贵的白酒时，服务员可能会拿出数千元一瓶的白酒。

那名在乡镇酒店喝酒喝100元/瓶白酒的消费者，其满足感可能不亚于在北京消费数千元一瓶白酒的消费者。

其实，每一名消费者都在消费他心目中的“高档产品”。在农村消费者心目中，喝数千元一瓶的白酒，那可能不是在喝酒，而是在“糟蹋”酒。

因此，营销不能把产品分为高档、中档、低档，应当把每款产品打造成目标消费者自豪的“高档品”。

现代营销的典型特征是消费者导向，消费者导向的营销特征就是让每个消费者买到产品时都产生自豪感，而不是因为买到所谓的“低档品”而产生自卑感。

在一次销售实验中，我们明显发现，即使低收入的消费者也特别回避购买所谓的“低档品”。

把产品分为高档、中档、低档，这不是消费者导向的心态，而是裁判心态，以居高临下的心态把消费者分为三六九等。

我们建议，在营销中应该尽可能回避高中低档的概念，营销的目标是把每款产品打造成为目标消费者自豪的产品，让每个消费者都从消费中找到满足。

（资料来源：金焕民，刘春雄.营销红皮书［M］.北京：企业管理出版社，2009）

第二节　产品组合策略

产品好比人一样，会经历一个从成长到衰退的过程。因此，企业不能仅仅经营单一的产品，世界上很多企业经营的产品往往种类繁多，如美国光学公司生产的产品超过 3 万种，美国通用电气公司经营的产品多达 25 万种。当然，并不是经营的产品越多越好，一个企业应该生产和经营哪些产品才是有利的？这些产品之间应该有些什么配合关系？这就是产品组合问题。

一、产品组合及其相关概念

（一）产品组合、产品线与产品项目

产品组合是指一个企业生产或经营的全部产品线、产品项目的组合方式。产品组合由全部产品线和产品项目构成。

产品线是指产品在技术上和结构上密切相关，具有相同使用功能，规格不同而满足同类需求的一组产品。如雅芳化妆品公司的产品线有化妆品、珠宝首饰和家常用品三条产品线。

产品项目是指产品线内不同品种、规格、质量和价格的特定产品。很多企业都拥有众多的产品项目，如上述的雅芳化妆品公司有 1300 个以上的产品项目，而通用电器公司则有 25 万个产品项目。

（二）产品组合的宽度、长度、深度和关联性

产品组合的宽度指企业拥有的不同产品线的数目；产品组合长度指每条产品线内不同规格的产品项目的数量；产品组合的深度是指产品线上平均具有的产品项目数。产品组合的关联性则是指企业各条产品线在最终用途、生产条件、分销渠道或其他方面的密切相关程度。

产品组合的宽度越大，说明企业的产品线越多；反之，宽度窄，则产品线少。同样，产品组合的深度越大，企业产品的规格、品种就越多；反之，深度浅，则产品就越少。产品组合的深度越浅，宽度越窄，则产品组合的关联性越大；反之，则关联性小。

产品组合的宽度、长度、深度和关联性对企业的营销活动会产生重大影

响。一般而言，增加产品组合的宽度，即增加产品线和扩大经营范围，可以使企业获得新的发展机会，更充分地利用企业的各种资源，也可以分散企业的投资风险；增加产品组合的长度和深度，会使各产品线具有更多规格、型号和花色的产品，更好地满足消费者的不同需要与爱好，增强行业竞争力；增加产品组合的关联性，则可发挥企业在其擅长领域的资源优势，避免进入不熟悉行业可能带来的经营风险。因此，产品组合策略就是企业根据市场需求、竞争形势和企业自身能力对产品组合的宽度、长度、深度和关联性方面作出的决策。那么我们通过例子来说明，比如：宝洁公司的产品组合见表 10-1 所示。

表 10–1　宝洁公司的产品组合

	产品组合的宽度				
	洗涤剂	牙膏	香皂	方便尿布	纸巾
产品线长度	象牙雪 1930 洁拂 1933 汰渍 1946 快乐 1950 奥克多 1952 达士 1954 大胆 1965 吉恩 1966 黎明 1972 独立 1979	格里 1952 佳洁士 1955 登魁 1980	象牙 1879 柯柯 1885 拉瓦 1893 佳美 1926 爵士 1952 舒肤佳 1963 海岸 1974	帮宝适 1961 露肤 1976	查敏 1928 白云 1958 普夫 1960 旗帜 1982

表中表明宝洁公司产品组合的宽度是五条产品线（实际上，该公司还有许多另外的产品线，如护发产品、保健产品、饮料、食品，等等）。

在表中，产品项目总数是 26 个。我们再来看一看该公司产品线的平均长度。该公司产品组合的平均长度就是总长度（26）除以产品线数（5），结果为 5.2。

宝洁公司的产品项目如“佳洁士”牌牙膏有三种规格和两种配方（普通味和薄荷味）。“佳洁士”牌牙膏的深度就是 6。通过计算宝洁公司每一品牌的产品品种数目，然后加总除以宽度，我们就可以计算出公司的产品组合的平均深度。

由于宝洁公司的产品都通过同样的分销渠道出售，因此可以说，该公司的产品线具有较强的关联性；就这些产品对消费者的用途不同而言，该公司的产品线缺乏关联性。

二、产品组合的分析方法

产品组合的状况则直接关系到企业效益的好坏，故企业必须不断优化产品组合结构。为了优化产品组合，使每一产品线、每一产品线下的产品项目都取得良好效益，企业应对现行产品组合做出系统的分析和评价。分析和评价产品组合的方法主要有：产品项目分析法与产品项目市场定位分析法。

（一）产品项目分析法

产品线上的每一个产品品种对总销售额和利润所做的贡献是不同的。图 10-2 显示了一条拥有五个产品项目的产品线以及各产品的销售与盈利情况。

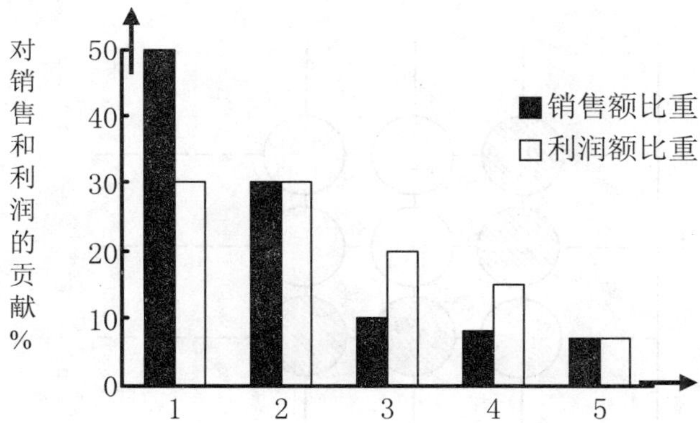

图 10-2　产品品种对产品线总销售额和利润的贡献

根据图示：第一个产品项目的销售额、利润额分别占整个产品线总销售额和总利润额的 50%和 30%；第二个产品项目销售额与利润额占总销售额和总利润额的比重均为 30%。这两个项目的销售和利润额共占总销售额 80%和总利润额的 60%。如果这两个项目遇到强烈竞争，整条产品线销售额和利润额将急剧下降。为此，企业一方面应采取切实措施，巩固第一、第二两个产品项目的市场地位；另一方面，应根据市场环境变化加强对第三、第四产品项目的市场营销。第五个产品项目只占整个产品线销售额和利润额的 5%，如发展前景不大，企业可考虑停止这种产品生产，以便抽出力量加强其他产品项目的营销或开发新产品。

（二）产品项目定位图分析法

该法适用于分析各产品线的产品项目与竞争者同类产品的对比状况，全面衡量各产品项目与竞争产品的市场地位，现举例说明如下。具体见图 10-3。

A 家具公司的一条产品线是沙发，顾客对沙发最重视的两个属性是价格和功能。价格分为高、中、低三个档次；功能分为单功能（只能坐），双功能（即能坐也能睡）、多功能（坐、睡和代箱子）。A 公司有 B、C 两个竞争者，B 公司生产两种沙发：高、中档的单功能沙发；C 公司也生产两种沙发：低档的双功能和三功能沙发。A 公司根据市场竞争情况，权衡利弊，决定生产三种沙发：高档的双功能沙发、中档的双功能和三功能沙发，因为这三个市场位置没有竞争者。从图中可以看出，仍有两个市场空白点，各公司没有生产的原因，可能是目前生产这种沙发的费用太高或需求不足，或经济上暂无可行性等。

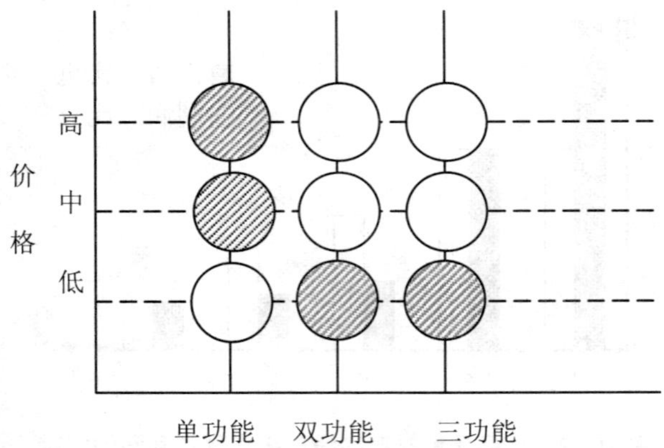

图 10-3 产品项目定位分析图

三、产品组合策略

（一）扩大产品组合策略

包括拓展产品组合的宽度和加强产品组合的深度，前者指在原产品组合中增加产品线，扩大经营范围；后者指在原有产品线内增加新的产品项目。当企业预测现有产品线的销售额和盈利率在未来可能下降时，就须考虑在现有产品组合中增加新的产品线，或加强其中有发展潜力的产品线。

（二）缩减产品组合策略

市场繁荣时期，较长较宽的产品组合会为企业带来更多的盈利机会。但是在市场不景气或原料、能源供应紧张时期，缩减产品线反而能使总利润上升，因为剔除那些获利小甚至亏损的产品线或产品项目，企业可集中力量发展获利多的产品线和产品项目。

（三）产品线延伸策略

总体来看，每一企业的产品线只占所属行业整体范围的一部分，每一产品都有特定的市场定位。例如，宝马汽车公司（BMW）所生产的汽车在整个汽车市场上属于中高档价格范围。当一个企业把自己的产品线长度延伸超过现有范围时，我们称之为产品线延伸。具体有向下延伸、向上延伸和双向延伸三种实现方式。

1．向下延伸

向下延伸是在高档产品线中增加低档产品项目。实行这一决策需要具备以下市场条件之一：利用高档名牌产品的声誉，吸引购买力水平较低的顾客慕名购买此产品线中的廉价产品；高档产品销售增长缓慢，企业的资源设备没有得到充分利用，为赢得更多的顾客，将产品线向下伸展；企业最初进入高档产品市场的目的是建立厂牌信誉，然后再进入中、低档市场，以扩大市场占有率和销售增长率；补充企业的产品线空白。实行这种策略也有一定的风险。如处理不慎，会影响企业原有产品特别是名牌产品的市场形象，而且也有可能激发更激烈的竞争对抗。虽然新的低档产品项目可能会蚕食掉较高档的产品项目，但某些公司的重大失误之一就是始终不愿意填补市场上低档产品的空隙。

2．向上延伸

向上延伸是在原有的产品线内增加高档产品项目。实行这一策略的主要目的是：高档产品市场具有较大的潜在成长率和较高利润率；企业的技术设备和营销能力已具备加入高档产品市场的条件；企业要重新进行产品线定位。采用这一策略也要承担一定的风险，要改变产品在顾客心目中的地位是相当困难的，处理不慎，还会影响原有产品的市场声誉。

3．双向延伸

双向延伸即原定位于中档产品市场的企业掌握了市场优势以后，向产品线的上下两个方向延伸。比如：丰田公司的产品延伸。丰田公司对其产品线采取了双向延伸的策略。在其中档产品卡罗拉牌的基础上，为高档市场增加了佳美牌，为低档市场增加了小明星牌。该公司还为豪华汽车市场推出了凌志牌。这样凌志的目标是吸引高层管理者；佳美的目标是吸引中层经理；卡罗拉的目标是吸引基层经理；而小明星牌的目标是手里钱不多的首次购买者。

此种策略的主要风险是有些买主认为在两种型号之间（如佳美和凌志之间）差别不大，因而会选择较低档的品种。但对于丰田公司来说，顾客选择了低档品种总比走向竞争者好。另外，为了减少与丰田的联系，减低自相残杀的风险，凌志并没有在丰田的名下推出，它也有与其他型号不同的分销方式。

（四）产品线现代化策略

现代社会科技发展突飞猛进，产品开发也是日新月异，产品的现代化成为一种不可改变的大趋势，产品线也必然需要进行现代化改造。产品大类现代化策略首先面临这样的问题：是逐步实现技术改造，还是以更快的速度用全新设备更换原有产品大类。逐步现代化可以节省资金耗费，但缺点是竞争者很快就会察觉，并有充足的时间重新设计它们的产品大类；而快速现代化策略虽然在短时期内耗费资金较多，却可以出其不意，击败竞争对手。

（五）产品线特色化策略

有的企业在产品线中选择一个或少数几个产品项目加以精心打造，使之成为颇具特色的号召性产品去吸引顾客。有时候，企业以产品线上低档产品型号进行特别号召，使之充当开拓销路的廉价品。比如某空调器公司会宣布一种只卖 999 元的经济型号，而它的高档产品要卖 20000 多元，从而在吸引顾客来看经济型空调时，尽力设法影响他们购买更高档的空调。有时候，经理们以高档产品特色化，以提高产品线的等级。有时候，公司发现产品线上有一款销售情况良好，而另一款却有问题。公司可以对销售较慢的那一款特色化，以努力促进对销售较慢产品的需要。

第三节　产品生命周期

现代市场营销学十分重视对产品生命周期的研究，将其作为企业制定产品策略以及整个市场营销组合策略的重要依据。此外，市场营销中的其他战略和策略的制定也必须适应产品生命周期的变化，这是企业在动态的市场环境中求得生存和发展，赢得有利的市场地位的一个关键性问题。

一、产品生命周期的概念

任何一种产品在市场上的销售情况和获利能力都是变化的，这种变化和自然生物的生命历程一样，都有一个诞生、成长、成熟和衰亡的过程。所谓产品生命周期是指产品在完成研制以后，从投入市场开始到被市场淘汰为止所经历的过程。一般以产品销量和利润的变化为标志分为四个阶段：导入期、成长期、成熟期、衰退期。产品生命周期曲线见图 10-4。

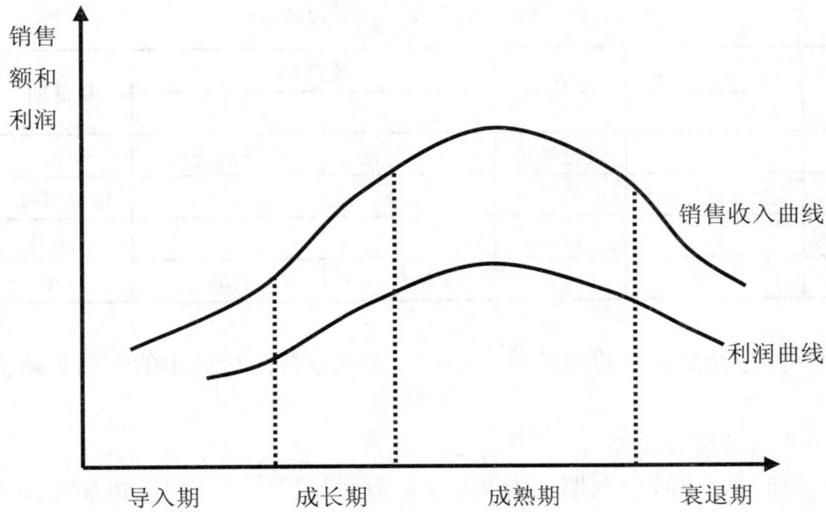

图 10-4　产品生命周期曲线

与产品自然生命周期不同的是，产品生命周期不是指产品使用价值的存在和消失，而是指产品是否被市场接受及接受程度。产品生命周期是指产品的市场寿命，它和产品的使用寿命也是不同的概念。产品的使用寿命是指产品从投入使用到损坏报废为止所经历的过程。产品的使用寿命是具体的、有形的，是由使用强度、维修保养等因素所决定的；而产品生命周期是无形的、抽象的，是由市场的各种销售因素所决定。有些产品品种的使用寿命很短，而市场寿命却很长。如火柴、食品等。而有些产品品种的使用寿命很长，市场生命却很短，如时装、计算机等更新换代很快的产品。

二、产品生命周期各阶段的特点及营销策略

产品生命周期理论说明，不会有一种产品经久不衰，永远获利，必须经常对企业各类产品的市场进行分析，淘汰老产品，开发新产品，使企业的产品组合处于最优状态。当一种产品进入衰退期时，必须保证有其他产品处于导入期、成长期或成熟期，不至于因老产品的淘汰而引起企业利润下降。制定市场营销策略时，要认真分析产品所处的生命周期阶段。影响产品生命周期的因素很多，有市场因素，也有非市场因素。在产品生命周期的不同阶段

中，销售量、利润、购买者、市场竞争等都有不同的特征，这些特征可用表 10-2 概括。

表 10–2 产品生命周期不同阶段特征

	导入期	成长期	成熟期		衰退期
			前 期	后 期	
销售量	低	快速增长	继续增长	有降低趋势	下降
利润	微利或亏损	大	高峰	逐渐下降	低或亏损
购买者	爱好新奇者	较多	大众	大众	后随者
竞争	甚微	兴起	增加	甚多	减少

由于产品生命周期各阶段的特点不同，企业在各阶段做出的营销策略也不同。

（一）导入期营销策略

导入期阶段，又称引入期。指产品从研制设计投产直到投入市场进入测试阶段。在这个阶段，顾客对产品不熟悉，不了解，因而呈以下特点：生产不稳定，批量较小；成本比较高，企业负担较大（通常没有利润，甚至亏损）；人们对该产品尚未接受，销售增长缓慢；产品品种少；市场竞争少。

在这种情况下企业的着眼点应是建立新产品的知名度，广泛宣传，吸引潜在顾客的注意和试用，争取打通分销渠道，占领市场。要把主要精力放在解决人们对产品不认识或者不熟悉的问题上，要千方百计使人们熟悉产品，使自己经营的产品站得住脚；这时的产品立足还未稳，要大量地做广告，扩大对该产品的宣传，建立产品信誉。在这一阶段企业要承担较重的广告费用；利用现有产品辅助发展的办法，用名牌产品提携新产品；采取试用的办法；给经营该产品的中间商加大折扣，刺激中间商推销的积极性。所以，这一阶段企业营销重点主要集中在“促销—价格”策略方面。导入期策略组合见表 10-3。

表 10–3 导入期策略组合

促销水平

价格水平	促销水平：高	促销水平：低
高	快速撇取策略	缓慢撇取策略
低	快速渗透策略	缓慢渗透策略

1. 快速撇取策略。即以“高价格—高促销水平”策略推出新产品，迅速扩大销售量来加速对市场的渗透，以图在竞争者还没有反应过来时，先声夺人，把成本捞回来。“保暖内衣”就是采取这一策略。采用这一策略的市场条件是：绝大部分的消费者还没有意识到该产品的潜在市场；顾客了解该产品后愿意支付高价；产品十分新颖，具有老产品所不具备的特色；企业面临着潜在竞争。

2. 缓慢撇取策略。即以“高价格—低促销费用”策略推出新产品，高价可以迅速收回成本撇取最大利润，低促销费用又是减少营销成本的保证。高档进口化妆品大都采取这样的策略。采用这一策略的市场条件是：市场规模有限；消费者大多已知晓这种产品；购买者愿意支付高价；市场竞争威胁不大。

3. 快速渗透策略。即以“低价格—高促销费用”策略推出新产品，花费大量的广告费，以低价格争取更多消费者的认可，获取最大的市场份额。采取这一策略的市场条件是：市场规模大；消费者对该产品知晓甚少；大多数购买者对价格敏感；竞争对手多，且市场竞争激烈。

4. 缓慢渗透策略。即以“低价格—低促销费用”策略降低营销成本，并有效地阻止竞争对手介入。采取这一策略的市场条件是：市场容量大；市场上该产品的知名度较高；市场对该产品价格相对敏感；有相当多的竞争对手。

（二）成长期的营销策略

新产品经过导入期以后，消费者对该产品已经熟悉，消费习惯已形成，销售量迅速增长，这种新产品就进入了成长期。成长期是指产品在市场上销量迅速增长的阶段。这一阶段的特点是：已有越来越多的消费者喜欢这种产品，大批量生产能力已形成，分销渠道也已疏通，新的竞争者开始进入，但还未形成有力的竞争对手。在这一阶段企业营销应尽力发展销售能力，紧紧把握取得较大成就的机会。

1. 改善产品品质。也就是通常讲的改进新产品。在产品成长期，企业要对产品的质量、性能、式样、包装等方面努力加以改进，以对抗竞争对手，但是需要建立在消费者的建议和要求之上。

2. 开辟新市场。通过市场细分寻找新的目标市场，以扩大销售额。在新市场要着力建立新的分销网络，扩大销售网点，并建立好经销体系。

3. 改变广告内容。随着产品市场逐步被打开，该类产品已被市场接受，同类产品的各种品牌都开始走俏。此时，从扩大产品知名度转为宣传产品的特色，树立产品形象，所以，企业广告的侧重点要突出品牌，力争把上升的市场需求集中到本企业的品牌上来，以保持原有的顾客，争取新的顾客。

4. 适当降价。在扩大生产规模、降低生产成本的基础上，选择适当时机降价，适应多数消费者的承受力，同时本企业的产品处在成长期，降低价格，就给竞争者增加了很大的压力，阻止它们的进入。

（三）成熟期的营销策略

成熟期的主要特点是："二大一长"，即在这一阶段产品生产量大、销售量大，阶段持续时间长。成熟期又可细分为成熟前期、成熟后期两个阶段。在成熟前期，尽管有些滞后的顾客仍会进入市场，但销售增长率开始下降；在成熟后期，销售量开始下降，消费者开始转向其他产品和替代产品，此时市场竞争异常激烈。为此，企业总的营销策略要防止消极防御，采取积极进攻的策略。

1. 市场改进策略。

第一，寻求产品新用途，开发新的细分市场。如美国杜邦公司生产的尼龙产品，20 世纪 40 年代初期只用于军用市场，生产降落伞、绳索等；第二次世界大战以后，尼龙产品迅速转入民用市场，企业生产尼龙袜、蚊账、窗纱等日用品；20 世纪 60 年代以后又用来生产轮胎、地毯、包装物等工业用品。这样，每项新用途的开发都使尼龙产品从成熟期转入新的成长期，开始了新的生命周期，为公司赢得了长期稳定的利润。

第二，重新树立产品形象，寻求新的顾客。如香水制造商说服那些不用香水的女士使用香水；说服男士使用香水。

第三，刺激现有顾客增加使用率，扩大产品使用量。例如，火腿肠制造商在产品包装上印着该产品的多种食用方法——剥皮即食或切丝切片凉拌、烹炒、油炸、炖汤，使消费者了解这种产品的多种食用方法，以扩大销售量。

2. 产品改进策略。又叫"产品再推出"。产品整体概念的任何一个层次的改进都可称为产品再推出，实现产品再推出的具体策略有四种：

第一，品质改良。如洗衣机制造商把普通洗衣机改为漂洗、甩干多功能的自动、半自动洗衣机等。

第二，特性改良。例如，某机械厂给手扶割草机加装动力装置，使割草机加速了割草速度；而后又进行操作方面的改进，使之便于操作。

第三，式样改良。如电子表制造商将电子表机芯装在项链上变为项链电子表，装在圆珠笔上变为圆珠笔电子表等，这样使电子表销售一直处于成熟期。

第四，附加产品改良。如为顾客提供运输、开展技术咨询、上门维修等。

3. 营销组合改进策略。企业营销组合不是一成不变的，它应该随着企业的内外环境的变化而做相应的调整。产品进入成熟阶段后，各种内部条件和外部环境发生了重大的变化，因而营销组合也就要进行较大的调整，用以延长产品的成熟期，避免衰退期早日到来。

市场营销组合改进策略是指通过对产品、定价、渠道、促销四个因素加以综合改进，刺激销售量的回升。通过改变营销组合中各要素的先后次序和轻重缓急，来延长产品成熟期，扩大消费者的购买。比如在提高产品质量、改变产品性能、增加产品花色的同时，可通过特价、早期购买折扣等方法降价让利，搞市场渗透，扩大影响，可争取更多的顾客。但是这种改进一般很容易被竞争对手模仿。

（四）衰退期营销策略

产品进入衰退期，销售量每况愈下；消费者已在期待新产品的出现或已转向购买其他产品；有些竞争者已退出市场，留下来的企业可能会减少产品的附加服务；企业经常调低价格，处理存货，不仅利润下降，而且有损于企业声誉。因此，在衰退期的营销策略有以下内容。

1. 继续策略。继续沿用过去的决策，仍按照原来的细分市场，使用原来的分销渠道、定价及促销方式，直到这种产品完全退出市场为止。

2. 集中策略。把企业能力和资源集中在最有利的细分市场和分销渠道上，从中获取利润。这样有利于缩短产品退出市场的时间，同时也能为企业创造更多的利润。

3. 收缩策略。即把企业的资源集中使用在最有利的细分市场、最有效的销售渠道和最易销售的品种上，力争在最有利的局部市场赢得尽可能多的利润。

4. 榨取策略。大幅度降低销售费用，也降低价格，以尽可能增加眼前利润。这是由于再继续经营市场下降趋势已明确的产品，大多得不偿失；而且不下决心淘汰疲软产品，还会延误寻找替代产品的工作，使产品组合失去平衡，削弱了企业在未来的根基。

5. 放弃策略。对于衰退比较迅速的产品，应该当机立断，放弃经营。可以采取完全放弃的形式，如把产品完全转移出去或立即停止生产，也可采取逐步放弃的方式，使其所占用的资源逐步转向其他的产品。

总的来讲，产品生命周期不同阶段的营销策略可以见表 10-4。

表 10-4 产品生命周期不同阶段的营销策略

	导入期	成长期	成熟期	衰退期
产品策略	确保产品的核心产品层次	提高质量、改进款式、特色	改进工艺、降低成本、产品改进	有计划地淘汰滞销品种
促销策略	介绍商品	品牌宣传	突出企业形象	维护声誉
分销策略	开始建立与中间商的联系	选择有利的分销渠道	充分利用并扩大分销网络	处理淘汰产品的存货
价格策略	撇取价或渗透价	适当调价	价格竞争	削价或大幅度削价

产品生命周期是一个很重要的概念，它和企业制定产品策略以及营销策略有着直接的联系。管理者要想使他的产品有一个较长的销售周期，以便赚到足够的利润来补偿在推出该产品时所做出的一切努力和经受的一切风险，就必须认真研究和运用产品的生命周期理论，此外，产品生命周期也是营销人员用来描述产品和市场运作方法的有力工具。但是，在开发市场营销战略的过程中，产品生命周期却显得有点力不从心，因为战略既是产品生命周期的原因又是其结果，产品现状可以使人想到最好的营销战略，此外，在预测产品性能时产品生命周期的运用也受到限制。

第四节 新产品开发

人类社会发展的车轮已把我们推向了一个高速创新的时代，科学技术的飞速发展，经济全球化步伐的加快，市场竞争日益激烈，世界市场机会在不断转移，导致产品生命周期越来越短。在 20 世纪中期，一代产品生命周期通常意味 20 年左右的时间，而到 20 世纪 90 年代，一代产品生命周期不超过 7 年。20 世纪 80—90 年代美国的产品生命周期平均为 3 年，1995 年已经缩短为不到两年。生命周期最短的是计算机行业产品，根据莫尔定理，计算机芯片的处理速度每 18 个月就要提高一倍，而芯片的价格每年却以 25%的速度下降。这一切迫使企业不是为了利润，至少是为了生存，就必须不断开发新产品以迎合市场需求的快速变化。产品创新已成为企业经营的常态。

新产品是公司活力的来源，顾客的需求和变化将影响产品在其生命周期里的变化速度，为了使一个产品组合充满生机并跟上潮流，你必须不断地通过提供新的产品来更新产品组合。

对于公司而言，新产品可能是一种专利带来的技术创新产品，也可能是公司首次进入已建立市场的新产品，或是现行产品线的增补品，现行产品的改进更新，原有产品的市场再定位等。

如果你的公司想开发上述任何一种新产品，就必须要考虑到下面的一些问题：

在激烈竞争的市场条件下，开发新产品要承担很大的风险。据统计，在包装消费类产品上，新品开发的失败率为80%。这些失败的原因归纳起来可能有以下一些：

在公司内部，可能的因素有：

● 新产品推出之前没有做市场调查或调查不足够；

● 创意是好的，但对市场规模估计过高；

● 实际产品没有达到设计要求；

● 产品在市场上的定位错误，没有开展有效的广告活动，或对产品的定价过高；

● 产品的开发成本高于预算或新品开发代价太高；

● 资金短缺；

● 竞争对手激烈反击超过事先估计。

在公司外部，可能的因素有：

● 由于竞争激烈，市场被细分成碎片，不再是一个大众化市场，每一种产品只能得到较小的销售量和较少的利润；

● 由于行业自身的特点，使得新产品构思空间极为有限；

● 有时由于行政法规的限制，使得产品创新速度大大受到限制；

● 当一种新产品推出后，竞争者会快速进行模仿，致使假冒或仿造品的泛滥，从而缩短了产品生命周期，大大降低了新品开发的吸引力；

● 新品的开发时限缩短：许多公司很可能同时得到同样的新产品构思，但最终胜利者往往是属于行动迅速的公司。

一、新产品的含义和种类

从营销的角度来考察，新产品是一个广义的概念，既指绝对新产品，又指相对新产品；企业变动整体产品任何一个部分所推出的产品，都可理解为新产品。要正确地理解新产品的含义，首先要从产品的整体概念上来理解，可以说，新产品不一定就是新发明的产品。固然，市场上出现的前所未有的崭新的产品是新产品，如电话、汽车的发明创造。但是，这种新产品不是经常出现的。往往将一些产品在功能、材料、技术、结构等方面略做改变，人们习惯上也称为新产品。可见，新是相对的。据此，新产品可分为四种类型：

（一）全新新产品

全新新产品指采用新原理、新技术和新材料研制出来的市场上从未有过的产品。这是绝对的新产品，与现有产品毫无雷同之处，如电灯、电话、圆珠笔、复印机等产品的问世。这种新产品要依赖于科学技术的重大发明，它的使用会改变消费者或用户的生产方式和生活方式，企业一般不开发这种新产品，因为它既需要技术、资金的保证，又要承担巨大的投资风险。

（二）换代新产品

换代新产品指部分采用新材料、新元件、新技术，使原有的产品的性能有飞跃性提高的产品。这种新产品的技术含量高，在原有产品的基础上有较大的提高，它是新产品开发的重要形式。如，电子计算机自问世以来，从电子管——晶体管——集成电路——大规模集成电路，已经更新了若干代。另外，黑白电视机——彩色电视机，都是这种换代的新产品。

（三）改进新产品

改进新产品指从不同侧面对原有产品进行改革创新而创造的产品。如采用新设计、新材料改变原有产品的品质、降低成本，但产品用途不变；采用新式样、新包装、新商标改变原有产品的外观而不改变其用途；把原有产品与其他产品或原材料加以组合，使其增加新功能；采用新设计、新结构、新零件增加其新用途。如牙膏——药物牙膏。改进新产品进入市场后，比较容易被消费者接受，但竞争者也极易仿制，所以，竞争比较激烈。

（四）仿制新产品

也称本企业新产品。它是指企业未有但市场已有而模仿制造的产品。如引进汽车生产线，制造、销售各种类型的汽车等。开发这种产品不需要太多的资金和尖端的技术，因此比研制全新产品要容易得多，但是企业应注意对原有产品的某些缺陷和不足加以改造，同时需要注意不能违反专利法、商标法。日本汽车称雄世界，它的第一步就是从仿制开始的；“广货”畅销于国内外市场，其中不少是仿制品。

小链接 3

新产品“标准像”

在技术导向的人眼中，新产品就是拥有新技术、新结构、新功能、新外观、新材料的产品。

在市场导向的人眼中，只要改变了消费者的认知，就是新产品。

从市场导向角度看，新品研发首先是个营销问题，然后才是技术问题。

按照市场导向的理念，一个产品能否被定义为新产品，既不是因为它是以前所没有的，也不是因为它拥有较高的技术含量，而是在于它能否被消费者“识别”。

新产品要能为消费者所识别，应该符合下列标准：

第一，新产品的创新点能被消费者识别。如果创新点被隐藏起来，那么就需要告知消费者。

第二，创新产品的识别标准是目标消费者已有的或潜在的，而不是强加的。尽管如此，目标消费者并不一定能够明确告诉你标准是什么，但企业完全可以从消费者的行为中反推识别标准。

第三，新产品的识别标准一定是极其简单的、符号化的。

在判断新产品时，企业必须提醒自己：除非发起大规模的消费者教育运动，否则，企业难以改变消费者的认知，消费者“认为”对的，实际上错的也是对的。反之亦然。

（资料来源：金焕民，刘春雄.营销红皮书［M］.北京：企业管理出版社，2009）

二、新产品开发的意义

随着我国社会主义市场经济体制的逐步完善，尤其是在中国加入 WTO 以后，企业面临的市场竞争日益加剧。企业作为独立的市场主体，若想在激烈的市场竞争中立于不败之地，获取长期可持续的竞争优势，就必须不断推陈出新，生产出更有生命力、更符合市场需求的新产品。因此，大力搞好新产品开发，对现代企业而言，具有重要的战略意义和经济意义。

在战略方面，新产品开发不仅可以成为竞争优势的源泉，而且可以加强战略优势。利用新产品开发战略，既可以使新企业在市场上确立其自身地位，也可以让老企业继续巩固和扩大现有市场份额，增强竞争能力。另外，新产品开发还可以提高公司形象和品牌权益。能够不断向市场推出强有力的新产品，这本身就是对企业管理、研发、设计、生产、营销等能力的一种综合体现，能够增强消费者对企业的信心。如果企业能够拥有一批企业品牌的忠实客户，那么就具有在该品牌名称下扩展新产品的可能性，从而提高企业的品牌效益。但是，如果新产品滥用现有品牌的信誉，就会损害到整个企业的利益，因此，利用这一战略必须要慎重。

在经济方面，新产品开发要想在市场上取得成功，就必须具有比老产品更好的经济效益。新产品或降低制造成本，或节约使用费用，或提高劳动生产率，或降低材料能源消耗，以上各种形式都能提高经济效益，增加企业财富。有效地进行新产品开发，也可以降低经营风险，稳定企业利润。对于未能按其生产能力运营的企业，新产品开发可以充分利用现有生产能力，改善经济资源的利用率。

小链接 4

创建新品类比研发新产品更重要

当大白兔、金丝猴已经占领奶糖市场时，开发一个奶糖新产品很难引起公众注意，创建一个奶糖新品牌同样困难。然而，当雅客 V9 创建一个新品类——维生素糖果时，它一下就建立了属于自己的领地。

现在的产品和品牌已经够多的了，再增加几个都难以改变市场的基本格调。然而，如果创建了一个新品类，并且成为新品类的代言人，那么营销就变得简单。

第一胜过更好。创建新品类就等于给自己树立了一块丰碑，后来者只有在后面跟随。

中国以前只有手工汤圆，郑州三全公司开发了“凌汤圆”这个新品类，于是，三全很快占据了速冻食品的头把交椅。

“十三香”是一种调料，王守义创造了这个新品类，所以，“王守义”与“十三香”几乎不可分离。尽管市场上有“十七香”、“二十一香”等新产品，但根本无法代替王守义在“十三香”这个新品类的地位。

前几年，“王老吉”创造了“凉茶”这个新品类，所以，尽管有“和其正”等新品牌不断挑战，但很难撼动其“正宗”的地位。

（资料来源：金焕民，刘春雄.营销红皮书［M］.北京：企业管理出版社，2009）

三、新产品开发应遵循的原则

（一）全面兼顾的原则

企业开发新产品会涉及到企业的方方面面，因此，必须从企业内外环境、内容结构、组织实施、传播媒介等方面综合考虑，以利于全面地贯彻落实新产品开发策略。具体而言，就是说要适应企业内外环境；符合企业的长远发展战略；在实施时具体措施要配套合理，以免因为某一环节的失误影响到全局。

（二）以消费者为中心的原则

以消费者为中心就要做到：第一，进行准确的市场定位。对目标市场不了解，产品开发就是“无的放矢”。第二，努力满足消费者的需要。消费者的需要是企业一切活动包括产品开发的出发点和归宿，IBM 成功的最大奥秘即在于其一切以顾客为中心的企业理念。第三，尽量尊重消费者的消费习惯。习惯是一种已形成的定势，它既是企业产品设计的障碍也是其机会。第四，正确引导消费者的观念。以消费者为中心并不表明一切都迎合消费者的需要，企业坚持自我原则，科学合理的引导是产品设计的一大功能。

（三）实事求是的原则

产品开发不是空中建楼阁，而是要立足于企业的现实条件，按照目标市场和企业实力的要求来进行。产品开发要对外展示企业的竞争优势，但绝非杜撰或编排子虚乌有的故事。坚持实事求是的原则，不隐瞒问题、不回避矛盾，努力把企业新产品展现给公众，不但不会降低企业的声誉，反而更有利于树立起真实可靠的企业形象。

（四）求异创新原则

产品开发必须有创新，发掘企业独特的文化观念，运用新颖别致的实施手段。日本电子表生产厂家为了在国际市场上战胜瑞士的机械表，在澳大利亚使用飞机把上万只表从空中撒到地面，好奇的人们拾起手表发现居然完好无损，于是对电子表的看法大为改观，电子表终于击溃了机械表，在国际市场上站稳了脚跟。

（五）两个效益兼顾的原则

企业作为社会经济组织，在追求经济效益的同时，也要努力追求良好的社会效益，做到两者兼顾，这是一切企业活动必须坚持的原则，也是要在产品开发中得到充分体现的原则。在发展生产的同时注意提高员工的生活水平和综合素质，维护社会稳定，还要求企业在追逐利润的同时注意环境的保护、生存的平衡。

四、新产品开发的过程

新产品的开发是一项高风险的艰巨工作，必须慎之又慎。为了减少开发成本，提高成功率，必须按照科学的过程来进行。企业开发新产品的过程，并没有固定的模式或统一的程序。但一般的新产品开发都是分阶段、分步骤进行的，大致包括以下几个具体步骤。新产品的开发流程图见图 10-5。

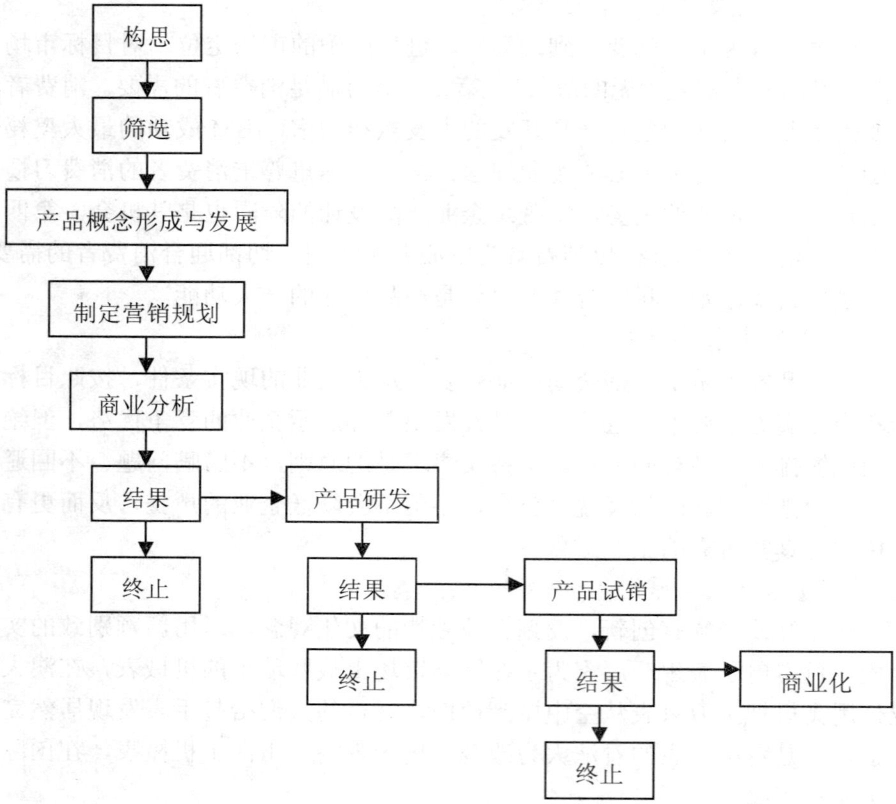

图 10-5　新产品的开发流程

（一）新产品构思的产生

进行新产品构思是新产品开发的首要阶段。构思是创造性思维，即对新产品进行设想或创意的过程。缺乏好的新产品构思已成为许多行业新产品开发的瓶颈。一个好的新产品构思是新产品开发成功的关键。企业通常可从企业内部和企业外部寻找新产品构思的来源。企业内部人员包括：研究开发人员、市场营销人员、高层管理者及其他部门人员。这些人员与产品的直接接触程度各不相同，但他们总的共同点便是都熟悉企业业务的某一或某几方面。对企业提供的产品较外人有更多的了解与关注，因而往往能针对产品的优缺点提出改进或创新产品的构思。企业可寻找的外部构思来源有：顾客、中间商、竞争对手、企业外的研究开发人员、咨询公司、营销调研公司等。

（二）新产品构思筛选

新产品构思筛选是采用适当的评价系统及科学的评价方法对各种构思进行分析比较，从中把最有希望的设想挑选出来的一个过滤过程。在这个过程中，力争做到除去亏损最大和必定亏损的新产品构思，选出潜在盈利大的新产品构思。构思筛选的主要方法是建立一系列评价模型。

在筛选过程中，企业应当避免两种“失误”：一是误舍，对一些有发展前途的构思估计不足，错过机会；二是误取，考虑不周，仓促投产，以致造成损失。因此，企业在构思的筛选时应特别慎重。

（三）新产品概念的形成与发展

新产品构思是企业创新者希望提供给市场的一些可能产生新产品的设想，新产品设想只是为新产品开发指明了方向，必须把新产品构思转化为新产品概念才能真正指导新产品的开发。新产品概念是企业从消费者的角度对产品构思进行详尽描述。即将新产品构思具体化，描述出产品的性能、具体用途、形状、优点、价格、名称、提供给消费者的利益等，让消费者能一目了然地识别出新产品的特征。因为消费者不是购买新产品构思，而是购买新产品概念。新产品概念形成的过程也即把粗略的产品构思转化为详细的产品概念。任何一种产品构思都可转化为几种产品概念。新产品概念的形成来源于针对新产品构思提出问题的回答，一般通过对以下三个问题的回答，可形成不同的新产品概念。即，谁使用该产品？该产品提供的主要利益是什么？该产品适用于什么场合？

（四）制定营销战略计划

对已经形成的新产品概念制定营销战略计划是新产品开发过程的一个重要阶段。该计划将在以后的开发阶段不断完善。营销战略计划包括三个部分：第一部分是描述目标市场的规模、结构和消费者行为，新产品在目标市场上的定位、市场占有率及前几年的销售额和利润目标等。第二部分是对新产品的价格策略、分销策略和第一年的营销预算进行规划。第三部分则描述预期的长期销售量和利润目标以及不同时期的营销组合。

（五）商业分析

在确定最佳产品概念和初步拟订营销方案之后，还要对这一概念产品进行商业分析，判断其商业上的可行性和吸引力。这种分析包括需求分析、成本分析和赢利分析三大部分。新产品商业分析的方法很多，应用较多的是量本利分析法。

量本利分析法即盈亏分析法，是最简便的测算方法。盈亏分析法又有两种形式，其一是保本点分析法，计算公式为：

Q=F/PV

其中：Q——保本点销售量；

F——年平均固定成本；

P——单位产品售价；

V——单位产品中包含的变动成本。

其二是目标利润预算法，计算公式为：

目标利润=总成本×目标成本利润率。

（六）产品实体开发

新产品实体开发主要解决产品构思能否转化为在技术上和商业上可行的产品这一问题。它是通过对新产品实体的设计、试制、测试和鉴定来完成的。根据美国科学基金会调查，新产品开发过程中的产品实体开发阶段所需的投资和时间分别占总开发费用的30%、总时间的40%，且技术要求很高，是最具挑战性的一个阶段。

（七）新产品试销

新产品市场试销的目的是对新产品正式上市前所做的最后一次测试，且该次测试的评价者是消费者的货币选票。通过市场试销将新产品投放到有代表性地区的小范围的目标市场进行测试，企业才能真正了解该新产品的市场前景。市场试销是对新产品的全面检验，可为新产品是否全面上市提供全面、系统的决策依据，也为新产品的改进和市场营销策略的完善提供参考，有许多新产品是通过试销改进后才取得成功的。新产品市场试销的第一步是决定是否试销，并非所有的新产品都要经过试销，可根据新产品的特点及试销对新产品的利弊分析来决定。如果决定试销，第二步是对试销市场的选择，所选择的试销市场在广告、分销、竞争和产品使用等方面要尽可能接近新产品最终要进入的目标市场。第三步是对试销技术的选择，常用的消费品试销技术有：模拟测试、控制性试销及试验市场试销。工业品常用的试销方法是产品使用测试，或通过商业展览会介绍新产品。对新产品试销过程进行控制是第四步，对促销宣传效果、试销成本、试销计划的目标和试销时间的控制是试销人员必须把握的重点。最后是对试销信息资料的收集和分析。如，消费者的试用率与重购率，竞争者对新产品的反应，消费者对新产品性能、包装、价格、分销渠道、促销发生等的反应。

（八）商业化

新产品的商业化阶段的营销运作，企业应在以下几方面慎重决策：何时推出新产品。针对竞争者的产品而言，有三种时机选择。即首先进入、平行进入和后期进入；何地推出新产品；如何推出新产品，企业必须制定详细的新产品上市的营销计划，包括营销组合策略、营销预算、营销活动的组织和控制等。

小链接5

新品推广的层层否决

跨国公司的新品推广失败通常是被市场否决，中国企业的新品推广失败通常是被销售部门内部否决。这是中国营销管理的重要特征。

在跨国公司，销售部是执行部门，市场部拿出的营销规划一旦获得了公司批准，销售部只有无条件执行。

中国企业的销售部和销售人员的权力比跨国公司大得多，不是纯粹的执行部门，有相当大的决策权力。在新品推广中即是如此。当公司推出某个新品时，首先要接受销售部的“评判”，即使获得销售部的同意，还要陆续接受大区经理、区域经理、业务代表们的“评判”。当销售体系的所有人员以“裁判心态”来进行“完美批判”时，新品的缺陷通常会被夸大。因此，新品往往还没有上市接受市场的检验，在销售系统内部就已经被层层否决。

那么，是否能够剥夺销售系统人员的层层审判权力呢？中国企业通常做不到。因为中国企业对销售人员的考核体系与跨国公司有重大差别。跨国公司是过程导向考核为主，只要执行到位，即使结果不好，销售系统仍然受到好评。中国企业营销人员主要以结果导向为主。销售人员要对结果负责，就要给他相当的权力。强行让销售系统接受一个他们并不认同的新品，结果不好谁负责？

解决新品推广层层否决的有效办法有两种：一是先试点，后推广，让否决者失去借口；二是“倒着做市场”，绕过销售体系，先在终端试验，然后以试验结果说服各级人员。

在中国企业，新品推广不仅仅是个营销技术问题，也隐含着对中国企业营销管理生态的理解问题。

（资料来源：金焕民，刘春雄.营销红皮书［M］.北京：企业管理出版社，2009）

五、新产品开发的基本策略

新产品开发是一项风险极大的事业，为了减少新产品开发的失败，降低新产品投资的风险，企业应采取正确的开发策略。

（一）抢先策略

如果企业技术先进，信息灵通，资金雄厚，可以在竞争对手之前把商品投入市场，以便先声夺人，在技术上处于领先地位，在竞争中处于有利地位。如柯达胶卷就是采用此策略而曾经雄霸世界胶卷市场的。

（二）跟随策略

在市场上出现畅销的新产品时，企业就应不失时机地加以仿制或改进，然后尽快投放市场，其优点是不需要长期大量的投资来从事应用研究，对新产品的改进可以消除缺陷而后来居上。如松下公司把索尼公司首创的录像机改制成结构紧凑、质量可靠、价格适中的录像机，从而在市场占有率上超过了索尼公司。

（三）仿制策略

将国外或其他地区已成熟的先进技术引进来，用于开发新产品或直接利用引进的设计资料进行试制。采用此策略风险小、投资少、见效快，是技术落后地区常用的策略。但是企业一定要在引进的基础上创新，否则只能跟在别人后面依葫芦画瓢。如日本就制定了“以引进带动制造促进出口”的政策。

（四）合作策略

如果企业属于中小企业，技术力量有限，就可以采取横向联合共同开发的策略。这样既可以集中技术力量和开发资金，又可以分散风险。合作形式有：研究开发合作型、生产合作型、人员合作型等。

在科学技术高速发展的今天，在日新月异的国内外市场中，在竞争近乎残酷的环境下，开发新产品对企业而言，是应对各种突发事件、维护企业生存和长期发展的重要保证，如果企业不重视新产品的开发，则当现有产品走向衰落之时，企业也同样走到了生命周期的终点。

当然，新产品的开发同样是项风险很大的事业，但是，只要新产品的开发研制符合了消费者需求和社会发展趋势，同时配以科学有效的营销策略，新产品终将被众多的消费者所接受。

小链接 6

知名企业自己做市场，中小企业由商家做市场

企业为谁开发新产品?

最简单的回答是：当然是为消费者开发新产品。

只有简单答案的问题要么根本不是个问题，要么是个伪问题。对这个问题的回答反映了对中国市场的了解程度。科特勒为什么不治中国企业的病，从这个问题上可见一斑。

在终端市场，新产品主要为消费者而开发。

在通路市场，开发新产品主要是为了满足商家们的需要，是为了给商家们创造更大的利润空间而开发新产品。

在通路市场，品牌的影响力是有限的，商家的推荐所产生的“推力”比品牌所产生的“拉力”更重要。

通路成员（商家）推荐什么样的产品？当然是利润更高的产品。当一种产品的知名度较高时，就意味着价格透明化。一旦价格透明，商家的加价空间就被压缩，利润空间也被压缩。因此，商家不愿推销畅销产品是中国通路市场的基本特征：知名企业自己做市场，中小企业由商家做市场。

怎样才能解决通路市场经销商的利润问题？

最有效的办法是推广新产品，因为新产品的价格透明度不高，经销商的利润空间较大，经销商当然乐意向消费者推荐。

在通路市场，老产品退出市场往往并不是消费者不愿买，而是商家因为利润低而不愿卖。厂家开发新产品并不是为了满足消费者的需要，而是为了给商家赚钱提供利润更高的产品。

通路市场的这种特征，造成了通路市场的产品生命周期远较终端市场短，而新产品的开发速度要比终端市场快。

为什么很多中国企业的规模远比跨国公司小，但产品品种远较跨国公司多？因为跨国公司基本上以终端市场为主，而中国企业无法忽视通路市场。

为经销商的需要开发新产品，这是中国市场的重要特征。

（资料来源：金焕民，刘春雄.营销红皮书［M］.北京：企业管理出版社，2009）

第五节　包装策略

小案例 1

沉默的推销员

早些年我国出口英国十八头莲花茶具，原包装是瓦楞纸盒，既不美观，又不能让人一目了然里面装的是什么，结果无人问津。但伦敦一家百货商店出售这些茶具时加制了一个精美的包装，上面印有茶具彩色图案，套在原包装外面，销价一下由我国出口价的 1.7 英镑提高到 8.99 英镑，购者纷纷。可见，良好的包装是一个沉默的推销员。

（资料来源：根据互联网资料整理）

可以这么说，从有产品的那一天起，就有了包装。包装已成为现代商品生产不可分割的一部分，也成为各商家竞争的强力利器，各厂商纷纷打着“全新包装，全新上市”去吸引消费者，绞尽脑汁，不惜重金，以期改变其产品在消费者心中的形象，从而也提升企业自身的形象。就像唱片公司为歌星全新打造、全新包装，并以此来改变其在歌迷心中的形象一样，而今，包装已融合在各类商品的开发设计和生产之中，几乎所有的产品都需要通过包装才能成为商品进入流通过程。

小链接 7

包装的力量

茶是东方生活方式的重要标志，咖啡是西方生活方式的重要标志。

怎样让中国人接受一个代表西方生活方式的咖啡，就成为咖啡进入中国市场的关键。

欧美人早餐一杯咖啡，会客一杯咖啡，休息一杯咖啡，推行这样的生活方式，在中国可能行不通。

然而，雀巢在没有改变中国人基本生活方式的前提下，成功地营销了咖啡，它们的营销武器就是特殊包装。

咖啡虽然与中国生活方式不相融，但却代表着部分中国人想象中的西方生活方式。于是，咖啡成为一种象征性产品。

当一种产品成为象征性产品时，就容易成为礼品。于是，雀巢咖啡销量最大的是礼品装。作为价格不贵的象征性产品，雀巢咖啡确实很合适。

茶适合小范围款待客人，如果客户很多（比如会议），拿什么款待客人？雀巢的大包装小袋咖啡竟然成为首选。很多时候，会议的“茶歇”时间，中国人喝的不是茶而是咖啡。

（资料来源：金焕民，刘春雄.营销红皮书［M］.北京：企业管理出版社，2009）

一、包装的涵义与分类

（一）包装的涵义

对包装的涵义，在不同的时期，不同的国家，对其理解也不尽相同。以前，很多人都认为，包装就是以流通物资为目的，是包裹、捆扎、容装物品的手段和工具，也是包扎与盛装物品时的操作活动。20 世纪 60 年代以来，随着各种自选超市与卖场的普及与发展，使包装由原来的保护产品的安全流通为主，一跃而转向销售的作用，人们对包装也赋予了新的内涵和使命。

包装是指设计并生产容器和包装物的一系列活动。它包括两层涵义：一是指盛放或包裹产品的容器或包扎物，二是指设计、生产容器或包扎物并将产品包裹起来的一系列活动。在现实生活中，除了极个别产品不采用包装以外，其余的产品都要进行包装。只有当设计好合适的包装，并将产品包装起来，产品的生产过程才算结束。

（二）包装的分类

包装的分类方法很多。通常人们习惯把包装分为两大类：即运输包装和销售包装。

1．运输包装

用于储运、装卸过程中直接保护商品，或通过保护销售包装而达到保护商品的目的。运输包装必须有标识：识别标识，指示标识，警告标识。

2．销售包装

保护商品便于储运，更重要的是便于经营者展示商品和消费者识别、选购、携带、使用商品。销售包装的标识可用于装潢商品、刺激购买，其类型除指示、警告标识外，还有解释标识、激励标识、管理标识等。

专业分类还有以下几种方法：

（1）以包装容器形状分类：可分为箱、桶、袋、包、筐、捆、坛、罐、缸、瓶等。

（2）以包装材料分类：可分为木制品、纸制品、金属制品、玻璃制品、陶瓷制品和塑料制品包装等。

（3）以包装货物种类分类：可分为食品、医药、轻工产品、针棉织品、家用电器、机电产品和果菜类包装等。

（4）以安全为目的分类：可分为一般货物包装和危险货物包装等。

二、包装的作用

（一）保护产品

这是包装的主要目的和重要功能，产品在从出厂到用户的整个流通过程中，都必须进行运输和储存，即使到了用户手中，从开始使用到使用完毕，都有存放的问题。产品在运输中会遇到震动、挤压、碰撞、冲击以及风吹、日晒、雨淋等损害；在贮存时也会受到温度、湿度、虫蛀、鼠咬、尘埃损害和污染。合理的包装就能保护产品在流通过程中不受自然环境和外力的影响，从而保护产品的使用价值，使产品实体不致损坏、散失、变质和变形。

（二）提高产品储运效率

包装对小件产品起着集中的作用。包装袋或包装纸上鲜明的产品标记，便于装卸、搬运和堆码，利于简化产品的交接手续，从而使工作效率明显提高。外包装的体积、长宽高尺寸、重量与运输工具的标重、容积相匹配，可以提高运输工具利用率。

（三）便于使用

适当的包装还可以起到便于使用和引导消费的作用。包装上的使用说明、注意事项等，对消费者或用户使用、保养、保存产品具有重要的指导意义。

（四）促进产品销售

产品包装还具有识别和促销的作用。产品包装后，可与同类竞争产品相区别。精美的包装，不易被仿制、假冒、伪造，有利于保持企业的信誉。在产品陈列时，包装是无声的推销员。良好的包装，往往能为广大消费者或用户所瞩目，从而激发其购买欲望，成为产品推销的一种主要工具和有力的竞争手段。包装还能收到广告宣传的效果。有时，同种产品的质量可能不相上下，这样，包装就往往会成为消费者或用户选购产品的主要考虑因素。由于包装的改进，可以使一项旧产品给人带来一种新的印象。由此可见，包装能够有效地帮助产品销售，维持或扩大市场占有率。实现产品包装化，有利于提高产品质量，丰富产品品种，还可方便销售，有助于推广自动售货和自我服务售货。俗话“货卖一张皮”说的就是这个意思。

（五）促进企业利润的增加

优良、精美的包装，不仅可以使好的产品与好的包装相得益彰，避免一等产品，二等包装，三等价格的现象，而且，还能够抬高产品的身价，使消费者或用户愿意出较高的价格购买。从而使企业增加销售收入。此外，包装产品的存货控制，也比较简单易行。实现产品包装化，还可使产品损耗率降低，提高运输、储存、销售各环节的劳动效率。这些都可使企业增加利润。

例如，苏州湖笔厂生产的湖笔改用纸盒包装，将超品玉兰芯等十个产品品种改成一支或两支装，并且装在造型新颖、美观精致的锦缎盒里，结果售价比原来提高了 27%。扬州玩具厂生产的熊猫玩具，过去包装简陋粗糙，每 12 只装一箱，被称为“赤膊商品”，卖不到好价，打不开销路，后来改变包装，在熊猫颈部套上金色电化锌项链，并挂上一块金属铝牌，用单只彩印开窗纸盒包装，盒面用中国特色的竹子图案，通过天窗可见图案。结果销路大开，每年外汇收入增加几十万美元。

扬州桅灯厂生产的铁锚牌桅灯，过去由于采用牛皮纸包装，不便于国外市场展销、选购，每届交易会也只能成交几千打。现在采用国际市场流行的新包装，用聚乙烯收缩薄膜将商品紧紧包住，外用汽泡衬垫，既清洁、美观，又防震、防潮，适应国外市场销售。广州秋季交易会上成交53000打，提高售价2%—5%，收汇73万多美元。

三、包装策略

（一）类似包装策略

类似包装策略是指企业将其所生产的各种不同产品，在包装外形上采用相同的图案、近似的色彩及其他共存的特征，使消费者或用户极易联想到这是同一家企业生产的产品。类似包装策略的优点是：

第一，可以壮大企业声势，扩大企业影响，特别是新产品初次上市时，可以用企业的信誉消除用户对新产品的不信任感，使产品尽快打开销路。

第二，可以节省包装设计费用。

第三，有利于介绍新产品。

但是，类似包装策略只适用于同一质量水平的产品。如果质量相差过于悬殊，再使用这一包装策略就会增加低档产品的包装费用，或使优质产品蒙受不利的影响，所以要区别对待。

（二）等级包装策略

等级包装策略是指企业将产品分成若干等级，对高档优质产品采用优质包装，一般产品则采用普通包装，使包装产品的价值和质量相称，对高档产品采用精致包装，对低档产品采用简略包装，表里一致，等级分明，以方便购买力不同的消费者或用户选购。当然，该策略的实施成本相对较高。

（三）双重用途包装策略

双重用途包装策略是指企业在进行产品包装时，要注意即使原包装的产品用完后，空的包装容器还可以用其他用途。例如，果酱、酱菜采用杯形包装，空的包装瓶可以用作旅行杯；糖果包装盒还可以用作文具盒，等等。这种包装策略一方面可以引起用户的购买兴趣，另一方面还能使刻有商标的容器发挥广告宣传作用，吸引用户重复购买。但是，这类包装成本一般较高。

（四）配套包装策略

配套包装策略是指使用时将有关联的多种产品纳入一个包装容器内，同时出售。这种包装策略的好处是：便于用户购买，也有利于新产品推销，如将新产品与其他旧产品放在一起出售,可以使用户在不知不觉中接受新观念、新设计，从而习惯于新产品的使用。如：化妆品盒内同时装入几种化妆品；把茶壶、茶杯、茶盘、茶碟放在一起进行包装等。它便于顾客配套购买商品，以一物带多物增加销售。但在实践中，还必须注意市场需求的具体特点、消费者的购买能力和产品本身的关联程度的大小，切忌任意搭配。

（五）附赠品包装策略

这是目前国外市场上比较流行的包装策略。如市场上玩具、糖果等商品附赠连环画、认字图；化妆品包装中附有赠券，积累到一定数量，可以得到不同的赠品。该包装策略对儿童和青少年以及低收入者比较有效。这也是一种有效的促销方式。

（六）改变包装策略

商品包装上的改变，正如产品本身的改进一样，对于扩展销路同样具有重要的意义。当企业的某种产品在同类产品中质量相近而销路不畅时，就应注意改进这种包装设计。如果一种产品的包装已采用较长时间，也应考虑推陈出新，变换花样。当然，这种通过改变包装办法来达到扩大销路目的的策略是有条件的。即产品的内在质量必须达到使用要求。如果不具备这个条件，产品的内在质量不好，那么，即使在包装上做了显著的改进也无助于销售的增加。

小链接 8

包装差异化策略

当产品差异化越来越困难时，通过包装差异区隔对手就成为重要的营销策略。中国市场流行的包装策略有如下多种：

1. 大包装策略。如家庭装，显示实惠。
2. 附赠品包装。如化妆品的小包装。
3. 促销包装策略。如百事可乐“比 500ml 多 100ml”。
4. 组合包装策略。如一件包装中包含多种产品或多种口味，春节期间组合包装特别流行。
5. 礼品包装策略。如雀巢咖啡礼品装。
6. 简装策略。突出实惠。
7. 系列包装策略。便于传播和消费者识别。
8. 小包装策略。面粉、大米等正在大力推广。
9. 改变包装策略。如百事可乐 110 年只换装 10 次，现在计划在全球换装 35 次。

10. 再使用包装策略。当包装具有观赏或再使用价值时，可采取该策略。

（资料来源：金焕民，刘春雄.营销红皮书［M］.北京：企业管理出版社，2009）

本章小结

1. 产品是一个整体概念，包括核心产品、形式产品、期望产品、延伸产品和潜在产品等五个层次。产品的整体概念对企业营销管理具有重要意义。

2. 产品组合是指一个企业生产或经营的全部产品线、产品项目的组合方式。产品组合由全部产品线和产品项目构成。产品组合要注意其宽度、长度、深度和关联性。产品组合策略一般有：扩大产品组合策略、缩减产品组合策略、产品线延伸策略、产品线现代化策略、产品线特色化策略。

3. 产品生命周期是产品从投放到市场到被市场淘汰的过程。一般分为导入期、成长期、成熟期、衰退期。产品生命周期的四个阶段分别具有不同的营销特征和市场特征，因此我们要根据不同的阶段采取不同的市场策略。

4. 新产品是一个广义的概念，既指绝对新产品，又指相对新产品。新产品可分为四种类型：全新新产品、换代新产品、改进新产品、仿制新产品。新产品开发对现代企业具有重要的战略意义和经济意义。一般的新产品开发大致包括新产品构思的产生、新产品构思筛选、新产品概念的形成与发展、制定营销战略计划、商业分析、产品实体开发、新产品试销和商业化等步骤。

5. 包装是指设计并生产容器和包装物的一系列活动。包装的分类方法很多。通常人们习惯把包装分为两大类：即运输包装和销售包装。包装策略在企业营销活动中占有重要的地位，企业在设计、制造和销售中应配合整个市场营销策略，采用相应的包装策略。

能力培养指导

- 评估产品组合的利弊。从案例中分析产品组合策略。
- 结合所学的产品知识，找一两个市场上你感兴趣的产品，分析产品处于哪个阶段，运用了什么产品策略。
- 找出一些新产品，分析新产品成功和失败的原因。

案例应用 1

华龙面的成功

2003 年，在中国大陆市场上，位于河北省邢台市隆尧县的华龙集团以超过60亿包的方便面产销量排在方便面行业第二位，仅次于康师傅。同时与“康师傅”、“统一”形成了三足鼎立的市场格局。“华龙”真正地由一个地方方便面品牌转变为全国性品牌。华龙方便面为什么能够迅速成为中国国内方便面行业一股强大的势力呢？从营销角度而言，华龙的成功，产品组合的作用不可忽视。

华龙的方便面产品组合非常丰富，其产品线的长度、深度和密度都达到了比较合理的水平。它共有17种产品系列，十几种产品口味，上百种产品规格。其合理的产品组合，使企业充分利用了现有资源，发掘现有生产潜力，更广泛地满足了市场的各种需求，占有了更宽的市场面。华龙丰富的产品组合有力地推动了其产品的销售，有力地促进了华龙成为方便面行业老二的地位的形成。

1. 根据企业不同的发展阶段，适时地推出适合市场的产品

在发展初期将目标市场定位于河北省及周边几个省的农村市场。由于农村市场本身受经济发展水平的制约，不可能接受高价位的产品，华龙非常清楚这一点，一开始就推出适合农村市场的“大众面”系列，该系列产品由于其超低的价位，一下子为华龙打开了进入农村市场的门槛，随后“大众面”系列红遍大江南北，抢占了大部分低端市场。

几年后，华龙又推出了面向全国其他市场的“大众面”的中高档系列，如中档的“小康家庭”、“大众三代”，高档的“红红红”等。华龙由此打开了庞大北方农村市场。1999年，华龙产值达到9亿元人民币。这是华龙根据市场发展需要和企业自身状况而推出的又一阶段性产品策略，同样取得了成功。

从2000年开始，华龙的发展更为迅速，它也开始逐渐丰富自己的产品系列，面向全国不同市场又开发出了十几个产品品种，几十种产品规格。2001年，华龙的销售额猛增到19亿元。这个时候，华龙主要抢占的仍然是中低档面市场。

2002年起，华龙开始走高档面路线，开发出第一个高档面品牌“今麦郎”。华龙开始大力开发城市市场中的中高价位市场，此举在北京、上海等大城市大获成功。

2. 针对不同地域的消费者，推出不同口味和不同品牌的系列新品

华龙的品牌策略是：不同区域推广不同产品，少做全国品牌，多做区域品牌。

作为一个后起挑战者，华龙在开始时选择了在中低端大众市场，考虑到

中国市场营销环境的差异性很大，地域不同，则市场不同，文化不同，价值观不同，生活方式也大不同。因此，华龙制定了区域产品策略，因地制宜，最大程度地分割当地市场，最大限度挖掘区域市场，如华龙针对中原河南大省开发出“六丁目”，针对东三省有“东三福”，针对山东大省有“金华龙”等等。

华龙推行这一策略，实际上创建了一条研究区域市场，了解区域文化，推行区域营销，运作区域品牌的思路。

之后华龙又开始推行区域品牌战略，针对不同地域的消费者推出不同口味和不同品牌的系列新品。如针对回族的“清真”系列，针对东三省的“可劲造”系列等产品。

3. 市场细分的产品策略

通过市场细分，企业可确定顾客群对产品差异或对市场营销组合变量的不同反应，其最终目的是确定为企业提供最大潜在利润的消费群体，从而推出相应的产品。华龙就是进行市场细分的高手，并且取得了巨大成功。

华龙根据行政区划推出不同产品，如在河南推出“六丁目”，在山东推出“金华龙”，在东北推出“可劲造”。

华龙根据地理属性推出不同档次的产品，如在城市和农村推出的产品有别。

华龙根据经济发达程度推出不同产品。如在经济发达的北京推广目前最高档的“今麦郎”桶面、碗面。

华龙根据年龄因素推出适合少年儿童的A干脆面系列；适合中老年人的“煮着吃”系列。

华龙为感谢消费者推出的“甲一麦”系列；为回报农民兄弟推出的“农家兄弟”系列。

华龙十分注重市场细分，且不仅是依靠一种模式。它尝试各种不同的细分变量或变量组合，找到了扩大消费群体、促进销售的新渠道。

4. 高中低的产品组合策略

华龙面的产品组合是一个高中低相结合的产品组合形式。而低档面仍占据着其市场销量的大部分份额。

（1）全国市场整体上的高中低档产品组合策略。既有低档的大众系列，又有中档的“甲一麦”，也有高档的“今麦郎”。

（2）不同区域的高中低档产品策略。如在方便面竞争非常激烈的河南市场一直主推的就是超低价位的“六丁目”系列。“六丁目”主打口号就是“不跪（贵）”。这是华龙为了和河南市场众多方便面竞争而开发出来的一种产品，它的零售价只有0.4元/包（给经销商0.24元/包）。同时，华龙将工厂设在河南许昌，因此让河南很多方便面品牌日子非常难过。而在全国其他市场如东北在继“东三福”之后投放中档的“可劲造”系列，在大城市投放“今麦郎”系列。

（3）同一区域的高中低档面组合，开发不同消费层次的市场。如在东北、山东等地都推出高、中、低三个不同档次，三种不同价位的产品，以满足不同消费者对产品的需要。

5. 产品延伸策略

产品延伸策略是华龙重要的产品策略，每一个系列产品都有其跟进的“后代”产品。如在推出“六丁目”之后，又推出“六丁目108”，“六丁目120”，“超级六丁目”；在推出“金华龙”之后 ，又推出“金华龙108”，“金华龙120”；在推出“东三福”之后，又推出“东三福120”，“东三福130”。

不仅有产品本身的延伸，而且在同一市场也注意对产品品牌进行的延伸，在东北三省推出“东三福”系列之后，又推出“可劲造”系列。

6. 创新产品策略

每一个产品都有其生命发展的周期，华龙是一个新产品开发的专家，它十分注意开发新的产品和发展新的产品系列，从而来满足市场不断变化发展的需要。

（1）华龙在产品规格和口味上不断进行创新。从50g一直到130g，华龙在10年的时间里总共开发了几十种产品规格。开发出了如翡翠鲜虾、香辣牛肉、烤肉味道等十余种新型口味。

（2）华龙在产品形状和包装上进行大胆创新。如推出面饼为圆形的“以圆面”系列；“弹得好，弹得妙，弹得味道呱呱叫”弹面系列。包装封面上体现新潮、时尚、酷的“A小孩”系列等等。

（3）产品概念上的创新。如华龙创造出适合中老年人的“煮着吃”的概念，煮着吃就是非油炸方便面，只能煮着吃，非常适合中老年人的需要。

总之，华龙面的产品组合策略是比较成功的，值得我们认真分析和思考，有些方面也许还可以值得借鉴、推广和运用。

（资料来源：根据互联网资料整理）

【讨论题】

1. 华龙的成功对我们有什么启示？
2. 新产品开发策略一般有哪几种？华龙的创新产品策略属于哪一种？

案例应用 2

J 牌小麦啤酒生命周期延长策略

国内某知名啤酒集团针对啤酒消费者对啤酒口味需求日益趋于柔和、淡爽的特点，积极利用公司的人才、市场、技术、品牌优势，进行小麦啤酒研究。2000 年利用其专利科技成果开发出具有国内领先水平的 J 牌小麦啤。这种产品泡沫更加洁白细腻、口味更加淡爽柔和，更加迎合啤酒消费者的口味需求，一经上市，在低迷的啤酒市场上掀起一场规模宏大的 J 牌小麦啤消费的概念热潮。

一、J 牌小麦啤的基本状况

J 牌啤酒公司当初认为，J 牌小麦啤作为一个概念产品和高新产品，要想很快获得大份额的市场，迅速取得市场优势，就必须对产品进行一个准确的定位。J 牌集团把小麦啤定位于零售价 2 元/瓶的中档产品，包装为销往城市市场的 500 毫升专利异型瓶装和销往农村、乡镇市场的 630 毫升普通瓶装两种。合理的价位、精美的包装、全新的口味、高密度的宣传使 J 牌小麦啤酒 2000 年 5 月上市后，迅速风靡本省及周边市场，并且远销到江苏、吉林、河北等外省市场，当年销量超过 10 万吨，成为 J 牌集团一个新的经济增长点。由于上市初期准确的市场定位，使 J 牌小麦啤迅速从诞生期过渡到高速成长期。

高涨的市场需求和可观的利润回报使竞争者也随之发现了这座金矿，本省的一些中小啤酒企业不顾自身的生产能力，纷纷上马生产小麦啤酒。一时间市场上出现了五六个品牌的小麦啤酒，而且基本上都是外包装抄袭 J 牌小麦啤，酒体仍然是普通啤酒，口感较差，但凭借 1 元左右的超低价格，在农村及乡镇市场迅速铺开，这很快造成小麦啤酒市场竞争秩序严重混乱，J 牌小麦啤的形象遭到严重损害，市场份额也严重下滑，形势非常严峻。J 牌小麦啤因此而从高速成长期，迅速进入了成熟期，销量止步不前，而一部分市场由于杂牌小麦啤酒低劣质量的严重影响，消费者对小麦啤不再信任，J 牌小麦啤销量也急剧下滑，产品提前进入了衰退期。

二、J 牌小麦啤的战略抉择

面对严峻的市场形势，是依据波士顿理论选择维持策略，尽量延长产品的成熟期和衰退期，最后被市场自然淘汰，还是选择放弃小麦啤酒市场策略，开发新产品投放其他的目标市场？决策者经过冷静的思考和深入的市场调查后认为：小麦啤酒是一个技术壁垒非常强的高新产品，竞争对手在短期内很难掌握此项技术，也就无法缩短与 J 牌小麦啤之间的质量差异；小麦啤酒的口味迎合了当今啤酒消费者的流行口味，整个市场有较强的成长性，市场前景是非常广阔的。所以选择维持与放弃策略都是一种退缩和逃避，失去的将是自己投入巨大的心血打下的市场，实在可惜，而且研发新产品开发其他的目标市场，研发和市场投入成本很高，市场风险很大，如果积极采取有效措施，调整营销策略，提升J牌小麦啤的品牌形象和活力，使其获得新生，重新回到成长期或直接过渡到新一轮的生命周期，自己将重新成为小麦啤酒的市场引领者。

事实上，通过该公司准确的市场判断和快速有效的资源整合，使得J牌小麦啤化险为夷，重新夺回了失去的市场，J牌小麦啤重新焕发出强大的生命活力，重新进入高速成长期，开始了新一轮的生命周期循环。

（资料来源：根据互联网资料整理）

【讨论题】

1. 分析J牌小麦啤的优势与劣势。

2. 如果你是公司的决策人，你会采取哪些具体措施来延长J牌小麦啤的生命周期？

第十一章　品牌策略

学习目标：

- 掌握品牌的作用，品牌与商标的关系。
- 灵活运用品牌设计与品牌组合策略。

实践中的品牌策略

单一品牌策略能成功吗?

商业经营中，经营者有意无意地遵循着这样一条原则，即：柜台上必须摆满各地进来的不同品牌的商品供顾客挑选。英国最大的连锁商店——马狮百货公司（Marks & Spencer）却完全违背了这一经营原则。马狮在全英国自设的250家商店中全部只售卖圣米高这一个品牌的商品，但是公司的盈利却雄居英国零售集团的榜首。马狮公司甚至还以每平方米销售额世界第一的纪录载入了《吉尼斯世界纪录大全》。

在马狮下属的商店中只经营“圣米高”这一品牌商品的经营原则是由马狮的前任董事会主席西门·马格斯（Simon Marks）制定的。西门·马格斯在经营中发现：顾客并不需要商店提供一大堆不同品牌的商品来挑选，顾客真正需要的是能得到一种廉价而又高品质的商品。西门认为从制造商那里采购来的现成的各种品牌的商品往往并非是廉价而又高品质的商品。为获得这种价廉质优的商品，马狮公司自己设计产品交付制造商生产，并在选料、应用生产技术程序和技术、品质控制、生产工程等方面对制造商严加监督，生产出的产品不采用制造商的商标，而是采用马狮公司自己独立的统一商标“圣米高”。

评述

首先，这种品牌策略能减少顾客挑选商品时的困难，并使顾客对商店产生信任感。西门认为，顾客对商店中日益增多的不同品牌的商品进行选购时花费了不少的时间与精力，出现了购物决策困难的局面，有时牌子越多越使顾客无所适从，而且品牌增多时，顾客往往认为价高的品牌则质优，但现实中并非如此，马狮采用在统一品牌下进行统一定价，因此，若圣米高牌内有同类商品标价不同时，则必然只能是因为价高的产品质优。

其次，采用单一品牌策略能实现规模经济，降低成本。在采用向多个厂家进不同品牌商品的策略下，每种品牌的商品采购量小，自然采购成本高。在统一的圣米高品牌下，马狮百货公司可以向同一制造商同时订购大量的产品，因此采购成本大大低于其他的零售商，商品的售价自然也就同步下降。

再次，马狮的单一品牌策略由于保证了产品价廉物美，因此节省了大笔的广告费用，很多其他商标的商品都需要大规模的广告宣传，结果不是利润萎缩就是被迫抬高售价，把广告费转嫁给顾客。更头痛的是，多品牌策略使对手间的广告竞争日趋升级，不但令顾客无所适从，而且造成了巨大的社会资源浪费。马狮把节约广告费得来的利润以降低售价的方式回馈给顾客，从而促进了销售量的上升。

最后，从长期来看，单一品牌策略容易使企业创出名牌，形成优势。

（资料来源：根据互联网资料整理）

第一节 品牌

品牌是企业整体产品的一个重要组成部分，是企业的无形财富。一个适当的品牌不仅有利于产品的销售，而且可以增加产品的价值。品牌的基本功能就是把不同企业之间的同类产品区分开来，使竞争者之间的产品不致发生混淆。企业产品是否需要使用品牌？使用制造商品牌还是经销商品牌？使用个别品牌还是统一品牌？这些构成了企业品牌策略的基本内容。

一、品牌涵义与作用

（一）品牌涵义

商品品牌化的发展非常迅速。时至今日，已经很少有产品不使用品牌了。什么是品牌？所谓品牌，也就是产品的牌子。美国市场营销协会对品牌的定义如下：品牌是一种名称、术语、标记、符号或设计，或是它们的组合运用，其目的是借以辨认某个销售者或某群销售者的产品或服务，并使之同竞争对手的产品和服务区别开来。

品牌包括品牌名称、品牌标志、注册商标、品牌化等内容。

1．品牌名称

它是品牌中可以用语言称呼的部分，包括文字与数字，通常是识别企业及其产品的唯一名称，例如："永久"、"奔驰"、"可口可乐"等都是品牌名称。

2．品牌标志

它是品牌中可以被认出但不能用语言称呼的部分，包括颜色、图案、符号等，如厂徽、厂标或用来表示产品的特殊记号与设计等。

3．商标

企业依法在有关部门注册登记后，就享有某个品牌名称和品牌标志的专用权，这个品牌名称和标志受到法律保护，其他任何企业不得仿效使用。由此可见商标实质上是一个法律名词。

4．品牌化

品牌化是指企业为其产品设计品牌名称、品牌标志，并向有关行政主管部门注册登记的一系列活动过程。

随着商品形态和价值内涵的不断发展和进化，作为商品的表征的品牌内涵也越来越丰富。科特勒在《营销管理》中归纳了品牌具有的六层意思：

第一，属性。一个品牌首先给人带来特定的属性。

第二，利益。属性需要转换成功能和情感利益。属性"耐用"可以转化为功能利益："我可以几年不买车了"。属性"昂贵"可以转换成情感利益："这车帮助我体现了重要性和令人羡慕。"

第三，价值。品牌还体现了该制造商的某些价值感。

第四，文化。品牌可能象征了一定的文化。

第五，个性。品牌代表了一定的个性。

第六，使用者。品牌还体现了购买或使用这种产品的是哪一种消费者。

（二）品牌的作用

1. 品牌是产品或企业核心价值的体现

品牌是消费者或用户记忆商品的工具，不仅要将商品销售给目标消费者或用户，而且要使消费者或用户通过使用对商品产生好感，从而重复购买，不断宣传，形成品牌忠诚。消费者或用户通过品牌，通过对品牌产品的使用，达到满足，就会围绕品牌形成消费习惯，存贮在记忆中，为将来的消费决策提供依据。一些企业为自己的品牌树立了良好的形象，赋予了美好的情感，或代表了一定的文化，使品牌及品牌产品在消费者或用户心目中形成了美好的记忆，比如"麦当劳"，人们对于这个品牌会感到一种美国文化、快餐文化，会联想到一种质量、标准和卫生，也能由“麦当劳”品牌激起儿童在麦当劳餐厅里尽情欢乐的回忆。

2. 品牌是识别商品的“分辨器”

品牌的建立是由于竞争的需要，用来识别某个销售者的产品或服务的。品牌设计应具有独特性，有鲜明的个性特征，品牌的图案、文字等应与竞争对手有明显的区别，代表本企业的特点。同时，互不相同的品牌各自代表着不同的形式、不同质量、不同服务的产品，可为消费者或用户购买、使用提供借鉴。通过品牌人们可以认知产品，并依据品牌选择购买。例如人们购买汽车时有这样几种品牌：奔驰、沃尔沃、桑塔纳、英格尔。每种品牌汽车代表了不同的产品特性、不同的文化背景、不同的设计理念、不同的心理目标，消费者或用户便可根据自身的需要，依据产品特性进行选择。

3. 品牌是产品质量和信誉的保证

企业设计品牌、创立品牌、培养品牌的目的是希望此品牌能变为名牌，于是在产品质量上下功夫，在售后服务上做努力。同时品牌代表企业，企业从长远发展的角度必须在产品质量上下功夫，特别是名牌产品、名牌企业。于是品牌，特别是知名品牌就代表了一类产品的质量档次，代表了企业的信誉。比如“海尔”，作为家电品牌，人们提到“海尔”就会联想到海尔家电的高质量，海尔的优质售后服务及海尔人为消费者或用户着想的动人画面。再如“耐克”作为运动鞋的世界知名品牌，其人性化的设计、高科技的原料、高质量的产品，为人们所共睹。“耐克”代表的是企业的信誉、产品的质量。

4. 品牌是企业竞争的武器

树品牌、创名牌是企业在市场竞争的条件下逐渐形成的共识，通过品牌形成品牌追随，通过品牌扩展市场。品牌的创立，名牌的形成正好能帮助企业实现上述目的，使品牌成为企业有力的竞争武器。品牌，特别是名牌的出现，使用户形成一定程度的忠诚度、信任度、追随度，由此使企业在与对手竞争中拥有坚强的后盾；品牌还可以利用其市场扩展的能力，带动企业进入新市场；带动新产品打入市场；品牌可以利用品牌资本运营的能力，通过一定的形式（如特许经营、合同管理等形式）进行企业扩张。总之，品牌作为市场竞争的武器常常带来意想不到的效果。

例如，可口可乐公司是世界著名的饮料企业，可口可乐可称为知名企业品牌。公司在历史发展中经历过一些挫折，但长期以来，积极树立自身品牌，不断提高企业及其产品的知名度、美誉度、追随度，可口可乐企业也给自己的品牌赋予了文化情感的内涵，给产品增加了附加值。目前“可口可乐”这一国际名牌，可以说已发展到一个良好的阶段。关于“可口可乐”曾经有这样一种说法，纵然可口可乐公司在世界各国的生产在一夜之间被大火摧毁，只要可口可乐这一品牌在，可口可乐的秘方在，很快又会形成可口可乐王国。

5. 品牌是企业的“摇钱树”

品牌以质量取胜，品牌常附有文化，情感内涵，所以品牌给产品增加了附加值。同时，品牌有一定的信任度、追随度，企业可以为品牌制定相对较高的价格，获得较高的利润。品牌中的知名品牌在这一方面表现最为突出，如海尔家电，其价格一般比同等产品高；耐克运动鞋，比同等的李宁运动鞋、安踏运动鞋高出几百元。而在这一方面我们可以再看一看著名饮料企业可口可乐的例子：可口可乐公司 1999 年的销售总额为 90 亿美元，其利润为销售总额的 30%，即 27 亿美元，除去 5%由资产投资带来的利润，其余 22.5 亿美元均为品牌为企业带来的高额利润，由此可见品牌可以给企业带来较大的收益，而品牌作为无形资产，已为人们所认可。

小链接 1

品牌是消费者的心理仰视

从来没有一个营销概念像品牌那样给中国营销人造成那么大的困扰。

手工业时代，品牌不过是区分不同工匠的“印记”、“印痕”，工匠要在自己的作品上打上“印记”或名字。在中国的绘画界，印章仍然流行，这就是原始品牌流传至今的痕迹。现在，品牌的原始目标仍然是区别不同制造商的标志。

在消费者时代，品牌不过是保护自身权益而进行“追溯”的凭证。当消费者利益受损时，借助品牌可以“追溯”到真正的责任人。

在品牌溢价时代，品牌是厂商保护自身利益的凭据。厂商为品牌付出代价，也借此获得收益。

科特勒给出的品牌定义很简单：品牌是一种名称、术语、标记、符号或设计，或是他们的组合运用。无疑，特科勒强调的是品牌的视觉符号特征。

按照上述定义，凡是注册受保护的商标都是品牌。

然而，中国营销人和消费者对品牌有自己特殊的理解，或者说，中国人讲的品牌特指强大品牌，最少也应该是知名品牌和溢价品牌。

中国人所讲的品牌，既不是法律意义上的品牌，也不是营销意义上的品牌，而是心理意义上的品牌。

在心理学上，品牌是消费者的心理仰视。

为什么世界名牌都“出生”于发达国家？那不过是消费者对发达国家心

理仰视的结果。

为什么世界品牌100强主要都是发达国家的象征性消费品品牌，并且随着象征性消费品的变化而重新排列品牌榜？这也是消费者心理仰视的结果。

为什么中国的多数品牌“出生”于发达地区？这也是消费者对发达地区心理仰视的结果。当然，伊利、蒙牛、红塔山、鄂尔多斯这类资源性的产品品牌例外。

什么是消费者的心理仰视？就是少数人自信和多数人不自信的结果。少数具有心理优势的人的自信创造了品牌，多数心理不自信的消费者追随着品牌。因此，品牌消费其实是一种不自信的消费。这一点与流行消费有相似之处。

一项调查表明，中国90后的消费者对中国品牌比其前辈们更有信心。因为90后生活在一个更自信的中国。

（资料来源：金焕民，刘春雄.营销红皮书［M］.北京：企业管理出版社，2009）

二、商标与品牌

商标与品牌是极易混淆的一对概念，事实上，两者既有联系，又有区别。有时，两个概念可等同替代，而有时却不能混淆使用两个概念。品牌并不完全等同于商标。

当消费者不再重视你的品牌，品牌就一无所值了。品牌价值不同于银行的存款，它只是存在于消费者的头脑中，假若品牌出现危机，消费者对品牌的信心下降，那么品牌价值就会减少。

（一）商标是品牌的一部分

商标是品牌的一部分，这已基本上得到了共识。但商标是品牌的哪一部分却有不同的看法。一种观点认为，商标不是品牌的全部，而仅仅是品牌的一种标志或记号。依此看来，商标仅是品牌中的标志部分，或者说，商标就是指品牌标志，是便于消费者识别的部分。因此，商标的主要功能是传播的基本元素。当然，此种观点还认为商标的主要功能中应包括法律保护。另一种观点认为，商标是向政府注册的受法律保障其专用权的品牌。我们赞同后一种观点。品牌（brand）与商标（trade mark）都是用以识别不同生产经营者的不同种类、不同品质产品的商业名称及其标志。商标不仅只是一种标志或标记，它也包括而且更多的时候包括名称或称谓部分，在品牌注册形成商标的过程中，这两部分常常是一起注册，共同受到法律的保护。在企业的营销实践中，品牌与商标的基本目的也都是为了区别商品来源，便于消费者识别商品，以利竞争。可见，品牌与商标都是传播的基本元素。品牌与商标的不同之处，主要是商标能够得到法律保护，而未经过注册获得商标权的品牌不受法律保护。所以说，商标是经过注册获得商标专用权从而受到法律保护的品牌。

（二）商标属于法律范畴，品牌是市场概念

商标是法律概念，它强调对生产经营者合法权益的保护；品牌是市场概念，它强调企业（生产经营者）与顾客之间关系的建立、维系与发展。

商标的法律作用主要表现在通过商标专用权的确立、转让、争议仲裁等法律程序，保护商标所有者的合法权益；同时促使企业保证商品质量，维护商标信誉。在与商标有关的利益受到或可能受到侵犯的时候，商标显现出法律的不可侵犯性。

品牌的市场作用表现在：品牌有益于促进销售，增加品牌效益；有利于强化顾客品牌认知，引导顾客选购商品，并建立顾客品牌忠诚。

商标与品牌的关系，在中国是基本混用的，或者说，“商标”与“品牌”这两个术语几乎是通用的，没有什么区别，因为中国的商标有“注册商标”与“未注册商标”之分。另外，品牌与商标是可以转化的。如品牌经注册获得专用权就转化成商标，也就具有了法律意义。正是借助商标的法律作用，才使得品牌所产生的超过产品本身价值以外的利益受到保护。

第二节　品牌策略

一、企业的品牌策略

产品品牌化向企业提出了富有挑战性的决策问题，正确的品牌决策能使自己的产品在众多的竞争对手面前脱颖而出，被消费者选择和接受，从而获得丰厚的利润。

（一）品牌归属策略

企业决定为其产品使用品牌后，就要考虑产品品牌的归属问题，企业可有三种选择：第一，企业可以决定使用自己的品牌，这种品牌叫做企业品牌、生产者品牌、全国性品牌。第二，企业还可以决定将其产品大批量卖给中间商，中间商再用自己的品牌将货物转卖出去，这种品牌叫做中间商品牌、私人品牌。第三，企业还可以决定有些产品用自己的品牌，有些产品用中间商品牌。

（二）品牌质量策略

企业做品牌决策时，还必须决定其品牌的质量水平，以保持其品牌在目标市场上的地位。所谓品牌质量，是指反映产品耐用性、可靠性、精确性等价值属性的一个综合尺度。企业在进行品牌质量决策时可分两步走：

1. 决定其品牌的最初质量水平——低质量、一般质量、高质量、优质量。一般来讲，企业的赢利能力、投资收益率会随着品牌质量的提高而提高，但是不会直线上升，优质产品只会使投资收益率少量提高。而低质量品牌却会使企业投资收益率大大降低。因此，企业应当提供高质量品牌。

2. 企业决定其品牌的最初质量水平以后，随着时间的推移还要决定如何管理其品牌质量。在这个方面企业有三种可供选择的决策：提高品牌质量；保持品牌质量；逐步降低品牌质量。

（三）品牌统分策略

企业可以决定其大部分或全部产品都使用自己的品牌名称，或决定其产品分别使用不同的品牌，或统一使用一个或几个品牌名称。这就是说，在这个问题上也有若干不同的可供选择的决策：

1. 个别品牌名称。即企业决定其各种不同的产品分别使用不同的品牌名称。企业采取个别品牌名称决策的主要好处是：每种品牌市场定位不同，有利于增加销售额和对抗竞争对手，还可以分散风险，使企业的整个声誉不至于受其中某个产品的声誉的影响，例如，某企业原来一向生产某种高档产品，后来推出较低档的产品，如果这种新产品使用不同的品牌名称，这样也不会影响这家企业的名牌产品的声誉。但是这样会加大促销费用，使企业在竞争中处于不利地位。

2. 统一品牌名称。即企业决定其所有的产品统一使用一个品牌名称，如美国通用电气公司的所有的产品都统一使用“GE”这个品牌名称。企业采取统一品牌名称决策的主要好处是：企业宣传介绍新产品的费用开支较低；有利于新产品进入市场；有利于显示企业整体实力，塑造企业形象。但是，采用统一品牌的各种产品应具有相同的质量水平，否则会影响品牌信誉。

3. 各大类产品单独使用不同的品牌名称。这是因为：第一，企业生产或销售许多不同类的产品，如果都统一使用一个品牌名称，这些不同类型的产品就容易相混淆。第二，有些企业虽然生产或销售同一类型的产品，但是，为了区别不同质量水平的产品，往往也分别使用不同的品牌名称。

4. 企业名称与个别品牌名称并用。即企业决定其各种不同产品分别使用不同的品牌名称，而且，各种产品的品牌名称前面还冠以企业名称。美国凯洛格公司就采取这种策略，推出“凯洛格米饼”、“凯洛格葡萄干”等。企业采取这种决策的主要好处是在各种不同新产品的品牌名称前冠以企业名称，可以使新产品合法化，能够享受企业的信誉，而各种不同的新产品分别使用不同的品牌名称，又可以使各种不同的新产品有不同的特色。

（四）品牌扩展策略

品牌扩展策略是指企业利用其成功品牌名称的声誉来推出改良产品或新产品，包括推出新的包装规格、香味和式样等。例如，美国桂格麦片公司成功地推出“桂格超脆麦片”之后，又利用这个品牌及其图样特征，推出雪糕、运动装等新产品。显然，如果不利用“桂格超脆麦片”这个成功的品牌名称，这些新产品就不能很快地打入市场。企业采用这种策略，可以节省宣传介绍新产品的费用，使新产品能迅速地打入市场。

（五）多品牌策略

所谓多品牌策略，是指企业决定同时经营两种或两种以上相互竞争的品牌。这种决策是宝洁公司首创的。在第二次世界大战以前，该公司的洁拂牌洗涤剂畅销；1950 年公司又推出快乐牌洗涤剂。快乐牌虽然抢了洁拂牌的一些生意，但是两种品牌的销售总额却大于只经营洁拂一个品牌的销售额。现在宝洁公司生产十几种不同品牌的洗涤剂。由于宝洁公司这种决策很成功，因此许多企业步宝洁的后尘，也采取多品牌策略。

企业使用品牌名称可以使企业易于管理定货，使企业有可能吸引更多品牌忠诚者，此外还有助于企业细分市场，有助于树立良好的企业形象。但是，多品牌策略也使企业增加了成本和费用，企业必须在经过权衡之后采取正确的品牌策略。

小链接 2

品牌阶梯与品牌相似

品牌被神化了，以至于很多人认为它是决定销售最重要的要素。

很多论断只在特定条件下，但人们很容易无限放大其限制条件。品牌对营销的重要性也是如此。

对于象征性消费品，特别是奢侈品而言，品牌的重要性是无法替代的。因为消费者购买的本来就不是产品本身，而是产品的象征性价值。产品的象征性价值是通过品牌体现出来的。

对于象征性消费品，消费者心目中会有一个品牌榜，科特勒称之为“品牌阶梯”。消费者依品牌价值从高到低排名。排名第一的是“首选品牌”，只要收入许可，通常会购买心目中的“首选品牌”。可口可乐的营销理念是“心中首选，无处不在，随手可得”，因为可口可乐属于象征性消费品，所以它把“心中首选”作为重要的营销理念。

对于普通消费品而言，品牌的价值就大打折扣了。两个不同品牌的洗衣粉，品牌对销售的作用就不同了，因为洗衣粉属于日常生活用品，它不具备象征性含义。对消费者来说，现在的洗衣粉都不错，买哪个品牌都无所谓，这就是科特勒所讲的“品牌相似”。

当然，品牌阶梯与品牌相似是可以转化的。30 年前，自行车是象征性消费品，所以购买一辆“永久”、“凤凰”或“飞鸽”自行车是一件值得自豪的事，所以，品牌是决定购买的重要因素。现在，汽车早已取代自行车成为象征性消费品，消费者不再在乎自行车品牌，而非常在乎汽车品牌。但在欧美等发达国家，汽车已经不是象征性消费品，我们觉得非常自豪的“奔驰”、“宝马”品牌，欧洲消费者也觉得不过如此，没有什么可以炫耀的。

中国产品在没有强大品牌支持的情况下，之所以能够走向世界，恰恰顺应了大量产品从品牌阶梯转化到品牌相似的机会。只要性价比高，即使没有品牌也无所谓。特别是沃尔玛等大卖场的出现，更加剧了从品牌阶梯向品牌相似的转化。

中国的众多行业正在从品牌阶梯向品牌相似转化，如十多年前购买一台名牌彩电还觉得很自豪，现在还有谁在炫耀自己家的名牌彩电。因为经过残酷的竞争，剩下的哪个不是名牌？更何况，当家家都是名牌彩电时，谁又还在乎你家是什么品牌？

品牌很重要，但品牌不是一切，品牌的力量是有局限的。

（资料来源：金焕民，刘春雄.营销红皮书［M］.北京：企业管理出版社，2009）

二、品牌化决策

品牌化决策的过程如图 11-1 所示。

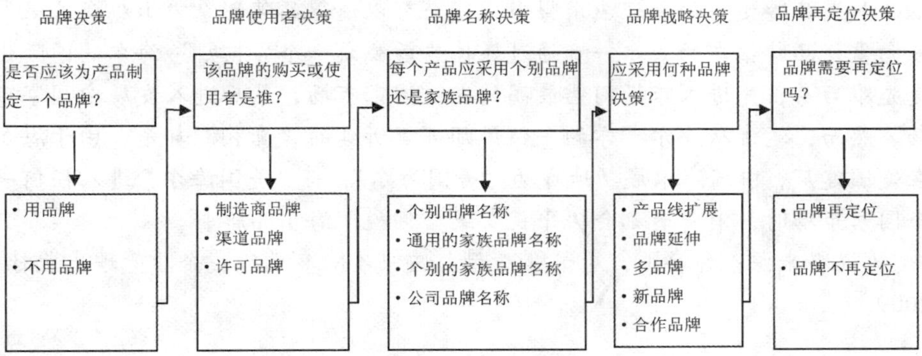

图 11-1　品牌化决策过程

（一）品牌决策

公司要决定是否应为该产品制定一个品牌。今天品牌化发展是如此迅速，以致于很少有产品不使用品牌。建立品牌要付出成本——包装费、标签费和法律保护费等，并且如果该品牌不被顾客所接受，还得承担投资风险。但品牌也能为销售者带来诸多好处：销售者的品牌名称和商标对其产品独特的特点提供法律保护；通过建立品牌忠诚度吸引忠实的和有利于公司的顾客，使销售者在竞争中得到某些保护，并使他们在规划市场营销时具有加大的控制能力；品牌化有助于销售者细分市场；强有力的品牌有助于建立公司形象，使公司更容易推出新品牌和获得经销商及顾客的信任和接受。

小链接 3

品牌变形

在一个国家被“平视”的品牌，在另一个国家可能被“仰视”或“俯视”，这就是品牌变形。据《波士顿环球报》报道：中国迅速发展壮大的消费市场让很多美国老品牌获得了第二春。在美国，人们视别克轿车为爷爷们开的车，而在中国，别克卖得很贵，并且牌子挺亮，很多人都想买一辆开开，很大程度上成为一种身份的象征。

宜家在国外是一个廉价品牌，但进入中国后却成了高档品牌。品牌形象虽然提高了，但宜家却在为此犯愁。因为高档形象会妨碍宜家扩展市场份额。

法国《费加罗报》以“沉睡的名牌正在费力醒来”发表文章说，一些时装品牌，虽也堪称时装界的老前辈，如今却只能在顶级大牌的阴影里艰难挣扎，努力保持名门望族的地位和尊严。然而，中国市场却让这些沉睡的名牌有了重生的机会，多家已经衰弱的公司被收购，并开始进入中国市场。

如果品牌变形的原理应用得当，完全可以使得品牌形象“山鸡变凤凰”。一向重视品牌推广的海尔一直通过媒体告诉公众一个“事实”：海尔的国际化是先难后易，先进入市场门槛最高的发达国家市场，然后进入发展中国家市场。然而，笔者从海尔大学的一位讲师那里听到的“真相”却是：由于海尔在美国建厂，中国海尔成功地成为“美国海尔”，当“美国海尔”进入任何一个国家市场时，消费者都会“平视”或“仰视”海尔品牌。

（资料来源：金焕民，刘春雄.营销红皮书［M］.北京：企业管理出版社，2009）

（二）品牌使用者决策

制造商在如何使用品牌方面有几种选择：可使用制造商自己的品牌，也可使用渠道品牌或者许可品牌。一般来说，在市场上制造商的品牌趋向占支配地位，但一些大型的经销商和零售商在开发自己的品牌。中间商开发自己的品牌，首先因为它有利可图，其次中间商可用自己独家专用品牌区别于其他竞争者。除此之外，有一些制造商或零售商通过“租用”对顾客拥有魅力的名称，诸如其他厂商创立的名称或商标、著名人物的姓名等，可以使产品得到一个家喻户晓的品牌名称，这就是所谓的“许可品牌”。

小链接 4

品牌覆盖

海尔的张瑞敏曾经富有远见地说（大意）：海尔的主要对手并非跨国制造企业，而是零售巨头。确实，沃尔玛、家乐福等零售巨头的出现，让任何制造商品牌都相形见绌。国美、苏宁让任何家电品牌都很“压抑”。“品牌覆盖”就是一个让制造商品牌难受的现象。

品牌覆盖是指消费者出于对商业品牌的信任，爱屋及乌地信任其销售的所有产品，包括无品牌商品和非知名品牌商品。品牌覆盖现象的出现，使制造商品牌对消费者的影响力减弱，无品牌商品（无印良品）大量出现在市场终端就是证明。

“无印良品”畅销超级终端，使中国企业找到了突破跨国品牌“价值壁垒”的路径，减少了中国企业在品牌塑造过程中“拿鸡蛋碰石头”的机会。尽管有人质疑中国企业这样做只是以最廉价的方式替别人打工，但它至少给了中国企业一个进入市场的机会，或者说在为中国企业成长奠定底气。

（资料来源：金焕民，刘春雄.营销红皮书［M］.北京：企业管理出版社，2009）

（三）品牌名称决策

品牌名称的使用也有几种选择，包括个别品牌名称、通用的家族品牌名称、分开的家族品牌名称和公司品牌名称。具体采用哪一种命名方式取决于产品本身的属性和特点以及对公司整体利益和风险的考量。

（四）品牌战略决策

在这方面公司可有五种战略选择：

● 产品线扩展即公司在同样的品牌名称下，在相同的产品种类中引进新的项目内容，如新口味、形式、颜色、增加成分、包装规格等。

● 品牌延伸即公司决定利用现有品牌名称来推出其他产品。如本田利用其公司名称推出了摩托车、滑雪车、割草机、海上发动机和雪地摩托。一个受人注意的好品牌名称能给予新产品即可的认知并较容易地被接受。

● 多品牌即公司在同类产品中引进其他品牌。如前面提到的宝洁公司在清洁剂产品中有九个品牌。

● 新品牌即公司为新产品确定一个全新的品牌名称。

● 合作品牌也称双重品牌，指两个或更多的品牌在一个产品上联合起来使用。

小链接 5

品牌血统

提到品牌，人们很容易想起可口可乐、宝洁、奔驰等，它们都是企业品牌。企业品牌不是品牌的全部，完整的品牌包括国家品牌、产业品牌、区域品牌、企业品牌、个人品牌，它们共同构成一个完整的品牌链。国家品牌、产业品牌和区域品牌构成了企业品牌的生存环境和支持环境。营销如果只讲企业品牌，不讲品牌的生存环境，容易造成品牌误读。

品牌也讲究“出身”和“血统”。“香奈尔”带着“巴黎香水”的血统，姚明扬名世界是因为带上了 NBA 的血统，微软和 Google 带着“美国科技”的血统，Prada 带着“意大利皮具”的血统。就连遍及中国城镇的面包店，很多都试图沾上“法国面包”的血统。沾上品牌血统的企业品牌，给消费者以“身出名门”和“正宗”的感觉。

品牌血统，就是企业品牌生存得到认同的国家品牌、区域品牌、产业品牌。

如果一个国家或地区形成了一个知名的优势产业，就形成了产业品牌。如法国服装、意大利皮具、澳洲羊毛、澳洲棉羊油、中国鞋、中国衬衣、意大利足球联赛等。基于对一个国家或区域整体产业的认同，消费者并不特别在乎企业品牌。比如，“瑞士军刀”是瑞士的一个优势产业品牌，“维氏军刀”和“威戈军刀”才是真正的企业品牌，但有多少消费者真正去关注企业品牌呢？尽管两者在标识上有区别：维氏是盾牌中嵌瑞士十字国徽，而威戈是圆角正方形中嵌十字。消费者只要看到十字，就认为是瑞士军刀。只是到了2005年4月，“维氏军刀”并购“威戈军刀”，完成“瑞士军刀”的“统一大业”，“瑞士军刀”才有可能成为真正的企业品牌。

当一个地区因为某种优秀产业而知名时，它就可能成为区域品牌。如巴黎香水、温州纽扣、乐清低压电器等。目前，各地争相举办各种节日，就是想着力打造强势区域品牌。

每个国家的实力、影响力同样是支持产业品牌、区域品牌和企业品牌的品牌力量，我们不妨称之为国家品牌。G8俱乐部、安理会常任理事国就是强势国家品牌。在某种程度上说，“Made in Japan”、“Made in China”、“Made in American”都是一个品牌。

个人品牌对于娱乐、体育产业具有重要作用。体育、娱乐明星包装，就是要打造个人品牌。姚明在CBA，只是一个在国内稍有知名度的蓝球队员。到了 NBA，一下子就成了国际巨星。韦尔奇之所以受到追捧，就因为他是GE的CEO，而GE恰好是一个美国企业。

（资料来源：金焕民，刘春雄.营销红皮书［M］.北京：企业管理出版社，2009）

（五）品牌再定位决策

一种品牌的最初市场定位可能是适宜的，但随着竞争品牌的推出，削弱了公司的市场份额，或者顾客的偏好转移，使公司品牌的需求减少。这时公司不得不对之重新定位。例如七喜公司为自己的品牌重新定位，标榜自己是生产非可乐饮料的，从而获得了非可乐饮料市场的领先地位。

小链接6

强大品牌的成长路径

商品符号→知名品牌→溢价品牌→强大品牌。这是中国强大品牌的成长路径，到目前为止，还没有任何一个品牌走完这个完整的路径，即使海尔也是如此。

品牌一旦注册，在法律意义上作为商品符号的价值就出现了。这不是营销人关注的事。

成为知名品牌，有两个至关重要的标志：一是品牌在目标消费者中的知名度；二是同样的质量、同样的价格，销量比对手多。即品牌不仅有较高的知名度，而且知名度能够转化为消费者的购买行为，变成销量。但是，消费者不愿意为此付出更高的价格。中国的顶级品牌，多数处于这个阶段。

溢价品牌，就是同样的质量、同样的销量，能够卖得比对手更贵。即消费者愿意为品牌付出更高的代价。那些不断在超市靠促销和降价才能实现销量的品牌无疑还没有从知名品牌变成溢价品牌。海尔是中国为数不多成为溢价品牌的企业。

强大品牌只有变成消费者心目中的象征性产品，成为消费者心理上仰视的产品。即没有消费的人有强烈的消费渴望，已经消费的人以此为荣。可口可乐推出新可乐的举措虽然失败，但却间接证明消费者对老可乐强烈的依赖。这才是强大的品牌。

1. 低知名国家的品牌策略

美国专家戴维•提斯和杰拉德•格恩 1993 年研究发现，知名品牌（如索尼）在不知名国家（如中国）进行生产与不知名品牌在发达国家（如日本）进行生产，可以获得相同的评价。因此，非知名品牌在发达国家生产的产品就可以同知名品牌在不发达国家生产的产品竞争，消费者可能会比较容易地改变对新品牌的印象，而难以改变对原产地的印象。

根据上述原理，中国作为非发达国家，当其“原产地”可能影响消费者购买时，可以采取下列策略：

第一，在知名度更高的国家生产或组装。如将中国服装运到意大利加工，成品标有“意大利产”，就会获得一个高价。

第二，收购“原产地国”公司。香水业一直受“法国造”现象影响，因此，许多外国公司收购了法国化妆品公司。目前外国公司控制了约 25%的法国香水市场。

第三，使用挂钩战略。如“中国的 IBM”策略。

第四，使用当地名人做保证。如聘请乔丹作为形象代言人开发美国市场。

2. 中国品牌成长的国际路径

心急吃不了热豆腐，做品牌也是如此。中国企业要改变西方消费者对中国企业的思维定势，将是一个长期的过程。外国消费者对中国产品的认知，大致经历了下列几个阶段，每个阶段都是品牌塑造的拐点。品牌营销，就是要借助大势，在品牌的拐点发力。

第一阶段：认同中国产品的价格，不认同中国产品的品质。

第二阶段：认同中国产品的品质，不认同“Made in China”的标签。

第三阶段：认同“Made in China”的标签，不认同中国的企业品牌。

第四阶段：认同中国企业的普通品牌，不认同中国企业的顶级品牌。

第五阶段：承认中国顶级品牌为世界级品牌。

（资料来源：金焕民，刘春雄.营销红皮书［M］.北京：企业管理出版社，2009）

本章小结

1. 品牌是企业整体产品的一个重要组成部分，是企业的无形财富。品牌是一种名称、术语、标记、符号或设计，或是它们的组合运用，包括品牌名称、品牌标志、注册商标、品牌化等内容，商标与品牌既有联系，又有区别。

2. 企业的品牌策略主要有：品牌归属策略、品牌质量策略、品牌统分策略、品牌扩展策略和多品牌策略等。

能力培养指导

● 结合所学的品牌策略的知识，通过一些企业实例说明企业运用的品牌策略。

● 找一两个市场上你感兴趣的失败的或成功的品牌，进行一下梳理，分析其成功或失败的原因。

案例应用 1

多品牌策略能成功吗

广州宝洁公司的洗发水有多种品牌，如“海飞丝”（广告词是‘头屑去无踪，秀发更出众’）、“飘柔”（广告词为‘令您的头发更飘更柔’）、“潘婷”（广告词说‘拥有健康，头发当然亮泽’）。同为洗发水，各有各响亮的牌子，各有各特殊的用途，可供消费者各取所需。这三种不同品牌的洗发水，沿着各自的路子走入市场，共同提高了企业产品的市场占有率，使产品迅速覆盖了中国大江南北。

（资料来源：根据互联网资料整理）

【讨论题】

广州宝洁公司在洗发水经营中运用了什么营销策略？该策略的妙处何在？

案例应用 2

多品牌战略的失败案例——通用汽车

美国汽车企业，诸如福特、通用，乃至克莱斯勒，都是采取多品牌战略，而且这种多品牌战略是紧密型的框架，基本在一个公司范围内实施统一管理。

比如通用汽车，从创始人杜兰特开始，多品牌战略就天然而成。杜兰特的疯狂的兼并重组正是通用汽车走到今天的基础。

美国多品牌战略，其核心的品牌在一个公司内就有平行的若干个，比如，雪佛兰和别克。对于多品牌的管理，在繁荣时期，水涨船高，所有问题都被上涨的潮水所淹没，谁穿没穿泳裤，都是水下的问题。但是繁荣的大潮一旦退去，所有的问题都会暴露出来，公司的发展出现太多的掣肘。

多品牌战略容易造成公司对于品牌的定位出现交叉重叠，“内讧”问题降低了管理效率。同时，品牌越多，公司管理层对于每一个品牌分配的精力、时间、财力都越少，但是一个品牌的打造与时间、精力、财力的投入成正比。

很明显，多品牌战略造成了以通用汽车为代表的美国汽车企业出现了多个重心，但是，每个品牌的竞争力却有所欠缺。

通用的老对手福特汽车也曾走上多品牌发展之路，并收购 VOLVO、陆虎、捷豹、马自达等。但在金融危机爆发之初，就迅速出手，卖掉了陆虎和捷豹。后来又卖出了 VOLVO，获取大量现金。

通用所付出的代价是惨重的。按照破产重组计划，通用对旗下庞蒂亚克、土星、悍马和萨博等品牌“进行适当处理”。而新通用将只包含凯迪拉克、雪佛兰、别克和 GMC 四大核心品牌。

（资料来源：根据互联网资料整理）

【讨论题】

通用公司的多品牌策略凸显了该策略的弊端何在？案例给你带来了什么启示？

第十二章　定价策略

学习目标：

- 了解企业定价的目标，熟悉影响企业定价的因素。
- 掌握企业定价的主要方法。
- 掌握企业定价的基本策略。

实践中的定价策略

低价不好销，高价反抢手

美国亚利桑那州的一家珠宝店，采购到一批漂亮的绿宝石。由于数量较大，店主担心短时间销售不出去，影响资金周转，便决心只求微利，以低价销售。本以为会一抢而光，结果却事与愿违。几天过去，仅销出很少一部分。后来店老板急着要去外地谈生意，便在临走前匆匆留下一纸手令：我走后若仍销售不出，可按 1/2 的价格卖掉。几天后老板返回，见绿宝石销售一空，一问价格，却喜出望外。原来店员把店老板的指令误读成“按 1—2 倍的价格出售”，他们开始还犹豫不决，就又提价一倍，这才使绿宝石一售而空。

评述

这个案例说明：商品价低未必好销，有时高价反而更有利于销售。

从消费心理看，人们购买商品时要求物美价廉，这只是一种理想心态，优质优价是常规心态。在日常购买行为中，物美价廉有时会引起人们的疑虑。另外，对于本身应该昂贵的商品，购买者在购买时不将价格作为主要的因素来加以考虑，而是放在次要的位置上。对于绿宝石这类商品，本身理应价高。人们买它希望通过一定的价格来实现自己的心理需求，显示自己的社会地位，满足自己的求美心理和求荣心理，因此价格要高，价低反而销售不畅。

从价格策略上分析，销售成功的原因是变采用低价策略为高价策略。高价策略在市场营销学中也称为撇脂定价策略。撇脂，即从牛奶中撇取奶油。用在定价上，即指在产品投放市场之初，把价格定得很高，以便企业在短期获得厚利，减少经营风险。对那些古董、名画、宝石等贵重商品或带有特殊意义的商品以及稀有商品用高价策略比低价策略好得多。本例中绿宝石是一种贵重商品，高价才能提高或符合绿宝石的身价，才能迎合顾客心理需要。

（资料来源：根据互联网资料整理）

如果说产品对应的是需求的话，那么，价格对应的则主要是竞争。不可否认的是，所有“物美价廉”都是企业不得已的选择。营销是用产品推销价格的学问，销售是用价格推销产品的技能。这里给出了一个简单的分类标准，那就是当企业以确定某个价格为目的时，它的行为就接近“营销”；而当企业经价格为手段提高或者保护业绩时，就是“销售”。

渠道类似于我们人类的住所，住在不同社区某种程度上反映自己的经济或者社会地位；而产品也是如此，只要了解企业的销售渠道，就可以准确判断企业的目标市场和市场地位。我们经常讲的策略，主要并不体现在产品本身，而是体现在定价、销售渠道和促销策略的选择上。

在营销组合中，价格是唯一能产生收入的因素，其他因素则表现为成本。价格也是营销组合中最灵活的因素，它与产品和渠道不同，其变化异常迅速。

价格与价格竞争是公司所面临的首要问题。为产品定价是商业中令人感到头痛的问题。

价格是你的利益的体现，也是顾客对你所做的一切努力的应有回报。在定价时，你必须确保你的公司得到应有的利益。没有人会付给你高于你的定价的价钱，因此，你不要定低了价格。

营销活动的关键是：让顾客心甘情愿地、快速地为你的产品或服务付费。

小链接 1

高价入市与低价入市，哪个营销更容易

无论是营销人员还是经销商，总嫌价格高，总觉得如果价格低一点，销量会更大一点。

价格低会更好卖，这往往只是梦幻的感觉，并非现实。

市场已经反复证明：高价入市，先难后易；低价入市，先易后难。当然，这里所指的高价与低价，是在一定价格区间内而言。如果跨越了价格区间，则不在此列。

为什么会出现“低价入市，先易后难”的现象？原因有三：第一，低价消费者是不稳定的消费者。如果靠低价把消费者拉过来，也很容易被其他更低的价格拉走。第二，低价让商家感觉很好卖，愿意进货，一旦发现销售并不如想象容易，就会放弃；第三，低价往往已经把政策空间用尽，当销售情况不理想时，缺乏抢救手段。

高价入市恰恰相反。第一，高价消费者通常是价值型消费者，也是比较忠诚的消费者。只有忠诚的消费者才是可以不断积累的。第二，经销高价位产品的商家往往有长远眼光，愿意做长期规划。第三，高价位给了厂商较大的政策空间，厂商完全可以用高价位带来的政策空间活跃市场。

（资料来源：金焕民，刘春雄.营销红皮书［M］.北京：企业管理出版社，2009）

第一节　影响定价的因素

企业定价时要全面考虑各种影响因素。不同的市场竞争条件下卖方定价的角度不同，企业定价时必须对其产品的市场模式予以考虑。定价应当体现产品的市场定位策略。定价还要考虑企业自身的因素，如成本、资金周转等，市场需求和竞争等方面的因素，如需求价格弹性、竞争者的策略、价格策略等也是企业定价所必须考虑的。概括起来影响企业定价主要有六种因素：

一、企业定价的目标

定价目标是指企业通过制定产品价格，所实现的预期销售效果。企业确立定价目标既是企业经营活动的先导，又是整个定价活动所追求的结果。企业在组织和实施各种经营活动之前，必须建立一个企业营销总目标，由于企业所处的内、外部环境不同，因此，企业的定价目标也不同。但从一般情况来说，定价目标主要有以下几种：

（一）利润目标

利润目标是企业定价目标的重要组成部分，获取利润是企业生存和发展的必要条件，是企业经营的直接动力和最终目的。因此，利润目标为大多数企业所采用。由于企业的经营观念及营销总目标的不同，这一目标在实践中有两种形式：

1. 以追求利润最大化为目标

最大利润有长期和短期之分，还有单一产品最大利润和企业全部产品综合最大利润之别。一般而言，企业追求的应该是长期的、全部产品的综合最大利润，这样，企业就可以取得较大的市场竞争优势，占领和扩大更多的市场份额，拥有更好的发展前景。当然，对于一些中小型企业、产品生命周期较短的企业、产品在市场上供不应求的企业等，也可以谋求短期最大利润。

最大利润目标并不必然导致高价，价格太高，会导致销售量下降，利润总额可能因此而减少。有时，高额利润是通过采用低价策略，待占领市场后再逐步提价来获得的；有时，企业可以采用招徕定价策略，对部分产品定低价，赔钱销售，以扩大影响，招徕顾客，带动其他产品的销售，进而谋取最大的整体效益。

2. 以获取适度利润为目标

它是指企业在补偿社会平均成本的基础上，适当地加上一定量的利润作为商品价格，以获取正常情况下合理利润的一种定价目标。以最大利润为目标，尽管从理论上讲十分完美，也十分诱人，但实际运用时常常会受到各种限制。所以，很多企业按适度原则确定利润水平，并以此为目标制定价格。采用适度利润目标有各种原因，以适度利润为目标使产品价格不会显得太高，从而可以阻止激烈的市场竞争，或由于某些企业为了协调投资者和消费者的关系，树立良好的企业形象，而以适度利润为其目标。

由于以适度利润为目标确定的价格，不仅可以使企业在竞争中占有优势，还能获得长期利润，而且由于价格适中，消费者愿意接受，还符合政府的价格指导方针，因此这是一种兼顾企业利益和社会利益的定价目标。需要指出的是，适度利润的实现，必须充分考虑产销量、投资成本、竞争格局和市场接受程度等因素。否则，适度利润只能是一句空话。

（二）销售额目标

这种定价目标是在保证一定利润水平的前提下，谋求销售额的最大化。某种产品在一定时期、一定市场状况下的销售额由该产品的销售量和价格共同决定，因此销售额的最大化既不等于销量最大，也不等于价格最高。对于需求的价格弹性较大的商品，降低价格而导致的损失可以由销量的增加而得到补偿，因此企业宜采用薄利多销策略，保证在总利润不低于企业最低利润的条件下，尽量降低价格，促进销售，扩大盈利；反之，若商品的需求的价格弹性较小时，降价会导致收入减少，而提价则使销售额增加，企业应该采用高价、厚利、限销的策略。

采用销售额目标时，确保企业的利润水平尤为重要。这是因为销售额的增加，并不必然带来利润的增加。有些企业的销售额上升到一定程度，利润就很难上升，甚至销售额越大，亏损越多。因此，销售额和利润必须同时考虑。在两者发生矛盾时，除非是特殊情况（如为了尽量地回收资金），应以保证最低利润为原则。

（三）市场占有率目标

市场占有率，又称市场份额，是指企业的销售额占整个行业销售额的百分比，或者是指企业的产品在某市场上的销量占同类产品在该市场销售总量的比重。市场占有率是企业经营状况和企业产品竞争力的直接反映。作为定价目标，市场占有率与利润的相关性很强，从长期来看，较高的市场占有率必然带来高利润。美国市场营销战略影响利润系统的分析指出：当市场占有率在10%以下时，投资收益率大约为8%；市场占有率在10%—20%之间时，投资收益率在14%以上；市场占有率在20%—30%之间时，投资收益率约为22%；市场占有率在30%—40%之间时，投资收益率约为24%；市场占有率在40%以上时，投资收益率约为29%。因此，以销售额为定价目标可以获取长期较好的利润。

保持市场占有率的定价目标的特征是根据竞争对手的价格水平不断调整价格，以保证足够的竞争优势，防止竞争对手占有自己的市场份额。扩大市场占有率的定价目标就是从竞争对手那里夺取市场份额，以达到扩大企业销售市场乃至控制整个市场的目的。

在实践中，市场占有率目标被国内外许多企业所采用，其方法是以较长时间的低价策略来保持和扩大市场占有率，增强企业竞争力，最终获得长远利润。但是，这一目标的顺利实现至少应具备三个条件。

第一，企业有雄厚的经济实力，可以承受一段时间的亏损，或者企业本身的生产成本本来就低于竞争对手。

第二，企业对其竞争对手情况有充分了解，有从其手中夺取市场份额的绝对把握。否则，企业不仅不能达到目的，反而很有可能会受到损失。

第三，在企业的宏观营销环境中，政府未对市场占有率做出政策和法律的限制。比如美国制定有“反垄断法”，对单个企业的市场占有率进行限制，以防止少数企业垄断市场。在这种情况下，盲目追求高市场占有率，往往会受到政府的干预。

（四）稳定价格目标

稳定的价格通常是大多数企业获得一定目标收益的必要条件，市场价格越稳定，经营风险也就越小。稳定价格目标的实质即是通过本企业产品的定价来左右整个市场价格，避免不必要的价格波动。按这种目标定价，可以使市场价格在一个较长的时期内相对稳定，减少企业之间因价格竞争而产生的损失。

为达到稳定价格的目的，通常情况下是由那些拥有较高的市场占有率、经营实力较强或较具有竞争力和影响力的领导者先制定一个价格，其他企业的价格则与之保持一定的距离或比例关系。对大企业来说，这是一种稳妥的价格保护政策；对中小企业来说，由于大企业不愿意随便改变价格，竞争性减弱，其利润也可以得到保障。在钢铁、采矿业、石油、化工等行业内，稳定价格目标得到较广泛的应用。

当然，将定价目标分为利润目标、销售额目标、市场占有率目标和稳定价格目标，只是一种实践经验的总结，它既没有穷尽所有可能的定价目标，又没有限制每个企业只能选用其中的一种。由于资源的约束，企业规模和管理方法的差异，企业可能从不同的角度来选择自己的定价目标。

二、产品成本

这是价格构成中最基本、最主要的因素。企业在实际定价中，首先要考虑的是产品的成本，它是产品定价的基础因素。产品成本是企业经济核算的盈亏临界点，产品定价必须至少能够补偿产品成本，这是企业再生产的基本条件。只有这样，企业才能在原有规模上从事生产营销。否则，企业将由于亏本而倒闭，连简单再生产也无法维持。因此，产品成本是定价的基本因素和第一个依据。

三、市场需求

供求规律是商品经济的内在规律，市场供求的变化与产品价格的变化是相互影响、相互制约的。在市场上，产品供求关系平衡总是暂时的、相对的。一般情况是：当产品供不应求时，价格上升。但对于不同产品，由于其需求弹性大小不一，供求关系对价格的影响也是不同的。需求弹性小的产品，其供求关系对价格的影响较小；需求弹性大的产品，其供求关系对价格的影响较大。因此，企业必须预先测定产品在市场上的供求状况，来作为产品定价的依据。

四、市场竞争状况

市场竞争状况不同，也会影响企业对产品的定价。按照竞争程度的不同，可将市场结构分成四种模式，即完全竞争、垄断竞争、寡头垄断和完全垄断。企业在不同的市场结构条件下，所享有的定价自由也有所不同。

在完全竞争的条件下，市场上有无数的买者和卖者；同一行业中的每一个厂商生产的产品是完全没有差别的；厂商进入或退出一个行业是完全自由的；市场中每一个买者和卖者都掌握着与自己的经济决策有关的商品和市场的全部信息。在这种条件下，卖主和买主只能是价格的接受者而不是价格的决定者，因此，无所谓定价问题。

在垄断竞争的条件下，每一个生产者都对自己的产品有垄断权，但同时可替代的同类产品的生产者又为数众多，彼此之间展开激烈的竞争，价格就是在这种竞争中形成的。在这种条件下，卖主已不是消极的价格接受者，而是强有力的价格决定者，有一定程度的定价自由。

在寡头垄断的条件下，少数几家大企业供给该行业的大部分产品，因而它们对市场价格和供给量都有决定性影响。在这种条件下，价格往往不是由供求关系直接决定的，而是有少数几个大企业控制市场价格。这种价格比较稳定，价格竞争趋于缓和，但非价格竞争很激烈。

在完全垄断（独家经营）的条件下，卖主完全控制市场价格，可随意定价。

总之，大多数市场都是不完全竞争的市场，在这种市场上，企业必须为自己的产品确定灵活、适当的价格策略，以求取得经营上的成功。

五、产品生命周期

产品在其生命周期的不同阶段，产品定价也不一样，企业应根据不同阶段的特点，做出不同的定价决策。

（一）导入期

即产品的初创时期，各项成本费用较高，因而该阶段价格水平也较高，但为防止价格过高而影响产品销路，企业在定价时应以补偿成本费用为主要依据而不是获取赢利，而且应主要考虑变动成本费用。

（二）成长期

在这一时期成本费用大幅下降，市场销售量扩大，价格应适当下调。此时，企业应根据预期目标盈利率的要求，制定相应的价格。

（三）成熟期

在这一时期市场竞争加剧，如果再维持原价就难以保持企业的市场份额，这时企业应以维持市场占有率为主要目标，采用竞争性低价。

（四）衰退期

这一时期由于产品逐渐趋于淘汰，销售条件日益恶化。企业定价应以尽快收回占压的资金为目标，大幅度降低价格，必要时价格甚至可以与平均变动成本一致，以便尽快将有限的资金转入到新产品的开发与生产上来。

六、国家的政策法规

随着社会主义市场经济的建立和完善，国家对绝大多数的产品已采用市场价格。但是，为了指导生产和消费，控制物价的增长，调节市场物价，国家必然会制定一系列有关物价的方针政策，这是企业制定价格时必须遵循的准则，企业不仅不能违反国家的有关物价政策，而且还要自觉地使产品定价同国家物价政策相吻合。

除此之外，在市场营销实践中，消费者心理预期、货币价值与货币流通量、需求交叉弹性、企业的定价目标等都对企业产品的定价产生不同程度的影响。

小链接2

谁是价格的最终制定者

不同规模的企业，价格制定者各有不同。

在小企业，企业最高负责人通常参与价格制定。

在中小型企业，财务部门作为价格的制定者也普遍存在。在一家企业，我们发现所有产品的毛利率基本相同，我们就判断财务部门一定是价格制定者。

相当多的财务部门作为价格的最终制定者似乎有点奇怪，其实在中国企业很正常。首先，财务部门同样容易得到最高管理者的信任，财务部门制定价格时通常不会“放水”；其次，财务部门对成本数据最清晰，中小企业制定价格有一个基本原则，即不能赔钱。

研发部门作为价格的制定者也普遍存在于中国企业，因为研发部门对产品配方和工艺最熟悉，而这些数据是决定成本的最重要依据。同时，在新产品小批量生产情况下，实际生产成本往往高于正常生产成本，财务部门的成本依据并不准确。反而是研发部门比较能准确把握不同规模生产情况下的成本结构。在一些大型企业，研发部门作为价格制定者也不鲜见。

上述部门作为价格制定者，最普遍存在的问题是成本导向定价。对中小企业而言，成本导向定价非常普遍，因为中小企业通常不会战略性定价，不会竞争性定价。

销售部门自行定价的情况更普遍。当然，销售部门定价的市场导向非常明显，但销售部门通常倾向于偏低的价格，他们总认为低价更容易销售。

存在就是合理。上述现象之所以普遍存在，一定有它存在的价值。然而，要使价格更具备营销价值，确定合适的定价部门和合理的定价流程比价格本身更重要。

定价是综合考虑定价目标、成本、营销策略的结果，它是成本导向与市场导向平衡的结果。由于不同的部门考虑定价的“部门利益”的差异。最合适的定价部门应该是公司“定价委员会”或市场部。

（资料来源：金焕民，刘春雄.营销红皮书［M］.北京：企业管理出版社，2009）

第二节　定价方法

定价方法是指企业在特定的定价目标指导下，依据对成本、需求及竞争等状况的研究，运用价格决策理论对产品价格进行计算的具体方法。根据市场营销学的理论和实践，企业对产品定价一般采用以下三种方法，即成本导向定价法、需求导向定价法和竞争导向定价法。

一、成本导向定价法

成本导向定价法是一种主要以成本为依据的定价方法，包括成本加成定价法、目标定价法、收支平衡定价法、边际贡献定价法等方法。

（一）成本加成定价法

所谓成本加成定价是指按照单位成本加上一定百分比的加成来制定产品的销售价格。加成的含义就是一定比率的利润。

所以，成本加成定价公式为：$P=C(1+R)$

公式中：P 为单位产品售价；

C 为单位产品成本；

R 为成本加成率。

假设某产品的销售量为 10000 件，总成本为 1000000 元，预期的成本加成率为 20%，则

$$单价=1000000/10000\times(1+20\%)=120（元/件）$$

与成本加成定价的方法类似，零售企业往往以售价为基础进行加成定价。其加成率的衡量方法有两种：

一种是用零售价格来衡量，即加成（毛利）率＝毛利（加成）/ 售价。

另一种是用进货成本来衡量，即加成率=毛利（加成）/ 进货成本。将

一个固定的、惯例化的加成加在成本上，这样定价从逻辑上是否行得通？回答是否定的。在制定价格的过程中，任何忽略现行价格弹性的定价方法都难以确保企业实现利润最大化，无论是长期利润还是短期利润。需求弹性总是处在不断变化中，因而，最合适的加成也应随之调整。

最适加成与价格弹性成反比。如果某品牌的价格弹性高，最适加成就应相对低些；如果某品牌的价格弹性低，最适加成则应相对高一些。而且，当价格弹性保持不变时，加成也应保持相对稳定，以制定出最适价格。

成本加成定价法的主要优点在于：

第一，由于成本的不确定性一般比需求的不确定性小得多，定价应着眼于成本可以大大简化企业定价程序，不必随时依需求情况的瞬息万变而做调整。

第二，只要行业中所有企业都采取这种定价方法，那么在成本与加成率相似的情况下价格也大致相似，从而可以使价格竞争减至最低限度。

第三，成本加成法对买方和卖方来讲都比较公平，当买方需求强烈时，卖方不利用这一有利条件谋取额外利益而仍能获得公平的投资报酬。

鉴于以上原因，这种方法应用得较为广泛，尤其在商品零售、建筑施工、进出口和消费服务业中最流行。但它的缺点是只考虑成本因素，忽略了市场需求和市场竞争情况。

（二）目标定价法

所谓目标定价法，是指根据估计的总销售收入（销售额）和估计的产量（销售量）来制定价格的一种方法。这种定价法有一个重要的缺陷，即企业以估计的销售量求出应制定的价格，殊不知价格恰恰是影响销售量的重要因素。

总之，从本质上讲，成本导向定价法是一种卖方定价的方法，它忽视了市场需求、竞争和价格水平的变化，有些时候与定价目标相脱节。此外，运用这一方面制定的价格都是建立在对销售量主观预测的基础之上，从而降低了价格制定的科学性。因此，在采用成本导向定价法时，还需要充分考虑需求和竞争状况，以确定最终的市场价格水平。

（三）收支平衡定价法

收支平衡定价法也称为保本定价法，顾名思义，这种方法“放弃”了对利润的追求，只要求保本。在收支平衡定价法中，产品价格等于平均成本与单位产品税金之和。由于总成本=固定成本＋单位变动成本×销售量。因此，保本定价法下的价格按以下公式计算：

价格＝固定成本÷保本销售量＋单位变动成本＋税金

该方法将商品定价与需求数量“保本销售量”联系在一起，似乎作为投资预测来说是最贴近实际的，只要将“保本销售量”改变成销售数量（或需求数量），在公式的最后面再加上“利润”一项，就可以帮助投资者进行投资预测，其修正后的公式是：

价格＝固定成本÷需求数量＋单位变动成本＋税金＋利润

当然，经修正后的预算公式就不能称为“收入平衡定价法”了，应改为“投资预测定价法”。

（四）边际贡献定价法

所谓边际贡献是指产品销售收入与产品变动成本的差额，单位产品边际贡献指产品单价与单位产品与单位产品变动成本的差额。边际贡献弥补固定成本后如有剩余，就形成企业的纯收入，如果边际贡献不足以弥补固定成本，那么企业将发生亏损。在企业经营不景气，销售困难，生存比获取利润更重要时，或企业生产能力过剩，只有降低售价才能扩大销售时，可以采用边际贡献定价法。

边际贡献定价法的原则是，产品单价高于单位变动成本时，就可以考虑接受。因为不管企业是否生产、生产多少，在一定时期内固定成本都是要发生的，而产品单价高于单位变动成本，这是产品销售收入弥补变动成本后的剩余可以弥补固定成本，以减少企业的亏损（在企业维持生存时）或增加企业的盈利（在企业扩大销售时）。这种方法的基本计算公式如下：

单位商品销售价格 =（总的变动成本+边际贡献）÷总销量

小链接 3

按现在成本定价还是按未来成本定价

企业定价时经济面临下列困境：如果按现有成本定价，那么由于销量过小，价格根本没有竞争力。如果按未来成本定价，虽然有价格竞争力，但必须实现销量的巨增才能达到盈亏平衡，企业有能力实现销量大增吗？

一家小型方便面企业在推出新产品时，定出了一个让业界吃惊的价格。因为按照定价和销量，企业亏损无疑。当大家等着看这家企业的“热闹”时，这家企业依靠有竞争力的价格，销量大增，超乎所有同行的想象。由于销量大增，远远超过了定价的盈亏平衡点，竟然实现了盈利。

此时，竞品再次面临两难境地：如果模仿这家企业的定价模式，就等于放弃高盈利产品，而且销量不一定能够快速增加；如果不放弃原有的定价模式，市场又会受到低价的不断侵蚀。

企业发动价格战也面临着按什么规模定价的问题。一些参与价格战的企业之所以亏损，就是因为没有实现销量大增，没有达到新价格的盈亏平衡点。那些敢于发动价格战并在价格战中赚钱的企业，一定是通过价格战重伤对手，实现了销量的巨大突破。

价格战能否打出利润，关键不在于价格，而在于能否达到新价格形成的过高的新盈亏平衡点。

（资料来源：金焕民，刘春雄.营销红皮书［M］.北京：企业管理出版社，2009）

二、需求导向定价法

需求导向定价法是一种以市场需求强度及消费者感受为主要依据的定价方法，包括理解价值定价法、反向定价法和需求差异定价法三种。

（一）理解价值定价法

当企业采取需求导向定价法时，通常可以采取理解价值定价法。所谓理解价值定价法，就是企业以消费者对商品价值的感受和理解的程度作为定价的依据的一种方法。此种定价方法不是仅考虑产品的成本费用，而是更多地考虑消费者对产品价值的理解，以及所能支付货币的能力。理解价值定价与现代市场定位观念相一致。企业在为其目标市场开发新产品时，在质量、价格、服务等各方面都需要体现特定的市场定位观念。产品在各个方面都能较好地满足需求，减少使用过程中的麻烦，因此这种定价法促进了产品的销售。

理解价值定价的关键，在于准确地计算产品所提供的全部市场理解价值。企业如果过高地估计理解价值，便会定出偏高的价格；如果过低地估计理解价值，则会定出偏低的价格。为准确把握市场理解价值，必须进行市场营销研究。

例如，有 A、B、C 三家企业均生产同一种开关，现抽一组产业用户作为样本，要求他们分别就三家企业的产品予以评比，有三种方法可供使用：

1．直接价格评比法

运用直接价格评比法，要求产业用户为三家企业的产品确定能代表其价值的价格。例如，其可能将 A、B、C 三家企业的产品分别定价为 2.55 元、2 元和 1.52 元。

2．直接理解价值评比法

运用直接理解价值评比法，要求产业用户根据其对三家企业开关的价值的理解，将 100 分在三者之间进行分配，假设分配结果为 42、33、25。如果这种开关的平均市场价格为 2 元，则我们可得到三个反映其理解价值的价格：2.55 元、2 元和 1.52 元。

3．诊断法

运用诊断法，要求产业用户就三种产品的属性（假定有产品耐用性、产品可靠性、交货可靠性、服务质量四种属性）分别予以评分。对每一种属性，分配 100 分给三家企业，同时根据四种属性重要程度的不同，也将 100 分分配给四种属性，假设结果如表 12-1 所示。把每个企业的评分乘以重要性权数，我们发现：A 企业提供的产品的理解价值高于平均数（42），B 企业提供的产品的理解价值相当于平均数（33），C 企业提供的产品的理解价值低于平均数（25）。A 企业能为其开关制定一个较高的价格，因为它被理解能提供较多的价值。如果企业想根据其产品的理解价值的比例定价，则可以将价格定为 2.55 元左右，因为平均质量的开关价格为 2 元×42／33＝2.55 元。假如三家企业都按其理解价值的比例定价，则每家企业都可享受到部分的市场占有率，因为它们提供的价值与价格之比均相等。

表 12-1 诊断法

重要性权数	属性	A 企业产品	B 企业产品	C 企业产品
25	产品耐用性	40	40	20
30	产品可靠性	33	33	33
30	交货可靠性	50	25	25
15	服务质量	45	35	20
100	认知价值	41.65	32.65	24.90

如果某一家企业的定价低于其理解价值，则它将得到一个高于平均数的市场占有率，因为当购买者与企业打交道时，其支付的货币可换回更多的价值。

（二）反向定价法

反向定价法是指企业依据消费者能够接受的最终销售价格，计算自己从事经营的成本和利润后，逆向推算出产品的批发价和零售价。这种定价方法不以实际成本为主要依据，而是以市场需求为定价出发点，力求使价格为消费者所接受。分销渠道中的批发商和零售商多采取这种定价方法。一般企业在两种情况下会采用这种定价方法：

1. 为了满足在价格上与现存类似产品竞争的需要，设计出价格方面能够参与竞争的产品。

2. 对新产品的定价，先通过市场调查或征询分销商的意见，拟定出购买者可以接受的价格，然后再从反向推算出出厂价。其推算步骤如下：

某产品市场零售价　11.00（卖给消费者的价格）

零售商加成 20%　11.00×20%＝2.20 元

批发商售价　11.00 元-2.20＝8.80 元（卖给零售商的价格）

批发商加成 15%　8.80 元×15%＝1.32 元

出厂价　8.80 元-1.32 元=7.48 元

从营销学的观点来看，这种定价是最为可取的，因为它是根据市场需求，根据购买力水平，消费者愿意支付价格而定的。

（三）需求差异定价法

这种定价方法以不同时间、地点、产品及不同消费者的消费需求强度差异为定价的基本依据，针对每种差异决定在基础价格上是加价还是减价。

实行差异定价要具备以下条件：市场能够根据需求强度的不同进行细分；细分后的市场在一定时期内相对独立，互不干扰；高价市场中不能有低价竞争者；价格差异适度，不会引起消费者的反感。

三、竞争导向定价法

企业以竞争者的同类产品的价格为主要依据，充分考虑本企业产品的竞争能力，选择有利于在市场中获胜的定价方法。这些方法主要有：随行就市定价法、低于竞争者产品价格定价法、高于竞争者产品价格定价法、投标定价法。

（一）随行就市定价法

随行就市定价法是指企业按照行业的平均现行价格水平来定价。这种方法用于企业难以对顾客和竞争者的反应做出准确的估计，自己又难以另行定价的情况。随行就市是依照现有本行业的平均定价水平定价，这样就容易与同行业和平共处，并且易于集中本行业的智慧，获得合理的收益，少担风险。在竞争十分激烈的同一产品市场上，消费者对行情很清楚，企业彼此同时也十分了解，价格稍有出入，顾客就会拥向价廉的企业。一家跌价，别家会跟着跌价，需求却不增加；一家提价，别家不一定提价，销量则下降。所以，随行就市定价是一种很流行的方法。在以下情况下往往采取这种定价方法：

1．难以估算成本；

2．企业打算与同行和平共处；

3．如果另行定价，很难了解购买者和竞争者对本企业的价格的反应。

（二）低于竞争者产品价格定价法

所谓低于竞争者产品价格定价，是指实力雄厚的大企业为了在短期内渗入乃至夺取其他企业的市场份额，扩大自己的市场占有率，常常以低于市场价格的价格（甚至低于成本价格的价格）进行倾销，以此战胜竞争对手后，再提高价格来弥补倾销时蒙受的损失。

（三）高于竞争者产品价格定价法

所谓高于竞争者产品价格定价法是指能制造特种产品和高质量产品的企业，凭借其产品本身独具的特点和很高的声誉，以及能为消费者提供相对于别的企业更高水平的质量和服务，而与同行竞争的一种方法。这些按较高价格出售的产品，一般是受专利保护的产品，或有良好企业形象的产品。

（四）投标定价法

投标定价法即政府采购机构在报刊上刊登广告或发出函件，说明拟采购商品的品种、规格、数量等具体要求，邀请供应商在规定的期限内投标。政府采购机构在规定的日期内开标，选择报价最低的、最有利的供应商成交，签订采购合同。某供货企业如果想做这笔生意，就要在规定的期限内填写标单，上面填明可供应商品的名称、品种、规格、价格、数量、交货日期等，密封送给招标人，这叫做投标。这种价格是供货企业根据对竞争者的报价的估计制定的，而不是按照供货企业自己的成本费用或市场需求来制定的。供货企业的目的在于赢得合同，所以它的报价应低于竞争对手的报价。这种定价方法叫做投标定价法。

然而，企业不能将其报价定得低于某种水平。确切地讲，它不会将报价定得低于边际成本，以免使其经营状况恶化。如果企业报价远远高出边际成本，虽然潜在利润增加了，但却减少了取得合同的机会。

第三节　定价的基本策略

定价策略是指制定或调整价格的技巧。它主要研究在不同的约束条件下达到定价目标的策略。定价策略与定价方法密切相关。定价方法着重于确定产品的基本价格，定价策略则着重于根据市场具体情况，运用价格手段，实现企业定价目标。定价策略有很多种，归纳起来主要有以下几种：

一、折扣定价策略

折扣定价策略是利用各种折扣和让价吸引经销商和消费者，促使他们积极推销或购买本企业产品，从而达到扩大销售、提高市场占有率的目的。这一策略能增加销售上的灵活性，给经销商和消费者带来利益和好处，因而在现实中经常被企业所采用。常见的价格折扣主要有以下几种形式：

（一）数量折扣

数量折扣，是指按顾客购买数量的多少给予不同的价格折扣，也是企业运用最多的一种价格折扣策略。一般来说，顾客购买的数量越多，或数额越大，折扣率越高，以鼓励顾客大量购买或一次性购买多种产品，并吸引顾客长期购买本企业的产品。数量折扣分为累积数量折扣和非累积数量折扣。累积数量折扣是指在一定时期内累计购买超过规定数量或金额给予的价格折扣，其优点在于鼓励消费者成为企业的长期顾客。非累积数量折扣是指按照每次购买产品的数量或金额确定折扣率，其目的在于吸引买主大量购买，利于企业组织大批量销售，以节约流通费用。企业采用数量折扣有助于降低生产、销售、储运和记账等各环节的成本费用。

（二）现金折扣

现金折扣，是指企业为了鼓励购买者尽早付清货款，加速资金周转，规定凡提前付款或在约定时间付款的买主可享受一定的价格折扣。运用现金折扣策略，可以有效地促使顾客提前付款，从而有助于盘活资金，降低企业的利率和风险。折扣大小一般根据付款期间的利率和风险成本等因素确定。

（三）季节折扣

季节折扣，是指企业对生产经营的季节性产品，为鼓励买主提早采购，或在淡季采购而给予的一种价格折让。在季节性产品销售淡季，资金占用时间长，这时如果能扩大产品销售量，便可加快资金周转，节约流通费用。在这种情况下，卖方以价格折扣来鼓励买方在淡季购买产品，并向其转让一部分因节约流通费用带来的利润，这对买卖双方都是具有积极意义的。厂家和中间商之间采用季节性折扣，可以促使中间商提早进货，保证企业生产能够正常进行。而零售企业在销售活动中实行季节折扣，能促进消费者在淡季提前购买产品，减少过季产品库存，加速资金周转。

（四）业务折扣

业务折扣，也称功能折扣，是生产厂家给予批发企业和零售企业的折扣，折扣的大小因商业企业在产品流通中的不同功能而各异。对批发商来厂进货给予的折扣一般要大些，零售商从厂方进货的折扣低于批发企业。

二、心理定价策略

在制定价格时，除了考虑以上客观因素，还有一个因素不可忽略，即定价策略中的心理因素。心理定价策略是充分了解、分析和利用消费者不同的消费心理，在采用科学方法定价的基础上，对价格进行一些灵活的甚至是艺术的调整。这并不是制定产品价格的主要因素，却有着明显的促销作用。心理定价策略一般有以下几种形式。

（一）尾数定价

尾数定价策略是企业或者零售商为产品制定一个与整数有一定差额的价格，使顾客产生心理错觉从而促使购买的一种价格策略。许多产品的价格，宁可定为 9.8 元或 10.2 元，而不定为 10 元，是适应消费者购买心理的一种取舍，尾数定价使消费者产生一种“价廉”的错觉，比定为 10 元反应积极，促进销售。在大多数消费者看来，带零头的价格是经过合理、精确的方法产生的，给人以货真价实的感觉，适应了消费者求廉、求信、求准的心理。当然，尾数定价一般适用于价值比较低的产品。

小案例 1

尾数定价的心理作用

心理学家的研究表明，价格尾数的微小差别，能够明显影响消费者的购买行为。一般认为，五元以下的商品，末位数为 9 最受欢迎；五元以上的商品末位数为 95 效果最佳；百元以上的商品，末位数为 98、99 最为畅销。尾数定价法会给消费者一种经过精确计算的、最低价格的心理感觉；有时也可以给消费者一种是原价打了折扣，商品便宜的感觉；同时，顾客在等候找零期间，也可能会发现和选购其他商品。

如某品牌的 54cm 彩电标价 998 元，给人以便宜的感觉。认为只要几百元就能买一台彩电，其实它比 1000 元只少了 2 元。尾数定价策略还给人一种定价精确、值得信赖的感觉。

尾数定价法在欧美及我国常以奇数为尾数，如 0.99，9.95 等，这主要是因为消费者对奇数有好感，容易产生一种价格低廉，价格向下的概念。但由于 8 与发谐音，在定价中 8 的采用率也较高。

（资料来源：根据互联网资料整理）

（二）整数定价

整数定价策略与尾数定价策略正好相反，有的产品不定价为 9.8 元，而定为 10 元，同样使消费者产生一种错觉，迎合消费者“便宜无好货，好货不便宜”的心理。以显示产品的高档，带有尾数，反而有失身份，这是针对求名或自尊心理较强的顾客所采用的定价策略。整数定价对低价产品来说有主观之嫌，但对高价产品却是适宜的。如一本书若定价为 199.80 元，会让顾客产生虚假的感觉，而定为 200 元可能会更好一些。

（三）声望定价

一些购买者通过联想与想象，把产品价格与个人的愿望、情感、个性心理结合起来，通过这种比拟来满足心理上的需要或欲望。比如，有的消费者热衷于追求时尚、高档、名牌的产品，以价格的高昂来炫耀自己的富有和社会地位，他们以拥有这类产品而获得心理上的满足。定价时可利用这种比拟心理，将有声望的产品制定比市场同类产品高的价格，即为声望定价策略。

此种定价法有两个目的：一是提高产品的形象，以价格说明其名贵名优；二是满足购买者的地位欲望，适应购买者的消费心理。有些产品由于企业多年的苦心经营，在顾客中有了一定声誉，顾客对它们也产生了信任感，所以即使价格定得比一般产品高一些，顾客还是能够接受的。这种定价策略特别适合于药品、饮食、化妆品及医疗等质量不易鉴别的行业产品。如美国宝洁（P&G）公司生产的系列产品，尽管比同类产品价格高许多，但仍备受众多消费者的青睐。

这种方法能有效地消除购买心理障碍，使顾客对产品或零售商形成信任感和安全感，顾客也从中得到荣誉感。比如，微软公司的 Windows98（中文版）进入中国市场时，一开始就定价 1998 元人民币，便是一种典型的声望定价。用于正式场合的西装、礼服、领带等产品，服务对象多为企业经理、律师、外交等职业的消费者，则都应该采用声望定价，否则，这些消费者就不会去购买。这种定价策略一般由那些具有较高声望的企业和较高声誉的著名品牌所采用，即所谓的“名牌高价”。对于在质量上高于市场同类产品或市场上尚无竞争者的产品，或者是可以作为礼品的产品，定高价不但是可能的，而且是必要的，因为定高价会满足一部分顾客的虚荣心，反而激起他们购买的欲望。

小案例 2

声望定价的实例

金利来领带，一上市就以优质、高价定位，对有质量问题的金利来领带他们决不上市销售，更不会降价处理。给消费者这样的信息，即金利来领带绝不会有质量问题，低价销售的金利来绝非真正的金利来产品。从而极好地维护了金利来的形象和地位。

如德国的奔驰轿车，售价二十万马克；瑞士莱克司手表，价格为五位数；巴黎时装中心的服装，一般售价二千法郎；我国的一些国产精品也多采用这种定价方式。当然，采用这种定价法必须慎重，一般商店、一般商品若滥用此法，弄不好便会失去市场。

（资料来源：根据互联网资料整理）

（四）习惯定价

消费者在长期的、大量的购买活动中，对某种产品需要支付多少金额会产生牢固的印象，渐渐在购买时形成了一种价格定势。这种价格定势心理对消费者的购买行为有着重要的影响，他们往往从习惯价格中去联想和对比价格的高低涨落，以及产品质量的优劣差异。企业对这类产品定价时，要充分考虑消费者的这种心理定势，不可随意变动价格，应比照市场同类产品价格定价。否则，一旦破坏消费者长期形成的消费习惯，就会使之产生不满情绪，导致购买的转移。比如：曾有商家出售白酒一瓶为 2.80 元，消费者早已成习惯，但因厂家涨价，零售商标价为 3.00 元，消费者就受不了了，极其愤怒，扭头就走。或者降低 0.2 元，消费者认为质量变差而犹豫不决。可想而知，产品降价后，反而吃力不讨好，因此，对于这种类型的产品只能采取习惯性定价策略。若产品确实需要调整价格，则应预先做好宣传，让顾客充分了解调价原因，先让价格为消费者心理所接受，后行调价。

（五）招徕定价

企业可利用节假日，举行“大减价”活动，采用让利招徕定价法。如美国有一家著名的商店，所售商品一律定价 99 美分，甚至彩电也是 99 美分一台（每天仅供应 10 台），借此招徕顾客。企业利用开业庆典或开业纪念日或节假日等时机，降低某些产品的价格，以吸引顾客的购买。如一些商店利用寒暑假开学前的时机，降低学习用品的价格，吸引学生购买。

一些超市和百货商店将某几种产品的价格定得特别低，以招徕顾客前来购买正常价格的产品。采取招徕定价方式时，要注意两个方面：一是特廉价格产品的确定。这种产品既要对顾客有一定的吸引力，又不能价值过高以致大量低价销售会给企业造成较大的损失；二是数量要充足，保证供应，否则没有购买到特价产品的顾客会有一种被愚弄的感觉，会严重损害企业形象。

招徕定价法的目的是吸引顾客，利用的是注意力的扩散，引起顾客注意是增加销售额的前提，当消费者因特价等因素前来的时候，一定要注意采取措施使顾客的注意力发生分散，如将特价产品放置在商店靠里的位置或在现场增加其他商品的POP广告，千万别让顾客进店后拿上特价产品就走。

小案例3

商场如何招徕定价

北京地铁有家每日商场，每逢节假日都要举办一元拍卖活动，所有拍卖商品均以1元起价，报价每次增加5元，直至最后定夺。但这种由每日商场举办的拍卖活动由于基价定得过低，最后的成交价就比市场价低得多，因此会给人们产生一种卖得越多，赔得越多的感觉。岂不知，该商场用的是招徕定价术，它以低廉的拍卖品活跃商场气氛，增大客流量，带动了整个商场的销售额上升，这里需要说明的是，应用此术所选的降价商品，必须是顾客都需要、而且市场价为人们所熟知的才行。

（资料来源：根据互联网资料整理）

小链接4

价格高开低走

价格具有强大的心理功能，价格高开低走就是这种心理功能的表现。

新品价格的功能是什么？新品的价格通常不是用来销售的，而是用来为产品定位的。这就决定了新品定价时通常要比正式销售价格高一点。

根据价格决定价值的原理，当新品价格较高时，会让消费者形成新品价值较高的心理暗示。但是，由于价格较高，消费者又会形成观望心理，不利于销售。

当定价较高的新品已经形成心理定势时，如果采取打折、促销、降价等方式，让消费者占便宜，就会让观望的消费者迅速采取行动。

“高开”是为了抬高身份，“低走”是为了让消费者占便宜。正因为如此，“高开低走”是中国企业推广新品常用的价格策略。

手机是最频繁使用“高开低走”策略的产品。因为手机属于象征性产品，手机上市通常采取“高开”策略给新品手机定位，形成“想买又太贵”的感觉，只让少数高收入阶层的消费者买得起。一旦高收入的消费者购买饱和后，价格开始“低走”，让低一层次的消费者感觉“以很划算的价格购买了高品位的手机”，如此不断“低走”，并最后淘汰该款手机。

（资料来源：金焕民，刘春雄.营销红皮书［M］.北京：企业管理出版社，2009）

三、地区定价策略

它是指与地理位置有关的修订价格的策略。一般地说，一个企业的产品，不仅卖给当地顾客，而且还要卖给外地顾客；而卖给外地顾客，把产品从产地运到顾客所在地，需要花一些装运费。所谓地区性定价策略，就是企业要决定：对于卖给不同地区（包括当地和外地不同地区）顾客的某种产品，是分别制定不同的价格，还是制定相同的价格。也就是说，企业要决定是否制定地区差价。地区性定价的形式主要有：

（一）FOB 原产地定价

所谓 FOB 原产地定价，就是顾客（买方）按照厂价购买某种产品。企业（卖方）只负责将这种产品运到产地某种运输工具（如卡车、火车、船舶、飞机等）上交货。交货后，从产地到目的地的一切风险和费用概由顾客承担。如果在产地某种运输工具上交货定价，那么每一个顾客都各自负担从产地到目的地的运费，这是很合理的。但是这样定价对企业也有不利之处，即远地的顾客有可能不愿购买这个企业的产品，而购买其附近企业的产品。

（二）统一交货定价

这种形式和前者正好相反，所谓统一交货定价，就是企业对于卖给不同地区顾客的某种产品，都按照相同的厂价加相同的运费（按平均运费计算）定价。也就是说，对全国不同地区的顾客，不论远近，都实行一个价。因此，这种定价又叫邮资定价。

（三）分区定价

这种形式介于前二者之间。所谓分区定价，就是企业把全国（或某些地区）分为若干价格区，对于卖给不同价格区顾客的某种产品，分别制定不同的地区价格。距离企业远的价格区，价格定得较高；距离企业近的价格区，价格定得较低。在各个价格区范围内实行一个价。企业采用分区定价也存在问题：

第一，在同一价格区内，有些顾客距离企业较近，有些顾客距离企业较远，前者就不合算。

第二，处在两个相邻价格区界两边的顾客，他们相距不远，但是要按高低不同的价格购买同一种产品。

（四）基点定价

所谓基点定价，是指企业选定某些城市作为基点，然后按一定的出厂价加从基点城市到顾客所在地的运费来定价，而不管货是从哪个城市起运的。有些公司为了提高灵活性，选定许多个基点城市，按照顾客最近的基点计算运费。

（五）运费免收定价

运费免收定价策略认为，如果生意扩大，其平均成本就会降低，因此足以抵偿这些费用开支。采取运费免收定价，可以使企业加深市场渗透，并且能在竞争日益激烈的市场上占据有利地位。

四、产品生命周期各阶段的定价策略

它是指企业根据产品生命周期不同阶段产销成本变化的特征，结合产品本身的性能和特点所采取的定价策略。产品生命周期通常分为导入期、成长期、成熟期和衰退期四个发展阶段。据此，企业可以采取不同的定价策略。

（一）导入期的定价策略

新产品从小批量生产后，即进入导入期。这种商品由于是新产品或新品种，在市场上占有一定的优势。但由于生产数量少，试制成本高，消费者对它的性能特点不够熟悉，商品之间的可比性不足等，对这类产品有三种定价策略可供选择。

1．高价策略

对某些产品生命周期较短、花色式样翻新较快的时尚商品，如鞋、帽、服装、儿童玩具、化妆品等，投入市场后如果销路兴旺，可以以较高的价格出售。因为这类商品在试销阶段，需求弹性小，需求评价高，即便实行较高的价格也容易出售，所以企业必须争取时间，在竞争对手还没有参与竞争的条件下，抢先占领市场，争取高额利润，即采用“撇脂定价法”；等到其他企业大量投产，市场由畅销转为平销，再把价格降下来，以保持价格的竞争力。

2．低价策略

对某些市场上有替代品的中、高档消费品，企业在生产初期只采用低价策略。因为这类商品需求弹性大、竞争对手多，进入市场后若能在价格上低于替代产品而质量上优于替代产品，就可以把更多的消费者吸引过来，并使竞争者难于参加竞争。所以低价策略能使商品迅速渗入市场，扩大市场占有率，这即为前面所说的“渗透价格策略”。使用这种定价策略，由于成本、利润的回收期比较长，要求企业必须拥有强大的经济实力和充足的资源储备。

3．中价策略

对一般日用生活必需品和重要的生产资料，因为它们都是生产和生活的重要物资，需求弹性比较小，采取高价策略，会损害消费者利益；而采取低价策略，又难于扩大利润。因此，对这类商品应当采取中价策略，即根据成本和销售情况，将价格定在介于高价和低价之间，使生产者、经营者和消费者都感到满意。

（二）成长期、成熟期的定价策略

新产品进入成长期以后，销售量迅速增加，成本不断下降，质量逐步提高，市场竞争者较少。这一阶段最有利于实现企业的目标利润。为此，企业一般都要制定目标价格。因为在成长阶段市场销售有保障，所以按目标利润来制定目标价格，可以比较有把握地组织实施。

产品进入成熟期以后，大批竞争者已进入市场，竞争日趋激烈，市场需求接近饱和，需求总量不可能继续增加，因此，必须根据市场条件的变化，实行竞争价格。企业只有制定出能战胜其他竞争者的价格，才能维护市场现状，或占领更大的市场。

小案例 4

沃尔玛的定价策略

沃尔玛能够迅速发展，除了正确的战略定位以外，也得益于其首创的折价销售策略。每家沃尔玛商店都贴有天天廉价的大标语。同一种商品在沃尔玛比其他商店要便宜。沃尔玛提倡的是低成本、低费用结构、低价格的经营思想，主张把更多的利益让给消费者，为顾客节省每一美元是他们的目标。沃尔玛的利润通常在30%左右,而其他零售商如凯马特的利润率都在45%左右。公司每星期六早上举行经理人员会议，如果有分店报告某商品在其他商店比沃尔玛低，可立即决定降。低廉的价格、可靠的质量是沃尔玛的一大竞争优势，吸引了一批又一批的顾客。

（资料来源：根据互联网资料整理）

（三）衰退期的定价策略

产品进入衰退期以后，销售量迅速下降，但成本并没发生相应的变化。这时的定价目标，只能争取保持原有的销售阵地，维护原有的经济收益，尽量减少损失。其定价策略可采取：

1．驱除价格

对需求弹性较大的产品，可以按成本定价，不再要求利润，这样可以将竞争者逐出市场，延长本企业产品生命周期。如果按成本定价仍不足以维持一定销售量，可以把价格降至成本以下，以便抽出资金投入新产品的试制和生产。

2. 维持价格

对一般生活必需品和重要的生产资料，继续保持成熟期价格，或只做小幅度的降价。因为这类商品销量相对稳定，利润变化不大，降价潜力较小，实行维护价格尚能保持一定销量。

五、差别定价策略

所谓差别定价，也叫价格歧视，是指企业按照两种或两种以上不反映成本费用的比例差异的价格销售某种产品或服务。

（一）差别定价主要形式

1．顾客差别定价

即企业按照不同的价格把同一种产品或服务卖给不同的顾客：例如，某汽车经销商按照价目表价格把某种型号的汽车卖给顾客 A，而按照较低价格把同一种型号汽车卖给顾客 B。这种价格歧视表明，顾客的需求强度和商品知识有所不同。

2．产品形式差别定价

即企业对不同型号或形式的产品分别制定不同的价格。但是，不同型号或形式产品的价格之间的差额和成本费用之间的差额并不成比例。

3．产品部位差别定价

即企业对于处在不同位置的产品或服务分别制定不同的价格，即使这些产品或服务的成本费用没有任何差异，例如剧院，虽然座位的成本费用都一样，但是不同座位的票价有所不同，这是因为人们对剧院的不同座位的偏好有所不同。

4．销售时间差别定价

即企业对于不同季节、不同时期甚至不同钟点的产品或服务分别制定不同的价格。例如，美国公用事业对商业用户（如旅馆饭馆等）在一天中某些时间周末和平常日子的收费标准有所不同。

小案例 5

蒙玛公司的定价策略

蒙玛公司在意大利以无积压商品而闻名，其秘诀之一就是对时装分多段定价。它规定新时装上市，以 3 天为一轮，凡一套时装以定价卖出，每隔一轮按原价削10%，以此类推，那么到10轮（一个月）之后，蒙玛公司的时装价就削到了只剩35%左右的成本价了。这时的时装，蒙玛公司就以成本价售出。因为时装上市还仅一个月，价格已跌到1/3，谁还不来买?所以一卖即空。

（资料来源：根据互联网资料整理）

（二）差别定价的适用条件

企业采取差别定价策略必须具备以下条件。

第一，市场必须是可以细分的，而且各个市场细分部分必须表现出不同的需求程度。

第二，以较低价格购买某种产品的顾客没有可能以较高价格把这种产品卖给别人。

第三，竞争者没有可能在企业以较高价格销售产品的市场上以低价竞销。

第四，细分市场和控制市场的成本费用不得超过因实行差别定价而得到的额外收入，这就是说，不能得不偿失。

第五，价格歧视不会引起顾客反感，放弃购买，影响销售。

第六，采取的价格歧视形式不能违法。

六、新产品定价策略

新产品的价格影响产品投入市场的效果。制定新产品定价策略的原则是：能高则高，该低就低。考虑的因素是鼓励用户采用新产品，给用户带来经济利益，提高企业开发新产品的积极性，鼓励推广使用新技术、新工艺；增强企业产品的竞争能力，提高经济效益。新产品定价策略通常有以下几种。

（一）撇脂定价

所谓撇脂定价，是指在产品生命周期的最初阶段，把产品的价格定得很高，以获取最大利润，有如从鲜奶中撇取奶油。企业所以能这样做，主要是为了尽快收回垫付资本，并断定竞争终究要使价格趋于下降，同时是因为有些购买者主观认为某些商品具有很高的价值。

撇脂定价策略的优点是：企业能够在短期内获得高额利润，尽快收回投资；有利于企业树立高档名牌的形象；有利于抑制市场需求的过快增长，使企业的生产能力与市场需求相适应；有利于企业根据市场变化调整价格。

撇脂定价策略的缺点是：由于高价厚利的吸引，使竞争对手迅速加入市场，因而不能保持企业长期稳定收益；不利于企业迅速拓宽市场，提高市场占有率；不利于企业改进产品质量、结构和性能；高价会使广大消费者难以接受。

从市场营销实践看，在以下条件下企业可以采取撇脂定价：

第一，市场有足够的购买者，他们的需求缺乏弹性，即使把价格定得很高，市场需求也不会大量减少。

第二，高价使需求减少一些，因而产量减少一些，单位成本增加一些，但这不致抵消高价所带来的利益。

第三，在高价情况下，仍然独家经营，别无竞争者。有专利保护的产品即是如此。

第四，某种产品的价格订得很高，使人们产生这种产品是高档产品的印象。

小案例 6

柯达如何走进日本

柯达公司生产的彩色胶片在20世纪70年代初突然宣布降价，立刻吸引了众多的消费者，挤垮了其他国家的同行企业，柯达公司甚至垄断了彩色胶片市场的90%。到了80年代中期，日本胶片市场被富士所垄断，富士胶片压倒了柯达胶片。对此，柯达公司进行了细心的研究，发现日本人对商品普遍存在重质而不重价的倾向，于是制定高价政策打响牌子，保护名誉，进而实施与富士竞争的策略。它在日本发展了贸易合资企业，专门以高出富士价格推销柯达胶片。经过5年的努力和竞争，柯达终于被日本人接受，走进了日本市场，并成为与富士平起平坐的企业，销售额也直线上升。

（资料来源：根据互联网资料整理）

（二）渗透定价

所谓渗透定价，是指企业把其创新产品的价格定得相对较低，以吸引大量顾客，提高市场占有率。在市场竞争激烈的环境中，采用此策略有积极的作用，同时因为定价低，在市场潜力大、竞争者容易渗透的情况下，给予竞争者一个价低利少、无利可图的印象和感觉，从而抑制了竞争者的渗透。

渗透定价策略的优点是：低价可以刺激市场需求迅速增长，使新产品迅速打开市场，快速提高市场占有率；能有效阻止竞争对手加入，因而可以相对地垄断市场；有利于扩大生产规模，降低单位产品的生产成本；能较长期占领市场，取得长远利益。

渗透定价策略的缺点是：企业要在较长时期内才能收回投资和获得收益；不利于树立名牌形象；有可能失去获得巨额利润的机会；遇到强有力的竞争者时，会造成重大损失；降价空间余地比较小。

从市场营销实践看，企业采取渗透定价需具备以下条件：

第一，市场需求显得对价格极为敏感，因此，低价会刺激市场需求迅速增长。

第二，企业的生产成本和经营费用会随着生产经营经验的增加而下降。

第三，低价不会引起实际和潜在的竞争。

七、产品组合定价策略

产品组合是一个企业所生产经营的全部产品大类和产品项目的组合。对于大多数企业来说，不仅仅只生产一种产品，如何从企业总体利益出发，为每一种产品定价，发挥每一种产品的作用，是企业定价中经常遇到的问题，企业需制定产品系列的价格，从而使整个产品组合取得整体的最大利润。可分别采用以下产品组合定价策略：

（一）产品线定价

当企业生产的系列产品存在需求和成本的内在关联性时，为了充分发挥这种内在关联性的积极效应，采用产品线定价策略。

首先，在定价时，要研究某种产品的最低价格，它在产品线中充当领袖价格，吸引消费者购买产品线中的其他产品。

其次，确定产品线中某种商品的最高价格，它在产品线中充当品牌质量和收回投资的角色。

最后，对产品线中的其他产品，也分别依据其在产品线中的角色不同而制定不同的价格。美国柯达（Kodak）公司生产了一种 110 型的照相机，必须使用小型号的专用胶卷。根据产品线定价策略，顾客购买这种 110 型的照相机，就必须购买该公司生产的高价专用胶卷。

（二）单一价格定价

企业销售品种较多而成本悬殊不大的商品时，为了方便顾客挑选和内部管理的需要，企业所销售的全部产品实行单一的价格。比如近几年北京市场上出现的“十元店”，即商店内所销售的商品一律定价为 10 元。又如国内的自助餐饭店，凡进店内消费的顾客，不管吃多吃少，只有一个价格。

（三）选择品定价

许多企业在提供主要产品的同时，还会附带一些可供选择的产品。汽车用户可以订购电子开窗控制器、扫雾器和减光器等。但是对选择品定价却是一件棘手的事。汽车公司必须确定价格中应包括哪些产品，又有哪些产品可以作为选择对象。汽车制造商只希望对简便型汽车做广告，来吸引人们到汽车展示厅参观，而将展示厅的大部分空间用于展示昂贵的特征齐全的汽车。饭店也面临同样的定价问题。其顾客除了定购饭菜外也买酒类。许多饭店的酒价很高，而食品的价格相对较低。食品收入可以弥补食品的成本和饭店其他的成本。而酒类则可以带来利润。这就是为什么服务人员极力要求顾客购买饮料的原因。也有饭店会将酒价制定得较低，而对食品制定高价，来吸引爱饮酒的消费者。

（四）附属产品定价

有些产品需要附属或补充产品。例如打印机墨盒、剃须刀片和胶卷等。制造商经常为主要产品（打印机、剃须刀架和照相机）制定较低的价格，而为附属产品制定较高的价格。例如，柯达照相机的价格很低，原因是它从销售胶卷上盈利。而那些不生产胶卷的照相机生产商为了获取同样的总利润，不得不对照相机制定高价。但如果补充产品的定价过高，就会出现问题。例如卡特匹勒公司对其他部件和服务制定了高价格，以便在售后市场中获取高额利润。该公司设备的加成率为 30%，而部件的加成率有时候达到 300%。这就给“非法仿制者”带来了机会。它们仿制这些部件，然后将它们销售给那些不老实的负责安装的技师。这些技师仍以原价计算，而不把节省的成本转让给顾客。这样，卡特匹勒公司的销售额下降了很多。卡特匹勒公司为了控制这种情况，劝说设备使用者只从被许可的经销商处购买部件，以保证设备的性能。但是，很显然，该问题是由于制造商对售后市场的产品定价过高造成的。

（五）分段定价

服务性企业经常收取一笔固定费用，再加上可变的使用费。例如，电话用户每月都要支付一笔最少的使用费，如果使用次数超过规定，还要再交费，游乐园一般先收门票费，如果游玩的地方超过规定，就再交费。在新加坡，新车的价格包括两个部分：第一部分是包括进口税在内的汽车成本；第二部分是获取驾驶执照的价格——拥有新车的权利。后者在拍卖行可以购得，那里每月都提供一定数量的用于不同车辆的驾驶执照。成功的驾车执照投标人要为享有买车的权利支付费用。服务性公司面临着和补充产品定价同样的问题，即应收多少基本服务费和可变使用费。固定成本应较低，以推动人们购买服务，利润可以从使用费中获取。

（六）副产品定价

在生产加工肉类、石油产品和其他化工产品的过程中，经常有副产品。如果副产品价值很低，处理费用昂贵，就会影响到主要产品的定价。制造商确定的价格必须能够弥补副产品的处理费用。如果副产品对某一顾客群有价值，就应该按其价值定价。副产品如果能带来收入，将有助于公司在迫于竞争压力时制定较低的价格。

（七）产品组合定价

企业经常以某一价格出售一组产品，例如化妆品、计算机、假期旅游公司为顾客提供的一系列方案。这一组产品的价格低于单独购买其中每一产品的费用总和。因为顾客可能并不打算购买其中所有的产品，所以这一组合的价格必须有较大的降幅，以此来推动顾客购买。有些顾客不需要整个产品组合。假设一家医疗设备公司免费提供送货上门和培训服务，某一顾客可能要求免去送货和培训服务，以获取较低的价格。有时，顾客要求将产品组合拆开。在这种情况下，如果企业节约的成本大于向顾客提供其所需商品的价格损失，则公司的利润会上升。例如，供应商不提供送货上门可节省 100 美元，这时向顾客提供的价格的减少额为 80 美元，则它的利润就增加了 20 美元。

本章小结

1. 影响定价的因素包括企业定价目标、产品成本、市场供求关系、市场竞争状况、产品生命周期、企业的营销组合策略及国家的政策法规等。

2. 企业定价有三种导向即成本导向（包括成本加成定价法、目标定价法、收支平衡定价法和边际贡献定价法）、需求导向（包括理解价值定价法、反向定价法和需求差异定价法）和竞争导向（包括随行就市定价法、低于竞争者产品价格定价法、高于竞争者产品价格定价法、投标定价法）。

3. 企业定价策略包括新产品定价策略、产品组合定价策略、心理定价策略、折扣定价策略、产品生命周期价格策略、差别定价策略以及地区定价策略。

能力培养指导

- 评估企业定价三种方法各自的利弊。
- 结合所学的企业定价策略的知识，找几个实例，进行一下梳理，看看他们分别运用了什么定价策略。

案例应用 1

别克凯越 Excelle 轿车的价格策略

上海通用汽车先后推出了经济型轿车赛欧（8.98—12.98 万元）和中高档轿车别克君威（22.38—36.9 万元）。赛欧针对的是事业上刚刚起步、生活上刚刚独立的年轻白领；而别克君威则针对的是已经取得成功的领导者。中级轿车市场是中国轿车市场的主流，这一汽车板块为中国汽车业带来了巨大的利益，同时也是竞争最激烈的市场。中级轿车市场多以公务商务使用为主，兼顾私用，目前中级轿车月销售量在 2.4 万台左右，而且仍在迅速增长。上海通用汽车由此推出"别克凯越"，从而正式进军极具潜力的中级车市场。别克凯越的市场主要竞争对手包括：爱丽舍、日产阳光、宝来、威驰、福美来、捷达、桑塔纳 2000 等。

在 2003 年 8 月上市的别克凯越 LE-MT 豪华版（1.6 升手动档）售价为 14.98 万元，别克凯越 LS-AT 顶级版（1.8 升自动档）售价为 17.98 万元。

当时，中国国内的中档车的市场竞争相当激烈，多种因素影响了别克凯越的上市价格。别克凯越要面对的一个逐渐成熟的市场，爱丽舍、日产阳光、宝来、威驰、福美来、捷达、桑塔纳 2000 等车型已经占据相当大的市场份额，同时，这些车型又具有很高的性价比。

中档车市场面对的是中国社会中最具有经济实力的一个阶层，一般来讲，这样的家庭都具有以下特征：男性，已婚，30—45 岁，家庭月收入超过一万元，大专以上文化教育程度，在国企或私企担任中级经理或是中小型私营企业主，他们购买凯越的用途是以公务商务为主，兼顾私用。因此，别克凯越是专为中层经理人、小型私企业主打造的中档公务商务兼私用座驾，它以现代动感的外观、高效人性化的空间、卓越先进的科技配备满足了潜在车主实用、可靠、时尚、符合身份档次的用车需求，成为其事业和生活的可靠伴侣。

另外，在市场已经被占领的情况下，别克凯越只有更好的性价比才可以在市场中占有一席之地。在性能上，别克凯越配置了许多高档车的设备，而在价格上，别克凯越在同档次的车型中价格居中上水平。

在分析以上影响因素之后，我们可以看到，别克凯越的市场定价不高，采用了满意定价的方法，制定不高不低的价格，可以同时兼顾厂商、中间商及消费者利益，使各方面满意。相对于同一类的车而言，例如，宝来 1.6 手动基本型的售价是 15.5 万元，而宝来 1.8 舒适型的售价是 18.5 万元，在性能详尽的情况下，别克凯越的售价比同档次的宝来低了很多。因此，对中级车主力的宝来构成了巨大的冲击。

上海通用是世界最大的汽车制造厂商，别克是世界名牌。但是，别克凯越采用了一种跟随的定价方式，在同类车中，价格低于宝来和配置更好的威驰，并没有定高价。可见，上海通用汽车进入中级车市场的决心。

同时，我们可以看到它采用了尾数定价的技巧。这无疑又为别克凯越占领市场建立了一个好的口碑。别克凯越 1.6 的定价虽然离 15 万只是差了 200 元，但是消费者在心理上没有突破 15 万的心理防线，给顾客价廉的感觉。而同一档次、性能相近的宝来的售价是 15.5 万元人民币，使消费者有价格昂贵的感觉。同时别克凯越采取了以数字 8 为结尾，很符合中国人的习惯，这与大多数轿车生产厂商的定价方法是相同的。

当时，别克凯越需要加价购车，虽然加价，但比起同性能的车型，价格还是相对便宜，因此，面对同类中级车的不断降价，别克凯越很难降价。但是，加价买车的现象会随着产量的增加而消失。面对众多竞争者相继降价，或者提高性能变相降价，别克凯越无疑面对更大的压力。直接降价无疑会对品牌的声誉产生很大的影响，一个顾客很难接受一个汽车品牌不断的降价，不仅损害了顾客的利益，而且还损害了厂商自身的利益。因此，面对宝来、威驰等主力中级车型的降价，以上海通用一贯的价格策略，别克凯越将会采用提高性能或者实行优惠的政策来变相降价。

别克凯越进入市场三个月内，销量突破了两万辆大关，创造了中国轿车业的奇迹，这和上海通用稳定的价格策略是分不开的。上海通用一般采取一种具有刚性的价格，很少采用降价销售的竞争手段，虽然赛欧一度降价，但保持了一定的稳定性，避免了品牌知名的下降。对于别克凯越，上海通用同时又采用一种满意定价，其价格低于同类车中性能详尽的车型，因此，消费者增加了满意感。

（资料来源：根据互联网资料整理）

【讨论题】

1. 影响别克凯越定价的主要因素有哪些？

2. 作为一个消费者，当你面对 14.8 万元和 15.0 万元的价格时，你首先会有什么样的印象？

3. 为什么别克凯越会采取变相降价的策略？

案例应用 2

让顾客自己定价

美国匹兹堡市有一家名叫朱利奥的家庭餐馆，店主在经营上出了一个新招：让顾客自己定价。顾客可以根据饭菜的质量好坏自行决定付款多少。不论出价高低，老板都无异议。如果顾客觉得不满意，也可以分文不给。在餐馆的菜单上写着这样几句话“到朱利奥餐馆来的顾客，相信会给我们带来好运。因此菜单上没有开列定价，请您自己决定您享用的饭菜价值如何。”顾客克雷斯夫人和她女儿在这里吃了一顿别致的晚餐，自愿付了 11 美元。而在别的餐馆的菜单上，同类饭菜的标价大约只有 5.7 美元。相比之下，无价菜单餐馆的获利，有时竟能比有价菜单餐馆高出许多，出于对“自愿定价法”的好奇，只有 34 个座位的朱利奥餐馆，已成为当地的一个热闹场所，每日营利收入比以往增加了 75%，以致不得不添雇帮工。

（资料来源：根据互联网资料整理）

【讨论题】

1. 让消费者自己定价的做法是利用了消费者的什么心理动机？满足了他们哪方面的需求？

2. 让消费者自己定价的做法有什么好处？

第十三章　分销渠道

学习目标：

- 理解分销渠道的概念、特点。
- 了解中间商的类型和作用。
- 熟悉分销渠道的类型，理解分销渠道的设计。
- 理解渠道物流管理和第三方物流。

实践中的分销渠道

春兰与中间商的密切合作

江苏春兰集团的受控代理制为渠道合作提供了范例。所谓受控代理制是指代理商要进货，必须提前将货款以入股方式先交春兰公司，然后按全国规定，提走货物。这一高明的市场营销战术，有效地稳固了销售网络，加快了资金周转，大大提高了工作效率。当一些同行被“互相拖欠”拖得精疲力竭的时候，春兰却没有一分钱拖欠，几十亿流动资金运转自如。目前，春兰公司已在全国建立了13个销售分公司，同时还有2000多家经销商与春兰建立了直接代理关系，二级批发，三级批发，加上零售商，销售大军已达10万之众。春兰的成功并非单纯地靠预付货款，更重要的是靠质量、价格与服务。春兰空调的质量，不仅在全国同行首屈一指，而且可以同国际上最先进的同类产品媲美。其次，无论是代理商还是零售商，都是从销售中获得理想的效益，赔本交易谁也不会干。而质量第一流的春兰没有忘记给中间商更多的实惠，公司给代理商大幅度让利，有时甚至高达售价的30%，年末还给予奖励。这一点，许多企业都难以做到。有的产品稍有点“名气”就轮番提价，想把几年的利润在一个早晨就全部赚出来，根本不考虑代理商和经销商的实际利益。这种见利忘义的做法，把许多中间商都吓跑了。再次是服务。空调买回去如何装？出了毛病找谁？春兰为了免除10万中间商的后顾之忧，专门建立了一支庞大的售后服务的近万人的安装、调试、维修队伍。他们实行24小时全天候服务。顾客在任何地方购买了春兰空调，都能就近得到一流的售后服务。春兰正是靠这些良好的信誉与中间商密切合作的。10万中间商也给了春兰优厚的回报：他们使春兰空调在国内市场上的占有率达到40%，在同行各企业中遥遥领先。

评述

渠道合作是同一渠道中各成员之间的合作行为。渠道乃是不同企业为了相互利益而结成的联盟。制造商、批发商和零售商互相取长补短，各取所需，相得益彰。对每一参与者来讲，这种合作关系所带来的利益比各行其是大得多。然而，像春兰空调这样与中间商密切合作的情形尚不多见。在市场营销实践中，每一渠道系统内仍有发生渠道冲突的倾向。渠道冲突可分水平渠道冲突与垂直渠道冲突两种。

第一节　营销渠道

营销渠道（marketing channel）的重心在于实现产品在空间上的位移和实际交付，随着营销实践的发展和理论的深入，营销渠道不仅指将产品从制造商手中传递给目标客户的全部分拨过程，而且兼有产权交易、物流管理和促销等多种功能和内涵。所谓分销渠道，是指某种产品和服务在从生产者向消费者转移过程中，取得这种产品和服务的所有权或帮助所有权转移的所有企业和个人。因此，分销渠道包括商人中间商（因为他们取得所有权）和代理中间商（因为他们帮助转移所有权），此外，还包括渠道起点和终点的生产者和最终消费者或用户。但是，不包括供应商、辅助商。在现代社会中大部分生产企业并不是将产品直接销售给最终消费者和用户，而是借助一系列中间商的买卖活动来实现。

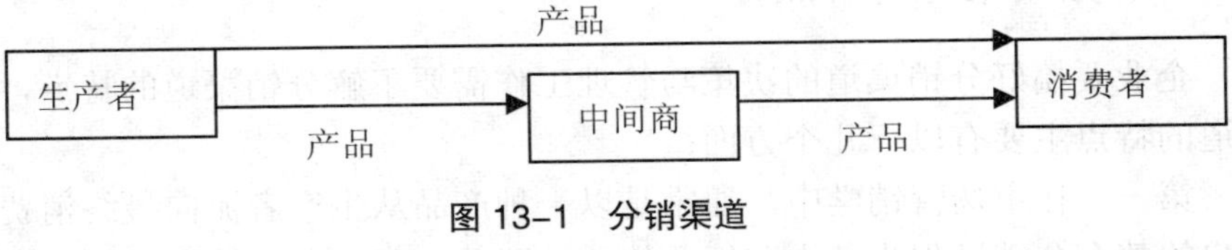

图 13-1　分销渠道

在现代商品经济条件下，大部分生产企业并不直接把产品销售给最终消费者或用户，而要借助于一系列中间商的转卖活动。商品在流通领域内的转移，包括由商品交易活动完成的商品所有权转移过程和由储存、运输等完成的商品实体转移过程两个方面。商品实体转移的动向和经过的环节并不一定与商品所有权转移的动向和经过环节完全一样。例如，商品从生产者到零售商可能经过两道批发商与商品交易活动，但这些批发商实际上并没有运送或保管过该商品；另一方面，即使有若干专业的运输公司或仓储公司参与了商品实体转移活动，但他们却从未介入任何商品的买卖交易活动，他们只是提供了服务。因此，分销渠道的含义，一般仅指由参与了商品所有权转移或商品买卖交易活动的中间商组成的流通渠道。分销渠道的起点是生产者，终点是消费者或用户，中间环节包括各参与了商品交易活动的批发商、零售商、代理商和经纪人。严格地说，后两类中间商并不对商品拥有所有权，但他们帮助达成了商品的买卖交易活动，因此，也可作为分销渠道的一个环节。所以，只要是从生产者到最终消费者或用户之间，任何一组与商品交易活动有关并相互依存、相互关联的营销中介机构均可称作一条分销渠道。

分销渠道具有下列特征：

（1）分销渠道是一个流通体系。它一端连接生产，另一端连接消费，是实现产品从生产企业不断流向消费者（用户）的整个流通过程。

（2）分销渠道由一群相互依存的组织或个人组成，其成员通常包括生产者、中间商（批发商、代理商、零售商）和消费者，他们共同为解决产品流通问题发挥各自不同的营销功能，形成合作关系；同时也会因不同的利益和其他原因发生矛盾和冲突，需要协调和管理。

（3）分销渠道的实体是购销环节。产品在渠道中通过购销活动转移所有权，流向消费者。

（4）分销渠道是一个多功能系统。它不仅要通过在适当的地点，以适当的质量、数量和价格供应产品和服务以满足需求，而且要通过各成员的促销活动来刺激需求。分销渠道通过完成其系统功能，为最终消费者创造价值。

一、分销渠道的特点

企业要搞好分销渠道的决策与管理工作需要了解分销渠道的特点，分销渠道的特点主要有以下几个方面：

第一，在市场营销学中，通常是以一种产品从生产者流向最终消费者或用户的整个分销过程为基本分析单位的。因此，每一条分销渠道的起点都是产品生产企业，终点则是那些在生活消费或生产消费中使用产品的最终消费者或用户。

第二，分销渠道是由参与商品流通过程的各类型的机构和人员（如生产者、各种代理商、批发商、零售商等）组成的，只有通过这些机构和人员，产品才能从生产者流向最终消费者或用户。

第三，在商品从生产企业向最终消费者或用户流动的过程中，商品的所有权也要发生转移，产品所有权至少转移一次，有的分销渠道需发生多次所有权的转移，商品所有权转移的次数取决于流通过程中间环节的多少，也取决于中间商的类型。

第四，在分销渠道中，除商流（所有权转移）之外，还有与之相匹配的物流、货币流、促销流、信息流等活动形式。这些流动与商流是相辅相成的，但是这些流动在时间、空间与流向上并不完全一致。由于分销渠道是这些流动的载体，因而一条分销渠道的优劣也就取决于分销渠道能否使这些流动具有安全性、协调性、顺畅性、准确性、经济性与高效率。

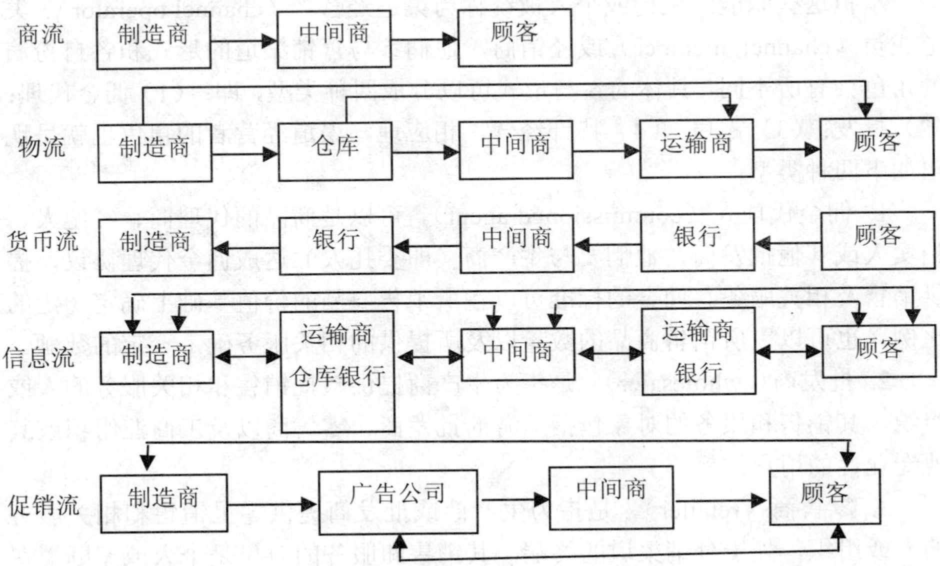

图 13-2　分销渠道流程

在以上流程中分销渠道发挥着这样几项功能：

第一，研究：即收集制定计划和进行交换时所必需的信息。

第二，促销：即进行关于所供应货物的说服性沟通。

第三，接洽：即寻找可能的购买者并与其进行沟通。

第四，分配：即使所供应的货物符合购买者需要，包括制造、装配、包装等活动。

第五，物流：即从事商品的运输、储存等。

第六，谈判：即为了转移所供货物的所有权，而就其价格及有关条件达成最后协议。

第七，融资：即为补偿渠道工作的成本费用而对资金的取得与使用。

第八，风险承担：即承担与从事渠道工作有关的全部风险。

二、渠道经营者的类型

根据《世界贸易组织》关于分销服务的规定，分销渠道所承担的基本职能包括：商品的转售；存货管理；整批货物的集中、分类和分级；整批货物的拆包和拆零；送货服务；冷藏、存贮、仓储和泊车服务；促销和广告、安装及包括维修和培训服务在内的售后服务。

承担这些职能的机构或个人被统称为渠道经营者（channel operator）、渠道成员（channel member）或经销商，他们参与营销渠道的形式和各自扮演的角色会有所不同，具体的参与形式可以分成四种类型，即：（1）佣金代理；（2）批发；（3）零售；（4）特许经营。相应地，渠道经营者的角色也就呈现出如下四种类型：

1. 佣金代理人（commissioned agent）。可以是商品的代理商、经纪人、拍卖人或其他批发商，他们要与生产商（即委托人）达成佣金代理协议，提供销售及相关服务。佣金的标准可以在所销售商品的价值基础上确定一定的比例，也可以以所销售商品的数量以及所提供的相关服务确定一定的数额。

2. 批发商（wholesaler）。是指为生产商提供整批销售和相关服务的人或组织，其销售和服务的对象包括下游的批发商、零售商以及工商业组织或其他专业性的用户。

3. 零售商（retailer）。是指为生产商或批发商提供零星销售和相关服务的人或组织，处于分销渠道的终端，其销售和服务的对象是个人或家庭消费者。零售业务可以具有固定的地点（如商店、货摊等），也可以没有固定的地点，如流动货车、上门推销等。

4. 特许经营者（franchisor/franchisee）。作为营销渠道的一种经营方式，特许经营（franchise）是指由一方就自己专有的商号、某种产品的商标及使用方式或者特定的商业经营形式授权给另一方，并从中提取一定的特许经营费。其中，授权的一方叫作特许人（franchisor），接受授权的一方叫作被特许人（franchisee）。商业经营形式包括商业计划、培训材料、操作指南、质量控制体系、物流方式、店面的设置、用具的标识和规格等内容。

三、分销渠道结构

（一）渠道的层次结构

分销渠道按有无中间商参与以及所包含的中间商层级多少，可以分为零级渠道、一级渠道、二级渠道和三级渠道。渠道的长短是根据产品流通的中间环节多少来判断的，所以零级渠道最短，三级渠道最长。

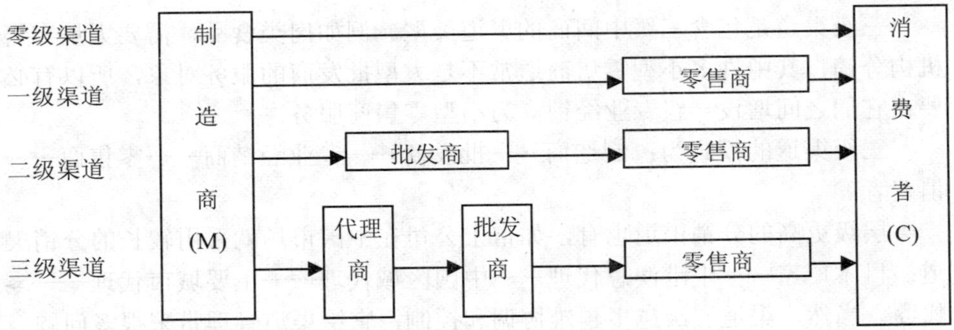

(a) 消费品市场分销渠道

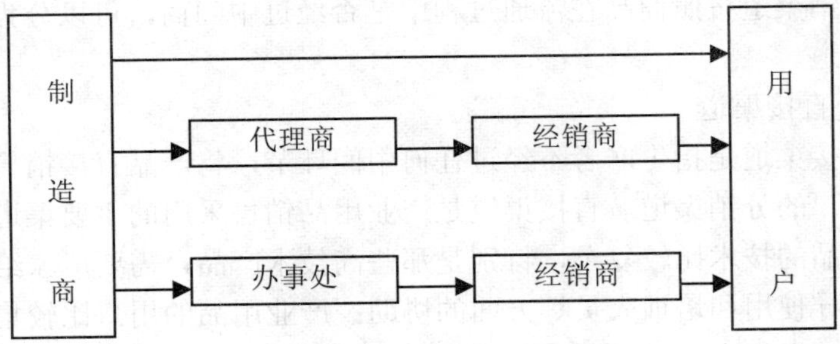

(b) 工业品市场分销渠道

图 13-3　分销渠道层次结构

1. 零级渠道

零级渠道也称直接渠道，是指制造商将产品直接销售给消费者，没有中间商介入，即从制造商直接到用户的渠道。工业品的分销就主要采用这种形式，如大型设备、专用工具及技术复杂、需要提供专门服务的产品。消费品中也有部分采用直接分销形式，如鲜活产品。零级渠道的具体方式有上门推销、自设销售机构、网络直销等。

2. 一级渠道

一级渠道即由制造商通过中间商到消费者的渠道。在消费品市场，这个中间商通常是零售商；在工业品市场则可能是代理商或经销商。

3. 二级渠道

二级渠道即含有两级中间商。消费品二级渠道的典型模式是制造商——批发商——零售商——消费者，工业品的二级渠道的模式则多为制造商——代理商——零售商——用户。

4. 三级渠道

三级渠道是包含三级中间商的渠道类型。例如肉类食品，需要大量零售机构分销，其中许多小型零售商通常不是大型批发商的服务对象，所以有必要在它们之间增设一级专业经销商为小型零售商服务。

三级渠道的模式为：制造商——批发商——专业经销商——零售商——消费者。

层级更高的分销渠道也有，如富士公司在中国市场就采用较长的分销渠道：日本厂家——中港澳总代理——中国区域代理——主要城市代理——零售商。当然，渠道层级越多越难协调和控制，它给渠道管理带来很多问题。

（二）直接渠道和间接渠道

分销渠道按照商品在流通过程中是否经过中间商，可以分为直接渠道和间接渠道。

1. 直接渠道

直接渠道是指生产者不经过任何中间环节，将产品直接销售给最终消费者或用户的分销渠道。直接渠道是产业用品销售采用的主要渠道，因为多数产业用品的技术比较复杂，特别是那些高技术产品，需要厂家给予安装、维护、指导使用和培训人员等方面的协助；产业用品的用户比较集中而且购买批次少、批量大，易于集中供货。直接渠道的优点主要有：

（1）了解市场。生产者通过与用户直接接触，能及时、具体、全面地了解消费者的需求和市场变化情况，从而能及时地调整生产经营决策。

（2）减少费用。销售环节少，商品可以很快地到达消费者手中，从而缩短了商品流通时间，减少流通费用，提高了经济效益。

（3）加强推销。技术含量较高的商品，生产者可以对推销员进行训练，有利于扩大销售。较之中间商，消费者往往更信赖生产者直销的商品。

（4）控制价格。一般情况下，分销渠道越长，生产者对产品价格控制的能力越差；分销渠道越短，对价格控制能力也越强。

（5）提供服务。生产者能够直接给用户提供良好的服务，增强企业竞争力，促进产品销售。

但是直接渠道也存在缺点：生产者增设销售机构、销售设施和销售人员，就相应增加了销售费用，同时也分散生产者的精力；由于生产者自有的销售机构总是有限的，致使产品市场覆盖面过窄，易失去部分市场；由于生产者要自备一定的商品库存，这就相应减缓了资金的周转速度，从而减少了对生产资金的投入；商品全部集中在生产者手中，一旦市场发生什么变化，生产者要承担全部损失。

一般大型设备、专用工具以及技术复杂、需要提供专门服务的产品，企业都采用直接渠道分销，如飞机的出售是不可能由中间商介绍的。在消费品市场，直接渠道也有扩大趋势，像鲜活商品，有着长期传统的直销习惯；新技术在流通领域中的广泛应用，也使邮购、电话及电视销售和互联网销售方式逐步展开，促进了消费品直销方式的发展。

2．间接渠道

间接渠道是指生产者通过若干中间环节，包括经销商、代理商、批发商、零售商等，把产品销售给最终消费者或用户的分销渠道。其优点是：

（1）为生产企业缩短了买卖时间，在一定程度上帮助生产企业节约了营销费用，有利于生产企业把人、财、物等资源集中用于发展生产。

（2）中间商具有较丰富的市场营销知识和经验，又与顾客保持着密切而广泛的联系，了解市场情况及顾客的需求特点，因而能够有效地促进商品的销售，弥补生产企业销售能力弱的缺陷。

（3）在间接渠道中，中间环节承担了采购、运输和销售的任务，起到了集中存储、平衡与扩散商品的作用，进而调节了生产与消费需求之间的商品数量、花色品种和等级方面的矛盾。但是，间接渠道也存在一定的缺点：流通环节多，销售费用增多，也增加了流通时间；生产者获得市场信息不及时、不直接；中间商对消费者提供的售前售后服务，往往由于不掌握技术等原因而不能使消费者满意。间接渠道是消费品销售采用的主要渠道，有些产业用品如次要设备、零部件等也经常使用这种渠道。

小案例 1

美国胜家公司在美国各地设有缝纫机商店，自产自销，并经营教授缝纫等服务项目；美国火石轮胎和橡胶公司在利比里亚拥有橡胶种植园，在美国橡胶工业中心亚克朗、俄亥俄拥有轮胎工厂，其下属的批发机构和零售机构遍布全美国。另一种公司系统是大零售公司，如美国零售业巨头西尔斯·罗巴克、大西洋和太平洋茶叶、彭尼公司等，也拥有和统一管理若干批发机构、工厂等，采取工商一体化经营方式，综合经营零售、批发、加工生产等业务，例如，希尔温·威廉公司目前拥有并经营2000 家以上的零售商店。据报道，西尔斯公司出售的商品中，有50%来自它拥有股权的制造厂。假日旅馆正在形成一个自我供应的网络，它包括地毯厂、家具制造厂以及大量为其所控制的再分销机构。总之，这些组织以及其他类似组织都是大规模的、垂直一体化的系统。

（三）长渠道和短渠道

在商品流通过程中，从生产者开始，商品每经过一个直接或间接地转移商品所有权的营销机构就称之为一个流通环节或一个中间层次。分销渠道的长度取决于商品在整个流通过程中经过的流通环节或中间层次的多少，经过的流通环节或中间层次越多，分销渠道就越长；反之，分销渠道就比较短。

1．长渠道

长渠道是指经过两个或两个以上的中间环节把产品销售给消费者的分销渠道，即二阶以上的销售渠道。该渠道的优点是：

（1）渠道长、分布密、触角多，能有效地覆盖市场。

（2）扩大商品的销售，能充分利用中间商的职能作用，市场风险小。

（3）生产者把产品大量销售给中间商，减少了资金占用，从而节约了费用开支。但是长渠道也存在缺点：长渠道使生产者市场信息迟滞；生产者、中间商、消费者之间关系复杂，难以协调；商品价格一般较高，不利于市场竞争。

2．短渠道

短渠道是指没有或只经过一个中间环节的销售渠道。其优点是：

（1）能减少流通环节，流通时间短，费用省，产品最终价格较低，能增强市场竞争力。

（2）信息传播和反馈速度快。

（3）由于环节少，生产者和中间商较易建立直接的、密切的合作关系。但是短渠道也存在缺点：迫使生产者承担更多的商业职能，不利于集中精力搞好生产。

我们不能简单地说长渠道好还是短渠道好。分销渠道长度决策的关键在于，企业选择的渠道类型应具有较高的分销效率和经营效益。一般情况是，在长渠道中商品分销的职能分散在多个市场营销机构的身上，在短渠道中商品分销的职能相对集中地由少数市场营销机构来承担。例如，一家服装加工厂决定改由自己的推销机构直接向消费者出售商品，这样一来这家服装加工企业就要把原来由批发商、零售商替它承担的储存、运输、包装、匹配、资金周转、风险承担等多项职能统揽起来。因此，企业在选择分销渠道时，关键是要针对自身条件和环境要求，权衡利弊得失，选择适合本企业和产品的渠道。

（四）宽渠道和窄渠道

分销渠道的宽度，取决于分销渠道内每个层次上使用同种类型中间商数目多少。在分销渠道的每个层次上，使用同种类型中间商数目越多，分销渠道越宽，反之，分销渠道就比较窄。某种产品的生产者只通过较少的批发商、零售商经销其产品，或者在某一地区仅授权给一家批发商或零售商经销其产品，这种分销渠道就比较窄。

1．宽渠道

宽渠道是指生产者通过两个或两个以上的同类中间商来销售自己的产品。例如，某种产品的生产者通过较多的批发商、零售商将其产品销售给广大地区的消费者，这种产品的分销渠道就比较宽。其优点是：

（1）通过多家中间商来广泛分销，使消费者随时随地买到需要的产品。

（2）容易使竞争者展开竞争，提高产品的销售效率。但是也有缺点，不利于中间商的合作。

2．窄渠道

窄渠道是指生产者只选用一个中间商来销售自己的产品。其优点是：有利于生产者控制市场和价格，激发中间商经营的积极性，提高企业形象。但也存在一定的风险，如果中间商选择不当，会给企业在这一地区的销售活动带来很大的损失。

3．渠道系统

分销渠道在其自身的发展过程中不断进步完善，新的分销机构不断地涌现，新的渠道系统开始形成，在发达国家，一些渠道正在逐步走向现代化和系统化。传统的销售渠道是一个高度分散的组织，它是由一个个独立的生产者、批发商和零售商等组成，它们之间的关系松弛，每个渠道成员都是作为一个独立的企业实体来追求自己利润的最大化。它们各自为政，激烈竞争，在利益上互不相让，即便因为自身的利益而损害了渠道整体的利益也在所不惜。

四、新渠道系统

传统的分销渠道由于目标的分散和组织的松弛，必定会带来一定的混乱，从而影响渠道成员的整体利益。为了弥补传统分销渠道的不足，新的渠道系统应运而生并获得了发展。这里主要介绍垂直营销系统、水平营销系统和多渠道营销系统。

（一）垂直营销系统

垂直营销系统是由生产者、批发者和零售者所组成的统一联合体，它是一个有组织的网络系统，实行专业化管理。在该系统中，各个渠道成员为了提高经济效益，都采取不同程度的一体化经营或联合经营模式。在这个系统中，某个渠道成员拥有其他成员的产权，或者它们之间形成了一种契约的关系，或者某个渠道成员拥有相当的实力，其他成员愿意与之合作，使该成员对渠道系统拥有一定的支配权。垂直营销系统可以由生产者支配，也可以由批发商或零售商支配，支配者事先规定了要达到的经营目标。垂直营销系统的这些特点有助于消除渠道成员为了追求自己的利益而造成的冲突，也能够通过其经营规模、谈判实力和避免重复经营的特性实现规模经济，并有效地进行竞争。

垂直营销系统是西方战后商业发展和竞争加剧的结果，它作为一种分销形式，在产品销售中发挥着日益重要的作用。据统计，现代西方在消费品销售中，垂直营销系统已经占据了主导地位，覆盖了该类市场分销渠道的60%～70%。

下面介绍垂直营销系统的三种主要类型。

1. 公司式垂直营销系统

该系统是指一家企业拥有并统一管理若干工厂、批发机构和零售机构，控制分销渠道的若干层次，甚至控制整个分销渠道，综合经营生产、批发和零售业务。这种渠道系统又可分为两种：一种是大型生产性企业拥有和统一管理若干生产单位和商业机构，采取向前一体化经营方式；一种是大型零售企业拥有和统一管理若干工厂和批发机构，采取向后一体化经营方式，综合经营零售、批发和加工生产等业务。但是，许多制造商，即便是某些大型的制造商都不能或不愿建立销售其产品所需要的全部商业机构，而是在采取公司式分销渠道的同时建立其他的渠道系统。

2. 管理式垂直营销系统

由渠道中一个规模较大、实力较强的成员来组织和协调整个渠道系统运作。渠道的组成者并不同时属于某一所有者，它们往往是依靠某一企业的名牌实力或强大的竞争力而组织在一起的。例如，有着良好声誉的生产者能够从批发商或零售商那里得到合作与支持，容易在销售计划、销售促进、库存管理、定价、商品陈列等方面和零售商协调一致，建立良好的协作关系。这种渠道系统便是管理式的垂直营销系统。

3. 契约式垂直营销系统

该系统是由各自独立的公司在不同的生产和分配水平上组成的，它们以契约为基础来统一它们的行动，以求得比其独立行动时所能得到的更大的经济效益。契约式垂直营销系统在近年来的发展很快，引人注目。该营销系统又有三种不同的形式。分别是特许经营组织、批发商组织的自愿连锁组织和零售商合作组织。

第一，特许经营组织。在生产分配过程中，一个被称为特约代营的渠道成员可能连接几个环节。特约代营是近年来发展最快和最令人感兴趣的零售形式。尽管基本思想还是老的，但是有些特约代营的形式却是崭新的。其方式可分为三种：第一种是制造商倡办的零售特约代营系统，如福特公司特许经销商出售它的汽车，这些经销商都是独立的经销人员，但是同意满足有关销售和服务的各种条件；第二种是制造商倡办的批发特约代营系统，如可口可乐饮料公司特许各个市场上的装瓶商购买该公司的浓缩饮料，然后由装瓶商充碳酸气、装瓶，再把它们出售给本地市场的零售商；第三种是服务公司倡办的零售特约代营系统。由一个服务公司组织整个系统，以便将其服务有效地提供给消费者。这种形式多数出现在出租汽车行业、快餐服务行业和旅馆行业。

第二，自愿连锁组织。自愿连锁是一种由批发商倡办，若干独立的中小零售商为了竞争和生存自愿加入，以合同为基础的联营组织。在自愿连锁的形式下，联营各方仍是独立的经济实体，但都承担着合同规定的权利和义务，在共同的批发采购中心的统一管理下实行“联购分销”制。自愿连锁与零售商业的一般连锁商店不同，一般的连锁店通常都隶属于一些大的零售商公司，是这些大公司的分店或联号。

第三，零售店合作社。一些独立经营的中小零售企业，为了同大零售商竞争，经常采用零售店合作社的形式联合起来。参加零售店合作社的企业要缴纳一定的股金，成立联合经营的批发机构，形成联营组织。零售店合作社将以共同名义为各零售商统一采购货物、统一进行广告宣传、统一培训职工。

荷兰中小零售商组成“采购联营组织”，直接向国外订购货物，并有自己的仓库，这种组织实际上是中小零售商联合经营的进口批发机构；瑞典的ICA 是由 5000 多家零售商联合经营的批发机构；美国联合食品杂货商公司实际上也是一个零售商合作社。

小案例 2

美国福特汽车公司、麦克唐纳公司（饮食公司）、肯塔基炸鸡（饮食公司）、艾维斯·荷尔兹汽车出租公司、罗玛达旅店（汽车旅客旅馆业）等素享盛名的大制造商、大饮食公司、服务公司和一些独立零售商签订合同，授予经营其流行商标的产品或服务项目的特许权。这是大制造商、大饮食公司、大服务公司与独立零售商联营。还有一种是制造商倡办的批发商特许经营系统。例如，美国可口可乐公司（清凉饮料制造商）与某些"装瓶者"（即批发商）签订合同，授予其在某一地区分装和扩大零售商发运可口可乐的特许权。

（二）水平营销系统

一些企业为了扩大销售，获得更多的利润，在激烈的竞争中求得生存和发展，在同一层次的制造商之间、批发商之间、零售商之间采取横向联合经营方式，即建立水平营销系统。水平营销系统是指两个或两个以上的企业成立短期或长期的合作关系，共同开拓新的营销机会。这些企业往往因为缺乏资金、生产技术，或由于资源不足，无法单独开拓市场，或者因为风险太大，不愿单独承担风险，而和其他企业进行联合经营会产生巨大的协同效益，因此组成水平渠道系统。这些企业之间的合作有的是暂时的，有的是长久性的，例如创办一家专门的公司就属于长期合作。

（三）多渠道系统

过去，大多数公司只通过一条渠道进入一个市场，今天随着细分市场和潜在渠道的增加，越来越多的公司采用多渠道市场营销，多渠道分销系统是指一家公司利用两个或两个以上的渠道到达一个或几个细分市场。比如麦当劳公司虽然有许多独立的特许经营加盟店构成其主要的商业网络，但它也独自拥有近 1/3 的门店。

通过增加渠道，公司获得了三个好处：市场覆盖率提高；渠道成本降低；更好地满足了顾客的需要。为了进入原有渠道不能进入的市场，公司往往增加新的渠道（例如，增加农村代理商为分散的农户服务）；或降低销售成本（例如，对小主顾来说，电话推销比人员推销更合适）；或更好地满足顾客的需求（例如，使用专业推销员销售复杂的设备）。

从新渠道中获得利润，并不是没有代价的，新的渠道往往也产生了冲突和控制问题，当两个以上的渠道为同一细分市场服务时，渠道冲突就产生了；而如果新渠道独立性较强，合作困难时，控制问题也会出现。但无论如何，渠道联合正在使企业从分散无序的游击战走向集约规模的阵地战。

小案例 3

通用电气公司是通过独立商人（百货商店、折扣商店、凭目录邮售的零售商）出售大型家用电器的，同时也直接向大型房屋营造商出售家用电器，这样就和零售商发生冲突了。独立的经销商希望通用电气公司能够摆脱向大型房屋营造商出售产品的业务。通用电气公司则坚持自己的立场，指出营造商和零售商需要的是两种迥然不同的营销方法。

（四）渠道合作、冲突和竞争

不管渠道设计如何精良，渠道成员如何优秀，总会存在冲突，因为存在利益不同的主体。解决渠道冲突问题是渠道管理的重要内容。

1. 渠道冲突与竞争的类型

假设一个制造商建立了由批发商和零售商组成的垂直渠道，它总希望它们之间互相合作，合作能使整个渠道获得比各行其是更多的利润。通过合作，渠道成员对目标市场有更好的了解，能提供更好的服务，能更好地满足需求。

但是垂直、水平和多渠道市场营销系统的冲突总会发生。因此，渠道冲突按渠道类型可以分为以下三种类型：

垂直渠道冲突是指同一条渠道中不同层次之间的冲突。例如，一家公司要求其经销商执行它制定的服务、价格和广告策略时，就可能产生冲突。日本的折扣商店就以低于资生堂化妆品公司建议零售价的价格出售资生堂化妆品。

水平渠道冲突是指某渠道内同一层次的成员之间的冲突。例如，某公司的特许经销商太多，距离又太近，以致压低了它们的利润。为了控制水平渠道冲突，渠道领先者必须建立明确的有力的政策，并迅速采取行动。

多渠道冲突是指一个制造商建立了两条或两条以上的渠道向同一市场出售其产品。当列维·施特劳斯允许它的牛仔服通过精心选择的几家百货店销售时，经营列维·施特劳斯品牌的专业店就十分不满。电视器材制造商决定通过大型综合商店出售其产品也总会招致独立的专业电视器材商店的不满。当一条渠道的成员销售额较大而利润较少时，多渠道冲突将变得更加激烈。

2. 渠道冲突的起因

区分引起渠道冲突的原因是十分必要的。解决有些起因比较简单，但有些很困难。一个主要的原因是目标不同。例如，一家制造商希望通过低价政策获得调整增长，而零售商则希望获取高利润，追求短期的利益，这种冲突就很难解决。有时冲突来自于目标和权力的差异，例如，IBM利用自己的销售人员把微机销售给大客户，同时它的特许经销商也在努力向大客户推销。地区划分权、销售信用也是产生冲突的起因。冲突也可能起源于对预期的形势判断存在差异，比如，制造商预测近期经济形势比较乐观，希望经销商经营高档商品，但经销商对经济形势的预期并不乐观。冲突还可能源于中间商对制造商过度依赖，特许经销商（汽车经销商等）的经营状况受制造商的产品设计和定价策略的直接影响，这就很可能产生冲突。

3. 管理渠道冲突

某项渠道冲突是结构性的，这些冲突刺激渠道随着环境的改变而改变。但许多冲突是因为功能失调，问题在于如何管理而不是消除冲突。下面有几种有效管理冲突的结构。

（1）确立共同目标。有时渠道成员发现它们有共同的目标，如生存、市场份额、高品质、消费者满意度，这种情况通常发生在渠道面临外来威胁时，比如出现了强有力的竞争渠道、立法的改变或消费者需求的改变。紧密合作则能够战胜威胁，这也可能使各渠道成员明白紧密合作、追求共同的最终目标的价值。

（2）在两个或两个以上的渠道成员之间交换人员。例如，本田公司的经理就可能会在其经销商那里工作一段时间，经销商会在本田的经销商政策部门工作一段时间。这样，当他们回到自己的工作岗位上之后，彼此之间有了更好的了解，更容易从对方的角度考虑问题。

（3）合作。这里的合作指的是一个组织为赢得另一个组织的领导者的支持所做的努力，包括邀请他们参加咨询会议、董事会等等，使他们感到他们的建议被倾听，受到重视。只要发起者认真对待其他组织的领导人，总能减少冲突。但为了获得其他组织的支持，该组织不得不对其政策、计划进行修改。

（4）鼓励在贸易协会内部和贸易协会之间建立成员关系。例如新加坡的家具设计中心就是家具公司和设计中心成立的协会，目的是使设计中心更好地了解公众，提高本地的家具设计水平。

第二节　中间商

中间商是指处于生产者和消费者之间，参与商品交易活动，促进买卖行为发生和实现的具有法人资格的经济组织或个人。中间商，按其在流通过程中所起的不同作用可以分为批发商和零售商，按其是否拥有商品所有权可以分为经销商和代理商。在商品流通过程中，中间商所起的作用非常重要，它们是生产者和消费者之间的纽带与桥梁。实际上，分销渠道策略的中心问题就是中间商的选择以及生产者与中间商、最终消费者或用户之间关系的协调问题。

一、批发商

（一）批发的概念和分类

批发是指一切将物品或服务销售给为了转卖或者商业用途而进行购买的人的活动。那些主要从事批发业务的组织，称为批发商。批发商经营产品的范围很广，既包括工业品，也包括消费品。

批发商主要有三种类型，即商人批发商、经纪人和代理商、生产者的销售机构。

1. 独立批发商

独立批发商与许多不同的制造商和顾客做业务。因为它们不被任何一家制造商拥有或控制，这就使得很多制造商可以在向全世界的顾客提供产品和服务的同时，维持较低的产品价格。独立批发商大体上可分为商业批发商和商业代理商两种类型。

商业批发商是专门从事各种批发业务的商业企业，它们是批发业中的主体。独立批发商拥有产品的所有权，即他们从制造商那里购买产品，然后再转卖给零售商和其他顾客。因为他们取得了产品的所有权，因此，产品损坏了、过期了、被偷了或产品滞销积压以至卖不出去，它们要承担一定的风险和损失。另一方面，由于它们拥有产品的所有权，它们可以自由地制定它们自己的营销策略，包括给产品定价的权利。他们的利润主要来自批发的数量，通常他们的批发价格相对零售商的价格来说较低，但由于经营的数量大，利润也随量增长。

代理商是指不拥有经营商品的所有权，代制造商进行经销活动的批发商业企业。由于使用代理商可以在制造商收到货款以后才支付佣金，因此对于财务资源有限的新企业和小企业而言，这种形式就特别有利。而且对于制造商而言，使用代理商有很大的灵活性，比如一个企业新进入一个地区时，由于不熟悉当地情况，可以利用代理商。当过了一段时间后，制造商可以脱离代理商自己进行市场营销。代理商又分为以下几种类型：

第一，企业代理商。企业代理商也称区域代理商，是指在某一区域范围内为多家制造商代理销售业务的代理商，是代理商中的主要形式。他们代表一家或几家制造商推销商品，与制造商就价格、地区、承接订单程序、运输服务方法、质量保证以及佣金标准等订有书面的协议。企业代理商一般人员不多，但都是精明强干的推销能手，因此一般小厂和新开辟市场的大厂都愿意雇用这样的企业代理商。

第二，销售代理商。销售代理商是在协议规定的时间和范围内，为某一生产厂商独家代理销售业务的代理商，他们代理制造商销售全部产品，并为制造商提供很多的服务（如设置产品陈列和负责广告费用等）。实力雄厚的销售代理商还以票据或预付款等方式向制造商提供资金方面的资助。他们对于产品价格、交易条件等有很大的影响力。从某种意义上讲，销售代理商就是企业的一个销售部门，他们的命运和制造商紧密相连。该种形式的代理商常见于工业机器和设备、煤、焦炭、化学品和金属品等领域。

第三，采购代理商。采购代理商一般和买主建有长期关系，为其采购商品，经常为买主收货、验货、储存和送货。该种形式的代理商常见于服装市场。

第四，佣金代理商。是指为企业临时代理销售业务的代理商，通常是以每一笔生意为单位同生产厂商建立委托代理关系。生意做完委托代理关系也就结束，然后按销售额的多少提取佣金。

第五，经纪人。经纪人是一种独特的代理商。它的作用是为买卖双方牵线搭桥，协助谈判。说它比较特别是因为经纪人往往是针对业务进行代理，而不是针对企业。也就是说，经纪人只负责介绍业务给买卖双方，帮助交易达成。他们一般不与制造商建立固定的联系，今天代表A公司，明天代表B公司，完全随业务而变化。常见的例子有房地产经纪人、保险经纪人和证券经纪人等。

独立批发商的种类很多，按照他们执行附加服务的程度不同，可将其分为执行完全服务批发商和有限服务批发商两种。执行完全服务批发商向它们的顾客提供广泛的服务，包括送货、信用、产品使用帮助、维修、广告和其他促销支持，甚至市场调研。与此相对应，有限服务批发商则向它们的顾客提供很少服务，虽然它们与商业批发商一样拥有商品所有权，但一般不会给零售商提供如送货、信用或营销援助这样的服务。

2. 制造商自有的批发商

有时候制造商建立它们自己的渠道批发商。通过这种方式，它们成立单独的业务部门来完成整个独立批发商的作用，同时维持对整个渠道的完全控制。那些生产和零售规模较大，资金雄厚的制造商和零售商为了实行产供销一条龙的发展战略，不通过批发商，自己在各地，甚至在世界范围内建立自己的批发网络，以便对市场有更大的控制力。例如，某些著名跨国公司在进入我国市场的初期，在我国设立了办事处，有些办事处就承担了批发商的功能。他们不仅负责公司在华的产品销售业务，而且也控制产品的批发、销售、仓储和库存以及零配件的发送环节，提高了自己产品在华的整体竞争力。目前在批发业务中出现了批发商、制造商与零售商联合经营的趋势。一种是工业企业参与批发。工业企业参与批发或企业与批发商相互联合共同批发产品，可以发挥各自的优势，以销售带动工业品的生产，对双方都有很大的好处。一种是零售与批发业务相互兼营。许多实力雄厚的大型百货公司、超级市场、连锁店等零售企业纷纷兼营批发，通过批发来促进销售，扩大销售范围。

当前，随着科学技术的迅猛发展，尤其是以计算机为基础的信息技术的广泛应用，给传统的流通结构、流通方式带来了巨大的冲击，对传统的批发业提出了严重挑战。尽管如此，由于批发业享有专业化和规模经济优势以及在商品流通过程和社会经济运行中发挥着特殊的职能作用，因而仍有其存在的必要性。

小案例 4

北京大栅栏贸易货栈是由十几个待业青年卖大碗茶发展起来的先进单位。现有 230 多名职工，经营百货、服装、针织品、日杂用品、工艺美术、饮食等十五大类、上千个品种，平均月销售额达 100 多万元。他们积极疏通渠道，扩大城乡、地区之间的物资交流。北京市场茶叶一度供应不足，他们从湖南、江西、广东等地迅速购进 7 万多斤，批售给各区零售。北京人爱吃柿子、山里红等果品，他们从易县、房山等地购进了价值 7 万元的商品供应北京市场。他们还为购销双方当“红娘”，帮助推销积压物资。北京生产的大红大绿围巾不适销，他们主动与新疆、山东等地联系，在短短几个月内就为北京围巾厂销售三十多万条。北京塑料手电筒积压，他们深入农村，帮助积压单位销售了三十多万个。仅 1980 年就为北京市 18 家商场推销各种积压物资138万元。

批发商的社会经济职能主要有以下几个方面：

（1）销售与促销职能

批发商通过其销售人员的业务活动，可以使生产者有效地接触众多的小客户，从而可以发挥促进销售的作用。

（2）采购与搭配货色职能

批发商代表顾客选购产品，并根据顾客需要将各种货色进行有效的搭配，从而可以缩短顾客选购产品的时间。

（3）整买零卖职能

批发商整批地买进货物，然后根据零售商需要的数量批发出去，从而可以降低零售商的进货成本。

（4）仓储服务职能

批发商将货物储存到出售为止，从而可以降低供应商和零售商的存货成本与风险。

（5）运输职能

批发商一般距离零售商较近，能够很快地将货物送到零售商手中，因而可以有效地满足最终消费者的需要。

（6）融资职能

批发商可以直接向客户提供信用条件和融资服务，同时也可以通过提前订货付款为供应商提供间接融资服务。

（7）风险承担职能

批发商拥有货物所有权，可以为生产者分担商品销售中的各种风险。

（8）提供信息职能

批发商通过向生产者和零售商提供有关的市场信息，可以减少生产者、零售商因盲目生产、盲目进货而造成的损失。

（9）管理咨询服务职能

批发商可经常帮助零售商培训推销人员、布置商店以及建立会计系统和存货控制系统，从而提高零售商的经营效益。

（10）调节产销关系的作用

批发商通过商品运输和存储，还可以起到调节产销关系的“蓄水池”的作用，有利于实现均衡生产和均衡消费，缓解社会经济运行中供求之间的矛盾。

从国内外经济发展趋势看，产量迅速增加的生产者一般都位于远离消费者的地区，大多数生产者的生产始于订货之前而不是根据订货进行生产，产品的中间制造与使用的层次愈益增多，消费者对产品的数量、包装、品种、类型的要求不断提高并日趋复杂。这些发展趋势对批发业提出了更高的要求，因而随着批发业自身的不断完善，仍有着广阔的发展前景。

（二）批发商营销决策

批发商近年来经历着不断增长的竞争压力。他们面对着新的竞争来源，要求更高的顾客，新兴的技术以及大型产业、机构和零售购买者更多地直接购买计划。因此，他们必须改进其对目标市场的定位，以及营销组合的战略决策——产品组合和服务、价格、促销、分销。

1. 目标市场和定位

批发商必须界定其目标市场，并且对自己进行有效的定位——他们不可能为每一个人服务。他们可以根据客户的规模（仅针对大零售商）、客户类型（仅针对便利食品店）、对服务的需要（需要赊账的客户）或者其他因素，选择目标客户群。在目标客户群内，他们可以识别出更有利可图的客户，提供强有力的产品和服务，并且与客户们建立更好的关系。他们可以提高对订单规模的要求或者对小订单加收服务费，从而摆脱那些不那么有利可图的客户。

2. 营销组合

批发商必须就产品组合和服务、价格、促销、分销进行决策。

批发商的"产品"是其提供的一组产品和服务的组合。批发商面临巨大压力要保证存货种类齐全并且数量足够以供迅速送达之需，但是这样做却有损利润。现在的批发商正削减其经营的产品线数量，宁愿只经营利润更丰厚的产品线。批发商们现在也开始思考构建其与客户的牢固关系当中什么服务最为重要，应当放弃什么服务，应当对什么服务收费，关键在于发现目标顾客评价价值最高的服务组合。

价格也是一项重要的批发商决策。批发商定价通常将商品的成本加上一个标准的百分比——比如 20%。各种费用可能占毛利的 17%，剩下 3%的纯利。在食品杂货批发业，平均纯利经常不到 2%。批发商正在尝试新的定价方法。他们可能降低在某些产品线上的利润，以赢取重要的新客户。当能够借助降价提高供应商的销售量时，他们会要求供应商在价格上做出特别让步。

尽管促销可以对批发商的成功起关键作用，但是大多批发商却忽视了促销。他们所使用的商业广告、销售促进、人员推销和公共关系都十分分散并且没有计划。许多批发商在人员推销方面已经落伍——他们仍然将销售视为一个销售员与一个客户的交谈，而不是看作一个团队建立并销售服务于主要客户的努力。批发商也需要借鉴一些零售商所使用的非人员促销技巧。他们需要制定整体促销战略，并且更好地运用供应商的促销材料和计划。

最后，分销地点是重要的——批发商必须精心选择其地点和设施。典型的批发商会设在低租金、低税收的地区，并且往往在建筑物、设备和系统上投入不多。因此，其物资管理和订单处理系统经常是过时的。不过最近几年，有远见的大型批发商为了应付成本上升，开始投资于自动化仓储和网上订购系统。订单从零售商的系统下达，直接发送到批发商的计算机中，而货物则由机械化设备捡出并自动送到等待调集的装运平台上。大多数批发商使用计算机进行会计、开票、存货控制和预测工作。现代批发商正在根据目标客户的需要调整其服务，并寻求降低经营成本的方法。

二、零售商

(一) 零售的概念

零售是指商品或随商品而提供的服务直接出售给最终消费者的销售活动。从事零售活动的基本单位和具体场所是商店。零售业是指以向最终消费者提供所需商品和服务为主的行业。

目前对于零售并没有统一的定义。营销大师菲利普·科特勒对零售业的定义是:“所谓零售是指将货物和服务直接出售给最终消费者的所有活动，这些最终消费者为了个人生活消费而不是商业用途消费。”可以发现，科特勒更多的是从零售的本质出发界定零售概念，即从事将货品和服务销售给最终消费者的活动都是零售的范畴。而零售商便是指主要从事零售业务的企业。

零售商业是指向个人消费者或最终消费者销售商品或服务的商业，在整个流通体系中，零售商业是生产者与消费者或批发企业与消费者之间的中间环节，就企业的营销体系而言，零售正是企业跟市场、跟消费者的最直接接触面，相当于酒店业的“前台”，其重要性不言而喻，无论是企业的品牌形象、企业的销售、促销以及市场调研等都与零售这一终端息息相关。零售商店的摆设、服务质量的高低、对企业促销政策的执行力度如何都直接关系到企业的整体营销计划的成功与否，聪明的企业往往注重从销售端获取市场的第一手资料并加以利用。

(二) 零售行业分类

现代零售业是一个投入高、科技含量较高、专业知识较强、风险较大的行业。零售商是将产品直接出售给最终消费者的流通企业，它在一个国家的经济生活中起着越来越重要的作用。它的基本职能就是将生产者生产的各种有形和无形产品卖给消费者，完成产品从生产领域向消费领域的最终转变。由于它是直接实现产品价值的最后环节，一般来说，其经营风险要比批发商大，因此零售加成比率也比较高。现代零售商业的形式复杂多样，新型的零售形式层出不穷，这主要是由于零售生命周期从其产生到成熟的时间越来越短。所谓的零售生命周期是指一种具体的零售形式从其产生到增长、成熟、衰退所经历的全部时间。与产品生命周期不同的是，零售生命周期比前者在表现形式上要复杂得多，时间长得多，特别是从其产生到成熟，以及成熟期的时间要长得多。例如在美国，超级市场经过 20 多年才发展比较成熟，而百货商店的时间更长，经过 80 年才进入成熟期。

零售商业大体上分为店铺零售、无店铺零售和零售组织三种基本类型，每种类型又包含着多种多样的形式。

店铺零售是最早出现，也是目前在零售业中占据着主导地位的零售形式，它以一个固定的地点出售商品，又叫商店零售业。

1. 百货商店和购物中心

百货商店自从 20 世纪在欧洲诞生以来，显示出较强的生命力。它是将零售业从小型、分散的阶段推向规模经营的一次革命。规模经营使它的商品门类齐全，价格比较便宜，不仅便于顾客集中购买，节省时间，而且也能满足不同口味消费者的需要。商家也像厂家一样，从这种规模经营获得较多的利润，因而经久不衰。我国的百货商店自改革开放以来，摆脱了计划经济下统购统销的僵硬流通模式后，获得了长足的发展。但进入 20 世纪 90 年代以后，受到了其他零售新形式的严重挑战。它采取了四种对策迎接挑战：一是上档次，向高档、豪华的现代化大型商厦方向发展。为了适应人民生活水平的提高，改善与美化购物环境，北京、上海等大城市的一些百货商店投入重金，扩大营业面积，提高装修档次，安装各种电梯和辅助设施，刚开始收到明显的效果，销售额与利润大幅度上升。但是由于各地的百货商店一哄而起，纷纷修建大型商厦，超过了实际需求，结果，效益逐渐下降。这说明百货商店向大型商厦发展一定要适度和量力而行。二是上规模，一些效益较好，品牌知名度高的百货商店通过建立分店、连锁店扩大经营地域。这种趋势也符合西方各国百货商店的发展规律，但给企业的管理带来了很大的难度。这里的关键在于能否处理好统一管理与分散经营的关系。同其他行业相比，零售业是不可预料因素最多的一个行业，风险很大。20 世纪 90 年代河南郑州一个著名的百货公司先后在全国各地建立若干分店，声势很大，但由于管理不适应当地的市场变化，分店很快陷入亏损。三是多元化经营，有些商店在传统的百货商店业务以外，还建立了以自己品牌命名的超级市场，名优产品专卖店，批量销售店，还有的参与批发业务。四是特色经营，不少百货公司以独特的定位，通过差异化的策略异军突起：有的减少商品种类，专门经营品牌与特色商店，有的面向最有钱人；有的以服务取胜；还有的承诺无条件退货等。实践证明，差异化的效果较好，它应成为百货公司发展的方向。

2. 超级市场

超级市场指的是从经营食品起步，发展到以日用百货为主的大规模开架陈列、顾客自选、集中结算的自我服务式零售商业。它的最大特点是顾客自我挑选，自我服务，这是零售业服务方式的一次革命。它极大地激发、刺激了消费者的购买欲望。传统的零售店是通过售货员提供购买服务的，尽管它有许多优点，但是从顾客角度上看，它使顾客的购物成为一次单纯的购买，限制了顾客的参与，也就限制了顾客的购买。而超级市场的商品完全开架，任由顾客自由挑选，这样就使顾客从被动变成主动，大大地调动了顾客购买的积极性。超级市场给顾客提供的这种自我选择、自我服务的方式，再加上舒适的购物环境，眼花缭乱的商品，使顾客的购买过程变成一个对商品了解、比较的自我学习过程，一个自我消遣、娱乐的过程。商家就是在这样一个过程中增加了商品的销量。另外，规模经营使得商品齐全，价格便宜，也是促进销量增长的一个重要因素。超级市场自诞生 60 多年以来，大体上经历了三个发展阶段：首先是小规模的食品超市阶段，最初的超市主要是满足人们对食品与杂物的需要，规模也比较小。20 世纪 80 年代中期在我国最早出现的超市就属于这种性质，面积大约几百平方米左右；后来超市进入中等规模阶段，经营的食品范围扩大到家庭经常购买的鱼肉、蔬菜、水果等生鲜食品，而且生熟食品的包装向着标准化的方向发展。同时，营业的面积扩大了，一般为 1000 平方米左右。目前，我国绝大多数的国有超市就处在这个阶段；最后，发展到目前的大型百货超市。它摆脱了超市以经营食品为主的传统，经营的品种扩大到一般性的日用百货，食品只占 1/3，购物环境也朝着清洁、舒适的方向发展。面积扩大到几千甚至上万平方米。目前进入我国的家乐福、沃尔玛等外资超市以及内资的华联大体上属于这种类型。世界超级市场发展的趋势，一是继续向着超大型化的方向发展，特别是同百货商店相结合。二是连锁经营。像前面提到的家乐福、沃尔玛等实力雄厚的大型超市都实行跨国连锁经营，在世界各国建立了以自己品牌为名称的连锁超市。

3. 专营店

专营店也叫专卖店，它是经营产品比较单一的零售商业，是消费需求差异化发展的必然结果。虽然专卖店的规模和销售额比不上百货商店、超级市场等经营大众消费品的商店，但它以其独特的个性，吸引着大批追求某一特殊需求的顾客。这种经营是建立在科学的市场细分的基础之上的，以特定的目标市场作为自己的发展方向，它有着顽强的生命力，而且正以各种形式渗透、蚕食着传统的零售商店。专营店主要有两种类型：一是产品专营店，这是专门经营某一类商品的专营商店。我国计划经济下的各种行业或部门所属的商店就具有这种性质，如鞋帽店、服装店、食品店、药店、粮店等。在向市场经济转轨过程中，可将它们改变为独立经营的产品专营店，关键是要发挥传统优势，扩大经营的规模，以规模取胜。例如，北京图书大厦，营业面积上万平方米，图书门类齐全，几乎包括了全国所有出版社的图书，加之设在交通方便的西单，每天购书的读者络绎不绝。另一种类型的专营店是品牌专营店，即专卖某一品牌的商品，如李宁专卖店等。随着个性消费、时尚消费、品牌消费的兴起，这种商店会越来越多。

4. 便利商店

便利商店也叫方便商店，它是从超级市场中分割出来的以经营居民日常生活必需的食品与杂物为主，便于购买的小规模零售商店。便利商店在我国又被叫做便民店，它的市场定位是购买方便：地点一般设立在居民区或街头巷尾，营业时间比一般的商店要长，有的甚至一天 24 小时都营业。经营的都是居民每天必需的生活日用品，如食品、饮料、烟酒糖果、文具、洗涤用品等，同时还备有微波炉等加温的设备。它的规模比较小，营业面积一般为几十平方米。目前，便利商店在我国获得长足的发展：一是许多原先的粮店、副食品店、烟酒糖果店等商店由于地处在居民区，使得它们最早转为方便商店，而且大多采取了连锁经营的方式。二是一些国外的方便商店也纷纷以连锁的形式进入我国。例如，日本著名的 7-11 便利店在我国的上海、深圳等城市都开设了多家连锁便利店。方便商店在我国有着较大的市场。对于我国绝大多数地区，特别是广大的农村地区，方便商店的发展潜力同连锁店一样，比超级市场要大得多。因此应把方便商店同连锁店一起，作为零售商业的发展重点。这是由于我国居民目前对生活必需品的采购频率决定的。西方发达国家的居民对生活必需品的采购频率是以星期为单位的。他们工作与生活的节奏快，时间宝贵，汽车进入家庭，居室面积较大，每到周末，他们开车到超级市场，一次将一星期的生活必需品采购齐全，因此他们对超级市场的依赖性大。我国居民住房面积较小，工作与生活节奏相对较慢，绝大多数人没有私人汽车，同时，保持传统的饮用新鲜食品的习惯，这就使得我国居民对生活日用品的购买频率以日为单位，经常利用上下班，顺手买下当天的用品。对于多数上班的人来说，基本上是一天一买，而对于空闲在家的人来说，有的是一天几次。可见，目前我国居民在生活必需品的消费上，对方便商店的依赖性比超市强。

5. 低价商店

低价商店是以低于商品的正常价格，甚至低于成本价格出售商品的一种零售形式。较低的价格来源于减少流通环节而节约下来的费用，或是借其他形式经营而省下的成本。低价商店的形式多种多样，目前，在我国主要有平价商店、仓储商店两种，国外常见的是折扣商店。

无店铺零售（Nonstore Retailing），是指不依赖店铺来寻找消费者及完成买卖的零售形态。主要包括电视购物、邮政（邮购）、网上商店、自动售货亭、直销、电话购物等形式。无店铺零售是现今商业市场上一种主要营销方式。它放弃用一个固定公开的商业场所来进行交易买卖，只需要一个电话号码、传真号码就可以进行，随着网络资讯的发展，时下流行的网上购物的营销方式则更可以无边无界地与消费者联系，与消费者之间的沟通更趋形象化和具体化。

一般而言，适合于无店铺零售的产品有下列几种类型：

（1）省力化、简便化及效率化的产品：如加工或罐头食品、冷冻食品、卫生食品、家电、书籍杂志及清洁器材等。

（2）保健用品：如净水器、健康器材、健康食品、室内运动器材、寝具及化妆保养品。

（3）个性化产品：如园艺用品、个人电脑、室内装饰品、生活闲聊品、大型家具、模型组合玩具、钱币、古董、集邮等。

（4）创造性产品：家庭工具、手艺材料、书籍、语言教材、音乐、乐器等。

（5）礼品：交际送礼用品、应用礼品等等。

（6）娱乐性产品：如出行随身用品、运动休闲用品、各类活动入场券、唱片、音像磁带等。

（7）其他：如烹饪器具、服装等。

虽然大多数的零售商店是独立经营的，但已有越来越多的零售商店采取各种公司形式或契约式组织的合作经营方式。零售组织的类型主要包括：所有权连锁、自愿连锁与零售商合作社、特许加盟组织、商店集团等等。

连锁店是指两家或两家以上的零售店将所有权控制权合二为一进行经营的商店。由于规模大，因此可以低价购买大量产品，也有能力聘请专家为公司做整体的订价、促销、存货控制、销货预测的规划，也可以获得更经济的促销方式。连锁店的成功激发许多独立公司组成一种或两种契约联盟，包括：自愿连锁、零售商合作社。

自愿连锁是由批发商支持的独立商店集团，从事集体采购与销售。

零售商合作社是由独立商店共同组成的组织，并成立一个共有的集中采购和促销的规模经济体，以便应对所有权连锁店。

特许加盟与其他有契约关系的零售系统的最大差异是，它通常以授予特许权者发展出来的某些独一无二的产品或服务、运营方式、商标、商誉或专利权作为基础。

商店集团是在统一的所有权下组合数个不同的零售方式，并整合部分配销及管理功能。

（三）零售商营销决策

零售商们正在寻求新的营销战略以吸引并保留顾客。过去，零售商通过独特的产品、比竞争对手更多或更好的服务或者信用卡来吸引顾客。现在，全国性品牌的制造商在追求大批量的动机驱使下，四处分销冠以它们品牌的产品。于是商店提供的花色品种越来越相似——全国性品牌不仅在百货店，在大路货商店和低价商店里也能够找到。因此，商店看起来越来越雷同。零售商之间服务差异化水平也在下降。许多百货店削减服务，而折扣店则增加其服务。顾客越来越精明，对价格也越来越敏感。他们认为没有理由为相同品牌的产品多花钱，而当服务差异缩小时尤其如此。出于上述原因，现在很多零售商正在重新考虑其营销战略。

零售商面对的主要营销决策包括：目标市场和定位，产品种类和服务，价格，促销以及分销。

1. 目标市场和定位

目标市场和定位决策零售商首先必须界定其目标市场，然后决定自己在这些市场上应当如何定位。商店是应当将精力集中在上层、中层还是下层顾客？目标顾客需要的是多样化、深入的产品组合，还是方便或者廉价？零售商只有界定并描述清楚其市场，才能够着手考虑有关产品类别、服务、定价、广告、店面装潢等方面的决策以及其他支持其定位的决策。成功的零售商认真地界定其目标市场并进行强有力的定位。事实上，近年来正是由于强有力的目标市场选择和定位，沃尔玛的发展超过了西尔斯和凯玛特，成为世界上最大的零售商。

2. 产品组合和服务决策

零售商必须就三个主要产品变量做出决策：产品组合、服务组合和店面氛围。零售商的产品组合应当符合目标顾客的期望。为了使自己区别于竞争对手，零售商可以使用几个产品差异化战略中的任何一个。首先，零售商可以提供其他竞争对手都不经营的商品——使用自营品牌或自己独家使用的全国性品牌。其次，零售商可以突出其引起强烈效果的商品特色。另外，零售商也可以提供令人意外的商品。最后，零售商可以通过提供针对性很高的产品类别来实现自己的差别化。

零售商还必须制定出提供给顾客的服务组合。老式的食品杂货店提供送货上门、赊账服务——这些服务却被今天的超级市场所忽视。服务是使一家商店区别于另一家商店从而进行非价格竞争的关键工具之一。

店面氛围是产品“军火库”当中可以动用的另一个武器。每个商店都有物理意义上的布局，使得人们穿行其间或难或易。每个商店都有一种“感觉”：一家商店很凌乱，另一家很迷人，第三家豪华，第四家压抑。商店必须有事先规划好的氛围以迎合目标市场并促使顾客购买。零售商们越来越注意将自己的店面变幻成一个剧院，把顾客带进一个不同寻常、令人兴奋的购物环境。零售店是进入其中购物的人们将要体验的环境。店面氛围为零售商将自己的店面与竞争者实现差别化提供了有力的工具。

3. 价格决策

零售商的价格政策是一个关键的定位因素，并且必须根据其目标市场、产品和服务组合以及竞争对手进行决策。所有的零售商都希望卖高价并且多销售，但是这两者鲜能兼得。大部分零售商要么寻求高价格、低销量（多数专卖店），要么寻求低价格、高销量（大宗经销商和折扣店）。

4. 促销决策

零售商使用常规的促销工具——广告、人员推销、销售促进、公共关系和直销——来与每个消费者取得联系。零售商们在报纸、杂志、广播和电视上做广告。广告还可以通过报纸插页或者直接邮件来进行。人员推销需要对销售人员就如何接待顾客、满足其需要和处理其投诉进行精心的培训。销售促进可以包括店内示范、展览、竞赛和名人访谈。公共关系活动，比如新闻发布会和演讲、开张仪式、特殊事件、新闻时事通信、杂志和公益活动，都是零售商们可以采用的。许多零售商已经建立了自己的网站，向顾客提供信息和其他特色服务，有些零售商还在网上进行直销。

5. 渠道决策

零售商们经常引述的零售成功的三个关键因素就是：地点、地点和地点！一个零售商的店址对其吸引顾客的能力而言相当重要。建筑的成本或者租用设施的费用对零售商的利润有显著影响，所以店址决策是零售商要做的最重要的决策之一。小零售商可能只能选择自己能够负担得起的地点。大一些的零售商通常雇用那些使用先进方法选址的专家。

表 13-1　主要零售类型的特性比较

零售的类型	产品组合深度	产品组合广度	价格	服务水平	毛利润
百货公司	深	很广	中～高	高	中～高
专卖店	深	狭	高	高	高
便利商店	浅	狭～中	高	低	中～高
超级市场	中	中	中	低	低
量贩式专卖店	深	狭	低	低	低

第三节　渠道设计和管理决策

一、渠道设计决策

分销渠道设计是企业对关系其长期生存和发展的分销模式、基本目标及管理原则所做的规划、选择与决策。其基本目标是向目标市场有效地传达重要消费者价值。企业进行渠道设计需要两个前提：一是要有清晰的产品或服务概念可以提供给顾客；二是产品或服务必须有明确的目标市场。如果你的产品或服务对目标市场没有真正价值，最终用户并不认为你的产品（服务）具有合理的价格、较高的质量或其他更好的特征，或者你的目标市场十分模糊，分销渠道设计得再好也挽救不了失败。因此，渠道设计必须遵循两个价值原则：以合理的价格提供值得信赖的产品或服务，尽量减少消费者的各种不便；准确确定各类细分化的目标市场并能提供合适的产品去满足其需要。

具体地说，分销渠道设计应明确回答：

（1）为达到最终顾客满意，通常需要分销渠道系统提供哪些服务？

（2）可以用哪些营销或后勤方面的努力去提供这些服务？

（3）由哪一类机构提供这些服务，可以做得更好并能同时兼顾整体组织效率和效益？

（4）潜在的渠道成员更愿意明确分工、各自承担责任，还是以某一组织为核心直接整合共同目标？

（一）确定渠道目标

渠道的设计总要受到主客观条件的影响，主观条件主要指渠道的目标。渠道目标是指在企业营销目标的要求下，确定的分销渠道应该达到的目标，该目标一般包括企业希望达到的消费者服务水平、中间商应该具有的功能、计划投入的渠道费用等。企业在制定营销计划之初，要确定希望达到的渠道目标和想要进入的目标市场，了解目标市场中的消费者对渠道的要求，并考虑限制性因素，具体地设计和选择最佳的分销渠道。

（二）分析影响渠道设计的限制因素

企业总是在一定的条件下进行经营的，因此，企业在进行渠道决策时，不得不考虑一系列限制性因素的制约和影响，使企业确定的分销渠道具有现实的可行性。一般而言，影响渠道设计的限制因素主要有以下几种。

1. 市场因素

目标市场的状况是影响企业分销渠道设计的关键因素。目标市场中潜在消费者的数量、地理分布状况、竞争激烈程度、消费者的购买习惯、购买频率、平均购买数量、消费的季节性等因素不同，分销渠道的选择也会有所不同。当市场的规模较大，潜在消费者的数量众多且分布集中时，可以选择较宽、较长的分销渠道，增加市场覆盖率，以满足众多消费者购买产品的需求；如果消费者的购买量小，但购买频率较高，企业应该选择长渠道，因为少量而频繁的订货使交易成本上升，长渠道可以分摊成本；当市场竞争激烈时，为了增强消费者接触产品的次数，宜选择较宽的分销渠道。

2. 产品因素

产品因素中主要包括产品的价格、体积和重量、物理化学性质、技术服务要求等。产品的价格低，销售量大，市场的规模和范围大，宜选择长渠道，可以方便消费者的购买，扩大市场；如果产品的价格高，销售的数量较少，对销售设施和技术服务的要求就较高，选择短渠道销售更合适。

对于那些体积和重量较大，而价值相对不高的产品，为了运输和储存的方便以及费用的节省，需要选择搬运距离短、搬运次数少的渠道来销售，即选择短渠道。

标准化产品对销售人员的要求不高，可以选择间接渠道中的长渠道进行分销。而非标准化产品，如用户定制的机器设备等，通常由企业的销售人员直接销售，宜选择短渠道。

对于易腐性和易碎性的产品，如鲜鱼、蔬菜等鲜活产品或玻璃等易碎产品，应该尽快实现产品从生产者向消费者的转移，宜采取直接销售或短渠道销售。对于技术复杂，需要安装，或售后服务要求高的产品，应该缩短生产者和使用者的距离，最好由企业自己或授权独家经销商负责销售和产品的维修保养。而那些技术要求低，性能和质量稳定的产品，则选择采取长渠道。

产品的创新程度也影响企业的渠道选择，许多新产品进入市场都需要进行广泛深入的宣传促销活动，而且需要公司随时掌握市场的变化情况，短渠道被认为是创新产品进入市场时的首选渠道。

3. 企业自身因素

企业自身的特点也是影响渠道选择的主要限制性因素。这些特性主要有企业的规模、资源及管理水平、产品组合、采取的营销策略等。

企业的规模决定了其市场范围、所需要的中间商的规模及与中间商合作的制约力。大规模的企业要选择具有相应实力的中间商来经销产品，同时也会因为自身的实力而在挑选中间商时有较大的选择余地。

企业资源及管理水平决定了企业所能够承担的营销功能和中间商所承担的营销功能：如果企业有足够的资源来自己建立销售网，并且有丰富的销售经验和较强的管理能力，企业可以选择较短的分销渠道；如果企业的财务能力比较薄弱，则只能依靠中间商经销产品。

企业的产品组合也会影响渠道的选择。产品组合越广，企业和消费者直接接触的能力就越大。产品组合越深，企业采取独家经销或少量有选择的代理商就越有利。产品组合的关联性越强，就越应该采取性质相同或相似的分销渠道。

4. 竞争因素

企业分销渠道的设计受到竞争者使用的渠道的制约，有的生产者希望进入和竞争者相同或相似的经销点，直接抗衡竞争者。例如，食品生产者将其产品在紧靠竞争者产品的地方展示；一家快餐店希望在其竞争对手的快餐店旁开业。而有的生产者则希望避开竞争者所使用的渠道，另外开辟新的渠道。

5. 中间商因素

企业在进行渠道设计时，要考虑不同类型的中间商在执行营销职能时的优势和劣势。相同的中间商在执行不同的营销职能，如运输、广告、储存、消费者服务等职能时，有各自的优点和缺点。企业要根据希望中间商承担的各项职能来具体选择渠道成员。

6. 环境因素

当经济不景气时，生产者都希望以最经济的方法、最低的成本将产品推入市场，以保证消费者能以较低廉的价格购买到该产品。这就意味着采取较短的分销渠道，并取消一些非本质性的、会提高产品售价的服务。

（三）设计可供选择的渠道方案

在明确了企业的渠道目标和影响渠道选择的限制性因素之后，企业就可以设计几种主要的渠道方案，以便于选择。渠道的选择方案主要涉及三个方面的内容，即中间商类型、中间商数目和每个渠道成员的条件及其相互责任。

1. 中间商类型

企业首先要根据所面临的限制性因素及企业的渠道目标，决定采用什么类型的中间商进行销售：是直接销售还是间接销售？如果是直接销售，是运用自己的销售人员直接和用户进行洽谈，还是采用邮购的方式出售产品？如果采用间接销售，是通过代理商还是批发商销售产品？如果用批发商，是一层批发商还是两层批发商？

企业可以沿用本行业其他企业采用的传统渠道模式来选择中间商类型，也可以另外开辟新的渠道或同时采用多种渠道模式。例如，钟表在发明之初价格十分昂贵，是身份和地位的象征，大多在珠宝商店出售。美国钟表公司后来推出了一种价格较低的“天美时”牌手表，可是很多珠宝商店拒绝销售这种低价格手表，该公司只好寻找其他的销售渠道，最终通过大众化的商店出售。由于大众化商店的迅速发展，该种手表获得了成功。

2. 中间商的数目

企业必须决定每个渠道层次使用多少中间商，即确定渠道的宽度。根据企业所追求的市场覆盖面不同，有三种策略可以选择。

（1）密集型分销。是指生产者尽可能通过更多的批发商、零售商为其推销产品。企业采用密集型分销策略是为了扩大市场覆盖面或加速新产品的上市，增加产品和消费者的接触机会，使众多的消费者和用户能够随时随地购买到该产品。消费品中的便利品和工业品中的供应品通常采取该策略。

（2）选择性分销。是指生产者在某一地区仅仅通过少数几个精心挑选的、最合适的中间商来推销其产品。企业采用选择性分销策略是为了维护本企业在该地区的良好声誉，维护企业在市场竞争中的稳固地位。该策略适用于所有产品，尤其适用于消费品中的选购品和特殊品的销售。

（3）独家分销。是指生产者在某一地区仅选择一家中间商推销其产品。

通常生产者和中间商双方签订独家经销合同，规定中间商享有独家销售该产品的权利。同时，中间商也不得经营第三方，特别是竞争者的产品。企业采用该策略是为了促进经销商能够更积极地推销产品，并且在价格、促销、信贷和服务方面加强与中间商的合作。该策略有助于提高产品形象，并可以获得较高的利润率。

表 13-2　三种分销策略的比较表

类型	超窄渠道（独家分销）	窄渠道（选择分销）	宽渠道（广泛分销）
特征	一地一家分销商	一地几家分销商	一地所有分销商
优势	控制渠道容易，分销商竞争程度低，节省费用	控制渠道较易，市场覆盖面较大，顾客接触率较高	市场覆盖面大，顾客接触率高，充分利用中间商
劣势	市场覆盖面小，顾客接触率低，过分依赖中间商	分销商竞争较激烈，选择中间商难，费用较低	控制渠道难费用高，分销商竞争激烈
产品	特殊商品	选购商品、方便用品	日用商品

3. 渠道成员的权利和责任

企业必须为渠道成员确定各方面的权利和责任，以促进它们积极和有效的工作。渠道成员的权利和责任主要体现在四个方面：价格政策、销售条件、地区划分权及各方应提供的服务项目等。

价格政策是生产者制定的价目表和折扣细目单，根据中间商的不同类型及订购数量给予相应的折扣。生产者要保证这些折扣在中间商看来是公平的和足够的。

销售条件主要是指付款条件和生产者的担保。例如，许多生产者对提前付款的经销商给予现金折扣；生产者也可以向经销商提供有关产品质量不好或价格下降等方面的担保，这种跌价担保可以消除经销商的后顾之忧，促进它们大量购买。

经销商一般都希望知道生产者打算在哪些地区给予其他经销商以特许权，它们还希望生产者承认自己销售地区的所有销售业绩，而不管这些业绩是否是通过它们自己的努力得到的。这就是地区划分权问题。

生产者和中间商双方具体应分别提供什么样的服务，各有什么责任，要通过条款的形式确定下来。尤其在选择性分销和独家分销的情况下，生产者和经销商应该就有关促销活动、人员培训、技术服务、市场信息等方面达成一致，规定各自承担的责任和应履行的义务。在确定渠道成员的权利和责任时，必须持谨慎态度，并要得到有关方面的积极配合，否则会影响企业的利益或打击中间商的销售积极性。

（四）渠道方案评估

在这一阶段，企业要对已经形成的可供选择的渠道方案进行评估，挑选出最能满足企业长期目标的最佳方案。渠道方案的评估工作可以从三方面入手，即从经济性、可控性和适应性等方面进行评估。

1. 经济性

经济标准是最重要的一种标准，因为企业最终追求的是经济利益。对每一种渠道方案要进行经济分析，即：比较不同方案所能产生的销售额和所需花费的成本，从而判断哪种方案能给企业带来更高的经济效益。

2. 可控性

评估工作还要从不同渠道对销售的控制能力方面来进行。例如，采用代理商可能意味着企业控制程度的降低或者说控制难度的上升，因为代理商是一个独立的组织，它关心的是自己的利益和自己感兴趣的消费者，而较少从生产者的角度来考虑问题和进行销售。因此，企业要权衡各种渠道方案的利弊，进行综合的比较和分析。

3. 适应性

在评估渠道方案时，企业要考虑各种渠道适应环境变化的能力如何。每一种渠道都会因为存在固定期限的承诺而失去弹性。因此，对于一个涉及长期义务和责任的渠道方案，只有在经济性和可控性方面都很优越的前提下才能予以考虑。

二、渠道管理决策

企业在进行渠道设计之后，还必须进行渠道管理决策，即对渠道成员进行选择、激励和评估，必要时还需对渠道进行改进和调整。

（一）选择渠道成员

企业在选择中间商时，必须鉴别中间商的特性，明确较好的中间商所应具备的条件和特点。一般而言，企业在选择渠道成员时，要从以下方面对其进行综合考察和评估：中间商经营时间的长短、经营产品的范围、成长和发展状况、盈利记录、债务清偿能力、协作意愿、信誉等级等。当中间商是代理商时，企业还必须评价其所经销产品的种类、性质及销售人员的素质和数量等等。当中间商是某个要求独家经销的百货商店时，则必须评价该商店的位置、将来发展的潜力和顾客的类型等。

生产者在招募中间商时，常处于两种极端情况之间。第一种极端情况是生产者毫不费力地找到特定的商店并使之加入渠道系统。它之所以能吸引经销商前来加入渠道系统，可能是因为它很有声望，也可能是因为它的产品能赚钱。在某些情况下，独家分销或选择分销的特权也会吸引大量中间商加入其渠道。对于那些毫不费力地得到所需数目的中间商的生产者来讲，他所做的工作只是选择适当中间商而已。

第二种极端情况是生产者必须费尽心思才能找到期望数量的中间商。例如，某一清凉饮料的生产者很不容易在食品商店找到合适的陈列位置。生产者必须研究中间商如何做购买决策，尤其是在他们制定决策时，对毛利、广告与销售促进、退货保证等赋予的权数。此外，生产者还必须开发一些能使中间商赚大钱的产品。

不论生产者遇到上述哪一种情况，他都须明确中间商的优劣特性。一般来讲，生产者要评估中间商经营时间的长短及其成长记录、清偿能力、合作态度、声望等。当中间商是销售代理商时，生产者还须评估其经销的其他产品大类的数量与性质、推销人员的素质与数量。当中间商打算授予某家百货公司独家分销时，则生产者尚须评估商店的位置、未来发展潜力以及经常光顾的顾客类型。

（二）激励渠道成员

对企业来说，选择了合适的渠道成员之后并不是万事大吉了，还要不断地激励中间商，促使他们更好的工作。吸引或促使中间商成为该渠道成员的条件和因素固然是激励的重要因素，但仍然需要生产者经常地监督、管理和再激励。

要激励渠道成员出色地完成营销职能和进行销售，生产者必须充分了解各个中间商的不同需要和欲望。因为中间商是独立的实体，有自己的利益要求，可以制定自己的经营策略。它的任务是满足消费者的需求，而不是充当生产者利益的代言人。为了实现自身的利益，它会重视那些消费者喜爱的产品的销售，如果没有生产者的特别鼓励，它不会花费精力收集关于产品的各种记录。因此，生产者必须给予中间商以充分的理解，并从满足中间商需求的角度出发对中间商进行激励。激励中间商的方法大致有三种：合作、合伙与分销规划。生产者不仅要选择中间商，而且还要经常激励中间商使之尽职。促使中间商进入渠道的因素和条件已构成部分的激励因素，但仍需生产者不断地监督、指导与鼓励。生产者不仅利用中间商销售商品，而且把商品销售给中间商。这就使得激励中间商这一工作不仅十分必要而且非常复杂。

激励渠道成员使其具有良好表现，必须从了解各个中间商的心理状态与行为特征入手。许多中间商常受到如下批评：（1）不能重视某些特定品牌的销售；（2）缺乏产品知识；（3）不认真使用供应商的广告资料；（4）忽略了某些顾客；（5）不能准确地保存销售记录，甚至有时遗漏品牌名称。

然而，生产者所批评的上述缺点，如果从中间商的角度看，可能很容易理解：（1）中间商并不是制造商所雇用的分链锁中的一环，而是一个独立的市场营销机构，其逐渐形成了以实现自己目标为最高职能的一套行之有效的方法。并且能自由制定政策而不受他人干涉。（2）中间商主要执行顾客购买代理商的职能，其次才是执行供应商销售代理商的职能，他卖得起劲的产品都是顾客愿意购买的产品，不一定是生产者希望它卖的产品。（3）中间商总是努力将它所供应的所有产品进行货色搭配，然后卖给顾客，其销售努力主要用于取得一整套货色搭配的定单，而不是单一货色的订单。（4）生产者若不给中间商特别奖励，中间商绝不会保存所销售的各种品牌的记录。而那些有关产品开发、定价、包装和激励规划的有用信息，常常是保留在中间商很不系统、很不标准、很不准确的记录中，有时甚至故意对供应商隐瞒不报。尽管以上四个论点很简单，但确与以往观点不同。激励的首要步骤，就是站在别人立场上了解现状，设身处地为别人着想，而不应仅从自己的观点出发看待问题。

生产者必须尽量避免激励过分与激励不足两种情况。当生产者给予中间商的优惠条件超过它取得合作与努力水平所需条件时，就会出现激励过分的情况，其结果是销售量提高，而利润量下降。当生产者给予中间商的条件过于苛刻，以致不能激励中间商的努力时，则会出现激励不足的情况，其结果是销售量降低，利润减少。所以，生产者必须确定应花费多少力量以及花费何种力量，来鼓励中间商。

一般来讲，对中间商的基本激励水平，应以交易关系组合为基础。如果对中间商仍激励不足，则生产者可采取两条措施：（1）提高中间商可得的毛利率，放宽信用条件，或改变交易关系组合使之更有利于中间商；（2）采取人为的方法来刺激中间商，使之付出更大努力，例如，可以挑剔它们，迫使它们创造有效的销售机制，举办中间商销售竞赛，加强对最后顾客与中间商的广告活动等。不论上述方法是否与真正交易关系组合有直接或间接关系，生产者都必须小心观察中间商如何从自身利益出发来看待、理解这些措施，因为在渠道关系中存在着许多潜伏的矛盾点，拥有控制权的制造商很容易无意识地伤害到中间商的商誉。

生产者在处理它与经销商关系时，常依不同情况而采取三种方法：合作、合伙和分销规划。

不少生产者认为，激励的目的不过是设法取得独立中间商、不忠诚的中间商或懈怠懒惰的中间商的合作。它们多利用高利润、奖赏、津贴、销售竞赛等积极手段激励中间商。如果这些不能奏效，它们就采取一些消极的惩罚手段，例如，威胁减少中间商的利润，减少为它们所提供的服务，甚至终止双方关系等。这些方法的根本问题，是生产者从未认真研究过经销商的需要、困难及优缺点。相反，它们只依靠草率地刺激—反应式的思考，把很多繁杂的手段拼凑起来而已。

一些老于世故的企业往往试图与经销商建立长期合伙关系。这就要求制造商必须深入了解它能从经销商那里得到些什么，以及经销商可从制造商那里获得些什么。这些都可用市场涵盖程度、产品可得性、市场开发、寻找顾客、技术方法与服务、市场信息等各种因素来衡量。制造商希望经销商能同意上述有关政策，并根据其遵守程度的具体情况确定付酬办法。例如，某企业不直接付给经销商25%的销售佣金，而是按下列标准支付：（1）如保持适当的存货，则付5%；（2）如能达到销售配额，则再付给5%；（3）如能有效地为顾客服务，则再付 5%；（4）如能及时报告最终顾客的购买水平，则再付5%；（5）如能对应收账款进行适当管理，则再付5%。

分销规划是制造商与经销商可能进一步发展的一种更密切的关系。所谓分销规划，是指建立一个有计划的，实行专业化管理的垂直市场营销系统，把制造商的需要与经销商的需要结合起来。制造商可在市场营销部门下专设一个分销关系规划处，负责确认经销商的需要，制定交易计划及其他各种方案以帮助经销商以最佳方式经营。该部门和经销商合作确定交易目标、存货水平、商品陈列计划、销售训练要求、广告与销售促进计划。借助该部门的上述活动，可以转变经销商对制造商某些不利看法，譬如，过去经销商可能认为它之所以能赚钱是因为它与购买者站在一起共同对抗制造商的结果，现在它可能转变这种看法，认为它之所以能赚钱是因为它与销售者站在一起，作为销售者精密规划的垂直市场营销系统的一个组成部分而赚钱。

激励的基本点是了解中间商的需要，并据此采取相应的激励措施或手段。

（1）开展促销活动：主要包括广告宣传、商品陈列、产品展览和操作表演、新产品信息发布会等等。

（2）资金支持：给中间商在付款上的优惠措施，以弥补中间商资金的不足，如分期付款、延期付款等。

（3）管理支持：协助中间商进行经营管理，培训营销人员，提高营销的效果。

（4）提供情报：生产商将市场情报及时传递给中间商，将生产与营销的规划向中间商通报，为中间商合理安排销售计划提供依据。

（5）与中间商结成长期的伙伴关系。

分销商的动力来源于获利，它所做出的每一项承诺都在于你（生产商）为它做了多少，它相应也回报你一些。经验丰富的公司都设法与分销商建立长期的合伙关系。

（三）评估渠道成员

企业必须定期按照一定的标准对中间商的工作业绩进行评估。评估标准一般包括：销售定额完成的情况、平均存货水平、向顾客交货的时间、对损坏和遗失货物的处理、对企业促销与培训计划的合作情况、货款返回状况以及向消费者提供的服务等。

销售定额的完成情况是一项重要的评估指标，生产者可以将中间商的销售业绩定期进行排列。但是，由于各中间商面临的市场环境有很大的差异，各自的规模、实力、经营结构和不同时期的战略重点不同，仅依靠销售额的绝对值进行排列难免有失偏颇。因此，应该同时采取其他的比较方法。一种方法是将中间商的销售业绩和前期的销售业绩进行比较，另一种方法是根据每一中间商所处的市场环境和其销售实力，分别制定出其可能实现的合理的销售定额，再将其实际销售额和销售定额进行比较。

生产者除了选择和激励渠道成员外，还必须定期评估他们的绩效。如果某一渠道成员的绩效过分低于既定标准，则须找出主要原因，同时还应考虑可能的补救方法。当放弃或更换中间商将会导致更坏的结果时，生产者则只好容忍这种令人不满的局面。当不致出现更坏的结果时，生产者应要求工作成绩欠佳的中间商在一定时期内有所改进，否则，就要淘汰它。

如果一开始生产者与中间商就签订了有关绩效标准与奖惩条件的契约，就可避免种种不愉快。在契约中应明确经销商的责任，如销售强度、绩效与覆盖率，平均存货水平，送货时间，次品与遗失品的处理方法，对企业促销与训练方案的合作程度，中间商对顾客须提供的服务等。

除了针对中间商绩效责任签订契约外，生产者还须定期发布销售配额，以确定目前的预期绩效。生产者可以在一定时期内列出各中间商的销售额，并依销售额大小排出先后名次。这样可促使后进中间商为了自己的荣誉而奋力上进；也可促进先进的中间商努力保持已有的荣誉，百尺竿头，更进一步。需要注意的是，在排列名次时，不仅要看各中间商销售水平的绝对值，而且还须考虑到他们各自面临的各种不同可控制程度的变化环境，考虑到生产者的产品大类在各中间商的全部产品组合中的相对重要程度。

测量中间商的绩效，主要有两种办法可供使用。

第一种测量方法是将每一中间商的销售绩效与上期的绩效进行比较，并以整个群体的升降百分比作为评价标准。对低于该群体平均水平以下的中间商，必须加强评估与激励措施。如果对后进中间商的环境因素加以调查，可能会发现一些可原谅因素，如当地经济衰退；某些顾客不可避免的失去；主力推销员的丧失或退休等。其中某些因素可在下一期补救过来。这样，制造商就不应因这些因素而对经销商采取任何惩罚措施。

第二种测量方法是将各中间商的绩效与该地区的销售潜量分析所设立的定额相比较。即在销售期过后，根据中间商的实际销售额与其潜在销售额的比率，将各中间商按先后名次进行排列。这样，企业的调查与激励措施可以集中于那些未达既定比率的中间商。

三、调整分销渠道

企业在渠道设计之后，还要不断关注市场需求的变化，并根据变化随时对分销渠道进行改进和调整，以保证渠道效率和作用的发挥。企业对分销渠道的改进和调整需要从三个层次上进行：增加或剔除渠道上的某些成员；增加或剔除某些分销渠道；调整整个分销系统。

在具体决定增加或减少某一渠道成员时，企业需要进行经济增量分析。例如，增加或减少某个中间商，将会给企业带来什么样的影响，影响程度如何。这时，企业不仅要考虑该中间商所带来的直接利益，还要考虑对生产者和其他中间商所造成的间接影响等问题。

当企业在某一目标市场只通过增减个别中间商不能解决根本问题时，就需要采取增减某一分销渠道的方法。因为，企业的分销渠道一般是静止不变的，而某一地区的购买类型、市场状况却往往处于迅速的变化之中，企业原有的分销渠道不能有效地将产品送到某一地区或某种类型的消费者手中，因此，需要增加或减少某些分销渠道。

对生产者而言，最困难的是调整整个分销系统。因为这不是对原有系统的修修补补，而是对分销系统的根本性的改变。例如，汽车制造商打算用企业自己建立的经销商来代替独立经销商；软饮料制造商考虑用集中装瓶和直接销售取代某地区的特许装瓶商。这些决策不仅会改变企业的分销渠道系统，还将改变其营销组合，并产生深远的影响，一般是在企业的分销渠道和市场状况存在严重的矛盾冲突，或渠道系统存在严重失衡情况下才会采用。

生产者在设计了一个良好的渠道系统后，不能放任其自由运行而不采取任何纠正措施。事实上，为了适应市场需要的变化，整个渠道系统或部分渠道系统必须随时加以修正和改进。下面我们举例说明这一问题。

例如，某家具制造商以往只是通过特许经销商销售其产品，当其市场占有率降低后，该制造商才发现其竞争者已采取了许多创新措施，如：

（1）主要品牌已通过折扣商店销售；

（2）更多的主要家具已通过大邮购商店，以私人品牌的方式出售；

（3）建筑企业直接向制造商大量采购，这一方式已有相当程度的发展；

（4）越来越多的经销商和竞争者采取挨门挨户访问推销的方式；

（5）唯一顽强存在的独立经销商都位于小城镇，而乡村用户也逐渐专程到大城市购买。无疑，上述渠道变化势必迫使制造商时时考察各种可能的渠道战略，并做必要的修正与改进。

企业市场营销渠道的修正与改进可从三个层次上来研究。从经营层次上看，其修正与改进可能涉及增加或剔除某些渠道成员；从特定市场的规划层次上看，其改变可能涉及到增加或剔除某特定市场营销渠道；在企业系统计划阶段，其改变可能涉及到在所有市场进行经营的新方法。

（一）增加或减少某些渠道成员

在考虑渠道改进时，通常会涉及到增加或减少某些中间商的问题。做这种决策通常需要进行直接增量分析，通过分析，要弄清这样一个问题，即增加或减少某些渠道成员后，企业利润将如何变化。但是，当个别渠道成员对同一系统其他成员有间接影响时，直接增量分析方法就不再适用了。例如，在某大城市中，某汽车制造商授予另一新经销商特许经营权这一决策，会影响其他经销商的需求、成本与士气，而该新经销商加入渠道系统后，其销售额就很难代表整个系统的销售水平。有时，生产者打算取消所有那些不能在既定时间内完成销售定额的中间商，由此导致总体影响，运用增量分析是难以奏效的。例如，某卡车制造商通过特许经销商销售其产品，在某一时期发现5%的经销商年销售量在3辆以下。成本分析表明，企业对这些经销商所提供的各种服务成本已远远高于3辆卡车的销售利润。从理论上讲，如果取消某些落后中间商，增量分析的结果会表明企业利润提高，然而，取消个别中间商这一决策将会对整个渠道系统产生重大影响，譬如分摊制造费用的卡车减少了，卡车生产的单位成本将会提高；某些员工及设备被闲置；由落后经销商所负责的市场业务将会因其被取消而让竞争者占便宜；企业的其他经销商会因该决策感到不安。因此，在实际业务中，还不能单纯依据增量分析的结果采取具体行动。如管理人员确实需要对该系统进行定量分析，则最好的办法是用整体系统模拟来测定某一决策对整个渠道系统的影响。

（二）增加或减少某些营销渠道

生产者也会常常考虑这样一个问题，即它所使用的所有市场营销渠道是否仍能有效地将产品送达某一地区或某类顾客。这是因为，企业市场营销渠道静止不变时，某一地区的购买类型、市场形势往往正处于迅速变化中。企业可针对这种情况，借助损益平衡分析与投资收益率分析，确定增加或减少某些市场营销渠道。

（三）改进整个营销系统

对生产者来讲，最困难的渠道变化决策是改进和修正整个市场营销系统。例如，汽车制造商打算用企业经营代理商取代独立代理商。再如，软性饮料制造商想用直接装瓶和直接销售取代各地的特许装瓶商。这些决策通常由企业最高管理层制定。这些决策不仅会改变渠道系统，而且还将迫使生产者改变其市场营销组合和市场营销政策。这类决策比较复杂，任何与其有关的数量模型只能帮助管理人员求出最佳估计值而已。

小案例 5

如何做有实战意义的渠道规划

为什么那么多的好产品、好品牌，市场难以做大？为什么市场出现秩序混乱、窜货、砸价、促销疲软？这是因为渠道体系出现了问题。而现在说到渠道，大家自然就想到营销中的 4P 之一：直白一点就是一个销售产品的通道。一般而言大家都这么理解：渠道就是一条通路，是经销商、二批商；渠道建设就是找经销商；渠道管理就是打款、发货、管窜货，实际上，这是一种对渠道狭隘的理解。真正的渠道是一个战略系统，使命是完成产品（服务）从厂家到消费者手中的转移，并使产品（服务）的价值增值。

一、渠道模式及设计

每一个企业的产品特性、消费者及市场情况都不一样，也就决定了渠道模式会存在很大的差别。消费品最普遍的渠道模式有三种，第一种是娃哈哈为代表的联销体模式；第二种是以康师傅为代表的渠道精耕；第三种是以加多宝为代表的掌控终端模式。这里说的是典型的渠道模式，并不是说，所有的企业都必须是这三种模式，但基本难以离开这三个渠道“原型”。

渠道模式的选择，视企业产品的特性、消费者需求、竞争状况来决定。

首先，要考虑的是设计渠道的长度。如娃哈哈的渠道结构是：总部——

省级公司——特约一级批发商——特约二级（二级）批发商——三级批发商——终端——消费者。从这里来看，娃哈哈最长的渠道级数是六级，最短也至少四级才能到达消费者手里，但娃哈哈就是通过这么长的渠道，2012 年实现了 670 亿的销售。加多宝基本是小区域独家经销，下设邮差直供终端，另外也有专门做分销的批发商，加多宝的渠道结构相对来说较短：经销商——邮差（批发商）——终端——消费者。渠道的层级多与少其实并不是决定销售好坏的决定因素。要看企业的实际情况，娃哈哈品类、品项、产品多，需要借助长渠道进行各品类的分销；而加多宝是单品，需要快速而广泛占领各个终端。

其次，要考虑渠道的宽度。有三种结构类型可以选择，第一密集型分销，第二选择型分销，第三，独家分销。一般来说，密集分销适用于快消品或者广泛分销的产品，需要大量的经销商或者分销商进行分销，构建销售网络；第二种是选择型分销，一个区域选择几家经销商进行分销或者直供，大多数的企业采用这种方式；第三种是独家分销，一个区域只有一家经销商，由经销商负责下游网络的建设也可能由厂家帮助经销商进行网络开发和建设。现在很多消费品企业也实行小区域独家经销制，也算是区域独家经销。

最后，渠道模式的选择和设计涉及到分销效率和后续的渠道管理工作，但渠道模式没有所谓最好的模式，只有适合企业的、量身定做的渠道模式。如果企业实力不够强，一般采用选择型分销，渠道模式可以借鉴康师傅的渠道精耕或者联销体模式，利用经销商的资源和能力完成市场覆盖，厂家提供优质产品和市场的开发方案、推广策略等支持；如果企业确实有实力，能够在人员、资金、宣传、经销商资源上有很强大的优势，可以像加多宝一样，进行深度分销、终端管控，实现终端网络全覆盖。

二、渠道策略选择及调整

通常情况，我们需要对区域市场进行分类，然后按照每类市场进行渠道策略的制定。一般来说，我们可以将企业的区域市场分为基地市场、战略市场、机会市场和渗透市场。

基地市场可以采用区域 ARS 策略进行样板市场的建设，以我为主，市区城区范围开展直营或者直供终端，协助经销商控制下游网络和终端，建立和形成一套标准和方法。

战略市场需要发展经销商战略合作伙伴，利用经销商的资源和力量进行市场开发；企业进行较为深度的协助销售，帮助经销商开发市场和维护重点终端客户，同时提供给经销商可操作的市场方案、操作手法和管理标准，让经销商不但为了短期的销售，更为了更长远的、可持续的事业走到一起。

机会市场和渗透市场，主要由经销商操作，企业给予策略、方案、销售政策和部分人员的支持。其实，这四类市场并不是绝对分开或者孤立的，这四类市场最好能形成良性的转换，如机会市场、渗透市场转换为战略市场，战略市场转化为基地市场，企业的基地市场越多，市场越稳固，销售量自然会得到提升。

墨守成规一定要被淘汰，企业的渠道模式，商业模式也在不断的变化，只有跟得上这种变化，才能获得更好更大的市场空间。

渠道管理及优化。渠道管理首先要确定目标，这个目标不是拍脑袋想出来的，而是通过科学的分析结合市场销售情况、团队力量、资源的投入等等制定出来的，大家都认可，通过努力也是能完成的。

管理好两只队伍，一支是经销商的团队；一支是厂家自己的销售队伍，经销商的销售队伍或者外聘的销售人员如果放任经销商管理，基本上达不到效果。道理很简单，经销商肯定是自己的利益最大化，而不是厂家的利益做大化。

要管理好、服务好经销商。第一，帮助经销商赚钱，发展好生意，只有经销商赚钱，其他的事情方好办；不赚钱，说什么也没用。第二，帮助经销商建网络、做终端，这是经销商特别看重的，也是很具体的内容。第三，实现销量最大，利润最高、顾客最多，花费很少的终极目的。

三、渠道创新及案例

渠道创新并不仅仅是找到一个新的渠道，如原来在小店卖，现在卖到超市；原来传统渠道卖，现在在网上卖，只能说是找到了一个新的渠道进行销售。那么，我们说的渠道创新是什么呢？其实，更多的时候是基于销售或者业务模式的革新。

我们要基于整个渠道的价值链来考虑问题，重新梳理业务发展的模式。

有一家葡萄酒的贸易商，之前卖酒主要是靠分销商，加上一些酒庄进行销售，单纯靠终端店很难销售，特别是高端红酒。当大家感觉很难的时候，很多红酒贸易商就进行团购，高端红酒的团购占据了整个市场的60%—70%，一家做、几家做好做，当大家都来争抢这个份额的时候，这个市场的销售模式一定需要革新了。怎么做呢？有的开始进行联合品鉴、推广，但效果还是不好。

经常有人问：为什么这种方式不好呢？因为这仅仅是一种推广的渠道，而不是销售的渠道。红酒本来就缺乏销售主渠道，现在高端酒团购也难以走通了，销售自然难以为继。中国市场，中高端红酒没有销售的主渠道！如果把团购看作是一种渠道或者主渠道，但却无法复制；如果将推广、品鉴会看成是一种渠道，但这仅仅是非销售的辅助的推广渠道。

1. 打造直营店为主的商业平台，整合资源

单纯开一家卖酒的直营店，很难吸引和聚集高端消费者，难以支撑运营。那么，有理想和抱负的运营商，应该整合资源，将直营店打造成当地有影响力的旗舰店，一个资源整合的平台。不但有销售的功能，更要有体验、消费者聚集、会员资料收集、红酒知识普及、团队培养输出、团购网络组、红酒知识推广等总综合功能，如定期培训和品鉴会等综合的平台。

可以合作（行业内和行业外均可）、利用各种资源加强平台的建设，做成当地企业培训交流基地、甚至是当地的一个景观。

这个是需要有魄力、实力、雄心壮志的企业才能去尝试的，但要真正将高端红酒做起来，需要实力，更需要智慧。

2. 公关先行，建立辅助销售平台

现有的资源一定要利用好，这是最省力的方式，也是效果最直接的方式，可以提升平台影响力，支撑公司盈利和平台建设。如政府关系好，可以将这个酒做成招待酒，如果某大型企业关系好，可以做团购，甚至可以发展政商代表为个人代理商，当然是结合物质和精神的激励，他们关系资源好，给予其精神上的尊重和身份的尊重，彰显其价值，这对销售效果也是一种很大的推动。

结合辅助推广，并最终建立红酒的销售主渠道，如果成功建立起高端红酒的社会化销售渠道，并成功将模式复制到各大城市，不但“功德无量”，也将造就一个伟大的商业模式。不但自己企业的高端红酒，就是其他的高端红酒、进口高端红酒也将要通过这个平台销售，何其壮哉！

（资料来源：蒋军. 中国营销传播网，2014 年 2 月 6 日.）

第四节 供应链管理

一、供应链管理概念

供应链管理的涵义：供应链管理起源于二战后期美、英等同盟国军队对后勤保障系统的研究。后来，商业企业和运输企业于20世纪60年代开始运用军队后勤管理的部分原理来进行“物流管理”。供应链管理（Supply Chain Management，SCM）理论是物流管理与系统论等其他相关学科相互融合的基础上发展起来的一个新兴的研究和实践领域，它是确保顾客满意的一个主要环节，即保证在正确的时间把正确的产品/服务送到正确的地方。它是在企业资源规划（ERP）的基础上发展起来的，它把公司的制造过程、库存系统和供应商产生的数据合并在一起，从一个统一的视角展示产品制造过程中的各种影响因素，把企业活动与合作伙伴整合成一个严密的有机体。SCM帮助管理人员有效分配资源，最大限度提高效率和减少工作周期，从而增强竞争实力，提高供应链中各成员的效率和效益。

美国物流协会将供应链管理定义为：供应链管理是传统企业各部门之间，特定企业不同部门之间，供应链上各企业之间的系统的、具有战略意义的协调活动，其目的是改善个别企业，以及整个供应链各环节长期的经营绩效。

全球供应链论坛（The Supply Chain Forum）的成员于 1994 年提出并于 1998 年修订的定义为：“供应链管理是对从最终用户到最初供应商的所有为客户及其他投资人提供价值增值的产品、服务和信息的关键业务流程的一体化管理。”供应链管理是研究供应链过程及不同主体间供需网链构建、系统设计、集成、优化和动态管理的理论与实践规律的学科。

供应链是物流、信息流和资金流三者的统一，物流管理是供应链管理体系的一个重要组成部分，也是供应链管理的起源。但是，物流只涉及原材料、零部件在企业之间的流动，是企业之间的价值流过程，不涉及生产制造过程的活动，强调的是单一企业内部的各物流环节的整合。供应链则不仅是一个企业物流的整合，而且是商品流通过程中所有链条企业的物流的整合。具体指的是商品到达消费者手中，中间要包括零售商、批发商、制造商、原材料零件的供应商等所有环节，物流只是流动的整个环节中的一部分。供应链管理包括物流活动和制造活动，涉及从原材料到产品交付最终用户的整个物流增值过程。因此，一个企业要做到以低成本、高速度地向客户提供商品，仅考虑单一企业内部的物流整合是远达不到目的的，还必须对链条上的所有企业的物流进行统一管理、整合才能实现上述目标，这就是供应链管理的基本思想。

二、供应链管理的功能

供应链管理是对供应链中的信息流、物流和资金流进行设计、规划和控制，一个国际知名咨询公司曾对供应链管理的功能做出界定。供应链管理包括六大应用功能：生产计划、生产调度、配送计划、运输计划、需求管理和供应链计划。可见，供应链管理应当是基于现代信息技术对供应链过程中涉及跨部门、跨企业、跨产业运作的商流、物流、信息流和资金流进行整体规划设计与运作管理活动。总的说来，供应链管理（SCM）有以下四种主要职能：

1. 客户资产管理——管理需求信息，便于更好地了解市场和客户需求。公司通过利用客户服务、销售支持以及其他职能系统的信息，筛选从客户运作中采集到的信息，从而进行预先控制。

2. 综合后勤管理——管理自供应商开始的物流。它包括生产计划、采购和库存管理。

3. 生产过程管理——管理生产过程，降低生产成本。

4. 财会管理——利用财务媒体，与供应商及客户一起管理资金流。

三、供应链网络构造原则

供应链的设计应遵循一些基本的原则，以保证供应链的设计和重建能满足供应链管理思想得以贯彻和实施的要求。

（一）简洁性原则

为了能使供应链具有灵活快速响应市场的能力，供应链的每个节点都应是精干而具有活力的，能实现业务流程的快速组合。例如，零售商在选择分销商、供应商的时候，就应以少而精的原则，通过和少数的供应商建立战略伙伴关系，以减少采购成本，推动准时采购法和准时生产法实施。生产系统的设计更是应以精益思想（Lean Thinking）为指导，努力实现精益的供应链这一目标。

（二）协调性原则

供应链业绩好坏取决于供应链合作伙伴之间关系是否和谐，建立战略伙伴关系的合作企业关系模型是实现供应链最佳效能的保证。在建立供应链之前，零售商往往与供应商是利益对立关系，这就使得供应商和零售商之间很难建立起信任的合作伙伴关系。而供应链建立的最终目的，是寻求整体效率的提高、成本降低、资源整合合理，从而提高整个供应链的效益，再根据各成员在供应链中所做出的贡献进行利益的分配，达到各方均能获益（包括零售商）。

因此，供应链的设计和建立一定要本着各环节协调一致的原则来进行。

（三）动态性原则

不确定性在供应链中随处可见，供应链上的各节点企业只根据来自其相邻的下级企业的需求信息进行生产或者供应决策，往往会使真实信息在一定程度上失真，并沿着供应链逆流而上，产生逐级放大的现象，而这种失真是由于信息不确定性的存在，导致需求信息到生产终端就产生扭曲。要预见各种不确定因素对供应链运作的影响，减少信息传递过程中的信息延迟和失真，链上的各环节都必须本着动态原则保持动态的联系，通过计算机网络，将标准信息在企业之间进行传递，减少信息传递的不必要中间环节，提高预测的精度和时效性。

（四）战略性原则

供应链的建构应具有战略性，通过战略考虑来减少不确定因素的影响。以零售业供应链为例，有产权维系型供应链模式、契约型供应链模式、管理维系型供应链模式三种。管理者可按照本企业的发展目标采取相应的模式。但是不论何种模式，供应链的系统结构发展应和企业的战略规划保持一致，体现供应链发展的长远规划和预见性。

四、第三方物流

供应链管理的战略思想就是要通过企业与企业之间的有效合作，建立一种低成本、高效率、响应性好、反应敏捷的企业经营机制；就是要使企业在成本、质量、时间、服务、灵活性等方面显著提高，加快企业产品进入市场的速度，从而增强企业的竞争优势。这种战略思想的实现需要供应链物流系统从企业战略的高度去规划与运筹，并把供应链管理战略通过物流战略的贯彻实施得以落实。由此可见，物流管理战略对于供应链管理来说是非常重要的，重视物流战略是供应链管理区别于传统管理的一个重要标志。

（一）第三方物流的概念

第三方物流在国外也称契约物流，是 20 世纪 80 年代中期才在欧美等发达国家出现的概念，是一种实现物流供应链集成的有效方法和策略。它通过协调企业之间的物流运输和提供后勤服务，把企业的物流业务外包给专门的物流管理部门来承担，特别是一些特殊的物流运输业务。把本企业的物流业务外包给第三方物流承包者，使企业能够把时间和精力放在自己的核心业务上，从而提高了供应链管理和运作的效率。我国颁布的国家标准《物流术语》对第三方物流的定义是：由供方与需方以外的物流企业提供物流服务的业务模式。

第三方物流服务商为客户提供整个或部分供应链物流服务，以获取一定的利润。第三方物流公司提供的服务范围很广：它可以简单到只是帮助客户安排一批货物的运输，也可以复杂到设计、实施和运作一个公司的整个分销和物流系统。第三方物流参与一个公司的供应链的程度，取决于它们发挥的作用的层次。例如，在实施供应链最基本功能的层次上，一个第三方物流公司可以通过确定和安排一批货物的最佳运输方式来增加价值；在最复杂的层次上，第三方物流公司可以与整个制造企业的供应链完全集成在一起。在后一种情况下，第三方物流公司为制造企业设计、协调和实施供应链策略，通过提供增值信息服务来帮助客户更好地管理其核心能力，并能通过利用第三方物流来降低物流费用。

（二）第三方物流的优势

第三方物流企业的优势在于：

1. 拥有市场知识和信息网络

通过专业化的发展，第三方物流公司已经开发了信息网络并且积累了针对不同物流市场的专业知识，包括运输、仓储和其他增值服务。许多关键信息，比如可得卡车运量、国际清关文件、空运报价和其他信息通常是由第三方物流公司收集和处理。对于第三方物流公司来说，获得这些信息更为经济，因为他们的投资可以分摊到很多的客户头上。对于非物流专业公司来讲，获得这些关键信息的费用非常昂贵和不合算。

2. 拥有规模经济效益

由于第三方物流供应商可以将许多企业的物流需求集成起来，因而相对于单个企业而言，他们购买力和货物配载能力要大得多。因此，第三方物流公司可以从运输公司或者其他物流服务商那里得到比他的客户更为低廉的价格，从而大幅度地降低单位运输成本。

3. 拥有灵活性

通常，把物流业务外包给第三方物流公司可以使得公司的固定成本转化为可变成本。公司向第三方支付服务费用，而不需要自己内部维持物流基础设施来满足需求。对于那些业务量呈现季节性变化的公司来讲，外包物流对公司赢利的影响就更为明显。例如，对于一家销售季节性很强的大零售商来说，如果年复一年地在旺季聘用很多的物流和运输管理人员，到淡季再解聘他们是很困难和低效的。若和第三方物流结成伙伴关系，这家零售商就不必担心业务的季节性变化。

（三）第三方物流的特点

1. 以合同为导向的一系列完善服务第三方物流有别于传统的外协，外协只限于一项或一系列分散的物流功能，如运输公司提供运输服务、仓储公司提供仓储服务，第三方物流则根据合同条款规定的要求，提供多功能，甚至全方位的物流服务。依照国际惯例，服务提供者在合同期内按所提供的物流成本加上需求方毛利额的20%收费。

2. 个性化物流服务第三方物流服务的对象一般都较少，只有一家或数家，服务时间却较长，往往长达几年，异于公共物流服务。这是因为需求方的业务流程各不一样，而物流、信息流是随价值流流动的，因而要求第三方物流服务应按照客户的业务流程来定制，这也表明物流服务理论从“产品推销”发展到了“市场营销”。

3. 建立在现代电子信息技术基础上的信息技术的发展是第三方物流出现的必要条件，信息技术实现了数据的快速、准确传递，提高了仓库管理、装卸运输、采购、订货、配送发运、订单处理的自动化水平，使订货、包装、保管、运输、流通加工实现一体化。企业可以更方便地使用信息技术与物流企业进行交流和协作，企业间的协调和合作有可能在短时间内完成。同时，电脑软件的飞速发展，使混杂在其他业务中的物流活动的成本能被精确计算出来，从而有效管理物流渠道中的商流，这就使企业有可能把原来在内部完成的作业交由物流公司运作。常用于支撑第三方物流的信息技术有：实现信息快速交换的 EDI 技术、实现资金快速支付的 EFT 技术、实现信息快速输入的条形码技术和实现网上交易的电子商务技术等。

4. 企业之间的联盟关系依靠现代电子信息技术的支撑，第三方物流的企业之间充分共享信息，这就要求双方能相互信任，才能达到比单独从事物流活动更好的效果。从物流服务提供者的收费原则来看，它们之间是共担风险、共享收益，企业之间只是在物流方面通过契约结成优势相当、风险共担、要素双向或多向流动的中间组织，因此，企业之间是物流联盟关系。现实中第三方物流形态多样。即使在发达国家，货主企业对外委托的内容大多还只是物流作业活动，系统的运营、管理仍然由货主企业自己承担。第三方物流企业也有各种各样的经营方式，就目前看，能够站在货主角度提供从系统设计、计划、管理到实施全面个性物流服务的第三方物流企业还不多。

（四）第三方物流采用的方式

在欧美发达国家，供应链中的物流往往采用多种方式。最为彻底的方式是结束自己的物流系统，并转移所有的物流职责给外部物流供应商，即第三方物流供应商。许多原来自营物流的公司不仅要对现有的物流资产进行处理、裁减人员，还要面对在过渡阶段产生的物流作业可能会中断的风险。这需要冒较大的风险，因此有些公司愿意采取逐渐外包物流的过程，按地理区域划分进行责任移交、分步实施，或按业务与产品分步划分进行实施。欧美公司一般采用以下方式进行平稳操作：

1. 系统接管

大型物流服务供应商全盘买进客户公司的物流系统的例子不胜枚举。它们接管并拥有车辆、场站、设备和原公司员工。接管后，该物流系统可以仅为原企业服务或其他公司共享，从而提高利用率，分享管理成本。

2. 合资

有些客户更愿意保留配送设施的部分产权，并在物流作业中保持参与。对它们而言，与物流合同商的合资不仅获得了注入资本，而且还获得了专业知识。

3. 系统剥离

有不少例子是自理物流作业的公司把物流部门剥离成一个独立的利润中心，允许它们承接第三方物流业务。母公司为它们提供基本业务，而后越来越多地依靠第三方业务。

4. 管理型合同

对希望自己拥有物流设施（资产）的公司，仍可以采用管理外协，这是大型零售商常用的战略。欧盟国家把合同外包看成是改进物流作业管理的一种方法。因为这种形式的外协不是以资产为基础的，使用服务的一方在业务谈判中有很大的灵活性，需要时可以终止合同。

本章小结

1. 分销渠道是指为促使产品或服务能顺利通过市场交换过程，转移给消费者（用户）消费的一整套相互依存的组织。它是独立于生产和消费之外的流通环节，同时又是联结生产与消费的桥梁。分销渠道按长度结构可划分为零层、一层、二层和三层渠道；按宽度结构可划分为高宽度分销渠道、中宽度分销渠道和独家分销渠道；按分销渠道系统的管理模式可划分为垂直型、水平型和多渠道型分销渠道。

2. 按中间商与消费者的关系，也就是与最终消费者的接近程度可划分为批发商和零售商两大类。中间商具有调节市场供需平衡、创造市场效率、市场分销、战略合作等功能。

3. 分销渠道设计是企业对关系其长期生存和发展的分销模式、基本目标及管理原则所做的规划、选择与决策。其基本目标是向目标市场有效地传达重要消费者价值。影响分销渠道战略设计的主要因素有：市场性质、产品性质、中间商状况、竞争者状况、企业自身状况和环境特征。分销渠道的管理主要包括分销渠道成员的选择和培训、激励渠道成员、评价渠道成员、调整分销渠道以及渠道的合作、冲突与竞争。

4. 供应链管理作为一种新的学术概念首先在西方被提出来，很多人对此开展研究，企业也开始这方面的实践。世界权威的《财富》（Fortune）杂志，就将供应链管理能力列为企业一种重要的战略竞争资源。在全球经济一体化的今天，从供应链管理的角度来考虑企业的整个生产经营活动，形成这方面的核心能力，对广大企业提高竞争力将是十分重要的。

能力培养指导

● 实训项目：设计一份新产品入市的渠道策划书

1. 实训目的

通过这次实训课，让学生复习本章所学的渠道策略的有关理论知识，并且能够将理论用于实际操作之中，以此培养学生的实际动手能力和分析问题、解决问题的能力。

2. 实训材料

如今的饮料市场，最鲜明的特点是品牌众多，竞争激烈。从酸饮料独霸市场，到茶饮料和果汁饮料各领风骚，再到功能饮料纷纷杀入。2003 年的饮料市场已经形成五代饮料同台竞争局面。虽然各个产品之间有着鲜明的种类之分，但消费群体的购买却呈模糊化倾向发展，不同种类之间的产品替代性非常强。这种倾向使得总体广告力度加大，促销力度增强。

“体饮” 于 2002 年 4 月在饮料竞争白热化的时候进入市场，“体饮” 上市以前，其母公司巨能实业有限责任公司以做保健品见长。在巨能所涉及的产业门类中，饮料基本上是个空白。当巨能想向饮料行业进军的时候。饮料市场已经打得不可开交了。想在这个行业占有一席之地，其外部环境和内部环境都不容乐观。

从外部环境来看，饮料市场虽然进入门槛较低，但是 2002 年各种饮料的竞争已经非常激烈。碳酸饮料虽被百事可乐和可口可乐两大巨头所占领，但市场份额却有逐渐下滑的趋势；茶饮料和果汁饮料的上升势头强劲，但市场细分程度开始加大，除了红茶、绿茶、乌龙茶、花茶，娃哈哈还推出了有机绿茶；果汁饮料细分程度则更是惊人，各种口味应有尽有。以农夫果园为代表的混和果汁的出现表明了果汁细分已经不仅是品类细分，很可能到了心理细分的阶段。再加上健力宝、汇源投巨资打市场，燕京等啤酒强势介入，更加剧了市场竞争的难度。

从内部环境分析，巨能实业虽有操作食品和医药保健品的经验，但产品本身如果没有新的吸引消费的亮点和“差异”，想在市场上分一杯羹恐怕没那么容易。

在功能饮料市场，虽然红牛早在几年前就进入了中国市场，并占据了功能饮料的70%左右的市场份额。但这个市场仅指的是功能饮料市场，而且50%来自广东。其他几家功能保健品如力保健、宝矿力等投入巨大，奋斗多年，但市场业绩却没有突破性进展。

从巨能自身来看，品牌和渠道也是其进入饮料行业的软肋。2003 年新出现的品牌，无论是农夫果园、康有利、脉动等都以一个成熟饮料品牌的第二品牌或子品牌的面目出现。品牌和渠道优势明显。巨能品牌虽然在保健品行业是一块金字招牌，但在饮料行业却不具号召力。另外，从渠道上看，巨能在饮料行业没有一个成形的销售网络。也没有一支成熟的销售队伍。毕竟保健品的销售通路与饮料的通路是不同的。做保健品的销售人员在操作饮料上缺乏实战经验。

3. 实训要求

（1）以小组为单位，每个小组集体讨论：假如你是巨能的销售经理，请你对分销渠道进行策划。然后每小组选出一名代表在讨论课上发言，并提交一份策划书或建议书。

（2）利用下一次课，对学生的策划书或建议书进行评讲并给出成绩。

案例应用 1

TCL 集团：构建深广兼容的分销渠道

TCL 集团于 1981 年靠一个小仓库和 5000 元贷款起家，1999 年发展成为拥有 100 多亿元总资产，销售收入、出口创汇分别达到 150 亿元、2.4 亿美元，在中国电子行业雄居三强的企业集团。该集团前 10 年集中生产经营通信产品，占据了电话机市场龙头地位；后 10 年进军家电、电工市场，在十分激烈的竞争中，年均销售增长率持续超过 50%。进入 21 世纪，集团正在策划新的目标：再用 10 年时间，使公司从传统的电子企业向以“3C”整合为核心、信息产业为主导的互联网接入设备主流供应商转移，销售规模达到 1500 亿元，进入世界 500 强企业行列。集团决策者觉得需要全面审视公司的经营观念和分销战略与策略管理问题。为此，回顾、总结过去的经验是必要的。

多年来，集团一直将市场视为企业的生命，提出并奉行“为顾客创造价值”的核心观念，赢得了宽广的市场空间。公司不断推出适合市场需求的新产品，严格把好每一个产品和部件的质量关，并十分重视建立覆盖全国的分销服务网络，为顾客提供了优质高效的购买和保障服务。显然，经营产品的扩展，必须与经营渠道建设结合起来。这是一条重要经验。

TCL 在连续不断的市场大战中主动认识和培育市场，逐渐形成了“有计划的市场推广”、“服务营销”和“区域市场发展策略”等市场拓展新理念，建立了覆盖全国的营销网络，提高自己的核心竞争力。到 1998 年底，TCL 已在全国建立了 28 家分公司，130 个经营部（不包括县级经营部），还有几十个通信产品、电工产品的专卖店，销售人员 3000 多人，这个网络既销售王牌彩电，也销售集团内的多种产品，1998 年的销售额达到 50 多亿元。为了进一步开拓国际市场，除利用在香港、美国原有子公司外，近年来又成立了“国际事业本部”积极策划在东欧、东南亚设立自己的销售网点。建立营销网络加快了 TCL 集团的发展步伐。TCL 坚持经营变革与管理创新，不断推进企业产权制度的改革。集团通过授权经营，落实了企业经营风险责任机制和利益激励机制。尤其是进入 20 世纪 90 年代以来，TCL 抓住机遇，通过灵活机动的资本运营机制，先后兼并了香港陆氏彩电、河南美乐电视机、内蒙古彩虹电视机、金科集团和翰林软件公司，并与美国 Lotus Pacific 合作，进入信息网络终端产品和信息服务领域。TCL 投资创办了爱思科微电子集成电子公司，介入了通讯系统设备制造、移动电话和锂离子电池等高科技领域。TCL 已开始的产业结构调整，目标是使公司由传统家电产品制造商向互联网设备的主流厂商转变。集团领导层对这个转变充满信心，其中一个理由是营销网络为这个转变的实现提供了有力的保证。

经过多年苦心经营，TCL的营销网络已建立了能及时发现市场、开拓市场、保障服务质量、有效改进品牌推广，并灵活适应市场变化的机制。90年代初TCL王牌彩电成功介入竞争白热化的国内市场，名列"三甲"，营销网络功不可没。在1996年彩电市场降价竞争中，TCL整个网络迅速做出统一行动，调整价格，加强促销，不仅稳定公司的销售，而且争取到市场的扩展，给人留下深刻印象。TCL集团在主导产品战略转移的同时，同步营造营销渠道网络，使之成为公司扩大经营规模、提高竞争优势的重要战略组成部分。首先，集团强制推行"项目计划市场推广战略"。要求所有项目必须制定详尽的市场推广战略，自觉、主动地认识市场、培育市场和占有市场。其次，导入"区域市场推广战略"。将国内市场划分为7大区域，按"大区销售中心—分公司—经营部—经营办事处"模式构建区域分销网络，禁止跨区违规操作，规范市场开发管理。第三，实施"深耕细作"策略。按各区域网络做细经营管理，开展"千店工程"，将销售网遍布广大城乡。第四，实施营销网、服务网"双网络"拓展，产品品牌、服务品牌"双品牌"经营计划。将原售后服务部改成"用户服务中心"并相对独立运作；建立客户档案，主动回访；在一些城市装配维修生产线，配合公司配件供应中心，提高服务效率；严格履行"三月包换、三年免费维修、中心城市上门服务"的承诺。第五，提高网络的兼容性。以家电营销服务网络为基础，整合家电网、电工网和通信产品网，方便顾客，降低成本。

TCL强大的营销网络吸引了国内外一些公司上门来要求合作。健伍、NEC分别找上门来要求TCL代理其音响、手机。TCL营销网络不仅是TCL产品的"市场高速公路"，而且成了TCL最重要的一块无形资产。

【讨论题】

1. 根据本章的学习，综合分析TCL分销渠道网络有何特点？
2. 为实现新的目标，TCL分销系统还有哪些可以改进之处？
3. 从本案例中总结分销渠道对企业发展的战略意义？
4. 请区别电器、肉食品、洗涤用品销售渠道策略的不同。

案例应用2

娃哈哈公司的营销渠道

1998年，当娃哈哈人沉浸在销售业绩再创新高的喜悦之中时，一向以经营眼光锐利而著称的总裁宗庆后先生则开始居安思危了。他的办公桌上，一边是销售量再破纪录的喜报，另一边却是公司销售业务人员有关冲货问题的报告和公司一些资深经销商们写的附有举证照片的举报信。公司营销网络的建设到底出现了什么问题？是否有必要整顿？又应该如何整顿呢？

一、集团公司概况

杭州娃哈哈公司是一家年轻的大型企业，现有资产 30 多亿元。而在 1987 年成立之初，公司只有 14 万元的借款和一间破旧的小屋。短短的 12 年公司取得了长足的发展，以 1988 年为基年计算，至 1998 年公司资产增长了 1321.5 倍，净资产增加了 8490.3 倍，利税率年平均增长率为 213.49%（见图 13-4）。

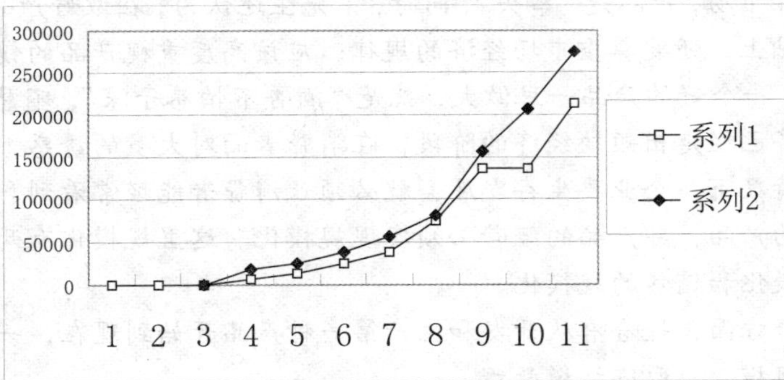

图 13–4　娃哈哈集团历年总、净资产一览

通过兼并、对口支援、共同建设等途径，公司踏上了一条迅速扩张之路。短短的几年里，公司已经确立了其在中国饮料业的龙头地位，从中国食品协会调查报告中的有关统计数据便可一目了然（见表 13-3）。

表 13–3　1998 年中国饮料行业业绩排行

	第一名	第二名
产量（单位：万吨）	娃哈哈	健力宝
	93.15	68.69
利税额（单位：万元）	娃哈哈	健力宝
	71565	42455
利润（单位：万元）	娃哈哈	维维
	50211	33794

注：娃哈哈集团公司 1998 年的产量为 93.15 万吨，虽然比国内 21 家公司生产可口可乐的总产量 194.41 万吨要少，但比其中任何一家的产量都要高。

11 年来，娃哈哈公司开发了 20 多种系列产品，其主导产品娃哈哈果奶、娃哈哈纯净水、营养八宝粥在同类产品中的市场占有率、市场竞争力和影响力均列前茅。1998 年公司又新推出娃哈哈非常可乐，更是掀起了轩然大波，成为了业内人士瞩目的焦点。目前，娃哈哈公司及其产品已是家喻户晓，“娃哈哈”品牌的评估价值高达 22.48 亿元。

在经营理念方面，由于娃哈哈公司经历了计划经济向市场经济转变的历史时期，因此对于两种体制下企业经营管理有着深刻理解，对市场需求格外重视。宗先生说，娃哈哈公司的一贯思想是重视产品开发和产品品质，认为企业要打开市场，产品是“拳头”。同时，宗先生还认为，在做好产品这个“拳头”的基础上，还要尊重市场经济的规律，应该高度重视产品的销售。在计划经济下，一个好的产品一旦做大，就是“酒香不怕巷子深”，不愁销售；但在市场经济已经走出短缺经济的阶段，在消费者面对太多的诱惑，有着太多的选择的情况下，企业要生存发展，就必须让消费者能经常看到、能方便地买到企业的产品，即产品的经营必须实现规模化。这里规模化有两层意义：生产的规模化和销售的规模化。

在生产方面，娃哈哈从开发和生产第一种产品开始到现在，一直致力于扩大生产规模，以取得规模效益。

在产品销售方面，公司通过苦心经营的庞大而严密的销售网络将产品尽可能多、尽可能全面地推荐给消费者，激发消费者的购买欲，赢得市场。对于一贯奉行市场导向的娃哈哈公司，销售始终被放在核心地位上。

二、饮料市场现状

首先，饮料市场呈现出广阔的市场前景。饮料行业是改革开放后发展起来的新兴行业，是当前我国消费品中发展热点及新增长点。从 1980 年至 1993 年，我国饮料产量从 28.8 万吨增长到 485 万吨，增长了近 16 倍，13 年平均递增 24%。透过这一现象，公司决策层敏锐地发现，被启动不久的中国饮品市场，特别是儿童饮品市场几乎是一个没有市场容量限制的市场。其次，娃哈哈公司的品牌效应不断扩大。继第一支“儿童营养液”走进千家万户之后，公司在 1992 年又推出了“娃哈哈果奶”，该产品主要针对牛奶虽含有十分丰富的营养，但少年儿童却不爱喝牛奶的问题而开发的，因而，“娃哈哈果奶”一面市，就出现供不应求的状况，前来公司订货的卡车经常在公司的工厂门前排起长龙。一时间，公司产品知名度迅速上升，市场占有率、市场竞争力、市场影响力不断上涨。

与此同时，饮料市场上也存在着挑战。任何市场一旦启动，总会向理性和成熟过渡与发展，饮料市场也不例外。随着饮料市场的发展，消费者对于与产品相关的价格、服务等方面也提出了越来越高的要求。其次，市场上同行业其他厂家的竞争也日见激烈。改革开放以来，国内饮料企业如雨后春笋般的出现，一些外资饮料企业也纷纷抢占中国市场，到 1992 年，娃哈哈公司在乳酸饮料市场的主要竞争对手就多达 8 家。1991 年，国内饮料前 20 强的总利润为 2.77 亿元，而同期娃哈哈公司的利润为 3422 万元，约为 20 强的 12.3%。可见，公司当时在整个国内饮料行业已经建立起一定的优势，但还没有明显的强势。而且，饮料市场有一个较为特殊的性质：在多数情况下，饮料行业的多数产品在存在替代品的情况下，属于随机消费，价格对销售量的影响远不及市场覆盖率对销售量的影响。也就是说，市场覆盖率高的产品即使在价格上没有太大的优势，也会比市场覆盖率低而价格较有优势的产品获得更多的销售机会。那么，进一步扩大公司产品在饮料市场的市场覆盖率对公司的业绩而言是极其重要的。因而，公司如何重新整合其营销渠道，掌握营销渠道的控制权，进而扩大市场份额、抓住市场主动权就提上了公司的议事日程。

另外，随着市场经济的进一步深化和发展，计划体制下独领风骚的国有企业体系开始逐渐暴露其不适应性。作为娃哈哈公司销售主渠道的那些国营糖烟酒、副食品、医药等三大国有商业主渠道的大型批发企业也面临同样的问题。与此同时，在市场经济体制逐步发育、各种集贸市场和专业批发市场逐步兴起的有利形势下，个体、民营企业开始显示出明显的适应性和灵活性，在市场竞争中占有较大的优势。

三、公司营销渠道

（一）最初营销渠道的形成

娃哈哈公司创立之初，公司仅靠 14 万元贷款和三名职工起家，因而娃哈哈的第一只产品“儿童营养液”所面临的销售工作就显得困难重重。首先，由于“儿童营养液”是新上市产品，虽然该产品能够较好地解决独生子女吃饭不香的问题，但产品知名度不高，基本上没有什么市场影响力，也就谈不上市场主动权的问题。其次，公司人力、财力不足，不可能完全靠自己的力量建立一支具有相应规模的营销队伍，这样，在公司前进途中形成了销售环节的“瓶颈”。这一“瓶颈”现状与市场巨大的潜在需求形成了突出的矛盾。公司决策层在综合分析了具体形势之后决定：主要通过国营糖烟酒、副食品、医药等三大国有商业主渠道内的一批大型批发企业为营销渠道，来销售公司的产品。因为他们发现，国有商业企业多年来形成较多的商业网点。较为正规的管理体制，同时消费者对国有商业企业有着相当程度的信赖。同时公司决定在销售策略上，采用代销，售后结账方式，成功地解决了自身销售力量不足所造成的矛盾。与此同时，娃哈哈还在新闻媒体上推出了中国的第一个饮料广告。随着营销渠道的初步建立和完善，娃哈哈的产品迅速走进了千家万户。

（二）营销渠道的再设计——联销体

随着环境变化，娃哈哈公司从两方面入手整合了其营销渠道。首先是重新选择经销商：在原有的经销商中间挑选出销售业绩、信誉较好的企业，继续与它们保持合作关系，终止与那些业绩差、信誉不好的经销商的业务往来。同时，与一大批新兴的各种集贸市场、专业批发市场建立起业务关系，吸收了一批集体、个体、民营的批发商。为了迅速形成销售规模，公司在新批发商的选择上，主要考虑中间商的销售意愿。即只要中间商愿意销售公司的产品，公司就会考虑与他们的合作关系。

1. 公司经销商

经过一段时期的调整，公司逐步形成了具有个体、民营、国营经销企业等多元成分，以一级批发商为主，二级批发商为辅的多层营销网络（见图13-5）。

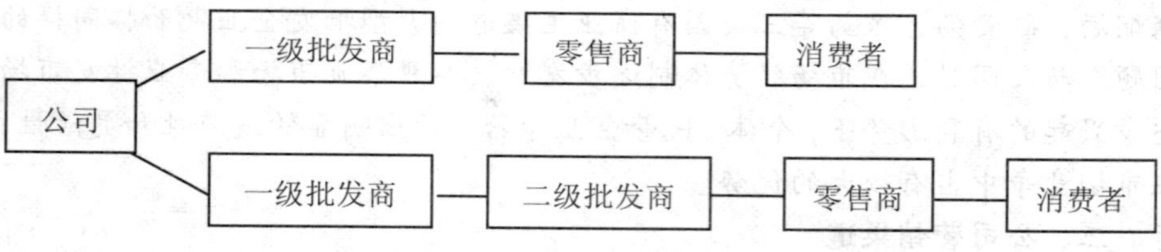

图 13–5 营销网络

公司在全国各地拥有经销商 1300 多家，它们构成了娃哈哈公司庞大的营销网络。但各地区的营销网络建设参差不齐，渠道成员构成以及渠道层次各有特点。比如，浙江地区因为是公司总部所在地区，批发商数量最多且都享受一级批发商的优厚待遇；湖南地区网络建设起步较晚，尽管数量上不占优势但网络建设很规范，二级网络建设进展很快。

公司不设立地区独家经销商，也不要求其经销商专营娃哈哈公司的产品，每个经销商都是同时经销多家品牌，包括娃哈哈公司的竞争性品牌。对于经销商来说，若一个品牌做得好，自然可以带动其他品牌的销售。

2. 保证金制度

销售方面，公司坚持全权委托经销商经销的策略，基本不从事直销业务。

一批经销商不论大小均按公司统一批发价（不含运费）提货，月初提货，月末结算，公司实行保证金制度。所谓保证金制度就是公司要求批发商在开始承销公司产品的同时，交纳一定金额（通常大于或等于货款）的保证金，而公司支付高于银行存款的利息。在月末结算时，若经销商未能及时支付货款，公司则直接从保证金中扣除，而作为经销商可以日后及时补交保证金至原有水平。否则对于经销商来说，一方面存在被予以终止提货的可能；另一方面若保证金补交迟了，则无异于自动放弃丰厚的利息收入。保证金制度的有效实施使公司避免了欠款、三角债等纠纷，可以保证资金的及时回流。为了获得稳定的货源，一些二级批发商也开始交纳保证金，公司也鼓励这种做法，但不是绕过一级批发商直接与二级批发商接触，而是通过一级批发商间接接受二级批发商的保证金。

3. 激励机制

为了更有效地达成双方间互利的合作关系，公司还采取了一系列的激励机制，包括年终返利、不定期奖励等。年终返利是对经销商最直接的刺激，以它们的业绩（销售额）为依据确定返利比例。公司年平均返利金额大约占公司年利润的4%—5%。公司通过返利政策的不透明性和灵活性加强对经销商有效的激励和控制，而不定期奖励则可认为是年终返利制度的补充与厂商保持良好关系的润滑剂，具有更大的灵活性和不确定性。

4. 销售队伍

公司配有自己的销售人员，他们隶属于集团公司总部的销售部，由公司总部派往各地，一般不在当地直接招募。销售业务员的职责在于与当地批发商建立良好的关系，为它们提供公司资讯，协助它们促销；同时着眼于开拓各种新业务，拓展当地市场；更重要的是公司要求每个销售业务员必须定期、不定期地向公司反馈当地市场情况，汇报业务进展情况以及该地区批发商动态。各地销售人员以地区划分，直接向片区经理负责，片区经理再向销售部经理负责。公司总部通过传真、电子邮件、电话等各种通信手段与各地业务人员保持24小时联系，以便及时做出反应，掌握最新市场动向。

销售人员的薪酬直接与其负责地区的销售业绩挂钩，固定工资只占工资总额的一小部分，甚至不足以满足必要的生活需求。另一方面，与销售业绩相关的浮动工资则相当丰厚，且立竿见影。公司用这种手段鼓励大家重视销售，使那些有能力的销售人员都能从销售工作中获得最大的经济回报。

5. 其他信息

为了更好地推广公司产品，公司统一负责促销广告活动的策划，并承揽全部广告费用及产品推广费用。此外，公司还帮助一级批发商建立二级销售网络，协助它们举办招商会等促销活动。为了减轻经销商们的负担，公司还承揽了货物的运输工作：铁路运输的方式保证货物发至批发商所在城市火车站；公路运输则保证发货至对方仓库。

公司对于各经销商的发货量，一般依照其要求的数量。但由于饮料业具有明显的季节性，在销售旺季时产品往往供不应求。遇到这种情况，公司的通常做法是根据经销商以往的经销业绩按相对比例配置货源，酌情增减发货量。同时，公司要求经销商们在淡季保证一定库存，一方面减少公司淡旺季销售落差，另一方面缓解旺季货源不足的压力。为此，公司采用优惠价发货的政策鼓励经销商的这种行为。

四、冲突的产生

（一）萧山商业城风波

一天，杭州片区经理黄经理不得不又一次只身来到位于市中心的萧山商业城检查。萧山商业城是浙北地区最大的批发市场，在全省排第二位，仅次于义乌小商品批发市场。商业城以副食品批发为主，有摊位二三千家。1997年公司有6家一级批发商盘踞这里，到了1998年，在商业城一些势力较强的国营二级批发商的要求下，公司将一级批发商数目扩大至10家。这10家经销商的经营规模参差不齐，年经销额从三四百万元至二千万元不等。

1998年年中销售旺季之时，10家批发商在这块不大的地盘展开了激烈的竞争。为了争取更多的二级批发商，各家纷纷打出自己的王牌——降价。送货上门、运费垫付、分期付款等优惠条件固然有其吸引力，但总不如调拨价上优惠来得实惠。加之，很大一部分二级批发商和零售商完全看价格选择批发商进货，并不具备稳定性和忠诚度，这就加剧了一级批发商之间的价格战。于是小小的商业城内不再平静，一时间硝烟弥漫。一些忍无可忍的批发商向公司控诉，希望公司采取措施予以制止。

杭州是娃哈哈公司总部所在地，是公司发展的根据地，销售力量自然强大，作为该地区销售负责人的黄经理，从上任以来一直感到工作得心应手。然而这次他却感到一丝压力，考虑到萧山商业城的重要的战略地位，黄经理深知，若降价冲货问题不能得到圆满解决将后患无穷。

（二）来自省界的特别报告

在一次高级领导层会议上，销售部副经理提交了一份来自销售业务员的报告，与大家共同审议。这份报告是江苏X市销售业务员写给销售部的，报告中还附上了几家批发商的联名“上书”以及一些取证照片。

销售业务员的报告大意是这样的：1998年整个夏天，该市各地区销售业绩均创新高，有些地区甚至出现脱销的现象。与此同时，嘉兴市、嘉善市等临近省界城市的冲货现象也开始泛滥，一度冲击了该市一级批发商的正常业务。这些外省货源主要通过公路运入该市，而双方大多在省界处交易。由于外省货源进价低、运费低廉，导致本地一些二级批发商纷纷倒戈、突然终止向原一级批发商的进货，给当地一级批发商带来经济损失，引起了当地一级批发商的强烈不满。

而那份附带照片的检举信正是当地几家一级批发商联名写的。它们追踪到边界地区的交易地点，还偷拍了一些交易场面的照片，上面有挂着外省车牌的货车，还有印有外省批号的成箱成箱的"黑货"。几家当地主要批发商指出，铁证如山，外省货源的冲货问题已是不可争议的事实，作为厂家应合理控制发货量，协调各地批发商的利益。它们还表示如果冲货现象持续下去，几家批发商的利益将会受到更大损失，到时只有另谋他路了。

五、意见分歧

冲货事件引发了公司总裁宗先生对营销渠道多方面的思索。他打算在年底举行的公司夏季销售业绩总结大会上详细讨论冲货问题，寻求积极的富有成效的解决办法，并就营销渠道建设的各个方面进行深入讨论。为事先了解有关人员的看法，宗先生决定先征求一下两位副手的意见。这两位均是公司高层资深管理人员，对娃哈哈的发展历程以及内部情况相当熟悉，可是两个人的想法却出乎意料的不一致。

吴经理是现任销售部主管，他大学毕业就加盟娃哈哈，从一般管理层不断被提升到公司名副其实的二把手的位置，主管公司核心环节——销售工作。他作为被一步步提拔上来的新一代管理人员，思想活跃，却也不乏对公司全盘运筹帷幄的稳重。他认为：冲货冲突是结构性的，公司应该考虑在渠道组织和结构等方面做一定程度的变革，以降低冲货冲突的发生频率。公司当务之急是评估一级经销商的业绩，重点培养一些实力强、信誉好、积极性高、所处地理位置合理的一级批发商，并帮助各经销商建立他们自己的营销网络，即娃哈哈公司的二级经销商，同时将一部分一级批发商转为二级批发商。这样，公司只需要协调好与这些数量较少的一级批发商的关系，将一部分管理、协调功能转移给一级批发商，就可以减少冲货的发生，达到降低整个渠道销售成本的目的。其理由很充分：经销商实力参差不齐，一些一级经销商实力不强，易构成"资金瓶颈"，进货量小、市场调节能力低，经不起其他品牌的竞争，不利于市场的巩固与发展。如果加强二级网络的建设，增加营销渠道的层次，就会控制更多的资金，增强营销渠道的实力。而一级经销商数量过多，有“粥少僧多”之虞，竞争过于激烈，公司要协调好与1300多家经销商之间的利益分配关系，成本太高。如果减少一级经销商的数量，则他们之间的冲货行为将会减少，但冲货行为可能在下一级经销商之间产生，但这时相应的协调、管理职责已经转移给一级经销商了，降低了公司协调整个“联销体”利益分配的成本。况且，经销商的地理位置也不尽合理，有些地方分布过密，使得该地区的销售实力不能充分发挥；有些地方分布过少，销售力量薄弱，不利于市场的巩固与扩张。因此，适当调整某些渠道经销商的数目，是必要的。

在营销渠道的建设上，代理制将成为主要发展方向之一，目前，一些厂家采用代理制已取得了不斐的业绩。娃哈哈如果要顺应这个潮流的话，就应该早点改变当前营销渠道的结构，减少一级经销商的数量就是不可或缺的过渡阶段。鉴于目前厂家在市场及营销渠道中的领导地位还比较稳固，着手进行营销渠道的结构性调整，不会冒太大的风险。

但是，公司的陈经理却提出了不同观点。陈经理是公司销售部创始人之一，一直负责销售部总部日常事务管理。陈经理具有丰富的销售经验，对如何开展销售工作有着独特的见解，从实践中摸索出一套“生意经”。他在任期间正是娃哈哈公司迅速发展壮大的创业时期，可以说公司今天在销售网络建设上取得的成就，他有很大的功劳。在他看来，冲货这一屡次发生在营销渠道的冲突不是结构性的，而是厂商间的利益协调机制在运作过程中出现了功能性失调，解决问题的关键在于如何加强对渠道冲突的管理与协调工作，他建议通过调整公司相关政策，改变对经销商的激励方式等手段解决问题。比如，与经销商签订更为完备的协议，明确销售区域权的划分，强调经销商不得低价冲货的义务，并通过增派更多的市场营销人员，加强对经销商市场行为的监督，加大对违反协议行为的惩罚力度，以此减少冲货的发生，降低整个渠道的销售成本。同时，他还对吴经理的看法，提出了以下意见：

如果将一些一级经销商降为二级经销商，它们出于利益与声誉的双重考虑，对经营“娃哈哈”品牌的兴趣可能会下降，从而将经营重心转向其他品牌的产品，那么，娃哈哈将面临失去这些市场的风险。随之而来的是公司销售业绩的下降，公司产品市场占有率的下降，最后影响公司品牌在市场上的领先地位，进而公司市场领导者地位也会受到影响。若一级经销商控制了大量的二级经销商，实力变得足够雄厚的话，会对厂家的领导地位构成威胁，增加了厂商之间的“博弈”成本。同时，一些经销商认为，营销渠道在向消费者提供货物、服务时，应该让利于消费者，如果营销渠道层级过多，就会抬高市场零售价格，会导致产品市场竞争力下降。所以，是否继续推进二级网络的建设，还值得商榷。

目前，公司营销渠道的铺货率还是很高的，一个明显的例子就是公司当年推出的新产品“非常可乐”，仅用了20天不到的时间就走上全国各地的零售柜台。加之市场竞争对手多，且实力不弱，如果公司对营销渠道做太大的调整与变革，风险会很高。

在听取了他们的意见之后，宗先生没有立即发表自己的看法，他还想做更深的思考，也想听听更多的意见。他十分清楚：这次决策，将使公司步入一个新的发展境地。

【讨论题】

1．娃哈哈公司成立之初选择国有三大商业渠道的适应性是什么？

2．“联销体”形式的营销渠道有何竞争优势？

3．营销渠道的设计过程应注重哪些因素？

4．“联销体”中各渠道成员间的合作基础是什么？各成员间可能的冲突是什么？

5．冲货现象对公司有哪些影响？

6．两位部门经理的意见你同意哪一个？你认为如何才能减少冲货现象？

第十四章　促销策略

学习目标：

- 理解促销与促销组合的概念；促销组合策略及其影响因素。
- 掌握广告的策略及其广告决策因素。
- 掌握人员推销策略及其影响因素。
- 掌握营业推广策略及其影响因素。
- 了解公共关系策略及其注意事项。

实践中的促销

农夫山泉的广告运作

养生堂公司推出的农夫山泉，1998 年其市场综合占有率在全国居于第三，仅次于娃哈哈和乐百氏。它制定了差异化的市场营销策略，树立起高档次、高品质、高品位饮用水的品牌形象。

“养生堂”容易让人联想到老字号企业，“养生”二字则高度体现了行业的属性和价值取向。其实它只是一个成立时间不到六年的现代企业。赋予饮用水“农夫山泉”这样的品牌有着深刻的内涵。“农夫”二字给人以淳朴、敦厚、实在的感觉。“农”相对于“工”，远离了工业污染，“山泉”给人以回归大自然的感觉。

1998 年初，养生堂公司采用“运动盖”直接拉起的开瓶法，瓶标采用了显眼的红色，除了商品名外，又印了一张千岛湖的风景照片。其产品的差异性日益显著。

农夫山泉运动型包装出来以后，养生堂公司首先选择了中小学生这一消费群作为一个市场切入点，以包装中的运动盖为重点去引导他们。中小学生天性好奇又好动，最容易接受新事物，养生堂公司在中央电视台最先投播的是农夫山泉“课堂篇”广告。一女生上课时因欲喝农夫山泉而拉动瓶盖引起的“哆哆”声，受了惊，其表情十分丰富，老师的告诫更使一些上课爱搞小动作、恶作剧、具有逆反心理的调皮学生心情急切，跃跃欲试，购买农夫山泉的欲望强烈。创意者用此小计，传递了一个产品包装上的吸引力，响声同时又起到了提醒和强化记忆作用。

农夫山泉的广告语“农夫山泉有点甜”，体现了农夫山泉味道甘冽的特点。其诉求角度也是独特的。天然水对水源的要求极为苛刻，必须是符合一定国际标准的地表水、泉水、矿泉水，取水区域内一般环境清幽、无任何工业污染。而农夫山泉来源于国家一级水资源保护区“千岛湖”水面下 70 米 PH 值（酸碱度）最适宜的那一层。农夫山泉通过对“天然水”这一核心概念的诠释，将环境（水源）、绿色、环保、野趣等回归自然的理念统摄在自己的旗下，在水本体上的“纯净”、“矿物质”、“微量元素”、“销量第几”等诉求点的表现显得苍白无力，养生堂公司在这个角度上几乎无法捕捉到水的卖点。最后，他们找到并确认了“有点甜”这一闪光点，就像乐百氏纯净水的广告“二十七层净化”一样，实际上严格的纯净水都要经过二十七层净化，只不过你先提出，别人就不能鹦鹉学舌，否则只有给别人做广告了。农夫山泉突出了“天然水”有点甜的这一特性，水和广告的品味都随这一广告语而凸显出来。

1998 年正逢四年一度的世界杯足球赛，养生堂公司借世界杯东风，从四月中旬开始在中央电视台体育频道和中央一套少儿节目“大风车”栏目投放广告。在体育频道播放频率较高，使许多足球迷和体育爱好者对农夫山泉印象深刻。特别是世界杯开幕后，养生堂公司又巧搭便车，出巨资买下中央电视台世界杯足球赛演播室空间。经过精心布置，极大地提高了产品的知名度。世界杯结束后，又正逢我国长江、松花江、嫩江流域发生大规模洪灾。养生堂公司又积极参加中央电视台“我们万众一心”义演捐助活动，并和中央电视台、背景未来广告公司一起联合推出“抗洪抢险紧急援助”的公益广告。在中央台几套节目中密集插播，树立了良好的企业形象。

1999 年伊始，养生堂公司又采取了反季节宣传和策略，并抓紧《雍正王朝》这条大鱼，在其片头播出“形象将”广告，由于《雍正王朝》收视率极高，所以广告反响较好。通过这些活动的造势，积极参与当时的新闻热点，推波助澜，一气呵成，达到了事半功倍的广告效果，使养生堂公司的知名度急剧攀升。

从一句“农夫山泉有点甜”闯入市场，到推出“奥运军团喝什么水”的竞猜，养生堂公司可谓深谙炒作之道。2000 年 4 月 24 日，天气渐热，饮用水旺季来临之际，农夫山泉抛出了一颗“重型炸弹”，宣称长期饮用纯净水于健康无益，单方面宣布将不再生产纯净水。5月26日，养生堂农夫山泉在全国21个大中型城市的2700多所小学正式启动“全国青少年争当小小科学家活动”，进行天然水与纯净水的生物成长对比实验，弄明白究竟什么水好，矛头直指纯净水。

农夫山泉一石激起千层浪，由其引发的水业大战在全国全面升级，全国各地纯净水企业纷纷联盟，并向法院提出起诉，欲与“农夫”对簿公堂。6月5日娃哈哈“飞鸽传书”，邀请全国有影响的纯净水企业汇集杭州，召开“共商反击农夫山泉”恶意攻击纯净水、危害纯净水行业健康发展研讨会。6月19日，娃哈哈等6家纯净水生产企业赴京向国家工商总局、国家质量技术监督总局、教育部、卫生部和中国科协分别递交了有关材料，希望以上部门尽快制止农夫山泉不正当的行为。

农夫山泉把娃哈哈纯净水告上北京市高级人民法院，原因是其为打击竞争对手，违反了《反不正当竞争法》和《广告法》，并提出了索赔3000万元的诉讼请求。

1997年养生堂开始进入水市场的时候，水行业里也是杀声震天，农夫山泉不仅当年入行当年进入三甲，而且还创造了著名的策划：“农夫山泉有点甜”。“农夫”给人以淳朴、敦厚、实在的感觉，社会的变迁、紧张的工作生活节奏、人情味的日渐淡薄和人际关系交往中层层设防，现代人的内心深处其实就是在寻找这样的一种“农夫”感觉。“农”相对于“工”，远离了工业污染，“山泉”给人以回归大自然的感觉。即使兵戎相见的今天，自视很高的娃哈哈总裁宗庆后仍然高度评价说：“养生堂公司有它的成功之处，尤其在广告宣传上有值得借鉴和学习的地方。‘农夫山泉有点甜’这个广告的效应比较大。”农夫山泉的另一个大竞争对手——乐百氏集团公司总裁何伯权也是对其赞赏有加：“农夫山泉的确长于宣传炒作，它的广告语‘农夫山泉有点甜’非常妙，在水类广告中是一句经典，这是一种心理暗示，消费者经过暗示之后，觉得这个产品真的是有点甜，在水市场日趋激烈时候，它成功了。”

评述

农夫山泉成功的广告运作：

1. 农夫山泉精心设计了广告主题。“农夫山泉有点甜”，体现了其水源天然、无污染及产品味道甘甜的特征，迎合了当今人们崇尚环保、回归自然的消费理念。“有点甜”的广告诉求独特，通过味觉的描述和心理暗示则引起人们无限的遐想，诱使人们产生亲自品尝的欲望。广告语简练新颖，便于识记，别有一番创意。广告定位准确，主要针对青少年市场，切中了他们新奇好动、乐于接受新事物的心理特征。

2. 农夫山泉的广告表现手法独特。它采用对比的方法，增进了人们对产品的认知。其“课堂篇”广告将拉动瓶盖的“哆哆”声与教室的寂静无声形成鲜明对比，起到了一石二鸟的作用。既显示了其产品外包装与众不同，又引起了受众对象的广泛注意，加深了记忆。

3. 选用广告媒体和播放广告的时机适当。农夫山泉的广告运作被称为三高模式——“高定价、高广告、高利润”。它一年的广告费投入就达 8000 万。它主要选用收视率最高的中央电视台在黄金时段做广告。它曾借助世界杯足球赛之机，在中央电视台体育频道和中央台一套“大风车”栏目及收视率极高的电视剧前播放广告，吸引了大批体育迷、少儿及普通公众的注意，迅速地扩大了产品的知名度。而通过参加义演捐助等公益活动和制作播放公益广告，又极大地提高了企业的美誉度，展现了良好的企业形象，最终促进了产品的市场销售。

此次农夫山泉挑起“两水之争”堪称一个精彩的策划案例。凭借农夫山泉自身的资源优势（千岛湖的水资源），站在维护消费者利益的立场上，借助于一个有争议的营养学知识，进行了一个很有创意的新闻策划，引起媒体和公众关注，产生了冲击力强、涉及面广的轰动效应，为自己的战略转移、为自己关心消费者利益的品牌形象、为自己新产品的特色进行了一系列裂变式的免费宣传，以崭新形象挺进天然水市场。

如果说纯净水真的无损人体健康的话，“农夫”停止生产纯净水，等于是主动退出市场竞争，将自己的市场拱手相让，这对于其他厂家应是件好事。但农夫山泉说了句“纯净水不好，我不生产了”，就引来了纯净水企业自发组成的声讨联盟。但是，如果纯净水真是一种赢得消费者信赖且有益健康的商品，谁又能阻止消费者购买呢？这说明生产符合国家标准纯净水的生产厂家，对于纯净水是否有益健康的问题，连自己的心里都没有底，而农夫山泉正借助这一点，大打“健康”“科普”牌，树立了新的企业形象和品牌形象。

在战略上面对娃哈哈和乐百氏的合资，毅然退出纯净水市场，巧妙地把战略退却和战术进攻结合起来，化被动的防守为主动的进攻，重创了竞争对手，同时又以新的形象进入天然水市场，夺得先机，占据地利，做到以退为守，以攻为守。农夫山泉讲究全局的配合与协调，先是根据浙江大学的“水与生命”的实验结果，单方面向媒体宣布自己的选择，并在中央电视台黄金时段播放自己宣布停止生产纯净水的广告，继而在电视上播出新的广告片，诉求自己的产品特色，还同时兴建设备先进的水厂……一切都精心设置，浑然一体。从某种程度上说，商业炒作并不是坏事，炒作是注意力经济时代的产物。在被称为“眼球经济”的时代，吸引消费者的注意力是企业生存、成功的法宝。农夫山泉精心策划“纯净水事件”，引起了媒体和公众的关注，借新闻之势，产生了冲击力强、波及面广的轰动效应。

第一节　促销与促销组合

一、促销概念与作用

（一）促销概念

促销（promotion）是指企业通过人员推销或非人员推销的方式，向目标市场传递企业及其产品的相关信息，帮助消费者认识产品所带给消费者的利益，从而引起消费者的兴趣，激发消费者的购买欲望，从而促使消费者产生购买行为的活动。

促销本质上是一种通知、说服和沟通活动，是谁通过什么渠道（途径）对谁说什么内容，沟通者有意识地安排信息、选择渠道媒介，以便对特定沟通对象的行为与态度进行有效的影响。这种沟通说服有几种途径：一是雄辩式说服，讲话人首先以其人格博得听众的信赖感，再激起听众的情感以取得信任，列举鲜明的证据诱发需求；二是宣传式说服，最早是以企业为主体来获得别人的支持。用语言、文字、气氛和事件等来争取支持者。现在企业的建筑式样、最高管理人员的办公室布置、产品的设计、推销员的个性等，通过公共关系人员，借助新事件，制造一种新的气氛，进行宣传沟通；三是交涉式说服。指一方的交涉代表与另一方的代表相互进行拉锯式谈判，以取胜对方，企业在市场营销活动中常用的是劝诱策略，非极端条件下不用威胁策略。

各种说服方式的目的都在于沟通，多年来形成了沟通模式。该模式由九个要素构成，其中两个要素表示沟通的主要参与者——发送者和接受者，另两个表示沟通的主要工具——信息和媒体，还有四个表示沟通的主要职能——编码、解码、反应和反馈，最后一个要素表示系统中噪音。

促销概念包括以下几个方面的含义：

1. 促销的目的是吸引消费者对企业的形象或产品产生注意和兴趣，激发其购买欲望，促使其采取购买行为。

在一般情况下，消费者的态度直接影响和决定着消费者的行为，所以，要促进消费者的购买行为的产生，就必须充分利用各种方式，通过信息的传播和沟通，影响或转变消费者的态度，使其对本企业的产品产生兴趣和偏爱，进而做出购买决策。

2. 促销的本质是信息沟通。促销是个信息的沟通过程，企业通过信息的沟通和传递，将产品或服务的存在、性能和特征等信息传递给消费者，激发消费者的购买欲望，促使其产生购买行为，同时，企业通过市场调研获得反馈信息。信息沟通过程如图 14-1 所示。

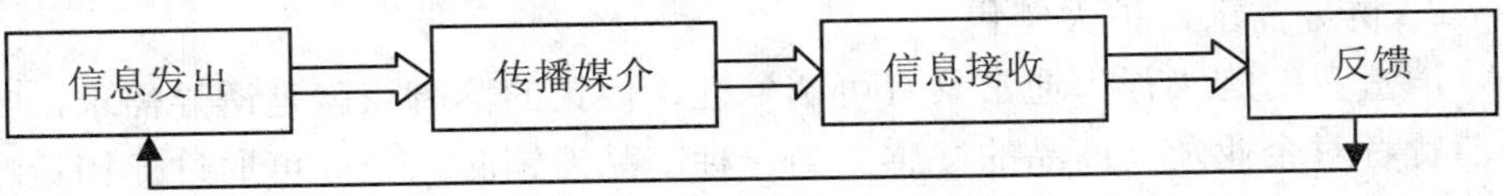

图 14–1　信息沟通过程

在促销的信息沟通过程中，市场营销管理机构是“信息发出者”。其基本职能是对促销活动进行计划、组织和控制。“信息接收”是消费者和潜在消费者。在信息沟通过程中，信息接收者对媒体传递的信息做出反馈。信息发出者可以通过反馈检验促销的效果，并以此为依据改进或调整企业的营销计划和实施方案。

3. 促销的方式分为人员促销和非人员促销。人员促销是指派出推销人员直接与消费者面对面的洽谈；非人员促销是指企业借助某种媒介传递企业、产品或服务的信息，包括广告、营业推广和公共关系等多种。在促销活动过程中，企业通常将人员促销和非人员促销结合运用，即促销组合。

表 14–1　促销组合

人员推销	非人员推销		
推销员	广　告	营业推广	公共关系

现在是感性消费时代，人们追求能体现自己个性的消费方式。因此，情感促销已越来越受到企业的重视。所谓情感促销，就是企业通过各种形式，加强与消费者的感情交流，巧妙地利用消费者的情感，根据消费者的新感受来生产和推销产品。企业产品能否给消费者带来新的感受，最关键的一点，就是看企业与消费者之间的沟通是否有效，能否触动消费者的心灵。

（二）促销的作用

促销的目的就是通过各种形式的信息沟通来引发、刺激消费者产生购买欲望直至发生购买行为，增加产品的销售量。促销是企业营销活动不可缺少的组成部分，具有不可忽视的作用。

1. 传递信息、沟通渠道的作用

促销的实质是通过信息传递，一方面将企业的产品性能、特点和作用及可能提供的服务等信息传向消费者，引起其注意，调动其购买的欲望；另一方面及时了解消费者和经销商对产品的看法和意见，使企业迅速解决经营中的问题，从而密切生产者、经销商和消费者之间的关系，加速产品的流通。

2. 诱导需求，扩大销售

消费者的购买行为通常具有可诱导性，促销的落脚点就是诱导需求，唤起消费者对企业及其商品的好感。当一种产品滞销时，企业可通过促销策略去改变需求，甚至可创造新的需求，从而延缓产品的生命周期，可使滞销产品重新焕发青春。

3. 突出重点，强化优势

产品竞争是现代企业争夺用户的焦点，当竞争激烈时，企业可通过促销，突出其产品的特点，宣传其产品与竞争者产品的差异，强调能给消费者带来独特利益等，促使消费者偏爱所促销的产品，从而有利于企业所经营的产品在市场中占有优势。

4. 提高声誉，巩固市场

企业的形象和声誉是企业的无形资产，能直接影响其产品的销售。企业的声誉不佳，会使企业销售滑坡，导致其产品的市场地位不稳。通过促销，可以提高企业的声誉，美化企业形象，从而稳定企业商品的市场占有率，巩固企业产品的市场地位。

二、促销组合策略的影响因素

（一）促销组合

促销组合是指企业根据促销的目的和需要，对广告、人员推销、销售推广和公共关系等促销方式进行选择、组合和搭配。而广告、人员推销、营业推广和公共关系等四种促销方式分别有自己的长处和短处，促销的重点在不同的时间、不同的产品上也是不同的。所以，在制定促销组合策略时，应根据企业的促销目标、产品性质、产品生命周期、市场因素、促销预算等因素，将几种促销方式有机组合、综合运用。影响促销策略制定的因素主要有以下几个方面：

1. 促销目标

企业在不同时期及不同的市场环境下有不同的促销目标，目标不同，促销组合就会有差异。如果在一定时期内，促销目标是在某一特定市场迅速增加销售量，扩大市场份额，则促销组合应更注重广告和营业推广，强调短期效益。如果企业的目标是树立本企业在消费者心目中的良好形象，为其产品能够在今后占领市场、赢得有利的竞争地位奠定基础，则促销组合应更注重公共关系和辅之以必要的公益性广告，强调长期效益。

2. 产品性质

不同性质的产品，如生活消费品和工业产品，购买者和购买要求不同，需要采取不同的促销策略。一般来说，消费品比工业产品更多地使用广告；而工业产品更多地使用人员推销。至于营业推广和公众关系，对于消费品和工业产品，都属于次要的促销形式。

消费品由于购买者广泛，产品标准化，需要经常向消费者介绍和提醒，因而需要较多使用广告。消费品极少由生产厂商直接卖给消费者，大多要利用中间商转手。为了吸引中间商采购，人员推销又属必要。工业产品则不同，工业产品技术性强，行业差别大，购买者相对较少，所以企业促销工业产品，主要使用人员推销。当然，为了让工业用户事先了解生产企业的状况，对产品有初步印象，为推销人员访问铺平道路，也需要在专业杂志上登载一定的广告。

3. 产品生命周期

对处于不同生命周期阶段的产品而言，促销的重点各不相同，所采用的促销方式也有所区别。当产品处于投入期时，需要扩大知名度，让消费者认识和了解产品，吸引消费者的注意力，故广告宣传的效果最佳，营业推广在鼓励消费者试用方面也会起到一定作用。在成长期，如果企业想提高市场占有率，广告宣传工作仍需加强，只是形式有所改变；企业想取得更多利润，则应加强人员推销工作，来降低成本。在成熟期，应增加各种营业推广和公关活动，削弱广告，这时的广告只是提示性广告。在衰退期，企业应把促销规模降到最低限度，某些营业推广措施仍可保持，用少量广告保持消费者记忆即可。产品生命周期不同阶段的促销方式见表 14-2。

表 14-2 产品生命周期不同阶段的促销方式

产品生命周期	促销目标	促销主要方式
投入期	认识和了解产品	广告为主、营业推广为辅
成长期	增进兴趣和偏好	改变广告形式、人员推销
成熟期	提高市场占有率	营业推广、公关
衰退期	促进信任、刺激购买	营业推广为主、广告为辅

4. 市场因素

在诸多市场因素中，主要是市场规模与集中性、购买者类型、消费者心理与行为和竞争对手的促销攻势对促销组合影响较大。

（1）市场规模与集中性。规模小且相对集中的市场，人员推销是重点；规模大、范围广且分散的市场，则应多采用广告、公共关系和营业推广。

（2）购买者类型。对个人家庭消费者应以广告、公关为主，辅之以营业推广；对组织消费者应以人员推销为主，辅之以公共关系和广告；对中间商则宜以人员推销为主，并配合营业推广。

（3）消费者心理和行为。广告与公共关系在认知阶段比营业推广和人员推销的作用大得多，应当作为促销组合重点选择；理解阶段主要选择广告、公共关系和人员推销；信服阶段，人员推销是重点；成交阶段应主要选择人员推销和营业推广；再次购买应以营业推广和人员推销为主，配合广告与公共关系。

（4）竞争对手的促销攻势。根据自身与对手的实力分析和比较，选择针锋相对的促销方式或避其锋芒的促销组合。

5. 促销预算

企业要把总的促销预算分摊到广告、人员推销、营业推广、公共关系这四种促销手段上去，而每个企业对如何分配促销预算有很大的不同。在化妆品行业，美国爱芳公司把它的促销资金集中于人员推销，广告费只占销售的1.5%，而露仕浓化妆品公司则大量使用广告，广告费占销售的 7%左右。在吸尘器行业，依来克·洛克斯公司把大量费用花在派人挨户推销上，而胡佛公司则更多地使用广告。各公司用于不同促销方式的费用不同，造成了促销组合策略的不同，所以为了达到一个预定的销售目标，可以采用不同的促销组合。

此外，销售渠道、价格策略、企业资源和经济前景等因素也对促销组合策略有一定的影响。

（二）各种促销方法的特点

主要的促销方法有四种：广告、人员推销、营业推广和公共关系。它们各自有着自身的特点，适合特定的市场环境。四种方法的优点和缺点如表 14-3 所示：

表 14–3　四种方法的优缺点

促销方法	优　点	缺　点
广告	传播范围广，渗透性强，影响力大，适用范围广。	单向传播，说服力弱，费用高。
人员推销	方法灵活，针对性强，买卖双方交流方便。	费用较高，影响面小，推销人才缺乏。
营业推广	容易促成交易，效果明显。	时间短，不能频繁使用，影响收益。
公共关系	影响力大，作用持久。	不易控制，见效慢。

（三）促销的基本策略

1. 推式策略

推式策略是指企业利用人员推销，以中间商为主要促销对象，把产品推向分销渠道，最终推向消费者。这种推销策略要求推销人员针对不同顾客、不同产品采用与其相适应的推销方法。常用的拉式策略有示范推销法、走访销售法、网点销售法、服务推销法等。推式策略的运作过程如图 14-2：

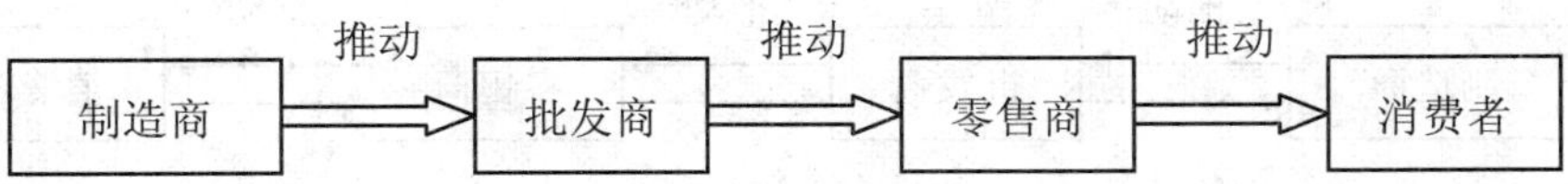

图 14–2　推式策略

（1）示范销售法。比如，技术讲座，实物展销，现场示范、试穿和试用等。

（2）走访销售法。比如，带着商品和产品目录走访顾客，或者巡回销售。

（3）网点销售法。建立、完善分销网点，采用经销、联营等方式扩大销售等。

（4）服务推销法。销售前根据客户的要求设计产品、制定价格；在销售中向客户介绍产品，教授调试、安装知识；做好售后服务。

2. 拉式策略

拉式策略是指企业利用广告、公共关系和营业推广等促销方式，以最终消费者为主要促销对象，设法激发消费者对产品的兴趣和需求，促使消费者向中间商、中间商向制造企业购买该产品。常用的拉式策略有会议促销法、广告促销法、代销、试销等。拉式策略的运作过程如图 14-3：

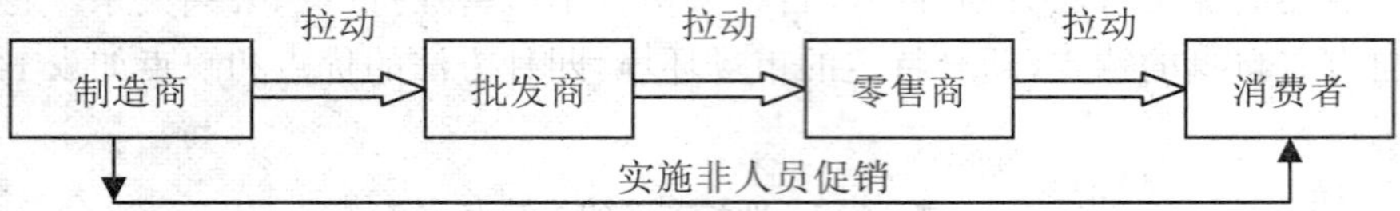

图 14–3　推式策略

（1）会议促销法。组织商品展销会、订货会、交易会、博览会等，邀请消费者和客户前来订货。

（2）广告促销法。通过电视、电话、广播、报纸、杂志及各种信函、订单等，向顾客介绍产品的性能、特点、价格以及订货方法，吸引顾客购买。

（3）代销、试销法。新产品问世时，委托他人代销或者试销，促进产品尽快进入和占领市场。

（4）信誉销售法。实行产品质量保险、赠送样品、开展捐赠和慈善活动等，增强用户对企业及产品的信任，从而促进销售。

3. 混合策略

在市场营销实践活动中，更多的是推、拉结合的混合策略，也就是促销组合四种方式综合使用，多方面影响、多途径接近消费者。混合策略的运作过程如图 14-4：

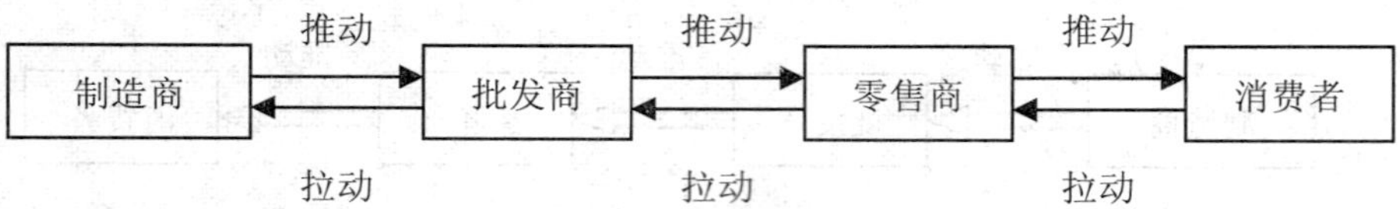

图 14–4　混合策略

三、促销预算的制定方法

企业究竟应该以多少钱用于促销活动，是企业管理方面的一个非常困难的课题，不同行业，同一行业的不同企业，为促销活动支出的费用悬殊很大。在美国，化妆品行业，促销费用最高达到销售额的 20%—30%，而在机器制造行业，促销费用仅有 5%—10%。即便在同一行业中，各个企业的促销费用也有高有低。企业如何决定它的促销预算？下面我们将介绍制定促销预算的四种常见方法。

第一，量力支出法。是根据企业财务的承受能力确定促销预算的方法。就是说，企业财务部能给多少钱，就用多少钱作为促销预算。在经济繁荣时期，利用量入为出法从事大规模的销售活动，有利于充分利用市场机会，扩大产品市场。然而，这种确定预算的方法忽视了促销对销售量的影响，从而容易导致年度促销预算的不确定性，给制定长期市场计划带来困难。

第二，销售额百分比法。是以一定期间的销售额（销售量）或单位产品销售价的一定比率来确定促销费用数额。使用销售百分比法确定促销预算的主要优点是：（1）促销费用可以因企业财务承受能力的差异而变动。（2）促使企业管理者依据销售成本、产品售价和销售利润之间的关系去考虑企业经营管理的问题。（3）有利于保持同类企业之间竞争的稳定性。但是，这种方法由于把销售额看作促销的原因而不是其结果，因此并不是以产品的市场机会为依据，同时没有考虑竞争因素，百分比的确定也有很大的弹性。

第三，竞争对等法。是以主要竞争对手的促销费用支出为基准，确定足以与其抗衡的支出额。显然，确定促销预算仅从本企业考虑是毫无意义的，必须与竞争企业比较，确定足以与竞争对手抗衡的促销预算，因为一方面代表着行业的集体智慧，另一方面可保持竞争均势。但是，这种方法忽视了企业自身特点，也难以防止促销战的发生。

第四，目标任务法。即通过确立特定的目标、达到这个目标所要完成的任务和估计完成这些任务的成本来制定促销预算，这些成本总额便是预计的促销预算。此方法可促使管理人员将促销费用与促销目标直接联系起来，便于进行成本——效益分析。然而，促销目标不合适，会造成重大损失。

总之，这几种促销预算的方法各有利弊，在制定预算时，促销预算制定的方法应相互结合起来运用。促销预算的制定方法的优缺点见表 14-4。

表 14–4　促销预算的制定方法的优缺点

促销预算方法	优　　点	缺　　点
量力支出法	比较简单易行	忽略了促销与销售之间的因果关系，忽略了促销对销售的影响
销售额百分比法	比较简便易行，只要了解去年的销售额或今年的预期销售额就可确定今年的促销预算	颠倒了促销与销售之间的因果关系
竞争对等法	使自己的预算与竞争对手的预算大致相当，可保持竞争均势	竞争对手的促销预算并不一定合理、有效；因为企业与其竞争对手之间在商誉、资源、机会和目标等方面都存在着不同程度的差异
目标任务法	可促使管理人员将促销费用与促销目标直接联系起来，便于进行成本——效益分析	如果促销目标不合适，那么，据此所做出的促销预算也就必然失误

第二节 广告

一、广告的概念

广告是以付费为原则，运用一定的艺术形式，通过一定的媒体广泛传递商品、服务信息，以达到增加信任、促进销售的一种经济活动。

广告发展到现代，人们已无法回避它无处不在的影响。在电视里，在广播里，在报纸上，在街头巷尾，在地铁车站……你无时无处不在接触各种各样的广告。广告正在影响着人们的消费观念，影响着人们的购买行为，甚至影响着我们的学习、工作和生活。

（一）广告的组成要素

广告作为一个整体来讲，主要由以下四个因素组成：

1. 广告主：广告的主体，是将信息传递给大众的当事人，包括各类企业、组织或个人。

2. 广告信息：广告的主要内容，包括产品的性能、质量、功效、价格、品牌等产品、服务信息。

3. 广告媒体：传播广告信息的中介物，即广告主与广告对象之间的信息媒介。广告媒体的种类较多。传统媒体主要包括电视、广播、报纸、杂志。近年来，随着高新科技的发展，网络已经成为一种重要的现代媒体。

4. 广告费：广告活动的费用，比如，利用任何一种广告媒体都需要给媒体部门支付费用。

广告上述四要素缺一不可。

（二）广告的特点

广告作为一种独特促销手段，具有以下特点：

1. 信息性。广告的基本功能是通过信息传递、实现沟通。

2. 渗透性。广告是一种覆盖面广、渗透力强的促销方式，但广告信息的传播是一个动态过程，侧重于长期沟通。

3. 表现性。广告的表现手法多种多样，它可以把感情、兴趣、知识、信息等感性因素和理性因素结合起来融为一体，更具表现力和说服力。

（三）广告的主题

在广告活动中，企业必须要了解对消费者、用户和社会公众说些什么才能使消费者产生预期的认识、情感和行为反应，这就是广告主题，也称广告诉求或广告构思。一则广告必须鲜明地、突出地表现广告主题，让人们在接触广告之后，很容易就理解广告告诉他们什么，期望他们做些什么。如果人们看完广告后丈二和尚摸不着头脑，那么一头雾水的广告主题就注定了你的广告投入必将是竹篮打水一场空。一般说来，广告主题形式通常有三类：理性主题、情感主题、道德主题。

理性主题是直接向目标顾客或公众诉说某种行为的理性利益，或显示产品功能产生的人们所需要的功能利益与要求，以促使人们产生既定的行为反应。通常产品购买者对理性主题反应最明显。

情感主题是试图向目标顾客诉诸某种诸如恐惧感、罪恶感、羞耻感等消极的因素或诸如幽默、喜爱、自豪、快乐等积极因素的肯定的情感因素，以激起人们对某种产品的兴趣和购买欲望。这类广告主题一般适用于化妆品、饮料、食品、服装等消费品。

道德主题是以道德诉诸广告主题，为了使广告接受者从道义上分辨出什么是正确的或适宜的，进而规范其行为。这种广告主题通常用于规劝人们支持某种高度一致的社会运动，对消费品较少采用。

在确定广告主题时，一定要符合广告接受者的心理需要，否则，这个主题就不是好的主题。如果不能引起消费者的心理共鸣，那么这个广告必然失败，对企业利益造成损害。

（四）广告的分类

1. 告知性广告。目的是为产品创造最初的基本需求，常在产品的介绍期用来介绍新产品、开拓新市场，因此又称创牌广告，或称开拓性广告。告知性广告主要是向市场告知有关新产品情况，提出某项产品的若干新用途，说明新产品如何使用，描述所提供的各项服务，树立公司形象等。

2. 对比性广告。对比性广告是市场激烈竞争阶段企业常用的有力武器，一般多用于处在成长期和成熟期的产品的宣传。企业实行差异性营销策略时也使用劝说性广告，其目的是为特定的品牌确定选择性的需求，促使消费者产生品牌偏好。市场上的大多数广告都是劝说性广告，又称对比性广告或竞争性广告。此类广告诉求的重点是宣传本产品同其他产品相比的优异之处，使消费者能认知本产品并能指名购买。在发达国家，对比性广告被广泛地用于清洁剂、快餐食品、牙膏、轮胎、汽车等竞争激烈的产品。由于对比性广告是通过直接或间接地与同一类产品的某一个或某几个品牌的对比来建立本品牌的优越性，因此，企业使用劝说性广告，一定要确保该广告能证明其产品或服务有优势，才不至招致更强大的其他相关品牌产品的攻击。

3. 提示性广告。使用提示性广告的目的是使顾客保持对某品牌产品的记忆，巩固已有市场阵地，并在此基础上深入开发潜在市场和刺激购买需求。目前，我们耳熟能详的知名品牌的产品使用的广告目标大多都在强化消费者对品牌的记忆。那些经常出现在各种媒体的品牌名称广告，往往既不是宣传新产品，也不是劝说消费者，而只是提示人们该品牌随时等着为你提供满意的服务。提示性广告的用意在于：提醒消费者可能在最近需要这个产品，提醒他们在哪里可以购买到这个产品，并使消费者在淡季也可以记住这些产品，保持最高的知名度。广告诉求的重点是着重保持消费者对广告产品的好感、偏爱和信心，因此又称保牌广告。

二、广告的作用

广告以其独特的作用而成为促销的主要手段之一。广告的作用主要包括以下一些方面：

1. 介绍产品。广告能使顾客了解有关产品的存在、优点、用途及使用方法等，有助于顾客根据广告信息选择适合自己需要的产品。同时，广告信息的传播，对培养新的需求和新的消费方式有一定作用，对扩大销售量和开发新产品具有重要意义。

2. 促进尝试性购买。顾客使用产品是广告要达到的目的，广告能刺激、鼓励人们做第一次尝试购买。顾客通过尝试性购买和使用产品，才有可能成为企业的忠实顾客。

3. 开拓新市场、发展新顾客。企业要发展壮大，就需要谋求扩大市场，拓展产品销路。对于新的细分市场，由于广告能广泛、经常地接近顾客，因而能起到开路先锋的作用。广告是进行市场渗透的有力武器。

4. 保持或扩大市场占有率。广告可以让消费者经常感觉和认识到某种产品的存在。这是企业保持一定市场占有率的有效手段。

5. 树立或加深企业商标的印象。顾客购买产品时，企业的名称和商标往往是选择的重要依据。因此，企业名称和商标是否能赢得顾客的好感和信赖，直接关系着产品的销售。广告是确立理想的企业与商标印象的重要途径。

6. 消除对产品的偏见，改善对产品的评价，确立好感。

7. 支持中间商，改善与中间商的关系。

总之，广告的作用是多方面的，在现代商品市场上，广告已经成为企业在竞争中取胜的必要手段。

表 14-5　不同媒体的优缺点比较

优缺点 种类	优　点	缺　点
电视	覆盖面广、视听效果好、感染力强	费用高、传播时间短、不便查询
报刊	收费低、便于查询、方便快捷、覆盖面较广、制作简单	感染力较弱、缺乏形象表现
杂志	图文并茂、易保存、查询、针对性强	覆盖面较窄、时效性差
广播	覆盖面广、费用低、传播速度快	不能恒久保存、不便查询、表现方式单一
网络	覆盖面广、易于查询、便于预订、成本较低、更新速度快	可信度不高、受网络的普及影响较大

小案例 1

2006 年 4 月 22 日，喜倍儿公司的又一家专卖店在温州市繁华的商业街开业，其经典的促销方式取得了很好的效果。

2006 年 4 月 1 日 喜倍儿公司接手该店面。

2006 年 4 月 2 日 该店面开始全新装修，同时店铺张贴出两张喷绘海报。其海报内容简单明了，但活动内容却不得而知，可谓吊足了顾客的胃口，经过的顾客都会驻足停留，看是否有活动的详情公布。

2006 年 4 月 16 日 温州当地最知名媒体对该事件进行了报道，进一步引起了市民的好奇心，大家纷纷期待下文的出现。

2006 年 4 月 18 日 装修完毕，人们迅速发现该公司公布的活动详情。一时间，消息得到迅速传播，由于前期引起的好奇心，竟引得人们奔走相告。

2006 年 4 月 22 日 上午 9:00 分，店前已排起了长队，公司被迫将原计划的开业时间从 10：00 移至 9：30。到下午 15：00，店内所备商品全线售空，公司紧急调拨货物。晚上九点，当天的营业额竟达 3 万元，相当于从开业起，每 1 分钟售出价值 150 元的家居服 20 套。

三、广告决策

（一）广告媒体

广告媒体是广告主与广告接收者之间的连接介质，它是广告宣传必不可少的物质条件。广告媒体并非一成不变，而是随着科学技术的发展而发展。广告媒体主要有以下几种：

1. 报纸、期刊等印刷类广告媒体。各种报纸、期刊是最有效、最普遍的传播媒体。报纸广告最大的优越性是读者比较稳定，宣传覆盖率高；传播迅速，反应及时；能对产品进行较详细的说明；制作简单、灵活；费用较低。但也有一定的局限性：它的保存性较差；报纸内容庞杂，易分散注意力；画面清晰度也差。

2. 电台、电视、电影等视听传播媒体。电台主要是用语言表达来吸引听众，由于它不受文化水平的限制，传播对象较为广泛。电视、电影广告的优点是宣传作用较大；涉及范围广泛；生动、灵活、形式多样，观众记忆深刻。缺点是费用高，竞争者较多。

3. 邮寄广告媒体。广告主将印刷的广告物，诸如商品样本、商品目录、商品说明书、商品通告函等，直接寄给消费者、中间商或代理人。邮寄广告最大的优点是广告对象明确，选择性好、传递较快。缺点是传播面小。

4. 户外广告媒体。户外广告通常有招贴、广告牌、交通广告及霓虹灯广告等。户外广告经常作为辅助性推广媒体。

5. 网络广告媒体。网络已经发展了很多年，现在是就广告来讲，是一种重要的媒体形式，尤其受年轻人喜欢。

（二）选择广告媒体的影响因素

1. 商品的特性及信息传递的目标。对于需要表现外观和质感的商品，如服装、化妆品等，应选用电视、杂志、互联网等具有强烈视觉效果的可视媒体，以增加美感和吸引力；对技术性要求较高的商品，可能要求选用专业性杂志或目录邮寄方式；如果仅仅是一条促销活动的告知性信息的发布，广播或报纸可能是广告效益较高的媒体选择；对于只需听觉就能了解的商品和信息，则适宜选用广播作为广告媒介。

2. 目标消费者的媒体习惯。有针对性地选择广告媒体，使用目标消费者易于接受并随手可得的媒体，是增强广告效果的有效措施，也是实现广告效益最大化的必要手段。如果广告信息传播的对象是城市里悠闲的高收入家庭主妇，毫无疑问，《都市妇女》之类针对性强的杂志是最佳的媒体选择，而专业性、学术性的杂志就不适宜选为该广告的媒体范围。

3. 媒体的影响力。企业所选媒体的影响力应尽可能到达企业拟定目标市场的每一个角落，而且所选媒体的信誉度越高，社会公众形象及口碑越好，其所发送信息的可信度就越强。报纸、杂志的发行量，广播、电视的听众、观众数量，媒体的频道和声誉，以及各种媒体的覆盖范围和相对固定的顾客群等，是媒体影响力的标志。

4. 媒体成本。从一次性的广告投入总额看，电视是最贵的媒体，相比之下报纸比较便宜。但衡量某一媒体成本高低的指标，往往是指成本与目标对象的人数之间的比例，而不是成本的绝对数字，因此，若按每千人成本计算，电视广告又可能是最合算的媒体。企业应谨慎考虑广告效果与成本的关系，尽量实现广告投入销售效益的最大化。

5. 竞争状况。假如企业基本能够垄断某一市场，则完全可以根据自身实力较为自如地选择媒体的形式。如果企业竞争对手少，并且不能构成大的威胁，则企业只需在交叉的媒体上予以重视。倘若企业被竞争对手重重包围，那么，在财力允许的情况下企业可以使用更大的广告投入，通过类似地毯式的广告轰炸来进行正面交锋，以压倒众多存在或潜在的竞争对手，当然，如果财力无法支撑庞大、持久的广告投入，则可采取迂回战术。

（三）广告媒体的选择策略

1. 无差别策略。无差别策略又称无选择策略，即在目标消费者所可能接触到的所有媒体同时展开全面的广告攻势，而且不计时间，甚至不计成本，旨在迅速地、全方位地打开和占领市场，这种广告策略也就是我们通常所说的地毯式广告轰炸。这种广告策略在保健品、医药行业颇受青睐。在进入21世纪的中国大地上，异军突起的网络广告也以其投入之大、方式之多、覆盖面之广被形象地称之为“烧钱”广告。广告媒体的无差别选择策略可以在一夜之间让一个完全陌生的商品和品牌迅速地变得知名，但成本极高，成功的机率也不尽理想。

2. 差别策略。差别策略确定了符合企业的目标和任务、适合企业资源条件的细分目标市场后，企业有针对性地选择个别媒体做广告的媒体选择策略称为差别策略，最终的目的是为了提高广告媒体的单位效益。

3. 动态策略。动态策略即根据广告媒体的传播效果和企业到达目标市场的需求状态来灵活选用广告媒体的策略。一种选择是先采用较多媒体大范围地进行广告宣传，掌握了各种媒体的反馈情况后，再决定下一步的媒体选择目标，此为“先宽后窄”策略；另一种被称为“先窄后宽”策略，即先投入少量媒体广告和费用以投石问路，然后再决定是启用更多的媒体同时展开广告攻势，还是另择其他媒体从头再来。在时间许可而且竞争不足以构成致命威胁的前提下，这种策略有一定的灵活性，而且可以节省因盲目的广告投入而增加的成本。

（四）广告市场策略的决策

1. 广告目标市场策略。为配合无差异性市场策略，要求广告利用各种媒体组合做统一主题内容的广告；为配合差异性市场策略，要求广告根据各个细分市场的不同，分别选择不同媒体组合，做不同主题内容的广告；为配合集中性市场策略，要求广告根据所选择的目标市场，做有针对性的广告。

2. 广告竞争策略。广告是竞争的重要工具，因此，可以利用和其他产品或企业对比的方法，做比较广告；还可在产品推出之前，进行密集性的广告宣传，即抢先广告策略。

3. 广告促销策略。将广告与其他手段相结合，以提高广告促销效果。如将广告与举办文娱活动相配合。可以激发平常不关心广告的消费者对广告的兴趣；将广告与抽奖、摸奖活动相结合，可以利用消费者希望得到奖品的心理来提高广告的阅读量；将广告与公益活动相结合，可以使消费者增加对企业的好感，从而促进销售。

（五）广告产品策略的决策

1. 广告产品生命周期策略。在产品生命周期的投入期和成长前期，以告知性广告为主，以创牌为目标；在产品生命周期的成长后期和成熟期，以说服性广告为主，以保牌为目标；在产品生命周期的成熟后期和衰退期，以提醒性广告为主，以维持品牌为目标。

2. 广告产品定位策略。为配合企业的产品定位，广告可以突出宣传产品的特殊功效、优良品质、低廉价格或主要顾客；也可以利用人们的心理特点，采取逆向的思维方式来进行广告宣传。

（六）广告效果评价

规划和控制广告的关键是对广告效果的评价。合理的广告促销应先在一个或几个城市开展小规模广告活动，评价其效果，然后再投入大笔费用在全国范围内铺开。广告效果评价包括沟通效果评价和销售效果评价两个方面：

1. 沟通效果评价

这是指广告是否有效地将信息传递给了消费者。沟通效果的评价可分为事前测试和事后评估。

（1）事前测试有三种方法，一种是直接评分法，即让消费者观看本企业产品的各种备选广告，请他们给不同的广告打分，以此来测试广告效果；另一种是组合测试法，请消费者看或听一组广告，不限制时间，然后请他们回忆广告内容，其结果可表明广告内容中突出的地方以及易懂性、易记性。还有一种是实验室测试法，这是用仪器测试消费者对于广告内容的生理反应。但这类试验只能测量广告的吸引力，无法衡量消费者的信任、态度和意图。

（2）事后评估是在广告发布后对消费者进行的测试。一种是回忆测试，即让接触过广告媒体的人回忆最近几次媒体刊播的广告及其产品，其结果可说明广告为人注意和容易记忆的程度。另一种是识别测试，即让接触媒体者从若干广告中辨认哪个广告是他们过去曾经看过的，由此可说明广告在顾客头脑中留下的印象。

2. 销售效果评价

评价沟通效果可以帮助企业了解广告传递信息的结果，但却无法揭示其对销售额的影响，那么销售效果评价就是直接评估广告使销售额增加了多少。这比沟通效果的测量更为困难，因为销售额的增长不仅受制于广告，而且还受到其他各种因素的影响，如产品、价格、收入、渠道等。评价效果的难易取决于影响因素的多少，比如直销方式下销售效果比较容易衡量，而在运用品牌广告或企业形象广告时，销售业绩很难衡量。

（1）历史资料分析法。这是由研究人员根据同步或滞后的原则，利用最小平方回归法求得企业过去的销售额与企业过去的广告支出两者之间关系的一种测量方法。在西方国家，不少研究人员在应用多元回归法分析企业历史资料，测量广告的销售效果方面，取得了重大进展，尤以测量香烟、咖啡等产品的广告效果最成功。

（2）实验设计分析法。用这种方法来测量广告对销售的影响，可选择不同地区，在其中某些地区进行比平均广告水平强50%的广告活动，在另一些地区进行平均水平弱50%的广告活动。这样，从150%、100%、50%三类广告水平的地区销售记录，就可以看出广告活动对企业销售究竟有多大影响，还可以导出销售反应函数。这种实验设计法已在美国等西方国家广为采用。

第三节 人员推销

一、人员推销的概念与作用

（一）人员推销的概念

人员推销是指企业通过派出销售人员与可能成为购买者的人进行交谈，说服他们并推销商品，促进和扩大商品销售。从事推销工作的人员通常称为推销员，有时也称销售顾问、客户主管、地区代理、代理商、行销代表和厂家代表等。随着推销活动的开展，现在，多采用推销人员或销售人员来称呼从事此项工作的人。

（二）人员推销的特点

1. 机动灵活、适应性强。推销人员本身即是信息传递的媒介，所以他可以根据面对的具体情况随时调整信息传播的方式和内容，适应各种不同的情况。

2. 区别对待、针对性强。推销人员可以根据选定的不同对象，制定不同的推销策略，并配合广告和其他促销手段，从而使推销效果提高。

3. 双向沟通、反馈性好。非人员推销的最大缺点就是意见不能直接反馈，所以有时决策错误，传递的信息不当，但由于意见不能及时反馈，因此其错误不能得到纠正，会造成极为不利的后果。但人员推销属于信息的双向相通，意见可以迅速地在双方之间交换，一方面可以使推销人员对顾客的意见进行解释和说服；另一方面，也可以及时地将意见反映给有关部门，使其做适当的调整。

企业可以采取各种形式开展人员推销。主要形式有：

（1）建立自己的销售队伍。建立自己的销售队伍即企业使用本企业职工作为销售人员来推销产品。推销队伍中的成员又称推销员、销售代表、业务经理、销售工程师。他们又可分为两类：（1）内部销售人员，一般在办公室内用电话联系、洽谈业务，并接待可能成购买者的人来访；（2）外勤推销人员，他们做旅行推销，上门访问顾客。

（2）使用合同销售人员。使用本企业以外职工作为商品推销员，如制造代理商、销售代理商、经纪人等，按照其代销额付给佣金。

（三）人员推销的作用

人员推销作为一种与消费者直接沟通的促销方式，其主要作用如下：

1. 引导和影响消费，更好地满足消费者的需求

顾客一般是在接受了推销员的价值观念、商品知识以后才接受产品的，推销员要在推销活动中起到传递这些信息，引导购买和消费的作用。

2. 实现社会再生产

推销作为连接生产和消费的桥梁，能实现商品的价值和使用价值，能促进社会再生产的实现和不断进行。

3. 推动社会经济发展

推销是社会经济发展的重要推动力，在市场经济下，社会经济的繁荣与发展取决于市场供求矛盾的解决。通过推销，解决了商品供求的数量、结构、时间和空间上的矛盾，引导企业进行合理的生产，使社会资源得到合理的利用，使人们的需求不断地得到满足，从而使社会经济处于良性的循环发

展状态。

4. 实现产品的价值

产品的价值需要在市场上通过交换来实现，通过推销，可以使顾客认识到商品的效用，实现商品从生产领域向消费领域的转移，从而实现商品的价值，使企业再生产得以顺利进行。

5. 优化产品，增强企业的竞争力

通过推销，推销员可以了解顾客的需求现状和趋势，了解竞争对手的产品优势，促使企业调整产品结构，增强产品的市场适应能力和竞争能力。

6. 提高企业的经济效益

通过推销活动，可以不断地提高推销人员的素质和工作水平，减少产品的积压和推销费用，加速资金周转，减少贷款损失，直接提高企业的经济效益。

7. 树立企业良好的形象

推销人员的形象是企业形象的直接反映，推销是塑造企业形象的重要窗口。推销员在与广泛的顾客接近和推销过程中，可以扩大企业的影响，在社会公众心目中树立起企业良好的形象。

8. 有利于企业正确决策

企业决策的正确性取决于信息是否充分、及时、正确和有效，推销员可以得到市场的一手资料和信息，可以为企业的各种生产经营决策提供可靠的信息。

二、人员推销的方式与步骤

（一）人员推销的方式

企业在组织推销活动时，必须合理地安排布置推销人员，使之能在适当的时间，以适当的方式，访问适当的顾客。因此，企业在确定推销人员接触顾客的方式时，应根据具体情况而定，一般有以下几种方式可供选择：

1. 一对一的推销。这种方式就是一个推销员与一个顾客进行面对面、单对单的洽谈。

2. 一组对一组的推销。这种方式就是由推销小组（如由企业主管人员、技术人员、销售人员构成的小组）向一组顾客介绍产品。

3. 一个对一组的推销。这种方式就是由一个推销人员向一组顾客介绍产品。

4. 推销会议。这种方式就是通过召集会议方式向顾客进行推销。

5. 推销讲座。这种方式就是由企业专门组织的有关新产品、新技术的讲座，加深顾客对企业的了解，增强他们购买的信心。

（二）人员推销策略

1. 试探性策略。这是指推销员在不了解顾客情况时，同顾客进行试探性接触，观察顾客的反应，有针对性地根据顾客的反应，采取一定的方法激发顾客的购买欲望，促使顾客购买产品。

2. 针对性策略。这是指推销员在基本掌握和了解顾客的情况时，有针对性地根据顾客的需求进行宣传介绍和劝购的策略。

3. 诱导性策略。这是指推销员从顾客的角度分析产品能给顾客带来的利益和好处，当好顾客的参谋，诱导顾客需求并满足顾客需要的策略。

4. 公式性策略。这是指推销员用公式化的语言，指导和吸引顾客购买产品的策略。

（三）人员推销的步骤

1. 详细阐明推销内容以及谁最有可能购买

我们要阐明的推销内容不仅仅是只描述产品的物理性质，也不仅仅是列出产品或服务的特点，即在市场上的竞争优势；它甚至不仅仅只指顾客购买了产品或服务之后所享受的利益，还必须解释产品或服务概念、思路、系统以及系统内要素间的关系。

在对推销的内容是什么以及它如何适应市场有了一个明确的概念后，必须确定谁将购买，谁将是最有可能的潜在买主。依照推销内容不同，根据人口统计数据和个人方面的信息，描述出自己心目中的理想顾客。他们是谁？从你手中购买的频率是多少？是什么促成你对他们的推销？他们的消费能力有多大？什么使他们成为你最好的顾客？对这些问题描绘得越细致，找出的答案越精确，对未来的潜在顾客的寻找越有利。

2. 确定新顾客数量以及何时需要他们

要推断出自己需要多少新客户，可以按以下问题和程序进行：

（1）从现在起，以后相当一段时间内你想赚多少钱?

（2）想赚那么多钱你必须推销多少产品或服务？

（3）你有能力联系那么多数量的顾客吗？假如不能，能联系多少？

（4）这个数量中有多少能够通过正常的业务渠道达到？从预期数量中减去这个数字，剩余的客户数量是为了获得预期收入你必须创造新顾客的数目，这个数目必须由你独自去寻找。

（5）基于当前的正常情况，要获得这么多新的生意你必须访问多少目标顾客？这是你必须寻找到并且与之联系的新的目标顾客的数目。

（6）你自己限定的时间之内你能达到这个目标吗？会不会超过这个限定的时间段？这一步是要你制订好时间目标。

3. 为确定新的目标顾客进行资料调查、收集、分析和整理

推销员必须花时间去寻找和积累一些材料，如目标顾客何时具有购买意向，何时顾客对产品和服务感兴趣等，有利于你确定新的目标顾客名单的资料，从而把你所需的、新的目标顾客从实际生活中找出来，这对实现你的实际销售是关键的一步。

4. 从潜在顾客中筛选出目标顾客

从许多可能的目标顾客中发现一个就可以确定他肯定会购买你的产品或服务，这纯属运气。实际上，调查寻找出的尽管都是一些最有可能购买的潜在客户，但是并不能保证他们肯定会购买。所以，对大多数新的目标顾客必须加以确定。

确定了潜在顾客名单的一定规模后必须考虑自身的竞争情况，寻找那些不使用或不喜欢本企业产品的顾客，将他们从名单中剔除，也就是从名单上选择出最适合的目标顾客并且对他们进行推销。

5. 访问目标顾客并向他们提供购买机会

这一步是推销的中心内容也是难点。它包括访问、提示、协调、处理反对意见、建立良好关系、成交等具体步骤。每一步又有自己的特点、操作程序及推销技巧。总之，这一步是推销员在确定目标顾客后，按照访问目标对顾客进行走访，从中了解顾客的行为反应，适当的时候帮助顾客解决消费中的疑难问题，提供满足需要的购买机会的过程。

6. 售后工作

这是保证顾客满意的重要方面，让顾客继续定货，建立长期业务关系的必不可少的一步。推销员应该确保交货时间与其他购买条件的严格实现、准备回访，及时提供指导与服务，等等。

三、人员推销的组织与管理

（一）人员推销的组织结构

人员推销规模、区域的确定为组织结构的选择奠定了基础。人员推销的组织结构主要有以下四种：

1. 产品结构式

产品结构式，即按产品分类进行组织。对于那些产品品种繁多、技术比

较复杂、市场差异较大的企业，可按产品的性质分类，每个销售人员负责推销某几种或是某几类产品。其主要优点是，有利于实行销售业务专业化，有利于销售人员熟悉产品，有利于销售人员对顾客提供高质量的服务，从而促进企业的产品销售；其不足之处是对掌握区域性的市场行情不利。

2. 区域结构式

区域结构式，即按产品的销售区域进行组织。企业的某一个销售人员负责某一区域的产品销售工作。其主要优点是：有利于掌握这一地区的顾客情况和市场动态，可以节省产品销售费用。其局限性在于：只适合于那些产品品种单一、市场相似程度较高的企业。

3. 顾客结构式

顾客结构式，即按照顾客分类进行组织。企业的每一销售人员负责向一定的顾客销售产品。这种组织结构又有多种形式，如按顾客对象的性质组织，按企业的规模组织，按销售渠道组织等。其主要优点是：有利于加强对顾客的了解，有利于建立稳定的顾客队伍，同时能较好地、有针对性地满足顾客的需要；其不足之处是：如果顾客区域过于分散，销售路线过长会相应地增加销售费用。

4. 综合式

综合式，即按综合需要进行组织。当企业处于产品品种多、顾客复杂、市场分散的情况时，可以将以上几种组织结构形式有机地结合起来，如区域产品混合式、产品顾客混合式、顾客区域混合式等。其主要优点是：适应性和灵活性较强，但对销售人员要求很高，且销售人员的管理也比较复杂。因此，在一般情况下，不宜采用这种组织结构。

（二）人员推销决策

1. 人员推销决策的内容及分类

销售人员的角色决定了人员推销决策在企业整个营销管理决策中的地位和作用。销售人员作为问题的“解决者”，是联系企业和顾客之间独特的纽带。对许多顾客来说，销售人员是企业的象征，反过来，销售人员又从顾客那里给企业带回许多有关的信息和资料。因而，企业进行人员推销决策时，就要制定销售队伍的目标、战略、结构、规模和报酬方式等。另外，销售人员既是企业的资源和财富，又是一大批企业投资。这项投资不仅受各种环境因素的制约，而且一旦拍板决策之后又很难进行变动。例如，企业培训一位优秀的销售人员要花费很多时间和金钱，如果这位销售人员后来因故离开该企业，将会给它造成巨大损失。所以，企业还必须加强对销售人员的管理。

如招聘、挑选、训练、指导、激励和评价等。

所谓人员推销决策，简而言之，就是企业根据外部环境变化和内部资源条件设计和管理销售队伍的一系列经济过程。具体地，它包括如下几个方面：

（1）确立人员推销在企业营销组合中的地位，为销售人员制定出适当的销售活动组合；

（2）根据企业资源条件和销售预算等确定销售队伍的规模；

（3）根据顾客、产品和销售区域分配资源和时间；

（4）对销售活动（任务）进行组织激励和控制。

销售队伍的目标影响销售队伍的大小，而销售规模又会限制其目标。同时，销售规模还制约资源和时间在产品、顾客、区域等方面的分配，而在分配过程中，企业会发现市场的销售反应比预期的要大（或小），因此，为了增加利润，企业又把更多（或更少）的资源分配在人员推销上。

人员推销决策的内容尽管很多，但大体上可分为以下两种：（1）战略决策，包括销售队伍的大小、区域设计和访问计划等；（2）管理决策，包括对销售人员的招募、挑选、培训、委派、报酬、激励和控制等。

下面，首先就战略决策中的几个问题进行研究，在下一节，再研究管理决策。

2. 销售队伍规模

销售人员是企业最有生产价值、花费最多的资产之一，销售队伍的规模直接影响着销售量和销售成本的变动。因此，销售队伍规模是人员推销决策中的一个重要问题，它既受营销组合中其他因素的制约，又影响企业的整个营销战略。

企业设计销售队伍规模通常有三种方法：

（1）销售百分比法。企业根据历史资料计算出销售队伍的各种耗费占销售额的百分比以及销售人员的平均成本，然后对未来销售额进行预测，从而确定销售人员的数量。

（2）分解法。这种方法是把每一位销售人员的产出水平进行分解，再同销售预测额相对比，就可判断销售队伍的规模大小。

（3）工作量法。上述前两种方法比较简单，但它们都忽略了销售人员的数量与销售量之间的内在联系，因而实际意义不大。下面重点介绍第三种方法，即工作量法。

工作量法分为五个步骤：

（1）按年销售量的大小将顾客分类；

（2）确定每类顾客所需的访问次数（即对每个顾客每年的推销访问次数），它反映了与竞争对手相比要达到的访问密度有多大；

（3）每类顾客的数量乘以各自所需的访问次数就是整个地区的访问工作量；

（4）确定一个销售代表每年可进行的平均访问次数；

（5）将总的年访问次数除以每个销售代表的平均年访问数即得所需销售代表数。

3. 销售工作安排

销售工作安排是指销售努力分配，即在销售队伍规模既定的条件下，销售人员如何在产品、顾客和地理区域方面分配时间和资源。

大多数市场的顾客都是互不相同的，因而，每位销售人员在做销售时间安排时总涉及这样三个问题：（1）在潜在顾客身上要花多少时间？（2）在现有顾客身上要花多少时间？（3）如何在现有顾客和潜在顾客之间进行合理的时间分配？

对企业而言，时间安排通常表现为销售目标，有比较明确的规定。某家企业指示其销售人员，要将80%的时间花在现有顾客身上，20%的时间花在潜在顾客身上。如果企业不这样规定比例，销售人员很可能会把绝大部分时间用于向现有顾客推销产品，从而忽视新顾客方面的工作。所以，企业进行人员推销决策时，必须重视销售时间的安排。

4. 销售区域设计

企业委派销售代表驻到一些地区负责产品销售，这些地区通常被称为销售区域（或地区）。区域设计是人员推销决策的重要内容之一。无论是设计新的区域系统，还是调整现有的区域构成，企业都要考虑下述条件：（1）区域要易于管理；（2）各区域的销售潜力容易估计；（3）能够严格控制推销旅途的时间花费；（4）对推销员来说，每个区域的工作量和销售潜力都是相等的，而且足够大。企业要想满足这些条件，可以通过对区域单位大小和形状的确定而达到。

设计区域大小主要有两种方法，即同等销售潜力法和同等工作量法，这二者各有千秋，企业按同等销售潜力划分区域能给每个销售代表提供相同的收入机会，并有利于企业衡量销售代表的工作绩效。由于各区域间长期存在的销售额差异反映出各销售代表能力与努力程度的不同，这就促使他们互相竞争，尽最大努力工作。

然而，区域间顾客的密度是不相同的。具有相同销售潜力的区域，它们所包括的地区多少（空间范围）有着很大差别，从而，为达到相同的销售目标，各销售代表所花费的努力也大相径庭。显然，派往地区较广而顾客稀少区域的代表，比起派往其他区域的代表而言，要么相同的努力只获得较少的销售额，要么通过额外努力才能获得同等销售额。面对这种情况，企业的一种解决办法是付给前者以较高的报酬，以补偿他们额外的努力，但是这会降低销售利润。另一种办法是用同等销售工作量法来规划销售区域，使每个销售代表都能全力完成自己主管区域内的推销任务。通常这种方法会导致区域间销售潜力的差别。如果销售人员的报酬支付方式是固定工资则没什么问题，而如果按佣金支付则不公平。在实践中，企业往往派能力较高、经验丰富的销售人员到潜力较大的地区。

（三）人员推销管理

企业在确定了战略决策之后，还应着手管理决策，即企业要制定有效的措施和程序，加强对销售人员的挑选、招聘、训练、激励和评价。管理决策在人员推销决策中占有相当重要的地位。企业只有通过一系列的管理和控制活动，才能把销售人员融入其整个经营管理过程，使之为实现企业的目标而努力。

1. 销售人员的挑选、招聘和训练

企业的销售工作要想获得成功，就必须认真挑选销售人员。这不仅是因为普通销售人员和高效率销售人员在业务水平上有很大差异，而且错用人将给企业造成巨大的浪费，一方面，如果销售人员所创造的毛利不足以抵偿其销售成本，则必然导致企业亏损；另一方面，人员流动造成的经济损失也将是企业总成本的一部分。因此，挑选高效率的销售人员成为管理决策的首要问题。

那么，挑选的标准是什么呢？许多学者长期不懈地进行研究，试图订立挑选优秀销售人员的标准。事实表明，订立一套统一的标准是极为困难的。在销售实践中，许多成功的销售人员，他们在心理、个性等方面有着截然不同的特点。比如，在取得成功的销售代表中，既有外向、积极、精力充沛的，也有内向、温和、精力并不充沛的；既有男的，也有女的；有高个子也有矮个子；有表达力强的，也有口齿不清的；有爱清洁的，也有不修边幅的，等等。如果从销售过程的实质来分析，人们也许不会对上述近乎对立的情况表示惊奇。实际上，销售工作是一个销售人员同顾客之间双向沟通的过程，而影响这一过程的因素却是多种多样的，包括政治、经济、社会、文化、个性、心理状况、收入水平、消费倾向等各个方面。但无论如何，只要销售人员手中的产品能让顾客接受，销售过程也就基本完成，因此，上述各因素中的任何一种特定的组合都可能会使销售工作获得成功，这就解释了为什么具有不同形象与特性的销售人员同时能取得成就的原因。

然而，问题还不仅在于此，销售过程的实质决定了销售人员的成功取决于他（她）能顺利实现自身与顾客间的沟通。所以，在销售人员外表特征的背后还存在某些特质，这些特质既是其成功的因素，也是企业挑选的标准。它们大体上表现为如下几点：

（1）感同力，即善于从顾客角度考虑问题，并使顾客接受自己；

（2）自信力，让顾客感到自己的购买决策是正确的；

（3）挑战力，即具有视各种异议、拒绝或障碍为挑战的心理；

（4）自我驱动力，即具有完成销售任务的强烈欲望。当然，仅有这点似乎还略嫌不够，因为在不同的环境下，企业对销售人员素质要求的宽泛程度不尽一致。但是，这四个方面却是任何一个意欲达到成功的销售人员所必须具备的。

企业在确定了挑选标准之后，就可着手招聘。招聘的途径和范围应尽可能广泛，以吸引更多的应聘者。企业人事部门可通过由现有销售人员引荐、利用职业介绍所、刊登广告等方式进行招聘。此后，企业要对应聘者进行评价和筛选。筛选的程序因企业而异，有的简单，有的复杂。一般可分为初步面谈、填写申请表、测验、第二次面谈、学历与经历调查、体格检查、决定录用与否、安排工作等程序。

许多企业在招聘到销售人员之后，往往不经过培训就委派他们去实际工作，企业仅向他们提供样品、订单簿和区域情况介绍等。之所以如此，是因为企业担心训练要支付大量费用、薪金，并会失去一些销售机会。然而，事实却表明，训练有素的销售人员所增加的销售业绩要比培训成本更大，而且，那些未经训练的销售人员其工作并不理想，尤其是在顾客自主意识和自由选择度日益增强和加大的今天，如果销售人员不经过系统的训练，他们很难获得与顾客的沟通。所以，企业必须对销售人员实行训练。

训练销售人员应注意两个问题：一是训练工作的组织和安排，包括训练所要达到的目标，由谁主持训练工作，在何时、何地从事训练，使用何种教学方法和训练技巧以及如何评价训练计划的效果。二是确定训练的内容。它大体上有以下几方面。

（1）要求销售人员了解企业各方面的情况，如企业历史和经营目标，组织机构状况，主要负责人，财务状况和措施，主要的产品及销量。

（2）介绍企业的产品情况，包括产品制造过程、品种构成及用途。

（3）讲述企业目标市场各类顾客和竞争对手的特点，如各类顾客的购买动机、购买习惯、收入状况以及竞争对手的策略和政策等。

（4）演示有效推销的方法，如推销术的基本原理、基本方法和技巧，以及企业为各种产品所概括出的推销要点和推销说明。

（5）明确销售人员实际工作的程序和责任，包括怎样在现有和潜在顾客间分配时间、合理支配费用、选择销售路线、撰写销售报告等。

2. 销售人员的激励

激励在管理学中被解释为一种精神力量或状态，起加强、激发和推动作用，并指导和引导行为指向目标。事实上，组织中的任何成员都需要激励，销售人员也不例外。

由于工作性质、人的需要等原因，企业必须建立激励制度来促使销售人员努力工作。

（1）销售定额

订立销售定额是企业的普遍做法。它们规定销售人员在一年中应销售多少数额并按产品加以确定，然后把报酬与定额完成情况挂起钩来。每个地区销售经理将地区的年度定额在各销售人员之间进行分配。究竟如何分配定额，理论和实践中存在三种观点或学派。

高定额学派认为，所定的数额应高于大多数销售人员实际能达到的水平，这样会刺激销售人员更加努力工作；中等定额学派认为所定数额应为大多数销售队伍所能完成，这样销售人员会觉得定额是公平的，并能产生自信力；可变定额学派则认为销售人员之间存在个人差异，因而，可以给某些人订较高的定额，而给另一些人则订中等定额。如果给能力较强的销售人员分配的定额过低，他们会认为工作太容易完成而无法产生满足感。同样若对能力较差的人分配的定额过高，他们也会觉得完成任务十分困难从而灰心丧气。此外，可变定额派认为，地区经理在确定销售定额时要考虑许多因素，包括销售人员以往的销售绩效，对所管辖地区潜力的估计，对销售人员工作抱负的判断，以及对压力与奖励的反应等。

（2）佣金制度

企业为了使预期的销售定额得以实现，还要采取相应的鼓励措施，如送礼、奖金、销售竞赛、旅游等。而其中最为常见的是佣金。佣金制度是指企业按销售额或利润额的大小给予销售人员固定的或根据情况可调整比率的报酬。佣金制度能鼓励销售人员尽最大努力工作，并使销售费用与现期收益紧密相联，同时，企业还可根据不同产品、工作性质给予销售人员不同的佣金。但是佣金制度也有不少缺点，如管理费用过高、导致销售人员短期行为等。所以，它常常与薪金制度结合起来运用。

3. 销售人员的评价

销售人员的评价是企业对销售人员工作业绩考核与评估的反馈过程。它不仅是分配报酬的依据，而且是企业调整营销战略、促使销售人员更好地为企业服务的基础。因此，加强对销售人员的评价在企业人员推销决策中具有重要意义。

（1）要掌握和分析有关的情报资料。情报资料的最重要来源是销售报告。销售报告分为两类：一是销售人员的工作计划；二是访问报告记录。工作计划使管理部门能及时了解到销售人员的未来活动安排，为企业衡量他们的计划与成就提供依据，由此可以看出销售人员工作计划及执行计划的能力。访问报告则使管理部门及时掌握销售人员以往的活动、顾客账户状况，并提供对以后的访问有用的情报。当然，情报资料的来源还有其他方面，如销售经理个人观察所得，顾客信件与抱怨、消费者调查以及与其他销售人员交谈等。总之，企业管理部门应尽可能从多个方面了解销售人员的工作绩效。

（2）要建立评估的指标。评估指标要基本上能反映销售人员的销售绩效。主要有：销售量增长情况，毛利，每天平均访问次数及每次访问的平均时间，每次访问的平均费用，每百次访问收到订单的百分比，一定时期内新顾客的增加数及失去的顾客数目，销售费用占总成本的百分比。为了科学、客观地进行评估，在评估时还应注意一些客观条件，如销售区域的潜力、区域形状的差异、地理状况、交通条件等。这些条件都会不同程度地影响销售效果。

（3）实施正式评估。企业在占有了足够的资料，确立了科学的标准之后，就可以正式评估。

大体上，评估有两种方式。一种方式是将各个销售人员的绩效进行比较和排队。这种比较应当建立在各区域市场的销售潜力、工作量、竞争环境、企业促销组合等大致相同的基础上，否则，就显得不太公平。同时，比较的内容也应该是多方面的，销售额并非是唯一的，销售人员的销售组合、销售费用以及对净利润所做的贡献也要纳入比较的范围。另一种方式是把销售人员目前的绩效同过去的绩效相比较。企业可以从产品净销售额、定额百分比、毛利、销售费用及其占总销售额的百分比、访问次数、每次平均访问成本、平均客户数、新客户数、失去的客户数等方面进行比较。这种比较方式有利于销售人员对其长期以来的销售业绩有个完整的了解，督促和鼓励他（她）

努力改进下一步的工作。

第四节　营业推广

一、营业推广的特点与作用

营业推广是在一个比较大的目标市场中，为了刺激需求而采取的能够迅速产生激励作用的促销措施。当然，营业推广的最终目的还是为了实现企业的营销目标。营业推广实际上是企业让利于购买者，它可以使广告宣传的效果得到有力的增强，破坏消费者对其他企业产品的品牌忠诚度，从而达到本企业产品销售的目的。

（一）营业推广的特点

同其他的促销方式不同，营业推广多用于一定时期、一定任务的短期特别促销，它具有三个特点。

1. 促销强烈

营业推广的许多方式，对消费者和中间商具有相当的吸引力。特别是对那些想买便宜货的消费者，具有特殊的吸引作用。因为它给消费者提供了一个特殊的购买机会，使其有一种机不可失的紧迫感，促使其当机立断，马上购买。因此，营业推广能够很快收到成效。

2. 贬低商品

由于营业推广的许多做法显示出了卖者急于出售的意图，因此，有时会降低商品的身价。如果频繁使用或使用不当，会使顾客怀疑商品的质量有问题，或价格定得不合理等。

3. 非正规性和非经常性

营业推广是促销组合中其他促销方式的补充措施，任何企业都不能仅靠营业推广生存，它只具有暂时而特殊的促销作用。营业推广在近些年得到了迅速发展，特别是在消费者市场，营业推广的发展尤为迅猛。这既有企业内部因素的影响，也有外部环境因素的作用。其一，从企业内部来看，在提高现有销售的压力下，营业推广作为一种有效的销售工具已经为高层管理者所接受；其二，从外部环境来说，竞争性品牌不断增多，竞争者经常使用各种促销手段，企业的广告效益随成本上升、媒体干扰和法律约束而下降，消费者和经销商要求厂商提供更多优惠；其三，消费者更关注价值，规模日益扩大的零售商要求更多地得到来自制造商的优惠。需要注意的是，企业在开展营业推广时，不能仅仅创造短期销售额或暂时的品牌转换，而是应有助于强化产品定位和建立长期顾客关系。

（二）营业推广的作用

营业推广作为促销的主要的方式之一，它有不同于其他促销方式的作用：

1. 刺激购买行为，在短期内达成交易

当消费者对市场上的产品没有足够的了解并做出积极反应时，通过营业推广的促销措施，如赠送或发放优惠券等，能够引起消费者的兴趣，刺激他们的购买行为，在短期内促成交易。

2. 向顾客提供特殊的优惠条件，可有效地抵御和击败竞争者

当竞争者大规模发起促销活动时，营业推广是在市场竞争中抵御和反击竞争者的有效利器，如减价、试用。此举能增强企业经营的同类产品对顾客的吸引力，从而稳定和扩大自己的消费群，抵御竞争者的介入。

3. 与中间商保持良好的业务关系

制造商常常通过营业推广的一些形式，如折扣、馈赠等鼓励中间商更多购买，同厂商保持稳定的业务关系，从而有利于双方的中长期合作。

4. 营业推广可以吸引和鼓励推销员努力推销本企业的产品，创造推销佳绩。

二、营业推广决策

（一）营业推广的目标

营业推广的目标主要由企业的营销目标决定，一般有三个方面的目标。

1. 以消费者为目标的推广

以消费者为目标的推广主要是刺激消费者购买，如鼓励现有产品使用者增加使用量，吸引未使用者试用，争取其他品牌的使用者等。

2. 以中间商为目标的推广

以中间商为目标的推广是鼓励中间商购买、销售企业产品，提高产品库存量，打击竞争品牌，增强中间商的品牌忠诚度，开辟新的销售渠道等。

3. 以推销人员为目标的推广

以推销人员为目标的推广是鼓励推销人员推销企业产品，刺激他们去寻找更多的潜在的顾客，努力提高推销业绩等。

（二）营业推广方式

1. 针对消费者的营业推广

常见的有以下几种形式：

（1）赠送或试用。通过向消费者赠送小包装的新产品或附赠其他便宜的商品来介绍产品的性能、特点、功效或企业的有关信息，既可以使顾客得到实惠，又可以刺激顾客的购买行为。赠送的渠道可以灵活多样，主要有：①在特定的时间或地点向目标市场的顾客无条件赠送；②随货赠送；③批量购买赠送；④随货中奖赠送。

小案例 2

安徽砀山酒厂聘请发酵制曲专家和经验丰富的技师，于 1992 年研制生产出了“宴嬉台”牌系列美酒。促销“宴嬉台”，该厂召开了一次别开生面的评酒会。

评酒会请谁与会评酒？通常都是请专家、教授、评酒员。可是，砀山酒场却也请了民间推举的八十多个“喝酒名家”参加评酒会。在评酒会上，该场马厂长说：“各位喝家，李白当年到此，县令用宴嬉台酒款待。诗仙喝的大醉，留下诗句‘令人欲泛海，只待长风吹’。今天请大家畅饮新‘宴嬉台’，不求诗章留芳，但愿传个美名。”这些“喝家”们认真品尝，只觉这酒入口绵甜，香气回肠，不由得齐声叫好。

紧接着，砀山酒厂巧妙地举行了一次“评酒扩大会”。该厂的送酒车开到各大酒馆饭店和销售网点，邀请众人品尝：“喝喝看，不好扔到门外去。”这又赢得更多公众的叫好声。评酒会后，“宴嬉台”酒的美名不胫而走，酒厂的销售额直线上升。

（2）发放优惠券产品。推销者事先通过多种方式将优惠券发放到消费者手中，持有此优惠券的消费者在购买本企业的商品时，可以得到一定的价格折扣。其实这种方式的本质是减价，但比减价要灵活。减价给人以处理、产品滞销的感觉，而且减价后就难以再提价。而发放优惠券，得到优惠券的人有一种优越感，因为不是人人都可以得到优惠券。而且只要不发优惠券，价格就可以又提上来。

（3）赠券或印花。当消费者购买某一商品时，企业给予一定张数的交易赠券或印花，购买者将赠券或印花积累到一定数额时，可到指定地点换取赠品。该方式特别适合于购买频率较高的商品。

（4）有奖销售。发放奖券、赠送奖品等。有奖销售形式多样，有声有色，现为很多企业所采用。但企业应本着诚信、透明的原则进行，不能欺骗消费者。

（5）折扣或减价，即明码折扣与减价。

（6）提供信用。常见的操作方式是发生在消费信贷的销售活动中，一般采取赊销、分期付款等形式。

（7）商品展销。通过展销会的形式，使消费者了解商品，增加销售的机会。常用的展销形式有：①为适应消费者季节性购买的特点而举办的“季节性商品展销”；②以名优产品为龙头的“名优产品展销”；③为新产品打开销路的“新产品展销”等。

（8）现场演示。“耳听为虚，眼见为实。”在销售现场为顾客演示产品的使用，使顾客亲身感受到产品的效果，甚至让顾客亲自操作、使用，促其购买。

（9）俱乐部制或“金卡”制。俱乐部制是指顾客交纳一定数量的会费给组织者后，即可享受到多种优惠的促销方式。“金卡”制是指顾客交纳一定数量的现金，即可取得有期限的“金卡”，从而可享受价格折扣的促销方式。

2. 针对中间商的营业推广

制造商策划与掀起的促销活动，如果没有中间商的响应、参与和支持，是难以取得促销效果的。劝诱中间商更多订货的最有效办法可能是给予价格折扣，主要是数量折扣。或者当中间商订货达到一定数量之后，就免费赠送他们一部分产品。为中间商培训推销人员、维修服务人员，使中间商能更好地向顾客示范介绍产品、提高产品售后服务质量，对于有效地促进中间商的营销工作，吸引顾客购买生产企业的产品具有积极的作用。

针对以上的推广目标，有以下几种常见的营业推广方式：

（1）购买折让。这是最有代表性的一类方法。具体形式有：批量折扣、季节折扣、现金折扣等，以鼓励经销商多购、付现金和非季节性进货。

（2）推广津贴。为经销商提供商品陈列设计资料、付给经销商陈列津贴、广告津贴、经销新产品津贴，以鼓励经销商开展促销活动和积极经销本企业的产品及新产品。

（3）经销竞赛。即组织所有的经销本企业产品的中间商进行销售竞赛，对销售业绩较好的中间商将给予某种形式的奖励。

（4）代销。是指中间商受生产厂家的委托，代其销售商品，中间商不必付款买下商品，而是根据销售额来收取佣金，商品要是销不出去，则将其返还生产厂家。代销可以解决中间商资金不足的困难，还可以避免销不出去的风险。因此，很受中间商的欢迎。

（三）针对推销人员的营业推广

企业可以通过推销竞赛、推销红利、推销回扣等方式来奖励推销人员，鼓励他们把企业的各种产品推荐给消费者，并积极地开拓潜在的市场。以下是几种具体方法：

1. 红利提成或超额提成。具体做法有：①从企业的销售利润中提取一定比例的金额作为奖励发给推销员；②推销员按销售利润的多少提取一定比例的金额，销售利润越大，提取的百分率越大。

2. 开展推销竞赛。推销竞赛的内容包括推销数额、推销费用、市场渗透、推销服务等。规定奖励的级别、比例与奖金（品）的数额，用以鼓励推销人员。对成绩优异、贡献突出者，给予现金、旅游、奖品、休假、提级晋升、精神奖励等。

3. 特别推销金。企业给予推销人员一定的金钱，以鼓励其努力工作。

（四）企业进行营业推广时应考虑的因素

营业推广的形式多种多样，各有其使用的范围和条件。企业进行营业推广时应考虑的因素主要有：

1. 市场类型

在不同类型的目标市场上，营业推广的目的各不相同，如对消费者、中间商、推销员的推广，有不同的目的和方式。企业在选择营业推广时必须适应市场类型的特点及相应要求。

2. 营业推广的对象

各种营业推广的手段对不同对象的作用是有很大差别的，要区分对象，灵活对待。营业推广对那些随意型的消费者、相对价格敏感度高的消费者是起作用的。对于品牌忠诚度高的、已养成固定习惯的消费者，营业推广的作用不大，企业要在选择时区别对待。

3. 营业推广的媒介

企业必须考虑通过最佳途径来实施营业推广。例如，打算给顾客发放优惠券，既可在购买商品时当场分发，又可以放在商品的内包装里赠送，或附在报刊广告中给予，还可以通过本厂职工分发给各自的亲朋好友。其中，在购买商品时当场分发或放在商品的内包装里，只能到达现实的买主手里，但费用较省；附在报刊广告中邮寄，可以吸引潜在的消费者，但费用较高；让职工分发，得到者有优越感，愿意兑现，费用也较省，但得到的范围有限。这就要求企业根据媒介的普及程度和费用支出加以权衡，选择最佳媒介。

4. 营业推广的期限

营业推广的持续时间必须符合市场营销整体策略，如果时间太短，促销效果不显著；如果时间太长，会给消费者造成一种误解，以为这不过是一种变相减价，而失去吸引力。因此，实施营业推广，要选择最佳的持续时间，既要有“欲购从速”的吸引力，又要避免草草收场。

5. 促销时机的选择

一般由品牌经理制定年度促销计划，事先规划一年内的促销时间安排。在特殊情况下，企业也会安排临时的促销活动。促销时机的安排应注意使生产、分销、推销的时机和日程协调一致，从而使各部门通力合作。

6. 促销的总预算

确定预算的方法主要有两种：一是自下而上方式，即市场营销人员根据全年营业推广活动的内容、所运用的促销工具及相应的成本费用来确定总预算。一项特定促销活动的成本等于管理费用（如印刷费、邮寄费、促销费）与激励成本（如赠奖、折扣）之和乘以交易中出售的预期单位数量。二是按习惯比例确定各项促销预算占总预算的比率。在不同市场上，不同品牌商品的促销预算比率是不同的，这个比率还会受到产品生命周期和竞争者促销预算的影响。经营多品牌的企业应将其营业推广预算在各个品牌间进行协调，以取得尽可能大的效益。

（五）营业推广的基本策略

营业推广的基本策略包括有盈利策略、有限时间策略、有限规模策略、推广途径策略。

1. 有盈利策略

在营业推广中，不论是减价或赠送都是为了获取一定利润，只是改变盈利的方法。畅销品降价是为了薄利多销；促销品减价，赠送样品是以赠送代广告；先尝是为了后买等。所以在确定方案时应掌握好界限。

2. 有限时间策略

实行各种营业推广方式都应当是有限的。期限长短应适度，过短会使部分潜在顾客来不及接受推广的好处，影响推广效果，过长又使顾客不以为然，不能刺激需求的作用，收不到预期效果。

3. 有限规模策略

推广规模与推广费用成比例，即规模越大，费用越多，但有时刺激规模过大，不一定能对产品销售有太大帮助，甚至得不偿失。因此，应按目标市场的实际情况，选择适当的推广规模，才能促使销售额上升。

4. 推广途径策略

营业推广所采取的途径不同、费用不同，达到的目的也不相同，效果也各异。例如，一张优惠券，可通过包装、邮寄广告、商店三条途径发出去。但这几种途径普及面与费用都不相同。所以在制订推广方案时，应权衡得失，针对目标市场的消费者，选择既可节省费用又高效的推广途径。

（六）营业推广方案的测试和执行

推广方案确定以后，若条件允许，应进行测试，以验证所定方案是否合适，能否达到预定效果等等。一般的测试基本都在小范围内进行，以节约时间和成本。

测试通过后，企业还应制定执行计划，以有效地执行推广方案并进行控制。执行计划中要包括两个关键的时间因素：前置时间和后延时间。前置时间是指推出方案之前的准备时间，这段时间的工作包括推广的设计、修改、批准、制作、传送等；后延时间是指从营业推广活动开始到推广的产品95%已到达消费者手中的这段时间，其间进行的是实际推广运作和管理。

（七）营业推广评估

为了改进营业推广方法，需要对推广方案进行评估。事实上，很多企业往往忽视这种工作。制造商对营业推广进行评估，有四种方法：第一，最普通的一种方法，是把推广之前、推广期间和推广之后的营业情况进行比较。第二，对那些在推广时购买这个商品，而事后又转向购买其他品牌商品的顾客进行调查。第三，如果企业还需要进一步研究，可以对消费者调查，考察有多少消费者还记得这次营业推广活动，他们的做法如何，多少人从中得到了好处，以及这次推广对于他们以后选择品牌起了什么作用。第四，企业还可以针对营业推广的作用、期限等进行细致的分析。有些大企业在有选择的地区之内，对他们在全国范围使用的营业推广方法逐一进行评判，以便对不同策略的效果进行评估。

第五节　公共关系

一、公共关系的特点

《公共关系新闻》一书对公共关系的定义为：公共关系是这样一种管理职能，它评估公众的态度，确定一个人或一个组织的政策和程序与公共利益的一致性，计划和实施行动方案以争取公众的理解和认可。而 Scott M. Cutlip 等人在《公共关系教程》中将公共关系定义为：建立并维护一个组织和决定其成败的各类公众之间的互利互惠的关系的一种管理职能。

公共关系是市场经济发展的产物。现代公共关系发端于 19 世纪末、20 世纪初的美国，20 世纪 80 年代传入中国，受到中国学术界和企业界的高度重视。目前，随着我国国内市场基本形成买方市场，并且日趋国际化，企业间的竞争越来越激烈，公共关系在企业经营管理中的地位和作用也日益重要。

公共关系三大构成要素是社会组织、传播、公众。

1. 社会组织。简而言之，社会组织是由社会中个人的特定组合所构成。企业是社会组织中一个特定的类型。所谓企业，是指以提供商品、劳务为手段，以实现营利为目的的基本经济单位。从这个意义上看，企业公共关系的目标，便是企业总体目标中的子目标、分目标。换而言之，企业作为公共关系活动的主体，其公关活动必须依据企业的总目标来制定自身的特定目标。

2. 传播。社会中传播形成关系。企业公共关系也是通过传播来传递信息，形成互动，达到企业与公众和谐相处的目的。因此，传播在企业公共关系活动中处于媒介地位。

3. 社会公众。公共关系活动的客体是公众。不同的社会组织有不同的公众与之对应。

在社会发展过程中，公众对社会组织的影响和制约作用日益重要。因此，企业公共关系是协调与社会关系的重要途径。

与其他促销工具相比，公共关系具有如下特点：

（1）从公关目标考察，公关注重长期效应

公共关系要达到的目标是树立企业良好的社会形象，创造良好的社会关系环境。实现这一目标并不强调即刻见效，而是注重长期效应。企业通过各种公关策略的运用，能树立良好的产品形象和厂店形象，从而能长时间地促进销售，占领市场。

（2）从公关对象看，公关注重双向沟通

公共关系的工作对象是各种社会关系，包括企业内部和外部公众两大方面。它是全方位、立体化的关系网络。它强调企业与公众之间的真情传播与沟通。在企业内部和外部的各种关系中，如果有一种关系处理不善，就可能带来许多责难和纠葛；如果处理得当，企业定会左右逢源，获得良好的发展环境。

（3）从公关手段看，公关注重间接促销

公共关系的手段是有效的信息传播，而这种信息传播并不是直接介绍和推销商品，而是通过积极参与各种社会活动，宣传企业营销宗旨，联络感情，扩大知名度，从而加深社会各界对企业的了解和信任，达到促进销售的目的。

二、公共关系的优缺点

（一）公共关系的优点

1. 详细报道所宣传的信息；
2. 进一步扩大零售商的知名度；
3. 以更为可信的方式传播有关零售商的信息；
4. 信息的传播不需要付费；
5. 可触及更为广泛的受众；
6. 人们对于新闻报道比对纯粹的广告更留意。

（二）公共关系的缺点

1. 一些公关活动的效果从短期看并不明显；
2. 企业控制力较弱。

三、公共关系活动形式

活动形式包括用于内部公众的媒介，如印刷品（企业出版物、信件、公告栏）、口头传播（会议、讲演）、新媒介（电信会议、录像、电影、幻灯片演示、陈列、展览）以及面向外部公众的媒介，如报纸、杂志、广播、电视、有线电视等。

（一）出版物

1. 小册子。例如零售商采用小册子告诉消费者有关商店和商品的情况。

2. 文章。商店撰写的文章能够吸引消费者对商店和商品的注意。

3. 商店的业务通信和杂志。它们的主要作用是帮助建立企业形象和向消费者通告重要新闻。

4. 视听材料。视听材料一般为电影和带解说的幻灯片、录像以及录音带，虽然成本较高，但是影响也较大。

（二）事件

这里的事件指的是商店安排特殊事件来吸引消费者对关于商店的一些事物的注意，如开业庆典、周年庆祝、最近新进的商店等。而发布的形式多种多样，包括新闻发布会、讨论会、旅游、展览、竞赛和比赛，对某些公众关注的事业或领域提供赞助等。

1. 新闻发布会

新闻发布会又称记者招待会，是企业举行公开传播重要新闻事件，邀请有关新闻机构的记者参加，由记者提问和回答记者的一种特殊会议。目前，由于我国企业新闻发言人制度刚刚起步，除海尔、联想等一些大型企业设立了新闻发言人之外，国内企业普遍对新闻发言人缺乏深刻和全面的认识。而这一问题又在危机时刻凸显出来：企业没有一个统一对外发布信息的人，导致一旦有危机出现，记者无从了解事件真相，而媒体了解不到真实情况，这对企业而言就得不到正面舆论的支持，这对企业是极为不利的。

据了解，目前企业的新闻发布官，如在外资企业中的地位至少不低于部门经理，其中不少新闻发布官是由公共关系部经理出任，如欧莱雅公司就是如此，有的跨国公司则由总裁助理或副总经理亲自担任。

2. 赞助活动

赞助担负着品牌与特定事物之间的商业联系，是通过出资保证活动的正常运行的一种商业行为，如运动赛事、一支球队、一项事业、艺术、文化活动、公益、道德行为或是娱乐等。

3. 特殊纪念活动

例如通过纪念国庆 60 周年等来制造新闻，是影响公众的又一个方法。

（三）新闻

新闻报道是由新闻媒体发布的、对企业的相关事件进行的陈述。

（四）演说

演说也可以用来宣传商店和商品。企业通过各种形式的媒体见面会，以及行业会议上的发言，充分利用发言的机会提升商品的品牌形象会达到事半功倍的效果。

（五）提供电话服务

通过高质量的电话服务，常能使潜在顾客成为现实顾客，并会形成口碑效应。

（六）媒体识别

在同质化日趋严重的今天，能够如何被人识别出来也是提升品牌认知的一个关键。企业应该努力设计一个公众能够立刻认知的视觉识别标志。

四、危机公关及其应对

从过去几年的市场来看，我国传媒业的日益发达及互联网带来信息的高流动性使越来越多的产品或市场问题被公之于众。任何一个企业当其面对这样一次公众危机时，处理时机的把握及处理策略的制订至关重要。

面对公关危机，有的企业积极应对体现出大家风范，有的则遮遮掩掩欲盖弥彰。实际上，危机既包含“危险”也蕴涵着“机遇”。著名企业危机管理与公关专家奥古斯丁先生的一句话:“每一次危机的本身既包含导致失败的根源，也孕育着成功的种子。发现、培育以便收获这个潜在的成功机会就是危机公关的精髓。”根据市场传播速度快的特点，研究表明，一次危机事件从出现的第一天开始，企业最慢必须在一周内完成策略制订、信息发布、媒体影响等一系列的动作。

一般而言，商场危机公关处理应该遵循以下的原则及应变计划：

1．危机公关处理的原则

（1）快速反应的原则

大凡危机都是突发性的，而且会很快传播到社会上去，引起新闻媒介和公众的关注。发生危机时公司必须迅速研究对策，做出反应，使公众了解危机的真相和公司采取的各项措施，争取公众的同情和支持，减少危机的损失。高效率和日以继夜的工作是做到快速反应不可缺少的条件。

（2）真诚坦率的原则

任何危机的产生都会使公众产生种种猜测和怀疑，有时新闻媒体也会有夸大事实的报道。因此，公司要想取得公众和新闻媒体的信任，必须采取真诚坦率的态度。

（3）人道主义的原则

危机在不少情况下带来生命财产的损失。新闻媒体等舆论界对造成危及人的生命安全的事故或事件尤其重视，甚至加以渲染。因此，在危机处理时首先要考虑人道主义的原则。

（4）维护信誉的原则

公共关系在危机管理中的作用是保护公司的声誉，这是危机管理的出发点和归宿。在危机管理的全过程中，零售商的负责人都必须努力减少对公司信誉带来的损失，争取公众的谅解和信任。

2．危机应变计划

（1）成立危机应变小组

由公司高层领导、技术专家、公关部主任和法律顾问组成一个核心。

（2）拟订危机应变计划

应变计划要设想各种发生的危机和所采取的应对行动。对于零售企业来说，最有可能也是最严重的危机就是商品质量发生问题，影响企业信誉，因而在日常情况下，零售商不仅要预见到这一危机，而且要指明何处、何人可以在危机发生时向危机目标提供紧急援助，包括他们的姓名、联络方式。

（3）危机模拟训练

考核危机应变小组对紧急事件的反应能力、危机处理的知识和决策能力。模拟演习还要使组员接受处理紧张心理的训练，以免到真正危机发生时，让紧张的心理妨碍组员的决策和思维。另外，还要学习如何与新闻界打交道，掌握接受记者采访和对外发言等方面的技巧。

小案例 3

可口可乐在灭顶之灾中的危机公关

1999 年 6 月初，比利时和法国的一些中小学生饮用美国饮料可口可乐，发生了中毒。一周后，比利时政府颁布禁令，禁止本国销售可口可乐公司生产的各种品牌的饮料。

已经拥有 113 年历史的可口可乐公司，遭受了历史上鲜见的重大危机。

在现代传媒十分发达的今天，企业发生的危机可以在很短的时间内迅速而广泛地传播，其负面的作用是可想而知的。短时间内在全国甚至全球范围的影响，必将引起社会和公众的极大关注。稍有不慎，即对企业形象和品牌信誉造成毁灭性的打击，其无形资产瞬间贬值。这对企业的生存和发展，都是致命的伤害。

1. 代价与信任

1999 年 6 月 17 日，可口可乐公司首席执行官依维斯特专程从美国赶到比利时首都布鲁塞尔，在这里举行记者招待会。当日，会场上的每个座位上都摆放着一瓶可口可乐。在回答记者的提问时，依维斯特这位两年前上任的首席执行官反复强调，可口可乐公司尽管出现了眼下的事件，但仍然是世界上一流的公司，它还要继续为消费者生产一流的饮料。有趣的是，绝大多数记者没有饮用那瓶赠送与会人员的可乐。

后来的可口可乐公司的宣传攻势说明，记者招待会只是他们危机公关工作的一个序幕。

记者招待会的第二天，也就是 6 月 18 日，依维斯特便在比利时的各家报纸上出现——由他签名的致消费者的公开信中，仔细解释了事故的原因，信中还做出种种保证，并提出要向比利时每户家庭赠送一瓶可乐，以表示可口可乐公司的歉意。

与此同时，可口可乐公司宣布，将比利时国内同期上市的可乐全部收回，尽快宣布调查化验结果，说明事故的影响范围，并向消费者退赔。可口可乐公司还表示要为所有中毒的顾客报销医疗费用。可口可乐其他地区的主管，如中国公司也宣布其产品与比利时事件无关，市场销售正常，从而稳定了事故地区外的人心，控制了危机的蔓延。

此外，可口可乐公司还设立了专线电话，并在因特网上为比利时的消费者开设了专门网页，回答消费者提出的各种问题。比如，事故影响的范围有多大，如何鉴别新出厂的可乐和受污染的可乐，如何获得退赔等。整个事件的过程中，可口可乐公司都牢牢地把握住信息的发布源，防止危机信息的错误扩散，将企业品牌的损失降低到最小的限度。

随着这一公关宣传的深入和扩展，可口可乐的形象开始逐步恢复。不久，比利时的一些居民陆续收到了可口可乐公司的赠券，上面写着："我们非常高兴地通知您，可口可乐又回到了市场。"孩子们拿着可口可乐公司发给每个家庭的赠券，高兴地从商场里领回免费的可乐："我又可以喝可乐了。"商场里，也可以见到人们在一箱箱地购买可乐。

中毒事件平息下来，可口可乐重新出现在比利时和法国商店的货架上。

从第一例事故发生到禁令的发布，仅10天时间，可口可乐公司的股票价格下跌了6%。据初步估计，可口可乐公司共收回了14亿瓶可乐，中毒事件造成的直接经济损失高达6000多万美元。

比利时的一家报纸评论说，可口可乐虽然为此付出了代价，却赢得了消费者的信任。

可口可乐公司度过了艰难的危机时刻，但是这次事件却远未从可口可乐这样的欧美大公司中消除影响。

前不久，可口可乐的主要竞争对手百事可乐欧洲总公司的总裁迈洛克斯，给所有的职工发出一封电子信函。信中说："我想强调的是，我们不应将此次可口可乐事件视为一个可以利用的机会，我们必须引以为鉴，珍视企业与消费者之间的纽带。"

企业管理专家汤姆金认为，一般企业处理此类危机正确的做法大体有三步：一是收回有问题的产品；二是向消费者及时讲明事态发展情况；三是尽快地进行道歉。以此对照，可以看出可口可乐公司都做了，但却迟了一个星期，而且是在比利时政府做出停售可口可乐的决定之后。连比利时的卫生部长范登波什也抱怨说，可口可乐这样全球享有盛誉的大公司，面对危机的反应如此之慢，实在令人难以理解。

专家还引用了其他著名企业面对危机时的反应，说明及时处理危机的重要性。17 年前，有人想讹诈杨森制药公司，故意将杨森止痛片的标签贴在氰化物上，致使 7 人死亡。得此消息后，杨森公司当即决定，不惜损失 1 亿美元的代价，全部收回市场上所有的此种止痛片，使市场平息下来。另一个例子是烟草公司菲利浦·莫里斯。数年前，因为少量香烟的过滤嘴在加工过程中受到污染，引起了吸烟者轻微的咳嗽，该公司立即决定全部收回美国市场上的同样牌号的香烟。这两家公司虽然损失不少，但因为处理及时，很快就获得了消费者的理解，利用危机处理，重新树立了公司的企业形象。专家认为，相比这两个例子，可口可乐公司虽然此次处理危机的力度并不弱；但决策节奏显然慢了半拍。

2. 危机公关：企业必须面对

经营管理不善、市场信息不足、同行竞争、甚至遭遇恶意破坏等，加之其他自然灾害、事故，都使得现在大大小小的企业危机四伏。所有这些危机、事故和灾难作为一种公共事件，任何组织在危机中采取的行动，都会受到公众的审视。一个组织如果在危机处理方面采取的措施失当，将使企业的品牌形象和企业信誉受到致命打击，甚至危及生存。

如果按照管理专家们的划分，危机管理大体可分为危机预防和危机处理两类，前者是在危机发生前的未雨绸缪，一般企业都比较重视；而对于后者，即危机发生后如何处理应对，企业往往心理准备和措施准备都远远不足。

于是有专家警告，危机处理是现代企业的一个薄弱环节。

尽管可口可乐公司的危机公关处理遭到了专家们的并非赞扬的评价，但作为一个危机公关的案例，对于相当多的中国企业来说，仍不乏警示和借鉴意义。

可口可乐公司在中毒事件中表现出来的处理危机的方法，仍有不少可以借鉴的成功之处。比如它并没有因为自己是全球最大的饮料公司就凌驾于消费者之上，置之不理，而是一直以一种富有人情味的态度来对待消费者，以积极主动的道歉而不是推脱责任的辩解和说明，体现了企业勇于承担责任，对消费者负责的企业文化精神，获得了消费者的同情。

联想到国内一些企业危机时刻，往往是一张铁门把关，或者是用保安封堵记者镜头，或者万般无奈之中虽然出面一个两个说明情况的，却都是一律的“无可奉告”之类的不合作言辞。其公关意识和处理危机的能力令人不敢恭维。

显然，企业首先必须要树立有关危机管理和危机公关的意识，并将其作为现代管理的重要组成部分来对待和借鉴。

其次，为了应对各种突发的危机事件，西方现代企业一般都将其纳入管理的内容，形成了独特的危机管理机制。譬如，伦敦证券交易所为避免企业危机对股市的冲击，就提出了新规定，要求上市公司必须建立危机管理体制，并要对此定期提交报告。

近年来，西方的一些企业开始将危机公关纳入企业公关系统，把危机管理列入了管理体制之中。

一般而言，企业的危机处理机制由公司外部和内部两大部分组成：公司内部，在高层设立新闻发言人或危机管理经理，专门研究和处理危机事件发生的策略和措施。公司的中级管理层尤其是各地区的分部经理，要有危机管理的素质，在遇到突发性事件时，一方面及时向企业高层报告，同时也要能够充分驾驭所在地的局面，譬如积极地与媒体打交道，有效地引导舆论等。在企业的外部，企业一般要委托一些类似咨询公司公关部门的中介机构，与传媒维持一个良好的合作关系，一旦企业发生危机，可以迅速及时地组织和调动媒体，开展企业的宣传攻势，将可能蔓延开的损失减至最小。

本章小结

1. 在一个市场竞争日趋激烈的时代，尤其是对那些处于供大于求的买方市场的产品而言，具备了优质产品是远远不够的，企业必须在众多的竞争者中脱颖而出，为消费者所注意、了解并接受。而这则有赖于企业运用良好的促销方式。营销发展至今，企业主要的传播策略在方式上依然是广告和公共关系等，然而，其内涵和诉求点早已发生了翻天覆地的变化，最主要的一点，是伴随着营销理念的变化而使传播策略内涵已经不再是传统的推销为主，传播已经是营销价值链里面“价值传播”的一环，即企业传播必须从顾客价值出发考虑。

2. 广告是最主要的价值传播策略之一，它是指由企业或其他组织（广告主）付费，通过一定媒介，向一定的人群（受众）发布传递有关的信息，以期促进企业的产品或服务的销售，同时建立企业的良好形象的一种活动。广告发展至今，经历了零策划、广告策划和整合营销传播几个阶段，发挥着产品推广目标、市场扩展目标、销售增长目标和企业形象文化目标的功用。企业广告传播管理包涵了广告战略和广告策略两个层次，其中广告战略的核心是战略目标的制定，必须考虑各种因素的影响。最后，所有的广告都必须建立在广告调研的科学的基础上，并恰当地选择一定的媒介进行广告传播。

3. 人员推销是指企业通过派出销售人员与可能成为购买者的人进行交

谈，说服他们并推销商品，促进和扩大商品销售。人员推销是企业促销组合不可缺少的部分，特别是在一些行业中，人员推销对企业的生存和发展起着关键作用。人员推销策略涉及的方面比较广泛，推销人员的招聘、激励以及销售区域等的管理，对企业销售活动的效果都起着重要的影响。

4. 营业推广是西方营销中使用最为广泛的策略之一。营业推广的范围很广，针对消费者的营业推广包括赠送或试用、发放优惠券、折价优待、积分卡优待、陈列、演示、展览等。针对中间商的营业推广主要有购买折让、推广津贴、经销竞赛、代销等。对于企业而言，必须妥善制定营业推广方案，本章针对各种营业推广方式分别给予了介绍。

5. 公共关系是市场经济发展的产物，于20世纪80年代传入中国，并受到中国学术界和企业界的高度重视。一般而言，公共关系具有了可信度较高等区别于广告的优点，其形式较为丰富多样。对于国内企业而言，在一个企业形象愈发受到重视，并构成企业核心竞争力的时代，面对着网络时代信息的快速传播，企业尤其必须注意公共关系管理，特别是危机处理。

能力培养指导

● 培养项目1：制定一个促销方案

培养内容：请您为您的家乡某一特产制作一个促销活动方案。

培养目的：培养学生促销策划与组织的能力。

培养要求：要求制定一个促销方案（提示：含你的家乡和特产的情况、促销目标、促销预算费用、促销方式、时间、地点、人员、部门配合等内容）即可。

培养组织：按 3～5 人为单位，把学生分成若干个小组进行讨论并制定一个促销方案，而后各组选出一名代表发言，最后教师给予评价。

● 培养项目2：广告目标分析

培养内容与要求：有些工业营销商在全国性的电视台做广告，而他们的目标顾客只占实际收看者的一小部分。请列举出一些你在电视上看到的不以顾客为导向的商业广告，并说出这些营销商想通过这些广告来达到什么目标。

培养目的：初步培养学生搜集、整理、分析市场信息的能力。

培养组织：每个学生至少要找到一则符合实训要求的广告，并以书面的实训报告形式分析这则广告的目标，教师依据实训报告给出成绩。

案例应用 1

"万宝路"的成名之路

随着世界性戒烟运动的发展，越来越多的"瘾君子"脱离了市场，制烟业越来越感到难以为继。但世界上最大的烟草公司，美国的菲利普·摩里斯公司的销售额却不断上升。它的名牌产品"万宝路"1991 年创下了 94 亿美元销售额的新纪录。

它的成功，得益于它的广告宣传。该公司创造的"万宝路"形象不同于一般化的，不分对象地向公众说教的宣传手法，而别出心裁地设计成一位世人熟知的雄赳赳的西部牛仔，潇洒地叨着一支"万宝路"牌香烟，极力给人一种"自我选择、自愿吸烟"的感觉。该公司不惜重金把这一形象传播到世界的每一个角落。

菲利普·摩里斯公司还在各种竞选活动和重大社会活动中慷慨解囊，推销它这一形象，在"人权宣言"发表 200 周年的活动中，该公司捐资 6000 万美元。

虽然"人权宣言"从未涉及吸烟的权利问题，但对菲利普·摩里斯公司来说，利用"民权自由"来为"吸烟自由"辩护，也是推销香烟、扩大销售的一个招数。

目前，美国"万宝路"香烟的产品形象深入人心，以至于一位欧洲土生土长如今供职于纽约的一位工程师说道："如果一个美国人打算变得欧洲化一些，他必须去买一部奔驰或宝马；但当一个人想要美国化，他只需抽万宝路，穿牛仔衣就可以了。"

可见，"万宝路"已不仅是一个企业产品中的名牌，而成为美国文化的一部分。从这一点来讲，"万宝路"作为一个商业品牌被称为"世界第一品牌"是毫不夸张的，然而，"万宝路"的诞生与发展曾步履维艰，甚至面对过被迫停产的窘境。

"万宝路"的发迹史是最富戏剧性也最能给人启迪的一部企业神话。它的几度沉浮给在商海游弋的有心人以多方面的启示。

一、知己的秘密

美国的 20 世纪 20 年代被称作是"迷惘的时代"。经过第一次世界大战的冲击，许多青年都自认为受到了战争的创伤，并且坚持只有拼命享乐才有可能将这种创伤冲淡。他们或在爵士乐的包围中尖声大叫，或沉浸在香烟的烟雾缭绕当中。

海明威的小说《太阳照旧升起》中描写的男女主人公，即是那个时代某种精神的揭示，又引导着众多的男女青年发疯地纷纷效仿男、女主人公的发狂状态。

无论男女，他（她）们嘴上都会异常悠闲雅致地衔着一支香烟。妇女们愈加注意起自己的红嘴，她们精心地化妆，与一个男人又一个男人“伤心欲绝”地谈恋爱；她们挑剔衣饰的颜色，感慨红颜易老，时光匆匆。妇女是爱美的天使，社会的宠儿；她们抱怨白色的香烟嘴部分常沾染了她们的唇膏，变成不雅观的斑斑红点。

生产商菲利普·摩里斯听到这种抱怨，决定生产一种专对妇女口味的香烟，而且一定保证不能损害爱美的女士唇上的唇膏，于是“万宝路”出世了。

“万宝路”这个名字也是针对当时的社会风气而定的。“MARLBORO”其实是“Man ALways Re-member Lovely Because Of Romantic Only”的缩写，意为“男人们总是忘不了女人的爱。”其广告口号是“像五月的天气一样温和。”用意在于争当女性烟民的“红颜知己。”

为了表示对女烟民的关怀，摩里斯公司把“Marlboro”香烟的烟嘴染成红色，以期广大爱靓女士为这种无微不至的关怀所感动，从而打开销路。然而几个星期过去、几个月过去、几年过去了，摩里斯心中期待的销售热潮始终没有出现。热烈的期待不得不面对现实中尴尬的冷场。

“万宝路”从1924年问世，一直到50年代，始终默默无闻。它的温柔气质的广告形象似乎也未给广大淑女们留下多少深刻的印象。这是否意味着广告定位上的失败呢?

20年代的市场观念明显地偏重于产品经营与消费者利益的考虑，而缺乏以长远的经营、销售目标为引导的带有主动性的广告意识。摩里斯的广告口号“像五月的天气一样温和”显得过于文雅，而且是对妇女身上原有的脂粉气的附和，致使广大男性烟民对其望而却步。

这样一种广告定位虽然突出了自己的品牌的个性，也提出了对某一类消费者（这里是妇女）特殊的偏爱，但同时为其未来的发展设置了障碍，导致它的消费者范围难以扩大。

女性对烟的嗜好远不及对服装的热情，而且一旦她们变成贤妻良母，她们并不鼓励自己的女儿抽烟！香烟是一种特殊商品，它必须形成坚固的消费群，重复消费的次数越多，消费群给制造商带来的销售收入就越大。

而女性往往由于其爱美之心，担心过度抽烟会使牙变黄，面色受到影响，在抽烟时较男性烟民要节制得多，故很少有“瘾君子”出现。这样，其重复消费的次数很少，而且难以形成坚固的消费群，所以香烟生产者在女性烟民那里赚钱的设想总是不容乐观。“万宝路”的命运在上述原因的作用下，也同样黯淡。

在30年代，“万宝路”同其他“消费品”一起，度过由于经济危机带来的“大萧条岁月”。这时它的名字鲜为人知。

第二次世界大战爆发以后，烟民数量上升，而且香烟过滤嘴出现，可以承诺消费者说，过滤嘴可以使有害的尼古丁进入不了身体体内，烟民们可以放心大胆抽自己喜欢抽的香烟。摩里斯公司也忙着给“万宝路”配上过滤嘴，希望以此获得转机，然而令人失望的是，烟民对“万宝路”的反应始终很冷淡。

二、塑造自己全新形象

抱着心存不甘的心情，菲利蒲·摩里斯公司开始考虑重塑形象，公司派专人请利奥·伯内特广告公司为万宝路做广告策划，以期打出万宝路的名气和销路。

让我们忘掉那个脂粉香艳的女子香烟，重新创造一个富有男子汉气概的举世闻名的“万宝路”香烟——利奥·伯内特广告公司的创始人对一筹莫展的求援者说。一个崭新大胆的改造万宝路香烟形象的计划产生了，产品品质不变，包装采用当时首创的平开式盒盖技术、并将名称的标准字（MARLBORO）尖角化，使之更富有男性的刚强、并用红色作为外盒主要色彩。

广告的重大变化是：“万宝路的广告不再以妇女为主要对象，而是用硬铮铮的男子汉。”在广告中强调万宝路的男子汉气概，吸引了所有爱好追求这种气概的顾客。

菲利普公司开始用马车夫、潜水员、农夫等作为具有男子汉气概的广告男主角，但这个理想中的男子汉最后集中到美国牛仔这个形象上：一个目光深沉、皮肤粗糙、浑身散发着粗犷、豪气的英雄男子汉，在广告中袖管高高卷起，露出多毛的手臂，手指总是夹着一支冉冉冒烟的万宝路香烟。

这种涤尽女人脂粉味的广告，于 1954 年问世，它给万宝路带来巨大财富。仅1954年至1955年间，万宝路销售量提高了三倍，一跃成为全美第10大香烟品牌，1968年，其市场占有量上升到全美同行的第二位。

“他上马的姿势、骑马的神态、溜马的手式，这一切都必须具有男子汉气魄。”这就是伯内特使菲利普·摩里斯公司名噪全球的有力武器——“绝不矫饰的正直的男子汉气魄”。从1955年至今40多年里，伯内特从不选用那些出名或不出名的“男子汉模特”，而是经常派人到美国最偏僻的大牧场去物色土生土长的“真正的牛仔。”

1987 年，伯内特广告公司的一位创作师克罗木在西部的一个大牧场拍外景时，发现了一个“真正的牛仔”，只可惜他肥胖了一点，而且留了小胡子，克罗木最后说服他剃掉了小胡子并减了肥，这就是后来万宝路广告中频频出现的牛仔之一。

菲利普公司投入千百亿美元的广告费，终于在人们心目中树起“哪儿有男子汉，哪里就有万宝路”的名牌形象，那粗犷豪放、自由自在、纵横驰骋。浑身是劲、四海为家、无拘无束的牛仔代表了在美国开拓事业中不屈不挠的男子汉精神，而这也正是万宝路的形象。

现在万宝路每年在世界上销售香烟 3000 亿支，用 5000 架波音 707 飞机才能装完，世界上每抽掉四支烟，其中就有一支是万宝路。

是什么使名不见经传的“万宝路”变得如此令人青睐了呢?美国金融权威杂志“富比世”专栏作家布洛尼克 1987 年与助手们调查了 1546 个万宝路爱好者。

调查表明：许多被调查者明白无误地说他喜欢这个牌子是因为它的味道好，烟味浓烈，使他们感到身心非常愉快。可是布洛尼克却怀疑真正的使人着迷的不是万宝路与其他香烟之间微乎其微的味道上的差异，而是万宝路广告给香烟所带来的感觉上的优越感。

布洛尼克做了个实验，他向每个自称热爱万宝路味品质的万宝路瘾君子以半价提供万宝路香烟，这些香烟虽然外表看不出牌号，但厂方可以证明这些香烟确为真货,并保证质量同商店出售的万宝路香烟一样,但结果只有21%的人愿意购买。布洛尼克解释这种现象说:“烟民们真正需要的是万宝路包装带给他们的满足感，简装的万宝路口味质量同正规包装的万宝路一样，但不能给烟民带来这种满足感。”

调查中布洛尼克还注意到这些万宝路爱好者每天要将所抽的万宝路烟拿出口袋 20 次至 25 次，万宝路的包装和广告所赋予万宝路的形象已经像服装、首饰等各种装饰物一样成为人际交往的一个相关的标志，而万宝路真正口味在很大程度上是依附于这种依附产品所创造的美国牛仔形象之上的一种附加因素，并不是人们真正购买万宝路的动机。

从“万宝路”两种风格的广告戏剧性的效果转变中，我们可以看到广告的魔力。正是广告塑造产品形象，增添了产品的价值。采用 CI“集中”的策略，定位目标市场，使万宝路成长为当今世界第一品牌。

还有一件趣事值得一提：20 世纪 70 年代，万宝路广告在香港开始拓展，香港人对其优美的情景和音乐虽然持有欣赏态度，但对终日策马牧牛的牛仔却不持好感。在香港人心目中，牛仔是低下劳工，这就在感情上格格不入。

万宝路的广告这时像魔术师般地变了：在香港电视上出现的不再是美国西部纹身的牛仔，而是年轻、洒脱、在事业上有所成就的牧场主。在广告宣传上，放出“美国销量第一”这一信息后，提出万宝路“希望给您一个多彩多姿包罗万象的动感世界”：山丘、树林、海滨、沙滩。在优美的音乐声中伴随着出现一幅幅豪迈地策马纵横的情景。从万宝路广告中展现的场面，去创造一个在自己心目中的“万宝路的世界”——一个包括自己在内的完美的内心世界，这就是万宝路“带给您一个多彩多姿包罗万象的动感世界”广告口号的精神感染力。

另外相当有意思的是，万宝路在日本的广告是一个日本牧童在没有现代化技术的情况下，征服自然界，过着一种田园诗一般的生活。

从万宝路的形象广告的转变和调整当中，我们已经看出菲利普·摩里斯公司灵活的广告战术和艺术技巧，相比之下，那些自我夸耀产品如何如何优异，“行销全球”的广告，就显得生硬而又无力了。

三、少说为佳

在万宝路牛仔广告的帮助下，万宝路香烟的市场占有量越来越大，成为美国市场上的一个主要的香烟牌子。但是万宝路在很长一段时间一直未能越过 RTR 公司的云斯顿香烟。

万宝路一向缄默不语，而云斯顿却在广播电视中展示美妙的歌声，易于被感知和记忆的“云斯顿拥有香烟应拥有的一切”的音乐旋律脍炙人口。云斯顿成功地使用了音乐的感染力，致使万宝路屈居亚军达十年之久。

然而，“沉默是金”这句话验证了万宝路形象的又一次成功。1975 年，美国政府全面禁止在广播电视中播放香烟广告的禁令，给了从不开口的万宝路一个超过云斯顿的机会。

和其他香烟品牌一样，云斯顿和万宝路被迫把广告转向报刊杂志，虽然万宝路最初是靠电视广告打出形象的，但他退出电视后并未造成损失，因为牛仔一向深沉不语，他的魅力来自图像而非音乐，而云斯顿却是严重失势，其风行烟民中的广告歌曲随着撤出广播电视而销声匿迹。

尽管云斯顿及时设计了“蓝领工人”的形象，但其优势时过境迁，再也无法“拥有香烟应拥有的一切”。1975 年万宝路轻而易举地摘走了美国香烟销量第一的桂冠。

之后，万宝路在巩固国内宝座的同时，也积极开拓国际市场，终于成为当今世界享有盛名的香烟品牌，其品牌成为价值近300亿美元的世界第一品牌。

四、不休止的步伐

万宝路的香烟广告，在各个国家消费者心目中，奠定了深刻的基础，而菲利普·摩里斯公司也因此创造了最大的广告效果和行销效益。

菲利普·摩里斯公司于1985年在日本成立了全资附属机构，“万宝路汉子”的广告到处可见。日本近年最畅销的十种外国牌子香烟之中，菲利普·摩里斯公司生产的占了6种，万宝路香烟已成为市场上的领导品牌。

如何才能使市场销售量最大，这是菲利普·摩里斯公司不断探索的问题。菲利普·摩里斯公司认为，唯有发展系列产品，以产品延伸的力量，在市场上才能扎下根，这是落实成绩的真正后盾。

基于此信念，1958年，万宝路软包装上市；1966年，簿荷口味上市，1967年，万宝路100上市；1972年，万宝路淡烟上市。万宝路淡烟居然能够以每年17%的速度增长。

在美国，自1980年以来，年营业额高达330亿美元的香烟市场，每年开始出现近2%的负增长，但万宝路却以平均3%的速度在增长。现在美国市场的香烟中，万宝路的销量一直排在前列。

到1991年止，在菲利普·摩里斯公司一整年的营业额中，万宝路香烟就占了一半以上。除了香烟公司外，整个菲利普·摩里斯集团还包括经营啤酒、食品、房地产及财务贷款公司。

菲利普公司有强大的竞争力，员工精明、强干，像烟枪一样精力十足，而在该公司内部工作时，使人好像回到高中时代，每星期六下午在美式足球场上，大声加油，像希望喜欢的球队赢球一样，这真是充满活力的地方。1971年，菲利普在《财星》杂志美国五百大企业排行榜中，列名第123名，到了1983年已经进为第32名。

这种惊人的成长主要靠香烟业务，菲利普·摩里斯制造的香烟品牌，赫赫有名的有Marlboro及Heoges、Merit、Parliament、Virginia Slim与Playrers。

该公司员工认为，既然在香烟业有优异表现，在啤酒方面也应该如此，因此该公司在1970年，收购死气沉沉的密尔瓦基·米勒（Miller）酿酒公司。当时米勒是第七大啤酒厂商，到了1977年，米勒已经身居第二，仅次于AnheMer—Busch。

而且菲利普并非是收购米勒公司后，让原有的经营阶层保持不变，只注入资金而已，而是从纽约总公司派出身经百战的香烟业专家，接管米勒公司，大力拓展业务。后来菲利普·摩里斯公司又收购圣路易的七喜公司（Seven—Up），希望在清凉饮料方面，再创造出同样的奇迹。

到目前为止，菲利普固有的魔力尚未显效，可是该公司宣传说七喜是唯一不含咖啡因的名牌清凉饮料，这一点已经使饮料业界为之震撼，这就是菲利浦的标准的战术——制造出一些事端来！

该公司拥有和其他同业不同的传统，而且以跟其他同业不同为荣。

1978 年，伊斯曼成为公司董事长兼执行长，他是汤森哈里森尔中学（Tpwmsemd Harris Hall）的校友，这所高中专为培育天才学生而设，现在已停办。他才华横溢，酷爱艺术，而菲利普成为美国首要的艺术支持者，也是伊斯曼的功劳。

反对吸烟的热心人士可能会认为，香烟厂商关心大众，乃是互相矛盾的事情。但是该公司公共事务与卫生关系主管包龄认为，这种关心正是该公司与众不同的地方。

包龄说，这种精神追溯到公司创建人身上，“这些前辈认为，每家公司都在拍卖会上卖烟草，都在肯塔基、维吉尼亚与北卡罗莱纳州生产香烟，所有的机器大致相同，支付工会规定的同等工资（雷诺烟草公司工人仍未加入工会，但是薪资根据烟草工人工会的基准工资计算），而且又在同样的经营商和零售商店里销售。”

“因此这些前辈说，如果菲利普要跟别的同行不同，一定要靠公司人员，这个原则似乎简单而又陈腐，但是一直到今天，仍然是公司的指导原则，本公司一直尽力对同仁更好。公司在环境舒适与工作愉快方面都名列第一。”

菲利普公司在 1982 年，新建一栋高二十六层的新大楼，大楼的一楼成为辉特尼美国艺术博物馆的分馆，是永久收藏雕刻作品的地方。华尔街日报文化评论家霍特和夫说：“这栋建筑是工作与观赏艺术的好地方，气氛和谐，成就非凡。”

菲利普公司以其实干和勤奋实现了它的“与众不同”，它的形象已实实在在地立在人们心里。它的开拓勇气使它的产品花样增多，市场愈来愈大，在戒烟运动的威胁之下仍从容不迫地站稳脚跟。

五、定期有形福利

在菲利普公司，你可以看出公司上下都弥漫着一种精神，这种精神孕育出员工坚定不移的向心力，而反吸烟运动使员工更为团结。最近外面一家公司对该公司高级经理的调查显示，高级经理对公司的满意程度极高。

在员工福利方面，菲利普一直都是领导者，而该公司也一直吸引精明能干、已成气候的人才，来保卫自己的王国。1983 年，Wall Treet Transcript 杂志召集香烟业证券分析师举行圆桌会议，会中布朗公司分析师尼尔逊说："我认为菲利普公司中有很多位——八到十位——人才，而一个人员等于雷诺烟草的两三个人，这种深度正是菲利普的力量。"菲利普的员工很少跳槽。一个倍受注意的例外是：

1983 年，行销主管摩根被华纳传播公司重金礼聘，前往加州，拯救该公司所有的陷入困境的雅达利公司。菲利普公司中，月薪在 6 万美元以上的人超过三百位。

菲利普的福利让人难以挑剔，公司有长期与短期残障抚恤金，公司也自动根据员工年薪的两倍，为员工投保（员工不必出钱）。公司还有遗属福利，一旦员工身故，这种福利金就开始给付。四年后，每月付给员工配偶的金额，减为员工最后基本薪资的 25%，每个子女的给付金则减为最后基本薪资的 5%。公司还有员工入股计划，对于瘾君子来说——员工大多如此——还有一种有形的福利，就是每周还送一条香烟。

菲利普是少数销售部门中率先雇用黑人的公司。目前该公司员工中，有 1/4 是少数民族，而且公司职员与经理当中 14%是少数民族。

该公司的工厂与总公司截然分开，公司的神经中枢在纽约市，也就是高级人员。香烟行销与广告策划、法务以及财务人员所在的地方。但是属下的营运公司，也就是生产工厂和大多数员工所在的地方，却散布各地，香烟制造厂分别坐落在弗吉尼亚州的里奇蒙、北卡罗莱纳州的路易斯维尔与卡巴拉斯郡。

米勒啤酒公司在密尔瓦基，七喜公司设在圣路易，另外，经营土地开发与社区建设的 Mission Viejo 公司则设在加利福尼亚的桔郡。

在里奇蒙，菲利普是当地最大的私人雇主，该公司设在当地的烟厂是 1974 年投资两亿多美元建成的，是该公司空前的投资。这座工厂结构壮观，有拼花地板，落地长窗面对花园胜景。

此外，公司也扩大路易斯维尔的业务。1982 年 11 月 17 日，《路易斯维尔快迅报》头版消息报道说："从 1978 年以来，路易斯维尔丧失了 27200 个工作机会，但是菲利普公司却像沙漠中的绿洲一样，取代了布朗咸廉森公司与国际收割机公司，成为本市最大的雇主，另两家公司今年都已经把路易斯维尔的工厂关闭。"

良好的社会关系，有效的分工协作，优厚的职工福利，清洁优雅的工作环境，使 MARLBORO 维持了虎虎生气。使菲利普・摩里斯公司成为全美 100

家经营得最好的公司的一员。

公司对于内部文化气氛、团体精神的关注也是其势力不衰的一个主要方面，有形的规则比不上无形的精神，职工的主动性、积极性是公司动力的来源，强权管理带来的抵触心理及职员之间的文化摩擦是强大的机器磨损，比有形磨损更伤公司或企业的活力，而菲利普·摩里斯公司，在维护团结、减少内耗、发挥潜能方面为我们做出了有益的启示。

六、艰难的步履

国际商场竞争十分激烈，“万宝路”虽以其名牌的威力所向披靡，但菲利普公司在亚洲、美洲的市场战中越来越感到艰辛。

过去几年，日本在美国的强大压力下解散了烟草和食盐专卖局，取消了进口税，使进口香烟价钱下降，销售方面大有起色。但是，由于1994年的“万宝路星期五”事件，使人们对菲利普·摩里斯的信任度明显下降，其产品的销售量受到影响。

以生产万宝路香烟而名扬天下的美国菲利普·摩里斯公司，近年来又一次面临困境，一是商标的尴尬麻烦重重，二是全国的抗烟运动来势汹汹。

无论前者还是后者都是足以使财大气粗的菲利普·摩里斯（1993年，烟草、食品、饮料的销售额高达610亿美元）难免出现“吃不了兜着走”的窘态。总裁、行政主管米歇尔·迈尔斯辞了职，取而代之的是约瑟夫·拜博和威廉·默瑞，迈尔斯先生的经营之道确实独特，他在商标管理上显得与众不同。

1993年4月2日他将世界头牌香烟万宝路的价格削减了1/5，以保证其市场占有率高居榜首。这就是轰动一时的“万宝路星期五”事件。从这来看，迈尔斯先生的惊人之举很可能会使菲利普·摩里斯的利润与股票价格大大提高，然而偏偏时运不佳，1994年的烟草公司却成为众矢之的，结果，万宝路在美国香烟市场的占有率曾一度从30%跌至22%。

由于香烟削价，成本与售价的差额仅为金奖商标的10%，从而使其利润大减，加上顾客得到了价廉物美的甜头，这对菲利普·摩里斯而言无疑是搬起石头砸自己的脚，在“万宝路星期五”事件的当天，菲利普·摩里斯的市场资产跌至433亿美元，下滑了23%，至今尚无回升之势。

自从反对吸烟的克林顿踏进白宫以后，情况就更加不妙，烟税增长、各类医疗保健方面的诉讼接连不断，无疑给菲利普·摩里斯的烟草经营雪上加霜。

在1994年的一场官司中，英国BAT下属的布朗·威廉森公司被迫在6

月21日承认其某家工厂生产的部分香烟尼古丁含量超标。

因此，迈尔斯先生曾力主烟草业从菲利普·摩里斯的食品与饮料业中单列出去，以免响当当的麦克斯威尔·豪斯克拉夫特、米勒啤酒等名牌商标受到牵连。

事实上菲利普·摩里斯的食品饮料也的确自身难保，1993年其销售额虽然占了公司销售总额的57%，但利润只不过占公司利润总额的42%。

然而迈尔斯的计划未得到完全采用就被迫辞职，将菲利普·摩里斯公司抛在众多问题的困扰之中。

在公司的知名度、信任度受到打击之后，公司的员工也非常担忧，但他们始终没有失去对“万宝路”这一名牌的信心。

摩里斯公司一位叫马克·科恩的分析家说：“我不想掩饰在公司处于困难时期我内心的痛苦程度，但我相信菲利普·摩里斯一定能重新建立起自己的名牌。”

自20世纪80年代以来，一个明显变化就是市场价格越来越昂贵，产品价格的增长也像个无底洞。纽约一家咨询公司老板希尔曼说：“10年来，菲利普·摩里斯公司平均每年对‘万宝路’提价两次。由此而轻易积累的资产足以弥补市场销售状况的不佳。”

行家们认为菲利普·摩里斯公司母公司的全球收入由1992年的110亿美元降至1993年的93亿美元，在很大程度上是受“万宝路星期五”事件的影响。

市场计划设计师摩根的策略是通过一定的促销手段来重新赢得顾客的信任，比如削价以及适应烟草工业的发展新需要而开发新产品。

基于克林顿政府于1995年把香烟税提高到75美分的计划，菲利普·摩里斯公司考虑在美国推行让烟民自己卷烟抽的可行性，因为烟丝和卷烟纸的税率提升幅度要小于成本卷烟。菲利普·摩里斯公司目前已在德国进行该种产品的市场试验。该公司还将研究在香烟盒里装上松散烟丝，这样平均每包烟可节约60美分的成本。

“万宝路快车”，是菲利普·摩里斯公司开发的另一项新产品，要比85毫米的普通香烟短15毫米。公司内部一位人士称，开发这种超短型香烟是为那些必须在上班空隙时间内迅速抽烟的烟民们服务的。“万宝路快车”的规格较小但风味更佳，因为其尼古丁和焦油含量并没有减少。

菲利普·摩里斯公司的有奖销售更是独具匠心，举例来说，130个“万宝路”空盒子可以换回一个烤架。公司借此举了解到“万宝路”的烟民超过

200 万人。

1993 年，菲利普·摩里斯公司的有奖销售份额占整个国内市场的 61%，专家们认为销售量会渐渐上升。

1993 年 11 月，菲利普·摩里斯公司将每包“万宝路”价格提高了 4 美分，此举做得很隐蔽，提高幅度之小令烟民难以察觉得到，专家们预测“万宝路”的价格不久仍有可能提高，公司的策略是不失名牌品质以及不引发价格大战的双重前提下适当提高价格。

在亚洲，“万宝路”虽然打入市场的时间还短，但仍不遗余力地大搞各种形式的艺术活动，譬如举办世界著名男高音多明戈演唱会、百乐门爵士团演唱会以及“艺术自助餐”等等，这些有益的社会活动，不但为艺术做出了自身的贡献，而且使企业形象获得相当的肯定。

七、“万宝路”魅力永存

尽管愈来愈盛的戒烟运动对“香烟有害健康”的宣传已使人们减少了对香烟的兴趣；尽管政府对烟草业开始提高税收，而且严禁在电视上做有关香烟的广告，但“万宝路”这个名牌仍然有它的魔力。

在香港，“万宝路”的红色无处不在；菲利普·摩里斯新设计的潇洒农场主的形象广告已被香港人民接受，并获得好评。

在日本，由于对日本市场做了精确的调查，也很快使日本打开了大门，红色的“万宝路”长驱直入。韩国接纳了“万宝路”，亚洲市场已为菲利普·摩里斯的“万宝路”敞开。

“万宝路”的名字几乎随处可见，在中小学生的书包里；在体育竞技场上；在文艺演出会上；在潇洒轻便的衣服口袋里。

在无线电广播里，经常能听到充满男性魅力的声音“Marlboro Country”以及相伴随的充满动感的音乐。

菲利普·摩里斯公司的开拓精神不减，“万宝路”魅力犹在。它的成功，给我们塑造了一个努力进取的乐观的形象。在日益激烈的现代企业竞争中，这个形象将十分有魅力，吸引许多企业、公司去研究，借鉴其宝贵的经验，而“万宝路”这个名字，将同开拓进取、乐观联系在一起，成为一种精神力量，引导着人们在市场大战中走向成功。

【讨论题】

1．为什么“万宝路”在全世界禁烟的大潮中走向了成功，这给我们什么样的启示?

2．万宝路前后两次形象定位的差异在哪里？这两次形象定位分别给万宝路以什么样的市场状况?

3．如果你现在是与万宝路竞争的另一家烟草公司的总经理，你将怎样展开与万宝路品牌的竞争?

第十五章　营销组织与控制

学习目标：

- 掌握市场营销组织、执行与控制的基本概念与意义；
- 熟悉年度计划控制、赢利能力控制、效率控制和战略控制的方法。

实践中的营销控制

丰田公司的销售管理

“有路必有丰田车”这句广告词已是尽人皆知，但对于拥有近10万员工的“丰田销售军团”恐怕知之不多。丰田汽车驰骋神州，除产品质量上乘之外，其独特的销售策略也功不可没。

在丰田汽车公司，人们信奉：“用户第一，销售第二，制造第三”。为贯彻这一销售理念，公司制定了一系列的配套措施。

在丰田汽车销售公司下设“计划调查部”，配备了数学、统计、机械工程等方面的专家，准确及时地汇集、筛选各地的调查资料，为决策提供依据。调查内容多达60多项，不仅对丰田本身的销售数量、品种、油耗、部件等动态需求做周密调查，对其他公司的车辆类别、颜色、车型、销售情况也十分关注，同时还对社会情况，如城市设施、道路状况、人口、户数、机关团体、工厂、企事业数、收支情况等，都做了广泛的调查。

丰田汽车公司将汽车产品全部批发给丰田销售公司，销售公司用银行贷款和一部分期票做结算，而销售公司再用销售现款和用户支票做抵押，取得银行贷款，完成资金短期拆借与还款，使汽车生产和销售顺利进行。

为确保客户满意，丰田汽车公司制定了与众不同的规定：一是每售出一辆汽车，都要相应建立“车历卡片”，登记汽车故障等各种资料，并迅速反馈到制造公司，促使其改进制造技术，提高质量；二是新车售出后，规定保修期为2年或5万公里，修理费用全由制造部门负责，同时，在保修期内还为客户提供代用车辆，尽量避免因检修停驶给客户带来的不便和损失；三是每当一种新型汽车上市，在售出后的三个月之内，必须挨家挨户进行质量调查，听取用户意见。

为了让丰田汽车深入到社会各个阶层，以至每个家庭，销售人员挖空心思在人们经常接触到的小物件上做文章，比如在香烟、火柴、打火机、小玩具上，印上设计精美的“丰田标志”，作为销售人员联系客户的馈赠礼品；买车时为用户拍摄照片留作纪念等等，花样繁多，不胜枚举。

丰田公司的销售人员主要以大学毕业生为主，也有少量具备特殊推销能力的高中生。录用后，销售人员在进入公司的三天前，先被送进丰田汽车公司的培训中心培训，以后每年的4—6月份定期参加培训。在培训期内，销售人员要吸收从推销入门到交货全部过程的知识。随后进入实践阶段，此时不规定销量，主要工作是每天必须拜访20—30位客户，把访问内容写在“销售日记”上。如此一个月之后，开始下达一个月销售一辆车的指标。到了第二年，增加到每月销售两辆车，从第三年起，每月目标增加为三辆，此时，销售人员才算可以独当一面。经过三年，仍未能保持每月平均销售三辆车的销售人员，则会自动辞职。与此同时，从第二年起，销售人员要编制“客户卡”。这类卡片分为三级：第一级只知道客户姓名、住址和使用车辆，采用红色卡；第二级还要知道客户眷属的出生日期，采用绿色卡；第三级要加上现在所使用汽车的购买日期、前一部车的种类、下次检车时间、预定何时换车、要换哪种车、现在汽车是从哪家经销商处购买等更详细的资料，使用金卡。

正因为丰田汽车公司深谋远虑的销售策略和精明干练的销售队伍，为丰田公司创造了“无债经营”、“零库存”产销和“有路必有丰田车”的神话。

评述

企业的市场营销战略和计划制定出来以后，如何使之变为现实，是企业营销成败的关键。这就要求企业设置与市场营销战略、计划的实施相适应的组织结构与体系，合理安排和调配企业各种资源，以保证计划的顺利实施。在市场营销计划实施的过程中，为了保证组织活动的过程和实际绩效与计划内容相一致，企业的管理者必须对营销计划的实施进行控制。控制是组织在动态的环境中为保证既定目标的实现而采取的检查和纠偏活动或过程。丰田汽车公司通过对销售组织进行精细的管理，使企业得到了长期稳定的发展，从而成为世界上著名的企业。

第一节　市场营销组织

一、市场营销组织的涵义

市场营销组织是指企业内部涉及营销活动的各个职位及其结构。理解这一概念必须注意两个问题：

1. 并非所有的营销活动都发生在同一组织岗位。比如，在拥有很多产品线的大公司中，每个产品经理下面都有一支销售队伍，而运输则由一位生产经理集中管辖。不仅如此，有些活动甚至还发生在不同的国家或地区。但它们属于市场营销组织，因为它们都是市场营销活动。

2. 不同企业对其经营管理活动的划分也是不同的。例如，信贷对某个企业来说是营销活动，对另一个企业而言则可能是会计活动。同时，即使企业在组织结构中正式设有市场营销部门，企业的所有营销活动也不是全部由该部门来完成。因此，市场营销组织的范围是难以明确界定的。有时，市场营销组织也被理解为各个营销职位中人的集合。由于企业的各项活动总是由人来承担，所以，对企业而言，人的管理比组织结构的设计更为重要。有的组织看起来完美无缺，但运作起来却不是那么回事，这主要是由于有人的因素介入。正是在这种意义上，判断市场营销组织的好坏主要是指人的素质，而不单单是组织结构的设计。这就要求营销经理既能有效地制定营销计划和战略，又能使下级正确地贯彻执行这些计划和战略。

二、市场营销组织的目标

市场营销组织的目标大体有三个方面：

1. 对市场需求做出快速反应。营销组织应该不断适应外部环境，并对市场变化做出积极反应。把握市场变化的途径是多种多样的，营销研究部门，企业的销售人员以及其他商业研究机构都能为企业提供各种市场信息。了解到市场变化后，企业的反应则涉及整个营销活动，从新产品开发到价格确定乃至包装都要做相应的调整。

2. 使市场营销效率最大化。企业内部存在许多专业化部门，为避免这些部门间的矛盾和冲突，营销组织要充分发挥其协调和控制的功能，确定各自的权利和责任。

3. 代表并维护消费者利益。企业一旦奉行市场营销观念，就要把消费者利益放在第一位。这里，主要由营销组织承担这项职责。虽然有的企业利用营销研究人员的民意测验等来反映消费者的呼声，但仅此是不够的。企业必须在管理的最高层面上设置营销组织，以确保消费者的利益不致受到损害。

企业营销组织的上述目标归根结底是帮助企业实现整个营销任务。事实上，组织本身并不是目的，更为重要的是组织要协调、指导人们获得最佳营销成果。

三、市场营销组织的效率与效果

营销组织运作好坏可以从效率和效果两方面来考察。效率通常是结果与努力的比率。从组织的角度讲，效率要通过企业内部的专业化和程序化而实现，只要组织的目标及所面临的外部环境不发生变化，即使专业化和程序化会带来精神和道德等方面的问题，它们也必然大大提高组织的效率。效果反映的是实现目标的程度，它是实际结果同预期结果的对比。效率与效果的区别在于迅速取得的结果并不一定有效地满足目标。比如，企业内很容易卖掉的产品却未必能最大赢利。因此，一个有效的组织必须能随市场变化和技术革新而不断地进行自我调整。正如美国著名的管理学家彼得·德鲁克所言："效率是正确地做事情，而效果则是做正确的事情。"有的组织试图不断革新，就倾向于效率；而有的组织则愿意维持原有的市场，它倾向于效果。

四、市场营销组织的演变

企业经营理念发展演变的历史，大致经历了生产导向理念、产品导向理念、推销导向理念、市场营销导向理念和社会市场营销导向理念五个阶段，市场营销部门的发展也从简单的销售功能演变为一个复杂的功能群体。

（一）简单的销售部门

20 世纪 30 年代以前，西方企业以生产导向理念作为指导思想，大部分都采用这种形式。一般说来，所有企业都是从财务、生产、销售和技术这四个基本职能部门开展的。财务部门负责资金的筹措，生产部门负责产品制造，销售部门通常由一位副总经理负责，管理销售人员，并兼管若干市场营销研究和广告宣传工作。在这个阶段，销售部门的职能仅仅是推销生产部门生产出来的产品，生产什么、销售什么；生产多少，销售多少。产品生产、库存管理等完全由生产部门决定，销售部门对产品的种类、规格、数量等问题，几乎没有任何发言权。

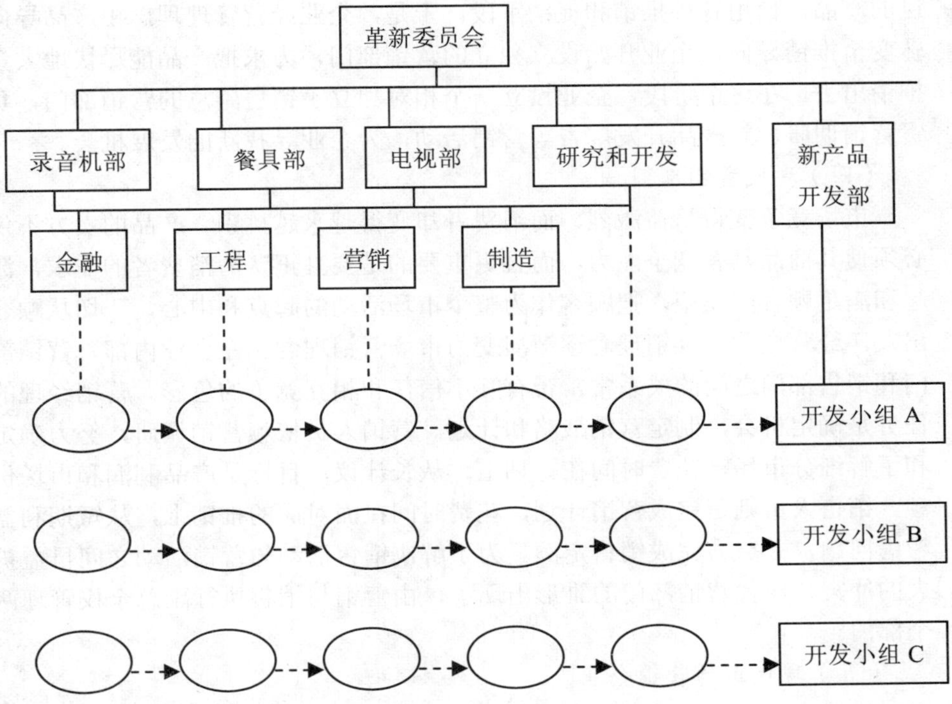

图 15-1 矩阵型组织

（二）兼具营销职能的销售部门

20 世纪 30 年代以后，市场上产品数量得到了较大的增加，消费者在购买商品时有了更多的选择机会，且由于生活水平的改善和提高，消费者开始注意同类产品在质量上的差异，并对创新的产品表现出极大的兴趣，他们宁愿花高一点的价钱去购买质量较高和比较新型的产品。这样一来买卖双方的关系发生了一些微妙的变化，生产者对消费者在产品质量和类型上的要求，再也不能熟视无睹了，否则他们的产品就会滞销，甚至将卖不出去。于是，生产者开始注重从消费者的需求来改进产品质量并大力进行产品创新。这一时期企业经营理念由生产为导向变为以产品为导向，企业内部兼具营销职能的销售部门出现了，但仍缺乏推销意识。

（三）独立的营销部门

随着工业化和机械化的发展，大量产品充斥市场，出现了供过于求的现象。买卖双方的位置也因此发生了显著的变化，市场状态由原来的卖方市场转化成了买方市场。生产者的工作重点是用尽一切手段去刺激消费者购买自己的产品，使用各种推销和促销手段，于是，企业经营管理理念由产品导向转变至推销导向，企业开始设立独立的营销部门，力求把产品能尽快地大量推销出去。在这个阶段，企业设立一个相对独立于销售副总的营销部门，负责营销调研、新产品开发广告等营销活动，为企业寻找新的发展机会。

（四）现代营销部门

市场竞争变得日益激烈，而消费者却变得越来越挑剔。产品的卖方不仅必须使其商品具有竞争能力，而且更重要的是要真正认清消费者的需求，激起和满足顾客的欲望，把顾客作为整个市场活动的起点和中心，一切从顾客出发，经营企业的推销理念逐渐演变为市场营销理念。在企业内部，营销部门和销售部门之间的关系常常带有互不信任和相互竞争的色彩。营销经理的任务是确定机会，制定营销战略和计划。营销人员依赖营销调研，努力确定和了解细分市场，花费时间在计划上，从长计议，目标是产品利润和市场份额。销售人员则是完成营销计划，花费时间在面对面的推销上，从短期利益考虑问题，并努力完成销售定额。为了解决销售活动与营销活动之间日益扩大的冲突，现代营销部门的雏形出现了，由营销与销售执行副总全权管理两个部门。

（五）现代市场营销企业

一个企业营销的成败除了需要出色的营销部门外，还取决于公司其他部门对顾客的态度和它们的营销责任，所以，企业所有的管理人员都要认识到企业的一切工作是“为顾客服务”的。在理念及组织权责上，市场营销部门的功能并不大于其他部门的功能。其他部门听从及支持市场营销部门，是因为市场营销部门更能较好地传达消费者的需求和更直接地面对消费者，企业上下形成一致的营销理念，企业就可称为现代市场营销公司。

（六）以过程和结果为基础的企业

现在许多企业把它们的组织结构重新集中于关键过程而非部门管理。因为部门组织被看成是顺利执行功能性业务过程的障碍，为了获得过程和结果，企业任命过程负责人，由其管理跨职能的小组工作。营销人员和销售人员作为过程小组成员参与活动。

五、市场营销组织的类型

（一）职能型组织形式

企业按市场营销各职能设置组织部门。这是最常见、最古老的营销组织形式。职能型组织的优点是结构简单，管理方便。它主要适用于产品种类不多，对相关专门知识要求不高，或经营地区情况差别不大的企业。随着企业产品品种的增多和市场的扩大，这种组织形式越来越暴露出其效益低下的弱点。一方面，由于没有人对该产品或市场负全部责任，所以没有按每种产品和每个市场制定的完整计划，使某些产品或市场容易被忽视。另一方面，各个职能部门常为获得更多预算或取得较其他部门更高的地位而竞争，使营销经理常常面临协调难题。其结构见图 15-2 所示。

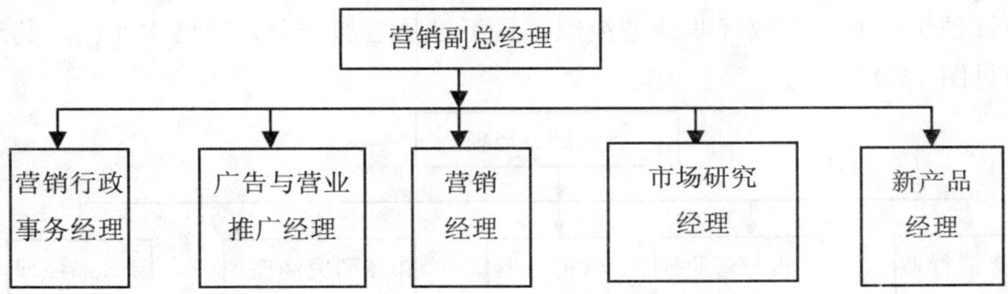

图 15-2　职能型组织形式

（二）地区型组织形式

一个从事全国范围销售的公司，通常都按地理区域安排销售队伍。这种形式适用于销售区域大而经营品种单一的企业。其结构见图 15-3 所示。

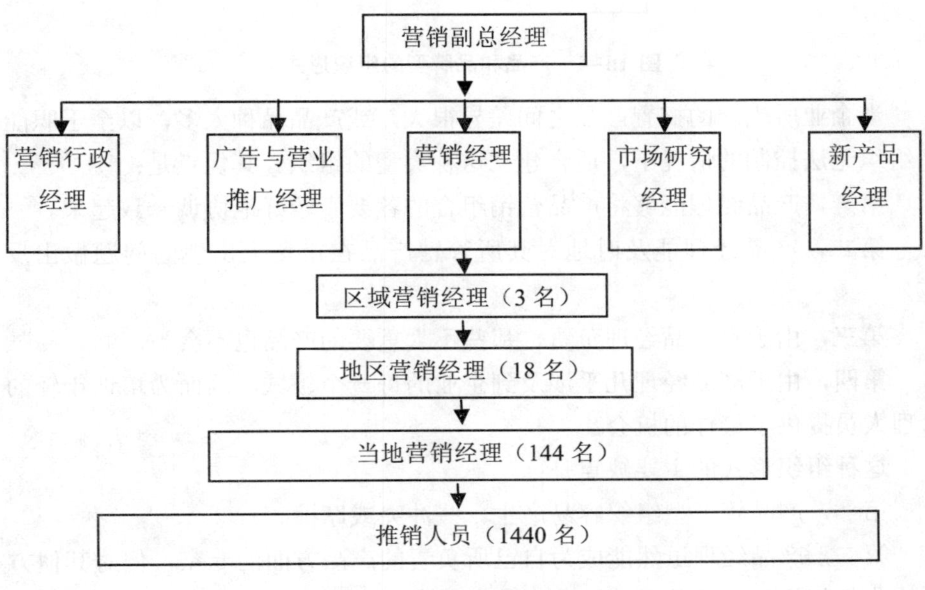

图 15-3　地区型组织形式

在这种组织内部，为避免职能部门重复，市场调研、广告、行政管理等仍归属原职能部门，且与地区部门并列。优点在于可充分发挥每一地区部门熟悉该地区情况的优势。不足之处在于，当产品种类较多时，很难按不同产品的使用对象来综合考虑，各地区的活动也难于协调。

（三）产品和品牌型的组织形式

生产多种产品和品牌的企业，往往按产品或品牌建立管理组织，这种产品管理组织并没有取代职能型组织，只不过是增加一个管理层次而已。其结构见图 15-4 所示。

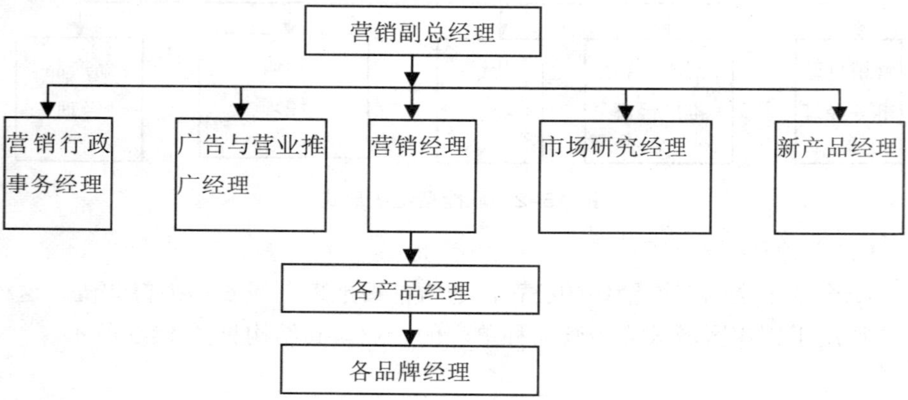

图 15-4　产品和品牌型的组织形式

当企业所生产的搁置产品之间差异很大，或产品品种太多，以至于职能型组织无法控制的情况下，适合建立这种类型的组织。其优点是：

第一，产品经理能够将产品营销组合的各要素较好地协调一致起来。

第二，产品经理能及时地对其所管辖产品在市场上出现的问题做出反应。

第三，由于有产品经理负责，那些不太重要的产品也不会被忽略。

第四，由于产品经理几乎涉及到企业的每一个领域，因而为培训年轻的管理人员提供了最佳的机会。

这种组织形式的主要缺点是：

第一，产品管理型组织容易产生一些冲突或摩擦。

第二，产品经理虽然能成为自己所负责的产品方面的专家，但对其他方面的业务却往往不够熟悉（如广告等）。

第三，这种组织所需要的费用往往比预期的高。

第四，品牌经理任期通常很短，使企业的营销计划也只能是短期的，从而影响了产品长期优势的建立。

（四）顾客（市场）型组织形式

企业把顾客按其特有的购买习惯和产品偏好，进行细分并区别对待，就此设立顾客型的组织结构。它是由一个总市场经理管辖若干细分市场经理，各市场经理负责自己所管辖市场发展的年度计划和长期计划。这种组织结构的最大优点是：企业可针对不同的细分市场及不同顾客群的需要，开展营销活动。其结构见图 15-5 所示。

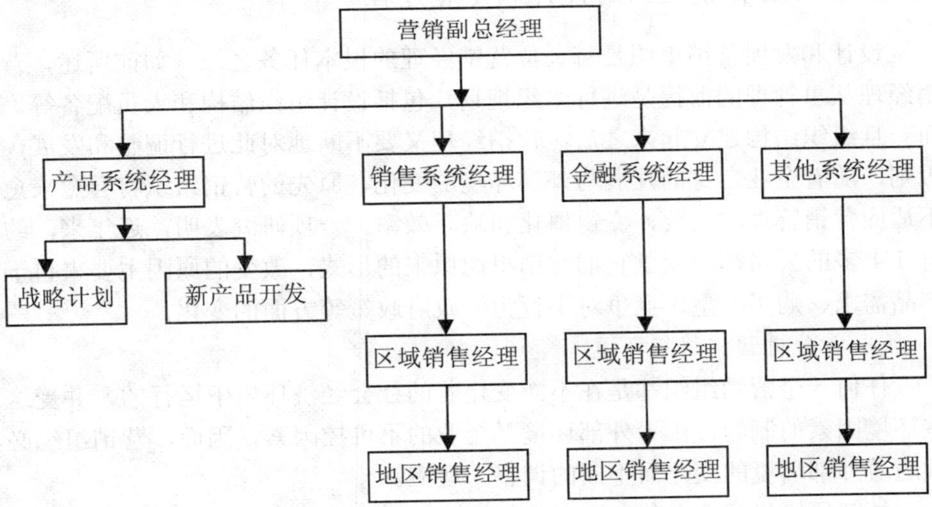

图 15–5　市场组织形式

（五）矩阵式组织形式

这是一种产品型和市场型相结合的矩阵式的组织形式，常见于生产多种产品并向多个市场销售的公司。因为这种公司解决机构设置的方法有三种：一是采用产品管理组织制度，这需要产品经理熟悉广为分散的不同市场；也可采用市场管理组织制度，那就需要市场管理经理熟悉销往各自市场的五花八门的产品；或者还可以同时设置产品经理和市场经理，形成矩阵型结构。其结构见图 15-6 所示。

	A 市场经理	B 市场经理	C 市场经理	D 市场经理
甲产品经理				
乙产品经理				
丙产品经理				
丁产品经理				

图 15-6 矩阵式组织形式

六、市场营销组织的设计和发展过程

设计和发展营销组织是每一位营销经理的根本任务之一。如前所述，营销经理从事管理的前提是进行组织规划，包括设计组织结构和人员配备等。而一旦组织结构建立起来之后，营销经理又要不断地对此进行调整和发展，否则，随着企业自身的发展与外部环境的变化，原先的营销组织将会愈来愈不适应营销管理的需要，变得僵化和缺乏效率。一项研究表明，近年来，约有 1/4 多的公司都改变了它们营销组织原来的形式，改变的原因主要来自于产品需求、购买类型、竞争对手行为、政府政策等方面的变化。

（一）分析营销组织环境

任何一个营销组织都是在不断变化着的社会经济环境中运行的，并受这些环境因素的制约，由于外部环境是企业的不可控因素，因而，营销组织必须随着外部环境的变化而不断的调整、适应。

外部环境包括很多复杂因素，如政治、经济、社会、文化、科技等，而对营销组织影响最为明显的主要是市场和竞争者状况。此外，营销组织作为企业的一部分，也受整个企业特征的影响。

1. 市场状况

市场状况首先是指市场的稳定程度。对于有些市场而言，如食品和工业原料市场，在一个较长时期内，消费者购买行为、分销渠道、产品供应等变化不大，它们显得十分稳定；而另外一些市场，例如儿童玩具和妇女流行用品市场，由于产品生命周期较短，技术和消费需求变化快，所以，它们变得多变而不稳定。不难理解，市场越不稳定，营销组织也就越发需要改变，它必须随着市场变化及时调整内部结构和资源配置方式。

从产品生命周期来看，在产品生命周期的不同阶段，企业的营销战略和营销组织相应地随之改变。通常，在初创期，企业冒着很大的风险向市场投放产品，它往往建立临时性的组织如销售小组，以便迅速地对市场行为做出反应；在成长期，消费需求增大，利润不断上升，吸引了大批竞争者进入该市场，这时企业要建立有效的营销组织如市场导向型矩阵组织，确立自己强有力的竞争地位；在成熟期，消费需求稳定，利润开始下降，于是企业必须建立高效率的组织如职能性金字塔型组织，以获取最大利润；而在衰退期，产品需求减弱，此时，企业为保持原有的利润水平，开始精简部分组织机构，如减少销售地点等，有时也可能会设立临时机构，帮助产品重新开拓市场。另外，购买行为类型也是市场状况的一个方面。不同类型的购买者对企业提供的产品及服务有着不同的要求和侧重点。用产业用品购买者和医疗品购买者相比，前者侧重于产品的技术性能和连续的供应关系，而后者则强调服务和安全保证。侧重点的不同影响到企业的推销方式，从而要求其相适应的组织类型以满足顾客需求。

2. 竞争者状况

营销组织必须从两个方面来对付竞争者：一是竞争者是谁，他们在干些什么；二是如何对竞争者行为做出反应。为此，企业就要使其营销组织结构不断地加以改变和调整。

企业搜集竞争对手情报的方式多种多样，既可以设立专门的机构（市场研究部），也可通过其他部门获得（如借助于销售人员）；既可依靠外部机构（咨询公司），也可要求企业全体职员为搜集情报而努力。不同的选择将直接影响营销组织的构成。而究竟该选择哪种方式则取决于企业是否需要直接、快速地根据竞争者的行为调整其营销战略。此外，企业在搜集到有关情报后，还必须制定相应的措施，并经由营销组织贯彻实施。如果经调查发现，加强售后服务是提高企业竞争能力的主要方面，那么，企业就可能会把销售部门和服务部门合并在一起。

3. 企业状况

在企业状况因素中，高层管理者的经营思想对企业营销组织的设计影响较大。有的管理者强调稳定，有的则试图成为行业领导者。经营思想的不同势必造成营销组织的差异。同时，企业发展与产品相类似，也有一个周期过程。企业处于不同的发展阶段，就相应地有不同的组织结构。当然，影响营销组织的环境因素还有许多，如能源问题、技术进步等。进行打分，可以判断出采用何种组织结构能够适应环境变化。

（二）确定营销组织内部的各种活动

营销组织内部的活动主要有两种类型：一是职能性活动，它涉及营销组织的各个部门，范围相当宽泛。企业在制定战略时就会确立各个职能在营销组织中的地位，以便开展有效的竞争。二是管理性活动，涉及管理任务中的计划、协调和控制等方面。

企业通常是在分析市场机会的基础上，制定营销战略，然后再确定相应的营销活动和组织的专业化类型，假定一个企业满足下述条件：企业年轻且易于控制成本，企业的几种产品都在相对稳定的市场上销售，竞争战略依赖于广告或人员推销等技巧性活动，那么，该企业就可能设计职能型组织。同样，如果企业产品销售区域很广，并且每个区域的购买者行为与需求存在很大差异，那么，它就会建立地理型组织。不过，在实践中有时按照上述逻辑显得行不通。因为企业的营销战略可能被现有的组织机构所制约。比如，一家公司通过对市场和竞争者状况的分析，决定实行系统销售战略。然而，由于该公司的原有组织机构是为不断开发新产品而设计，所以，采用这一新战略就显得困难重重。

（三）建立组织职位

企业在确定了营销组织活动之后，还要建立组织职位，使这些组织活动有所归附。职位决策时要弄清楚各个职位的权力和责任及其在组织中的相互关系，它考虑三个要素，即职位类型、职位层次和职位数量。每个职位的设立都必须与营销组织的需求及其内部条件相吻合。通常，对职位类型的划分有三种方法。一是划分为直线型和参谋型。处于直线职位的人员行使指挥权，能领导、监督、指挥和管理下属人员；而处于参谋职位的人员则拥有辅助性职权，包括提供咨询和建议等。事实上，直线和参谋之间的界限往往是模糊的。一个主管人员既可能处于直线职位，也可以处于参谋职位，这取决于他所起的作用及行使的职权。另一种方法是把职位划分为专业型和协调型。显然，一个职位越是专业化，它就越无法起协调作用。但是各个专业化职位又需要从整体上进行协调和平衡，于是，协调型职位就产生了，像项目经理或小组制都是类似的例子。还有一种方法是把职位划分成临时型和永久型。严格地说，没有任何一个职位是永久的，它只是相对于组织发展而言较为稳定而已。临时型职位的产生主要是由于在短时期内企业为完成某项特殊任务，有时，组织进行大规模调整时也要设立临时职位。

职位层次是指每个职位在组织中地位的高低。比如，公共关系和销售管理的地位孰高孰低，对于不同的企业其情况大不一样，它取决于这些职位所体现的营销活动与职能在企业整个营销战略中的重要程度。职位数量是指企业建立组织职位的合理数量。它同职位层次密切相关。一般地，职位层次越高，辅助性职位数量也就越多。很明显，市场研究经理在决策时就要依靠大批市场分析专家和数据处理专家的帮助。

职位决策的目的是把组织活动纳入各个职位，因此，建立组织职位时必须以营销组织活动为基础。企业可以把营销活动分为核心活动、重要活动和附属性活动三种。核心活动是企业营销战略的重点，所以首先要根据核心活动来确定相应的职位，而其他的职位则要围绕这一职位依其重要程度逐次排定。

此外，职位的权力和责任的规定体现在工作说明书上。工作说明书包括工作的名称、主要职能、职责、职权和此职位与组织中其他职位的关系以及与外界人员的关系等。如果企业决定建立新的职位，有关部门主管就要会同人事专家拟出一份关于该职位的工作说明书，以便于对应聘人员进行考核和挑选。

（四）设计组织结构

组织结构的设计和选择同职位类型密切相关。企业如果采用矩阵型组织，就要建立大量的协调性职位；如果采用金字塔型组织，则又要求有相应的职能性职位。因此，设计组织结构的首要问题是把各个职位与所要建立的组织结构相适应。

从这个意义上来讲，对组织结构的分析要注重外部环境因素（包括市场和竞争状况），它强调组织的有效性。但是，营销经理总是希望节约成本和费用，他还要考虑效率。通常，组织的效率表现为以较少的人员和上下隶属关系以及专业化较高的程度去实现组织的目标。这取决于两个因素：一是分权化程度，即权力分散到什么程度才能使上下级之间更好的沟通；二是管理宽度，即每一个上级所能控制的下级人数。人们普遍认为，假设每一个职员都是称职的，那么，分权化越高，管理宽度越大，则组织效率也就越高。如果一个20人的销售队伍仅由1—2名经理来控制，那么，这支队伍就有较大的决策自主权，从而，可能会取得较好的销售效果。

此外，营销组织总是随着市场和企业目标的变化而变化，所以，设计组织结构要立足于将来，为未来组织结构的调整留下更多的余地。

第二节 营销控制

一、市场营销控制的原则

市场营销控制原则的核心内容是适度，使组织营销活动的目标和规模与组织的资源相协调，既充分地发挥现有资源的创造力，又把营销风险控制在合理的水平，保持组织平稳与持续的发展。

（一）目标匹配原则

营销规模要与营销目标相匹配。营销目标是组织目标体系中的一部分，它与组织的整体目标是一致的、协调的。组织整体目标体系决定了营销目标的水平，而营销目标的水平又决定了营销规模大小。在给定营销目标水平下，营销规模过小不易达到组织目标，而营销规模过大，也会形成资源浪费，甚至给组织经营造成混乱，破坏组织形象。例如，2001 年 5 月，广州的麦当劳餐厅推出了一个促销活动，凡是购买麦当劳套餐者，即可获得一个史努比狗。在促销期间连续六天购买者可以得到全套六个史努比狗。这种史努比狗是麦当劳特别定做的，在市场上买不到。一些父母为了给孩子买到史努比狗，一大早就在麦当劳店外守候，并且许多人是请假来排队的。但是，到了第四天，场面非常混乱。麦当劳各个分店开门仅一个多小时，就告诉消费者当天的促销狗已经送完了。排在后面的消费者非常气愤，认为麦当劳应该多做一些促销狗。还有的消费者连跑了四家店都没有买到狗。而排在前面的人，有的一下买了几十份套餐，得到几十只狗，其中有的以十元的促销价买到狗后，当场以 50 元高价出售。为了达到促进销售的目的，麦当劳的营销力度太强，致使促销品价值高又易获得而促销品数量少，因此引起混乱和招致消费者不满，破坏了麦当劳的形象；并且营销规模大而与经营规模有限影响需要用餐的正常消费者，降低了服务质量。

还有的组织过度依赖广告的作用，没有把精力放在生产质量与服务质量上，广告规模与组织生产能力和服务能力、广告力度与组织生产质量和服务质量不匹配，这样的组织最终会被市场抛弃。20 世纪 90 年代，这样的例子在中国市场上并不少见，以广告起家的人，并不能靠广告生存下去。所以，营销规模一定要与营销目标一致，与组织的生产能力、服务能力和其他资源条件相一致。

（二）现金流动原则

现金流动原则是指组织当前的营销活动所需要的资源支持符合组织当前可以承担的财务能力，而不是依赖于组织的总财产状况做出营销决策与营销计划。现金流动原则也是许多其他组织活动决策的主要依据之一。比尔·盖茨曾说过，只要微软有足够的现金支付员工一年的工资，他就不用担心公司的生存问题。只有现金才是当前营销活动的经济基础，变现力弱的资产是不可以作为现阶段营销活动的资金保障的。因此，组织总资产多并不表示它可以支持大规模的营销活动，而组织总资产少，现金多，却可以支持现阶段的规模较大的营销活动。

（三）例外事件原则

强调例外可使组织保持灵活性，能提高组织各级管理人员和营销人员的工作效率。例外事件原则产生的根本原因是管理者不能对未来营销计划的执行环境进行充分、完全的预测。一些例外事件是可以包容于既定的营销计划之下的，不会削弱组织达到目标的能力，而有一些例外事件却会使组织营销活动走上与目标不一致的道路。处理这种事件的不二法宝是在计划制定的初期，确立标准时，留下应付未来事件的足够的空间。组织可以预测营销活动可能面对的最好的结果与最坏的结果，作为波动空间的上下限。合理的决策权分配可以帮助有效地处理例外事件，如果一个例外事件的影响力较小，不会对组织目标产生较大的影响，就可以由较低层的管理人员自主处理，如果例外事件的出现已经严重影响了组织的营销活动，就要上报给高层管理人员，由他们来处理问题。这种分权可以处理所有的意外事件，也能提高各级管理人员的工作效率，节约高层管理者的时间，使他们有更多的时间来解决更为复杂的、全局性的问题。

（四）持续发展原则

营销活动需要持续不断的进行。在各个时期都要有营销活动，并且需要营销创新。各个营销活动既可以是相互衔接的，也可以是相互独立的。例如建立一个品牌的过程就是一个持续营销过程，通过一系列的广告宣传和树立形象的活动，组织品牌逐渐为消费者所熟悉和认知，并建立对品牌的忠诚。与营销活动的持续发展相适应，营销预算应该是持续的，各个时期都要有一定的营销预算。从总体来看，组织可按照一定的标准，如销售额、利润额的百分比或者竞争对等法等，制订组织的总营销费用方案，然后，按照每年的营销活动计划，把营销预算分配给各个营销活动。不同类型的组织对营销活动持续性的需求是不一样的，商业领域和日用消费品领域的经营者需要不断地进行各种营销活动。例如在五一、国庆及元旦等节日，营销活动是必不可少的。另外，在组织生命周期的不同阶段，营销活动有不同的特点。在成熟的组织中，营销活动有许多经验可借鉴，但先前的经验也是一种束缚，而且随着组织规模扩大，营销反馈机制、反馈速度等也有不同，因此，持续的营销创新是很重要的。

（五）标准合理原则

市场营销控制标准应该是合理的，即营销人员通过一定的努力是可以达到的。营销目标过高，营销人员压力太大，挫折感会比较强，从而抑制他们的工作积极性和工作热情；营销目标太低，就不具有挑战性，不能激发营销人员的斗志，失去鼓励他们的作用。一套合理的标准应该是富有挑战性，并能鼓励员工表现得更好，而不是让人感到沮丧或动力不足。

（六）多重目标原则

管理者和营销人员都希望自己的工作成绩看起来更好，因此，除了努力工作提高绩效外，也会用其他的方式对工作成绩进行修饰。如果使用多重的市场营销控制标准，营销人员就难以对工作成绩进行修饰，这样可以防止做表面文章的事情发生。另外，在实际工作中，使用单一的工作标准也是不客观的，只有用多个控制标准才能对实际工作绩效进行全面的衡量。

二、市场营销控制的基本形式

（一）年度计划控制

任何企业都要制定年度计划，然而，年度市场营销计划的执行能否取得理想的成效，还需要看控制工作进行得如何。所谓年度计划控制，是指企业在本年度内利用控制手段，检查实际绩效与计划之间是否有偏差，并采取改进措施，以确保市场营销计划的实现。许多企业每年都制定有相当周密的计划，但执行的结果却往往与之有一定的差距。事实上，计划的结果不仅取决于计划制定得是否正确，还有赖于计划执行与控制的效率如何。可见，年度计划制定并付诸执行之后，搞好控制工作也是一项极其重要的任务。

年度计划控制的主要目的在于：

（1）促使年度计划产生连续不断的推动力；

（2）控制的结果可以作为年终绩效评估的依据；

（3）发现企业潜在问题并及时予以妥善解决；

（4）高层管理人员可借此有效地监督各部门的工作。

表 15-1　营销控制类型

控制类型	主要负责人	控制目的	控制方法
年度计划控制	高层管理人员	检查计划目标是否完成	销售分析，市场占有率分析，销售费用率分析，财务分析，顾客态度分析
盈利能力控制	营销审计分析	检查企业赢利、亏损所在	产品、区域、顾客群渠道，订单大小等赢利情况
效率控制	部门管理人员 营销审计人员	评价和提高经费开支效率及营销开支的效果	销售队伍、广告、促销和分销等效率
战略控制	高层管理人员 营销审计人员	检查机会的利用	营销有效性评价手段 营销审计

年度计划控制系统包括四个主要步骤：

（1）制定标准，即确定本年度各个季度（或月）的目标，如销售目标、利润目标等；

（2）绩效的测量，即将实际成果与预期成果相比较；

（3）因果分析，即研究发生偏差的原因；

（4）改正行动，即采取最佳的改正措施，努力使成果与计划相一致。

企业经理人员可运用五种绩效工具以核对年度计划目标的实现程度，即销售分析、市场占有率分析、市场营销费用与销售额比率分析、财务分析、顾客态度追踪分析等。

1. 销售分析

这种方法主要用来衡量造成销售差距的不同因素的影响程度。例如，一家企业计划在第一季度销售 4000 件某种产品，单价 10 元，总销售额 40000 元。季末实际售出 3000 件，售价降为 8 元，总销售额为 24000 元，比计划销售额少 40%，差距为 16000 元。这既有售价下降的原因，也有销量减少的原因。二者各自对总销售额的影响程度又是多少呢？计算如下：

售价下降的差距＝（10－8）×3000＝6000（元）

售价下降的影响＝6000÷16000=37.5%

销量减少的差距＝（4000—3000）×10=10000（元）

销量减少的影响＝10000÷16000＝62.5%

从上面的计算可以看出，有近 2/3 的差距是由于销量下降所造成的，所以，该企业应该在销量下降方面进行更多的研究。

此外，还可进行微观销售分析。微观销售分析可以找出未能达到预期销售额的特定产品、地区等。假设企业在三个地区销售，其预期销售额分别为1500万元、500万元和2000万元，总额为4000万元。实际销售额分别为1400万元、525万元、1075万元。就预期销售额而言。第一个地区有7%的未完成额；第二个地区有5%的超出额；第三个地区有46%的未完成额。主要问题显然在第三个地区。造成第三个地区不良绩效的原因有以下可能：一是该地区的销售代表工作不努力或有个人问题；二是有主要竞争者进入该地区；三是该地区居民收入下降。

2. 市场占有率分析

销售额说明了一个组织经营的绝对量水平，市场份额则说明了一个组织经营的相对量水平，即与其他竞争者相比，组织的经营水平。假设在某时期，组织的销售额上升了。上升了的销售额并不能充分地说明组织的状况改善了，因为组织的市场份额可能下降了，组织处在更弱的市场位置上，相对经营状况变差。

分析市场份额的第一步是根据组织的目标来选择合适的市场份额衡量标准。市场份额衡量标准有四种，即总体市场份额、服务市场份额、相对市场份额A（与三个最大竞争者相比）和相对市场份额B（与最大竞争者相比）。

（1）总体市场份额，指组织的销售额（或销售量）占总体市场销售额（或销售量）的百分比。在这种市场份额的计算方式下，组织市场份额的绝对值与组织所确定的总体市场有关。例如，一个保健品公司要计算自己的市场份额，可以以保健品市场为总体市场，也可以把保健品市场与滋补市场两个市场作为总体市场。显然，在前一种计算方式下得出的市场份额比在后一种计算方式下得出的市场份额的数值要大。

（2）服务市场份额，指组织销售额（或销售量）占其所服务市场的总体销售额（或销售量）的百分比。一般来说，组织的服务市场份额要大于组织的总体市场份额。

（3）相对市场份额A（与最大的三个竞争者相比），指组织的销售额（或销售量）除以三个最强大的竞争者综合销售额（或销售量）的百分比。假设某公司的年销售额为100万元，最强大的三个竞争者同期的年销售额分别为500万元、200万元、200万元，那么该公司的相对市场份额（与最大的三个竞争者相比）就是10%。

（4）相对市场份额B（与最大的竞争者相比），指组织的销售额（或销售量）占最大的竞争者销售额（或销售量）的百分比。如果这个相对市场份额超过 100%，表明公司是市场的领先者；如果这个相对市场份额正好是 100%，意味着公司与最大的竞争者在市场中的实力相当；如果公司相对市场份额在上升，则表示公司正在占领最大的竞争者的市场。

总体市场份额比较容易计算，因为它只需要总的行业销售额，这一资料可以在政府或贸易机构、出版部门得到。服务市场份额比较难计算，因为它不仅受公司产品线和地区市场分布及其他因素变化的影响，而且波动比较大。相对市场份额计算更难，因为公司需要具体的竞争对手的销售额，但竞争者对公司的销售额等关键数据是严加保密的。

分析市场份额的第二步是解释市场份额的变动。市场份额的变动可以通过产品线、品牌、顾客类型及地区等因素来观察。根据科特勒的研究，市场份额的变动可以用下面的公式来分析：

总的市场顾客＝顾客渗透率×顾客忠诚度×顾客选择性×价格选择性；

顾客渗透率——选择购买组织产品的顾客与所有顾客的百分比；

顾客忠诚度——顾客购买组织产品的数量占他们从其他竞争者那里购买的产品数量的百分比；

顾客选择性——顾客购买本组织产品的平均量与他们购买其他一般组织产品的平均量的百分比；

价格选择性——组织产品的平均价格与所有公司产品的平均价格的百分比。

根据上面的公式，如果某组织的市场份额下降了，有四种可能的原因导致了其市场份额的下降，一是组织失去了一部分顾客；二是顾客的忠诚度下降了；三是组织保留的顾客规模下降了；四是组织的价格竞争力减弱了。以上任何一个因素都可能导致组织的市场份额下降，也可能是几个因素的共同作用导致了组织市场份额的下降。

3. 市场营销费用与销售额对比分析

营销活动在达到组织目标时，是否投入了过多的成本？营销成本过高，即使营销活动是有成效的，却是低效率的。判断营销活动效率的比率很多，如推销队伍对销售额之比、广告对销售额之比、促销对销售额之比、营销调研对销售额之比和销售管理费用对销售额之比等。营销活动管理者需要对营销支出进行控制，当这些支出在正常范围内波动时，或者只有偶然异常时，可以不做重大调整，但是如果波动幅度超过了正常范围就应该进行严格控制，并做出相应的调整。

4. 财务分析

营销费用—销售额之比应该放在组织总体财务框架之中进行分析，用来帮助组织决定如何支出，及在什么方面投资。现在营销管理者经常使用财务分析来发现更有价值的利润增长点。管理者通过财务分析来研究影响组织资本净值报酬率的各种因素，资本净值报酬率与两个比率有关，它们是资产报酬率和财务杠杆率。

5. 顾客态度跟踪分析

前面四个控制工具侧重于数量标准和财务分析，另外还需要一些定性的分析，如顾客态度分析。组织应该建立专门的机构对顾客、经销商和营销系统中的其他参与者的态度进行跟踪分析，在这些顾客的态度发生变化之前采取措施。几种常用的顾客态度追踪方法有：（1）意见和建议制度；（2）顾客固定样本调查小组；（3）顾客调查。

营销管理者也需要对顾客做以下一些检测：（1）目标市场意识；（2）目标市场偏好；（3）相对的产品质量；（4）相对的服务质量。

最后管理者需要对利益相关者进行检测，包括员工、供应商、银行、分销商、零售商和股东等。当某个利益相关者出现不满意时，管理者应该采取相应的措施。

（二）盈利能力控制

盈利能力控制是指企业需要衡量各种产品、地区、顾客群、分销渠道和定单规模等方面的获利能力。市场营销赢利能力分析显示了不同渠道、产品、地区或其他市场营销实体的相对赢利能力。它既不证明最好的行动方案是放弃没有赢利能力的市场营销实体，也不是说如果放弃这些刚好够本的市场营销，实体就一定会有可能提高利润。盈利能力分析的目的在于找出妨碍获利的因素，以便采取相应措施排除或削弱这些不利因素的影响。公司可采用的调整措施很多，企业必须在全面考虑之后做出最佳选择。

营销盈利能力分析的主要步骤为：

（1）首先必须测定每一项活动需要多少费用，确定功能性费用；

（2）必须测定通过每种渠道销售产品各需多少功能性费用，将功能性费用指定给各市场营销实体。

（3）为每个市场营销实体编制一份损益表。

评价盈利能力的主要指标有：销售利润率、资产收益率、净资产收益率、资产管理收益率等。

（三）效率控制

当一个企业发现其在若干个产品、地区或者市场中的盈利不好时，它是否有有效的办法来对相关的营销活动的推销员队伍、广告、促销及分销渠道等进行管理。一些公司有市场营销控制员，专门帮助营销人员提高营销效率。大公司的市场营销控制员用一种复杂的方法来计算营销支出与营销效果，他们检查营销活动与营销盈利计划是否一致，帮助品牌经理制订预算，测量促销效果，分析媒体成本，评估消费者和地区盈利，以及培训营销人员理解营销计划的财务意义。

1. 销售队伍效率

各级销售经理应该掌握其销售队伍的工作效率，有以下几个控制指标：

（1）每个推销员平均每天的推销访问次数；

（2）平均每次推销访问所需要的时间；

（3）平均每次推销访问的收入；

（4）平均每次推销访问的成本；

（5）平均每次推销访问的交易费用；

（6）订货单数与推销访问次数之比；

（7）每一时期新增加的顾客数；

（8）每一时期失去的老顾客数；

（9）推销队伍成本占总销售的百分比。

只要组织对上述问题进行调查，总会发现可以改进的地方，来提高营销效率。

2. 广告效率

广告效率是难以具体衡量的，但是可以通过下面几个指标来判断：

（1）每一媒体的千人广告成本；广告注意率、阅读率；

（2）消费者对广告有效性和广告内容的意见；

（3）测量广告前后消费者对产品态度的改变；

（4）由广告引发的消费者咨询次数以及每次咨询成本。

管理者可以通过一系列的步骤来提高广告效率，如对产品做更好的定位、明确广告目标、预试广告信息、利用计算机技术来选择广告媒体、寻找较好的媒体和做广告反馈调查。

3. 促销效率

对每次促销活动的成本和销售促进进行记录。可采用如下方式：优惠销售所占的百分比；单位产品陈列成本；赠券回收率；一次演示引发的询问次数。

4. 分销效率

研究分销效率可以帮助提高存货控制能力、选择最佳仓库位置和最佳运输方式。

分销效率控制的目的在于提高人员推销、广告、营业推广和分销等营销活动的效率，营销经理必须关注若干关键比率，这些比率表明上述营销职能执行的有效性，显示出应该如何采取措施改进执行情况。

（四）战略控制

市场营销环境变化很快，往往会使企业制定的目标、策略、方案失去作用。因此，在企业市场营销战略实施过程中必然会出现战略控制问题。战略控制是指市场营销经理采取一系列行动，使实际市场营销工作与原规划尽可能一致，在控制中通过不断评审和信息反馈，对战略不断修正。各个企业都有财务会计审核，在一定期间客观地对审核的财务资料或事项进行考察、询问、检查、分析，最后根据所获得的数据按照专业标准进行判断，做出结论，并提出报告。这种财务会计的控制制度有一套标准的理论、做法。但是市场营销审计尚未建立一套规范的控制系统，有些企业往往只是在遇到危急情况时才使用，其目的是为了解决一些临时性的问题。目前，在国外越来越多的企业运用市场营销审计进行战略控制。

三、市场营销审计

所谓市场营销审计，是对一个企业市场营销环境、目标、战略、组织、方法、程序和业务等做综合的、系统的、独立的和定期性的核查，以便确定困难所在和各项机会，并提出行动计划的建议，改进市场营销管理效果。市场营销审计实际上是在一定时期对企业全部市场营销业务进行总的效果评价，其主要特点是，不限于评价某一些问题，而是对全部活动进行评价。

第二次世界大战以后，发达国家经济缓慢增长，产品翻新加快，需求趋向个性化、多样化，市场竞争日益激烈，企业营销呈现危机。工业企业为提高经济效益，对市场营销活动加强检查、分析和控制，逐步展开市场营销审计。进入 20 世纪 70 年代，美国许多工商企业，尤其是一些跨国公司，日益从单纯关注利润和效率发展到全面检查经营战略、年度计划和市场营销组织，高瞻远瞩地改善企业经营管理和更有效地扩大经营效果。它们对市场营销活动的检查范围逐步扩大，包括用户导向、市场营销组织、市场营销信息、战略控制以及作业效率等，同时制定了检查的具体要求，确立了检查标准并采用计分办法加以评核。从那时起，市场营销审计开始成熟，并逐步发展。工商企业把它当作加强市场营销管理的一个有效工具，从而为市场营销理论增添了的篇章。

市场营销审计的基本内容包括市场营销环境审计，市场营销战略审计、市场营销组织审计、市场营销系统审计、市场营销盈利能力审计和市场营销功能审计。

（一）营销审计的特点

1. 全面性。市场营销审计实际上是在一定时期对企业全部市场营销业务进行总的效果评价，其主要特点是，不限于评价某一些问题，而是对全部活动进行评价。如果它仅仅涉及销售队伍，或者定价，或其他营销活动，那么它便是一种功能性的审计。功能性的审计虽然有用，但它会使管理者迷失方向，以致看不到问题的真实原因。

2. 系统性。市场营销审计包括一系列有秩序的步骤，如营销环境审计、营销战略审计、营销组织审计和其他具体营销活动审计。在审计结果基础上制定调整行动计划，包括长期和短期计划，以提高组织的整体营销效益。

3. 独立性。营销审计可以通过六种途径：自我审计、交叉审计、上级审计、公司审计处审计、企业任务小组审计和局外人审计。一般而言最好的审计来自外界经验丰富的顾问，这些人通常既具有必要的客观性和独立性，又有丰富的经验，对本行业颇为熟悉。

4. 定期性。典型的营销审计都是在销售量下降，或其他企业问题发生之后，才开始进行。然而，企业之所以陷入困境，部分原因正是没有在顺利时检查营销活动。所以，营销审计应定期进行，它既有利于业务发展正常的企业，也有利于那些处境不佳的企业。

（二）营销审计的基本步骤和主要内容

1. 营销审计的基本步骤

（1）营销审计的第一步是由公司高级管理人员和营销审计人员共同拟定有关审计的协议，其中包括审计目标、范围、资料来源、报告形式以及时间安排等内容；

（2）审计人员根据协议内容，精心准备一份详细的计划，内容涉及要会见哪些人、询问什么问题、接洽的时间和地点，目的在于使审计所花时间和成本最小化；

（3）审计计划通过后，严格按计划开始调查和收集各种资料；

（4）根据调查结果拟订审计总结，对企业存在的问题提出合理建议。

2. 市场营销审计的基本内容

市场营销审计的基本内容包括市场营销环境审计、市场营销战略审计、市场营销组织审计、市场营销系统审计、市场营销盈利能力审计和市场营销功能审计。

第一，市场营销环境审计

市场营销审计必须审时度势。因此，必须对市场营销环境进行分析，并在分析人口、经济、生态、技术、政治、文化等环境因素的基础上，制定企业的市场营销战略。这种分析是否正确，需要经过市场营销审计的检验。由于市场营销环境的不断变化，原来制定的市场营销战略也必须相应改变，也需要经过市场营销审计来进行修订。目前，我国许多企业重复投资、重复建设、盲目上马，不能适应市场需要，不利于形成适度的市场规模，因而难以取得理想的经济效益，原因就在于缺乏充分的市场营销环境的调查与分析，即使有些企业在这方面做了一些工作，但是，绝大多数企业还远没有进行市场营销环境审计，包括对市场规模及市场增长率，顾客与潜在顾客对企业的评价，竞争者的目标、战略、优势、劣势、规模、市场占有率，供应商的推销方式，经销商的贸易渠道等。

第二，市场营销战略审计

企业是否能按照市场导向确定自己的任务、目标并设计企业形象，是否能选择与企业任务、目标相一致的竞争地位，是否能制定与产品生命周期、竞争者战略相适应的市场营销战略，是否能进行科学的市场细分并选择最佳的目标市场，是否能恰当地分配市场营销资源并确定合适的市场营销组合，企业在市场定位、企业形象、公共关系等方面的战略是否卓有成效，所有这些都需要经过市场营销战略审计的检验。

第三，市场营销组织审计

市场营销组织审计，主要是评价企业的市场营销组织在执行市场营销战略方面的组织保证程度和对市场营销环境的应变能力，包括：企业是否有坚强有力的市场营销主管人员及其明确的职责与权利，是否能按产品、用户、地区等有效地组织各项市场营销活动，是否有一支训练有素的销售队伍，对销售人员是否有健全的激励、监督机制和评价体系，市场营销部门与采购部门、生产部门、研究开发部门、财务部门以及其他部门的沟通情况以及是否有密切的合作关系等。

第四，市场营销系统审计

企业市场营销系统包括市场营销信息系统、市场营销计划系统、市场营销控制系统和新产品开发系统等。对市场营销信息系统的审计，主要是审计企业是否有足够的有关市场发展变化的信息来源，是否有畅通的信息渠道，是否进行了充分的市场营销研究，是否恰当地运用市场营销信息进行科学的市场预测等。对市场营销计划系统的审计，主要是审计企业是否有周密的市场营销计划，计划的可行性、有效性以及执行情况如何，是否进行了销售潜量和市场潜量的科学预测，是否有长期的市场占有率增长计划，是否有适当的销售定额及其完成情况如何等。对市场营销控制系统的审计，主要是审计企业对年度计划目标、盈利能力、市场营销成本等是否有准确的考核和有效的控制。对新产品开发系统的审计，主要是审计企业开发新产品的系统是否健全，是否组织了新产品创意的收集与筛选，新产品开发的成功率如何，新产品开发的程序是否健全，包括开发前的充分的调查研究、开发过程中的测试以及投放市场的准备及效果等。

第五，市场营销盈利能力审计

市场营销盈利能力审计，是在企业盈利能力分析和成本效益分析的基础上，审核企业的不同产品、不同市场、不同地区以及不同分销渠道的盈利能力，审核进入或退出、扩大或缩小某一具体业务对盈利能力的影响，审核市场营销费用支出情况及其效益；进行市场营销费用—销售分析，包括销售队伍对销售额之比、广告费用对销售额之比、促销费用对销售额之比、市场营销研究费用对销售额之比、销售管理费用对销售额之比，以及进行资本净值报酬率分析和资产报酬率分析等。

第六，市场营销职能审计

市场营销职能审计，是对企业的市场营销组合因素（即产品、价格、地点、促销）效率的审计。主要是审计企业的产品质量、特色、式样、品牌的顾客欢迎程度，企业定价目标和战略的有效性，市场覆盖率，企业分销商、经销商、代理商、供应商等渠道成员的效率，广告预算、媒体选择及广告效果，销售队伍的规模、素质以及能动性等。

本章小结

1. 企业的市场营销部门是随着市场营销理念的不断发展演变而来的，大致经历了单纯的营销部门、兼有其他职能的营销部门、独立的市场营销部门、现代市场营销部门和现代市场营销企业等五个主要阶段。市场营销组织有职能型组织、产品型组织、地理型组织、矩阵型组织五种类型。市场营销执行过程包括制定方案、建立组织结构、设计决策与报酬制度、开发人力资源、建设企业文化和管理风格等。

2. 市场营销控制有四种主要类型，即年度计划控制、盈利能力控制、效率控制和战略控制。企业市场营销人员可运用五种绩效工具以核对年度目标的实现程度，即销售分析、市场占有率分析、市场营销费用与销售额比率分析、财务分析、顾客态度追踪分析。除了年度计划控制之外，企业还需要运用盈利能力控制和测定不同产品、不同销售区域、不同顾客群体、不同渠道以及不同规模的盈利能力。战略控制是指市场营销人员采取一系列行动，使实际营销工作与原规划尽可能一致，在控制中通过评审和信息反馈，对战略不断修正。市场营销审计的基本内容包括市场营销环境审计、市场营销战略审计、市场营销组织审计、市场营销系统审计、市场营销盈利审计和市场营销功能审计。

能力培养指导

● 实训项目一：根据如下材料，请对本案例运用本章所学内容进行分析

1. 实训内容

近年来，石油海洋运输事故造成的环境污染和企业的损失，让人们开始关注双壳油轮。这种船可降低石油泄漏的可能性，但比目前使用的油船多花费约 8%，并只能装载目前油船容量的 60%。为保证石油运输，现在使用的每 5 个单壳船需补充 2 个附加油箱，且新船使海上交通更繁忙并需要建设更多码头。除此之外，运输行业需雇佣更多的船员，雇员犯错的机会增多。为此，企业要寻找控制雇员活动和产品安全性能的方法，以使损失风险降到最低。

你认为这一潜在问题大到足以让企业增加额外花费吗？应对从事这一行业的人们进行强制性健康保护检查吗？如果是，可否免除有些企业员工的这些检查？对环境有影响的其他行业能从中得到什么启示？

2. 实训目的

通过实训帮助学生达到初步掌握市场营销组织的有关知识，并能灵活运用于实际生活中。

3. 实训形式与组织

将班级同学划分为若干项目小组进行讨论，小组规模一般是 7—10 人，组团时应考虑小组成员在知识、性格、技能方面的互补性。选举小组长以协调小组的各项工作。

4. 实训要求

任课教师将及时检查学生参与讨论的进度和实际分析情况，提出必要的指导和建议，并组织同学进行沟通交流，还可针对共性问题在课堂上给予适当讲解。另外，明确小组成绩将作为每位小组成员的实训成绩。

5. 时间安排

课堂讨论两学时，小组最终形成书面实训报告。

● 实训项目二：公司营销部组织与职能

1. 实训目标

（1）增强对营销机构与职能的感性认识。

（2）培养设计营销组织与职能的能力。

2.. 实训内容与方法

（1）以模拟公司营销部为单位，利用社会调查与网络搜索等多种方式搜集一个典型企业的营销机构设置资料。

（2）设计本公司营销部内部机构，并由经理进行人员分工。

（3）参照企业实际情况，设计本公司营销部内各机构或职位的业务职能与工作职责，并拟定简要的权责制度。

（4）交流各公司组织与职能设计方案，并进行质询、评价。

3. 实训要求与要领

（1）搜集典型企业资料，一定要选择有一定实力、管理规范的公司，机构设置合理、典型，并有规范、健全的制度。

（2）有条件要多搜集几家的资料，经过比较分析，并结合本公司所设定的条件，合理设计内部机构或部门。

（3）要按照内部机构，或者职位设计各自职能与责任、权限，要明确、具体、有根据。

（4）交流方案时，其他公司成员可现场质询，并对方案进行分析、评价，被评价的公司要及时修改、完善。

4. 实训成果与考核

（1）各公司搜集的资料可作为评价材料，按照二分规则评定成绩。

（2）对各公司的方案按照三分规则评定成绩。

（3）根据交流过程中的表现，对发言人按照二分规则评定成绩。

案例应用 1

郎酒渠道：百亿之后自废矩阵

郎酒集团的业务经理王立建（化名）似乎对公司的组织变革已经习以为常："自我 2010 年进入郎酒工作之后，每年都会变一次，包括人事组织、财务报销制度等。"

不过，他也承认，今年的变化与往年有所不同，"这次玩得比较大"。

2013 年 1 月，郎酒集团启动了一场涉及到 6000 多人的营销组织变革，将其"事业部+办事处"的"矩阵式营销组织结构"，变革成为以五大事业部垂直运作的"准公司制运营模式"。

此前，在矩阵式的营销组织结构运营的六年中，郎酒的销售收入从 2006 年的 7.5 亿元扩张到 2012 年的 110 亿元。

立下汗马功劳的矩阵要退场了。

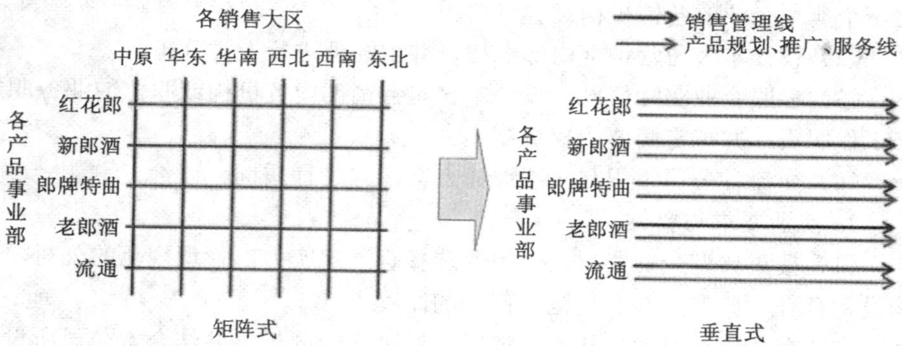

一、矩阵革命

2006 年，郎酒集团调整营销组织，实行销售公司统领之下的品牌事业部制。即在全国省级办事处基本设置保持不变的前提下，营销总部（销售公司）分设几大品牌事业部，分品牌运作。

经过多次调整，最终定型为红花郎、新郎酒、郎牌特曲、老郎酒及流通品牌五个品牌事业部，六个销售大区管理 55 个办事处，实行事业部与大区的"双轨制"管理。

"郎酒想抢占更多的价格空白档位。"营销专家沈志勇认为，郎酒的这种组织结构是为其群郎战略服务。

当时，茅台、五粮液持续提价，走向 800 元以上的高端，300—800 元的价位区间出现空档。而"一树三花"的郎酒香型齐全，品牌多样，具有迅速抢占空档的条件。多品牌事业部则能够确保资源在各品牌的平等投放。

白酒营销专家李童也认为："在新品牌的推广期，多品牌事业部可以分担较为繁杂的品牌事务，有利于快速扩张。"

1. 新品牌问题

不过，即使设置了品牌事业部，也未必能保证新品牌能够借助原有销售渠道快速成长。中粮集团中国食品有限公司旗下的五谷道场便是一个例子。

2012 年的渠道变革中，原有的分产品线垂直管理改为矩阵式管理，五谷道场原有的销售团队并入中国食品的销售大区，总部只有一个五谷道场的市场部。"在销售团队看来，五谷道场与福临门油、长城葡萄酒相比，不但不好卖，总量还小，所以销售团队根本就不重视五谷道场。"一位了解中粮的业内人士称。

郎酒其实也遇到过类似的问题。作为"头狼"的红花郎一直是销量的大头，销售团队更习惯于卖红花郎，而不是其他需要推广的新品牌、新产品。虽然办事处负责人及城市经理有分品牌事业部的销量任务，但如果某个品牌没有完成任务，也可以用其他品牌（比如红花郎）超额完成的部分以 2:1 的比例，折抵未完成的任务。

"以前的任务比现在更容易完成，东方不亮西方亮嘛，我新郎酒不好卖，那就多卖一点红花郎。"曾在郎酒工作的周经理称，以前考核的强制性不大，大部分业务人员还是依赖于红花郎等几个老品牌的销量。

直到 2010 年，郎酒才开始改变这种考核机制，将分事业部的销售考核列为绩效考核中的单列事项考核，五个事业部的销售有一个未完成，就会扣减 20%的年终奖，而且新郎酒、特曲事业部的任务量不得折抵。

"这样我们也能完成，想想办法把新品卖掉。"王立建说。

2. 扩张太快

然而王立建的办法可能只是将新品牌压到经销商仓库，至于如何帮经销商降低库存，甚至于终端的动销，王立建或许没有那些老业务在行。

"每个城市经理要负责五个品牌事业部的销量，事情比较多，要会协调；尤其是如何帮助经销商动销这方面，对城市经理要求比较高。"周经理认为，郎酒的快速扩张让城市经理这一级的营销人才相当缺乏。"我们那时候才几百个城市经理，现在有多少？一千多了吧。"

凡是采取矩阵式管理的营销组织，由于其基层组织每一个业务的交叉点岗位都可能要背上多重指标，并对接沟通多个部门，更要随时面对多任务的工作场景，因此对个人要求非常高。

同样采取矩阵式组织的宝洁，对销售人员的要求就非常高，一般会招聘习惯于多任务作业（类似于学校多科目）、善于理解分析他人沟通语境、容易同步品牌发展需求的大学尖子毕业生。一般来说，以当前收入为首要追求、做事容易从自己角度考虑、习惯直线思维而不堪多目标重负的人员不适合矩阵式管理。

“国内企业的营销人员素质与外资品牌还有很大的差别。”一位曾与郎酒集团合作的经销商称。他同时也与某外资品牌在合作。

“反正压货呗，业绩完成了，他们就有提成，有些业务人员赚的钱比我们经销商还要多。”四川省一位红花郎经销商称。虽然郎酒有分事业部品牌的考核，虽然郎酒还要考核业务人员对经销商库存的管理，虽然每年的年终奖还有20%要留到三年后才发，面对业绩增长的压力与拿奖金提成的诱惑，仍有一些业务人员不顾后果地将红花郎等产品压向经销商，不管经销商库存有多大。

由于不堪业绩压力，这位经销商已经决定今年不再与郎酒合作。

2011 年，郎酒销售成功突破百亿大关。与此对应的是，经销商普遍反映压力较大。而到了 2012 年，则有 80%的区域没能完成任务。集团只得将目标降为原定的 80%，重新考核。

“我们这个结构看起来十分混乱，但我们以这样的结构却取得了成功。”2009 年时，郎酒集团董事长汪俊林曾表示。或许矩阵式的营销组织促进了郎酒的“群狼战略”，然而在企业快速扩张的同时，管理流程来不及梳理，人员素质也无法超越时代的局限，当增速放缓之后，如果不进行适当的调整，问题与矛盾只会更加明显。

看来是不得不改了。

二、重装上阵

按照新的组织架构，原有的大区被取消，五大品牌事部为主体的“准公司”将各自分别组建自己的销售队伍，形成品牌事业部—办事处—城市经理三级的垂直管理。

在郎酒内部人士看来，这次变革是企业发展到一定阶段，“自然而然”的改变。

1. 渠道深耕

李童认为，不仅是郎酒，整个白酒行业也将结束高速增长期，以前的销售增长将转变为利润增长。“在快速扩张之后，垂直式的管理更合适于渠道深耕。”

对此，身在一线的王立建感受更直接。尽管现在还处于调整期，很多工作尚未正式开始，不过王立建并不觉得压力减小了。“以前要在五个地方浇水，每个地方浇一壶，现在一个地方浇五壶。以后做的事情会更细，总的来说工作量应该还是没少。”

即使是渠道深耕，郎酒不同的品牌，适合的渠道深度也并不相同。

在流通品牌事业部 2013 年度销售工作会上，该事业部总经理王勇军表示，2013 年的销售重心将实质性下沉，精耕县级—镇级—村级市场。

该事业部主要产品多为中低档价位，下沉到村级市场可能是更合理的选择。不过对于其他事业部而言，一般只需要下沉到县一级。如果仍然是矩阵式的管理模式，则很难下沉到村镇级市场——这也是宝洁被人们所诟病的地方。

垂直式的管理也会丧失一些固有的优势。“以前资源整合的优势没了，比如进店的时候，五个品牌事业部的产品可以一起谈。现在分开了，则需要一个个地去谈。”王立建认为。

不过让他更担心的是事业部之间的矛盾：浓香型的郎牌特曲价位在 100 到 300 之间，而流通品牌事业部的不少产品也正是在这个价位。在以前，每个产品都有计划好的任务，“现在就是直接竞争了。”

2. 人事问题

与王立建相比，老何则比以前清闲多了。前一年，他是中部某省办事处的总经理，担着五个品牌事业部共 4 亿元左右的销量任务，每天忙得不可开交。现在，他只需要负责某办事处一个品牌 8000 万元的任务。有了更多的时间，他没事就找朋友喝茶，或是消遣，或是其他。

“这种大规模的组织变革，肯定会带来不少‘大官小用’与‘小官大用’的情况。”周经理判断说。

以前郎酒集团一共约有 55 个办事处；而根据新的组织架构，除规模最大的红花郎事业部外，仅新郎酒和流通品牌两个事业部加起来就有 57 个办事处（或联络处）。

一位郎酒的内部人士也承认。“总的人员没有增加，但（领导）岗位增加了。”

尽管郎酒销售公司总经理付饶承诺“不裁员，不减薪”，但王立建却称“实际收入会少 3 万多”。“工资是没降，但费用报销额度降了一半多，年终奖基数也降了一半以上。”

“（营销制度）估计还得改。”王立建说。

（资料来源：刘鹏. 销售与市场 • 渠道版. 2013 年 4 月刊）

【讨论题】

1. 郎酒原有营销组织存在哪些问题？
2. 郎酒对营销组织进行哪些变革，这些变革对郎酒产生了哪些影响？

案例应用 2

TCL 家电营销网络组织与管理

创办于 1981 年的 TCL 集团股份有限公司，总部位于中国南部的广东省惠州市，在深圳和香港上市。23 年来，TCL 集团发展的步伐迅速而稳健，特别是进入 20 世纪 90 年代以来，连续 12 年以年均 42.65%的速度增长，是中国增长最快的工业制造企业之一。目前 TCL 集团主要从事彩电、手机、电话机、个人电脑、空调、冰箱、洗衣机、开关、插座、照明灯具等产品的研、产、销和服务业务，其中彩电、手机、电话机、个人电脑等产品在国内市场具有领先优势。2003 年集团实现营业收入 282.5 亿元人民币，净利润 5.7 亿元人民币。经过多年发展，TCL 已是中国最具价值的品牌之一，2003 年 12 月 5 日，中国最有价值品牌评比揭晓，“TCL”品牌价值为 267.12 亿元，名列第六。2004 年 8 月，TCL 与法国汤姆逊合资组建并由 TCL 控股的全球最大彩电企业——TTE 正式开业运营，它标志着彩电行业世界版图已经被改写。2004 年 4 月，TCL 与法国阿尔卡特公司签署谅解备忘录，共同组建一家从事手机及相关产品和服务的研发、生产和销售的合资公司，目前合资公司已正式投入运营。从 1981 年组建以来，TCL 集团的发展，特别是以彩电为代表的家电产品的营销，是与其营销网络的建设和不断完善密切相关的。可以说，营销网络的组织与控制关系 TCL 的盛衰。

TCL 有一套完善的网络营销组织体系。早在 1991 年 TCL 公司就在上海建立了第一个以销售音像设备为主的销售分公司，随后在哈尔滨、武汉、成都建立了销售分支机构。为配合彩电产品的全国市场销售，1993 年正式开始组建了 TCL 电器销售公司，成为全国最早建立和拥有自己独立营销网络的电子企业之一。销售公司成立后，按照大区—分公司—经营部—分销商的组织机构，步步为营，精耕细作，把网络一直建立到了农村的城乡结合部。TCL 把全国分为七个大区，建立了 32 家分公司，200 家经营部，400 家分销点，200 多个专营连锁店和 800 多个特约维修专营店，并拥有数千家授权经销商，直属用户服务网遍及全国。在整个中国，从南到北，从东到西，每隔 100 公里就至少有一家 TCL 公司直接投资的营销机构，因此，TCL 网络已经成为中国家电最为庞大、最为细腻的营销服务网络，最大区的人口为 2.6 亿，最小区西北为8000万；分公司按省建立，独立核算；经营部位于地区及以上城市或100万人口以上县级地区；400家分销点中独立核算的就占200多家。在巩固、完善和拓展国内市场，保持国内网络同行业领先地位的基础上，TCL目前还正计划有步骤地开拓海外市场。

TCL公司对营销网络的管理主要是从以下几方面展开的：

1. 对营销人员的管理。TCL公司强调员工要有一个共同的企业核心价值观，并且切实把“为员工创造机会”这一口号深植于网络人员的管理中；TCL强调人性化的管理，以顺应人性的方法进行管理，注重调动人性中积极的一面。信任员工，在网络组织结构中权力下放，产品价格在一定范围内的变化完全由营销人员决定，充分让网络营销人员当家作主，以员工成长为中心；TCL不仅仅依靠企业文化实现网络的目标，还在激励机制的完善上达到了精神和物质的有机结合，从而激励网络人员自发的工作激情和创造能力。TCL激励机制主要包括教育计划、福利和奖励三部分。例如，1997年在每股利润一元的情况下，每股现金红利分配达到了0.80元，使员工的工作得到了丰厚的回报。

2. 对经销商的管理。TCL认为在营销网络中，厂、商是一个利益共同体，一损俱损，一荣俱荣。因此，管理好经销商的关键在于只有双方具有共同的未来，才会有稳定的合作和“双赢”。因而首先加强理念上的沟通，力求经销商能够理解和接受TCL理念，在双方利益一致的基础上，要有共创品牌的意识，即共创品牌和品牌商号。在营销网络建立之初，针对经销商对TCL产品不甚了解和信心不足的状况下，TCL采取了“赎买”政策，保证经销商经营任务指标的完成。若因TCL产品的销售情况不好使得经销商为未成指标，不足部分则由TCL公司补足。这样取得了经销商的信任，激励经销商努力开拓市场。

3. 对营销结构的管理和调整。TCL的家电营销网络通过多年的发展演变，已逐步成熟，而为适应市场的变化，1998年开始推行营销网络扁平化，实行“管理重心下沉”，网络管理从集权走向分权，在销售公司已分解为七个大区进行管理的基础上，又将分公司由原来的销售平台转变为管理平台；“销售重心下移”，销售中心下放到各基层经营部，经营部主权增加。加之实施“精耕细作”的战略，减少了网络的环节，节约了销售成本，是营销网络竞争力大大增强。同时也真正体现了“网络制胜”的优势。1998年TCL还着手加强“航空港”营销平台的改造，充分发挥企业营销网络的兼容力和扩张力。所谓的“航空港营销”，打个比喻，就是无论哪家“飞机”泊入时都能快速加油。由于TCL营销网络起始于销售音响，成长于销售彩电，已成为家电行业最庞大和最细腻的网络，而在集团内与之并存的通讯和信息等产品的营销队伍，又形成了一些各自独立的分散的小网络。因此，TCL希望在分公司、经营部层面开辟多元化产品的“绿色通道”，整合集团综合优势，财务、仓储等服务资源共享，使多种产品能快速切入市场，为企业提供更大的生存空间和发展机遇。同时，TCL也希望这支7000人庞大的营销队伍能改变单一任务现状，增加业务范围，分担巨大的网络开支和分散经营风险。

4. TCL家电营销的销售服务是网络体系中的重要一环。为完善为顾客创造价值的理念，全面落实完善售后服务网络，建立售后服务基金；进一步推进“千店工程”的建设，将服务网络延伸到每一个乡镇，甚至每一户家庭。与经销商合作推出“送货上门，上门调试”的服务。提出“以速度战胜规模”的方针，产品从出厂到用户手中，最快可在五天之内实现。TCL承诺，哪里有王牌彩电，哪里就有王牌服务；三年免修报修，终身维护，一律免收服务费；24小时内城内服务到位，边远地区特约服务；24小时全天候电话服务，节假日照常服务。

5. 管理手段的现代化，是TCL公司家电营销网络管理的一大特点。在强化管理，改善营销网络“软件”的同时，TCL集团也注意了对营销网络硬件条件的建设。TCL公司建立的分布全国的营销网络提高了产品销量，在企业的市场战略中成功发挥了重要作用，但随着规模的不断扩大，营销网络的管理难度也加大了。尽管TCL营销网络的管理理念也逐步趋向成熟，并向更高一层迈进。但企业发展不但要有新的管理理念，同时还要有先进的管理手段作支撑才能成功，而管理的现代化必须要求信息的电子化和电脑的网络化。由于企业的信息化建设涉及到企业的核心竞争力，营销网络的信息化直接影响一线营销队伍的管理，关系到企业的利润和生存。因此，对于TCL来说，信息化的工作就不仅仅是一个上计算机或者网络建设的问题，更是一个如何从根本上提高营销管理水平、如何管理好庞大的营销渠道的经营问题。要搞好营销网络的信息化工作，用先进的技术手段为管理服务，首要工作是从企业的管理角度出发，加快营销网络的物流和资金流的运转，进行规划建设，在此过程中采用先进的IT技术手段。只有如此，才能更快地实现管理的信息流及工作流的电子化，加快企业的物流和资金流的流速，由此加强TCL的速度经济和网络的规模经济，提高TCL的核心竞争力。

（参考资料：何志毅. 战略管理案例. 北京：北京大学出版社，2001）

【讨论题】

1. TCL 集团是如何组织自己的家电营销网络的？

2. TCL 集团是从哪几方面展开对营销网络的管理的？

3. TCL 集团是如何利用“速度”和“规模”来增强自己的竞争优势的？

主要参考文献

[1] [英] 戴维·乔布尔，[爱] 约翰·费伊．市场营销学[M]．大连：东北财经大学出版社，2010．

[2] [美] 阿姆斯特朗，科特勒．市场营销学（第 9 版）[M]．北京：中国人民大学出版社，2010．

[3] [美] 科特勒，凯文·莱恩·凯勒．营销管理（亚洲版第 5 版）．吕一林译[M]．北京：中国人民大学出版社，2010．

[4] [美] 查尔斯·拉姆，小约瑟夫·海尔，卡尔·麦克丹尼尔．市场营销学（第 3 版）．徐岚译[M]．北京：机械工业出版社，2010．

[5] [美] 科特勒等．市场营销原理（亚洲版）．何志毅译[M]．北京：机械工业出版社，2010．

[6] [美] 菲利普·科特勒，凯文·莱恩·凯勒．营销管理（中国版，第 13 版）．卢泰宏，高辉译[M]．北京：中国人民大学出版社，2009．

[7] [美] 菲利普·科特勒．营销管理（第 13 版）．王永贵译[M]．上海：格致出版社，上海人民出版社，2009．

[8] [美] 唐·亚科布奇．营销管理．田志龙编译[M]．北京：机械工业出版社，2011．

[9] [美] 迈克尔·埃特泽尔．市场营销（第 4 版）．王永贵译[M]．南京：南京大学出版社，2009．

[10] [美] 卡尔·麦克丹尼尔，小查尔斯·W．兰姆，小约瑟夫·F．海尔．市场营销学（第 4 版）．时启亮译[M]．上海：格致出版社，上海人民出版社，2009．

[11] 吴健安．市场营销学（第 4 版）[M]．北京：清华大学出版社，2010．

[12] 庄贵军．营销管理[M]．北京：中国人民大学出版社，2011．

[13] 郭国庆．市场营销学通论（第 4 版）[M]．北京：中国人民大学出版社，2011．

[14] 王永贵．营销管理[M]．大连：东北财经大学出版社，2011．

[15] 董大海．营销管理[M]．北京：清华大学出版社，2010．

[16] 吴晓云．市场营销管理[M]．北京：高等教育出版社，2009．

[17] 苏亚民．现代营销学（第 6 版）[M]．北京：中国商务出版社，首都经贸大学出版社，2009．

[18] 何永祺．市场营销学（第 3 版）[M]．大连：东北经贸大学出版社，2008．

[19] 甘碧群．国际市场营销学（第 2 版）[M]．北京：高等教育出版社，2008．

[20] 晁钢令．市场营销学（第 3 版）[M]．上海：上海财经大学出版社，2008．